KB204366

복 있는 사람

오직 여호와의 율법을 즐거워하여 그 율법을 주야로 묵상하는 자로다.
저는 시냇가에 심은 나무가 시절을 좇아 과실을 맺으며 그 잎사귀가 마르지 아니함 같으니
그 행사가 다 형통하리로다. (시편 1:2-3)

마르틴 루터의 『갈라디아서』는 루터교회에서 공식적으로 인정하는 「신앙고백서」들 외에 그와 동등한 지위를 인정받고 있는 유일한 책이다. 그만큼 이 『갈라디아서』는 루터의 종교개혁 신학의 중심은 물론, 지금까지도 루터교회의 존재 이유와 가치를 충실하게 대변하고 있는 책이다.

잘 알려진 대로 『갈라디아서』의 중심 메시지는 종교개혁 신학의 중심인 칭의론에 있다. 그리고 루터가 그의 종교개혁에 있어서 무엇보다 기독교 교리를 바로 세우는 일이 중요하다고 판단하고, 그 교리의 기본 축을 칭의론으로 여긴 것은 사실이다. 그러나 루터가 교리를 중요하게 여긴 것은 그리스도인의 바른 삶에 대한 관심 때문이었다. 루터에게서 교리와 삶은 분리될 수 없다. 십계명의 첫째 판과 둘째 판이 분리될 수 없고, 하나님 사랑과 이웃 사랑이 분리될 수 없다. 루터의 칭의론은 종종 "오직 믿음"이라는 구호 때문에 행함을 약화시킨다고 오해되어 왔지만, 참된 사랑의 삶은 오직 믿음으로만 가능하다는 그리스도인의 삶에 대한 교훈을 이 『갈라디아서』는 웅변적으로 전해 주고 있다. 말하자면, 칭의론에서 강조하는 "오직 믿음"은 우리의 행위와 사랑에 바르고 참된 가치를 부여하는 것으로서 진정한 의미를 갖는 것이다. 좋은 나무는 좋은 열매를 맺을 수밖에 없다.

한국교회는 그리스도인의 삶을 교회 생활이나 종교적 체험에 국한하거나, 아직도 올바른 그리스도인 됨의 기준을 삶이 무시된 정통 교리에서만 찾고자 하는 구시대적인 모습에서 벗어나지 못하고 있다. 신앙과 삶이 분리되는 왜곡된 기독교의 모습은 오늘날도 루터 시대와 같은 모습으로 반복되고 있다. 이런 의미에서 루터는 단순히 한 과거의 시대, 한 교파에 국한된 사람이 아니라, 개혁 정신의 표상으로서 늘 새롭게 재조명될 필요가 있다. 그리고 이와 관련하여 오늘날 한국교회를 향한 루터의 생생한 목소리를 다시 듣는 데 있어서 이 『갈라디아서』만큼 적절한 책은 없을 것이다. **박일영** 전 루터대학교 총장

『갈라디아서』에서 루터는 종교개혁의 핵심인 수동적 의, 즉 그리스도인의 의, 믿음의 의에 대해 설파합니다. 이 책은 루터 자신의 말 그대로 루터가 "정성을 다해" 풀어 간 주석입니다. 성경을 옆에 두고 이 책을 함께 읽어 가노라면 어느새 기독교 복음의 진수를 맛보게 될 것입니다. 지금 머뭇거리지 말고 이 책을 집어 들어 읽으십시오. **박경수** 장로회신학대학교 종교개혁사 교수

이 책은 『갈라디아서』(1535년판)에서 중요도가 낮은 부분이나 곁길로 빠진 부분들은 제외하고, 핵심적인 내용만을 간추려서 요약한 책을 한글로 옮긴 것이다. 실제로 루터의 『갈라디아서』는 본제(本題)에 충실하게 편집해 루터 사상의 핵심을 더욱 잘 이해하도록 도와준다. 이 책은 루터에 대한 오해와 비판에서 나온 "성화론의 부재"를 충분히 불식시킬 만한 의미 있는 책이다. 이 책을 통해 많은 그리스도인들이 자기 안에서는 죄인이지만 그리스도 안에서 의인이란 사실을 재확인하며 매일 그리스도를 닮아 가는 삶을 시작할 수 있기를 간절히 바란다. **우병훈** 고신대학교 신학과 교수

러시아 문학이 고골의 외투에서 나왔다면 개신교는 루터의 『갈라디아서』로부터 나왔다고 해도 과언이 아닐 것이다. 이 책을 통해 독자는 루터의 이신칭의론의 진수를 경험할 것이고 그 시대를 개혁시키고자 하는 신음과 탄식 소리를 들을 수 있을 것이다. 무조건 일독을 권한다! **김용주** 분당두레교회 담임목사

마르틴 루터 갈라디아서

Martin Luther
Galatians

GALATIANS

마르틴
루터,
갈라디아서

복 있는 사람

MARTIN LUTHER

마르틴 루터 갈라디아서

2019년 7월 18일 초판 1쇄 인쇄
2019년 7월 26일 초판 1쇄 발행

지은이 마르틴 루터
옮긴이 김귀탁
펴낸이 박종현

도서출판 복 있는 사람
주소 서울특별시 마포구 연남동 246-21 (성미산로23길 26-6)
전화 02-723-7183 (편집), 7734 (영업·마케팅)
팩스 02-723-7184
이메일 hismessage@naver.com
등록 1998년 1월 19일 제1-2280호

ISBN 978-89-6360-304-9 03230

이 도서의 국립중앙도서관 출판예정도서목록(CIP)은
서지정보유통지원시스템 홈페이지(http://seoji.nl.go.kr)와 국가자료공동목록시스템(http://www.
nl.go.kr/kolisnet)에서 이용하실 수 있습니다. (CIP 제어번호: 2019027721)

Galatians
by Martin Luther

차례

시리즈 서문

크로스웨이 클래식 주석 시리즈의 출간 목적은 지난 5백 년 동안 가장 위대한 일부 성경 교사와 신학자가 쓴 매우 유용한 성경 주석을 새 세대에 소개하는 데 있다. 이 시리즈는 오늘날 독자가 J. C. 라일(Ryle), 마르틴 루터(Martin Luther), 장 칼뱅(John Calvin), J. B. 라이트푸트(Lightfoot), 존 오웬(John Owen), 찰스 스펄전(Charles Spurgeon), 찰스 하지(Charles Hodge), 매튜 헨리(Matthew Henry)와 같은 주석가들로부터 진리와 지혜, 경건을 배우도록 도움을 줄 것이다.

선정된 일부 주석들의 오래된 연수에 대해서는 군이 설명하지 않겠다. 강해 분야를 보면 경건을 북돋우는 데 있어 옛것이 종종 새것보다 더 낫기 때문이다. 주석 선정의 기준은 주로 성경 본문을 정확히 다루는 능력에 기반을 둔 영적 시야와 권위였다.

가능한 한 모든 것을 사려 깊은 독자—평신도, 신학생, 목회자—의 필요를 채우고 질적 향상을 도모하는 데 맞추었다. 이 목적에 따라 고도의 전문적인 수준에서 저술된 일부 원문은 축약하는 일이 필요했다. 문체를 단순하게 하고 생소한 단어는 되도록 배제했다. 그러나 원 저자의 생각을 조금도 바꾸지 않고 그 생각을 최대한 이해할 수 있는 방식으로 충실하게 전달하고자 했다.

옥스퍼드 대학교 위클리프 홀의 알리스터 맥그래스(Alister McGrath) 박사와 밴쿠버 리전트 칼리지의 패커(J. I. Packer) 박사, 잉글랜드 노퍽의 워터마크(Watermark)는 출판자로서 지금 이 프로젝트가 결실을 맺도록 주석 선정과 편집에 수고해 주었다. 세 분에게 감사를 전한다.

크로스웨이 북스 출판자

서론

종교개혁자 마르틴 루터(1483-1546)는 비텐베르크 대학에서 성경 담당 교수로 재직했다. 이 『갈라디아서』는 그때 한 강의의 산물이다. 이 책은 1531년에 라틴어(루터가 모국어인 독일어처럼 쉽게 말하고 쓴 학계의 언어)로 41회에 걸쳐 행한 강좌를 기록하여 번역한 뒤에 요약한 것이다.

열정적인 사람들이 즉흥적인 말을 할 때 종종 그러는 것처럼 이 책은 다소 산만하다. 하지만 초점을 명확히 제시하고 주제들을 체계적으로 다루어 간다. 이 책은 다음 네 가지 주제들에 중점이 있다. 첫째, 인간적 환상을 거부하는 성경의 권위 및 성령과 말씀의 연계성, 둘째, 죄인의 구원을 위한 그리스도의 중보와 대속적인 죽음의 충분성 및 율법을 통한—곧 행위와 공로를 통한—구원의 불가능성, 셋째, 신자의 온갖 결함에도 불구하고 그들이 영원한 용서와 용납을 얻도록 하나님이 신자에게 그리스도를 그들의 의로 주신 선물의 실재성, 마지막으로 넷째, 구원 관계와 경험을 누리는 수단으로서 복음의 약속들과 그리스도 자신을 믿는 믿음(fiducia, 확실한 신뢰)의 위치를 다룬다. 여기서 우리는 다음과 같은 개혁 신학의 특징과 종종 슬로건으로 강조되는 요점을 접한다. 오직 성경만이 그리스도 안에 있는 하나님의 은혜에 관한 지식을 준다는 점, 오직 그리스도만이 구원과 영생의 원천이라는 점, 그리고 오직 믿음을 통해 죄인이 회개하고 자기를 위하여 죽으신 구주를 굳게 붙들 때에만 의롭다 함(칭의)을 얻는다는 점이다. 이처럼 일관된 강조점 때문에 이 책은 일관된 요점을 유지한다. 이 책은 일반적인 성경 주석들과 다르다. 다양한 주제별 설명을 읽는 것이 아니라 칭의의 은혜에 관한 하나의 긴 설교를 읽는 것과 같다. 그러나 이것은 얼마나 좋은 설교일까! 고든 루프

(Gordon Rupp) 교수가 예전에 루터의 『노예의지론』(*Bondage of the Will*)
을 종교개혁 기간에 어느 누구보다 "오직 하나님께 영광을"(*Soli Deo
Gloria*)이라는 슬로건을 아름답고 강력하게 노래한 작품으로 인정한 바
있다. 루터의 『갈라디아서』 또한 두말할 것 없이 어떤 종교개혁자가 말
한 것보다 아름답고 강력한 칭의의 찬가를 부른다.

바울이 갈라디아서에서 반-유대주의 논쟁을 통해 확립하고자 하는
진리는, 예수 그리스도를 믿는 믿음으로 사는 삶의 은혜와 능력과 영광
과 안전이다. 이것은 당시에 미혹받고 있던 갈라디아 교회 신자들이 가
장 절실하게 알아야 하는 진리였다. 요컨대 루터는 사실상 바울이 이 동
일한 진리를 하나님과의 화평을 추구하는 후대 사람들 곧 죄를 느끼고
염려하고 절망하는 자들―바울 자신이 일찍이 그런 사람 가운데 하나
였다―에게 설명한다고 본다. 루터는 이 책을 "오직 사도 바울 자신이
이 편지의 수신자와 같은 자 곧 환난과 고통과 시험 속에 있는 자(오직
이런 일을 이해하는 자)를 위하여" 썼다고 말한다. 역사 속에서 일어난 두
가지 사례를 보면, 루터의 이 책이 얼마나 큰 효력을 발휘했는지 알 수
있다.

첫 번째 사례는 『천로역정』(*Pilgrim's Progress*)의 저자 존 번연(John
Bunyan)이다.

우리의 모든 날과 길을 자신의 손에 두신 하나님이 언젠가 마르틴 루
터의 책을 내 손에 들려 주셨다. 그 책은 바로 『갈라디아서』였다.……
나는 그 책을 몇 장 정독했을 뿐인데, 마치 그의 책이 나 자신의 마음에
따라 저술된 것처럼, 그의 경험 속에서 나의 상태가 아주 크고 심원하
게 다루어진 것을 발견했다.……나는 마르틴 루터의 『갈라디아서』를
상처 입은 양심에 가장 적합한 책으로 꼽는다. 내가 읽은 책들 중에 (성
경을 제외하고) 단연 최고다.

두 번째 사례는 그리스도인의 경험을 표현하는 데 있어 최고의 시인이
자 작사가인 찰스 웨슬리(Chalres Wesley)다. 요한 웨슬리(John Wesley)가
1738년 5월 24일에 (거의 확실히) 윌리엄 홀랜드가 루터의 로마서 주석
개요를 읽는 것을 듣고 믿음의 확신을 갖게 되었다는 사실은 잘 알려져
있다. 그런데 이보다 덜 알려져 있으나 결코 덜 중요하지 않은 사실이 있
다. 그보다 한 주 전인 5월 17일에 홀랜드가 요한 웨슬리의 동생 찰스
웨슬리에게 루터의 『갈라디아서』를 읽어 주었을 때, 찰스 웨슬리가 요한
웨슬리와 똑같이 변화되는 경험을 했다는 것이다. 찰스 웨슬리는 일기에
그날에 대해 이렇게 썼다. "오늘밤 몇 시간 동안 마르틴 루터와 은밀한
시간을 가졌다. 루터는 특히 [갈라디아서] 2장의 결론을 통해 내게 큰 복
을 주었다. 나는 '나를 사랑하고, 나를 위하여 자기 자신을 내놓으신 분'
을 느끼고자 힘쓰고 기다리고 기도했다." 그리고 이후로 나흘째 되는 날
인 오순절 주일(5월 21일)에 찰스 웨슬리는 기도 응답을 받았다. 그의 마
음속에 확실한 믿음이 자리잡았다. 루터의 칭의론이 결국 웨슬리 형제의
회심에 산파 역할을 한 것이다. 이것은 정말 획기적인 일이다.

　1575년에 영문판 초판이 출간된 후로 17세기에 7판, 18세기에 8판,
19세기에 13판이 출간되었다. 이는 마르틴 루터의 이 고전 작품이 과거
에 얼마나 널리 읽혀졌는지를 역력히 증명한다. 이 새로운 판은 길이는
짧아졌지만 비타민 같은 내용은 조금도 감소되지 않아 즐거움을 불러일
으킨다. 왜 그러한가? 일단 읽어 보라. 그러면 금방 알게 되리라!

J. I. 패커

영문판 초판 서문

나는 이 책을 숙독하고 살펴본 다음 이 책은 반드시 출판되어야 한다고 확신했다. 뿐만 아니라 독자에게 그리스도의 학교에서 고통 속에 있는 모든 양심을 가장 강하게 훈련시켜 주는 논문으로 이 책을 추천해야겠다고 마음먹었다. 저자는 자신이 말한 바를 느끼고 자신이 쓴 바를 경험했다. 따라서 공격과 타개, 전투 순서와 승리의 길을 생생하게 제시할 수 있었다. 사탄은 철천지원수다. 요한이 말하는 것처럼 승리는 오직 그리스도를 믿는 믿음으로만 가능하다. 사도 바울이 말하는 것처럼 그리스도께서 우리를 의롭다 하시는데, 누가 우리를 정죄할 수 있는가(롬 8:31). 저자는 이 책에서 이처럼 절대적이고 필수적인 교리를 상세히 조명했다. 처음에 라틴어로 저술된 주석은, 겸손한 마음으로 부지런히 이 책을 읽은 모든 사람에게 큰 유익을 주기 위해 일부 경건하고 학식 있는 사람들의 손을 거쳐 우리의 언어로 충실하게 번역되었다. 어떤 이는 자기가 갖고 있던 능력을 발휘해 번역을 시작했다. 다른 이는 이런 가치 있는 번역이 방해받지 않고 지속되도록 도움을 주었다. 그들은 이름을 밝히지 않고 사사로운 이득이나 영광을 취하지 않았다. 어떻게든 고통 속에 있는 지성을 구해 내고 그리스도의 교회를 유익하게 하면 그것으로 족하다고 생각했다. 그들은 모든 영광을 그 영광을 마땅히 받으셔야 할 하나님께 돌렸다.

1575년 4월 28일

런던 주교, 에드윈 샌디스

마르틴 루터 서문

이 책이 그대로 보여주듯이 사도 바울이 갈라디아 사람들에게 보낸 편지의 주석이 이처럼 매우 길어진 것을 나는 믿을 수 없다. 그러나 이 주석에 나타나 있는 모든 생각은 다른 사람의 생각이 아니라 나의 생각이다. 그래서 나는 그 모든 생각, 아니 어쩌면 그보다 더 많은 생각을 이 주석에서 말했다고 고백하지 않을 수 없다. 내 마음에 가장 깊이 두고 있는 단 하나의 신앙 조항은 그리스도에 대한 믿음이다. 밤낮으로 계속 신학을 연구할 때 나는 끊임없이 그분으로부터 오고 가며, 그분 곁에 머물며, 그분을 향하여 있었다. 그러나 나는 그분의 헤아릴 수 없는 지혜의 높이와 넓이와 깊이에 도저히 근접할 수가 없었다. 이 책에는 단지 빈약하고 메마른 초보적인 지식, 말하자면 부스러기들만 들어가 있다. 그러므로 훌륭한 사도이자 하나님의 선택받은 도구인 바울의 서신에 이처럼 빈약하고 단순한 주석을 내놓는 것이 매우 부끄럽다.

그렇더라도 나는 어떻게든 부끄러움을 던져 버리고 크게 담대해질 것이다. 그 이유는 하나님의 교회 안에서 늘 창궐해 왔고, 오늘날에도 여전히 확실한 기초인 칭의를 마구 뒤흔들고 있는 이 극악하고 끔찍하며 모독적이고 가증한 사상의 실체를 파헤쳐야 하기 때문이다(칭의는 말하자면 우리 자신이나 우리 자신의 행위가 아니라 하나님의 아들이신 예수 그리스도로 말미암아 우리가 죄와 사망, 마귀로부터 구속받고 영생을 얻게 된 것을 말한다).

에덴동산에서 사탄은 이 믿음의 반석을 뒤흔들었다(창 3:5). 사탄은 우리의 첫 조상을 시험할 때 사람은 자신의 지혜와 능력으로 하나님과 같이 될 수 있다고 유혹했다. 결국 이 유혹에 속아 넘어간 우리의 첫 조상은 자기에게 생명을 주셨고 또 계속 생명을 주겠다고 약속하신 하나님을 믿는 참된 믿음을 저버렸다. 얼마 후 거짓말쟁이이자 살인자인 사탄은 예상대로 형이 아우를 죽이도록 조종했다. 이때 살인이 일어난 유일한 이유는, 경건한 아우는 믿음으로 형보다 더 나은 제물을 드렸으나 형은 믿음 없이 자신의 행위로 제물을 바침으로써 하나님을 기쁘시게 하지 못한 것에 있었다(창 4장). 이후로 사탄은 가인의 후손을 통해 이 믿음을 극렬히 반대했다. 이에 하나님은 어쩔 수 없이 홍수로 세상을 심판하고 의의 설교자인 노아를 구원하셔야 했다. 그럼에도 불구하고 사탄은 노아의 셋째 아들 함과 수많은 다른 사람들을 통해 계속 역사했다. 이후로 세상은 이 믿음을 반대하는 데 미쳐 갔다(사도 바울이 행 14:15-16에서 말하는 것처럼). 곧 세상은 사람들이 하나님을 버리고 각기 제 길로 가도록 수없이 많은 우상과 희한한 종교들을 만들어 냈다. 그리스도의 도움 없이 신이나 여신들을 즐겁게 하는 것에 운명을 의존했으며, 자신의 행위로 스스로 악과 죄에서 벗어나려고 애썼다. 모든 민족의 역사와 기록들이 이를 증명한다.

그러나 이런 일들은 하나님의 백성인 이스라엘이 저지른 죄악과 비교하면 아무것도 아니다. 이스라엘은 족장들이 받은 확실한 약속을 알고 있었을 뿐만 아니라 선지자들의 예언과 이적과 본보기와 같은 무수한 증거들을 갖고 있었다. 그럼에도 불구하고 이런 죄악들을 저질렀다. 설상가상으로 이스라엘은 사탄의 지배를 받아(다시 말해, 자기에게 의가 있었다고 보는 터무니없는 관점에 사로잡혀) 나중에는 모든 선지자를 죽였고, 심지어 하나님의 아들이자 약속된 메시아인 그리스도까지 죽였다. 이스라엘이 선지자들을 죽인 이유는, 선지자들이 하나님의 구원은 사람의 의가 아니라 오직 은혜로 얻는다고 가르쳤기 때문이다. 마귀와 세상은 으레 우리가 악을 행하고 싶어 하지 않는다고 가르쳤다. 하지만 우리가 행하는 것은 무엇이든 하나님도 허락해 주셔야 하고, 하나님의 모든 선지자도 동조해야 하며, 그렇게 하지 않으면 죽임을 당한다. 이런 세상 속에서 아벨은 죽을 것이나 가인은 번성할 것이다.

그러나 이방인 교회 안에서 저질러진 악은 훨씬 더 심각했고 또 더 심각하다. 비교하면 유대교 회당의 미친 짓이 빛이 바랠 정도였다. 사도 바울이 지적한 대로 이방인들은 그것을 알지 못했다. "만일 알았더라면 영광의 주를 십자가에 못 박지 아니하였을" 것이다(고전 2:8). 그렇지만 이방인 교회는 그리스도를 우리의 의가 되신 하나님의 아들로 받아들이고 인정했으며, 교회는 공적으로 이 사실을 노래하고 읽고 가르친다.

나는 그리스도 안에 있는 모든 형제들을 위해 이 책을 출판했다. 이들이 계시되고 부활하신 그리스도에 관한 온전한 지식을 반대하는 데 요즈음 더 혈안이 된 사탄의 간계와 악의를 물리칠 수 있도록 격려하기를 원했다. 나는 이 일을 한 것에 대해 만족한다. 지금까지는 사람들이 마귀들에게 붙잡혀 있는 것처럼 보였다. 그러나 지금은 이 마귀들이 훨씬 더 악한 마귀들에게 붙잡혀 있는 듯하다. 이것은 진리와 생명의 원수가 심판날—원수에게는 끔찍한 파멸의 날이지만 우리에게는 구속의 날—이 가까이 왔음을 알고 최후의 발악을 하고 있음을 보여주는 결정적인 증거다. 그렇더라도 심판날이 되면 원수의 온갖 학정과 학대는 끝날 것이다. 원수는 아침이 되면 죄악이 드러날까 두려워하는 도둑이나 간부(姦夫)와 같다. 자신의 수족과 세력들이 크게 공격당할 때 이들이 불안해할 수밖에 없다.

사탄은 호색한과 도둑, 살인자, 거짓 증인, 하나님을 거역하는 자 그리고 비신자들의 삶과 생각을 반대하지 않는다. 오히려 그런 자들에게 평안과 평정을 준다. 사탄은 자신의 궁정에서 온갖 쾌락과 즐거움으로 충만한 잔치를 그들에게 베풀고 그들이 원하는 모든 것을 제공한다. 마찬가지로 초대 교회 당시에도 사탄은 각종 우상숭배와 거짓 종교를 통해 사람들에게 평안함과 평온함을 제공했다. 사탄은 우상숭배와 거짓 종교를 보존하고 옹호하며 장려했다. 사탄이 사방에서 공격하는 대상은 교회와 그리스도의 종교로 한정되었다.

　　나의 수고를 주님께 감사하고 나의 연약함과 이 무모한 도전을 용납해 줄 형제들을 위해 나는 이 책을 출판한다. 대신 이 책을 악인들이 좋아하거나 받아들이는 것은 바라지 않는다. 오히려 이 책으로 악인들과 그들의 신이 더 괴로워지기를 바란다. 그래서 사도 바울이 이 서신(갈라디아서)을 믿음 안에 있는 가련한 갈라디아 사람들—곧 괴롭고 고통스럽고 초조하고 시험 속에 있는 사람들(오직 이런 일을 이해하고 있기 때문에)—을 위해 쓴 것처럼, 나도 그런 사람들을 위해 (정성을 다해) 이 주석을 썼다.

바울의 주장

사도 바울은 갈라디아서에서 믿음과 은혜, 죄 사함 또는 그리스도인의 의의 교리를 제시한다. 바울이 이렇게 하는 목적은 그리스도인의 의의 본질을 정확히 이해하기 위해서다. 세상에 다양한 의가 존재하므로 그리스도인의 의와 다른 모든 의 사이의 차이를 명확히 파악하도록 하는 것이다. 세상에는 먼저 정치적 의 곧 시민적 의가 있다. 정치적 의는 황제나 군주, 철학자, 법률가가 다루는 의다. 또 의식적(儀式的) 의도 있다. 의식적 의는 인간 사회의 전통이 가르치는 의다. 의식적 의는 부모나 학교 선생을 통해 위험 없이 배울 수 있다. 왜냐하면 그들은 의식적 의를 가르칠 때 죄를 배상하거나 하나님을 기쁘시게 하거나 은혜를 받게 하는 힘을 이 의식들에 귀속시키지 않고, 대신 이 세상에서 살아갈 때 단순히 태도를 고치거나 어떤 사항을 준수하는 데 필요한 것으로 가르치기 때문이다. 이 외에 또 다른 의가 있다. 그것은 모세가 가르치는 의로, 율법의 의 또는 십계명의 의로 불린다. 우리도 믿음의 교리에 따라 이 의를 가르친다.

　　그런데 이상의 모든 의를 넘어서 있는 또 하나의 의가 아직 남아 있다. 그것은 믿음의 의 곧 그리스도인의 의다. 우리는 믿음의 의를 방금

위에서 언급한 다른 의들과 조심스럽게 구분해야 한다. 믿음의 의는 다른 의들과 확실히 반대되기 때문이다. 다른 의들은 통치자의 법, 교회의 전통, 하나님의 계명으로부터 흘러나오고, 우리의 행위로 만들어 내고 우리의 자연적 힘이나 하나님의 은사로 우리가 행하는 의이다. 이때 이다른 의들이 하나님의 은사로 행해지기도 하는 것은, 우리가 누리는 다른 좋은 것들과 마찬가지로 그것들이 하나님의 은사로 주어지기도 하기 때문이다.

그러나 하나님께서 그리스도로 말미암아 우리에게 행위가 없어도 전가해 주시는 매우 훌륭한 의 곧 믿음의 의는 정치적 의도 아니고 의식적 의도 아니다. 그렇다고 하나님 율법의 의도 아니고 행위 속에 있는 의도 아니다. 믿음의 의는 다른 의들과 정반대다. 다시 말해, 다른 의들이 능동적 의라면 믿음의 의는 수동적 의다. 믿음의 의에서 우리가 할 일은 아무것도 없다. 우리가 하나님께 드려야 할 것은 아무것도 없다. 단순히 우리 안에서 역사하시는 다른 어떤 분 곧 하나님을 받아들이고 인정하는 것이 전부다. 그러므로 믿음의 의 곧 그리스도인의 의는 정확히 수동적 의로 불릴 수 있다.

믿음의 의는 세상이 알지 못하는 비밀 속에 숨겨져 있다. 심지어 그리스도인 자신도 믿음의 의를 온전히 이해하지 못하고, 시험 속에 있을 때에는 거의 파악하지 못한다. 그러므로 믿음의 의는 부지런히 배우고 지속적으로 실천해야 한다. 믿음의 의만큼 우리의 양심을 확고하고 안전하게 위로해 주는 것은 없으므로, 이 수동적 의를 이해하지 못하는 자는 양심이 두려움과 괴로움 속에 있을 때 쉽게 넘어지기 마련이다.

그러나 인간의 연약함과 비참함이 너무 크기 때문에 양심이 두려움 속에 있고 죽음의 위험 속에 있을 때 우리는 우리의 행위, 우리의 무가치함 그리고 율법 외에 다른 것은 보지 못하게 된다. 그리고 자신의 죄가 드러나면 금방 자신이 과거에 저지른 죄악을 기억하게 된다. 그래서 가련한 죄인은 심각한 영적 고뇌에 빠져 신음한다. "아아, 지금까지 살아온 인생이 얼마나 끔찍한가! 이런 식으로 하나님 앞에서 더 살 수 있겠는가? 그렇다면 어서 삶을 바꿔야 되겠다"라고 생각한다. 그리하여 인간의 이성은 이 능동적 의 곧 행위의 의, 다시 말해 우리 자신의 의의 관점에서 벗어나지 못한다. 또한 수동적 의 곧 그리스도인의 의를 바라볼 수 없고 능동적 의에 전적으로 의지한다. 이 악은 우리 안에 매우 깊이 뿌리박혀 있다.

반면에 사탄은 우리 본연의 연약함을 악용하여 이런 생각들을 우리에게 확대시키고 심화시킨다. 그 결과 우리의 가련한 양심은 더 괴롭고 고통스럽고 혼란스러워진다. 이런 상황 속에서 인간의 지성은 어떤 위로도 할 수 없다. 죄에 대한 의식과 두려움으로 오직 은혜만을 바라볼 수도 없고 행위에 대한 온갖 주장과 생각들을 단호하게 거부할 수 없다. 이것은 인간의 힘과 능력에서 크게 벗어나 있고, 하나님의 율법에서도 당연히 벗어나 있기 때문이다. 세상에서 율법이 가장 우수한 것은 사실이다. 그러나 율법은 괴로운 양심을 진정시킬 수 없다. 오히려 더 두렵게 하며, 절망으로 끌고 간다. "이는 계명으로 말미암아 죄로 심히 죄 되게 하려 함이라"(롬 7:13).

그러므로 괴로움과 혼란 속에 있는 양심은 그리스도 예수 안에서 은혜로 값없이 주어지는 죄 사함―즉 수동적 의 또는 그리스도인의 의―을 붙잡기 전에는 절망과 영원한 사망에서 벗어날 수 있는 대책을 갖고 있지 못하다. 양심은 이 수동적 의를 붙잡을 때 비로소 안식에 들어가고 담대히 다음과 같이 외칠 수 있다. "내가 능동적 의 곧 행위의 의를 갖고 있어야 하고 또 그 의를 이루어야 한다는 것을 알고 있기는 하다. 하지만 이제 이 능동적 의를 추구하지 않겠다. 아니 내가 능동적 의를 갖고 있고 실제로 그 의를 이루었다고 해도, 나는 여전히 능동적 의를 신뢰할 수 없다. 또 감히 능동적 의로 하나님의 심판을 막아 보려고 하지도 않을 것이다. 그러므로 나 자신의 의든 하나님 율법의 의든 모든 능동적 의를 포기하겠다. 나는 오직 은혜와 자비, 죄 사함으로 이루어진 수동적 의만 받아들이겠다. 간단히 말해, 오직 그리스도의 의와 성령의 의인 수동적 의만 의지하겠다.”

땅은 스스로 비를 일으키거나 만들 수 없고 오직 위로부터 임하는 하나님의 순전한 은혜로 비를 받아들인다. 이처럼 하늘의 의도 우리가 그 의를 일으키지 않아도 또는 그 의에 합당한 것이 없어도 하나님께서 우리에게 은혜로 주시는 것이다. 그러므로 결실을 맺기 위해 소낙비를 내리도록 하는 데 있어 땅 자체가 할 수 있는 일은 없다. 마찬가지로 우리도 하늘의 영원한 의를 얻기 위해 우리 자신의 힘과 행위로 할 수 있는 일이 아무것도 없다. 하나님께서 형언할 수 없는 선물로 우리에게 주시고 우리 안에 심으시기 전에는, 우리는 결코 영원한 의를 얻을 수 없다. 따라서 그리스도인이 갖고 있는 가장 큰 지혜는, 특히 양심이 하나님의 심판을 붙들고 씨름하고 있을 때에 율법이나 행위나 능동적 의는 우리에게 아무 소용이 없음을 기억하는 것이다. 반면에 하나님의 백성이 아닌 사람에게 가장 큰 지혜는, 율법과 능동적 의를 알고 그 의를 진지하게 따르는 것이다.

세상 사람들의 눈에는 그리스도인들을 가르치는 것이 매우 이상하게 보일 것이다. 율법에 무지하고 하나님 앞에서 율법이 없는 것처럼 사는 법을 배우라고 하니 말이다. 그러나 율법을 통해서는 죄를 깨닫는 것이 전부이므로, 율법에 대해서는 눈을 감아야 한다. 이제는 율법도 없고 하나님의 진노도 없으며 오직 그리스도로 말미암은 순전한 은혜와 자비만 있다고 마음으로 확신하지 않으면 구원받을 수 없다. 이와 반대로 엄밀하게 세상에서 요구되는 바는, 약속이나 은혜는 없는 것처럼 생각하고 어떻게든 행위를 보여주고 율법을 지키는 것이다. 그래서 완고하고 교만하고 강퍅한 심령은 자기 눈앞에 율법 외에 다른 것은 두지 못한다.

이때 그는 두려움에 빠지고 비천해질 수밖에 없다. 율법이 주어진 이유
는 그들을 두렵게 하고 죽이고, 그들의 옛 본성을 단련시키기 위해서이
기 때문이다. 따라서 디모데후서 2장에서 바울이 제시하는 것처럼 은혜
에 관한 말씀과 진노에 관한 말씀을 함께 적절히 배워야 한다.

　　그러므로 여기서 우리는 율법이 본연의 경계를 지키도록 조절해 줄
수 있는 지혜롭고 신실한 하나님 말씀의 선생을 필요로 한다. 하나님 앞
에서 율법을 지켜야 의롭다 함을 얻는다고 가르치는 선생은, 율법이 본
연의 경계를 넘어서도록 가르치는 것이고 두 종류의 의 곧 능동적 의와
수동적 의를 뒤섞는 것이다. 그는 율법을 정확히 설명하지 못하는 무지
한 사변가에 불과하다. 이와 반대로 율법과 행위를 옛 본성에 귀속시키
고, 약속과 죄 사함과 하나님의 자비를 새 본성에 귀속시키는 선생은 하
나님의 말씀을 정확히 해석하는 자다. 확실히 옛 본성은 율법 및 행위와
짝을 이루지만 영 곧 새 본성은 하나님의 약속 및 하나님의 자비와 짝을
이룬다.

　　그러므로 율법의 학대를 받아 이미 깊은 상처를 입고 죄로 괴로워
하며 위로를 갈망하는 사람을 보면, 바로 그때가 그의 시야에서 율법과
능동적 의를 제거하고 그 앞에 복음으로 그리스도인의 의 곧 수동적 의
를 제시해 줄 최적의 순간이다. 복음은 모세와 그의 율법을 배제하고, 대
신 고통당하는 자와 죄인들을 위해 오신 그리스도 안에서 맺어진 약속
을 제공한다. 여기서 우리는 다시 일어서고 소망을 얻는다. 바로 여기서
우리는 더 이상 율법 아래에 있지 않고 은혜 아래에 있게 된다(롬 6:14).
그러면 우리가 율법 아래에 있지 않다는 것은 어떻게 된다는 것일까?
율법이 속해 있지 않은 새 본성을 따라 산다는 것이다. 바울이 나중에
말하는 것처럼 "그리스도는 율법의 마침이 되신다"(롬 10:4). 그리스도
께서 오셨기 때문에 모세는 그의 율법과 할례, 속죄 제사, 안식일 그리고
확실히 모든 선지자를 중단시킨다.

　이것이 우리가 사람들에게 가르치는 방식이다. 우리는 사람들이 능동적 의와 수동적 의를 구별하고 예절과 신앙, 행위와 은혜, 정치와 종교를 서로 혼동하지 않도록 가르친다. 이 두 가지 의는 모두 필수적이다. 하지만 각각 자기 자리 안에서 적절히 지켜져야 한다. 그리스도인의 의는 새 본성에 속해 있고, 율법의 의는 혈과 육에서 태어난 옛 본성에 속해 있다. 짐이 당나귀 위에 놓여지는 것처럼 옛 본성 위에도 무거운 짐이 놓여 있다. 이 무거운 짐은 우리를 내리누를 것이다. 따라서 은혜의 영의 자유를 누리려면 우리가 먼저 그리스도를 믿는 믿음으로 새 본성을 입지 않으면 안 된다(하지만 현세에서는 이 자유를 충분히 누리지 못한다). 새 본성을 입으면 우리는 천국과 헤아릴 수 없는 은혜의 선물을 누릴 수 있다.

　여기서 내가 이렇게 말하는 것은 아무도 우리가 선행을 거부하거나 금한다고 생각하지 않도록 하기 위해서다. 단순히 율법의 의만 알고 있는 자는 율법을 크게 넘어서는 믿음의 의를 계속 율법에 따라 판단할 것이다. 그러나 신령하지 못한 사람은 믿음의 의를 판단할 능력이 없다. 물론 이렇게 말하면 이 사람은 율법보다 더 높은 곳에 있는 것을 볼 수 없기 때문에 기분 나빠할 것이다. 그러나 두 세계 곧 하늘의 세계와 땅의 세계를 상상해 보라. 두 세계 안에는 서로 확실하게 분리되어 있는 두 종류의 의가 있다. 율법의 의는 땅의 세계에 속해 있고 땅의 일과 관련되어 있다. 그리고 우리는 율법의 의를 따라 선을 행한다. 그러나 먼저 위로부터 비가 내리고 비옥해져야 땅이 열매를 맺을 수 있는 것처럼, 율법의 의로 말미암아 아무리 많은 선을 행한다고 할지라도 우리는 아무것도 이루지 못한다. 우리의 공로나 행위가 없이 그리스도인의 의로 의롭다 함을 얻지 않으면 결코 율법을 이루지 못한다. 그리스도인의 의는 율법의 의나 땅의 의 그리고 능동적 의와는 아무 관련이 없다. 그리스도인의 의는 하늘에 속해 있고 하늘로부터 받는다. 우리 자신의 힘으로 갖는 것이 아니다. 그리스도인의 의는 은혜로 말미암아 우리 안에서 일어

나고, 믿음으로 말미암아 우리가 붙잡으며, 이 의를 통해 우리는 모든
율법과 행위를 넘어선다. 그러므로 사도 바울이 고린도전서 15:49에서
"우리가 흙에 속한 자의 형상을 입은 것 같이 또한 하늘에 속한 이의 형
상을 입으리라"고 말하는 것과 같다. 다시 말해, 우리는 율법도 없고 죄
도 없고 양심의 후회나 가책도 없으며 사망도 없다. 대신 완전한 기쁨과
의, 은혜, 평강, 구원 그리고 영광이 있는 새 세상에서 새 사람으로 살게
될 것이다.

　　그러면 그리스도인의 의를 얻기 위해 우리가 할 일은 아무것도 없는
가? 물론 아무것도 없다. 완전한 의는 율법이나 행위에 대해서는 아무것
도 하지 않고, 아무것도 듣지 않고, 아무것도 알지 않는 것이다. 다만 그리
스도는 아버지께 가셨으므로 우리 눈에 더 이상 보이지 않으며, 하늘에서
심판자가 아니라 우리의 지혜와 의로움, 거룩함, 구원함을 이루시는 하나
님으로 아버지 보좌 우편에 앉아 계신다는 것을 알고 믿는 것이다. 요약
하면 그리스도가 우리의 대제사장으로서 은혜로 우리를 위해 간구하시
고, 우리 위에서 그리고 우리 안에서 다스리신다는 사실을 알고 그저 믿
는 것이다. 이 하늘의 의에 죄가 들어설 자리는 없다. 그것은 그곳에는 율
법이 없고 "율법이 없는 곳에는 범법도 없기" 때문이다(롬 4:15).

　　따라서 하늘의 의에 죄가 있을 자리가 없다는 사실을 주목하면, 그
안에는 양심의 고뇌도 두려움도 슬픔도 있을 수 없다. 그래서 사도 요
한은 "하나님께로부터 난 자는 다 범죄하지 아니한다"고 말한다(요일
5:18). 그러나 양심 속에 두려움이나 근심이 있다면, 그것은 하늘의 의가
철회되었고 은혜가 숨겨졌으며 그리스도가 시야에서 사라졌다는 표지
다. 그렇지만 그리스도가 진실로 보이는 곳에서는 주 안에서 누리는 충
분하고 완전한 기쁨이 있다. 양심은 평강 속에 들어가 다음과 같이 생각
한다. "비록 율법으로 죄인이고 율법의 정죄 아래에 있다고 해도, 나는
여전히 절망하지 않고 죽지 않는다. 왜냐하면 그리스도가 살아 계시고,

그리스도가 나의 의와 나의 영원한 생명이 되시기 때문이다." 하늘의 의
와 생명 안에서 나는 죄가 없고, 두려움이 없으며, 양심의 가책이 없고,
사망에 대한 염려가 없다. 그러나 땅의 생명과 의 안에서 아담의 자손인
나는 분명히 죄인이다. 율법이 나를 고소하는 곳에서는 사망이 나를 다
스리고 궁극적으로는 나를 잡아먹기를 원한다. 그러나 나는 이 세상 너
머에 다른 의와 생명을 갖고 있다. 그것은 죄와 사망을 모르는, 의와 영
원한 생명이 되시는 하나님의 아들 그리스도이다. 죽은 나의 몸은 그리
스도로 말미암아 다시 살아나고, 율법과 죄의 속박에서 구원을 받으며,
내 영과 함께 성결하게 될 것이다.

따라서 우리가 여기서 사는 동안 다음 두 가지 일이 계속된다. 첫
째, 육체는 율법의 능동적 의로 말미암아 고소당하고 시험당하며 근심
과 슬픔으로 학대받고 상처를 입는다. 그렇지만 둘째, 영은 수동적 의 곧
그리스도의 의로 말미암아 다스리고 구원을 받는다. 왜냐하면 영은 자
신이 하늘에서 자기 아버지 우편에 앉아 계신 주님 곧 율법과 죄, 사망
을 폐하고, 온갖 악을 짓밟고 포로로 잡아가 완전히 이기신 그리스도를
소유하고 있음을 알고 있기 때문이다(골 2:15).

칭의에 대한 믿음을 잃어버리면 모든 참된 기독교 교리도 잃어버리
게 되므로, 사도 바울은 우리를 위로하고 우리를 납득시키기 위해 갈라
디아서에서 이처럼 참으로 탁월한 그리스도인의 의에 대한 완전한 지식
을 가르친다. 율법의 의와 그리스도인의 의 사이에 중간 지점은 없다. 따
라서 그리스도인의 의를 잃어버린 자는 누구든 당연히 율법의 의에 떨
어지고 만다. 다시 말해, 사람들은 그리스도를 잃어버릴 때 자기 자신의
행위를 의지하는 길로 미끄러져 들어간다.

우리가 믿음의 의 곧 그리스도인의 의의 교리를 그토록 열심히 반
복해서 가르치는 이유는, 믿음의 의가 지속적으로 실천되고 율법의 능
동적 의와 명확히 구별될 수 있도록 하기 위해서다. 그렇게 하지 않으

면 우리는 절대로 참된 신학을 믿을 수 없게 된다. 교회는 오직 이 그리
스도인의 의의 교리 위에 세워져 있고 이 교리에 따라 존속한다. 따라서
우리가 다른 사람들을 가르치고 인도하기를 원한다면, 이 문제에 각별
한 관심을 기울여야 한다. 율법의 의와 그리스도인의 의 사이의 구별을
확실히 해야 한다. 이것은 말로 설명하기는 쉽지만 실천하기는 매우 어
렵다. 왜냐하면 죽음이 가까워지거나 양심이 또 다른 고뇌 속에 들어갈
때에, 율법의 의와 그리스도인의 의는 우리가 바라는 것보다 더 가까워
져 하나로 겹쳐지기 때문이다. 그래서 여러분, 특히 양심을 인도하는 선
생과 지도자가 될 사람들에게 경고한다. 반드시 말씀을 끊임없이 연구
하고 읽고 묵상하며 기도함으로써 자신을 채찍질하는 자가 되기를 바란
다. 그렇게 하면 시험이 닥치더라도 여러분은 여러분 자신과 다른 사람
들의 양심을 충분히 가르치고 강하게 할 수 있다. 또 다른 사람들을 율
법에서 은혜로, 능동적 의 곧 행위의 의에서 수동적 의 곧 은혜로 받는
의로, 모세에게서 그리스도께로 이끌 수 있을 것이다. 우리가 고통 속에
있고 양심이 갈등 속에 있을 때, 마귀는 율법을 통해 우리를 두렵게 하
고, 죄책이나 과거의 악한 삶이나 하나님의 진노와 심판이나 지옥이나
영원한 사망으로 우리를 고소한다. 그리하여 마귀는 우리를 절망으로 이
끌고, 우리를 자신의 종으로 만들며, 우리를 그리스도에게서 끌어내린
다. 나아가 그리스도가 직접 우리에게 행위를 요구하는 복음서의 본문들
로 우리를 참소하고, 행함이 없는 자들을 파멸로 위협한다. 만약 우리가
믿음의 의와 율법의 의를 제대로 판단할 수 없다면, 그리하여 하나님 우
편에 앉아 비참한 죄인인 우리를 위해 아버지께 중보하시는 그리스도를
믿음으로 붙들지 못한다면, 우리는 은혜가 아니라 율법 아래에 있다. 그
리스도는 더 이상 우리의 구주가 아니라 율법 수여자가 되고 말 것이다.
따라서 회개하지 않으면, 우리에게는 더 이상 구원이 없고 절망과 영원
한 사망만 있을 것이다.

그러므로 우리는 믿음의 의와 율법의 의를 올바르게 식별하는 법을 배워야 한다. 그렇게 해야 우리가 어디까지 율법에 순종해야 하는지를 알 수 있다. 우리는 그리스도인에게 율법은 단지 육체에 대해서만 지배권을 가져야 한다는 점을 이미 확인했다. 그렇게 되어야 율법 본연의 경계가 지켜진다. 그러나 율법이 여러분의 양심 속에 기어들어와 양심을 지배하고자 한다면, 반드시 믿음의 의와 율법의 의를 올바르게 구분하지 않으면 안 된다. 율법에 대해서 다음과 같이 말해 주는 것보다 옳은 것은 없다. "율법아, 너는 내 양심의 왕국에서 높이 올라가고 싶겠지, 그렇지 않니? 내 양심의 왕국을 지배하고, 죄를 조종하고, 내가 믿음으로 그리스도 안에서 누렸던 기쁨을 빼앗고, 나를 절망으로 이끌고 싶겠지? 그렇지만 네 본연의 경계를 지켜라. 네 힘은 육체에게 쓰고 내 양심은 건드리지 마라. 나는 복음을 통해 의와 영생에 참여하도록 부르심을 받았다. 또 나는 그리스도의 나라로 부르심을 받았다. 곧 내 양심이 안식을 얻는 나라, 율법이 없고 대신 죄 사함과 평안, 평온, 기쁨, 건강, 영생이 있는 나라로 부르심을 받았다. 그러니 이런 문제들로 나를 괴롭히지 마라. 절대로 나는 너 같은 참을 수 없는 폭군이 하나님의 아들 그리스도의 성전인 내 양심을 다스리도록 용납하지 않을 테니 말이다. 그리스도가 의와 평강의 왕이자 나의 사랑하는 구주와 중보자이시다. 그리스도는 내 양심의 즐거움을 지켜 주시고, 건전하고 순전한 복음 교리와 그리스도인의 의 곧 하늘의 의에 대한 지식으로 내 양심을 안심시키실 것이다."

내 마음을 지배하는 그리스도인의 의를 갖고 있을 때 나는 땅을 비옥하게 만드는 비와 같이 하늘에서 내려온다. 다시 말해, 나는 하늘에서 내려와 다른 나라로 들어간다. 거기서 기회가 있을 때마다 선을 행한다. 만약 내가 말씀 사역자라면, 나는 복음을 전하고 상한 마음을 가진 자를 위로하고 성례를 거행할 것이다. 만약 내가 한 집안의 가장이라면, 내 집과 가족에 대한 책임을 감당하고 자녀에게 하나님을 아는 지식을 가르처 하나님을 경외하는 자로 양육할 것이다. 만약 내가 관리라면, 하늘이 내게 준 직무를 열심히 감당할 것이다. 만약 내가 종이라면, 상전의 일을 성실하게 감당할 것이다. 그리스도를 자신의 의로 확신하는 자는 누구나 즐겁게 일하고 자신의 소명에 충실하며, 국가 당국자가 비록 엄하고 가혹하더라도 그들과 그들의 법에 복종할 것이다. 필요하다면 그는 현세에서 온갖 의무와 권력에 복종할 것이다. 그것이 하나님의 뜻이며 이런 순종이 하나님을 기쁘시게 한다는 사실을 잘 알고 있기 때문이다.

이상이 바울의 주장이다. 바울은 갈라디아 사람들 속에서 이 믿음의 의를 어지럽힌 거짓 선생들을 결사적으로 반대하는 한편, 사도로서의 자신의 권위와 직분을 변호하고 주장한다.

I 장.

내가 전한 복음은

바울은 갈라디아 사람들 속에 순전한 복음 교리와 믿음의 의를 심었다. 그러나 바울이 떠나자 거짓 선생들이 기어들어와 바울이 가르친 모든 것을 무너뜨렸다. 마귀는 참된 가르침을 격렬히 반대할 수밖에 없는 존재다. 참된 가르침이 조금이라도 남아 있는 한 가만히 있을 수 없다. 우리 역시 복음을 전한다는 이유만으로 세상과 마귀 그리고 마귀의 하수인들로부터 사방에서 온갖 방해를 받고 해를 겪는다.

복음은 세상의 지혜와 의, 종교가 가르치는 것보다 훨씬 더 고귀한 것을 가르친다. 복음은 그리스도로 말미암아 값없이 얻는 죄 사함을 가르친다. 그러나 세상은 창조주보다 세상에 속한 것을 더 좋아한다. 세상만의 방법으로 죄를 제거하고 사망에서 건짐받아 영생을 얻으려고 애를 쓴다. 하지만 복음은 이런 노력을 정죄한다. 세상은 복음이 정죄하는 것을 소중히 여기고 매우 좋아하지만 그것을 오래 지켜 낼 수 없다. 그러므로 세상은 복음을 속임수와 오류로 가득 차 있는 교훈으로 취급한다. 곧 복음은 정부와 나라와 제국을 무너뜨리고, 신과 황제를 거역하며, 법을 파괴하고, 미풍양속을 해친다고 말한다. 다만 복음은 모든 사람에게 자기가 원하는 대로 할 자유를 주는 것에 불과하다고 주장한다. 그러므로 세상은 거룩하고 의롭게 가장한 열심으로 복음 교리를 반대한다. 복음 교리를 가르치는 자와 지지하는 자를 세상의 가장 큰 재앙으로 여기고 혐오한다.

나아가 참된 교리를 전할 때 마귀는 무너지고 마귀의 나라는 파괴된다. 참된 교리를 전할 때 우리는 마귀의 손으로부터 율법과 죄, 사망

(마귀가 도구로 삼아 온 인류를 굴복시켰던 것)을 빼앗는다. 요약하면 마귀에게 붙잡혔던 포로들이 어둠(흑암)의 나라에서 빛과 해방의 나라로 옮겨진다. 그러면 마귀가 이 모든 것을 인정할까? 아니다. 거짓의 아비는 자신의 모든 세력과 간계를 이용하여 구원과 영생의 교리를 혼란시키고 파괴하며 철저히 근절시키려고 획책한다. 사도 바울은 갈라디아서와 자신의 다른 모든 서신에서 마귀가 이런 식으로 교묘하게 역사한다고 탄식한다.

복음은 온갖 종류의 인간적 의를 정죄하고 그리스도의 의를 유일한 의로 선포한다. 복음을 받아들이는 자는 복음으로 양심의 평안을 비롯하여 온갖 좋은 것을 얻는다. 그러나 세상은 복음을 철저히 미워하고 반대한다.

내가 이미 말한 대로, 바울이 갈라디아서를 쓴 이유는 그가 갈라디아 교회를 떠난 후에 거짓 선생들이 갈라디아 사람들 사이에 파고들어 자신이 심혈을 기울여 세워 놓은 것을 파괴했기 때문이다. 거짓 선생들은 당시 유대 사회에서 크게 존경을 받은 유력 집단인 바리새인들이었다. 그들은 자기들이 선민(選民)이고 아브라함의 자손이며(롬 9:4-6), 약속과 조상을 가지고 자랑했다. 그리고 마지막으로 자기들이 그리스도의 사역자이자 사도들의 제자로 사도들과 친분이 있고 사도들의 이적을 직접 목격했다고 자랑했다. 게다가 그리스도가 악인도 이적을 행할 것이라고 말씀하신 것으로 보면(마 7:22), 아마 거짓 사도들은 더러 이적을 행하기도 했을 것이다.

더욱이 거짓 사도들은 사도 바울의 권위를 끌어내리며 다음과 같이 말했다. "너희가 왜 바울을 그렇게 높이 평가하느냐? 왜 그토록 바울을 존경하느냐? 바울은 다만 모든 사람 가운데 꼴찌로 회심하고 그리스도께 돌아온 사람에 불과하다. 그러나 우리는 사도들의 제자다. 사도들을 아주 잘 알고 있다. 우리는 그리스도가 이적을 행하시는 모습을 직접 보았고 설교하시는 것도 직접 들었다. 바울은 우리보다 뒤에 믿었고 우리보다 한 수 아래다. 우리는 하나님의 거룩한 백성에게 속해 있고, 그리스도의 사역자이며, 성령을 받았다. 그러니 하나님이 절대 우리를 잘못된 길로 이끄실 수 없다. 나아가 우리는 수가 많고 바울은 혼자다. 바울은 사도들을 알거나 그리스도를 직접 보지도 못했다. 사실 바울은 오랫동안 그리스도의 교회를 박해했다. 그런데도 너희가 하나님께서 바울을 위해 그토록 많은 교회가 속임을 당하도록 내버려두실 것이라고 착각하겠느냐?"

이처럼 말솜씨가 좋은 사람이 한 지역이나 한 도시 안으로 들어오면, 사람들은 금방 그를 칭송하고 따라가기 마련이다. 이런 사람은 겉으로 경건한 모습을 보여줌으로써 배우지 못한 사람뿐만 아니라 배운 사람까지도 속인다. 심지어 믿음 안에 굳게 서 있는 것처럼 보이는 사람도 속인다. 그래서 바울은 갈라디아 사람들 속에서 자신의 권위를 잃어버렸고, 바울의 가르침은 의심받게 되었다.

이에 대해 바울은 거짓 사도들의 자랑을 반대하고, 대신 사도로서 자신의 권위를 단호하게 천명한다. 비록 다른 곳에서는 그렇게 하지 않아도, 바울은 누구에게든―사도들을 따르는 자에게는 말할 것도 없고 심지어 사도들에게도―사도로서의 권위를 굽히지 않고 주장할 것이다. 거짓 사도들의 바리새적인 교만과 염치없는 뻔뻔함을 폭로하기 위해 바울은 안디옥에서 자신이 베드로를 꾸짖었던 사건을 직접 언급한다. 당시 바울은 최대한 예의를 지키면서 자신이 게바, 곧 사도들의 수장으로 그리스도를 직접 보았고 그리스도를 누구보다 잘 알고 있었던 베드로를 과감하게 비난하고 책망했다고 명확히 밝힌다. 결국 바울은 이렇게 말하고 있다. "나는 사도다. 그러므로 다른 모든 기둥(사도)을 책망하는 것도 두려워하지 않았다."

따라서 갈라디아서 1-2장에서 바울은 자신의 부르심과 직분 그리고 자신의 복음을 제시하면서, 자신은 복음을 사람에게서 받은 것이 아니라 예수 그리스도의 계시로 받았다고 단언했다. 바울은 또한 자신이, 아니 사실은 하늘로부터 온 천사라도, 자신이 전한 것과 다른 복음을 전한다면 저주를 받을 것이라고 말한다(1:8).

부르심에 대한 확신

바울이 자신의 부르심에 대해 이처럼 자랑하는 것은 어떤 의미일까? 바로 하나님 말씀을 맡은 모든 사역자는 자신의 부르심을 확신해야 한다는 것이다. 그렇게 해야 부르심을 받고 보내심을 받은 자로서 당당하게 복음을 전할 수 있게 된다는 것이다. 왕의 대사는 자신이 한 개인이 아니라 왕의 사자로 왔다고 자랑한다. 그 결과 그는 왕의 존엄 때문에 공경을 받는다. 마찬가지로 복음 전도자도 자신의 부르심이 하나님께로부터 왔음을 확신해야 한다. 바울의 본을 따라 이 부르심을 소중히 여기는 것이 마땅하다. 그렇게 해야 사람들 사이에서 신뢰와 권위를 얻을 수 있다. 그런 의미에서 바울의 자랑은 바람직하다. 바울은 영광을 자기 자신에게 돌리지 않고 자기를 보내신 왕에게 돌리기 때문이다. 자기 자신의 권세가 아니라 왕의 권세가 존중받기를 바라기 때문이다.

마찬가지로 바울은 자신의 부르심을 아주 높이 평가한다. 그것은 바울이 자기 자신의 칭찬을 구하지 않고, 자신의 사역을 바람직하고 거룩한 자부심으로 높이기 때문이다. 로마서 11장에서 그가 "내가 이방인의 사도인 만큼 내 직분을 영광스럽게 여기노니"라고 말하는 것과 같다(13절). 다시 말해, 바울은 이렇게 말하고 있다. "나는 사람들이 나를 다소의 바울이 아니라 사도 바울로, 또는 예수 그리스도의 대사로 받아들이기를 바란다." 바울이 이렇게 자신의 부르심을 아주 높이 평가하는 이유는, 사람들이 자신이 전하는 말을 더 신뢰하여 주의 깊게 경청하도록 하기 위함이다. 사람들은 바울에게서 그리스도의 말씀을 듣는다. 아울러 하나님 아버지의 말씀을 듣는다. 이렇게 사람들은 그리스도를 공손하게 받아들이고 그리스도의 사자들의 말을 경청해야 한다.

그러므로 바울이 자신의 부르심을 자랑하고 다른 모든 사람은 무시하는 것처럼 보이는 1절 본문은 주목할 만하다. 만약 어떤 사람이 세상 사람들과 같이 다른 모든 사람을 무시했다면, 그는 어리석은 사람으로 상대방을 기분 나쁘게 만들 것이다. 그러나 바울이 하는 것과 같은 자랑은 바람직하다. 바울이 아니라 하나님께 영광을 돌리기 때문이다. 이런 자랑은 세상 사람들에게 하나님의 이름과 은혜, 자비에 관해 말해 주기 때문에, 하나님께 찬양과 감사의 제사를 드리는 것과 같다.

1:1 사람들에게서 난 것도 아니요 사람으로 말미암은 것도 아니요……사도 된 바울은 처음부터 곧바로 바울은 거짓 선생들을 언급한다. 거짓 선생들은 자기들이 사도들의 제자로 사도들에게 보냄을 받았다고 자랑했다. 바울은 사도들의 계보에 속하지 않고 복음을 전하도록 보냄을 받지도 않았으며 갑자기 나타나 사도의 직분을 임의로 취했다고 멸시를 당했다. 반대로 바울은 거짓 사도들을 반대하고 자신의 부르심을 옹호하며, 결국은 다음과 같이 말한다. "나의 부르심은 너희 전도자들보다 못한 것처럼 보일 것이다. 하지만 너희 속에 들어온 자들이야말로 부르심도 없이, 또는 다른 사람에게 부름을 받아 자기들 마음대로 들어왔다. 그러나 나의 부르심은 인간적인 부르심이 아니다. 사도들의 부르심도 넘어선다. 나의 부르심은 예수 그리스도와 그를 죽은 자 가운데서 살리신 하나님 아버지로 말미암은 것이기 때문이다."

사람들에게서 거짓 사도들은 하나님이나 사람이 그들을 부르거나 보내지 않았음에도 불구하고 스스로 그렇게 말한다.

사람으로 말미암은 나는 이것을 신적 소명을 갖고 있으나 사람을 통해 보냄을 받은 자를 가리키는 것으로 이해한다. 하나님은 사람을 두 가지 방식으로 부르신다. 수단을 통해 부르시거나 수단 없이 부르신다. 오늘날 하나님은 자신의 말씀 사역을 위해 사람을 직접 부르시지 않고 다른 인간적 수단을 통해 부르신다. 그러나 초대 교회 당시에 사도는 그리스도가 직접 부르셨다. 그것은 구약 시대에 선지자들이 하나님 자신에게 직접 부르심을 받은 것과 같았다. 그러므로 바울은 사람들에게서 난 것도 아니요 사람으로 말미암은 것도 아니요라고 말할 때 거짓 사도들을 겨냥하고 있다. 이것은 다음과 같이 말하는 것과 같다. "나는 이런 문제로 시간을 낭비하고 싶지 않다. 너희도 그래서는 안 된다. 나는 중간 수단 없이 예수 그리스도께 직접 부르심을 받고 보내심을 받았다. 그러므로 모든 면에서 나의 부르심은 사도들의 부르심과 동일하다. 나는 확실히 사도다."

바울은 다른 곳에서 곧 고린도전서 12:28과 에베소서 4:11과 같은 곳에서 사도 직분과 다른 직분들을 구별한다. 이 본문들을 보면, 바울은 하나님이 "어떤 사람은 사도로, 어떤 사람은 선지자로, 어떤 사람은 복음 전하는 자" 등으로 삼으셨다고 말하고, 사도를 첫 번째 자리에 둔다. 사람들이 통상적인 중간 수단 없이 하나님에 의해 직접 보내심을 받으면 당연히 사도로 부르심을 받은 것이다.

맛디아도 하나님께 직접 부르심을 받았다(행 1:23-26). 왜냐하면 사도들이 두 사람(요셉과 맛디아)을 내세워 둘 중에 하나를 선택한 것이 아니라, 하나님께서 그들 가운데 원하신 자를 보여달라고 기도하고 제비를 뽑아 선택했기 때문이다. 맛디아는 사도가 될 사람이었으므로 당연히 하나님이 직접 부르셔야 했다. 마찬가지로 바울도 이방인에게 복음을 전하는 사도로 부르심을 받았다(행 9:15). 또한 사도는 성도로도 불리는데, 그것은 사도가 자기의 부르심과 교훈을 확신하고 자기의 직분에

계속 충실했기 때문이다. 사도들 가운데 가룟 유다를 제외하고 버림받
은 자는 하나도 없었다. 그것은 사도들의 부르심이 거룩한 부르심이었
기 때문이다.

이것이 바로 바울이 거짓 사도들에게 퍼붓는 첫 번째 공격이다. 따
라서 부르심은 결코 경시되어서는 안 된다. 누구든 말씀과 순전한 교훈
을 소유하는 것으로 충분하지 않기 때문이다. 다시 말해, 부르심을 받은
자는 자신의 부르심을 확신하지 않으면 안 된다. 부르심에 대한 확신 없
이 교회 속에 들어가는 자는 다만 죽이고 멸망시키는 일을 할 것이다.
하나님은 부르심을 받지 않은 자의 수고를 유익하게 사용하지 않으신
다. 부르심을 받지 못한 자는 아무리 선하고 유용한 교훈을 가르친다고
해도 교회에 덕을 세우지 못한다. 확실하고 거룩한 부르심을 갖고 있는
자는 수없이 많은 반대를 겪게 된다. 가르치는 교훈이 순전하고 건전하
기 때문이다. 그럼에도 불구하고 마귀의 끝없고 지속적인 공격과 세상
의 격동에 맞서 자신의 합당한 부르심을 굳건하게 유지할 수 있다.

따라서 우리가 말씀 사역에 종사하는 자라면, 신성하고 거룩한 직
분을 갖고 있음을 확신할 때 큰 위로를 얻는다. 우리가 말씀 사역에 종
사하도록 적법하게 부르심을 받은 자라면 지옥문을 파괴하고 승리할 것
이다. 반면에 양심이 "너는 합당한 부르심 없이 이 직분을 행했다"고 말
한다면, 그것은 정말 두려운 일이다. 부르심을 받지 못한 자는 자신이 가
르치는 말씀에 기꺼이 순종하지 못할 것이고, 따라서 이런 두려움에 휩
싸일 것이다. 아무리 "선하게" 사역한다고 해도 그는 자신의 불순종으
로 자신의 모든 사역을 악한 일로 만들 것이다. 결국 그의 가장 큰 사역
이 곧 그의 가장 큰 죄가 되고 만다.

따라서 여기서 바울의 모습을 보면서 우리도 우리의 사역을 이처럼
자랑하고 영광으로 여기는 것이 얼마나 유익하고 필요한 일인지 깨닫는
다. 내가 아직 젊은 신학자였을 때에, 바울이 자신의 서신들에서 자신의

부르심을 그토록 자주 자랑스러워하는 것이 지혜 없는 처신이라고 생각했었다. 그러나 그때는 하나님의 말씀을 전하는 사역이 그만큼 중요하다는 사실을 깨닫지 못했다. 바울의 목적을 제대로 파악하지 못한 것이다. 확실히 그때 나는 믿음의 교리와 참된 양심에 관해 아는 것이 없었다. 당시에 대학이나 교회에서 받은 가르침 가운데 확신할 만한 것은 하나도 없었다. 모든 것이 치밀한 스콜라 신학에 갇혀 있었다. 아무도 첫째는 하나님께 영광을 돌리고 둘째는 우리의 직분을 향상시키는 데 유용한, 참되고 합법적인 부르심에 관한 거룩하고 영적인 자랑의 존귀함과 능력을 제대로 파악할 수 없었기 때문이다. 그러나 우리의 부르심에 대한 이 거룩한 자랑은 우리 자신과 사람들을 구원으로 이끄는 힘이 있다. 우리는 이 자랑을 통해 세상의 존경이나 인간적 칭송이나 돈이나 즐거움이나 인기를 추구하지 않는다. 신적 부르심에 부응하여 하나님의 사역에 종사할 뿐이다. 그렇게 할 때 사람들은 우리의 부르심을 충분히 인정할 것이다. 또한 우리의 말이 하나님의 말씀임을 알게 될 것이다. 그러므로 우리는 자부심을 갖고 우리의 부르심을 자랑해도 된다. 우리의 부르심을 자랑하는 것은 헛된 일이 아니다. 하나님 앞에서 마귀와 세상을 반대하는 가장 거룩한 찬양이자 하나님을 향한 가장 겸손한 태도이기 때문이다.

그를 죽은 자 가운데서 살리신 하나님 아버지로 말미암아   여기서 바울은 열정으로 불타올라 그 문제를 다룰 적절한 시점이 될 때까지 기다리지 못한다. 첫 부분에서 곧바로 자신의 마음속에 있는 것을 토설한다. 갈라디아서를 쓴 바울의 의도는 믿음으로 얻는 의를 다루고 변증하며 율법과 행위로 얻는 의를 무너뜨리는 것에 있다. 바울은 이 생각으로 가득 차 있다. 그의 마음속에서 활활 타오르고 있는 엄청난 열정을 감출 수가 없다. 이 열정 때문에 바울은 입을 다물고 있을 수가 없다. 그러므로 자신

이 예수 그리스도……로 말미암아 사도 된 자라고 말하는 것으로는 불충
분하다고 느낀다. 그래서 곧장 그를 죽은 자 가운데서 살리신 하나님 아
버지라는 말을 덧붙인다.

이 말(그를 죽은 자 가운데서 살리신 하나님 아버지)이 반드시 필요한 말
로 보이지는 않는다. 그러나 바울은 열정이 충만한 마음으로 말하고 있
기 때문에 갈라디아서 첫 부분에서 측량할 수 없는 그리스도의 부요함
을 제시한다. 또 강한 열망에 휩싸여 예수의 부활에서 정점에 달한 하나
님의 의를 전한다. 죽은 후에 다시 살아나신 그리스도께서 바울을 통해
말씀하시고 이와 같이 말하도록 바울을 움직이신다. 따라서 사도 바울
이 이 말(그를 죽은 자 가운데서 살리신 하나님 아버지)을 덧붙이는 것은 그만
한 이유가 있다. 바울이 다음과 같이 말하는 것과 같다. "나는 하나님 아
버지께서 죽은 자 가운데서 다시 살리신 그리스도의 의를 내게서 빼앗
으려고 획책하는 사탄과 그의 독사들 곧 그의 하수인들을 다루어야 한
다. 우리는 오직 그리스도로 말미암아 의롭게 되고, 또한 마지막 날에 사
망에서 영원한 생명으로 살아날 것이다. 그러나 이와 같이 그리스도의
의를 무너뜨리려고 획책하는 자는 하나님 아버지와 아들 그리고 그분들
의 사역을 거역하는 것이다."

그러므로 이 첫 부분에서 바울은 자신이 갈라디아서에서 다루게 될
전체 주제를 곧바로 제시한다. 그리스도가 다시 살아나 우리를 의롭게
하셨다. 그렇게 하실 때에 그리스도는 율법과 죄, 사망, 지옥을 정복하셨
다(롬 4:24-25). 따라서 그리스도의 승리는 곧 율법과 죄, 우리의 육체, 세
상, 마귀, 사망, 지옥 그리고 온갖 악의 패배를 의미한다. 그리스도는 이
러한 승리를 우리에게 주셨다. 따라서 폭군들 곧 우리의 원수들은―비
록 우리를 고소하고 우리를 두렵게 만들기는 해도―우리를 절망에 빠뜨리거나
정죄할 수가 없다. 그것은 하나님 아버지께서 죽은 자 가운데서 다시 살
리신 그리스도가 우리의 의와 승리이시기 때문이다. 그러므로 "우리 주

예수 그리스도로 말미암아 우리에게 승리를 주시는 하나님께 감사하노
니"(고전 15:57). 아멘!

　　그러나 바울이 여기서 전하는 말이 얼마나 적합한지 주의해서 보
라. 바울은 이것이 하늘과 땅을 창조하시고 천사들의 주가 되시며, 아브
라함에게 고향을 떠나라고 명령하시고, 모세를 바로에게 보내시며, 이
스라엘을 애굽에서 이끌어 내신 하나님으로 말미암아 이루어진 것이라
고 말하지 않는다. 다시 말해, 바울은 거짓 사도들이 말한 것처럼 말하
지 않는다. 하나님을 자기 조상의 하나님, 창조자, 만물의 보존자와 유지
자, 자기 백성들 가운데 이적을 행하시는 분으로 자랑하지 않는다. 대신
바울은 마음속에 다른 사실을 품고 있었다. 바로 그리스도의 의를 염두
에 두고 있었다. 그렇기 때문에 바울은 그리스도의 의를 암시하는 말들
을 사용한다. 요컨대 바울은 그리스도의 의에 대해 정말 열정적이다. 지
옥 전체, 세상의 권세와 지혜, 마귀와 그의 사자들에 반대하여 그리스도
의 의를 확립하고 지탱시키는 데 심혈을 기울이고 있다.

1:2 함께 있는 모든 형제와 더불어　바울의 모든 주장이 대체로 자신의 사
역을 높이는 한편 거짓 사도들의 사역은 깎아내리는 경향이 있다. 그럼
에도 불구하고 이런 방식은 거짓 사도들을 논박하는 데 도움을 준다. 이
는 다음과 같이 말하는 것과 같다. "내가 신적 부르심에 따라 예수 그리
스도와 그를 죽은 자 가운데서 살리신 하나님 아버지로 말미암아 사도
로 보내심을 받은 것은 충분하다. 그렇기는 해도 여기서 또 다른 사실을
덧붙일 필요가 있다. 그것은 나는 혼자가 아니라는 사실이다. 내게는 모
든 형제 곧 사도는 아니지만 함께 십자가 군사가 된 동료 형제들이 있다.
이 형제들도 나와 함께 이 편지를 쓰고 있다. 이들이 내 교훈이 참되고
경건하다는 사실을 나와 함께 증언한다. 따라서 그리스도가 우리와 함께
계시고, 그분이 우리 가운데와 우리의 교회 안에서 말씀하시는 것을 우

리는 확신한다. 반면에 거짓 사도들은 사람에게서 또는 사람으로 말미
암아 보냄을 받은 자들이다. 하지만 나는 하나님 아버지와 우리의 생명
이자 부활이신 예수 그리스도(요 11:25)로 말미암아 보내심을 받은 자다.
나의 다른 형제들도 사람으로―즉 나로―말미암아 보냄을 받은 것이 아
니라 하나님으로 말미암아 보내심을 받은 자들이다. 내게는 나와 함께
하는 형제들이 있으므로, 거짓 사도들이 교만하게 자기들과 달리 내가
나 자신을 스스로 사도로 세웠다고 말하지 못한다. 그들은 나와 똑같이
생각하고 쓰고 가르치는 신실한 증인들로 모두가 나와 한마음이다."

갈라디아 여러 교회들에게 바울은 갈라디아 지역의 도처에서 복음을 전
했다. 비록 그 지역의 주민 전체를 그리스도께 회심시키지는 못했지만
갈라디아 지역 안에 여러 교회를 세웠다. 그런데 그 교회들 안에 사탄의
사자인 거짓 사도들이 기어들었다. 마찬가지로 오늘날에도 거짓 선지자
들은 복음의 원수들이 지배하는 지역에는 가지 않고, 그리스도인들과 복
음을 사랑하는 선한 사람들이 있는 곳만 찾아간다. 바울 시대에 거짓 선
지자들도 마찬가지였다. 바울 및 다른 사도들과 달리, 위험스러운 일은
절대로 시도하지 않았다. 가야바를 만나러 예루살렘으로 가거나 황제에
게 말하러 로마로 가지 않았다. 이전에는 복음을 전한 적이 아무도 없었
던 다른 지역을 찾아가지 않았다. 거짓 선지자들은 바울이 힘써 그리스
도를 위해 복음을 전했던 갈라디아로 갔다. 또는 이미 신자들 곧 그리스
도의 이름을 고백하는 선한 사람들이 있고, 무슨 일을 하든지 파문이 일
어나지 않고 박해도 전혀 없는 아시아나 고린도나 이와 비슷한 다른 지
역들을 찾아갔다. 그런 곳에서는 그리스도 십자가의 원수들로부터 박해
를 받지 않고 아주 안전하게 살 수 있었기 때문이다.
　경건한 선생은 교회를 세우려고 수고할 때에 악하고 무례한 세상의
박해를 겪을 뿐만 아니라 큰 난관을 거쳐야 한다. 또한 자기가 순수하게

가르친 교훈이 악한 영들의 역사로 쉽게 무너져버리고, 이후에 죽도록 충성하며 감당했던 사역이 졸지에 악한 영들의 허탄한 관념으로 속절없이 지배되고 장악될 때에 말할 수 없는 고통을 겪는다. 경건한 사역자에게는 이런 일이 폭군들의 박해보다 더 괴롭다. 그러므로 이런 일로 멸시받는 것을 기꺼이 감수하지 않는다면, 또는 비난받는 것이 싫다면 복음 사역자가 되어서는 안 된다. 그렇지 않으면 사역자로서의 직무를 다른 사람에게 넘겨주어야 한다.

오늘날에도 실제로 이런 일이 일어나고 있다. 우리는 복음 때문에 비참하게 경멸을 당한다. 외적으로 폭군에게 학대를 받고, 내적으로는 우리가 복음을 통해 자유를 회복시켜 준 자나 거짓 형제에게 고통을 당한다. 그러나 이런 때에 우리가 받는 위로와 영광이 있다. 곧 우리는 하나님께 부르심을 받았고, 영생의 약속을 갖고 있다는 것이다. 우리는 "눈으로 보지 못하고 귀로 듣지 못하고 사람의 마음으로 생각하지도 못하였던" 상을 바라보고 있다(고전 2:9). "그리하면 목자장이 나타나실 때에 시들지 아니하는 영광의 관을 얻"을 것이다(벧전 5:4). 또한 그리스도는 우리가 이 세상에서 주려 죽도록 결코 놔두지 않으신다.

여기서 제롬이 중요한 질문을 제기한다. 갈라디아 사람들이 교회가 아닌데 바울은 왜 그들을 교회들이라고 부르는가? 제롬은 그 이유가 바울이 그리스도에게서 떠나고 은혜에서 떠나 모세와 율법으로 돌아간 갈라디아 지역의 교인들에게 편지를 쓰고 있기 때문이라고 말한다. 이에 대해 나는 바울이 성경에서 흔히 사용되는 용법인 제유법(전체를 가리키기 위해 부분을 언급하는 수사법)을 사용했다고 답변하고 싶다. 마찬가지로 바울은 고린도 사람들에게 편지를 쓸 때에도 하나님의 은혜가 그리스도 안에서 그들에게 주어짐으로써 그들이 모든 언변과 모든 지식에 풍족하게 되었다고 즐거워한다(고전 1:5). 하지만 그들 가운데 많은 이들이 사실은 거짓 사도들에게 잘못 이끌렸고 죽은 자의 부활을 믿지 않았다.

비록 갈라디아 사람들이 바울의 교훈에서 떨어져 나가기는 했어도, 세례와 하나님의 말씀, 그리스도의 이름은 여전히 그들 속에 남아 있었다. 또한 그들 가운데 일부 선한 사람들은 하나님을 거역하지 않고 올바른 견해를 고수하며 하나님의 말씀과 성례를 적절히 활용했다. 나아가 하나님의 말씀과 성례는 사람들이 거역한다고 해서 더럽혀질 수 있는 것이 아니다. 세례와 복음 그리고 다른 일들은, 많은 사람들이 오염되고 부정한 상태가 되고 그것들에 대해 잘못된 견해를 갖는다고 해도 부정한 것이 되지 않는다. 경건한 사람들 속에 있든지 경건하지 못한 사람들 속에 있든지 간에, 그것들은 항상 거룩한 상태 그대로 남아 있다(사람 때문에 거룩하게 되거나 오염될 수 없다). 이교도의 눈에는 이런 일들이 우리의 선한 행위나 악한 행위로 말미암아 거룩해 보이거나 오염되어 보일 수 있다. 그러나 하나님 앞에서는 항상 거룩하다. 그러므로 말씀과 성례의 본질이 그대로 남아 있는 곳은 어디든 거룩하다. 비록 적그리스도가 그곳을 지배하고 있다 하더라도 말이다. 성경은 적그리스도가 마귀들의 우리 안에, 돼지우리 안에 또는 비신자들의 집단 속에 앉아 있지 않다고 말한다. 모든 곳 가운데 가장 높고 가장 거룩한 곳, 즉 하나님의 성전 안에 앉아 있다고 증언한다. 그러므로 영적 폭군이 다스리고 있다고 해도 그곳은 하나님의 성전일 수 있다. 하나님의 성전은 폭군 아래에서도 보존된다. 교회는 보편적이다. 따라서 하나님의 복음과 성례가 있는 곳이라면 어디든 온 세상 전체에 걸쳐 교회는 존재한다. 유대인과 무슬림 그리고 다른 허탄한 영들은 교회가 아니다. 그들은 이 일들을 반대하고 부인하기 때문이다.

이제 바울의 인사말이 이어진다.

1:3 우리 하나님 아버지와 주 예수 그리스도로부터 은혜와 평강이 있기를 원하노라
여기서 은혜와 평강은 바울 서신에서 흔히 사용되는 말이다. 결코 애매

모호한 말이 아니므로 여러분은 그 의미를 알 것이다.

우리가 갈라디아서를 주석하는 이유는 갈라디아서에 주석이 꼭 필요하기 때문이거나 갈라디아서가 읽기 힘든 책이기 때문도 아니다. 갈라디아서는 우리의 양심을 강하게 하여 우리에게 오는 이단들을 차단하도록 만들어 준다. 그래서 우리가 언젠가 가르치고 설교하고 노래하고 쓸 때에, 칭의 진리를 등한시하게 되면 모든 것을 잃어버리게 된다는 사실을 거듭 기억할 수 있게 해준다. 그러므로 우리는 반드시 다른 어떤 것보다 칭의 진리를 가르치고 반복해야 한다. 칭의 진리는 아무리 강조해도 너무 자주 또는 너무 많이 강조하는 것이 될 수 없다. 비록 우리가 칭의 진리를 잘 배우고 이해한다고 해도, 우리 가운데 칭의 진리를 완전히 파악하거나 온 마음으로 온전히 믿는 자는 아무도 없다. 우리의 육체는 연약해서 성령에 자주 불순종하기 때문이다.

바울의 인사말은 세상 사람들에게 생소했다. 복음이 전파되기 전에는 어떤 사람도 이와 같은 말을 들어 본 적이 없었다. 은혜와 평강이라는 두 단어 속에는 기독교에 속해 있는 모든 것이 들어 있다. 은혜는 죄를 면제시키고 평강은 양심을 평안하게 한다. 우리를 괴롭히는 두 장본인은 죄와 양심이다. 그러나 그리스도는 현세와 내세에서 이 두 괴물을 소멸시켰고 발로 짓밟으셨다. 세상은 이것을 알지 못하므로 죄와 양심, 사망을 극복하는 법을 확실히 가르칠 수 없다. 오직 그리스도인만이 이에 대한 가르침을 갖고 있다. 오직 그리스도인만이 죄와 절망, 영원한 사망을 물리치고 승리를 얻기 위해 이 가르침으로 무장하고 있다. 이것은 자유의지에서 나오는 가르침도 아니고 인간의 지혜나 이성에 의해 만들어진 것도 아니다. 오직 위로부터 우리에게 주어진다.

은혜는 죄 사함, 양심의 평안과 기쁨을 포함한다. 먼저 죄 사함을 받지 못하면 결코 양심의 평강을 누릴 수 없다. 그러나 율법을 지키는 것으로는 죄 사함을 받지 못한다. 율법을 만족시킬 수 있는 자는 아무도 없기 때문이다. 오히려 율법은 죄를 보여주고, 양심을 고소하고 두렵게 하며, 하나님의 진노를 선언하고, 사람들을 절망으로 이끈다. 죄는 악한 예배 및 이상한 종교, 맹세, 순례와 같은 인간적 행위와 관념으로는 절대로 제거되지 않는다. 요컨대 행위로는 결단코 죄를 제거할 수 없다. 오히려 죄가 더 많아진다. 구원을 공로에 의지하는 자들은 죄에서 벗어나려고 애쓰고 힘쓸수록 그만큼 더 죄에 깊이 빠져들고 만다. 죄를 제거하는 수단은 은혜 외에는 없다. 그래서 바울은 자신이 쓴 편지들의 모든 인사말에서 은혜와 평강이라는 말을 죄와 악한 양심과 대립시켜 사용한다. 이 것을 매우 조심스럽게 주목해 보라. 이 두 단어는 간단하다. 하지만 시험이 있을 때 하나님께서 오직 은혜로 주시는 죄 사함과 평강이 우리 안에 있음을 확신하는 것이야말로 가장 강력한 자원이다.

세상은 이 교훈을 이해하지 못한다. 그렇기 때문에 세상은 은혜와 평강을 가질 수 없고 바라지도 못한다. 세상은 은혜와 평강을 오히려 이단적이고 악한 것으로 정죄한다. 세상은 자유의지와 이성의 빛, 자연의 건전한 능력과 속성, 선행을 은혜와 평강—즉 죄 사함과 평안한 양심—을 식별하고 얻을 수 있는 수단으로 자랑한다. 그러나 은혜로 말미암아 평강을 갖고 있지 않는 한, 즉 그리스도 안에서 약속된 죄 사함을 통하지 않는 한 양심이 평안하고 기쁠 수 없다. 많은 사람들이 양심의 평안과 안정을 얻기 위해 갖가지 종교적 계율을 성실하게 실천하는 데 힘썼다. 그러나 그렇게 할수록 그들은 더 깊고 심각한 비참함 속에 떨어졌다. 이 모든 장치는 다만 의심과 절망을 증가시키는 역할을 할 뿐이기 때문이다. 그러므로 우리가 은혜의 말씀을 듣고 그 말씀을 끊임없이 신실하게 지키지 않으면 우리의 골수에 안식은 없을 것이다. 하나님의 말씀을 듣고 그 말씀을 끊임없이 신실하게 지킬 때에만 우리의 양심은 은혜와 평강을 확실히 찾을 수 있다.

바울은 은혜와 평강을 다른 온갖 종류의 은혜와 평강과 올바르게 구분한다. 바울은 갈라디아 사람들이 세상의 군왕이나 관원들로부터 은혜와 평강을 얻기를 바라지 않는다. 그 이유는 세상의 군왕이나 관원들은 자주 경건한 사람들을 박해하고, 여호와와 그의 기름부음 받은 자인 그리스도를 대적하기 때문이다(시 2:2). 또 그리스도께서 "세상에서는 너희가 환난을 당하나"라고 말씀하시므로(요 16:33) 바울은 은혜와 평강이 세상으로부터 나오는 것도 바라지 않는다. 바울은 은혜와 평강이 우리 하나님 아버지로부터 나오기를 바란다. 그것은 바울이 경건한 사람들이 하늘의 평안을 얻기를 바랐다고 말하는 것과 같다. 구주께서는 우리에게 "평안을 너희에게 끼치노니 곧 나의 평안을 너희에게 주노라"라고 말씀하셨다(요 14:27). 세상의 평강은 우리에게 재물과 몸의 평안 외에 다른 것은 주지 못한다. 고통과 사망의 순간에 우리에게 아무런 도움을 줄 수 없다. 고통과 절망, 사망에서 우리를 건져 낼 수 없다.

그러나 하나님의 은혜와 평강이 우리 마음속에 있을 때 우리는 강하다. 역경에 좌절하지 않고 번성에도 교만해지지 않는다. 다만 확신을 갖고 왕의 대로를 따라 걷는다. 우리는 그리스도의 죽음의 승리에 참여하고, 이 참여에 대한 확신을 통해 양심으로 죄와 사망을 다스리는 삶을 시작하기 때문이다. 우리는 그리스도로 말미암아 죄 사함을 보장받고, 이렇게 죄 사함을 얻으면 우리의 양심은 은혜의 말씀으로 안식과 위로를 받게 된다. 하나님의 은혜로(즉 죄 사함과 양심의 평강으로) 위로와 힘을 얻게 되면, 우리는 온갖 고통을 굳건하게 견디고 심지어 사망까지도 극복할 수 있다. 하나님의 평강이 세상에 주어지지 않는 이유는, 세상은 하나님의 평강을 결코 이해하지 못하고 바라지도 못하기 때문이다. 그러므로 하나님의 평강은 믿는 자에게만 주어진다. 그리고 오직 하나님의 은혜로만 누릴 수 있다.

규칙: 호기심으로 하나님의 위엄을 찾는 것을 금하라

바울은 3절에서 왜 주 예수 그리스도라는 말을 덧붙일까? 우리 하나님 아
버지로부터라는 말로 충분하지 않았을까? 우리가 여기서 매우 조심스럽
게 주목해야 할 성경의 원리는 바로 이것이다. 곧 잘못된 방법으로 하나
님의 위엄을 찾지 말라. 여호와는 "나를 보고 살 자가 없음이니라"고 말씀
하신다(출 33:20). 자기 자신의 공로를 의지하는 자는 이 규칙을 무시한다.
중보자 그리스도를 자기의 시야에서 제거하고 오직 하나님에 대해서만
말한다. 그는 오직 하나님께 기도하고 오직 하나님에 대해서만 행한다.

가톨릭의 수사(修士)는 이렇게 생각한다. "내가 하는 일들은 하나님
을 기쁘시게 한다. 하나님은 나의 맹세를 존중하고, 그것 때문에 나를 구
원하실 것이다." 무슬림은 이렇게 말한다. "만약 코란에서 명하는 일들
을 지키면 하나님은 나를 받아 주시고 나에게 영생을 주실 것이다." 유
대인은 이렇게 생각한다. "율법이 명령하는 일들을 지키면 하나님은 내
게 자비를 베푸셔서 나는 구원받게 될 것이다." 마찬가지로 잘못 인도
받은 이는 자기의 이해에서 벗어나 있는 이적들을 언급하며, 계시의 영
이나 환상 및 다른 기이한 일들을 자랑한다. 이런 사람은 새로운 십자가
와 새로운 행위와 꿈을 만들어 내어 그 일들을 행함으로써 하나님을 기
쁘시게 하려고 애쓴다. 간단히 말해, 칭의 진리를 모르는 자는 누구든 속
죄소 곧 그리스도를 제거하고, 이성의 판단으로 하나님의 위엄을 파악하
며, 자기 자신의 행위로 하나님을 진정시키려고 획책하게 된다.

그러나 참된 기독교는 사람이 먼저 하나님의 위엄 속에 들어가지
않는다. 모세와 다른 선생들도 그렇게 했다. 참된 기독교는 우리에게 하
나님의 본성을 찾지 말라고 말한다. 우리의 죄를 위해 육체를 입고 사람
으로 태어나 죽으신 그리스도 안에서 우리에게 주어진 하나님의 뜻을
알아보라고 명령한다. 하나님은 이것이 모든 민족에게 전해지기를 바라

신다. "하나님의 지혜에 있어서는 이 세상이 자기 지혜로 하나님을 알지
못하므로 하나님께서 전도의 미련한 것으로 믿는 자들을 구원하시기를
기뻐하셨도다"(고전 1:21). 따라서 여러분의 양심이 갈등에 빠져 율법과
죄, 사망을 붙들고 씨름하고 있을 때, 하나님 앞에 나아가 하나님의 불
가해한 능력과 지혜, 위엄을 찾는 호기심어린 거룩한 사변—하나님이 세
상을 어떻게 창조하셨는지와 하나님이 세상을 어떻게 다스리시는지에 대한—속에
서 헤매는 것보다 더 위험한 일은 없다. 만약 여러분이 이렇게 하나님을
파악하려 한다면, 여러분은 중보자 그리스도 없이 하나님을 진정시키려
고 시도하고, 여러분의 행위를 하나님과 여러분 자신 사이를 잇는 수단
으로 삼음으로써 루시퍼와 똑같이 행하는 것이다. 그 결과 여러분은 끔
찍한 절망에 빠져 하나님과 다른 모든 것을 상실하게 될 것이다. 하나님
은 측량할 수 없고 파악할 수 없는 무한하신 본성을 갖고 계신다. 따라
서 인간의 본성이 직접 자신을 찾는 것을 참으실 수 없다.

그러므로 안전하기를 바란다면 양심과 구원을 위험하게 하는 것으
로부터 도망치라. 여러분의 오만한 영에 족쇄를 채우고 바울이 가르치
는 다음과 같은 방법으로 하나님을 찾아야 한다. "우리는 십자가에 못
박힌 그리스도를 전하니 유대인에게는 거리끼는 것이요, 이방인에게는
미련한 것이로되, 오직 부르심을 받은 자들에게는 유대인이나 헬라인이
나 그리스도는 하나님의 능력이요 하나님의 지혜니라"(고전 1:23-24). 그
러므로 그리스도가 시작하신 곳에서 시작하라. 다시 말해, 동정녀의 태에
서, 말구유에서, 그리스도의 어머니의 가슴에서 시작하라. 그리스도가 세
상에 오셔서 태어나고, 사람들 사이에서 살고 고난을 겪으며, 십자가에 달
려 죽으신 이유가 있다. 바로 그리스도 자신을 분명히 우리의 눈에 나타
내고 우리의 영적 시선을 자기에게 집중시킴으로써, 우리가 호기심을 갖
고 하늘로 올라가 하나님의 위엄을 직접 찾지 않도록 막기 위함이었다.

그러므로 여러분은 칭의 문제를 다룰 때마다 반드시 기억하라. 죄인

을 의롭게 하고 의인으로 받아 주시는 하나님을 찾아내는 지점과 방법을 찾아 헤맬 때마다 기억하라. 여러분이 찾아갈 하나님은 이 사람 곧 그리스도 예수뿐이다. 그분 외에 다른 하나님은 없다. 온 마음을 다해 그리스도를 붙잡으라. 그리스도께 매달리라. 하나님의 위엄에 관한 온갖 호기심 어린 사변을 피하라. 중보자를 배제시키는 허탄한 자는 이것을 믿지 못할 것이다. 그리스도는 친히 이렇게 말씀하신다. "내가 곧 길이요 진리요 생명이니, 나로 말미암지 않고는 아버지께로 올 자가 없느니라"(요 14:6). 그러므로 그리스도가 없으면 여러분은 하나님 아버지께 나아갈 다른 길을 찾지 못하고 그저 헤맬 뿐이다. 진리 아니면 위선과 거짓말이다. 생명 아니면 영원한 죽음이다. 따라서 반드시 명심하라. 우리 가운데 누구든 율법과 죄, 사망 그리고 온갖 다른 악을 붙들고 씨름할 때 오직 성육신하고 인간의 본성을 입으신 하나님만을 바라보아야 한다.

칭의 문제를 떠나서, 유대인이나 무슬림이나 이단들과 하나님의 능력과 지혜와 위엄에 관해 논쟁을 벌여야 할 때, 정신을 번쩍 차리고 최대한 깊이 있고 명민하게 논쟁에 참여해야 한다. 그러나 율법과 죄, 사망, 마귀, 의, 생명—이것을 특별히 주목하라—의 경우에, 또는 보속과 죄 사함, 화목, 영생에 있어서, 여러분의 지성은 하나님의 위엄에 대한 온갖 추론과 추구에서 철저히 벗어나야 한다. 우리에게 자신을 중보자로 나타내고 "수고하고 무거운 짐 진 자들아, 다 내게로 오라 내가 너희를 쉬게 하리라"고 말씀하시는 이 분, 곧 예수 그리스도만 바라보아야 한다(마 11:28). 이렇게 할 때 여러분은 하나님의 사랑과 선하심, 인자하심을 바로 인식하게 될 것이다. 여러분의 능력 안에서 하나님의 지혜와 능력, 위엄을 볼 수 있을 것이다. 그리고 바울이 골로새 교회 교인들에게 다음과 같이 말하는 것처럼 이 즐거운 성찰이 충분함을 알게 될 것이다. "그 안에는 지혜와 지식의 모든 보화가 감추어져 있느니라.……그 안에는 신성의 모든 충만이 육체로 거하시고"(골 2:3, 9). 세상은 이것을 전혀 모르고 있다. 그러므로 세상은 그리스도 안에 있는 약속을 무시하고 하나님의 뜻을 찾음으로써 파멸을 자초한다. "아들과 또 아들의 소원대로 계시를 받는 자 외에는 아버지를 아는 자가 없느니라"(마 11:27. 요 10:15 참조).

바로 이런 이유로 바울은 매우 자주 예수 그리스도와 하나님 아버지를 함께 짝을 지워 언급한다. 바울은 여기서 참된 기독교란 어떤 종교인지를 가르치고 있다. 다시 말해, 참된 기독교는 다른 종교와 다르게 가장 높은 곳에서 시작되지 않는다. 가장 낮은 곳에서 시작된다. 하나님은 그 발을 누워 있던 야곱의 머리 아래 땅에 뻗으시고, 그분이 기대신 야곱의 사다리를 통해 우리가 하늘까지 올라가도록 할 것이다(창 28:12). 그러므로 구원 문제에 부딪힐 때마다 헤아릴 수 없는 하나님의 위엄에 관한 온갖 사변을 피하라. 행위와 전통, 철학 그리고 심지어 하나님의 율법에 대한 모든 생각을 중단하고 즉각 말구유로 달려가라. 거기서 어린 아이 곧 동정녀가 낳은 아기를 여러분의 팔로 안으라. 태어나서 젖을 빨고 자라고 사람들 사이에서 살고 가르치고 죽고 다시 살고 모든 하늘 위로 올라가고 만물을 다스리는 권세를 갖고 계신 그분을 있는 그대로 바라보라. 이렇게 할 때 여러분은 태양이 구름을 몰아내는 것처럼 온갖 두려움과 오류를 물리칠 수 있을 것이다. 이것을 성찰할 때 여러분은 올바른 길을 갈 수 있을 것이다. 그리스도가 어디로 가시든 그분을 따라갈 수 있을 것이다.

그래서 바울은 은혜와 평강이 우리 하나님 아버지로부터뿐만 아니라 주 예수 그리스도로부터도 있기를 바라면서, 우리가 호기심을 갖고 하나님의 위엄을 찾는 것을 금한다(아무도 하나님을 직접 알 수 없으므로). 대신 아버지의 품속에 있고 우리에게 자신의 뜻을 말씀하시는 그리스도께 들어야 한다고 가르친다. 그리스도는 우리가 그분께 모든 것을 듣도록 아버지께서 우리의 선생으로 정하신 분이다(요 8:18).

그리스도는 본질상 하나님이시다

바울이 여기서 가르치는 또 다른 사실은 그리스도를 참 하나님으로 믿는 우리의 믿음을 확증하는 것이다. 그리스도의 신격에 관해 말하는 이와 같은 본문들을 모아 주의 깊게 살펴보면, 우리는 과거나 미래의 이단들을 대비할 수 있을 뿐만 아니라 그리스도를 참 하나님으로 믿는 우리의 믿음도 확증할 수 있다. 사탄은 우리가 죽기 전에는 우리 믿음의 모든 항목에 대해 비난하는 일을 절대로 그만두지 않을 것이다. 당연히 믿음의 가장 결정적인 원수는 사탄이다. 그것은 사탄이 세상을 이기는 승리는 오직 믿음이라는 사실을 잘 알고 있기 때문이다(요일 5:4). 그러므로 우리는 부지런히 그리고 지속적으로 말씀을 읽고 기도하며 우리의 믿음을 더욱 확실히 해야 한다. 그뿐 아니라 우리의 믿음은 더 크고 강해져 사탄을 물리칠 수 있을 정도가 되어야 한다.

그리스도가 참 하나님이라는 사실이 여기서 명확히 진술되고 있다. 바울은 자신이 하나님 아버지께 돌리는 속성들, 다시 말해 신적 능력과 은혜의 수여, 죄 사함, 양심의 평안, 생명 그리고 죄와 사망과 마귀와 지옥에 대한 승리를 그리스도께도 똑같이 돌린다. 만약 그리스도가 참 하나님이 아니었다면, 하나님 아버지께 돌리는 속성들을 그리스도께도 똑같이 돌리는 것은 적합하지 않을 것이다. 도리어 신성모독에 해당된다. 하나님은 "나는 내 영광을 다른 자에게 주지 아니하리라"고 말씀하시기 때문이다(사 42:8). 어느 누구도 자신이 갖고 있지 못한 것을 남에게 줄수 없다. 그리스도는 우리에게 은혜와 평강, 성령을 주시고 우리를 마귀의 권세와 죄, 사망으로부터 구원하시므로, 확실히 모든 면에서 아버지의 권능과 동등한 무한한 신적 권능을 갖고 계신다.

그리스도가 은혜와 평강을 주시는 방식은 바울의 방식과 다르다. 복음 전파를 통해 주시는 것이 아니다. 그리스도는 창시자와 창조자로서 우리에게 직접 은혜와 평강을 주신다. 하나님 아버지는 생명과 은혜, 평강 그리고 다른 온갖 좋은 것들을 창조하고 주신다. 성자도 똑같은 것들을 창조하고 주신다. 은혜와 평강, 영생을 주시고, 죄를 사하시고, 의롭게 만드시며, 생명을 주시고, 사망과 마귀로부터 구원하신다. 이것들은 모두 피조물의 사역이 아니고 오직 하나님의 사역이다. 천사도 이것들을 창조하거나 줄 수 없다. 그러므로 이 사역은 오직 주권적인 지존자 곧 조물주의 능력에 속해 있다. 바울은 이 모든 것을 창조하고 베풀어 주시는 능력을 아버지께 귀속시킨 것과 똑같이 그리스도께도 귀속시킨다. 그러므로 여기서 그리스도는 참 하나님이라는 결론이 자연스럽게 따라 나온다.

요한복음에 이와 같은 주장들이 많이 나온다. 요한복음을 보면, 성부와 성자의 신성이 완전히 하나라는 사실이 두 분에게 함께 돌려지는 사역들로 증명된다. 그러므로 우리가 하나님 아버지로부터 받는 선물과 하나님의 아들로부터 받는 선물은 완전히 똑같다. 그렇지 않다면 바울은 다음과 같이 말했을 것이다. "우리는 하나님 아버지로부터 은혜를 받고 우리의 주 예수 그리스도로부터는 평강을 받는다." 그렇지만 바울은 이 둘을 결합시켜 은혜와 평강을 아버지께 귀속시킨 것과 똑같이 아들에게도 귀속시킨다. 나는 여기서 여러분에게 이 문제에 관해 잘못된 믿음을 갖지 않도록 주의하라고 당부하고 싶다. 잘못된 믿음은 매우 위험하기 때문이다. 아주 많은 명백한 거짓 가르침과 분파들이 혼란스럽게 할 때 교회는 이단들의 교묘한 주장으로 피해를 입을 수 있다.

아리우스파는 그리스도가 두 본성을 갖고 계신다는 것과 그리스도가 "참 하나님 중의 참 하나님"로 불리는 것을 인정했다. 그러나 그것은 명목상 인정하는 것에 불과했다. 아리우스파는 그리스도를 매우 고상하고 온전한 피조물이자 천사보다 우월한 존재로 인정했다. 하지만 천지와 다른 만물을 창조하신 후에 하나님이 창조하신 존재라고 말했다. 마호메

트도 그리스도를 존경한다고 말한다. 그러나 이 모든 것은 성경에 입각
한 정확한 판단이 아니다. 인간의 이성에 구미를 맞추고 그럴듯하게 포
장한 말에 불과하다. 그러므로 우리는 매우 조심하지 않으면 이와 같은
거짓 관념에 속임을 당한다. 바울은 그리스도에 관해 전혀 다르게 말한
다. 요컨대 다음과 같이 말한다. "너희 믿음의 뿌리와 근거는 이것이다.
그리스도가 단순히 온전한 피조물이 아니라 참 하나님이시고, 그렇기 때
문에 하나님 아버지가 행하는 일을 그리스도도 똑같이 행하신다는 것이
다. 그리스도가 은혜와 평강을 주시기 때문에 그리스도는 피조물이 아니
고 창조자이시다. 그분이 은혜와 평강을 주시는 것은, 곧 죄를 정죄하고
사망을 소멸시키며 마귀를 짓밟는 것이다. 어떤 천사도 은혜와 평강을
줄 수 없다. 은혜와 평강은 그리스도께 귀속되므로 그리스도는 본질상
참 하나님이라는 결론이 필연적으로 따라 나온다."

1:4 우리 죄를 대속하기 위하여 자기 몸을 주셨으니 바울은 갈라디아서 본
문의 모든 말로 갈라디아서의 논증을 구성한다. 바울이 전하는 모든 말
은 그리스도와 관련되어 있다. 모든 말 속에 영과 생명에 대한 열정이
나타나 있다. 바울이 얼마나 정확하고 적절하게 말하는지 주목해 보라.
바울은 "우리의 행위를 받으셨으니"라고 말하지 않는다. 또는 "모세 율
법의 제사와 예배, 종교, 미사, 맹세, 순례를 받으셨으니"라고도 말하지
않는다. 대신 주셨으니라고 말한다. 무엇을 주셨단 말인가? 금이나 은이
나 짐승이나 유월절 어린양이나 천사가 아니라 오직 자기 몸을 주셨다!
무엇을 위해서인가? 왕관이나 나라나 우리의 거룩함이나 의를 위해서
가 아니다. 오직 우리의 죄를 대속하기 위하여 자기 몸을 주셨다. 이 말은
세상에 존재하는 온갖 종류의 의에 반대하여 하늘로부터 울리는 큰 천
둥소리와 같다. 아울러 세례 요한이 다음과 같이 말하는 것과 같다. "보
라, 세상 죄를 지고 가는 하나님의 어린양이로다!"(요 1:29) 따라서 우리

는 바울의 모든 말을 조심스럽게 살피고 절대로 가볍게 여겨서는 안 된다. 그 모든 말이 위로로 가득 차 있고, 두려움에 싸인 양심을 크게 안심시키기 때문이다.

우리는 어떻게 죄 사함을 얻는가? 바울은 하나님의 아들 예수 그리스도로 알려진 사람이 죄 사함을 위해 자기 몸을 주셨다고 답변한다. 이 답변은 만족과 위로를 주는 말씀이자 약속이다. 다시 말해, 우리의 죄는 오직 하나님의 아들이 죽음에 넘겨짐으로써 제거된다. 이 포격과 공격으로 이교들은 파괴될 것이다. 모든 행위와 공로, 미신적인 의식들도 똑같이 파괴될 것이다. 만약 우리 죄가 우리 자신의 행위와 공로로 제거된다면, 하나님의 아들이 우리 죄를 대속하기 위해 자기 몸을 주실 필요가 있었겠는가? 그러나 하나님의 아들은 우리 죄를 대속하기 위해 자기 몸을 주셨다. 그러므로 우리는 우리 자신의 행위로는 절대로 우리 죄를 제거할 수 없다는 결론을 내릴 수밖에 없다.

또한 이 구절(우리 죄를 대속하기 위하여 자기 몸을 주셨으니)은 우리 죄에 대해 분명한 시사점을 준다. 우리 죄는 너무 크고 우리 자신의 힘으로 결코 극복할 수 없으므로, 세상에 사는 사람이 아무리 훌륭해도 단 한 사람의 죄도 대속할 수 없다는 것이다. 확실히 이 위대한 대속물(즉 우리 죄를 대속하기 위하여 자기 몸을 주신 하나님의 아들 그리스도)은 우리가 우리 자신의 힘으로 죄를 대속하거나 죄를 지배할 수 없다는 점을 충분히 증명한다. 죄의 힘과 권능은 다음 말씀으로 보아 매우 분명하다. 우리 죄를 대속하기 위하여 자기 몸을 주셨으니. 여기서 우리는 우리의 죄악에 도저히 셀 수 없는 값이 매겨져 있음을 주목해야 한다. 우리 죄의 권능이 너무 커서 하나님의 아들이 자기 몸을 주시는 것 외에 다른 방법으로 제거될 수 없음이 분명하다.

이 사실을 적절히 고려하는 자는 누구든 죄라는 한 마디에 하나님의 영원한 진노와 사탄의 나라 전체가 들어 있음을 깨달을 것이다. 그

말은 표현될 수 있는 것보다 훨씬 더 두려운 사실을 내포하고 있음을 인
정할 것이다. 우리는 죄라는 말을 들으면 두려움에 떨어야 한다. 그러나
우리는 죄에 대해 지나치게 부주의하다. 마치 죄가 아무것도 아닌 것처
럼 여긴다. 죄를 지을 때 양심의 가책을 느끼고 후회하지만, 우리는 작은
행위나 공로로 죄를 쉽게 제거할 수 있다고 생각한다.

그러나 이 구절(우리 죄를 대속하기 위하여 자기 몸을 주셨으니)은 우리가
모두 죄의 종이자 노예라고 말해 준다(롬 7:14와 비교해 보라). 이 구절은
우리에게 죄는 모든 사람을 지배하는 가장 잔인하고 악랄한 폭군이라고
알려 준다. 죄는 천사든 인간이든 어떤 피조물의 힘으로 완파될 수 없으
며, 오직 우리 죄를 대속하기 위하여 자기 몸을 주신 예수 그리스도의 주
권적이고 무한하신 능력으로만 완파될 수 있다고 말해 준다.

이 구절(우리 죄를 대속하기 위하여 자기 몸을 주셨으니)은 또한 자신의 큰
죄로 인해 두려움에 떠는 모든 사람의 양심에 각별한 위로를 제공한다.
죄가 아무리 난공불락의 폭군이라고 해도, 죄는 그리스도를 믿는 자를
결코 해칠 수 없다. 그리스도께서 자신의 죽음으로 말미암아 죄를 정복
하셨기 때문이다. 만약 우리가 이런 믿음으로 무장하고 온 마음을 다해
그리스도 예수를 붙잡고 있다면, 우리에게는 빛이 있다. 우리는 온전한
판단력을 갖고 주변 상황을 올바르게 파악할 수 있을 것이다. 죄는 난
공불락의 폭군이다. 그렇다면 죄를 파괴하고 정복하기 위해 자신의 행
위를 의지하는 자를 어떻게 판단해야 할까? 우리는 그런 자를 치명적인
악인으로 즉각 규정할 수 있다. 하나님의 영광과 그리스도의 영광을 훼
손하고 철저히 파괴하는 한편 자기 자신의 영광만 높이 세우는 자로 생
각해야 한다.

바울이 하는 모든 말을 조심스럽게 살펴보라. 특히 우리라는 대명
사를 주목하라. 이 대명사의 효력은 전적으로 성경에서 발견되는 그 대
명사를 정확히 적용할 때 나타나기 때문이다. 여러분은 하나님의 아들

이신 그리스도께서 베드로와 바울 그리고 은혜를 받을 만하다고 판단되는 다른 훌륭한 성도들의 죄를 대속하기 위하여 자기 몸을 주셨다는 것은 쉽게 믿을 것이다. 하지만 우리 자신과 관련해서는 다르게 생각한다. 우리는 이 은혜를 받을 만한 가치가 없다고 판단한다. 이처럼 우리는 마음으로 그리스도께서 우리의 한없고 끔찍한 죄를 대속하기 위하여 자기 몸을 주셨다는 사실을 믿기가 매우 어렵다. 우리라는 대명사 없이 일반적으로 그리스도의 유익이 얼마나 큰지에 대해 말하기는 쉽다. 다시 말해, 그리스도께서 죄를 대속하기 위하여 자기 몸을 주셨다고 말하기는 쉽다. 그것은 다른 사람들의 죄, 곧 그만한 가치가 있는 사람들의 죄를 대속하기 위하여 자기 몸을 주신 것이다. 하지만 이 대명사 우리에 이르면, 우리의 연약한 본성과 이성은 뒷걸음질치고 감히 하나님께 나아가지 못한다. 또한 그토록 큰 보배가 값없이 우리에게 주어질 것이라는 약속에도 다가가지 못한다. 그런데 이럴 경우 우리가 먼저 순전하고 죄가 없는 상태가 되지 않으면 우리는 하나님과 아무런 관계를 갖지 못할 것이다. 그러므로 우리 죄를 대속하기 위하여 자기 몸을 주셨으니라는 말씀을 읽더라도, 우리는 대명사 우리라는 말을 우리 자신에게는 적용시키지 못한다. 그만한 가치가 있고 거룩하다고 생각되는 다른 훌륭한 사람들에게 적용시킨다. 우리 자신에 관해서는 우리가 우리의 행위로 가치 있는 자가 될 때까지 기다려야 한다고 생각한다.

인간의 이성은 죄가 우리가 상상하는 것보다 더 큰 힘을 갖고 있지 않기를 바란다. 그래서 그리스도에 대해 무지한 위선자들은 죄에 대한 가책을 느끼더라도 자신의 선행과 공로로 죄를 쉽게 제거할 수 있다고 생각한다. 위선자들은 마음속으로 은밀하게 우리 죄를 대속하기 위하여 자기 몸을 주셨으니라는 말씀이 과장된 말이기를 바란다. 위선자들은 자기들의 죄를 사실적이고 실제적인 죄가 아니라 가볍고 작은 문제로 보기를 원한다. 요컨대 인간의 이성은 하나님 앞에 실제 죄인으로 나타나기를 바라지 않는다. 아무것도 두려워하지 않고 아무런 죄 의식도 없는 위장된 자로 나타나기를 바란다. 인간의 이성은 하나님께 나아갈 때 의사가 필요한 자가 아니라 건강한 자로 나아가기를 바란다. 인간의 이성은 아무 죄를 느끼지 않을 때, 그때에 그리스도께서 우리 죄를 대속하기 위하여 자기 몸을 주셨다는 것을 믿기를 바란다.

세상 사람들은 바로 이와 같이 생각한다. 다른 사람보다 더 거룩하고 의로운 자로 여겨지기를 바라는 자는 특히 더 그렇게 생각한다. 이런 사람은 입술로 자기는 죄인이라고, 또 날마다 죄를 짓는다고 고백한다. 그렇지만 자기 자신의 행위로 제거할 수 없을 만큼 죄가 엄청나게 크거나 많은 것은 아니라고 생각한다. 거기에 한 술 더 떠서 자기의 의와 공로를 그리스도의 심판대 앞에 내놓고 심판자에게 영생의 상을 달라고 요구할 것이다. 그러나 그는 큰 겸손을 내세우며 완전히 죄가 없다고 자랑하지는 않을 것이다. 어느 정도 죄를 인정하고, 죄를 용서해 달라고 세리가 기도한 것처럼 정성을 다해 기도할 것이다(하지만 세리는 그들과 달리 진실했다). "하나님이여, 불쌍히 여기소서! 나는 죄인이로소이다"(눅 18:13). 이런 자는 우리 죄를 대속하기 위하여라는 바울의 말을 시시하게 여긴다. 그러므로 바울의 말을 이해하지 못한다. 또한 시험이 있는 동안 진정으로 죄를 느낄 때 바울의 말로 어떤 위로도 받을 수 없다. 오히려 절망에 빠질 수밖에 없다.

참된 기독교적 지혜는 바울의 말을 매우 참되고 유효하고 중요한 말로 간주한다. 그리스도는 우리 의나 거룩함을 위해서 죽지 않으셨다. 그리스도는 무한히 많고 절대로 극복할 수 없는 참된 죄이자 큰 죄인 우리 죄를 대속하기 위하여 자기 몸을 죽음에 내놓으셨다. 따라서 우리 죄가 작기 때문에 우리 자신의 행위로 쉽게 제거될 수 있다고 생각하지 마라. 그렇다고 살면서 또는 죽을 때에 자신의 죄에 압박감을 느낀다면, 죄가 너무 크다는 이유로 절망하지 마라. 대신 바울을 통해 그리스도께서 가식적인 죄나 작은 죄를 위해서가 아니라 크고 엄청난 죄를 대속하기 위하여 자기 몸을 주셨음을 믿는 법을 배우라. 하나나 두 가지 죄를 위해서가 아니라 지은 죄 전부를 대속하기 위하여, 극복된 죄를 위해서가 아니라(아무도—심지어 어떤 천사도—한 가지라도 존재하는 죄를 극복할 수 없기 때문에) 극복할 수 없는 죄를 대속하기 위하여 죽으셨음을 믿는 법을 배우라. 여러분이 우리 죄라고 말하는 자들, 즉 믿음의 교리를 갖고 있고 이것을 가르치고 듣고 배우고 사랑하고 믿는 자들 가운데 있지 않다면, 여러분에게 절대로 구원이란 없다.

그러므로 시험이 없을 때뿐 아니라 죽음의 순간이 닥쳤을 때 이 교리를 기억하라. 또 여러분의 양심이 여러분 자신의 과거의 죄를 기억하여 크게 두려워하고, 마귀가 크게 날뛰며 여러분을 공격하고, 산더미 같은 죄 또는 범람하는 홍수 같은 죄가 여러분을 휩쓸어 두렵게 함으로써 여러분을 그리스도에게서 돌아서게 하고 절망으로 이끌 때에도 기억하라. 여러분은 굳은 확신을 갖고 하나님의 아들 그리스도께서 의롭고 거룩한 자를 위해서가 아니라 불의한 죄인을 대속하기 위해 자기 몸을 주셨다고 말할 수 있다. 이 사실을 기억하는 데 부지런히 힘쓰라. 만약 내가 의롭고 죄가 없다면, 그리스도께서 나의 화목자가 되실 필요가 없을 것이다. 그렇다면 사탄아, 네가 어찌 진실로 내 안에 죄, 아니 사실은 매우 심각한 죄 외에는 아무것도 갖고 있지 않을 때, 나 자신의 힘으로 나를 거룩하게 만들고 의를 추구하도록 만드느냐? 나의 죄는 가식적이거나 사소한 죄가 아니라 첫째 돌판에 새겨진 율법을 어긴 죄다. 곧 하나님께 크게 불충성하고, 하나님을 의심하고, 하나님에 대해 절망하며, 하나님을 멸시하고, 하나님을 미워하고, 하나님에 대해 무지하고, 하나님을 모독하고, 하나님께 감사하지 못하고, 하나님의 이름을 악용하고, 하나님의 말씀을 등한시하고, 하나님의 말씀을 싫어하고 멸시한 죄가 내게 있다. 그 다음에는 둘째 돌판에 새겨진 율법을 어긴 죄가 있다. 이런 죄로는 부모를 공경하지 않은 죄, 정부에 복종하지 않은 죄, 남의 물건이나 남의 아내를 탐낸 죄 등이 있다. 실제로 살인과 간음, 도둑질 등을 저지르지 않았다고 해도 마음으로 그런 죄들을 저질렀다. 따라서 나는 하나님의 모든 계명을 위반한 죄인이며, 내 죄는 너무 커서 다 셀 수가 없다. "나는 바다의 모래보다 더 많은 죄를 지었나이다"(「므낫세의 기도」 9).

사탄은 교묘하게 속이기 때문에 이 외에도 얼마든지 나의 의와 선행도 큰 죄로 만들 수 있다. 내 죄는 심히 무겁고 끝이 없다. 아주 끔찍하고 절대로 극복할 수 없다. 내 의는 내게 아무 도움이 되지 않는다. 오히려 하나님 앞에서 방해가 될 뿐이다. 그래서 하나님의 아들이신 그리스도께서 내 죄를 대속하기 위하여, 내 죄를 제거하기 위하여, 믿는 모든 자를 구원하기 위하여 자기 몸을 죽음에 내놓으셨다. 따라서 영원한 구원의 효력은 이 말(우리 죄를 대속하기 위하여 자기 몸을 주셨으니)을 유효하고 참되고 중요한 말로 받아들이는 것에 있다. 나는 특별히 양심이 갈등 속에 있을 때 이 사실을 믿는 것이 얼마나 어려운지 직접 경험했다. 그리스도께서 거룩하고 의롭고 가치 있는 자들 그리고 자신의 친구가 되는 자들을 위해서가 아니라, 악한 죄인들과 무가치한 자들, 하나님의 진노와 영원한 사망에 처해져야 마땅한 자신의 원수들을 대속하기 위하여 자기 몸을 주셨다는 사실을 붙들기가 쉽지 않다. 과거에도 그랬고, 지금도 날마다 경험하고 있다.

그러므로 우리는 이 말씀과 이와 유사한 성경의 말씀들로 무장함으로써 마귀에게 대응해야 한다. 마귀가 우리에게 우리는 죄인이고, 그러므로 파멸할 것이라고 말할 때에 이렇게 답변해야 한다. "마귀야, 네가 나를 죄인이라고 말하기 때문에 나는 의롭다 함을 얻고 구원을 받아야겠다." 그러면 마귀는 이렇게 말할 것이다. "아니다, 너는 반드시 파멸할 거야." 이에 나는 다음과 같이 답할 것이다. "천만의 말씀! 나는 내 죄를 대속하기 위해 자기 몸을 주신 그리스도께 날아갈 테다. 그러므로 사탄아, 네가 내게 내 죄가 아무리 크다고 말하고, 낙심과 불신, 절망, 미움, 멸시, 모독으로 끌고 가서 나를 아무리 두렵게 한다고 할지라도, 너는 절대 나를 이기지 못할 것이다. 오히려 반대로 네가 나를 죄인이라고 말할 때 너는 네 자신과 맞설 갑옷과 무기를 내게 주는 것이다. 따라서 나는 네 칼로 네 목을 자르고 내 발로 너를 짓밟을 것이다. 그리스도께서 죄인들을 대속하기 위해 죽으셨으니까! 게다가 너는 친히 내게 하나님의 영광을 선포하는 것과 같다. 네가 그렇게 할 때 나는 나를 향하신 하나님 아버지의 사랑을 생각하게 되기 때문이다. 말하자면 너 때문에 나는 '하나님이 세상을 이처럼 사랑하사 독생자를 주셨으니 이는 그를 믿는 자마다 멸망하지 않고 영생을 얻게 하려 하심이라'는 말씀을 상기한단 말이다(요 3:16). 또 네가 나를 죄인이라고 반박할 때마다 나는 나의 구속자 그리스도가 주시는 유익을 상기하게 된다. 내 모든 죄는 내 어깨가 아니라 그리스도의 어깨 위에 놓여 있다. 그것은 성경이 '여호와께서는 우리 모두의 죄악을 그에게 담당시키셨도다.……그가 끊어짐은 마땅히 형벌받을 내 백성의 허물 때문이라'고 말씀하기 때문이다(사 53:6, 8). 따라서 네가 나를 죄인이라고 말할 때 너는 나를 두렵게 만드는 것이 아니라 사실은 나를 한없이 위로하는 것이다."

　이 한 가지 지혜를 잘 알고 있는 자는 누구나 마귀의 온갖 덫을 쉽게 피할 것이다. 마귀는 사람들에게 그들의 죄를 상기시킴으로써 그들을 절망으로 이끌고 파멸시키려고 획책한다. 그들은 오직 죄와 사망, 마귀를 정복하는 이 하늘의 지혜로 마귀의 온갖 간계를 얼마든지 피할 수 있다. 자신의 죄에 대한 기억에서 벗어나지 못해 죄에 매여 있고 죄에 대한 생각에 사로잡혀 괴로움에 빠진 자는, 자신의 힘으로 스스로 도울 수 있다고 생각하거나 아니면 자신의 양심이 진정될 때까지 기다리고 있을 것이다. 그러다가 사탄의 덫에 걸리고, 비참하게 자신을 괴롭히며, 결국은 시험에 넘어가고 만다. 마귀가 그의 양심을 고소하는 일을 절대로 멈추지 않을 것이기 때문이다.

그러나 이런 시험이 있을 때 우리는 사도 바울의 이 말(우리 죄를 대속하기 위하여 자기 몸을 주셨으니)로 맞서야 한다. 바울은 이 말로 그리스도에 대한 매우 유익하고 참된 정의를 제공한다. 곧 그리스도는 동정녀에게서 태어나 우리 죄를 대속하기 위하여 죽음에 처해진 하나님의 아들이다. 만약 마귀가 그리스도에 대해 다른 정의를 제공한다면, 여러분은 그것이 거짓이라고 말하고 거부해야 한다. 나는 지금 이유 없이 이런 말을 하는 것이 아니다. 우리는 바울의 말을 따라 그리스도를 정의하는 법을 배워야 한다. 그리스도는 가혹하게 강제하시는 분이 아니라 온 세상의 죄를 사하시는 분임을 확신해야 한다. 따라서 만약 여러분이 죄인이라면(확실히 우리는 모두 죄인이다), 그리스도를 단순히 심판자로 보지 말라. 그렇게 보면 여러분은 두려움에 빠지고 그리스도의 자비에 대해 절망하게 된다. 그리스도에 대한 참된 정의를 붙잡으라. 다시 말해, 하나님의 아들이자 동정녀에게서 태어나신 그리스도는 죄로 우리를 두렵게 하고 괴롭히고 정죄하고, 우리의 악한 삶에 대해 엄정하게 회계를 요구하시는 분이 아니다. 우리 죄를 대속하기 위하여 자기 몸을 주시고, 그 제물로 온 세상의 죄를 제거하고 그 죄를 십자가에 못 박으신 분이라는 사실을 붙잡으라(골 2:14).

그리스도에 대한 정의를 주의 깊게 배우라. 특히 우리라는 대명사를 주목하라. 이 구절(우리 죄를 대속하기 위하여 자기 몸을 주셨으니)을 있는 그대로 믿으라. 그러면 그리스도께서 여러분의 모든 죄를 삼켜 버릴 것이다. 다시 말해, 여러분은 그리스도께서 단순히 어떤 사람들의 죄가 아니라 여러분의 죄를, 아니 사실은 온 세상의 죄를 제거하셨음을 확실히 알 수 있을 것이다. 그러므로 그리스도께서 다른 사람들의 죄뿐만 아니라 여러분 자신의 죄를 대속하기 위하여 자기 몸을 주셨음을 믿으라. 이 사실을 굳게 붙잡으라. 그리스도에 대한 참으로 감미로운 이 정의를 절대로 놓치지 말라. 이 정의는 하늘에 있는 천사들조차도 즐겁게 만든다. 그리스도는 모세도 아니고 율법 수여자도 아니고 폭군도 아니다. 오직 죄의 중보자이고, 은혜와 의와 경건한 생명의 값없는 수여자이다. 우리 의 공로와 거룩함, 의, 경건한 삶을 위해서가 아니라 우리 죄를 대속하기 위하여 자기 몸을 주신 분이다. 그리스도는 분명 율법을 해석하는 분이 지만, 그것이 그분의 주된 사역 또는 그분 자신의 고유 업무는 아니다.

우리는 말씀을 통해 그리스도께서 행하신 일들이 매우 충분하다는 사실을 잘 알고 있다. 우리는 이 일들에 관해 얼마든지 말할 수 있다. 그 러나 실제 삶에서 갈등 속에 있을 때, 다시 말해 마귀가 그리스도에게 해 를 끼치고 은혜의 말씀을 우리의 마음속에서 지우려고 획책할 때, 우리 는 이 일들을 아직 알아야 할 만큼 충분히 알지 못했음을 깨닫는다. 이런 때에 만약 여러분이 그리스도를 정확히 정의하고, 그리스도를 찬미하며, 그리스도를 엄격하거나 무정한 심판자가 아니라 여러분의 가장 복된 구 주와 대제사장으로 바라본다면, 여러분은 온갖 악을 극복하고 이미 하 늘나라에 들어가 있는 것이다. 그러나 갈등 속에 있을 때 그렇게 하기가 정말 어렵다. 나는 이를 수없이 경험했다. 나는 마귀의 교활함을 잘 알고 있다. 이런 때에 마귀는 율법의 두려움으로 우리를 위협하려고 획책하 고, 먼지 하나로 많은 들보를 만들어 낸다. 다시 말해, 죄가 아닌 것으로 부터 참혹한 지옥을 만들어 낸다(마귀는 죄를 과장하고, 선행을 행할 때에는 양 심을 우쭐하게 하는 데 기가 막히게 교활하기 때문이다).

마귀는 또한 중보자로 위장함으로써 중보자의 인격으로 우리에게 겁을 준다. 우리 앞에 어떤 성경 본문이나 그리스도의 말씀을 내세우며 느닷없이 우리의 마음을 공격한다. 마치 자신이 실제 그리스도인 양 우 리에게 나타나 순식간에 우리를 곤경에 빠뜨린다. 자신이 제시한 말이 그리스도의 말씀인 것처럼 만든다. 결국 우리의 양심은 마귀가 속삭이 는 말로 맹세하게 된다. 더구나 이 원수는 아주 교활하게도 우리 앞에 그리스도를 전체가 아닌 일부만 제시한다. 그리스도는 하나님의 아들이자 동정녀에게서 태어난 사람이라고 말하고는 금방 그 말에 전혀 맞지 않는 다른 말을 갖다 붙인다. 곧 마귀는 회개하지 않는 완고한 죄인을 두렵게 하려고 그리스도께서 전하신 누가복음 13:3의 "너희도 만일 회개하지 아니하면 다 이와 같이 망하리라"와 같은 말씀들을 제시한다. 마귀는 그리스도에 관한 참된 정의에 자신의 독액을 묻혀 참된 정의를 손상시킨다. 그럼으로써 우리가 그리스도를 참된 중보자로 믿는다고 해도, 우리의 양심이 여전히 괴로워하며 그리스도를 폭군과 심판자로 느끼고 판단하도록 만든다. 이렇게 우리는 사탄에게 속임을 당한다. 우리의 대제사장이자 구주이신 그리스도에 대한 복된 환상을 쉽게 상실하고 만다. 일단 이 복된 환상을 상실하면, 우리는 마귀보다 그리스도를 더 피하게 될 것이다.

바로 이것 때문에 여러분에게 바울의 이 말 곧 우리 죄를 대속하기 위하여 자기 몸을 주셨으니라는 말에서 그리스도에 관한 참된 정의를 배우라고 간절히 당부하는 것이다. 만약 그리스도께서 우리 죄를 대속하기 위하여 자기 몸을 죽음에 내놓으셨다면, 그분은 의심할 것 없이 폭군이 아니다. 우리 죄로 말미암아 우리를 정죄하실 심판자도 아니다. 그리스도는 고통 속에 있는 자를 내버려두시는 분이 아니다. 넘어진 자를 일으켜 세우고 무거운 짐을 짊어지며 마음이 상한 자를 긍휼로 구원하고 위로하시는 분이다. 그렇지 않다면 바울은 우리 죄를 대속하기 위하여 자기 몸을 주셨으니라고 말할 때 거짓말을 한 것이다. 이런 식으로 그리스도를 정의하면 나는 그리스도를 정확히 정의하는 것이다. 나는 이 정의에 따라 참 그리스도를 붙잡고 그리스도를 확실히 소유하게 될 것이다. 그러므로 나는 단순한 호기심으로 하나님의 위엄에 관해 생각하는 온갖 사변을 그치고, 그리스도의 인격을 의지하게 되며, 하나님의 뜻이 무엇인지를 진심으로 깨닫게 된다. 이렇게 할 때 두려움은 완전히 사라진다.

나의 양심에 완전한 안정과 기쁨과 평안이 찾아온다. 또한 이렇게 할 때 빛이 나타나 내 앞에 하나님과 나 자신, 모든 피조물, 마귀의 나라의 온갖 부정에 대한 참된 지식을 확연히 드러낸다. 우리는 새로운 어떤 것을 가르치는 것이 아니다. 우리 이전의 사도들과 모든 경건한 선생들이 가르쳤던 바를 반복해서 제시하는 것이다. 나는 이 진리들을 우리가 그저 입술로만 말하지 않기를 바란다. 이 진리들을 마음속 깊은 곳에 새겨서 특히 고뇌 속에 있을 때나 죽음의 고통 속에 있을 때 활용할 수 있기를 바란다. 부지런히 이것을 가르치고 세워 나가기를 바란다.

이 악한 세대에서 우리를 건지시려고   이 말로 바울은 갈라디아서의 논증을 훨씬 더 효과적으로 제시한다. 바울은 이 세상과 다가올 영원한 세상을 구별하기 위해 현세 곧 과거, 현재, 미래로 이루어진 온 세상을 이 악한 세대라는 말로 부른다. 바울이 이 세상을 악한 세대로 부르는 것은 이 세상에 있는 모든 것이 온 세상의 임금인 마귀의 통치에 예속되어 있기 때문이다. 이 세상에는 오직 하나님에 대한 무지와 경멸과 모독 그리고 하나님의 모든 말씀과 행위에 대한 불순종만이 존재한다. 모든 사람은 이 세상 나라 안에 있고 그 아래에 있다.

여기서 다시 한 번 우리는 우리 가운데 어느 누구도 자기 자신의 행위나 힘으로 죄를 제거할 수 없음을 확인한다. 이 세상은 악하고, 사도 요한이 말하는 것처럼 "온 세상은 악한 자 안에 처해 있기" 때문이다 (요일 5:19). 따라서 세상에 사는 모든 사람이 마귀의 종이다. 그들은 어쩔 수 없이 마귀를 섬기고 모든 것을 마귀의 뜻에 따라 행한다. 따라서 죄를 근절하기 위해 그토록 많은 종교를 세우고 그토록 많은 힘든 계율을 만들어 내는 것이 얼마나 도움이 되겠는가? 이 모든 일을 행한다고 해도 그리스도께 나아오지 않는다면, 여러분은 여전히 그리스도의 나라가 아니라 이 악한 세대 아래 살고 있는 것이다. 그리고 그리스도의 나라에서 살고 있지 않다면 여러분은 확실히 이 악한 세대 곧 사탄의 나라에 속해 있는 것이다. 그러므로 사탄의 나라에 속해 있는 한, 여러분이 누리고 있는 모든 은사는 단지 마귀를 섬기는 천박한 도구로 전락한다. 그것이 육체적인 것이든 정신적인 것이든 상관없다. 여러분의 지혜와 의, 거룩함, 능변, 힘, 아름다움, 재산과 같은 것이 그렇게 전락한다. 여러분은 어쩔 수 없이 그 모든 것을 가지고 마귀를 섬기며 마귀의 나라를 발전시키는 역할을 하게 된다.

　요컨대 바울은 다음과 같이 말하고 있다. "너희는 너희의 지혜로 그리스도의 지혜와 지식을 흐려 놓는다. 너희의 악한 교훈으로 다른 사람들을 미혹한다. 그 결과 그들은 그리스도의 은혜와 지식을 가질 수 없게 된다. 우리가 의롭다 함을 얻고 생명을 얻는 유일한 수단인 그리스도의 의가 아니라 너희 자신의 의와 거룩함을 칭송한다. 그리스도의 의를 악하고 마귀적인 것으로 여겨 싫어하고 정죄한다. 요약하면 너희는 너희의 힘으로 그리스도의 나라를 공격한다. 너희는 복음을 모욕하며 그리스도의 사역자와 그들의 말을 듣는 자를 박해하고 죽일 정도로 그리스도의 나라를 학대한다. 그러므로 그리스도 밖에 있다면 너희의 지혜는 이중으로 미련하다. 너희의 의는 이중의 죄와 불경이다. 왜냐하면 너희의 의는 그리스도의 지혜와 의를 모르기 때문이다. 나아가 너희의 의는 복음을 흐려 놓고 방해하며 모독하고 박해한다."

　그러므로 바울이 이 시대를 악한 세대로 부르는 것은 올바르다. 이 시대는 아무리 좋을 때라도 가장 악한 상태 속에 있기 때문이다. 지혜와 지식, 종교의 전성기에 세상은 사실 두 배로 더 악하다. 이 세상에 널리 만연되어 있는 부모와 정부에 대한 불순종과 간음, 매춘, 탐욕, 도둑질, 살인, 악의와 같이 두 번째 돌판의 율법을 어기는 엄청난 악에 대해서는 말하지 않겠다. 사실 이 악은 첫 번째 돌판의 율법을 어기는 악인들의 지혜와 의와 비교해 보면 작은 죄악이다. 사람들이 의를 팔아먹고 영적 죄를 저지

르게 하는 악이, 세상에서도 죄로 인정되는 육체적 죄를 범하게 하는 악
보다 훨씬 더 위험하다.

따라서 우리를 건지시려고……라는 말로 바울은 갈라디아서의 논
증의 성격을 보여준다. 다시 말해, 우리는 은혜와 그리스도를 필요로 한
다. 그리스도 외에는 아무도—인간이든 천사든 다른 어떤 피조물이든—우리
를 이 악한 세대에서 건져 낼 수 없다. 그 일은 인간이나 천사의 힘이 아
니라 오직 위엄하신 하나님께 속해 있는 일이기 때문이다. 그리스도는
죄를 제거하시고, 마귀의 나라와 그의 폭정으로부터 즉 이 악한 세대로
부터 우리를 건져 내셨다. 이 세상은 이 세상의 신인 마귀에게 복종하는
종이자 충실한 추종자다. 마귀에게 가장 충성하고 복종하는 자식이다.
살인자이자 거짓의 아비인 마귀가 무엇을 행하거나 무슨 말을 하든지
이 세상은 부지런히 마귀의 행위와 말을 따르고 실천한다. 그러기 때문
에 이 세상은 하나님에 대한 무지와 미움, 거짓말, 오류, 신성모독, 하나
님에 대한 멸시로 가득 차 있고, 나아가 살인과 간음, 간통, 도둑질, 강도
등과 같은 큰 죄악들로 충만하다. 이 모든 죄는 이 세상이 거짓말쟁이이
자 살인자인 마귀를 자기 아비로 섬기고 있기 때문이다. 지혜롭고 의롭
고 거룩한 사람들은 그리스도 밖에 있으면 복음에 그만큼 더 큰 해를 끼
친다. 따라서 종교적인 우리도 외관상 참된 경건과 거룩함을 갖고 있음
에도 불구하고 하나님이 자신의 복음의 지식으로 가르치지 않았다면 두
배로 악해졌을 것이다.

그러므로 바울의 말은 액면 그대로 사실이다. 거짓이 아니라 참되
고 유효한 말이다. 우리는 이 세대가 악함을 인정해야 한다. 아주 많은
사람들의 훌륭한 미덕과 위선자들의 거룩한 모습에 현혹되어서는 안 된
다. 오히려 바울이 한 말을 주목해 보라. 바울의 말에 따라 여러분은 담
대하고 자유롭게 이 세상을 반대하면서 선언해야 한다. 온갖 지혜, 능력,
의가 가득한 이 세상은 마귀의 나라이고, 오직 하나님만이 자신의 독생

자를 통해 우리를 마귀의 나라에서 건지실 수 있다고 말이다.

그러므로 우리는 하나님이 이 측량할 수 없는 자비를 베푸신 것에 대해 진심으로 감사해야 한다. 다시 말해, 우리 자신의 힘으로는 아무것도 할 수 없을 때 하나님이 자신의 아들을 통해 포로로 잡혀 있었던 마귀의 나라에서 우리를 건지신 것에 대해 하나님 아버지를 온 마음을 다해 찬양하지 않으면 안 된다. 바울과 함께 우리도 우리의 모든 행위와 의는 단지 "잃어버리는" 것과 "배설물"에 불과하다는 사실을 인정해야 한다(빌 3:8). 우리의 모든 행위와 의로는 마귀의 머리카락 한 올도 구부리게 할 수 없었다. 또한 자유의지의 모든 힘, 바리새적인 모든 지혜와 의, 온갖 종교적 계율과 실천을 "더러운 옷"(사 64:6)과 가장 위험한 마귀의 독으로 간주해야 한다. 발로 짓밟고 철저히 멸시해야 한다. 반면에 자신의 죽음으로 우리를 단순히 이 세상이 아니라 이 악한 세대에서 건지신 그리스도의 영광을 높이고 찬송해야 한다.

악한 바울은 이 한 마디 말로 세상 나라 곧 마귀의 나라는 부정과 무지, 오류, 죄, 사망, 독신(瀆神), 절망, 영원한 파멸로 가득 찬 나라임을 보여준다. 반면에 그리스도의 나라는 평등과 빛, 은혜, 죄 사함, 평강, 위로, 건강한 구원, 영생의 나라이다. 우리는 우리 주 예수 그리스도로 말미암아 이 나라에 들어간다(골 1:13). 그러므로 그리스도께 영원토록 영광을 돌리자. 아멘.

하나님 곧 우리 아버지의 뜻을 따라 바울은 칭의 진리를 굳게 세우기 위해 모든 말을 거짓 사도들을 반대하는 데 맞추어 배치한다. 바울은 그리스도가 악한 마귀의 나라와 세상에서 우리를 건지셨다고 말한다. 그리스도는 아버지의 뜻을 따라 곧 아버지의 선하신 즐거움과 계명에 따라 이 일을 행하셨다. 따라서 우리는 우리 자신의 뜻이나 능력이나 지혜나 계획에 따라 구원받은 것이 아니다. 오직 "하나님이 우리를 사랑하사" 우리에게 자비를 베푸셔서 구원을 받았다(요일 4:10). 그러므로 우리가 구원받은 것은 우리에게 그럴 만한 가치가 있어서가 아니다. 오직 은혜에 기인한 것이다. 바울은 모든 말을 거짓 사도들을 반대하는 데 맞추어 배치함으로써 아주 열렬하게 하나님의 은혜를 높인다.

바울이 여기서 아버지의 뜻을 언급하는 또 다른 이유가 있다. 아버지의 뜻이라는 말은 요한복음에서도 많이 언급된다. 요한복음을 보면 그리스도께서 우리에게 아버지의 뜻을 환기시키신다. 그러므로 우리는 그리스도의 말씀과 행동 속에서 그리스도가 아니라 아버지를 주목하게 된다. 그리스도는 이 세상에 오셔서 인간의 본성을 취하셨다. 그런 다음 온 세상의 죄를 위해 제물이 되심으로써 우리가 하나님 아버지와 화목하도록 만드셨다. 우리는 눈을 그리스도께 고정시킬 때 곧바로 아버지께 나아가게 된다.

우리는 우리가 하나님에 관해 무엇이든 알 수 있다고 생각하거나 알고 싶은 마음으로 하나님의 위엄을 찾으면 구원에 이를 것이라고 착각해서는 안 된다. 구원은 오직 아버지의 뜻을 따라 우리의 죄를 위해 자기 몸을 죽음에 내놓으신 그리스도를 붙잡을 때에만 주어진다. 여러분이 이것을 그리스도로 말미암은 하나님의 뜻으로 인정할 때, 진노가 그치고 두려움과 전율은 사라진다. 하나님은 오직 자비로우신 분으로 우리에게 나타나신다. 하나님이 자기 아들을 우리를 위하여 죽도록 정하셨기 때문에 우리는 그 아들로 말미암아 살 수 있다. 우리의 마음은 이 지식에 따라 하나님이 진노하시는 분이 아니라 우리를 사랑하시는 분임을 확고하게 믿고 즐거워한다. 가련하고 비참한 죄인인 우리를 위해 독생자를 주실 정도로 우리를 사랑하시기 때문이다. 그러므로 바울이 우리에게 그리스도는 아버지의 선하신 뜻을 따라 우리의 죄를 대속하기 위하여 자기 몸을 주셨다고 그토록 자주 반복하고 강조하는 것이다. 반면에 하나님의 위엄과 두려운 심판을 알고 싶은 마음으로 찾는 것은 매우 위험하다. 즉 하나님이 온 세상을 홍수로 어떻게 멸망시키셨는지나 하나님이 사탄을 어떻게 멸망시키셨는지와 같은 사실들을 알고 싶어 하는 것은 위험하다. 그런 태도는 사람들을 절망으로 이끌고, 급기야는 완전한 파멸 속에 집어넣기 때문이다.

하나님 곧 우리 아버지의 그리스도의 아버지와 우리 아버지는 같은 분이다(요 20:17). 그러므로 하나님은 오직 그리스도를 통해서만 우리 아버지와 우리 하나님이 되신다. 이것이 사도들이 전하는 말의 방식이다. 바울의 말은 매우 적절하고, 불타는 열정으로 충만하다.

1:5 영광이 그에게 세세토록 있을지어다 유대인은 글을 쓸 때 찬송과 감사를 결합시켜 표현한다. 사도들도 이 관례를 따르는데, 이것은 바울에게서도 종종 확인된다. 주님은 크게 존경받아야 하고, 주의 이름은 찬송과 감사 없이 불려서는 안 된다. 이렇게 하는 것은 하나님을 예배하고 섬기는 한 방식이다.

1:6 내가 이상하게 여기노라 여기서 우리는 바울이 자기를 떠나 거짓 사도들에게 속임을 당한 갈라디아 사람들을 어떻게 대하는지를 본다. 바울은 먼저 격정적이고 준엄한 말로 그들을 몰아세우지 않는다. 아버지 같은 자상한 태도로 말한다. 갈라디아 사람들이 자기를 떠나간 것을 인내하는 마음으로 견딘다. 어떤 면에서는 자기를 떠나간 것을 변명해 준다. 거기다 어머니 같은 애정을 보여주며 매우 부드럽게 말한다. 그럼에도 불구하고 그 부드러운 말 속에 책망이 담겨 있다. 바울은 매우 적절한 말을 사용하고, 목적에 맞게 지혜롭게 말했다. 반면에 바울은 갈라디아 사람들을 속인 거짓 사도들에 대해서는 분노를 발하고 그들을 격하

게 비난한다. 심지어 갈라디아서 첫 부분부터 거짓 사도들에게 청천벽
력과 같은 분노를 터뜨린다(8절). 이후에는 거짓 사도들에게 파멸의 심
판이 있을 것이라고 경고한다(5:10). 이런 말은 육체나 율법의 의를 반대
하는 무서운 천둥소리다.

　　바울은 갈라디아 사람들을 공손하게 대하지 않고 호되게 나무랄 수
도 있었다. "이 타락한 자들아, 썩 나가라! 너희가 부끄럽다. 너희의 배은
망덕이 정말 슬프다." 그러나 바울은 그렇게 하지 않았다. 무엇보다 자
신의 목적을 기억했다. 바울은 아버지 같은 사랑으로 넘어진 자를 일으
켜 세우고, 그들이 오류에서 벗어나 순전한 복음으로 다시 돌아오게 하
고자 했다. 바울은 특히 편지를 시작할 때에 거친 말을 거의 사용하지
않는다. 바울은 갈라디아 사람들에게 매우 온건하고 부드럽게 말한다.
바울은 상처 입은 자들을 치료하려고 애썼다. 그들의 새로운 상처에 쑤
시는 약을 발라 대어, 상처를 치료하기는커녕 더 아프게 하여 상처를 악
화시키는 것은 올바르지 않다고 보았다. 내가 이상하게 여기노라라는 말
은 바울 자신이 갈라디아 사람들의 상황을 슬퍼하고 있다는 것과 그들
이 복음을 떠난 데에 불쾌한 마음을 갖고 있다는 것을 함께 보여준다.

　　여기서 바울은 갈라디아서 6:1에서 자신이 제시한 규칙을 염두에
두고 있다. "형제들아, 사람이 만일 무슨 범죄한 일이 드러나거든 신령
한 너희는 온유한 심령으로 그러한 자를 바로잡고 너 자신을 살펴보아
너도 시험을 받을까 두려워하라." 우리도 이 규칙을 따름으로써 인도를
잘못 받은 자에게 부모가 자녀에게 갖는 것과 같은 감정을 보여주어야
한다. 인도를 잘못 받은 자는 우리에게서 자기에 대한 아버지 같고 어머
니 같은 애정을 확인해야 한다. 우리는 그들에게 우리가 그들의 파멸이
아니라 행복을 바란다는 사실을 알려 주어야 한다. 거짓 교훈과 분파의
창시자인 마귀와 그의 사자들에 관해 말한다면, 우리는 그들을 격렬하
게 반대해야 한다. 바울의 규칙을 따라 최대한 엄격하게 그들의 간계와

속임수를 혐오하고, 정죄하는 데 참지 말고 당당하고 신랄해야 한다. 마
찬가지로 부모는 자녀가 개에게 물리면 개는 호되게 쫓아버리지만, 자
녀는 연민을 갖고 부드럽게 위로한다.

이같이 속히 바울은 갈라디아 사람들이 이처럼 쉽게 자기를 떠나간 것
을 안타까워한다(고전 10:12와 비교해 보라). 우리도 일상적인 경험을 통
해 마음속에 건전하고 견고한 믿음을 계속 품는 것이 얼마나 어려운지
잘 알고 있다. 작은 교회는 제대로 질서가 잡히려면 10년이 걸릴 수도
있다. 또 신실한 말씀 사역자를 비방하거나 악의적으로 반대하는 마음
을 가진 자가 이성을 잃으면 한순간에 모든 것이 뒤집어진다. 사실은 그
런 일이 그리스도의 선택받은 도구인 바울에게 일어났다. 바울은 각별
한 관심을 갖고 심혈을 기울여서 갈라디아 교회를 세웠다. 그러나 여러
편지에서 증명되는 것처럼 바울이 떠난 직후에 거짓 사도들이 침투하
여 갈라디아 교회를 뒤집어 놓았다. 이 세상을 살아갈 때 우리는 연약하
여 비참한 일을 겪는다. 우리는 사탄의 덫 속에서 살고 있다. 미친 생각
을 가진 한 사람이 많은 참된 사역자들이 밤낮 없이 수고하며 오랜 세월
에 걸쳐 이루어 놓은 모든 성과를 하루아침에 무너뜨릴 수 있다. 안타깝
게도 우리는 경험으로 이것을 배운다. 하지만 그런 일이 일어날 때 우리
는 정작 아무것도 할 수 없다.

　교회는 이처럼 유약하고 연약한 집단으로 무너지기 쉽다. 그러므로
우리는 미친 생각을 가진 사람들이 들어오지 못하도록 신속하게 대처하
지 않으면 안 된다. 이런 사람들은 교회 안에 들어와 한두 번 설교하거
나 성경을 몇 장 읽고 난 뒤에 자기들이 교사와 교인들을 모두 장악했다
고 생각한다. 그러고는 인간적 권위에 복종하지 않는다. 오늘날에도 이
런 뻔뻔하고 몰상식한 사람들을 많이 찾아볼 수 있을 것이다. 이들은 시
험을 받아 보지 못해 하나님을 두려워하는 법을 모른다. 은혜를 맛보거

나 느껴 보지도 못했다. 이들은 성령을 소유하고 있지 못하므로 자기들
이 가장 좋아하는 것이나 사람들의 구미에 맞는 그럴듯한 것만 가르친
다. 따라서 새로운 것을 듣기 바라는 무지한 사람들은 금방 그들에게 넘
어간다. 스스로 믿음의 교리에 정통하고 나름대로 시험도 받아 보았다고
생각하는 사람들도 똑같이 속아 넘어간다.

바울은 여기서 자신의 경험을 통해 힘들게 수고하여 얻은 교인들
이 얼마나 쉽게 금방 넘어질 수 있는지를 우리에게 가르친다. 우리가 잠
자는 동안 마귀가 알곡 사이에 가라지를 뿌리러 오지 않도록 각별히 조
심해야 한다. 마귀의 역사에는 성역이 없다. 목자가 아무리 조심하고 부
지런하다고 해도, 기독교 공동체는 항상 사탄의 공격을 받을 수 있다. 그
러므로 우리는 첫째는 우리 자신 모두를 위해, 둘째는 선생 모두를 위해
참으로 조심해야 한다. 시험에 들지 않도록 우리 자신을 위해서뿐만 아
니라 전체 교회를 위해 늘 깨어 있어야 한다.

[너희가]……떠나   여기서 바울은 한 번 더 날카로운 말이 아니라 공손
한 말을 사용한다. 바울은 "너희가 그렇게 갑자기 떠나다니! 너희가 그
토록 불순종하고 경솔하고 변덕스럽고 배은망덕하다니! 도저히 이해가
안 된다"고 말하지 않는다. 오히려 [너희가] 속히 떠나(that you are so soon
removed–AV)라고 말한다. 이것은 그들이 환자나 피해자라고 말하는 것
과 같다. 그들은 해를 끼치지 않았으나 해를 입고 해를 받았다. 바울은
자기를 떠나 범죄한 자들을 깨닫게 하려고 비판할 때 매우 공손하게 비
판한다. 이것은 다음과 같이 말하는 것과 같다. "나는 너희에게 아버지
같은 애정을 갖고 있다. 너희가 속임을 당한 것은 너희 잘못이 아니라
거짓 사도들 때문임을 잘 알고 있다. 그러나 지금이라도 건전한 교훈을
받아들이는 힘이 조금씩 자랐으면 좋겠다. 너희는 말씀을 충분히 붙들
지 못했다. 말씀 안에 단단히 뿌리가 박히지 않았다. 그러니 너희가 이

런 가벼운 돌풍에 휩쓸려 떨어져 나간 것이다." 제롬은 바울이 갈라디
아 사람들(Galatians)이라는 말을 동음이어(同音異語) 방식으로 이용하
여, "떨어지다", "멀리 떨어져 나가다"를 의미하는 히브리어 단어 '가라
트'(galath)를 암시하고 있다고 생각한다. 다시 말해, 바울은 "너희는 이
름으로나 실제로 갈라디아 사람들이다. 즉 너희는 떨어졌거나 멀리 떨
어져 나갔다"고 말하는 것과 같다는 것이다.

처음에 복음의 빛이 나타나기 시작하면, 많은 사람들이 민감하게
반응하고 경건의 길로 돌아섰다. 그들은 간절한 마음으로 설교를 듣고
하나님의 말씀 사역자를 존경했다. 그러나 시간이 흐르자 점차 과거에
참된 제자처럼 보였던 많은 사람들이 기독교와 하나님의 말씀을 멸시했
고, 심지어 원수가 되었다.

그리스도의 은혜로 너희를 부르신 이 이 문구는 두 가지 해석이 가능하다.
첫 번째 가능한 해석은 "은혜로 너희를 부르신 그리스도"이다. 두 번째
가능한 해석은 "그분 즉 그리스도의 은혜로 너희를 부르신 하나님"이
다. 나는 전자를 선택하겠다. 직전에 바울이 그리스도를 자신의 죽음으
로 우리를 악한 세대에서 건지시는 대속자로 본 것처럼, 여기서도 그리
스도를 하나님 아버지와 똑같이 은혜와 평강을 주시는 분으로 보고, 그
리스도를 은혜로 우리를 부르신 분으로 간주하는 것처럼 보이기 때문이
다. 여기서 바울은 특별히 우리가 아버지께 나아가는 통로인 그리스도
께서 베푸는 유익을 우리의 마음속에 각인시키고자 했다.

이 말(그리스도의 은혜로 너희를 부르신 이) 역시 열정이 가득 담겨 있다.
이 말은 다음과 같은 정반대 사상을 함축하고 있다. "모세와 달리 율법
과 행위, 죄, 진노, 파멸이 아니라 오직 은혜로 너희를 부르신 그리스도
에게서 너희가 얼마나 쉽게 떨어져 나가고 마는가!" 그래서 우리는 바
울과 같이 오늘날에도 그리스도의 은혜와 구원 교리를 받아들이려고 하

는 자가 없기 때문에 사람들이 얼마나 맹목적이고 완고한지 두렵다고 토로한다. 또는 누군가 그리스도의 은혜와 구원 교리를 받아들인다고 해도, 그들은 언제든 또 다시 쉽게 실족하고 떨어져 나갈 것이다. 그 교리가 영적으로나 육적으로 온갖 좋은 것, 즉 죄 사함과 참된 의, 양심의 평안, 영생을 제공함에도 불구하고 말이다.

나아가 그리스도의 은혜와 구원 교리는 각종 다른 교리와 삶의 길을 온전하고 건전하게 판단하는 기준이 된다. 또 하나님이 정하신 국가와 가정 그리고 온갖 삶의 상황들을 정당화하고 확증하는 역할을 한다. 온갖 잘못된 교훈들—선동, 무정부 상태 등—을 근절시키는 역할도 한다. 또한 죄와 사망에 대한 두려움도 제거한다. 요컨대 그리스도의 은혜와 구원 교리는 마귀의 모든 역사를 폭로하고, 그리스도 안에서 주어지는 하나님의 유익과 사랑을 우리에게 계시한다. 그러면 세상은 왜 이처럼 악랄하게 영원한 위로와 은혜, 구원, 영생에 대한 복된 소식을 미워할까? 이처럼 흉포하고 난폭하게 복된 소식을 박해할까?

바울은 앞에서 이 세상을 악하고 사악한 세대로 불렀다. 다시 말해, 마귀의 나라로 불렀다. 그렇지 않은 곳이라면 이 세상은 하나님의 유익과 자비를 인정할 것이다. 그러나 이 세상은 마귀의 권능 아래 있다. 그렇기 때문에 악의적으로 하나님의 자비를 미워하고 박해한다. 어둠과 오류와 마귀의 나라를 빛과 진리와 그리스도의 나라보다 더 좋아한다 (요 3:19). 이때 이 세상은 무지나 오류가 아니라 마귀의 악의를 통해서 그렇게 한다. 이것은 세상 죄를 대속하기 위하여 자기 몸을 주신 하나님의 아들 그리스도가 뒤틀리고 가증한 세상으로부터 모독을 당했다는 사실로 보아 매우 분명하다. 이 세상은 그리스도의 온전한 말씀을 거부하고, 지금도 할 수만 있으면 그리스도를 십자가에 못 박을 것이다. 그러므로 이 세상은 흑암 속에서 살고 있을 뿐만 아니라 흑암 자체다(요일 1:6).

그것은 마치 바울이 다음과 같이 말하는 것과 같다. "내가 전한 복음은 엄격한 모세의 율법이 아니었다. 나는 너희에게 율법의 멍에를 맨 종이 되라고 가르치지 않았다. 모세 아래 종이 되는 것이 아니라 그리스도 아래 자유를 얻도록 오직 너희에게 은혜의 교리와 율법, 죄, 진노, 파멸로부터의 자유 교리를 가르쳤다. 그런데 너희는 지금 모세의 율법에 따라 너희를 은혜가 아니라 진노로, 하나님의 미움을 받는 자로, 죄와 사망으로 불러낸 거짓 사도들로 말미암아 또 다시 모세의 제자가 되고 말았구나. 그리스도의 부르심은 은혜와 건전한 구원을 수반한다. 그리스도에 의해 부르심을 받은 자는 근심을 일으키는 율법 대신 복음의 복된 소식을 받고 하나님의 진노에서 하나님의 호의로, 죄에서 의로, 사망에서 생명으로 옮겨지기 때문이다. 그런데도 너희가 은혜와 생명으로 충만한 이 살아 있는 샘에서 어떻게 그토록 속히 그리고 그토록 쉽게 떨어져 나간단 말이냐?"

하나님 아버지께서 그리스도의 은혜로 우리를 부르신다는 두 번째 해석도 일리가 있다. 그러나 그리스도와 관련된 첫 번째 해석이 고통 속에 있는 양심을 위로하는 데 더 적합하다.

다른 복음을 따르는 것을　여기서 우리는 마귀의 간계를 파악하는 법을 배운다. 어떤 이단도 마귀의 오류를 주장하고 마귀의 이름으로 우리에게 나아오지 않는다. 또 마귀 자신도 본래의 모습으로 우리에게 나아오지 않는다. 살인자는 살인할 때 살인을 문자 그대로 심각하고 끔찍한 죄로 보지 않는다. 그가 죄를 덮어 버리는 외투를 입고 있기 때문이다. 창기와 도둑, 탐욕적인 사람들, 술주정뱅이 등은 자기들의 죄를 합리화하거나 덮어 버릴 도구를 갖고 있다. 영적 문제에 있어 사탄은 천사나 하나님과 같이 깨끗해 보이지만, 그때 가장 치명적으로 자신을 위장하고, 은혜의 교리, 하나님의 말씀, 그리스도의 복음 대신 가장 치명적인 독을 판매한다. 그래서 바울은 사탄의 사자인 거짓 사도들의 교훈을 조소하듯이 다른 복음으로 부른다. 이것은 다음과 같이 말하는 것과 같다. "너희 갈라디아 사람들은 지금 다른 복음 전도자와 다른 복음을 갖고 있다. 내가 가르친 복음은 지금 너희에게 멸시받고 있다. 너희는 더 이상 내가 가르친 복음을 소중히 여기지 않는구나."

이것으로 보아 거짓 사도들은 갈라디아 사람들 속에서 바울의 복음을 다음과 같이 말하면서 비판한 것으로 보인다. "바울은 확실히 시작은 잘했다. 하지만 더 진전시켜야 할 많은 문제들이 있기 때문에 그것으로는 충분하지 않다." 마찬가지로 사도행전 15장에서 어떤 사람들이 그리스도를 믿거나 세례를 받는 것으로는 충분하지 않고, 모세 율법에 따라 할례를 받지 않으면 구원받을 수 없으므로 반드시 할례를 받아야 한다고 말한 것을 확인한다. 이것은 그리스도께서 집을 짓기 시작한 훌륭한 일꾼이긴 했으나 집짓기를 끝내지 못했는데, 그것은 모세가 해야 할 일이었기 때문이라고 말하는 것과 같다.

교활한 마귀의 전형적인 특징은 박해와 파괴로 해를 끼칠 수 없으면 교정과 발전으로 위장한다는 것이다. 그러므로 우리는 쉬지 말고 기도하고, 성경을 읽으며, 그리스도와 그분의 거룩한 말씀을 철저히 지킴으로써 좌우에서 우리를 공격해 오는 마귀의 간계를 물리쳐야 한다. "우리의 씨름은 혈과 육을 상대하는 것이 아니요 통치자들과 권세들과 이 어둠의 세상 주관자들과 하늘에 있는 악의 영들을 상대함이라"(엡 6:12).

1:7 다른 복음은 없나니, 다만 어떤 사람들이 너희를 교란하여 여기서 다시 바울은 갈라디아 사람들을 변명해 주고 거짓 사도들을 신랄하게 비난한다. 이것은 다음과 같이 말하는 것과 같다. "너희 갈라디아 사람들은 내게서 받은 복음이 참되거나 진실한 복음이 아니라고 확신하는구나. 그렇기 때문에 거짓 사도들이 가르치는 메시지, 내가 전한 것보다 더 좋아 보이는 새로운 복음을 받아들이는 것이 옳다고 생각하는구나. 하지

만 나는 이러한 잘못에 대하여 너희보다는 너희의 양심을 교란시켜 너희를 내게서 떠나게 만든 자들이 더 나쁘다고 본다." 여기서 다시 바울이 이 속이는 자들을 얼마나 격하게 반대하는지, 그리고 그들을 얼마나 거친 말로 비난하는지 알게 된다. 바울은 이 속이는 자들을 무수히 많은 가련한 양심을 기만하고, 교회 안에서 수시로 끔찍한 해악과 재앙을 일으키는 일 외에는 아무것도 하지 않는 교회의 말썽꾼들이라고 부른다. 오늘날 우리도 마음속에 큰 근심이 있을 정도로 이 극악한 죄를 직접 목격하고 있다. 그러나 우리 역시 당시에 바울이 제시한 대책 외에 다른 대책은 가질 수 없다.

이 구절(다른 복음은 없나니, 다만 어떤 사람들이 너희를 교란하여)은 이 거짓 사도들이 바울을 온전한 사도가 아닐 뿐만 아니라 오류를 가르치는 잘못된 전도자로 비방했다는 사실을 보여준다. 그러므로 바울은 여기서 거짓 사도들을 교회를 교란시키고 그리스도의 복음을 변질시키는 자로 부른다. 말하자면 거짓 사도들은 바울을 비난하고 바울은 거짓 사도들을 비난한다. 이런 싸움과 비난은 특히 복음 교리가 번성할 때 교회 안에 항상 있기 마련이다. 악한 선생은 경건한 사람을 박해하고 비난하며 학대한다. 반면에 경건한 사람은 경건하지 않은 사람을 책망하고 비판한다.

행위와 율법의 의를 가르치는 선생은 모두 교회와 사람들의 양심을 교란시키는 자라는 점을 깊이 명심하라. 외적으로 거룩해 보이는 이단일수록 끼치는 해악도 그만큼 더 크다. 거짓 사도들은, 만약 그들에게 주목할 만한 은사와 큰 권세, 과시할 거룩함이 없었다면, 또 그들이 자기들은 그리스도의 사자, 사도들의 제자, 복음의 신실한 전도자라고 자랑하지 않았다면, 그렇게 쉽게 바울의 권위를 끌어내리거나 갈라디아 사람들을 잘못된 길로 이끌지 못했을 것이다.

그런데 바울이 자기 자신을 거짓 사도들과 날카롭게 대립시키는 이유는 거짓 사도들이 그리스도를 믿는 믿음 외에 할례─즉 율법을 지키는 것—가 구원에 필수적이라고 가르쳤기 때문이다. 바울 자신이 갈라디아서 5장에서 이것에 대해 증언하고, 누가도 사도행전 15:1에서 똑같은 사실을 언급한다. 거짓 사도들은 율법이 지켜져야 한다고 열성적이고 완강하게 주장했다. 이때 완고한 유대인들이 거짓 사도들과 직접 결탁했다. 그리하여 이후로 그들은 율법을 무시하고 율법을 파괴하고 전복시키는 교리를 전했다는 이유를 들어 바울은 진실한 선생이 아니라고 말하여 믿음 안에 서 있지 못한 자들을 손쉽게 설득시켰다. 완고한 유대인과 거짓 사도들은 하나님의 율법은 완전히 폐해져야 하고, 그때까지 으레 하나님의 백성으로 간주되고 하나님의 약속을 갖고 있었던 유대인이 이제는 그렇지 못하다는 주장을 매우 이상하게 보았다. 확실히 완고한 유대인과 거짓 사도들은 악한 우상숭배자인 이방인이 할례를 받지 않고 율법의 행위가 없이, 즉 오직 은혜와 그리스도를 믿는 믿음만으로 하나님의 백성이 되는 영광과 존엄 속에 들어가는 것을 참으로 희한하게 보았다.

거짓 사도들은 이런 사실을 가능한 한 정교하게 가다듬어 제시했다. 그 결과 바울은 갈라디아 사람들에게 더 미움을 받게 되었다. 그리고 자기들을 바울과 더 날카롭게 대립시키기 위해, 바울이 이방인에게 율법으로부터의 자유를 전한 것은 유대 민족의 관습에 어긋나고 사도들의 본보기와도 반대된다고 주장했다. 심지어 바울 자신의 본보기와도 반대되며, 그것은 율법을 멸시하고 율법을 완전히 폐지시키는 일이라고 역설했다. 자기들의 말은 귀담아 들어야 하지만, 바울은 하나님을 공개적으로 모독하는 자이자 유대인 전체 공동체를 거역하는 반역자이므로 피해야 한다고 강조했다. 자기들은 복음을 올바르게 전하는 자로 사도들의 참된 제자이지만 바울은 사도들과 친분이 전혀 없었다고 주장했다. 이런 식으로 거짓 사도들은 갈라디아 사람들 속에서 바울을 비방했다. 따라서 바울은 당연히 거짓 사도들과 자기를 대립시키고 담대하게 그들을 책망하고 비난하면서 그들이 교회를 교란시키고 그리스도의 복음을 변질시켰다고 주장했다.

그리스도의 복음을 변하게 하려 함이라 "거짓 사도들은 너희를 교란시킬
뿐만 아니라 그리스도의 복음을 철저히 파괴하고 무너뜨렸다." 마귀는
이 두 가지 일을 매우 부지런히 행한다. 마귀는 자신의 거짓 사도들을
통해 많은 사람들을 교란시키고 속이는 것으로 만족하지 않는다. 복음
을 무너뜨리고 이 일을 완수할 때까지 절대로 쉬지 않는다. 그러나 이처
럼 복음을 변질시키는 자들이 당연히 마귀의 사도라는 말을 들어야 한
다. 거짓 사도들은 그리스도의 이름으로 다른 것을 더 자랑하면서 가장
신실한 복음 전도자를 자처한다. 그러나 그들은 율법과 복음을 혼합시
키기 때문에 복음을 변질시킨다. 그리스도를 보존시키면 율법이 폐해져
야 하고 율법을 보존시키면 그리스도가 폐해져야 하기 때문이다. 중간
에 다른 길은 없다. 그리스도와 율법은 양립할 수 없고 양심 속에서 함
께 다스릴 수 없다. 율법의 의가 지배하는 곳에서 은혜의 의는 다스릴
수 없다. 은혜의 의가 지배하는 곳에서 율법의 의는 다스릴 수 없다. 둘
중 하나는 상대방에게 양보해야 한다. 만약 우리의 대제사장으로 세상
에 보내심을 받은 분인 그리스도로 말미암아 하나님께서 우리의 죄를
사해 주신다는 것을 믿을 수 없다면, 우리 자신이 결코 이룰 수 없었던
율법의 행위를 통해 또는 하나님의 심판을 이겨낼 수 없는(우리가 그렇게
고백하지 않으면 안 되는) 우리 자신의 행위를 통해 어떻게 하나님께서 우
리를 용서하실 것이라고 믿겠는가?
　　따라서 은혜의 교훈과 율법의 교훈은 공존할 수 없다. 하나는 거부
되거나 폐지되어야 하고 다른 하나는 확증되거나 확립되어야 한다. 여
기서 바울이 말하는 대로 이 둘을 혼합시키는 것은 그리스도의 복음을
무너뜨리는 짓이다. 따라서 그리스도의 복음은 사람들의 눈에 미련한
전도로 나타난다. 반면에 세상과 마귀의 나라, 그 나라의 임금은 강해 보

인다. 육체의 지혜와 의는 좋아 보인다. 그러므로 은혜와 믿음의 의는 상실되고 율법과 행위의 의는 발전하고 유지된다. 그러나 마귀는 자신의 모든 사자들과 함께 아무리 애를 쓰더라도 자신이 원하는 것을 이룰 수 없다. 바로 여기에 우리의 위로가 있다. 마귀는 많은 사람들을 괴롭힐 수 있으나 그리스도의 복음을 무너뜨릴 수는 없다. 진리는 공격을 받을 수 있으나 소멸될 수는 없다. 주의 말씀은 세세토록 있기 때문이다.

율법과 복음, 믿음과 행위를 혼합시키는 것은 작은 일처럼 보인다. 하지만 이것은 인간의 이성이 최대한 상상할 수 있는 것보다 더 큰 해를 끼친다. 이 혼합은 은혜에 대한 지식을 더럽히고 흐려놓을 뿐만 아니라 그리스도와 그분이 주시는 온갖 유익을 제거하고, 또 바울이 이 본문에서 말하는 것처럼 복음을 완전히 변질시키기 때문이다. 이 큰 악의 원인은 우리의 육체에 있다. 우리의 육체는 죄에 흠뻑 빠져 있어 행위 외에 다른 것은 보지 못한다. 율법의 의로 살기를 바라고 율법 자체의 행위를 의존하는 것 외에 죄로부터 빠져나올 다른 방법을 보지 못한다. 그러므로 우리의 육체는 양심이 쉼과 평온을 얻는 유일한 방법인 믿음과 은혜의 교리에는 완전히 무지하다.

그리스도의 복음을 변하게 하려 함이라   거짓 사도들은 굉장히 대담하고 뻔뻔했다. 거짓 사도들은 온 힘을 다해 바울을 반대했다. 그래서 바울도 자신의 부르심의 확실성을 충분히 확신하고 온 열정과 열심을 다해 거짓 사도들을 강력히 반대하는 것이다. 바울은 자신의 사역에 대해 8절에서 이렇게 말한다.

I:8 그러나 우리나 혹은 하늘로부터 온 천사라도 우리가 너희에게 전한 복음 외에 다른 복음을 전하면 저주를 받을지어다!   여기서 바울은 완전히 불꽃을 내뿜는다. 바울의 열정은 천사들도 비난의 대상에 집어넣을 정도로 매

우 강렬하다. 우리나―곧 "나와 내 형제 디모데와 디도 그리고 나와 함께 순수하게 그리스도를 가르치는 자 모두―하늘로부터 온 천사라도……전하면, 곧 내가 전한 복음을 무너뜨린다면, 나 자신, 내 형제 그리고 심지어 하늘로부터 온 천사라도 저주를 받게 될 것이다."

여기서 헬라어 단어 '아나데마'(히브리어, '헤렘')는 하나님과 관계가 없거나 친교가 없는, 저주받은 또는 가증스러운 것을 의미한다. 그래서 여호수아는 "이 여리고 성을 건축하는 자는 여호와 앞에서 저주를 받을 것"이라고 말한다(수 6:26). 마찬가지로 하나님은 아말렉이나 다른 성들이 자신의 선고에 따라 완전히 무너지고 파괴되는 저주를 받도록 정하셨다. 바울의 사상도 마찬가지다. "나 자신과 나의 다른 형제들 그리고 심지어 하늘로부터 온 천사라도 우리가 이미 전한 것과 다른 복음을 전하면 저주를 받을 것이다." 여기서 바울은 자기 자신을 저주하는 것으로 시작한다. 그것은 훌륭한 일꾼이라면 이후에 다른 사람들을 자유롭게 책망하기 위해 무엇보다 먼저 자기 자신에게서 흠을 찾는 법이기 때문이다.

그러므로 바울은 자기 자신이 전한 것 외에 다른 복음은 절대로 없다고 결론짓는다. 바울이 전한 복음은 그가 만들어 낸 것이 아니고, 하나님이 선지자들을 통해 성경에 약속하신 것이다(롬 1:2). 그러므로 바울은 자기 자신과 다른 사람들, 심지어 하늘로부터 온 천사라도, 만약 이 복음과 반대되는 어떤 것을 가르친다면 확실히 저주를 받을 것이라고 선언한다.

1:9 우리가 전에 말하였거니와 내가 지금 다시 말하노니, 만일 누구든지 너희가 받은 것 외에 다른 복음을 전하면 저주를 받을지어다! 바울은 여기서 인칭만 바꾸어 8절에서 말한 것과 똑같은 사실을 정확히 반복한다. 8절에서는 바울 자신과 그의 형제들 그리고 하늘로부터 온 천사가 저주의 대상이었다. 여기 9절에서는 본질상 이렇게 말한다. "만약 우리와 달리 너희

가 우리에게서 받은 것과 다른 복음을 전하는 사람들이 있다면, 그들 역
시 저주를 받을 것이다." 따라서 바울은 분명히 다른 복음을 가르치는
선생들 전체—자기 자신, 자신의 형제들, 천사 그리고 다른 모든 사람들—을 저
주하고 정죄함으로써, 자신의 반대자인 거짓 선생들을 저주하고 정죄하
고 있다. 여기서 우리는 온 세상이나 하늘에 있는 모든 선생에게, 만약
그들이 복음을 변질시키고 다른 복음을 전파하면, 과감하게 저주를 퍼
붓는 바울에게서 엄청나게 뜨거운 열정을 본다. 누구든 바울이 전한 복
음을 믿어야 한다. 그렇지 않으면 저주를 받게 될 것이다. 이 저주는 바
울이 전한 복음을 변질시키려고 획책하는 모든 사람의 마음속에 얼마나
큰 두려움을 안겨 줄까!

또 다른 어법의 변화가 있음을 주목하라. 첫 번째로 바울은 이렇게
말한다. 우리나 혹은 하늘로부터 온 천사라도 우리가 너희에게 전한 복음
외에 다른 복음을 전하면(8절). 이어서 두 번째로 바울은 이렇게 말한다.
너희가 받은 것 외에. 바울은 갈라디아 사람들이 "바울 선생, 우리는 당
신이 우리에게 전한 복음을 변질시키지 않았다. 우리는 당신이 전한 것
을 제대로 이해하지 못했는데, 당신 이후에 온 선생들이 우리에게 참된
의미를 설명해 주었다"라고 말하지 못하도록, 의도적으로 이렇게 말한
다. 말하자면 바울은 다음과 같이 말한다. "나는 이것을 절대로 인정하
지 못하겠다. 그들은 내가 전한 복음에 어떤 것을 덧붙이거나 수정하거
나 해서는 안 된다. 너희가 내게서 들은 것은 참된 하나님의 말씀이다.
오직 그것만이 굳게 서야 한다. 나는 이전의 나와 다른 선생이 되기를
바라지 않는다. 또 너희도 이전의 너희와 다른 제자가 되어서는 안 된다.
따라서 만일 누구든 내게서 받은 것과 다른 어떤 복음을 제시하는 사람
들의 말을 듣는다면, 그들과 그들의 제자는 마땅히 저주받아야 한다."

어떤 면에서 처음 두 장(갈 1-2장)은 오직 바울의 교훈에 대한 변증
과 거짓 선생들의 주장의 오류에 대한 증거를 담고 있다. 2장 마지막 부

분에 이르면, 바울은 갈라디아서에서 다루는 핵심 주제—즉 칭의 진리—를 다루지 않는다. 어떤 교훈도 순전한 하나님의 말씀 곧 성경 외에 다른 것은 교회에서 가르쳐지거나 들려져서는 안 된다. 그렇게 되지 않으면 선생과 청중 모두 그 교훈과 함께 저주를 받을 것이다.

1:10 이제 내가 사람들에게 좋게 하랴? 하나님께 좋게 하랴? 이 말에도 이전의 말과 똑같이 뜨거운 열정이 담겨 있다. 바울은 결국 이렇게 말하고 있다. "내가 너희 교회에서 공개적으로 복음을 전했을 때 어떤 사람이었는지 그렇게 모르겠느냐? 내가 유대인들과 맞서 치열한 다툼과 많은 처절한 투쟁을 벌인 것을 아직도 모른단 말이냐? 나는 전도를 통해 그리고 내가 겪은 모든 큰 고난을 통해 내가 사람들을 섬겼는지, 아니면 하나님을 섬겼는지 명백히 드러났다고 생각한다. 나는 전도 때문에 가는 곳마다 박해를 받았다. 뿐만 아니라 동포나 다른 사람에게 지독하게 미움을 받았다. 이 사실을 누구나 다 알 것이다. 그러므로 나는 전도를 통해 사람의 칭송이나 호의를 추구하지 않고 하나님의 유익과 영광을 추구한다는 것을 충분히 증명했다."

바울의 생각은 다음과 같이 계속된다. "우리가 우리의 교훈으로 사람의 칭송을 구하지 않는다는 것은 우리의 가르침으로 확인된다. 우리는 모든 사람이 본질상 악하므로 하나님의 진노의 대상이라고 가르친다(엡 2:3). 우리는 사람의 자유의지와 힘, 지혜, 의 그리고 사람이 만들어 낸 온갖 종교를 저주한다. 요약하면 모든 사람 안에는 은혜와 죄 사함을 받을 만한 것이 아무것도 없다고 우리는 가르친다. 그리고 오직 그리스도로 말미암아 하나님의 값없는 자비로만 은혜를 얻는다고 전한다. 따라서 하늘이 하나님의 영광과 하나님이 하신 일을 나타내는데(시 19:1), 모든 인간은 자기 행동으로 이것을 비난한다. 따라서 우리가 전하는 것이 사람과 세상의 칭송을 얻기 위함이 아닌 것은, 세상 사람들은 오직 저주받은 세상의 지혜와 의, 종교, 능력을 듣는 것에 더 주력할 것이기 때문이다. 이처럼 세상에 속한 강력하고 영광스러운 은사들에 반대하여 말하는 것은, 세상에 아첨하는 것이 아니라 오히려 세상의 미움과 분노를 자극할 것이기 때문이다. 만약 우리가 사람들이나 사람들의 영광과 관련된 것에 반대하여 말한다면, 우리는 세상 사람들로부터 가혹한 미움과 박해, 출교, 죽음, 정죄를 당할 것을 예상해야 한다.

"만일 거짓 선생들이 자기들 것이 아닌 다른 것들을 본다면, 왜 그들은 내가 인간적인 것이 아니라 신적인 것을 가르치는 것을 보지 못하겠는가? 나는 나의 교훈을 통해 사람의 칭송을 구하지 않고 단순히 그리스도 안에서 우리에게 주어진 하나님의 자비를 구한다. 내가 사람의 칭송을 구한다면, 사람들이 하는 짓을 비난하지 않을 것이기 때문이다. 그러나 나는 사람들이 하는 짓을 비난한다. 그것은 내가 하나님의 말씀(내가 사역자로 부르심 받은)에 따라 모든 사람에게 하나님의 심판이 있다고 주장하기 때문이다. 곧 사람들은 불의하고 악한 죄인이자 진노의 대상, 마귀의 종, 저주받은 자이고, 또 사람들은 자기들이 행하는 일이나 할례를 받는 것으로 의롭게 되지 못하고 오직 은혜와 그리스도를 믿는 믿음으로만 의롭게 된다고 주장하기 때문이다. 그러므로 나는 사람들에게 극단적인 미움을 받는다. 사람들은 자기들이 이와 같다는 말을 듣는 것을 싫어하기 때문이다. 오히려 지혜롭고 의롭고 거룩하다는 칭송을 받고 싶어 할 것이다. 따라서 이것은 내가 사람의 교훈을 가르치는 자가 아님을 충분히 증명할 것이다." (그리스도도 요 7:7과 3:19에서 똑같은 말씀을 하신다.)

요컨대 바울은 다음과 같이 말한다. "따라서 나는 오직 하나님의 은혜와 자비, 선하심, 영광만을 가르치기 때문에 신적 진리를 가르치는 것이 분명하다. 나아가 그리스도가 말씀하시는 것처럼 자기의 주님과 주인이 자기에게 명령하신 일을 말하는 자는 누구든 자기 자신이 아니라 자기를 사신으로 보내신 주님을 영화롭게 하고 참된 하나님의 말씀을 제시하고 가르친다. 나는 나 자신을 영화롭게 하지 않고 나를 보내신 분을 영화롭게 한다. 그뿐만 아니라 나는 유대인과 이방인 모두에게 진노와 분노를 사고 있다. 그러므로 나의 가르침은 참되고 진실하고 확실하다. 오직 하나님께로부터 온 것이다. 아무리 좋더라도 이보다 더 좋은 다른 어떤 것은 있을 수 없다. 따라서 우리는 모두 죄인이고 오직 그리스도를 믿는 믿음으로만 의롭다 함을 얻는다는 것 외에 다른 교훈을 가르치는 것은 거짓된 행위다. 악하고 불경하며 저주받아 마땅한 마귀적인 것이 틀림없다. 그런 교훈을 가르치거나 받아들이는 자도 마찬가지다."

우리도 바울과 같이 어떤 가르침이든 우리가 가르친 복음과 일치하지 않는다면 저주를 받게 될 것이라고 담대하게 선언한다. 설교할 때 사람의 칭송이나 왕이나 주교들의 호의가 아니라 오직 하나님의 칭찬을 구한다. 우리가 전하는 것은 오직 하나님의 은혜와 자비이다. 우리 자신에게 속해 있는 것은 무엇이든 멸시하고 짓밟는다. 누구든 다른 어떤 복음이나 우리가 전하는 것과 다른 복음을 가르친다면, 담대하게 그는 마귀가 보낸 자로 저주를 받을 것이라고 말하자.

이제 내가 사람들에게 좋게 하랴? 이 말은 "내가 사람들을 섬기랴, 아니면 하나님을 섬기랴?"라는 뜻이다. 바울은 항상 거짓 사도들을 겨냥하고 있다. 거짓 사도들은 육체를 자랑하는 자이므로 사람들을 기쁘게 하거나 사람들에게 아첨하지 않으면 안 된다고 바울은 말한다. 나아가 거짓 사도들은 사람의 미움과 박해를 견디지 못할 것이므로—우리가 5장에서 확인하는 것처럼—어리석게도 단순히 십자가의 박해를 피하려고 할례를 가르친다.

요컨대 바울은 다음과 같이 말한다. "나는 사람들이 나의 교훈을 칭송하고 내가 훌륭한 선생이라고 칭찬할 것이라고 해서 사람들을 기쁘게 하려고 하지 않는다. 오직 나의 교훈이 하나님을 기쁘시게 할 수 있기를 바란다. 이 때문에 나는 사람들의 치명적인 원수가 될 것이다. 사람들은 악평과 비방, 투옥, 칼로 내게 앙갚음한다. 반면에 거짓 사도들은 사람의 일을 가르친다. 즉 사람을 즐겁게 하고 사람의 이성에 그럴듯한 것을 가르친다. 따라서 거짓 사도들은 사람들의 호의와 후대와 칭송을 받으며 편하게 살아갈 수 있다." 이와 같이 거짓 사도들은 사람들의 칭찬을 찾는다 (마 6:2, 요 5:44). 바울은 자신의 교훈을 진실하고 건전한 것으로 증명하는 데 굉장히 열심이다. 그래서 갈라디아 사람들에게 자신의 교훈을 포기하고 그것을 다른 것으로 대체해서는 안 된다고 역설하는 것이다.

내가 지금까지 사람들의 기쁨을 구하였다면 그리스도의 종이 아니니라　여기서 말하는 일은 바울의 전체 직분과 사역을 의미한다. 유대교의 율법 아래에 있었던 그의 이전 행위와 복음 아래에 있는 그의 현재 행위 사이의 차이가 무엇인지를 보여준다. 이것은 다음과 같이 말하는 것과 같다. "너희는 내가 과거에 그랬던 것처럼 아직도 사람의 칭송을 구하고 있다고 생각하느냐?" 바울은 갈라디아서 5:11에서도 이렇게 말한다. 내가 지금까지 할례를 전한다면 어찌하여 지금까지 박해를 받으리요? 다시 말하면 이런 뜻이다. "너희는 내가 늘 겪었던 싸움과 박해, 고통을 보고 듣지 않느냐? 나는 회심하고 사도로 부르심을 받은 후로 사람의 교훈을 가르친 적이 없었다. 또한 사람들이 아니라 오직 하나님만을 기쁘시게 하는 데 힘썼다. 말하자면 나는 맡은 사역을 감당하고 교훈을 전할 때에 사람의 칭송을 구하지 않고 오직 하나님의 칭찬을 중시한다."

　여기서 다시 거짓 사도들이 얼마나 악의적이고 교활하게 갈라디아 사람들에게 바울을 미워하도록 설득하려고 애쓰는지 주목해 보라. 거짓 사도들은 바울의 설교와 편지에서 어떻게든 모순점을 찾아내 바울이 잘못된 사실을 가르쳤다고 사람들을 설득하는 데 혈안이 되어 있었다. 그래서 거짓 사도들은 바울의 말은 신뢰할 수 없다고 말하고, 대신 할례를 받고 율법을 지켜야 한다고 말했다. 바울은 정결 예식에 따라 예루살렘 성전에서 네 명의 다른 사람들과 함께 자신을 정결하게 했고, 또 겐그레아에서는 머리를 깎음으로써 율법을 지키는 본을 직접 보여주었기 때문에(행 16:3, 18:18), 거짓 사도들에게 이런 빌미를 제공했다. 그러나 바울이 그렇게 한 이유는 사실 이 일들을 중요하게 여겨서가 아니었다. 기독교적 자유를 깨닫지 못한 연약한 형제들이 상처를 입지 않게 하기 위해서였다. 하지만 거짓 사도들은 교묘하게 바울이 사도들의 명령과 권위에 의해 이 일들을 어쩔 수 없이 행했다고 단정했다. 이에 대한 바울의 답변은 다음과 같다. "그 일 자체는 거짓 사도들이 복음을 무너뜨리고 율법과 할례를 재확립하기 위해 나를 반대하는 것에 불과하다는 점을 매우 분명히 보여준다. 만약 내가 율법과 할례를 전하고 사람의 힘과 능력, 의지를 추천했다면, 거짓 사도들은 나를 싫어하기는커녕 오히려 좋아했을 것이다."

1:11-12 형제들아, 내가 너희에게 알게 하노니, 내가 전한 복음은 사람의 뜻을 따라 된 것이 아니니라. 이는 내가 사람에게서 받은 것도 아니요, 배운 것도 아니요, 오직 예수 그리스도의 계시로 말미암은 것이라   11-12절에 이 문제의 핵심 요점이 나타나 있다. 2장이 끝날 때까지 이어지는 이 요점은 바울의 반대자의 잘못에 대한 증명과 바울의 교훈에 대한 변증을 포함하고 있다. 바울은 자신의 복음을 제시하고 주장한다. 자신은 복음을 사람에게서 배운 것이 아니라 예수 그리스도에게서 나온 계시를 통해 받았다고 단언하면서 맹세로 자신의 복음을 확증한다. 바울은 여기서 갈라디아 사람들이 자기를 믿고 거짓 사도들의 말을 듣지 않도록 하려고 어쩔 수 없이 맹세까지 한다. 바울이 거짓 사도들을 거짓말쟁이로 비난하는 것은, 그들이 바울은 그의 복음을 사도들에게서 배우고 받았다고 말했기 때문이다.

바울이 자신의 복음이 사람의 뜻을 따라 된 것이 아니라고 말하는 것은 그의 복음이 세상에 속한 것이 아님을 말하고자 함에 있는 것이 아니다. 거짓 사도들도 분명히 자기들의 교훈이 세상이 아니라 하늘에 속한 것이라고 자랑했기 때문이다. 바울은 자신의 복음을 어떤 사람의 사역을 통해 배운 것도 아니고, 또는 어떤 세상적인 수단을 통해 받은 것도 아니라고 말하는 것이다. 오늘날 우리는 모두 복음을 인간적인 사역을 통해 배우거나 세상적인 수단을 통해 받았지만(어떤 이는 들음으로, 또 어떤 이는 읽음으로, 또 어떤 이는 씀으로), 바울은 오직 예수 그리스도의 계시를 통해 직접 복음을 받았다. 만약 누구든 여기서 다른 구분을 하고자 한다면 나는 그것을 막지 않겠다.

사람에게서   여기서 바울은 그리스도는 단순히 사람이 아니라 참 하나님이자 참 사람이라는 사실도 부차적으로 증명한다. 바울은 자신의 복음을 다메섹으로 가는 길에서 받았다. 그때 그리스도께서 바울에게 나타나 바울과 대화를 나누셨다. 이후에 그리스도는 예루살렘 성전에서 바울과 또 한 번 대화를 나누셨다. 그러나 바울은, 누가가 사도행전 9장에서 말하는 것처럼, 다메섹으로 가는 길에서 자신의 복음을 받았다. 그때 그리스도는 바울에게 "너는 일어나 시내로 들어가라. 네가 행할 것을 네게 이를 자가 있느니라"고 말씀하셨다(6절). 그리스도는 바울에게 아나니아의 복음을 배우도록 시내로 들어가라고 말씀하신 것이 아니다. 도리어 아나니아가 가서 바울에게 세례를 베풀고 안수하며 말씀 사역을 위임하고 교회에 맡기라고 지시를 받았다. 말하자면 아나니아는 바울이 오직 예수 그리스도의 계시를 통해 이미 복음을 받았기 때문에 바울에게 복음을 가르치라는 명령을 받지 않았다. 아나니아는 "형제 사울아, 주 곧 네가 오는 길에서 나타나셨던 예수께서 나를 보내어 너로 다시 보게 하시고"라고 말할 때에 이것을 직접 인정한다(행 9:17). 따라서 바울은 자신의 복음을 아나니아에게서 받은 것이 아니고, 아나니아를 만나기 전에 이미 복음을 위해 부르심을 받은 상태에 있었다. 그렇다면 바울은 아나니아에게 보내서, 자신이 그리스도의 복음을 전하는 자로 하나님께 부르심을 받은 사실에 대하여 인간적 증언을 받은 것이다.

바울이 이런 사실을 설명해야 했던 것은 갈라디아 사람들이 어떻게든 바울을 미워하도록 획책한 거짓 사도들의 비방을 논박하기 위해서였다. 거짓 사도들은 바울이 사도들로부터 받은 사도들의 다른 제자들보다 등급이 낮다고 말하고 다녔다. 그들은 오랫동안 사도들의 활동을 목격했고, 바울도 똑같은 가르침을 사도들로부터 받은 것을 받았다고 주장했다 (바울은 지금 그것을 부인하고 있다). 그런데 왜 갈라디아 사람들이 등급이 낮은 바울의 권위에 복종하고, 갈라디아 교회뿐만 아니라 온 세상 모든 교회의 최고 장로이자 선생인 사도들의 권위를 멸시하기로 선택하겠는가?

사도들의 권위에 기반을 둔, 거짓 사도들의 이 주장은 매우 강력했다. 특히 여기서 갈라디아 사람들은 순식간에 무너졌다. 만일 갈라디아 교회, 고린도 교회 그리고 다른 교회들에서 일어난 사례들을 통해 배우지 못했더라면, 나는 하나님의 말씀을 처음에 이처럼 즐겁게 받아들였던 사람들—그들 가운데 저명한 많은 사람들도 함께—이 그처럼 한순간에 무너질 수 있다는 사실을 결코 믿지 못했을 것이다. (하나님이 은혜를 거두실 때) 이처럼 양심을 꿰찌르며 졸지에 모든 것을 잃도록 만드는 한 가지 주장 때문에 얼마나 엄청나고 끔찍한 해악이 일어날까! 거짓 사도들은 이런 주장으로 아직 믿음의 충분한 기초와 근거를 갖고 있지 못한 연약한 신자들을 손쉽게 속였다.

게다가 칭의 교리는 무너지기 쉽다. 물론 본질상 그런 것은 아니다. 칭의 교리는 매우 확고하고 확실하지만, 이 교리를 믿는 우리가 확고하고 확실하지 못하기 때문이다. 나도 종종 어둠 속에 빠져 씨름했었기 때문에 이것을 직접 겪었다. 나는 내가 얼마나 자주 복음과 은혜의 빛을 갑

자기 잃고 헤맸는지 잘 알고 있다. 그것은 마치 칙칙하고 어두운 구름이 내게서 복음과 은혜의 광채를 흐리게 만든 것과 같다. 따라서 비록 우리가 믿음의 문제에 있어 경험이 많고 확실한 기반 위에 서 있는 것처럼 보일지라도, 사실은 미끄러운 곳에 서 있다는 사실을 알아야 한다. 우리는 칭의 진리를 다른 사람들에게 가르칠 수 있을 정도로 잘 알고 있다. 이것은 우리가 칭의 진리를 이해하고 있음을 입증하는 확실한 표지다. 그러나 갈등 속에 들어갔을 때 곧 진노, 낙심, 사망의 말인 율법이 복음 앞에 나타나 준동하기 시작할 때, 우리는 은혜와 위로, 생명의 말씀인 복음을 적절하게 활용하지 않으면 안 된다. 그렇지 않으면 시내산에서 이스라엘 백성들이 그랬던 것과 같이(출 19:18), 양심은 큰 두려움 속에 빠질 것이다. 율법의 위협을 약간 담고 있는 하나의 성경 구절이라도 우리에게서 다른 모든 위로를 압도하고 빼앗아 가고, 그리하여 우리의 내적 힘을 뒤흔들어 칭의와 은혜, 그리스도, 복음을 잊어버리도록 만들 것이다.

우리 자신이 무너지기 쉬운 존재이므로 칭의 진리는 매우 무너지기 쉬운 교리다. 다시 말해, 우리 자신의 절반—즉 이성과 이성의 모든 힘—이 우리를 반대한다. 이뿐만 아니라 육체도 우리의 영에 저항한다. 그렇기 때문에 우리는 하나님의 약속이 참되다는 것을 확실히 믿을 수 없다. 이렇게 육체는 영과 싸운다. 바울이 말하는 것처럼 육체는 영을 포로로 잡고 있기 때문에 영은 자신이 원하는 대로 확고하게 믿을 수 없다(갈 5:17, 롬 7:23). 그래서 우리는 그리스도와 믿음에 관한 지식은 인간의 활동이 아니라 오직 우리 안에 믿음을 창조하고 믿음을 유지시키시는 하나님의 선물이라고 계속 가르친다. 하나님께서 처음에 말씀을 통해 우리에게 믿음을 주시는 것처럼, 이후에도 하나님은 말씀을 통해 우리 안에서 믿음을 단련시키고 증가시키고 강화시키며 온전하게 하신다. 그러므로 우리가 하나님께 바칠 수 있는 최고의 섬김은 말씀을 부지런히 듣고 읽음으로써 참된 경건을 보여주는 것이다.

반면에 말씀을 싫어하는 것보다 더 위험한 일은 없다. 자신은 충분히 알고 있다고 생각하지만 마음이 식어 점차 말씀을 싫어하게 된 사람은 누구든지 그리스도와 복음을 상실할 수 있다. 자신이 알고 있다고 생각하는 것은 단지 사변을 통해 얻은 지식에 불과하다. 야고보가 말하는 것처럼 그는 자기 자신을 거울로 본 다음 자신의 모습이 어떠했는지를 금방 잊어버리는 사람과 같다(약 1:23-24).

그러므로 신실한 사람이라면 누구나 칭의 교리를 부지런히 배우고 지켜야 한다. 그렇게 하려면 겸손하게 진심으로 기도하며, 말씀을 끊임없이 공부하고 묵상해야 한다. 그런데 우리가 아무리 그렇게 잘 하더라도 항상 우리를 괴롭히는 것이 있다. 우리는 약한 원수가 아니라 강하고 힘 있는 원수를 마주하고 있고, 이 원수가 끊임없이 우리를 대적하기 때문이다. 이 원수는 우리 자신의 육체와 세상의 온갖 위험들, 율법, 죄, 사망, 하나님의 진노와 심판 그리고 마귀 자신을 망라한다. 마귀는 내적으로 불같은 화살로 우리를 시험한다. 그리고 외적으로 우리 전부는 아니더라도 대부분을 어떻게든 무너뜨리기 위해 끊임없이 거짓 사도들을 통해 역사한다.

기억해 보면 내가 처음에 복음을 변증하는 자가 되었을 때 내게 다음과 같이 말해 준 한 훌륭한 사람이 있었다. "나는 당신이 전하는 이 교훈을 좋아합니다. 왜냐하면 이 교훈은 사람이 아니라 오직 하나님께만 영광과 다른 모든 것을 돌리기 때문입니다. 우리가 영광과 선, 자비 등을 사람에게 돌리게 되면 하나님께 돌릴 것이 없게 됩니다." 이 말은 내게 큰 위로와 확증이 되었다. 복음 교리는 사실 인간에게서 모든 영광과 지혜, 의 등을 제거하고, 그것들을 오직 무로부터 만물을 창조하신 하나님께로 돌린다(히 11:3). 또한 내가 변증하는 복음의 교훈은 인간보다 하나님께 훨씬 더 많은 것을 안전하게 귀속시킬 수 있다. 왜냐하면 교회, 아우구스티누스와 다른 선생들, 또한 베드로와 아볼로 그리고 심지어 하

늘로부터 온 천사가 다른 어떤 것을 가르친다고 할지라도, 나의 교훈은
오직 하나님의 은혜와 영광을 선포하고, 구원 문제에 있어서는 모든 인
간적인 의와 지혜를 정죄하는 교훈이기 때문이다. 내가 이 교훈을 위반
할 수 없는 것은, 적절하고 참되게 하나님께 속해 있는 것은 하나님께
돌리고 사람에게 속해 있는 것은 사람에게 돌리는 교훈이기 때문이다.

그러나 여러분은 교회는 거룩하고 조상도 거룩하다고 말할 것이다.
교회가 거룩한 것은 사실이지만 그렇다고 해도 우리는 여전히 "우리 죄
를 사하여 주시옵소서"라고 기도하지 않으면 안 된다. 조상도 아무리 거
룩하다고 해도 그들 역시 죄 사함을 통해 구원받는다. 그러므로 우리가
하나님의 말씀과 반대되는 다른 것을 가르친다면, 여러분은 나나 교회
나 조상이나 사도들이나 또는 하늘로부터 온 천사라도 믿어서는 안 된
다. 하나님의 말씀은 세세토록 남아 있어야 한다. 그렇지 않으면 거짓 사
도들의 허탄한 주장이 바울의 교훈을 억누르고 지배할 것이다. 갈라디
아 사람들 앞에서 전체 교회가 사도들과 함께 갑자기 등장하여 권위가
별로 없던 바울을 반대하는 것은 심각한 일이었다. 그러므로 이 주장은
강력한 주장이었고 결정적으로 작용했다. 아무도 교회가 잘못이라고 당
당히 말할 자는 없다. 그렇지만 하나님의 말씀이 아닌 것이나 하나님의
말씀에 반하는 것을 가르친다면 당연히 잘못이라고 말해야 한다.

사도들의 수장인 베드로는 자신의 삶과 교훈으로 하나님의 말씀에
서 벗어난 다른 것을 가르쳤다. 그러므로 베드로는 잘못을 저질렀고 속
임을 당한 것이다. 그것은 작은 잘못처럼 보였지만 바울은 그냥 덮어 두
지 않았다. 바울은 베드로의 잘못이 교회 전체에 해를 끼친다고 보았기
때문이다. 그래서 바울은 그를 대면하여 책망하였다(갈 2:11). 그러므로
우리도 교회나 베드로나 사도들이나 하늘로부터 온 천사의 말이라도 그
들이 순전한 하나님의 말씀을 제시하고 가르치지 않는다면 그들의 말을
들어서는 안 된다.

1:13 내가 이전에 유대교에 있을 때에 행한 일을 너희가 들었거니와 하나님의 교회를 심히 박해하여 멸하고 이 구절에 특수한 교리는 들어 있지 않다. 여기서 바울은 자신의 사례를 인용하여 다음과 같이 말하고 있다. "나는 너희와 너희의 모든 거짓 선생들보다 더 열렬하게 바리새인과 유대교의 전통을 옹호했었다. 그런데 율법의 의가 얼마라도 가치가 있었다면 나는 절대로 율법의 의를 저버리지 않았을 것이다. 그리스도를 알기 전 율법을 지키는 일에 있어 내 동족 가운데 나보다 앞서는 자가 거의 없었다. 게다가 하나님의 교회를 크게 박해하는 일에도 매우 열심이었다. 나는 대제사장들의 권한을 받아 갖고 있었고, 많은 성도들을 옥에 가두었다(행 26:10). 성도들을 죽일 때에는 앞장서서 찬성했다. 모든 회당을 다니며 다른 사람들도 처벌했다. 그들에게 신성모독죄를 뒤집어 씌웠고, 심히 격분하여 외국 성까지 따라가 박해했다."

1:14 내가 내 동족 중 여러 연갑자보다 유대교를 지나치게 믿어 내 조상의 전통에 대하여 더욱 열심이 있었으나 이 구절에서 바울은 바리새인의 전통이 아니라 그보다 훨씬 더 폭넓은 것을 생각하고 있다. 내 조상의 전통에는 거룩한 모세 율법도 포함되어 있다. 빌립보서 3:6도 보라. 이것은 다음과 같이 말하는 것과 같다. "이 점에서 나는 유대 민족 전체, 아니 사실은 할례받은 모든 사람 가운데 가장 뛰어나고 가장 거룩한 자들과 비교된다. 만약 그들이 그렇게 할 수 있다면, 모세 율법을 옹호하는 데 있어 내가 보여준 것보다 더 큰 열심과 열정을 갖고 있는지 보여달라. 너희는 이것에 설득되어 율법의 의를 매우 중요한 것으로 과장하는 거짓 선생들을 믿어서는 안 될 것이다. 만일 율법의 의를 찬미할 만한 어떤 이유가 있었다면, 나는 다른 누구보다 율법의 의를 찬미할 이유를 더 많이 갖고 있다."

바울과 같이 나도 복음을 깨닫기 전에는 조상의 전통에 누구보다 열심이었다. 나 역시 조상의 전통이 거룩하다고 믿었다. 게다가 구원에 필수적이라고 결사적으로 주장하고 옹호했다. 나아가 지금 행위와 공로로 의롭다 함을 얻는 교리를 무너뜨린다는 이유로 오늘날 나를 극렬히 미워하고 박해하는 모든 사람보다 나는 더 심하게 금식과 고행, 기도 그리고 다른 실천들로 가련한 육체를 혹사시킴으로써 어떻게든 행위의 의 교리를 지키는 데 심혈을 기울였다. 나는 건강을 해칠 정도로 육체에 부담을 주면서까지 이 관습들을 매우 부지런히 그리고 미신적으로 따랐다. 무엇을 하든 간에 하나님의 영광을 위해 성실하고 열심히 실천했다. 그렇지만 그때 내게 유익했던 일들을 지금 나는 (바울과 같이) 나의 주 그리스도 예수를 알기 위하여 잃어버리는 것과 배설물로 간주한다(빌 3:8).

1:15-17 그러나 내 어머니의 태로부터 나를 택정하시고 그의 은혜로 나를 부르신 이가 그의 아들을 이방에 전하기 위하여 그를 내 속에 나타내시기를 기뻐하셨을 때에 내가 곧 혈육과 의논하지 아니하고 또 나보다 먼저 사도 된 자들을 만나려고 예루살렘으로 가지 아니하고 아라비아로 갔다가 다시 다메섹으로 돌아갔노라 이 부분은 바울이 그리스도인이 되고 처음으로 갖는 여행을 기록하고 있다. 바울은 하나님의 은혜로 이방인에게 그리스도를 전하라는 부르심을 받은 직후에 이 부르심의 사역을 감당하려고 아무의 조언도 받지 않고 아라비아로 갔다. 이 부분은 바울이 누구에게 가르침을 받았는지와 어떤 수단을 통해 복음을 아는 지식과 사도로서의 직분을 갖게 되었는지를 보여준다. 이것은 다음과 같이 말하는 것과 같다. "하나님의 율법에 무모하게 열심을 낸 것으로 보아 나는 구원받을 만한 자격이 없다. 확실히 하나님께서 그냥 놔두셨다면 나는 이 미련하고 사악한 열심에 사로잡혀 더 가증하고 포악한 죄로 파멸했을 것이다. 나는 하나님의 교회를 박해했다. 그리스도의 원수로 그리스도의 복음을 모독했다. 무

엇보다 무고한 많은 사람의 피를 흘리게 했다. 그때는 내게 이것이 당연
한 일이었다. 그러나 이처럼 포악하게 격분하여 날뛸 때 나는 헤아릴 수
없는 은혜로 부르심을 받았다. 그러면 이 부르심이 이처럼 포악한 격분
때문이었을까? 절대로 아니다. 자신이 원하는 자를 부르시고 자신이 긍
휼을 베풀기 원하는 자에게 긍휼을 베풀어 주시는 하나님께서 충만한
은혜로 나를 용서하고, 이와 같은 온갖 모독에서 벗어나게 하셨다. 이전
에 내가 온전한 의와 하나님이 받아 주실 만한 섬김이라고 착각했던 끔
찍한 죄들이 있음에도 불구하고, 하나님은 내게 은혜를 베풀어 주셨다.
나에게 하나님 자신에 대한 지식을 주셨으며 나를 사도로 부르셨다."

　　바울과 마찬가지로 나도 "공로"로 얻는 은혜에 대한 지식을 갖고
있었다. 나도 금욕적인 삶을 통해 날마다 그리스도를 십자가에 못 박았
다. 이전에 항상 갖고 살았던 거짓된 믿음으로 하나님을 모독했다. 외적
으로 보면 나는 다른 사람들—강탈자, 불의한 자, 호색한—과 달랐다. 그들
과 달리 가난과 검소, 순종을 실천했다. 거기다 세상에 대한 관심도 끊었
다. 오직 금식과 고행, 기도, 미사 등에 주력했다. 그러나 이처럼 거룩하게
보이고 나 자신의 의를 신뢰하는 가면을 쓰고 계속해서 하나님에 대한
불신과 의심, 두려움, 미움, 모독을 길러 왔다. 나의 의는 더러운 웅덩이와
마귀의 나라에 지나지 않았다. 사탄은 자기 자신의 믿음과 영혼을 파괴
하고 하나님이 선물로 주신 온갖 복을 발로 차 버리는 성도를 사랑한다.
이런 성도의 마음은 사악함과 맹목성, 하나님에 대한 경멸, 복음에 대한
무지, 성례에 대한 모독, 그리스도에 대한 모욕과 무시, 하나님이 주신 온
갖 유익과 은사의 악용 등이 지배하고 있다. 이런 "성도들"은 사탄의 종
이다. 그러므로 외적으로 다른 어떤 사람보다 선행과 거룩함, 금욕이 뛰
어나다고 해도, 사탄이 원하는 대로 말하고 생각하고 행동하는 자다.

　　이처럼 공로를 높이 평가하게 되자 우리는 은혜에 관해서 눈이 멀
었다. 뿐만 아니라 매우 잔인하고 악랄하게 하나님과 그리스도, 복음, 믿

음, 성례, 경건한 사람, 하나님에 대한 참된 예배를 반대하고 모독하고 짓밟고 정죄했다. 대신 이와 정반대의 사실을 가르치고 확립해 나갔다. 이런 상태에서 우리는 거룩하면 거룩할수록 더 맹목적이 되고 마귀를 더 경배하게 되었다. 그 결과 우리는 누구나 행위로 그렇지 않을지 모르지만 마음으로는 흡혈귀가 되었다.

1:15 그러나……부르신 이가 이것은 다음과 같이 말하는 것과 같다. "하나님께서는 자신을 이처럼 모독하고 박해하고 거역한 나같이 악하고 저주스럽고 비열한 사람을 용서하셨다. 뿐만 아니라 내게 구원과 하나님의 영, 하나님의 아들 그리스도, 사도의 직분, 영생에 관한 지식을 베푸셨다. 이것은 정말 헤아릴 수 없는 큰 은혜다." 마찬가지로 하나님은 우리에게서도 이와 같은 죄로 인한 죄책이 있음을 보셨다. 그렇지만 그리스도로 말미암아 순전히 자비로 우리의 불경과 모독을 용서하셨을 뿐만 아니라 우리에게 큰 유익과 영적 선물을 안겨 주셨다. 그러나 우리 가운데 많은 이들이 이처럼 측량할 수 없는 은혜를 받았음에도 불구하고 하나님께 감사하지 않는다. 과거의 죄에서 깨끗하게 된 것을 잊어버릴 뿐만 아니라(벤후 1:9) 마귀에게 다시 문을 열고 하나님의 말씀을 싫어하기 시작한다. 또한 많은 이들이 하나님의 말씀을 왜곡하고 부패시켜 새로운 오류에 빠진다. "그 사람의 나중 형편이 전보다 더욱 심하게 되느니라"(마 12:45).

내 어머니의 태로부터 나를 택정하시고 말하자면 하나님이 바울을 거룩하게 구별하여 사도로 정하고 준비시키셨다. 하나님은 바울이 아직 자기 어머니의 태속에 있을 때에 사도로 정하셨다. 그래서 하나님의 교회를 격하게 박해했던 자가 이후에 오직 하나님의 은혜로 그토록 잔인하고 모독적이었던 태도를 버리고 행복하게 진리와 구원의 길로 들어섰다. 요약하면 바울은 태어나기 전부터 하나님의 눈에 이미 사도였다. 그리고 때가 되자 바울은 온 세상 앞에 사도로 선언되었다.

따라서 바울은 공로에 대한 온갖 생각에서 벗어나 영광은 오직 하나님께 돌리고 수치와 혼란은 오직 자신에게 돌린다. 이것은 다음과 같이 말하는 것과 같다. "하나님은 크거나 작거나, 영적이거나 육적이거나, 자신이 내게 주실 모든 선물과 한평생 내게 주어질 온갖 좋은 것을 마련해 두셨다. 내가 좋은 것을 바라거나 생각하거나 붙들 수 없었던 때에 곧 내가 아직 어머니의 태속에 있었을 때에 이미 마련해 두셨다. 그러므로 이 선물은 내가 태어나기 전에 하나님의 예정과 값없는 자비로 내게 주어졌다. 내가 태어난 후에 하나님은 무수히 많고 정말 끔찍한 죄악으로 얼룩진 나를 찾아오셨다. 그리고 형언할 수 없고 측량할 수 없는 크신 자비를 내게 아주 분명히 나타내시려고 오직 은혜로 나의 가증하고 한량없는 죄를 용서하셨고, 급기야는 풍성한 은혜로 나를 가득 채우셨다. 그래서 나는 그리스도 안에서 우리에게 주어진 것이 무엇인지 알았을 뿐만 아니라 그것을 다른 사람들에게도 전했다."

그의 은혜로 나를 부르신 이가 여기서 바울의 부지런함을 주목하라. 바울은 "나를 부르신 이가"라고 말한다. 어떻게 그런 일이 벌어졌는가? 하나님이 바울을 부르신 것은 바울의 바리새적인 종교 또는 바울의 흠 없이 거룩한 삶 때문이었는가? 바울의 기도와 금식, 행위 때문이었는가? 아니다. 물론 바울의 독신과 박해, 학대 때문은 더더욱 아니다. 그러면 어떻게 그런 일이 벌어졌을까? 오직 "그의 은혜로" 그런 일이 벌어졌다.

1:16 그를 내 속에 나타내시기를 이것은 어떤 교훈이 바울에게 맡겨졌음을 보여준다. 그 교훈은 곧 하나님의 아들에 대한 계시인 복음 교리였다. 복음 교리는 율법과 정반대다. 율법은 하나님의 아들을 계시하지 못

하고, 죄를 드러내고, 양심을 두렵게 하며, 사망과 하나님의 진노와 심판
그리고 지옥을 계시한다. 그러므로 복음은 하늘이 땅과 다른 것만큼 율
법과 다른 것이 틀림없다. 이 차이는 본질적으로 쉽고 명백하게 파악되
지만 우리에게는 난제로 가득하다. 복음은 율법에 대한 계시가 아니고
오직 하나님의 아들에 대한 계시 또는 예수 그리스도에 관한 지식이라
고 말하기는 쉽다. 그러나 양심이 고뇌와 갈등 속에 있을 때 이 요점을
지키고 행동으로 실천하기는 어렵다. 심지어 그런 경험을 아주 많이 한
사람들도 마찬가지다.

　　따라서 바울이 여기서 정의하는 것처럼 복음이 하나님의 아들에 대
한 계시라면 확실히 복음은 율법과 달리 우리를 고소하지 않고, 심판을
두렵게 하지 않으며, 사망으로 위협하지 않고, 우리를 절망으로 끌고 가
지도 않는다. 오히려 복음은 그리스도에 관한 교훈이고, 율법이나 행위
가 아니라 그리스도 안에 있는 우리의 지혜와 의로움과 거룩함과 구원
함이다(고전 1:30). 복음 교리는 연구나 힘든 공부나 인간적 지혜나 하나
님의 율법에 의해 얻어지는 교훈이 아니다. 바울이 여기서 말하는 것처
럼 복음은 하나님 자신에 의해, 곧 첫째는 외적으로 말씀을 통해, 둘째는
내적으로 하나님의 영의 역사로 말미암아 얻어지는 교훈이다. 그러므로
복음은 하늘에서 내려오고, 외적 말씀이 먼저 와야 하기는 하지만 같은
이유로 보내심을 받은 성령으로 계시되는 신적 말씀이다. 바울 자신은
하늘로부터 "사울아, 사울아, 네가 어찌하여 나를 박해하느냐?"라는 외
적 말씀을 듣기 전까지는 내적 계시를 갖지 못했다(행 9:4). 따라서 바울
은 외적 말씀을 먼저 들었다. 그런 다음에 계시가 임했다. 곧 말씀, 믿음
성령의 선물에 대한 지식이 주어졌다.

그의 아들을 이방에 전하기 위하여　바울은 하나님이 그를[그의 아들을] 내
속에 나타내시기를 기뻐하셨다고 말한다. 왜 그런가? 그렇게 하지 않았

다면 바울은 하나님의 아들을 믿지 않았을 것이고, 그래서 그의 아들을 이방에 전하지 못했을 것이기 때문이다. 왜 그의 아들을 유대인에게 전하는 사명이 아닌가? 여기서 우리는 바울이, 유대인에게도 그리스도를 전하기는 했어도, 사실은 이방인의 사도라는 것을 확인한다. 이것은 다음과 같이 말하는 것과 같다. "나는 이방인의 율법 수여자가 아니라 이방인의 사도와 복음 전도자이므로 이방인에게 율법의 짐을 지우지 않을 것이다." 따라서 바울이 거짓 사도들을 반대하는 모든 말은 마치 다음과 같이 말하는 것처럼 보인다. "너희 갈라디아 사람들은 내게 가르침을 받을 때 율법이나 행위의 의에 대하여 들은 것이 아니다. 율법이나 행위의 의는 모세에게 속해 있는 것이지 이방인의 사도인 나 바울에게 속해 있는 것이 아니기 때문이다. 나의 직분과 사역은 너희에게 복음을 제시하고 너희에게 나 자신이 받았던 것과 똑같은 계시를 보여주는 데 있다. 그러므로 너희는 율법을 가르치는 선생의 말을 들어서는 안 된다." 이방인 속에서는 율법이 아니라 복음이 선포되어야 한다. 모세가 아니라 하나님의 아들이 선포되어야 한다. 행위의 의가 아니라 믿음의 의가 선포되어야 한다.

내가 곧 혈육과 의논하지 아니하고   여기서 바울은 사도들에 관해 말하는 것이 아니다. 곧바로 나보다 먼저 사도 된 자들을 만나려고 예루살렘으로 가지 아니하고라고 말하기 때문이다. 바울은 여기서 자신이 그리스도로부터 직접 복음을 계시받았기 때문에 다메섹의 혈육과 의논하지 않았고, 자신에게 복음을 가르치는 어떤 사람을 만나기를 바란 것은 더더욱 아니라고 말하는 것이다. 바울은 복음을 배우러 예루살렘으로 가지 않았다. 말하자면 베드로와 다른 사도들을 만나러 가지 않았다. 바울은 자신의 부르심에 대한 외적 표징과 증거를 갖는 것이 필요했기 때문에, 다메섹에서 아나니아를 통해 세례와 안수를 받고 예수 그리스도를 직접 전했다. 누가는 사도행전 9장에서 이 사실을 말하고 있다.

1:17 또 나보다 먼저 사도 된 자들을 만나려고 예루살렘으로 가지 아니하고 아라비아로 갔다가 다시 다메섹으로 돌아갔노라 바울은 먼저 사도들을 만나거나 그들에게 조언을 받지 않고 아라비아로 가서 이방인에게 복음을 전하는 직무를 직접 감당했다. 그것이 바울이 감당하도록 부르심을 받은 일이자 하나님께로부터 계시를 받게 된 사명이었기 때문이다. 그래서 바울은 자신에게 주어진 복음을 혈육(any man)이나 사도들로부터 받은 것이 아니었다. 바울은 다만 자신의 거룩한 부르심과 예수 그리스도에 대한 계시에 만족했다. 17절 전체는 바울을 반대하는 거짓 사도들의 주장을 논박한다. 그때 거짓 사도들은 바울이 과거에 율법을 따라 산 사도들의 제자였고 바울 자신도 율법을 따라 살았으므로, 이방인도 율법을 지키고 할례를 받는 것이 필수적이라고 말했다. 이 주장을 중단시키기 위해 바울은 자신의 과거 이야기를 길게 전한다. 바울은 회심하기 전 자신이 복음 교리뿐만 아니라 하나님의 교회도 극렬하게 박해한 자였기 때문에 복음을 사도들로부터 배운 것도 아니고 믿음을 가진 다른 형제들로부터 배운 것도 아니라고 말한다. 그렇다고 바울이 회심한 후에 사도들이나 형제들로부터 배운 것도 아니다. 그 이유는, 바울이 회심 직후에 다메섹에서 모세와 그의 율법이 아니라 예수 그리스도를 직접 전했는데, 그렇게 할 때 바울은 어느 누구와도 의논하지 않았고 어떤 사도도 만나지 않았기 때문이다.

1:18-19 그 후 삼 년 만에 내가 게바를 방문하려고 예루살렘에 올라가서 그와 함께 십오 일을 머무는 동안, 주의 형제 야고보 외에 다른 사도들을 보지 못하였노라 바울은 자신이 사도들과 함께 있었던 사실은 인정하지만 모든 사도와 함께 있었다고 말하지는 않는다. 예루살렘으로 가서 사도들을 방문하긴

했지만, 그것은 그들의 명령에 따라 무엇을 배우기 위해서 간 것이 아니었다. 바울 스스로 행한 일이었고, 단순히 베드로를 만나 보기 위해서였다. 누가는 사도행전 9장에서 똑같이 말한다. 곧 바나바는 바울을 사도들에게 데리고 가 그들에게 바울이 다메섹에서 예수의 이름으로 담대히 복음을 전했다고 말해 주었다. 18-19절은 바울의 복음이 사람에게서 나온 것이 아님을 증명해 준다.

그러므로 바울이 예루살렘에서 사도들과 함께 있었음을 인정하고, 거짓 사도들이 이 점을 언급한 것은 정확히 사실이었다. 나아가 바울은 자신이 유대교의 삶의 방식을 따라 살았던 것을 인정했으나, 그것은 어디까지나 그가 유대교인이었을 때로 한정되었다. 고린도전서 9:19-22에서 바울은 다음과 같이 말한다. "내가 모든 사람에게서 자유로우나 스스로 모든 사람에게 종이 된 것은 더 많은 사람을 얻고자 함이라. 유대인들에게 내가 유대인과 같이 된 것은 유대인들을 얻고자 함이요……내가 여러 사람에게 여러 모습이 된 것은 아무쪼록 몇 사람이라도 구원하고자 함이니." 그래서 예루살렘에서 사도들과 함께 있었던 것은 인정하지만, 그들에게서 복음을 배운 것은 부정한다. 또한 바울은 자신이 사도들이 지시한 대로 복음을 가르치도록 강요받았다는 것도 부인한다. 바울은 게바(베드로)에게서 배우기 위해서가 아니라 단순히 게바를 방문하려고 예루살렘으로 올라갔다. 베드로나 야고보는 바울의 주인이 아니었다. 이 두 사도를 제외하고 다른 사도들에 관해 말한다면, 바울은 자신은 그들 가운데 어느 누구와도 만난 적이 없다고 강력히 주장한다.

바울은 이 말을 왜 자주 반복하는가? 바로 거짓 사도들에게 속아 길을 잃어버린 갈라디아 교회들을 되찾고, 자신의 복음이 하나님의 참된 말씀이었다는 사실에 대해 그들이 갖고 있던 온갖 의심을 제거하기 위함이었다. 만약 이 목적을 달성하지 못했다면, 바울은 거짓 사도들이 그들의 교훈을 가르치는 것을 결코 중단시키지 못했을 것이다. 거짓 사도

들은 이렇게 바울을 반박했었다. "우리도 바울만큼 선하다. 우리도 바울
과 같이 사도들의 제자다. 게다가 바울은 단순히 하나지만 우리는 수가
많다. 그러므로 우리가 권위에 있어서나 수에 있어서 바울보다 더 낫다."

그래서 바울은 부득이 자신이 자신의 복음을 다른 어떤 사람에게서
배우거나 사도들 자신에게서 받은 것이 아님을 맹세로 확언할 마음을
가졌다. 당시 바울의 사역은 큰 위험에 봉착해 있었다. 바울이 주된 목회
자와 선생으로 사역한 곳이라면 모든 교회가 그런 위험에 처해 있었을
것이다. 바울은 사역할 때 신자들의 양심이 바울의 교훈이 하나님의 참
된 말씀임을 철저히 확신할 수 있도록 어쩔 수 없이 그리스도께서 자기
에게 주신 소명과 복음에 관한 지식을 거룩한 자부심을 갖고 자랑하지
않을 수 없었다. 이렇게 할 때 바울은 중대한 사역 곧 갈라디아의 모든
교회가 건전한 교리를 지키도록 하는 것을 염두에 두고 있었다. 확실히
바울과 거짓 사도들 간의 논쟁은 영원한 생명 아니면 영원한 사망과 관
련된 문제였다. 순수한 하나님의 말씀이 제거되면 위로도 없고 생명도
없고 구원도 없다. 다시 말해 바울이 이런 사실을 반복하는 이유는 사도
들을 만나기 전 3, 4년 동안 다메섹과 아라비아에서 하나님이 주신 계시
로, 사도들이 전했던 것과 똑같은 복음을 전했다는 사실을 증명하기 위해
서였다. 이를 증명함으로써 자신이 복음을 사람에게서 받은 것이 아님을
증명하고, 갈라디아 지역의 교회들을 인도하여 참되고 건전한 교리를 지
키도록 하는 데 있었다.

1:20 보라, 내가 너희에게 쓰는 것은 하나님 앞에서 거짓말이 아니로다   여기
서 바울은 왜 군이 맹세를 덧붙일까? 그것은 바울이 이야기를 보고하는
중이고, 또 교회들이 자기의 말을 믿기를 바라기 때문이다. 또한 거짓 사
도들이 "바울이 진리를 말하는지 아닌지 누가 알랴?"라고 말하지 못하
도록 하고 싶기 때문이다. 여기서 우리는 하나님의 선택받은 도구인 바

울이 그리스도를 전했던 갈라디아 사람들 속에서 이처럼 가혹한 멸시를 당하는 상황 속에 있었던 것과 그래서 바울이 자신이 진리를 말한다는 사실을 맹세하지 않으면 안 되었던 것을 확인할 수 있다. 만일 이런 일이 사도들에게도 일어났다면 오늘날 우리에게 일어나는 일은 그리 놀랄 일도 아니다.

1:21 그 후에 내가 수리아와 길리기아 지방에 이르렀으나 수리아와 길리기아는 가까이 인접해 있는 곳이다. 바울은 여기서도 사도들을 만나기 전이나 후에나 자신은 항상 복음의 선생이었음을 강조한다. 자신은 복음을 사도들의 제자에게서 받은 것이 아니라 그리스도의 계시로 직접 받았다는 것을 독자에게 납득시키려고 애쓰고 있다.

1:22-24 그리스도 안에 있는 유대의 교회들이 나를 얼굴로는 알지 못하고, 다만 "우리를 박해하던 자가 전에 멸하려던 그 믿음을 지금 전한다" 함을 듣고 나로 말미암아 하나님께 영광을 돌리니라 바울은 여기서 베드로를 만나고 난 후에 자신이 수리아와 길리기아로 가서 복음을 전함으로써 유대 지역의 모든 교회가 자신에 대해 증언했다는 말을 덧붙인다. 이것은 다음과 같이 말하는 것과 같다. "나는 모든 교회의 증언에 의지한다. 심지어 유대 지역의 교회들의 증언에도 의지한다. 다메섹과 아라비아, 수리아, 길리기아 그리고 유대 지역의 교회들이 내가 이전에 거부하고 박해했던 바로 그 믿음을 이제 전하고 있다는 사실을 증언한다. 그 교회들은 나로 말미암아 하나님께 영광을 돌린다. 그것은 내가 할례와 모세 율법을 지켜야 한다고 가르쳤기 때문이 아니다. 내가 복음 사역을 통해 믿음을 전하고 교회들에게 덕을 세웠기 때문이다."

2장.   율법의 행위로 말미암음이 아니요

2:1 십사 년 후에 내가 바나바와 함께 디도를 데리고 다시 예루살렘에 올라갔나니 바울은 이방인이 율법의 행위가 없이 오직 믿음으로 의롭다 함을 얻는다고 가르쳤다. 바울은 이방인에게 믿음으로 의롭다 함을 얻는 진리를 전한 후에, 예루살렘으로 올라가 제자들에게 자신이 한 일을 말했다. 그러자 오래된 율법의 관습에 따라 훈련받은 자들이 크게 분노했다. 바울이 이방인에게 율법의 속박에서 벗어나는 자유를 전했다는 이유로 분노한 것이다. 그 결과 큰 다툼이 벌어졌고 이후에 새로운 불화가 촉발되었다. 바울과 바나바는 믿음으로 의롭다 함을 얻는 진리를 강하게 고수하고 이렇게 말했다. "우리가 어디서든 이방인에게 말씀을 전하자 말씀을 들은 자들에게 성령이 임했다. 이런 일이 모든 이방인 교회에서 일어났다. 그러나 우리는 그들에게 할례를 전하거나 율법을 지키라고 요구하지 않았다. 다만 예수 그리스도를 믿는 믿음을 전했고, 이 믿음이 전해지자 하나님께서 듣는 자들에게 성령을 주셨다." 그러므로 율법과 할례를 지키지 않았어도 성령이 이방인들의 믿음을 인정하셨다. 복음 전파와 그리스도를 믿는 이방인의 믿음이 성령을 기쁘시게 하지 못했다면, 성령이 할례받지 않은 사람들에게 임하셨을 리가 없기 때문이다. 이전에 율법이 선포되었을 때에는 이처럼 성령이 임한 적이 있음을 확인하지 못하는 것으로 볼 때 이는 더욱 확실해진다. 바울이 믿음으로 의롭다 함을 얻는 진리를 전하자 성령이 이방인들의 믿음을 인정하신 것이다.

그런데 그리스도를 믿었지만 여전히 율법에 특별한 열심을 갖고 있던 유대인들, 특히 많은 바리새인들이 어떻게든 율법의 영광을 유지하려고 심혈을 기울였다. 그래서 그들은 이방인이 율법의 행위가 없이 오직 믿음으로만 의롭다 함을 얻었다고 주장한 바울을 격렬히 반대했다. 하나님의 율법은 거룩하므로 반드시 지켜져야 한다고 말했다. 이방인은 할례를 받지 않으면 구원받을 수 없다고 강력히 주장했다. 하나님의 율법에 관해 조금이라도 알고 있는 이교도는 누군가 "이 교훈은 하나님의 율법이다"라는 말을 들으면 마음이 움직일 것이다. 유대인은 어릴 때부터 율법을 교육받았기 때문에 당연히 그렇게 마음이 움직였다.

그리스도께 돌아와 새로 회심한 유대인들은 관습의 힘 때문에 갑자기 율법을 포기할 수가 없었다. 그들은 기독교 신앙을 받아들였으나 율법을 지키는 것도 필수적이라고 생각했다. 하나님은 복음 교리가 율법과 명확히 구분될 때까지 한동안 그들의 연약한 모습을 참아 주셨다. 아합 왕 시대에 이스라엘 백성들이 두 종교 사이에서 머뭇거릴 때에도 참아 주셨다. 그러나 지금은 다르다. 진리가 복음의 명확한 빛 아래 드러났다. 그러므로 우리는 주님의 인자하심과 오래 참으심을 악용하거나 우리의 연약함과 오류를 계속 고집해서는 안 된다.

바울의 반대자는 이방인이 할례를 받아야 한다고 말했다. 그들이 바울을 반박하는 근거는 세 가지가 있었다. 첫째는 율법과 그 나라의 관습이고, 둘째는 사도들의 본보기이며, 셋째 마지막으로 디모데에게 할례를 베푼 바울 자신의 본보기를 거론했다. 바울은 자신을 변호하면서 자신이 필연적인 이유 때문에 할례를 베푼 것이 아니라고 말했다. 믿음이 약한 자들이 자기의 말을 믿지 못할 경우에 혹시라도 상처를 받지 않게 하려는 기독교적 사랑과 자유 때문이라고 말했다. 누구든 바울에게 다음과 같이 말할 것이다. "당신이 디모데에게 할례를 베푼 것은 분명하다. 그러니 그 이유를 말해야 한다. 당신은 어쨌든 할례를 베풀었다." 이때 바울이 할례를 베푼 동기는 인간적 관점에서 크게 벗어났다. 그래서 반대자는 바울의 동기를 이해할 수 없었다. 누구든 사람들의 호의를 잃고 이처럼 지독한 미움과 멸시를 받을 때에는 선뜻 변명할 엄두가 나지 않을 것이다. 바울은 갈수록 자신에 대한 반대가 심화되는 모습을 보았다. 하나님의 계시를 통해 반대가 있을 것이라는 지시도 이미 받았다. 십사 년 후에(바울이 다메섹과 아라비아에서 복음을 전한 기간은 계산에 넣지 않은) 바울은 자신의 복음에 관해 다른 사도들과 토론하기 위해 예루살렘으로 다시 올라갔다. 바울이 그렇게 한 것은 자기 자신이 아니라 사람들을 위해서였다.

율법 준수에 관한 논쟁은 이후로 큰 고민거리가 되어 오랫동안 바울을 괴롭혔다. 그러나 나는 이 논쟁이 누가가 사도행전 15장에서 다루고 있는 사건의 논쟁이라고 생각하지 않는다. 사도행전 15장은 이보다 훨씬 이전에 일어난 사건을 다루는 것으로 보인다. 곧 복음 전파가 처음 시작되고 얼마 되지 않은 시점에 일어난 사건을 다룬다. 그러나 바울이 여기서 말하는 사건은 이후로 많은 세월이 흐른 후에 일어난 일로 보인다. 곧 바울이 복음을 전파하고 대략 18년의 세월이 흐른 시점에 일어났을 것이다.

내가 바나바와 함께 디도를 데리고   바나바는 바울이 이방인에게 율법의 속박에서 벗어나는 자유에 관한 복음을 전할 때 바울과 협력했다. 바나바도 바울이 행한 모든 일의 증인이었다. 바나바도 예수 그리스도를 믿는 믿음을 전했을 때 할례받지 않은 이방인에게 성령이 임하고, 그들이 모세 율법에서 해방되는 역사를 목격했다. 바나바는 바울이 이방인에게 율법의 짐을 지우는 것은 구원에 필수적인 요소가 아니고 그리스도를 믿는 것으로 충분하다고 말할 때 유일하게 옆에서 바울을 지지했다. 따라서 바나바는 자신의 경험에 따라 이방인이 할례를 받지 않고 순전히 예수 그리스도를 믿는 믿음만으로 하나님의 자녀가 되고 구원을 받았다고 말했다. 이로써 거짓 선생들을 반대하고 바울 편을 들어 증언했다.

디도는 평신도가 아니라 그레데의 감독이었다. 바울은 디도에게 그 레데의 교회들을 다스리는 책임을 맡겼다(딛 1:9). 디도는 이방인이었다.

2:2 계시를 따라 올라가 바울은 계시로 권고받지 않았더라면 예루살렘 으로 올라가지 않았을 것이다. 바울이 예루살렘으로 올라간 것은 그리 스도를 믿지만 완강하게 율법의 행위도 함께 주장한 유대인들을 억제시 키기 위해서였다. 아니, 최소한 진정시켜 복음의 진리를 더욱 발전시키 고 강화시키기 위해서였다.

내가 이방 가운데서 전파하는 복음을 그들에게 제시하되 바울은 유대인들과 함께 있을 때에는 잠시 다른 사도들이 그런 것처럼 율법과 할례를 인정 했다. 그래서 "내가 여러 사람에게 여러 모습이 된 것은 아무쪼록 몇 사 람이라도 구원하고자 함이니"라고 말했다(고전 9:22). 그러나 항상 참된 복음 교리를 굳게 고수했다. 복음 교리를 율법과 할례, 사도들 그리고 심 지어 하늘로부터 온 천사보다 더 높게 평가했다. 이 때문에 바울은 유대 인들에게 이렇게 말했다. "이 사람[예수]을 힘입어 죄 사함을 너희에게 전하는 이것이며." 그리고 곧바로 아주 분명하게 이렇게 덧붙인다. "또 모세의 율법으로 너희가 의롭다 하심을 얻지 못하던 모든 일에도 이 사 람을 힘입어 믿는 자마다 의롭다 하심을 얻는 이것이라"(행 13:38-39). 그러므로 바울은 어디를 가든 복음 교리가 결코 위험에 빠지지 않도록 매우 부지런히 복음 교리를 가르치고 변증한다. 그러나 처음부터 복음 교리를 밀어붙인 것은 아니고 먼저 약한 자를 배려했다. 따라서 바울은 약한 자가 상처받지 않도록 당연히 유대인들에게 다음과 같이 설명했 다. "의를 얻는 데 아무 도움을 주지 못하는 모세 율법에 아무 유익 없이 순종하는 것이 정말 그렇게 좋다면, 이 율법의 제약을 받지 않는 이방인 에게 율법을 지키라고 강요하지 않는 한, 너희는 율법을 지켜도 된다."

　　그러므로 바울은 사도들과 복음에 대해 토론했지만 사도들이 자기에게 가르쳐 준 것은 아무것도 없다고 말한다. 오히려 바울은 이방인에게 율법을 지키도록 강요한 자들을 단호히 거부했다. 거짓 사도들이 바울이 디모데에게 할례를 베풀고, 겐그레아에서 자신의 머리를 깎고, 사도들의 명령으로 예루살렘에 올라갔다는 것을 이유로, 바울이 이방인도 율법을 지켜야 한다는 사실에 분명히 동조했다고 말한 것은 잘못이다. 오히려 반대로 바울은 하나님의 계시로 예루살렘에 올라가 자신의 복음을 놓고 사도들과 토론했다. 그렇게 함으로써 사도들의 견해가 자신의 반대자(거짓 사도들)가 아니라 자기와 일치한다는 사실을 부각시켰다.

　　사도들이 이 토론에서 다룬 문제는 '율법을 지키는 것이 칭의에 필수적인가'였다. 이 문제에 대한 바울의 답변은 다음과 같았다. "나는 내가 하나님께로부터 받은 복음에 따라 이방인에게 율법이 아니라 그리스도를 믿는 믿음을 전했다. 이렇게 믿음을 전하자 이방인들은 성령을 받았다. 바나바가 이것을 증언해 줄 것이다. 그러므로 나는 이방인은 율법의 짐을 지거나 할례를 받아서는 안 된다고 결론짓는다. 그러나 유대인이 굳이 율법을 지키고 할례받기를 원한다면, 양심의 자유가 허락하는 한 할례받아도 된다고 말할 것이다."

유력한 자들에게 사사로이 한 것은 　이 말은 이를테면 이런 뜻이다. "나는 [유대인] 형제들에게뿐만 아니라 그들의 지도자에게도 복음을 제시했다."

내가 달음질하는 것이나 달음질한 것이 헛되지 않게 하려 함이라 　바울은 그때까지 18년 동안 복음을 전해 왔다. 그렇기 때문에 절대 자신이 헛되이 달음질하거나 달음질했다고 생각하지 않았다. 당시에 많은 사람들은 바울이 복음을 헛되이 전했다고 생각했다. 바울이 이방인을 율법의 행위에서 배제시켰기 때문이다. 율법이 칭의에 필수적이라는 관념은 날마다 더 강하게 힘을 얻고 있었다. 바울은 예루살렘으로 올라가 이 잘못된 관념을 바로잡고자 했다. 그래서 이 토론을 통해 누구나 자신의 복음은 한 마디로 다른 거짓 사도들의 가르침과 다르다는 사실을 분명히 깨닫고, 자신의 반대자가 한 말을 끝장내 주기를 원했다. 그런데 여기서 주목해야 할 사실이 있다. 행위의 의 곧 율법의 의의 힘은 행위의 의를 가르치는 자들을 헛된 삶으로 이끈다는 것이다.

2:3 그러나 나와 함께 있는 헬라인 디도까지도 억지로 할례를 받게 하지 아니하였으니 여기서 억지로 받게 하지 아니하였으니라는 말은 결론이 다음과 같음을 의미한다. 곧 이방인은 할례받도록 강요받아서는 안 된다. 할례가 잠시 이방인에게 허용되어야 하는 이유는 할례가 의를 얻는 데 필수적이기 때문이 아니다. 믿음이 약한 자가 믿음이 더 강해질 때까지 상처받지 않도록 사랑하는 마음과 조상을 존중하는 마음을 갖고 있었기 때문이다. 이처럼 큰 영광과 함께 하나님이 유대인에게 주신 율법과 조상들의 전통이 갑자기 폐지되면, 유대인은 이것을 매우 이상하고 부당한 일로 생각할 것이다.

따라서 바울은 할례를 가증한 일로 거부하지 않았다. 또 유대인에게 할례를 포기하라고 강요하는 말이나 행동을 하지 않았다(고전 7:18). 그러나 조상들 자신도 할례를 받아 의롭게 된 것이 아니었으므로 할례를 의를 얻는 필수 요소로 보는 것은 거부했다(롬 4:11). 할례는 조상들에게도 그들이 자신의 믿음을 증명하고 실천한 것에 대한 하나의 표징 곧 의의 보증에 불과했다. 아직 믿음이 약하고 율법을 지키는 데 열심인 믿는 유대인은 할례가 의를 얻는 데 필수적인 요소가 아니라는 것을 들으면, 할례는 완전히 무익한 것이라고 이해할 수 있었다. 게다가 거짓 사도들은 이 잘못된 관념을 크게 부각시켰다. 그렇게 바울을 반대하도록 사람들의 마음을 부추겼다. 그러자 사람들은 바울의 가르침을 완전히 불

신하게 되고 말았다. 따라서 우리는 오늘날 금식이나 다른 선한 관습들
을 가증한 일로 거부하지 않으나 이런 관습들을 통해서는 죄 사함을 얻
지 못한다고 가르친다. 사람들은 이런 말을 들을 때 곧바로 우리가 선행
을 반대한다고 판단할 것이다. 그러나 이것은 확실히 잘못된 판단이다.

그러므로 바울은 할례를 받아들이면 마치 죄를 범하는 것처럼 정죄
하지 않았다. 그렇게 하면 유대인들이 큰 상처를 받을 것이기 때문이다.
그러나 이 토론과 회의(곧 예루살렘 회의)는, 이방인에게 할례를 강요해서
는 안 된다고 결정했다(행 15:10). 이방인이 할례는 칭의의 필수 요소가
아니므로 할례를 생소하고 인정할 수 없는 관습으로 보았기 때문이다.

만약 누군가 할례받기를 원한다면, 바울은 할례받지 말고 그대로
있으라고 강요하지 않았다. 할례를 칭의의 필수 요소로 보지 않는 사람
에 한해서 말이다. 바울은 유대인들이 양심에 따라 자유롭게 지키는 한
율법을 지키는 것을 인정했다. 바울은 이방인과 유대인 모두 율법과 할
례로부터 자유하다고 가르쳤다. 구약 시대의 모든 족장과 신실한 성도
들이 율법이나 할례가 아니라 믿음으로 양심의 자유를 얻고 의롭다 함
을 받았던 것처럼 말이다. 바울이 디도에게 할례를 베풀 수 있었으나 베
풀지 않았던 것은 이유가 있었다. 디도에게 할례를 강요하고 싶어 하는
유대인들의 마음을 확실히 알았기 때문이다. 만약 유대인들이 자기들의
뜻을 관철시켰다면, 금방 할례가 칭의에 필수적이라고 주장했을 것이
다. 나아가 자기들이 바울을 이겼다고 자랑했을 것이다.

하지만 바울이 이겼다. 예루살렘 회의는 모든 사도와 전체 교회의
동의를 얻어 디도는 할례를 받지 않아도 된다고 결정했다. 그렇게 바울
은 모든 반대자를 물리칠 수 있었다. 이것은 다음과 같이 말하는 것과 같
았다. "이 거짓 사도들은 왜 내가 사도들의 명령에 따라 할례를 지킬 수
밖에 없다고 거짓 보고를 하는가? 예루살렘에 있는 신실한 모든 자들이
증언한 바 있다. 내가 예루살렘을 방문했을 때 모든 사도가 직접 거짓 사

도들의 주장과 정반대로 결정을 했고, 사도들이 직접 이것을 승인했다.
그러므로 너희 거짓 사도들은 사도들의 이름으로 나를 비방한 것이다.
그렇게 스스로 속으니 너희는 도저히 용서받을 수 없는 거짓말쟁이다."

　할례를 받거나 받지 않는 것 자체는 죄도 아니고 의도 아니다. 이것
은 먹거나 마시는 것이 죄도 아니고 의도 아닌 것과 같다(고전 8:8). 이와
다르게 말하는 자는 미련하고 악한 자다.

2:4-5 이는 가만히 들어온 거짓 형제들 때문이라 그들이 가만히 들어온 것은 그
리스도 예수 안에서 우리가 가진 자유를 엿보고 우리를 종으로 삼고자 함이로되
그들에게 우리가 한시도 복종하지 아니하였으니 이는 복음의 진리가 항상 너희
가운데 있게 하려 함이라　여기서 바울은 예루살렘으로 올라가 자신의 복
음을 다른 사도들에게 설명한 이유와 디도에게 할례를 베풀지 않은 이
유를 제시한다. 바울은 자신의 복음을 전혀 의심하지 않았으므로, 사도
들을 통해 자신의 복음을 더 확실히 하거나 확증하려 하지 않았다. 오히
려 복음의 진리가 갈라디아 교회를 비롯해 모든 이방인 교회 속에 항상
있게 하려고 했다. 그러므로 바울의 임무는 결코 작은 일이 아니었다.

　바울은 복음의 진리에 관해 말할 때 참 복음과 거짓 복음이 있음을
보여준다. 복음 자체는 확실히 단순하고 참되고 진실하다. 그러나 사탄
이 악의를 가지고 복음을 부패시키고 손상시킨다. 그러므로 바울은 복음
의 진리를 언급할 때 우리가 그 반대 사실도 이해하기를 바란다. 이것은
다음과 같이 말하는 것과 같다. "거짓 사도들도 일종의 믿음(a faith)과 복
음(a gospel)을 전한다. 하지만 그들이 전하는 것은 다 거짓말이다. 그것
이 내가 그토록 단호하게 그들을 반대한 이유다. 나는 거짓 사도들에게
굴복하지 않고 참된 복음의 진리가 항상 너희 가운데 있게 하려고 힘썼
다." 반면에 바울은 자신이 복음의 진리를 가르친다고 말한다. 이것은 다
음과 같이 말하는 것과 같다. "거짓 사도들이 가르치는 것—그들이 아무

리 진리를 가르친다고 자랑하더라도—은 그저 거짓말에 불과하다." 모든 이
단이 하나님과 그리스도, 교회의 이름을 내세운다. 또한 자기들은 오류
나 거짓말을 가르치지 않고 확실한 진리와 순전한 그리스도의 복음을
가르친다고 주장한다. 그러나 실상은 그렇지 않다.

복음의 진리는 우리가 율법의 행위 없이 오직 믿음으로 의를 얻는
다는 것이다. 우리가 율법의 행위로도 의롭다 함을 얻는다는 것은 부패
하고 거짓된 복음이다. 거짓 사도들은 복음을 이런 조건에 따라 가르쳤
다. 참 복음은 행위가 믿음의 훈장이나 속성이 아니라고 가르친다. 또 믿
음은 자체로 하나님의 선물이자 우리 마음속에서 행하시는 하나님의 역
사라고 가르친다. 이때 믿음이 우리의 구속자 그리스도를 붙잡기 때문
에 우리가 의롭다 함을 얻는다고 가르친다. 인간의 이성은 구원의 대상
으로 율법을 갖고 있고 '나는 이것을 행했고 저것을 범하지 않았다'고
생각한다. 그러나 믿음은 본질상 온 세상의 죄를 대속하려고 자신을 죽
음에 내놓으신 하나님의 아들 예수 그리스도만을 대상으로 한다. 믿음
은 "내가 무엇을 행했는가? 내가 무엇을 바쳤는가? 내가 무엇을 받을 만
한가?"라고 말하지 않는다. 대신 이렇게 말한다. "그리스도께서 무엇을
행하셨는가? 그리스도께서 무엇을 받아 놓으셨는가?" 그리스도께서 여
러분을 여러분의 죄로부터, 마귀로부터, 영원한 사망으로부터 구속하셨
다. 그러므로 믿음은 오직 한 사람 예수 그리스도 안에 죄 사함과 영생
이 있음을 인정한다. 이 유일한 대상으로부터 눈을 돌리는 자는 누구든
참 믿음을 소유한 자가 아니다. 그는 단지 환상과 헛된 관념을 갖고 있
을 뿐이다. 약속에서 눈을 돌려 우리를 두렵게 하고 우리를 절망으로 이
끄는 율법으로 돌아간다.

바울은 할례와 율법의 행위를 구원의 필수 조건으로 요구하는 거
짓 복음을 가르친다는 이유로 거짓 사도들을 맹렬히 비난한다. 나아가
거짓 사도들은 매우 교활하게 바울을 함정에 빠뜨리는 데 혈안이 되어

있었다. 거짓 사도들은 바울이 디도에게 할례를 베풀것인지, 그리고 사도들 앞에서 자기들을 감히 거역하는 모습을 보일 것인지 면밀하게 주시했다. 바울은 이에 대해 그들을 신랄하게 꾸짖는다. 바울은 이렇게 말한다. "거짓 사도들은 우리를 자기들의 종으로 삼고자 그리스도 예수 안에 있는 우리의 자유를 염탐하려고 애쓴다." 거짓 사도들은 전체 교회 앞에서 바울을 물리치려고 철저히 대비했다. 또한 사도의 권세를 악용하고 사도들 앞에서 바울을 고소했다. 거짓 사도들은 다음과 같이 말했다. "바울은 할례받지 않은 디도를 신실한 모든 자의 공동체에 끌어들였다. 바울은 사도들인 여러분 앞에서 율법을 부인하고 비난하고 있다. 바울이 여러분 앞에서도 그토록 무례하다면 여러분이 없을 때에 이방인들에게는 얼마나 더 무례하겠느냐?"

그러므로 바울은 거짓 사도들에게 강력히 반발하면서 다음과 같이 말한다. "비록 거짓 형제들이 사방에서 우리를 함정에 빠뜨리고 큰 분란을 일으킨다고 해도 그리스도인으로서 누리는 자유는 위험에 빠지지 않았다. 우리는 사도들의 판단에서 거짓 사도들을 이겼고, 한 순간도 그들에게 굴복당하는 것을 허용하지 않았다(말할 것 없이 거짓 사도들은 잠시라도 바울이 이 자유를 포기하도록 만들고 싶어 했다). 거짓 사도들이 구원의 필수 조건으로 율법의 행위를 요구한 것을 보았기 때문이다." 만약 거짓 사도들이 오직 형제들을 사랑으로 용납하는 일을 구했다면, 당연히 바울은 그들에게 복종했을 것이다. 그러나 거짓 사도들이 구한 것은 다른 것이었다. 다시 말해, 바울과 그의 가르침을 지킨 모든 자를 자기들의 종으로 삼는 데 있었다. 그러므로 바울은 한 순간도 거짓 사도들에게 복종하지 않았다.

어떤 이는 율법이 신성하고 거룩하다고 말할 것이다. 당연히 율법은 그 자체로 장점을 갖고 있다. 그러나 율법이 아무리 신성하고 거룩하다고 해도 율법은 내게 율법으로 의롭다 함을 얻고 율법을 따라 살아야 한다고 가르쳐서는 안 된다. 나는 율법이 하나님과 이웃을 사랑하라고 나를 가르칠 수 있음을 인정한다. 또한 사랑과 절제, 인내를 실천하며 살아야 한다고 가르칠 수 있음도 인정한다. 그러나 율법이 내가 어떻게 죄와 마귀, 사망, 지옥으로부터 구원받을 수 있는지를 내게 증명해서는 안 된다. 나는 복음을 들어야 하는데, 이 복음은 내가 무엇을 행해야 하는지를 가르치는 것이 아니다(이것은 율법의 고유 기능이다). 하나님의 아들 예수 그리스도가 나를 위하여 행하신 일 곧 그분이 나를 죄와 사망에서 구원하기 위해 고난받고 죽으신 일을 가르친다. 복음은 내가 이 일을 받아들이고 믿기를 바란다. 이것이 복음의 진리다. 또한 이것이 경건에 관한 모든 지식이 들어 있는 전체 기독교 교리의 핵심 항목이다. 그러므로 우리는 반드시 이 핵심 항목을 잘 알아야 한다. 그리고 이 사실을 다른 사람들에게 지속적으로 가르쳐야 한다. 그런데 이 지식은 쉽게 손상된다. 바울은 이것을 잘 알고 있었다. 바울뿐 아니라 경건한 사람이라면 누구나 경험할 수 있는 사실이다.

2:6-7 유력하다는 이들 중에 (본래 어떤 이들이든지 내게 상관이 없으며 하나님은 사람을 외모로 취하지 아니하시니) 저 유력한 이들은 내게 의무를 더하여 준 것이 없고 도리어 그들은 내가 무할례자에게 복음 전함을 맡은 것이 베드로가 할례자에게 맡음과 같은 것을 보았고   바울은 거짓 사도들에게 자랑스러운 호칭을 붙이지 않았다. 다시 말해, 권세에 있어서나 모든 것을 결정하는 지위에 있어 유력하다는 이들(seemed to be important, 곧 유력한 자인 척 하는 이들)로 부름으로써 그들의 품위를 손상시켰다. 그러나 거짓 사도들의 권위는 확실히 모든 교회 안에서 굉장히 컸다. 바울은 거짓 사도들의 권위를 어떻게든 끌어내리려고 애쓰지 않고 경멸하는 태도를 취했다. 거짓 사도들은 바울의 권위를 어떻게든 약화시키고 바울의 사역 전체를 조롱하려고 했다. 그들은 사도의 권위와 품위를 내세우면서 모든 교회 안에

서 바울을 반대했다. 바울은 이것을 인정하지 않았다. 갈라디아 사람들과 모든 이방인 교회 속에 복음의 진리와 그리스도 안에서의 양심의 자유가 항상 있게 하려고 바울은 단호하게 대처했다. 거짓 사도들에게 사도들이 얼마나 위대한지 또는 사도들이 과거에 어떤 일을 행했는지는 중요하지 않다고 강하게 말했다. 거짓 사도들은 바울을 반대하며 자기들이 사도의 권위를 갖고 있다고 주장했다. 그러나 그런 주장은 바울에게 아무 영향을 미치지 못했다. 바울은 사도들의 권위가 존중받아야 한다는 점은 인정했다. 그러나 바울의 복음과 사역은, 사도든 심지어 하늘로부터 온 천사든 간에, 어느 누구의 권위로도 무너지는 것이 아니었다.

거짓 사도들은 바울을 반대할 때 다음과 같은 주장을 가장 강력한 이유 가운데 하나로 사용했다. 사도들은 3년 동안 그리스도와 친밀한 관계를 가졌다. 또 그리스도의 모든 설교와 이적을 듣고 보았다. 게다가 그리스도가 아직 세상에 계실 때에 직접 복음을 전하고 이적을 행했다. 그러나 바울은 육신을 입고 계신 그리스도를 본 적이 없었다. 바울의 회심은 그리스도가 영광 속에 들어가고 오랜 시간이 지나 이루어졌다. 그러므로 사람들은 이제 그 가운데 누구를 더 믿어야 할지 따져 보아야 한다. 단지 제자에 불과한 홀로 있는 바울, 그것도 누구보다 마지막으로 제자가 된 바울인가? 아니면 바울보다 훨씬 오래전에 그리스도에게 직접 보내심을 받고 인정을 받은 주도적인 최고의 사도들인가? 이런 주장에 대해 바울은 요컨대 다음과 같이 대응한다. "이런 주장으로는 어떤 결론도 이끌어 내지 못한다. 사도들이 아무리 위대하다고 해도—하늘로부터 온 천사라고 해도—그것이 내게는 중요하지 않다. 중요한 것은 사도들의 훌륭함에 있는 것이 아니라 하나님의 말씀과 복음의 진리에 있다. 복음의 진리가 순전하게 지켜지고 부패되지 않아야 한다. 그것이 가장 먼저다. 나는 다만 복음의 진리가 너희 속에 계속 있기를 바랄 따름이다." 바울이 사도들의 권위를 의도적으로 경시하고, 단순히 "그것이 내게는 중요하지 않다"고 말할 때 대처가 빈약한 것처럼 보인다. 그러나 바울은 거기에 이유를 덧붙인다.

하나님은 사람을 외모로 취하지 아니하시나니 모세는 이런 말을 여러 번에 걸쳐 전한다. "가난한 자의 편을 들지 말며 세력 있는 자라고 두둔하지 말고"(레 19:15, 신 1:17 참조). 하나님의 원리는 바로 이것이다. "이는 하나님께서 외모로 사람을 취하지 아니하심이라"(롬 2:11, 대하 19:7, 행 10:34, 엡 6:9, 골 3:25 참조). 이것은 마치 바울이 다음과 같이 말하는 것과 같다. "너희는 내게 등을 돌리고, 대단한 것처럼 보이는 자들의 편을 드는구나. 그러나 하나님은 이런 외적인 것들에 관심을 두시는 분이 아니다. 하나님이 중시하시는 것은 인간적 품위나 권위가 아니다. 그것을 증명하기 위해 하나님은 주축 사도 가운데 하나인 가룟 유다와 이스라엘의 초대 왕으로 매우 위대했던 사울이 타락하여 파멸을 당하도록 허용하셨다. 또 장자로 태어난 이스마엘과 에서를 거부하셨다. 너희는 성경 전체에 걸쳐 똑같은 일이 일어났음을 확인할 것이다. 하나님은 종종 외모가 아주 뛰어나고 거룩해 보이는 사람들을 거부하셨다. 이런 사례들을 볼 때 하나님이 때로는 잔인한 분처럼 보인다. 하지만 이런 두려운 사례를 들어서 자세히 기록하는 것은 아주 필요한 일이었다. 우리가 다른 사람의 인격과 외모를 매우 높게 평가하고 하나님의 말씀보다 그것을 더 중시하는 것은 당연히 죄악이기 때문이다. 반면에 하나님은 우리가 우리의 눈을 말씀 자체에 고정시키고 그 말씀을 전적으로 의지하기를 바라신다. 하나님은 우리가 베드로와 바울의 인격에 따라 사도직을 존중하고 칭송하기를 바라지 않으신다. 오직 그들 속에서 말씀하시는 그리스도와 그들이 우리에게 전하고 선포하는 말씀을 존중하고 칭송하기를 원하신다."

거듭나지 않은 자연인은 이것을 알 수 없고, 신령한 사람만 말씀을 통해 분별할 수 있다. 현세에서 하나님은 우리를 직접 대면하지 않으신다. 우리에게서 숨어 계시고 희미하다(고전 13:12). 우리는 현세에서 수건을 쓰지 않고는 살 수 없다. 그러므로 하나님께로부터 직접 오는 수건을 구분하는 지혜가 요구된다. 세상은 이 지혜를 갖고 있지 못하다. "사람이 떡으로만 사는 것이 아니요, 여호와의 입에서 나오는 모든 말씀으로 사는" 것이 사실이다(신 8:3, 마 4:4). 탐욕적인 사람은 떡을 먹지만 그 떡에서 하나님을 보지 못한다. 단지 수건 곧 외모만 보기 때문이다. 금이나 다른 피조물에 대해서도 마찬가지다. 사람들은 금이나 다른 피조물을 차지할 때 그것들을 의지하고 그것들이 없어지면 절망한다. 그래서 사람들은 창조자가 아니라 피조물을 존중한다.

내가 이렇게 말하는 이유는, 누군가 바울이 외적 수건이나 사람들을 완전히 정죄한다고 생각할 수 있기 때문이다. 바울은 어떤 구별도 있어서는 안 된다고 말하는 것이 아니다. 하나님은 편파적인 분이 아니라고 말하는 것이다. 사람과 외적 수건의 구별은 있어야 한다. 하나님은 사람과 외적 수건을 주셨고 그것들은 하나님의 선한 피조물이다. 그러나 우리는 그것들을 의지해서는 안 된다. 그것들은 올바르게 사용하는 데에 좌우되는 것이지 그것들 자체에 좌우되는 것이 아니다.

국가 당국자와 설교자, 교장, 학자, 아버지, 어머니, 자녀, 상전, 종은 모두 하나님이 우리가 현세에서 필요한 자신의 피조물로 인정하고 사랑하고 존중하기를 바라는 사람과 외적 수건들이다. 그러나 하나님은 우리가 하나님 자신을 잊어버리고 사람과 외적 수건들을 존중하거나 의지하는 것을 바라시지 않는다. 따라서 하나님은 사람들 속에 불법, 죄 곧 크고 악한 죄악들을 두신다. 이런 사람들과 하나님은 차이가 있음을 우리에게 가르치기 위함이다. 훌륭한 왕인 다윗은 끔찍한 죄 곧 간음죄와 살인죄를 저질렀다. 그래서 다윗은 우리가 의지할 수 있는 인물이 되지 못했다. 탁월한 사도인 베드로는 그리스도를 부인했다. 성경은 이와 비슷한 사례들로 가득 차 있다. 그래서 사람과 외적 수건에 의지하지 않도

록 경고한다. 그리고 우리가 외적 수건을 갖고 있을 때 모든 것을 갖고
있다고 착각하지 않도록 경고한다. 하나님이 자신의 피조물을 우리에게
주신 것은 우리를 섬기도록 하려는 목적 때문이다. 곧 우리가 피조물을
섬기는 것이 아니라 오히려 피조물이 우리를 섬기도록 우리에게 주셨
다. 따라서 우리는 떡과 포도주, 옷, 소유물, 금, 은, 다른 온갖 피조물을
적절하게 사용해야 한다. 그것들을 [하나님처럼] 의지하거나 영화롭게 해
서는 안 된다. 우리는 오직 하나님만을 의지하고 영화롭게 해야 하기 때
문이다. 오직 하나님만이 사랑받으셔야 한다. 오직 하나님만이 경외와
존귀의 대상이 되어야 한다.

    정치에 관련해서 말한다면, 하나님은 우리가 외적 수건이나 사람들
을 자신이 세상을 통치하거나 보존하기 위해 사용하는 도구로 존중하
거나 존경하기를 바라신다. 그러나 종교와 양심, 하나님에 대한 경외, 믿
음, 하나님에 대한 섬김과 관련될 때는 다르다. 우리는 사람들을 두려워
해서는 안 된다. 육적으로나 영적으로 그들을 의지해서는 안 된다. 그들
에게서 위로를 찾거나 그들에게서 구원을 바라서는 안 된다. 참된 심판
자이신 하나님을 제외한 다른 심판자를 두려워하거나 의지해서는 절대
안 된다. 물론 하나님의 종으로서 하나님을 위해 수고하는 국가 재판관
이나 당국자를 존중해야 한다. 그러나 내 양심이 하나님의 종의 정의를
의지하거나 그의 불의한 조치나 학정 때문에 그를 두려워해서는 안 된
다. 이때 거짓말과 거짓 증언, 진실을 부인하는 것 등으로 하나님을 불쾌
하게 만들 수 있다. 그렇지 않으면 온 마음을 다해 국가 당국자를 존중
하고 공경해야 한다. 하나님은 이 세상에 외적 수건에 대한 질서와 존중
이 있기를 바라신다. 우리는 우리의 영적 연합을 세상에 분명히 보여줄
수는 없어도, 그리스도 안에서 모두 하나다.

    따라서 바울은 거짓 사도들이 사도의 권위(사도권)에 대해 주장하는
바를 논박한다. 바울의 요점은 사도의 권위가 아니다. 하나님과 그분의

말씀을 존중하는 것과 하나님의 말씀이 사도의 권위보다 앞에 두어지는
지에 있다. 그래서 바울은 거짓 사도들의 주장은 핵심에서 벗어나 있다
고 말한다.

저 유력한 이들은 내게 의무를 더하여 준 것이 없고 이것은 다음과 같이 말
하는 것과 같다. "우리가 토론했을 때 거짓 사도들은 내게 아무것도 가
르쳐 준 것이 없었다. 그리스도께서 자신의 계시로 이미 모든 것을 충분
히 가르쳐 주셨는데, 그들이 도대체 무엇을 가르쳐 줄 수 있었겠는가?
나는 지금까지 18년 동안 이방인에게 복음을 전했다. 그리스도께서 나
를 통해 많은 이적을 행하심으로써 내가 가르친 바를 확증하셨다. 그것
은 단순히 토론에 불과했고 논증이 아니었다. 나는 그들과의 토론에서
아무것도 배우지 못했다. 나의 견해를 취소하거나 변명하지도 않았다.
다만 내가 했던 일을 설명했을 뿐이다. 곧 이방인에게 율법 없이 오직 그
리스도를 믿는 믿음에 관해 전파한 것을 말해 주었을 뿐이다. 그러자 성
령이 이방인들에게 임했고, 그들은 즉시 방언으로 말했다. 사도들은 이
소식을 들었을 때 내가 진리를 가르쳤다는 것을 알았다. 따라서 거짓 사
도들은 이 모든 일을 정반대로 왜곡함으로써 내게 잘못을 범하고 있다."

2:7-8 도리어 그들은 내가 무할례자에게 복음 전함을 맡은 것이 베드로가 할례
자에게 맡음과 같은 것을 보았고 베드로에게 역사하사 그를 할례자의 사도로 삼
으신 이가 또한 내게 역사하사 나를 이방인의 사도로 삼으셨느니라 여기서
바울은 거짓 사도들이 참된 사도들에게 돌렸던 것과 똑같은 권위를 자
기 자신에게 돌린다. 바울은 거짓 사도들의 주장을 거꾸로 그들을 반대
하는 데 사용한다. 요컨대 바울은 이렇게 말한다. "거짓 사도들은 자기
들의 주장을 지지하려고 위대한 사도들의 권위를 언급한다. 그러나 나
는 똑같은 권위를 언급하는 것으로 나의 주장을 지지하겠다. 사도들이

바로 내 편이니 말이다. 그러니 제발 사도들의 권위를 크게 자랑하는 거
짓 사도들을 믿지 말라. 사도들은 이방인에게 전하도록 복음이 내게 맡
겨진 것을 보았다. 또 내게 주어진 은혜에 대해 알게 되었다. 그러자 내
사역을 인정하고 나와 바나바에게 친교의 악수를 했다(9절). 또한 내가
받은 은사에 대해 하나님께 감사했다.”

내가 무할례자에게 복음 전함을 맡은 것이 베드로가 할례자에게 맡음과 같은 것을

사도행전에는 바울이 유대교 회당에서 유대인에게 복음을 전한 사례와
베드로가 이방인에게 복음을 전한 사례가 함께 나와 있다. 베드로는 이
방인이었던 백부장과 그의 가족을 회심시켰고(행 10장), 자신의 첫 번째
편지(곧 베드로전서)를 이방인에게 썼다. 바울은 유대교 회당에 들어가 거
기서 복음을 전했다(행 14장). 구주는 제자들에게 온 세상에 나아가 모든
민족에게 복음을 전하라고 명령하셨다(마 28:19, 막 16:15). 바울도 복음
이 “천하 만민에게 전파된 바요”라고 말한다(골 1:23). 그러면 바울이 자
신에게는 이방인에게 복음을 전하는 일이 맡겨지고, 베드로와 다른 사
도들에게는 유대인에게 복음을 전하는 일이 맡겨졌다고 말하는 이유는
무엇인가?

　바울은 여기서 하나님이 다른 사도들을 다른 지역으로 부르실 때까
지 그들이 예루살렘에 남아 있었던 사실을 언급하고 있다. 유대인의 국
가가 아직 존속하는 동안 사도들은 유대 지역에 남아 있었다. 예루살렘
이 멸망하자 사도들은 세상 곳곳으로 흩어졌다. 그러나 바울은 특별히 이
방인의 사도로 불렸다. 유대 지역 밖으로 보내심을 받아 이방인 지역들을
돌아다니며 복음을 전했기 때문이다(행 13:2와 이후 본문들 참조하라). 당시
유대인들은 거의 온 세상으로 흩어져 이방인이 사는 도시와 다른 지역
들 도처에 자리 잡고 살았다. 바울은 이런 지역에 들어가면 유대교의 회
당을 찾았다(행 14:1). 거기서 유대인들에게 먼저 천국 백성으로서 그들

의 조상에게 주어진 약속들이 예수 그리스도 안에서 성취되었다는 기쁜 소식을 전했다. 유대인들이 자신의 말을 듣지 않자 바울은 이방인들에게 발길을 돌렸다. 누가는 바울이 유대인들에게 담대히 다음과 같이 선언했다고 우리에게 알려 준다. "하나님의 말씀을 마땅히 먼저 너희에게 전할 것이로되, 너희가 그것을 버리고 영생을 얻기에 합당하지 않은 자로 자처하기로 우리가 이방인에게로 향하노라"(행 13:46. 행 28:28 참조).

이렇게 바울은 특별히 이방인의 사도로 보내심을 받았다. 그러나 바울은 모든 사람에게 복음을 전할 의무가 있었고, 모든 사람들을 위한 모든 사람이 되었기 때문에, 기회가 주어지는 대로 유대교의 회당에 들어갔다. 그때 거기서 유대인과 이방인 모두가 바울이 그리스도를 전하는 것을 들을 수 있었다. 그렇지 않으면 시장이나, 집이나, 강가에서 공개적으로 복음을 전했다. 그런 의미에서 바울은 베드로가 유대인의 사도였던 것과 같이 특별히 이방인의 사도였던 것이다(베드로 역시 기회가 주어지면 이방인에게도 그리스도를 전했다).

이 본문(7절)은 모든 사도가 비슷한 부르심과 직무를 가졌음을 극명하게 보여준다. 사도들은 한 복음을 갖고 있었다. 베드로는 나머지 사도들이 전한 것과 다른 복음을 전하지 않았다. 또한 베드로가 다른 사도들에게 그들의 직무와 직분을 준 것도 아니었다. 모든 사도가 동등했다. 그들은 모두 하나님께 가르침을 받았고, 그들의 부르심은 온전히 하나님께로부터 직접 주어졌기 때문이다. 그렇기 때문에 어느 한 사도가 다른 사도들보다 더 크지 않았다. 어느 한 사도가 나머지 다른 사도들보다 더 큰 특권을 가진 것도 아니었다.

베드로에게 역사하……신 이가   이것은 베드로의 복음이 강하다고 자랑한 사도들, 곧 베드로가 많은 사람들을 회심시키고, 큰 이적을 많이 행하며, 죽은 자를 살리고, 자신의 그림자로 병자를 고친 것을 자랑한 거짓 사도

들의 또 다른 주장을 논박한다(행 5:15). 바울은 베드로가 행한 일들이
모두 참되다는 사실을 인정하지만, 베드로는 그 능력을 하늘로부터 받
았다고 말한다. 하나님이 복음 전파를 위해 베드로에게 능력을 주셨고,
그래서 베드로를 통해 많은 사람들이 믿고 큰 이적이 일어났다. 바울도
베드로와 같은 능력을 가졌다. 바울은 그 능력을 베드로에게서 받은 것
이 아니었다. 베드로에게 능력을 주신 바로 그 하나님과 성령께로부터
받았다. 바울도 베드로와 같은 은혜를 갖고 있었다. 많은 사람들을 가르
쳤다. 이적을 수없이 행하고, 또 자신의 그림자로 병자를 고치기도 했다
(행 19:11-12와 행 13, 16, 20, 28장 참조).

그래서 바울은 어쨌든 사람들이 자신을 다른 사도보다 열등한 위치
에 있다고 판단하는 것을 인정하지 않았다. 바울은 경건하고 거룩한 자
부심을 갖고 자신의 사도 직분을 자랑했다. 베드로를 호되게 나무라기
도 했다. 하나님의 영광을 위해 불타는 열심을 품고 베드로를 책망한 것
이다. 율리아누스와 포르피리우스와 같은 사람들은 이것을 인간적 교만
으로 간주했다. 하지만 바울은 자기를 과시한 것이 아니라 믿음을 행사
한 것이었다. 우리는 믿음에 관한 한 절대로 굴복당해서는 안 된다. 하지
만 사랑으로 모든 것에 부드럽게 복종할 준비가 되어 있어야 한다. 여기
서 관건은 바울의 영광이 아니다. 오직 하나님의 영광과 하나님의 말씀,
하나님에 대한 경배, 참된 종교, 믿음의 의에 있었다. 그렇게 해야 이 일
들이 순전하고 부패하지 않게 될 것이다.

2:9 또 기둥같이 여기는 야고보와 게바와 요한도 내게 주신 은혜를 알므로 나와
바나바에게 친교의 악수를 하였으니 우리는 이방인에게로, 그들은 할례자에게로
가게 하려 함이라   여기서 바울은 본질상 다음과 같이 말한다. "그때 사도
들이 들은 내용은 다음과 같다. 나는 이방인에게 복음을 전하도록 하나
님께로부터 부르심과 직무를 받았다. 하나님은 나를 통해 아주 많은 이

적을 행하셨다. 나아가 수없이 많은 이방인이 내 사역을 통해 그리스도
를 아는 지식을 갖게 되었다. 그리고 이방인이 율법과 할례 없이 단순히
믿음으로 성령을 받고, 하나님이 내게 은혜를 주신 것에 대해 하나님께
영광을 돌렸다."

　　여기서 바울이 은혜로 부른 것은 자신이 하나님께로부터 받은 모
든 것을 가리킨다. 다시 말해, 자신이 교회의 박해자에서 사도로 변화된
것, 자신이 예수 그리스도께 가르침을 받고 신령한 은사로 부요하게 된
것 등을 가리킨다. 바울은 베드로의 증언을 보여주었다. 바울이 베드로
자신이나 다른 사도들이 아니라 오직 하나님께 보내심을 받고 가르침
을 받은 참된 사도라는 사실을 증언했음을 보여주었다. 베드로는 바울
의 사역과 권위를 인정했다. 또 바울이 갖고 있던 거룩한 성령의 은사들
도 인정했다. 그렇게 할 때 바울의 상관이나 지배자가 아니라 형제와 증
인으로서 그것들을 인증하고 확증했다. 야고보와 요한도 베드로와 똑같
이 했다. 따라서 바울은 기둥같이 존경받는 사도들이 자신을 반대한 것
이 아니라 자신과 완전히 함께 했다고 결론지었다.

친교의 악수　　이것은 다음과 같이 말하는 것과 같았다. "복음을 전하는
데 있어 우리는 모든 면에서 바울 당신에게 동의한다. 그러므로 당신과
우리는 교훈의 동반자로 그 교훈 안에서 친교를 나눈다. 즉 우리는 모두
한 교훈을 갖고 있다. 우리는 한 복음과 한 세례, 한 그리스도, 한 믿음을
전하기 때문이다. 우리는 어떤 것을 당신에게 가르치거나 말할 수 없다.
우리는 모든 면에서 서로 일치하기 때문이다. 우리는 당신이 가르치는
것과 다르거나 더 나은 어떤 것을 당신에게 가르치지 않는다. 우리는 유
대인에게, 당신은 이방인에게 복음을 전하도록 위임받은 것을 빼면, 우
리의 은사와 당신의 은사는 똑같다. 우리가 함께 전하는 것은 한 복음이
므로, 우리는 어떤 유대인이나 이방인도 우리의 친교를 방해하지 못한

다고 결론짓는다."

바울은 자신이 복음을 진실하고 신실하게 전한 것을 신적 증인 및 인간적 증인(즉 사도들)을 통해 증명했다. 그러므로 바울은 거짓 사도들이 자신의 권위를 떨어뜨리려고 어떤 말을 하든지 그 말은 거짓말임을 보여주었다. 사도들의 증언은 거짓 사도들이 아니라 바울을 지지했다.

2:10 다만 우리에게 가난한 자들을 기억하도록 부탁하였으니 이것은 나도 본래부터 힘써 행하여 왔노라 복음을 전하고 난 후에 참되고 신실한 목사가 감당해야 할 또 하나의 직무는 가난한 자를 기억하는 것이다. 교회가 있는 곳에는 가난한 자가 많이 있기 마련이다. 그들은 종종 유일하고 참된 복음의 제자들이다(사 61:1, 마 11:5, 눅 4:26 참조). 세상과 마귀는 교회를 박해하고, 이후로 세상의 버림을 받고 멸시를 당하는 많은 사람들을 빈곤하게 만든다. 게다가 세상은 이런 일을 자행하는 것으로 그치지 않는다. 많은 사람들이 복음과 참된 종교, 하나님에 대한 참된 섬김에 부주의하도록 획책한다. 그래서 참된 종교는 항상 곤경 속에 있다. 그리스도를 보라. 그분은 자신이 주리고 목마르고 나그네 되고 헐벗고 병들었다고 토로하신다(마 25:42-43). 반면에 거짓 종교와 불신앙은 세속적인 부와 풍요로 번성하고 충만하다. 그러므로 참되고 신실한 목사는 가난한 자를 보살펴야 한다. 바울은 자신은 진실로 가난한 자들을 보살폈다고 고백한다.

2:11 게바가 안디옥에 이르렀을 때에 책망받을 일이 있기로 내가 그를 대면하여 책망하였노라 바울은 거짓 사도들을 계속 논박하는 가운데, 자신이 예루살렘에서 베드로와 다른 사도들이 자신을 옹호하는 증언을 갖고 있을 뿐만 아니라 안디옥 교회 전체 교인이 보는 앞에서 베드로를 책망한 사실도 있다고 말한다. 바울은 여기서 한 구석에서 아무도 모르게 일어

난 일이 아니라 전체 교회가 보는 앞에서 공개적으로 일어난 일을 언급하는 것이다. 베드로를 책망할 때 바울은 전체 기독교 교리의 핵심을 지적했다. 곧 복음을 소중히 여기는 자는 누구를 막론하고 복음 외에 다른 모든 것은 무가치한 것으로 여길 것이라고 말했다. 베드로가 무엇인가? 바울이 무엇인가? 하늘로부터 온 천사가 무엇인가? 칭의 앞에서 다른 모든 피조물이 무엇인가? 이것을 안다면 우리는 빛 가운데 있다. 그러나 모른다면 가장 비참한 어둠 속에 있는 것이다. 그러므로 이 진리가 무시당하는 것을 볼 때 우리는 바울의 본보기를 따라야 한다. 진리를 무시하는 자가 베드로든 하늘로부터 온 천사든 두려워하지 말고 단호하게 책망해야 된다. "아버지나 어머니를 나보다 더 사랑하는 자는 내게 합당하지 아니하고"(마 10:37).

따라서 우리는 위선자들이 진리를 변증하는 우리를 교만하거나 고지식하다고 욕할 때 부끄러워할 이유가 없다. 이 점에 있어 우리는 고지식하고 완강할 필요가 있다. 우리가 사람들을 꾸짖고 세상의 위엄을 짓밟는 이유는, 세상이 가장 가증한 죄로 생각하는 죄악들이 하나님 앞에서는 특별한 미덕으로 간주되기 때문이다. 우리가 부모를 사랑하고, 당국자를 존중하며, 베드로와 다른 말씀 사역자들을 존경하는 것은 당연히 잘 하는 일이다. 그러나 여기서 우리는 이런 일들을 다루고 있는 것이 아니다. 바로 하나님 자신에 대하여 다루고 있다. 어떤 피조물도 하나님과는 비교되지 않는다. 그러므로 내가 하나님 때문에 부모, 당국자 또는 하늘로부터 온 천사에게라도 복종하지 않는다면, 그것은 잘하는 일이다. 그들은 바다 속에 있는 물 한 방울에 불과하다. 베드로는 단지 물 한 방울에 불과한데, 왜 내가 그를 그토록 크게 존중하겠는가? 하나님이 바다 전체이신데, 왜 내가 하나님을 제쳐두겠는가? 하나님의 말씀은 아무리 확대시켜도 충분히 파악할 수 없으므로, 여러분은 바울이 여기서 다루고 있는 문제를 주의 깊게 성찰해야 한다.

그를 대면하여　이 말은 사탄의 악독한 독사와 사자들을 특별히 반박한다. 그들은 당사자가 있을 때에 입도 벙긋하지 못하면서 없을 때에는 온갖 비방을 쏟아놓는다. 거짓 사도들은 이와 같이 바울 앞에서는 감히 바울에 관해 악한 말을 하지 못하고, 없을 때에 악의적으로 바울을 비방했다. 바울은 요컨대 이렇게 말한다. "베드로가 잘못했을 때 내가 베드로를 책망한 것은 단순히 야심이나 다른 세속적 감정으로 베드로를 욕한 것이 아니다. 공개적으로 정직하게 베드로를 책망한 것이다."

　　다른 이는 사도가 과연 죄를 범할 수 있는지를 놓고 논쟁을 벌일 수 있다. 나는 베드로의 잘못을 훨씬 약하다고 보아서는 안 된다고 말하고 싶다. 선지자들도 때때로 잘못된 길을 가고 속임을 당했다. 나단은 자진하여 다윗에게 여호와의 집을 건축할 것이라고 말했다. 결국 이 예언은 곧 많은 피를 흘린 전쟁의 사람인 다윗이 아니라 그의 아들 솔로몬이 여호와의 집을 건축하게 될 것이라는 하나님의 계시로 말미암아 수정되었다(삼하 7:1-17). 사도들도 잘못된 길을 갔다. 사도행전 1:6에서 보는 것처럼, 그들도 그리스도의 나라가 세상적인 나라가 될 것이라고 상상했기 때문이다. 이 사도행전 본문을 보면, 사도들이 그리스도께 "주께서 이스라엘 나라를 회복하심이 이때니이까?"라고 묻는다. 베드로는 온 천하에 다니며 복음을 전파하라는 그리스도의 명령을 받았음에도 불구하고(막 16:15), 환상을 통해 지시를 받지 못했더라면 고넬료에게 가지 않았을 것이다(행 10:10-16). 갈라디아서 2장에 언급된 문제에서, 베드로는 단순히 잘못된 길을 간 정도가 아니라 큰 죄를 저질렀다. 바울이 책망하지 않았더라면, 믿는 모든 이방인이 할례를 받고 율법을 지키는 일이 벌어졌을 것이다. 또한 믿는 유대인도 율법의 행위가 구원의 필수 요소라는 자기들의 견해가 옳다고 확신했을 것이다. 그래서 그들은 복음이 아니라 율법으로, 그리스도가 아니라 모세로 되돌아갔을 것이다. 베드로의 죄가 지적받지 않고 그냥 넘어갔다면, 사람들은 이처럼 두려운 죄를 쉽게 저질렀을 것이다. 그러므로 우리는 성도들에게 완전성을 귀속시킬 수 없다. 그들은 얼마든지 죄를 범할 수 있는 사람이다.

바울과 바나바는 많은 지역을 돌아다니며 이방인에게 복음을 전하도록 함께 임명받았다. 그러나 누가는 두 사람이 "심히 다투어 피차 갈라섰다"고 말한다(행 15:39). 여기서 우리는 바울이나 바나바 가운데 어느 한 사람에게 잘못이 있었을 것이라고 말하지 않을 수 없다. 의심할 것 없이 그들은 갈라설 수밖에 없을 정도로 불화가 매우 심각했다. 이런 사례들은 우리를 위로하려고 기록되었다. 하나님의 영을 소유하고 있는 위대한 성도들도 죄를 범한다는 말을 들을 때 우리에게 큰 위로가 되기 때문이다.

삼손과 다윗을 비롯해 성령으로 충만한 훌륭한 사람들이 큰 죄를 저질렀다(삿 16장, 삼하 11:1-15). 욥과 예레미야는 자기의 생일을 저주했다(욥 31:1-12, 렘 20:14). 엘리야와 요나는 삶에 지쳐 죽기를 갈망했다(왕상 19:4, 욘 4:8). 성경이 성도들의 잘못과 죄악을 제시하는 목적은, 절망으로 고통받고 학대받는 자들을 위로하고 교만한 자를 두렵게 만들기 위해서다. 지금까지 아무도 다시는 일어설 수 없을 정도로 크게 넘어진 자는 없었다. 반면에 아무도 절대 넘어질 수 없을 정도로 단단히 발을 딛고 선 자도 없었다. 베드로가 넘어졌다면 나 역시 넘어질 수 있다. 베드로가 다시 일어섰다면 나 역시 다시 일어설 수 있다. 이런 사례들을 최대한 활용하면, 나약한 마음과 유약한 양심은 "우리 죄를 사하여 주옵소서" 또는 "죄 사함을 믿습니다"라는 기도를 더 깊이 이해할 수 있을 것이다. 우리도 사도들이나 다른 모든 성도가 갖고 있는 것과 똑같은 은혜와 기도의 영을 갖고 있다. 그들이라고 해서 우리가 갖고 있지 못한 특별한 권리를 가진 것은 아니다. 우리는 그들이 가진 것과 똑같은 은사와 그리스도, 세례, 말씀, 죄 사함을 갖고 있다. 그들의 필요는 우리의 필요보다 더 적지 않았다. 그들은 우리가 갖고 있는 것과 똑같은 것으로 거룩하게 되고 구원을 받았다.

2:12 야고보에게서 온 어떤 이들이 이르기 전에, 게바가 이방인과 함께 먹다가 회심한 이방인들이 율법에 금지된 음식을 먹었고, 그들과 알고 지내던 베드로는 그들과 함께 음식을 먹으며 유대인에게 금지된 술을 마셨다. 베드로는 자신이 올바르게 행동한 것을 알고 있었고, 그래서 이방인들과 함께 과감히 율법을 어겼다. 바울은 자신도 똑같이 했는데, "유대인과 같이 된 것은 유대인들을 얻고자 함이고," "율법 아래에 있는 자들에게는……율법 아래에 있는 자 같이 되었다"고 말한다. 다시 말해, 바울은 이방인들과 함께 있을 때에는 이방인 같이 먹고 마심으로써 율법을 전혀 지키지 않았다. 또 율법을 따르는 유대인들과 함께 있을 때에는 율법에 금지된 모든 것을 삼갔다. 바울은 어떻게든 사람들을 구원하기 위해 모든 사람을 섬기고 기쁘게 하려고 힘썼다(고전 9:19-22). 그러므로 베드로는 이방인들과 함께 먹고 마셨을 때 죄를 범한 것은 아니었다. 베드로는 자신의 행동이 적합하다는 것을 알고 있었다. 이렇게 함으로써 베드로는 율법이 의를 얻는 데 필수 요소가 아니라는 사실을 증명했다. 또 이방인들을 율법의 행위에서 해방시켰다. 바울이 여기서 베드로를 책망하는 것은 율법을 어겼기 때문이 아니다. 그가 위선적인 태도를 보였기 때문이다.

그들이 오매 그가 할례자들을 두려워하여 떠나 물러가매　여기서 바울은 분명히 베드로의 범죄를 지적한다. 바울은 베드로가 온 유대인들이 자기를 비난하는 것이 두려워 율법에 금지된 음식을 먹다가 야고보에게서 피했다는 점을 두고, 베드로의 악의나 무지가 아니라 위선과 연약함을 비난한다. 베드로는 이방인보다 유대인을 더 의식했다. 그 결과 기독교적 자유와 복음의 진리를 무너뜨렸다. 베드로는 자신이 이전에 자유롭게 먹었던(율법이 금하는) 음식을 삼가함으로써 다른 그리스도인들을 자극했다. 이런 음식을 먹는 자는 누구든 죄를 범하고 율법을 위반하는 것이고, 이

런 음식을 먹지 않고 피하는 자는 누구든 의롭고 율법을 지키는 것으로
의롭다 함을 얻게 된다고 믿도록 그들을 자극한 것이다.

여기서 바울이 베드로의 행동이 아니라 베드로의 의도를 정죄하고
있음을 주목하라. 먹고 마시거나 먹지 않고 마시지 않는 것은 중요하지
않다. 그 의도 곧 만약 먹으면 죄를 범하는 것이고 먹지 않으면 의롭게
된다고 보는 관념이 악한 것이다. 마찬가지로 할례 자체는 선한 것이다.
그러나 그 의도 곧 만약 모세 율법에 따라 할례받지 않으면 구원받을 수
없다고 보는 관념이 악한 것이다. 율법에 금지된 음식을 먹는 것 자체가
악이 아니라, 베드로의 행동과 위선이 악이었다. 사람들은 그런 베드로
를 보고 "베드로가 율법에 금지된 음식을 먹지 않는 것을 보니 베드로처
럼 여러분도 그 음식을 먹는 것을 피하지 않는다면 구원받을 수 없다"고
말할 것이기 때문이다. 바울은 이를 보고 복음의 진리가 위험에 처했다
고 판단했다. 그래서 베드로를 직접 만나 책망했다. 그럼으로써 진리가
건전하고 부패하지 않은 상태를 유지할 수 있었다.

여기서 우리가 구별해야 할 것이 있다. 그것은 율법에 금지된 음식
을 먹지 않는 데에 두 가지 경우가 있을 수 있다는 점이다. 첫째, 그리스
도인의 사랑 때문에 먹지 않는 경우다. 그렇게 하는 것은 아무 위험이
없다. 형제의 연약함을 참아 주는 것이 선이기 때문이다. 바울은 직접 이
를 가르쳤다. 둘째, 의를 얻기 위해 먹지 않는 경우다. 이것은 곧 먹으면
파멸당한다고 생각하는 것과 마찬가지다. 이런 식으로 음식을 먹지 않
는 것은 그리스도를 부인하는 것이고, 그리스도의 몸을 발로 짓밟는 것
이다. 성령을 모독하고, 온갖 거룩한 것을 멸시하는 것이다. 따라서 우리
가 누군가를 잃어야 한다면, 우리 아버지 하나님이 아니라 우리의 친구
와 형제를 잃어야 한다. 만약 우리가 우리의 하늘 아버지를 잃는다면, 우
리는 더 이상 다른 사람들의 친구와 형제가 될 수 없다.

이 본문(12절), 아니 사실 갈라디아서 전체를 제대로 이해하지 못한

제롬은, 바울이 넘어진 것은 무지 때문이라고 말함으로써 바울이 단순히 베드로를 비난하는 척했다고 생각했다. 그러나 베드로는 위선의 죄를 범했고, 이로써 율법이 구원에 필수 요소라는 인식을 심었다. 그리고 바울이 베드로를 책망하지 않았더라면, 베드로는 이방인과 유대인 모두에게 그리스도를 포기하고 은혜를 멸시하며 유대교로 다시 돌아가고 율법의 모든 짐을 짊어지도록 빌미를 줌으로써, 그들을 복음의 진리를 거역하는 길로 끌고 갔을 것이다. 따라서 우리는 여기서 만약 제 때에 명확히 교정되지 않으면 한 사람의 잘못으로 치명적인 파멸이 임할 수 있다는 사실을 확인한다. 칭의 문제는 절대로 소홀히 다루어져서는 안 된다. 이런 이유로 우리는 다른 사람들에게 칭의 문제를 자주 상기시켜야 한다.

베드로와 같이 훌륭한 사도가 이런 잘못을 저지르는 모습을 보면 정말 놀랍다. 이전에 예루살렘 회의에서 베드로는 구원은 율법 없이 믿음으로부터 온다는 신념을 공개적으로 변증하고 인정받았다(행 15장). 그러나 지금 바울은 이런 신념에 불리하게 작용하는 말을 했다. "그런즉 선 줄로 생각하는 자는 넘어질까 조심하라"(고전 10:12). 전통과 의식 속에는 위험이 있을 수 있으나 우리는 그것들 없이 살 수는 없다. 율법과 율법의 행위보다 더 필수적인 것이 무엇이 있겠는가? 그러나 율법과 율법의 행위 속에는 사람들을 그리스도를 부인하도록 이끄는 큰 위험이 들어 있다. 율법은 종종 행위를 의지하도록 우리를 이끈다. 또한 그리스도를 신뢰하도록 하지 않는다. 그러므로 우리보다 칭의에 관해 더 잘 알고 있었던 베드로에게서 보는 것처럼, 그렇게 되면 그리스도는 곧 부인되고 금방 상실된다.

2:13 남은 유대인들도 그와 같이 외식하므로 바나바도 그들의 외식에 유혹되었느니라   여기서 우리는 바울이 외식[위선]에 대해 베드로를 책망한 것을 분명히 확인한다. 베드로는 진리가 무엇인지를 매우 잘 알고 있었다.

바나바는 바울의 동료로, 오랫동안 바울과 함께 이방인들에게 율법 없이 그리스도를 믿는 믿음을 전하고 있었다.

하나님이 단지 한 사람을 통해 복음과 어린 교회를 보존하셨다는 사실이 놀랍다. 바나바는 바울과 헤어졌고 베드로는 바울과 반대로 행한 것으로 보아 바울만 진리를 지켰다. 때때로 한 사람이 공동체 안에서 공동체 나머지 모든 사람보다 더 큰 일을 할 수 있다.

율법과 복음을 명확하게 구분함으로써 복음의 진리를 보존하고자 한다면, 우리는 어떤 사람에게도 굴복해서는 안 된다. 건전하고 부패하지 않은 믿음은 쉽게 훼손된다. 따라서 믿음의 원수인 이성을 버려라. 죄와 사망의 시험이 임할 때 이성은 믿음의 의를 돕지 않는다. 그때 이성은 믿음의 의에 대해 완전히 무지하고, 오히려 이성 자신의 의, 아니면 최소한 율법의 의를 지지하기 때문이다. 율법과 이성이 힘을 합하는 순간 믿음은 순전함을 잃는다. 율법과 이성만큼 믿음에 강하게 맞서 싸우는 것은 없기 때문이다. 율법과 이성, 이 두 원수는 힘든 과정을 거치지 않으면 물리칠 수 없다. 그러나 구원받으려면 반드시 율법과 이성을 물리쳐야 한다.

여러분의 양심이 율법으로 두려움에 떨고 하나님의 심판을 붙들고 씨름할 때 여러분은 율법이나 이성을 조언자로 찾지 말아야 한다. 오직 은혜와 위로의 말씀만 의지해야 한다. 우리는 믿음의 빛을 통해 우리가 율법이 아니라 오직 그리스도로 말미암아 구원받은 사실을 확신하게 된다. 따라서 우리는 복음을 통해 율법과 이성의 빛을 넘어 믿음의 깊은 비밀 속으로 들어간다. 거기서 율법과 이성은 아무런 역할도 하지 못한다. 그렇지만 적절한 지위와 시간에 따라 율법도 귀담아들어야 한다. 모세가 산에 올라가 하나님과 대면하여 대화를 나누던 동안에는 율법이 없었다. 모세는 율법을 만들지 않았고, 율법을 섬기지 않았다. 그러나 산에서 내려왔을 때 모세는 율법수여자였고, 율법으로 백성들을 다스렸다. 따라서 양심은 율법으로부터 해방되어야 하지만, 육체는 율법에 순종해야 한다.

그러므로 우리는 바울이 베드로를 책망한 일이 사소한 사건이 아님을 깨닫는다. 오히려 전체 기독교 교리의 핵심 항목이 베드로의 위선 때문에 위험에 처해 있었다. 바나바와 다른 유대인들이 베드로의 위선에 동참한 것은, 무지나 악의 때문이 아니라 유대인들을 두려워했기 때문이었다. 그들은 이 두려움 때문에 마음의 눈이 멀게 되었다. 그래서 자기들의 죄를 보지 못했다. 우리가 아무리 거룩하거나 지식이 많다고 해도 또는 알고 있는 것에 대해 아무리 큰 확신을 갖고 있다고 해도, 우리 자신의 힘을 의지하는 것은 극히 위험하다. 우리는 가장 안전하다고 생각할 때 잘못을 범하고 넘어진다. 우리 자신과 다른 사람들을 큰 위험에 빠뜨릴 수 있다. 그러므로 부지런히 그리고 철저히 겸손하게 성경을 공부해야 한다. 복음의 진리를 잃어버리지 않도록 진심으로 기도하지 않으면 안 된다.

따라서 우리가 받은 은사가 아무리 크다고 해도 하나님께서 도와주시지 않으면 그 은사가 아무것도 아님을 깨닫는다. 하나님이 우리에게서 떠나시면 우리의 지혜와 지식은 아무것도 아니다. 그렇게 되면 시험이 있을 때에 교활한 마귀의 역사로 그토록 강력했던 모든 성경 본문을 우리의 시각에 따라 취하게 된다. 그래서 경고를 담고 있는 본문들만 우리 눈앞에 나타나 우리를 억압하고 혼동시키는 일이 갑자기 벌어질 수 있다. 그러므로 우리는 우리 자신의 의와 지혜, 다른 은사들을 자랑해서는 안 된다. 오히려 자신을 낮추고 사도들처럼 "우리에게 믿음을 더하소서!"라고 기도해야 한다(눅 17:5).

2:14 나는 그들이 복음의 진리를 따라 바르게 행하지 아니함을 보고 이것은 훌륭한 사람들과 교회의 기둥들이 보여준 깜짝 놀랄 만한 한 본보기다.

여기서 오직 바울만이 눈이 열려 베드로와 바나바 그리고 베드로와 함께 위선자가 된 다른 유대인들의 죄악을 본다. 그러나 그들은 자기 자신의 죄악을 보지 못한다. 오히려 그들은 자기들이 유대인들의 연약함을 참아 주는 것이 옳다고 생각한다. 따라서 바울이 그들을 비판하고 그들의 죄악을 숨기지 않은 것이 매우 당연했다. 바울은 베드로와 바나바 그리고 복음의 진리에서 이탈한 다른 사람들을 비난한다. 베드로가 바울에게 복음의 진리에서 이탈한 사람으로 비난받는 것은 의미심장하다. 베드로는 이보다 더 큰 책망을 받을 수 없을 만큼 통렬하게 책망을 받았으나 인내하며 감수했다. 그리고 자신의 죄악을 확실히 인정했다. 베드로와 바나바 그리고 다른 유대인들은 복음을 받았으나 복음에 따라 올바르게 행하지 못했다. 그들은 복음을 전했으나 도리어 율법을 세웠다. 이것은 결국 복음을 무너뜨릴 것이다.

율법과 복음 사이의 관계를 올바르게 판단할 수 있는 자는 누구든 하나님께 감사해야 한다. 자신이 참된 신학자라는 사실을 알아야 한다. 시험이 있을 때 나는 어떻게 해야 옳은지 모르겠다고 고백한다. 율법과 복음을 식별하는 길은, 복음은 하늘에 두고 율법의 의는 땅에 두는 것이다. 하나님이 하늘과 땅, 빛과 어둠, 낮과 밤 사이에 차이를 두신 것만큼 복음의 의와 율법의 의 사이도 큰 차이가 있다. 만약 믿음이나 양심에 관한 문제라면, 우리는 율법을 완전히 배제하고 율법을 땅에 두어야 한다. 그러나 행위를 다루고 있다면, 행위와 율법의 의의 등불을 밝혀야 한다. 복음과 은혜의 태양이나 빛은 낮에 빛나야 하고, 율법의 등불은 밤에 빛나야 한다.

따라서 여러분의 양심이 죄의식에 두려워 떨고 있다면, 자신이 아직 땅 위에 살고 있음을 명심하라. 땅 위에서는 나귀가 자기 위에 놓인 짐을 실어 날라야 한다. 즉 몸과 몸의 지체가 율법에 예속되어야 한다. 그러나 여러분이 하늘로 올라가면 나귀는 짐과 함께 땅 위에 놔두어야 한다. 양심은 율법이나 율법의 행위나 육체의 의와는 아무 상관이 없기 때문이다. 따라서 양심은 율법이나 율법의 행위에 대해서는 아무것도 모른다. 나귀는 계곡에 남겨 두고, 오직 그리스도 안에서 우리에게 값없이 주어진 죄 사함과 순전한 의를 바라보며 이삭과 함께 산으로 올라간다.

반면에 시민적 문제에 있어서 율법에 대한 순종이 엄격히 요구되어야 한다. 사회 문제에 있어서는 복음과 양심, 은혜, 죄 사함, 하늘의 의 또는 그리스도 자신에 관해서는 알아야 할 것이 아무것도 없다. 모세 곧 율법과 율법의 행위에 대해서만 알면 된다. 만약 우리가 이 구분을 조심스럽게 지킨다면, 율법이나 복음의 경계를 넘어가지 않을 것이다. 율법은 하늘 밖에 즉 마음과 양심 밖에 남아 있을 것이다. 반면에 복음의 자유는 땅 밖에 즉 몸과 몸의 지체들 밖에 남아 있을 것이다. 율법과 죄는 하늘에(즉 양심 속에) 들어가는 순간 곧바로 내던져져야 한다. 하나님의 진노와 심판에 대해 두려워 떠는 양심은 율법과 죄에 대해 아무것도 몰라도 된다. 오직 그리스도에 대해서만 알면 된다. 반면에 은혜와 자유가 땅 속에(즉 몸 안에) 들어갈 때에는 이렇게 말해 주라. "너는 이 육체적 생명의 오물과 쓰레기 더미 속에서 살아서는 안 된다. 너는 하늘에 속해 있으니까."

율법과 복음 사이의 구분은 베드로가 믿는 유대인들을 복음과 율법으로 함께 의롭다 함을 받아야 한다고 믿게 만들었을 때 혼란에 빠졌다. 바울은 이것을 인정할 수 없었다. 그래서 베드로를 책망했다. 베드로는 책망받음으로써 율법과 복음 사이의 명백한 구분을 다시 확립할 수 있게 되었다. 곧 복음은 하늘에서 정당화되고 율법은 땅에서 정당화된다는 사실을 다시 정립했다.

이 본문(14절)은 전체 기독교 교리의 정수를 담고 있다. 그러므로 하나님을 사랑하고 경외하는 자는 누구든 율법과 복음을 구분하는 법을 말로만이 아니라 행동으로, 즉 마음과 양심으로 배워야 한다. 말로 구분하는 것은 쉽다. 하지만 시험이 있을 때에 복음은 여러분의 양심 속에서 나그네와 낯선 손님과 같이 있음을 발견할 것이다. 한편 율법은 여러분 안에서 친숙하게 계속 살고 있음을 발견할 것이다. 이성은 자연스럽게 율법을 알기 때문이다. 따라서 여러분의 양심이 율법이 폭로하고 증가시키는 죄로 두려워 떨고 있을 때 자신에게 이렇게 말하라. "죽을 때가 있고 살 때가 있다. 율법을 들을 때가 있고 율법을 멸시할 때가 있다. 복음을 들을 때가 있고 복음에 무지할 때가 있다. 이제 율법은 떠나고 복음이 와야 한다. 지금은 율법을 들을 때가 아니고 오직 복음을 들을 때이기 때문이다. 나는 선한 것은 하나도 행하지 못했다. 나는 악했고 중대한 죄를 범했다. 그러나 그리스도로 말미암아 모든 죄를 사함받았다." 외적 의무를 행해야 할 때 양심이 갈등에 빠지면 복음에 귀를 기울일 시간이 없다. 그때 여러분은 여러분의 부르심과 그 부르심의 일들을 따라야 한다.

모든 자 앞에서 게바에게 이르되 "네가 유대인으로서 이방인을 따르고 유대인답게 살지 아니하면서 어찌하여 억지로 이방인을 유대인답게 살게 하려느냐?" 하였노라   이 말은 다음과 같이 말하는 것과 같다. "너는 유대인이다. 그러므로 유대인답게 율법에서 금하는 음식을 먹지 말고 살아야 한다. 그렇지만 너는 율법에 반하는 것을 행하는 이방인처럼 살고 있다. 이방인이 율법에서 해방된 것처럼 너도 속되고 부정한 음식을 먹는다. 너는 그렇게 할 권리가 있다. 그러나 너는 유대교에서 기독교로 개종한 형제들 앞에서 두려움 때문에 율법에 금지된 음식을 먹지 않고 율법을 지킨다. 그럼으로써 다른 믿는 유대인도 율법을 지키도록 자극하고 있다. 또 부정한 음식을 먹지 않음으로써 이방인에게 다음과 같이 생각하도록 빌미를 주고 있다. '베드로는 이방인이 먹고 자기 자신도 먹곤 했던 음식을 먹지 않는구나. 그러면 우리도 그런 음식을 먹지 말고 유대인처럼 살아야

겠다. 그렇지 않으면 의롭다 함을 얻거나 구원받을 수 없을 것이다.'" 우리는 여기서 바울이 베드로의 무지를 비판하는 것이 아니라(바울은 베드로가 자유롭게 이방인과 온갖 음식을 먹었다는 사실을 알고 있었기 때문에) 이방인에게 유대인처럼 살도록 자극하는 베드로의 위선을 비판하고 있음을 확인한다.

여기서 나는 유대인처럼 사는 것이 자체로 악은 아니라는 점을 거듭해서 말한다. 유대인처럼 사는 것은 우리가 돼지고기나 어떤 다른 음식을 먹는 문제와는 아무 관계가 없기 때문이다. 그러나 양심상 어떤 음식을 먹지 않는 것은 그리스도를 부인하고 복음을 무너뜨리는 것이다. 그러므로 바울은 베드로가 그렇게 하는 것을 보았을 때 베드로를 책망했다. 요컨대 다음과 같이 말했다. "너는 율법을 지키는 것이 의를 얻는 데 필수적인 요소가 아님을 잘 알고 있다. 우리는 오직 그리스도를 믿는 믿음을 통해 의롭다 함을 얻는다. 그러기에 너는 율법을 지키지 않고 어떤 음식이든 먹는다. 그러나 다른 유대인들과 함께 있을 때 보여준 모습을 통해 너는 믿는 이방인들에게 그리스도를 포기하고 율법으로 돌아가도록 자극을 주고 있다. 너는 믿는 이방인들에게 빌미를 주고 있다. 오직 믿음으로는 의를 얻는 것이 충분하지 않고 율법과 행위도 함께 필요하다고 생각하도록 말이다. 그들은 네 모습을 보고, 구원을 받으려면 그리스도를 믿는 믿음에 율법의 행위가 결합되어야 한다고 생각한다." 따라서 베드로의 본보기는 순전한 교훈에 해를 끼치고, 따라서 믿음과 그리스도 의의 진리에도 불리하게 작용한다. 베드로의 모습을 본 이방인들은 베드로 때문에 율법의 행위가 의를 얻는 데 필수적인 요소라고 추정했다. 만약 이 잘못이 그대로 받아들여지면 그리스도는 우리에게 아무 유익을 주지 못하게 된다.

바울은 여기서 위선자로 행하지 않고 베드로의 위선을 비난한다. 바울은 순전한 교리를 보존하고 복음의 진리를 위하고자 했다. 이 논란에서 바울은 누구라도 불쾌하게 하는 것을 개의치 않았다. 이 경우에는 모든 족속과 민족, 모든 왕과 군왕, 모든 재판관과 당국자가 불쾌하게 여길 것이다. 율법과 관련되는 것은 이처럼 조심스러운 일이다. 갑자기 넘어질 수 있기 때문이다. 또한 천국에서 지옥으로 떨어질 정도로 매우 중대한 일이다. 모든 그리스도인은 율법과 복음을 식별하는 법을 배워야 한다. 율법은 양심을 지배하는 것이 아니라 몸과 몸의 지체를 지배한다는 사실을 인정해야 한다. 그렇게 해야 이 여왕 곧 양심은 율법에 더럽혀지지 않는다. 바울이 고린도후서 11:2에서 말하는 것처럼 자신의 유일한 남편인 그리스도를 위해 정절을 지킬 수 있다. 양심은 낮은 골짜기가 아니라 높은 산에 자신의 신방을 꾸며야 한다. 그리스도가 거기서 다스리셔야 한다. 그리스도는 죄인들을 두렵게 하고 괴롭히는 분이 아니다. 그분은 죄인들을 위로하고 그들의 죄를 용서하며 그들을 구원하시는 분이다.

그러므로 고통 속에 있는 양심은 하나님의 심판에 대해서는 아무것도 생각하지 말고, 아무것도 알지 말며, 아무것도 담아 두지 말아야 한다. 오직 그리스도의 말씀 곧 은혜의 말씀, 죄 사함의 말씀, 구원과 영생의 말씀만 생각하고 알고 담아 두어야 한다. 그러나 실제로 그렇게 하는 것이 어렵다. 인간의 이성과 본성은 그리스도를 굳게 붙들지 못하고, 종종 율법과 죄에 관한 생각에 휩쓸린다. 그래서 항상 양심을 속박으로 이끄는 세상적인 방법으로 자유를 얻는 길을 구한다.

2:15 우리는 본래 유대인이요 이방 죄인이 아니로되   유대인은, 바울이 1장에서 말하는 것처럼(내 조상의 전통에 대하여 더욱 열심이 있었으나, 14절) 본래부터 율법의 의를 갖고 있다. 그런 점에서 유대인은 이방인과 비교하면 죄인이 아니다. 이방인과 같이 율법 없고 행위가 없는 자가 아니다. 태어날 때 유대인으로 태어나고 의인으로 태어나며 의인으로 자랐다. 유대

인의 의는 그들의 출생으로 시작된다. 태어날 때부터 유대교를 믿기 때문이다. 조상으로부터 받은 할례의 율법은 이후에 모세를 통해 비준되었다(창 17:10). 그러나 본래부터 의인이 되는 특권을 갖고 있고, 율법과 율법의 행위를 가진 자로 태어나며, 이방인과 달리 죄인이 아니라고 할지라도, 그로 말미암아 유대인이 하나님 앞에서 의인인 것은 아니다.

바울은 분명히 여기서 어떤 이들이 말하는 것처럼 의식이나 의식법에 관해 말하는 것이 아니다. 훨씬 더 비중이 큰 문제인 유대인의 탄생에 관해 말하고 있다. 바울은 비록 유대인이 거룩한 자로 태어나고, 할례를 받고, 율법을 지키며, 양자와 언약, 조상, 하나님에 대한 참된 경배, 그리스도, 약속들을 갖고 있고, 그것들에 따라 살고 그것들을 자랑한다고 해도, 그들이 그것으로 의롭다 함을 얻지는 못한다고 말한다(요 8:33, 41, 롬 2:17-20). 따라서 베드로와 다른 사도들이 율법과 율법의 행위와 의―할례, 양자, 언약, 약속, 사도직 등―에 따라 의롭게 된 하나님의 자녀였다고 해도, 그들이 얻은 그리스도인의 의는 거기서 나오는 것이 아니다. 이런 것들은 모두 그리스도를 믿는 믿음에 속해 있는 것이 아니다. 율법이 아니라 오직 그리스도를 믿는 믿음으로만 죄인은 의롭게 된다.

율법 자체는 악도 아니고 가증한 것도 아니다. 그러므로 율법과 할례는 우리를 의롭게 만들지 못한다는 이유로 비난받아서는 안 된다. 바울이 율법과 할례로 의롭다 함을 얻을 수 있다는 사실을 부인하는 것은, 거짓 사도들이 사람들은 믿음 없이 율법과 할례를 통해 의롭게 되고 구원받는다고 주장했기 때문이다. 바울은 거짓 사도들의 주장을 인정할 수 없었다. 믿음이 없으면 모든 것이 헛되기 때문이다. 율법과 할례, 양자, 성전, 하나님에 대한 예배, 약속들 그리고 심지어 하나님과 그리스도 자신까지도 믿음이 없으면 아무 유익이 없다. 그러므로 바울은 일반적으로 단순히 의식에 반하는 것이 아니라 믿음에 반하는 모든 것을 반대하고 있는 것이다.

2:16 사람이 의롭게 되는 것은 율법의 행위로 말미암음이 아니요 오직 예수 그리스도를 믿음으로 말미암는 줄 알므로 여기서 율법이라는 말은 많은 의미를 담고 있다. 은혜가 아닌 것은 무엇이든 다 율법이다. 그것이 사법적인 것이나 의식적인 것 또는 십계명을 막론하고 말이다. 그러므로 여러분이 "마음을 다하여 너희의 하나님 여호와를 사랑하라"는 계명에 따라 율법을 지킬 수 있었다고 해도(아무도 아직까지 그렇게 하지 못했고 또는 그렇게 할 수 없지만), 여러분은 하나님 앞에서 여전히 의롭다 함을 얻지 못할 것이다. 우리는 율법으로 결코 의롭다 함을 얻지 못하기 때문이다.

만약 도덕법으로 의롭게 되지 못한다면, 의식법의 한 행위인 할례로는 더더욱 의롭게 되지 못할 것이다. 따라서 바울은, 종종 그렇게 말하는 것처럼, 우리가 율법으로 의롭다 함을 얻지 못한다고 말할 때 일반적으로 율법 전체에 관해 말하는 것이다. 이때 온 율법의 의를 믿음의 의와 대립시킨다. 바울은 우리는 율법의 의로는 하나님 앞에서 의롭다고 선언받지 못하고, 오히려 하나님은 그리스도로 말미암아 은혜로 값없이 믿음의 의를 우리에게 전가시키신다고 말한다. 율법은 거룩하고 의롭고 선하지만, 사람들은 율법으로 하나님 앞에서 의롭다 함을 얻지 못한다.

그런데 율법의 행위는 의롭다 함을 받기 전이나 후에 행해질 수 있다. 이방인들 가운데도 칭의를 얻기 전에 율법을 지키고 훌륭한 행실을 보여준 선한 사람들이 많이 있었다. 또 칭의를 얻은 후에 베드로와 바울 그리고 다른 모든 그리스도인은 율법이 요구하는 행위를 행했고 또 행한다. 그러나 그렇다고 그들이 그것으로 의롭게 되는 것은 아니다. 바울은 "내가 자책할 아무것도 깨닫지 못하나 이로 말미암아 의롭다 함을 얻지 못하노라"라고 말한다(고전 4:4). 따라서 우리는 여기서 바울이 율법의 특정 부분이 아니라 모든 율법에 관해 말하고 있음을 확인한다.

우리는 은혜와 죄 사함의 공로를 행위에 귀속시켜야 한다는 치명적인 관념을 철저히 거부하지 않으면 안 된다. 만약 스콜라 신학자들이 바울이 말하는 죄와 은혜를 대략이라도 확인했었더라면, 사람들이 이런 거짓말을 믿도록 만들지 않았을 것이다. 스콜라 신학자들은 단지 살인과 도둑질 등과 같이 율법을 어긴 외적 행위만을 치명적인 죄(중죄)로 이해했다. 스콜라 신학자들은 마음속에 있는 하나님에 대한 무지와 미움, 경멸, 배은망덕, 하나님에 대한 불평 그리고 하나님의 뜻에 대한 거역도 치명적인 죄라는 사실을 알 수 없었다. 육신은 가증한 것이나 하나님을 철저히 반대하는 것 외에 다른 것은 조금도 생각하거나 말하거나 행할 수 없다는 사실 또한 알 수 없었다.

그러므로 우리는 악인이나 사악한 죄인에 대한 정의를 적절하고 명확하게 할 필요가 있다. 악인이나 죄인은, 나사렛 예수를 박해하고 복음의 교훈을 허물고 신실한 자를 죽이며 그리스도의 교회를 철저히 무너뜨리려고 다메섹으로 갔을 당시의 바울과 같이 거룩해 보이는 잔혹한 위선자다. 이런 것들이 끔찍한 죄라는 사실에 동조하지 않을 자가 누가 있겠는가? 그러나 바울은 그 사실을 알지 못했다. 바울은 이 가증한 죄들을 완전한 의와 하나님에 대한 고귀한 섬김이라고 생각했다. 하나님을 위한 왜곡된 열심에 눈이 멀었던 것이다. 우리가 이 끔찍한 죄들을 완전한 의로 옹호하는 자들이 은혜를 받을 것이라고 말할 수 있겠는가?

기독교에 이르는 참된 길은 첫 번째로 우리는 율법에 따라 죄인이며, 우리는 선을 조금도 행할 수 없음을 인정하는 것이다. 그러므로 여러분은 여러분의 행위로 결코 은혜를 얻을 수 없다. 만약 그렇게 한다면 이중의 죄를 범하는 것이다. 여러분은 나쁜 나무이기 때문에 나쁜 열매—즉 죄—만 맺을 수 있다(마 7:17, 롬 14:23). 믿음을 갖기 전에 행위로 은혜를 얻기를 바라는 자는 누구든 죄로 하나님을 기쁘시게 하고자 하는 자와 같다. 이것은 오직 죄에 죄를 쌓고 하나님을 조롱하며 하나님의 진노를 불러일으키는 것에 불과하다. 사람이 율법을 통해 이것을 배울 때 두려워하고 낮아진다. 자신의 큰 죄를 보고, 자기 자신 속에서 하나님에 대한 사랑을 한 조각도 찾아내지 못한다. 결국 자기에게 사망과 영원한 파멸의 죄책이 있다고 고백하게 된다. 따라서 기독교의 첫 번째 요소는 회개와 자기를 아는 지식을 선포하는 것이다.

참된 기독교의 두 번째 요소는 바로 이것이다. 곧 구원받기를 바란다면 여러분은 행위를 통해 구원을 얻고자 해서는 안 된다. 하나님은 우리가 자신의 독생자를 따라 살게 하려고 그분을 세상에 보내셨다. 하나님의 독생자는 여러분을 위해 십자가에 못 박혀 죽으셨고, 여러분의 죄를 자신의 몸으로 짊어지셨다. 하나님은 자신의 말씀으로 우리에게 계시하셨다. 하나님 자신이 우리에게 자비로운 아버지가 되실 것과 우리가 그만한 자격이 없어도(우리는 선을 조금도 행할 수 없으므로) 자신의 아들 그리스도로 말미암아 우리에게 죄 사함과 의, 영생을 값없이 베풀어 주실 것을 계시하셨다. 하나님은 모든 사람에게 자신의 은사를 값없이 주신다. 이 사실을 인정할 때 우리는 하나님께 찬양과 영광을 돌리게 된다. 하나님이 값없이 주시는 은혜와 영생을 받지 않고, 자기 자신의 행위로 은혜와 영생을 얻고자 하는 자는 하나님의 신격의 영광을 완전히 무시하는 것이다. 그러므로 하나님은 자신의 영광을 유지하고 지키려고 자신의 율법을 보내셔야 한다. 하늘에서 내리치는 천둥번개처럼 이 단단한 바위를 깨뜨리고 박살내셔야 한다.

간단히 말해, 우리가 인정하는 그리스도인의 의에 대한 교리는 바로 이것이다. 곧 믿음으로 의롭다 함을 얻는 것은 믿음이 그리스도의 임재라는 보화를 붙잡기 때문이다. 그러나 우리는 어둠 속에 있기 때문에 그리스도의 임재를 붙들 수 없다. 그러므로 믿음이 약하고 희미할지라도 그리스도를 향한 확고한 신뢰가 있는 곳이라면 그곳에 그리스도가 계신다. 이것이 참된 형식적 의다. 이것 때문에 사람은 의롭게 된다. 믿음을 장식하는 것은 사랑이 아니라 바로 그리스도이시다. 더 정확히 말하면 그리스도께서 믿음의 참된 형식이자 속성이다. 그러므로 믿음에게

붙잡혀 마음속에 사는 그리스도가 참된 그리스도인의 의다. 이것 때문
에 하나님은 우리를 의인으로 여기고 영생을 베풀어 주신다. 이것은 율
법의 행위가 아니고 율법의 의와는 확실히 다른 의다. 율법 너머에 있는
새로운 세상이다. 그리스도나 믿음은 율법도 아니고 율법의 행위도 아
니기 때문이다.

참된 기독교는 먼저 율법의 가르침을 받아 우리 자신을 아는 것이다.
그런 다음 바울과 같이 "모든 사람이 죄를 범하였으매 하나님의 영광에
이르지 못하더니"라고 말하는 법을 배우는 것이다(롬 3:23. 시 14:3, 51:4,
53:3 참조). 우리가 율법에 의해 낮아지고 자기를 아는 지식을 갖게 되면,
우리는 참되게 회개한다(참된 회개는 하나님에 대한 두려움 및 심판과 함께 시작
되기 때문이다). 우리가 우리 자신의 힘이나 행위 또는 공로를 통해서는 죄
로부터 도저히 구원받을 수 없는 큰 죄인임을 인정하게 된다. 따라서 우
리는 바울이 사람에 대해 한 말의 의미를 깨닫는다. 사람은 "죄 아래에 팔
렸고"(롬 7:14), "하나님이 모든 사람을 순종하지 아니하는 가운데 가두
어 두셨으며"(롬 11:32), 온 세상이 하나님 앞에서 죄책이 있다(롬 3:19).

이어서 우리는 우리를 도울 자가 누구인지 탄식하며 묻게 된다. 이
와 같이 율법으로 인해 두려움에 빠질 때 우리는 우리 자신의 힘에 대해
철저히 절망한다. 주위를 둘러보며 중보자와 구주의 도움을 구한다. 이
때가 우리를 치료하는 복음 말씀이 등장할 시간이다. "작은 자야, 안심
하라. 네 죄 사함을 받았느니라"(마 9:2). 여러분의 죄를 대속하려고 십자
가에 못 박혀 죽으신 그리스도 예수를 믿으라. 여러분 자신의 죄와 죄의
짐을 느끼는가? 그렇다면 그것들을 여러분 자신의 것으로 보지 말라. 그
것들이 자신의 상처로 여러분을 치료하신 그리스도께 전가되어 그분 위
에 있음을 명심하라(사 53:5).

여기서 구원이 시작된다. 이런 방식을 통해 우리는 죄로부터 구원
받고 의롭다 함을 얻으며 영생의 상속자가 된다. 이것은 우리가 그럴 만

한 일을 했기 때문이 아니라 믿음으로 그리스도를 붙잡았기 때문이다. 그러므로 우리는 또한 마음의 속성과 형식적 의가 사랑이 아니라 믿음 이라는 사실을 인정한다. 하지만 마음이 믿음으로 보고 붙잡아야 하는 것은 구주 예수 그리스도 외에 아무것도 없다.

다시 정의하면, 그리스도는 율법수여자가 아니라 죄를 용서하시는 분이자 구주이시다. 그리스도는 자신의 피 한 방울로 세상 모든 죄의 값 을 치르실 수 있다. 하지만 지금 그리스도는 피를 충분히 다 흘리셨고, 그 피로 우리의 필요를 완전히 만족시키셨다(히 9:12, 롬 3-4장). 그러므 로 믿음으로 그리스도를 붙잡아야 하는 중요한 이유는 그리스도께서 세 상 죄를 짊어지셨기 때문이다. 오직 이 믿음만이 의로 여겨진다.

여기서 이 세 가지 사실 곧 믿음과 그리스도, 받아들임 또는 전가가 하나로 결합되어야 한다는 사실을 주목하라. 믿음은 반지에 보석이 붙 어 있는 것처럼 그리스도를 붙든다. 하나님은 이와 같이 그리스도를 신 뢰하는 자를 의인으로 여기실 것이다. 이것이 우리가 죄 사함과 의를 얻 는 수단이자 공로다. 주님은 이렇게 말씀하신다. "너희는 정당화되고 의 롭다 함을 얻을 것이다. 이는 너희가 나를 믿기 때문이다. 또 너희의 믿 음이 그리스도를 붙들고 있기 때문이다. 이 믿음은 내가 너희의 중보자 와 대제사장이 되도록 너희에게 값없이 준 그리스도를 믿는 믿음이다." 그래서 하나님은 단순히 그리스도를 믿는 우리의 믿음 때문에 우리를 의인으로 받아 주시거나 여겨 주신다.

받아 주심 또는 전가는 매우 필수적이다. 그 이유는 첫째, 우리가 아직 완전히 의롭게 되지 못했기 때문이다. 우리가 이 세상에서 사는 동 안 죄는 여전히 우리의 육체 안에 남아 있다. 하나님이 남아 있는 죄를 우리 안에서 제거하신다. 나아가 우리는 때때로 베드로나 다윗이나 다 른 경건한 사람들처럼 죄에 빠진다. 그러나 우리는 항상 이 진리를 의지 해야 한다. 그렇게 해야 우리 죄가 덮어지고, 하나님이 죄 때문에 우리를

악하다고 여기시는 일이 없을 것이다(롬 4장). 우리 안에 죄가 전혀 없는
것은 아니다. 확실히 죄는 우리 안에 항상 내재한다. 경건한 사람도 죄
를 느낀다. 그러나 죄가 덮어진다. 하나님은 그리스도로 말미암아 죄를
우리에게 돌리지 않으신다. 우리는 믿음으로 그리스도를 붙잡기 때문에
우리의 모든 죄는 지금 죄가 아니다. 그러나 그리스도나 믿음이 없는 곳
에서는 단순히 죄와 정죄의 전가만 있다. 죄를 사하거나 죄를 덮는 것이
없다. 따라서 하나님은 우리 안에서 자기 아들을 통해 자기 아들을 영화
롭게 하고, 자기 자신도 영광을 받으실 것이다.

이렇게 그리스도를 믿는 믿음을 배웠을 때 비로소 우리는 선행에
대해서도 배운다. 이제 여러분은 올바른 일을 할 수 있다. 여러분은 믿음
으로 그리스도를 붙잡았고 그리스도로 말미암아 의롭게 되었기 때문이
다. 하나님과 이웃을 사랑하라. 하나님께 간구하라. 하나님께 감사하라.
하나님을 찬양하라. 하나님께 고백하라. 이런 선한 행실은 믿음에서 나
온다. 우리는 그리스도로 말미암아 값없이 죄 사함을 받았기 때문에 마
음속에 이런 즐거움을 누린다.

따라서 십자가의 짐이 내리누르고 극심한 고통이 임하더라도 이제
는 그것들을 쉽게 감당한다(마 11:30). 죄를 용서받고 양심이 죄의 짐과
가책에서 해방될 때, 그리스도인은 무엇이든 쉽게 감당할 수 있다. 내면
에 있는 모든 것이 즐겁고 평안하기 때문에 기꺼이 무엇이든 감당하고
감수할 수 있다. 그러나 자신의 의를 따라 걸으면 괴롭고 피곤할 뿐이다.
무엇을 행하든 마지못해 행하기 때문이다.

그러므로 우리는 그리스도인을 무죄한 사람으로 정의하지 않는다.
하나님이 그리스도를 믿는 믿음 때문에 죄를 전가시키지 않는 사람으로
정의한다. 이 교리는 내적으로 심각한 두려움에 사로잡혀 고통받는 가
련한 양심에 큰 위로가 된다. 그러므로 우리는 마음속으로 그리스도로
말미암은 죄 사함과 의의 전가를 계속 상기해야 한다. 특히 시험을 당할

때 자신이 율법 및 죄와 아무 관계가 없음을 기억해야 한다. 우리는 그리스도인이므로 율법과 죄를 넘어선다. 율법의 주이신 그리스도께서 우리 마음속에 계신다. 따라서 율법이 우리를 고소하고 죄가 우리를 두렵게 할 때 우리는 그리스도를 바라본다. 믿음으로 그리스도를 붙잡을 때 우리는 율법과 죄와 사망과 마귀를 이기신 정복자를 우리의 것으로 소유하고 그분과 함께 있다. 그때 그리스도는 율법과 죄와 사망과 마귀를 다스리시고 지배하시기 때문에 그것들은 결코 우리를 해칠 수 없다.

그러므로 올바르게 정의하면 그리스도인은 모든 율법에서 벗어나 있다. 내적이든 외적이든 어떤 피조물에도 예속되어 있지 않다. 이것은 사람이기 때문이 아니라 그리스도인이기 때문이다. 다시 말해, 양심은 이 믿음 곧 이 크고 무한한 보화다. 또는 바울이 부르는 말로 표현하면, 하나님의 "말할 수 없는 은사"로 아름답게 꾸며지고 장식되어 있다(고후 9:15). 하나님이 우리를 자신의 자녀와 상속자로 삼으시는 것에 대해 우리가 하나님을 아무리 찬양해도 충분할 수 없다. 이 선물로 말미암아 그리스도인은 온 세상보다 더 크다. 그리스도인은 겉으로 보기에는 작아 보인다. 그러나 이 선물 자체이신 그리스도가 천지보다 더 크시므로, 천지보다 더 큰 보화를 마음속에 갖고 있다.

이 교리가 순전하고 부패하지 않은 상태로 남아 있고 양심을 진정시키는 한, 그리스도인은 온갖 다른 교훈들을 판단할 수 있다. 우리는 우리가 은혜를 받을 만한 자격이 없고, 은혜가 주어지기 전에는 우리의 행위로 은혜를 얻을 수 없다고 말할 수 있다. 또한 은혜가 우리에게 임한 후에도 우리가 우리의 행위로 영생을 얻을 수 없다고 말할 수 있다. 그러나 믿는 자는 자신의 죄를 사함받고 의를 전가받았다. 우리는 이 진리와 확신을 통해 하나님의 자녀와 하나님 나라의 상속자가 된다. 우리는 우리에게 약속으로 보장되어 있는 영생을 소망으로 이미 소유하고 있기 때문이다. 그러므로 그리스도를 믿는 믿음을 통해 모든 것이 우리에게 주어진다. 곧 은혜와 평강, 죄 사함, 구원, 영생이 주어진다. 오직 그리스도만이 죄를 사하신다. 오직 그리스도만이 의와 영생을 주신다. 그러므로 은혜를 받기 전이나 받은 후에 공로와 업적을 통해 은혜와 평강, 죄 사함, 구원, 영생을 얻을 수 있다고 자랑하는 것은 무례하고 사악한 태도다.

이는 우리가……그리스도를 믿음으로써 의롭다 함을 얻으려 함이라 그리스도인이 되는 올바른 길은 율법의 행위가 아니라 그리스도를 믿음으로써 의롭다 함을 얻는 것이다. 여기서 우리는 이 진리 위에 굳게 서야 한다. 아울러 믿음은 사랑 및 선행과 결합되어야 의롭게 하는 힘이 있다고 말하는 자들의 잘못된 해석을 따라가서는 안 된다. 잘못된 해석은 이 말과 비슷한—바울이 자신의 서신들 속에서 분명히 칭의를 그리스도를 믿는 믿음에만 귀속시키는—말들을 흐려놓는다. 사람들은 그리스도를 믿어야 하지만 그 믿음이 사랑의 행위로 형성되거나 사랑이 동반되어야 한다는 말을 듣는다. 그렇게 해야 오직 믿음으로 의롭게 된다는 말을 듣는다. 그 말을 듣고 사람들은 결국 믿음에서 떨어져 나가고 다음과 같이 생각하게 될 것이다. "사랑이 없는 믿음이 의롭게 하는 힘이 없다면 믿음은 공허하고 무익하다. 오직 의롭게 하는 것은 사랑의 행위다. 그러므로 믿음은 사랑이 없으면 아무것도 아니다."

이 해석의 지지자들은 자기들의 견해를 뒷받침하기 위해 고린도전서 13:1을 인용한다. 그러나 이들은 이 본문을 바르게 파악하지 못한다. 그러므로 바울의 말을 제대로 알지 못하고 이해할 수 없다. 잘못된 해석으로 그들은 바울의 말을 왜곡시켰다. 그뿐만 아니라 그리스도를 부인하고 그리스도가 우리에게 주시는 모든 유익도 사장시켰다. 그러므로 우리는 이 잘못된 해석을 치명적인 마귀의 독으로 간주하고 피해야 한다. 바울과 같이 우리는 사랑과 결합된 믿음으로가 아니라 오직 믿음으로 의롭다 함을 얻는다고 결론지어야 한다.

물론 우리는 선행과 사랑을 가르쳐야 한다. 하지만 가르침의 시기
와 지점이 적절해야 한다. 다시 말해, 선행과 사랑은 우리가 칭의를 다룰
때가 아니라 행위를 다룰 때에 가르쳐야 한다. 여기서 문제는 우리가 어
떻게 의롭다 함을 얻고 영생을 얻느냐 하는 것이다. 그러므로 우리는 모
든 선행을 거부하고 정죄한다. 이 본문(16절)은 선행에 기반을 둔 논증을
결코 인정하지 않을 것이기 때문이다.

확실히 "율법은 거룩하고 계명도 거룩하고 의로우며 선하다"(롬 7:12).
그러나 우리가 칭의를 다루는 경우에는 율법에 관해 말할 적절한 시기
나 지점이 아니다. 여기서 다루고 있는 질문은 "그리스도는 누구이고,
그리스도는 어떤 유익을 우리에게 베푸셨는가?"이다. 그리스도는 율법
이 아니다. 그리스도는 내가 행한 것이나 율법이 행한 것도 아니다. 그리
스도는 나의 사랑과 나의 순종, 나의 가난함도 아니다. 그리스도는 율법
과 죄 아래에 있는 자들의 생명과 사망의 주이고, 중보자, 구주, 구속자
이시다. 믿음으로 말미암아 우리는 그리스도 안에 있고 그리스도는 우
리 안에 계신다. 신랑은 자신의 은밀한 방에서 오직 신부와 함께 있다.
모든 종이나 다른 가족은 그들과 떨어져야 한다. 그러나 이후에 문이 열
리고 신랑이 나오면, 종들은 신랑과 신부를 섬기는 일로 다시 돌아갈 수
있다. 그때 사랑과 선행은 마땅히 해야 할 일을 행할 수 있다.

그러므로 우리는 모든 행위와 법을 복음의 약속 및 믿음과 구별하
는 법을 배워야 한다. 그렇게 해야 그리스도를 정확히 정의할 수 있다.
그리스도는 율법이 아니다. 그러므로 율법과 율법의 행위를 요구하시
지 않는다. 그리스도는 "세상 죄를 지고 가는 하나님의 어린 양"이시다
(요 1:29). 이 사실을 붙잡는 것은 사랑이 아니다. 오직 믿음이다. 대신 사
랑은 일종의 감사의 표현으로서 믿음을 따라가야 한다. 죄와 사망에 대
한 승리, 그리고 구원과 영생은 율법을 통해서나 율법의 행위를 통해서
오지 않았다. 그렇다고 자유의지의 능력을 통해서 온 것도 아니다. 오직

주 예수 그리스도를 통해서 왔다.

사람이 의롭게 되는 것은 율법의 행위로 말미암음이 아니요　여기서 바울은
의식법에 관해 말하는 것이 아니라 율법 전체에 관해 말하고 있다. 의식
법이나 도덕법은 하나님이 주신 똑같은 율법이다. 예를 들면 할례와 제사
장 제도, 성전 예배와 의식들은 십계명과 똑같이 하나님이 명하신 것이다.
나아가 아브라함이 자기 아들을 제물로 바치라는 명령을 받았을 때 그 명
령은 곧 율법이었다. 그러나 아브라함은 이 율법을 지키는 행위가 아니라
믿음으로 의롭다 함을 얻었다. 성경은 "아브라함이 하나님을 믿으매 그것
이 그에게 의로 여겨진바 되었느니라"고 말하기 때문이다(롬 4:3).
　　사람들은 그리스도께서 계시되었으므로 이제 의식법은 폐해졌다
고 말한다. 그러나 그리스도를 믿는 믿음이 없으면, 의식법만이 아니라
십계명도 똑같이 폐해진다. 더구나 율법이 양심을 지배하는 일은 허용
될 수 없다. 우리를 그리스도 안에서 율법 조문과 사망의 법으로부터, 율
법의 행위와 모든 죄로부터 해방시키는 영과 생명의 법을 제외하고 말
이다. 그것은 율법이 악해서가 아니라 우리를 의롭게 할 수 있는 힘이
없기 때문이다. 오히려 율법은 정반대의 효력을 갖고 있다. 가장 중요한
것은 하나님과 화평하게 되는 것이다. 따라서 그렇게 되려면 우리는 모
세나 율법과는 확실히 다른 중보자를 필요로 한다. 우리는 우리가 죄로
가득 차 있음을 느낀다고 해도, 오직 보화―그리스도―를 받아들이고 마
음속에서 믿음으로 그분을 붙잡아야 한다.
　　여기까지 바울이 한 말은 베드로를 향한 것이다. 전체 기독교 교리
의 핵심 요점, 곧 확실히 말하면 참된 그리스도인이 되는 법을 요약하고
있다. 이제 바울은 자신의 편지의 수신자인 이방인에게 시선을 돌리고,
다음과 같은 말로 결론을 맺는다. "그리스도를 믿는 믿음으로 의롭다 함
을 얻는 것이 사실이므로, 아무도 율법을 지키는 것으로는 의롭다 함을

얻을 수 없다."

사람이 의롭게 되는 것은 율법의 행위로 말미암음이 아니요 하나님의 율법
은 모든 사람을 포함하기 때문에 온 세상보다 더 크다. 그러나 바울은
율법이나 율법의 행위는 우리를 의롭게 하지 못한다고 말한다. 그러므
로 우리도 바울과 같이 오직 믿음으로 의롭게 된다고 결론짓는다. 바울
은 아래와 같이 묘사하면서 계속해서 이 진술을 확증한다.

2:17 만일 우리가 그리스도 안에서 의롭게 되려 하다가 죄인으로 드러나면 그
리스도께서 죄를 짓게 하는 자냐? 결코 그럴 수 없느니라! 바울은 우리가 그
리스도로 말미암아 의롭다 함을 얻는 것이 사실이라면, 우리가 계속 죄
인으로 남아 있거나 율법으로 의롭다 함을 얻을 수 없다고 말한다. 이와
반대로 이것이 사실이 아니라면, 곧 우리가 율법의 행위로 의롭다 함을
얻게 되어 있다면, 우리는 그리스도로 말미암아 의롭다 함을 얻는 것이
불가능하다. 그렇다면 이 둘 가운데 하나는 거짓임이 틀림없다. 그리스
도로 말미암아 의롭다 함을 얻지 못하거나 율법으로 의롭다 함을 얻지
못하거나 둘 중 하나다. 그러나 진실은 그리스도로 말미암아 의롭다 함
을 얻는다는 것이다. 그렇다면 우리는 율법으로는 의롭다 함을 얻지 못
한다. 따라서 바울은 우리가 그리스도로 말미암아 의롭다 함을 구하고
그 방식으로 의롭다 함을 얻어도 여전히 죄인으로 발견되고 의롭게 되
기 위해 율법을 필요로 한다면, 그리스도는 단순히 율법 수여자와 죄의
전령에 불과하다고 추론한다.

　그러나 우리는 실제로 그리스도 안에서 의롭다 함을 얻고 의인이
된다. 복음의 진리가 우리는 율법이 아니라 그리스도로 말미암아 의롭다
함을 얻는다고 가르치기 때문이다. 따라서 그리스도 안에서 의롭다 함을
얻은 자가 여전히 죄인으로 발견된다면, 즉 그들이 여전히 율법에 속해

있고 율법 아래에 있다면(거짓 사도들이 가르친 것처럼), 그들은 아직 의롭게 되지 못한 것이다. 그렇게 되면 율법은 그들을 고소하고, 그들이 아직 죄인임을 증명한다. 칭의의 필수 조건으로 율법에 복종하라고 요구할 것이다. 그러므로 그리스도 안에서 의롭다 함을 얻었지만 하나님 앞에서 아직 죄인인 자는 의롭게 되지 못한 것이다. 그렇다면 그리스도는 의롭게 하시는 분이 아니라 율법의 하수인에 불과하다는 결론이 나온다.

여기서 바울은 거짓 사도들을 격렬하게 비난한다. 그들이 율법은 은혜로 만들고 은혜는 율법으로 만들어 모든 것을 왜곡시켰다는 것이다. 거짓 사도들은 모세를 그리스도로 만들고, 그리스도를 모세로 만든다. 칭의의 필수 조건으로 그리스도와 그분의 모든 의에 율법의 행위가 더해져야 한다고 가르친다. 이런 식으로 거짓 사도들이 정당하게 그리스도에게 속해 있는 것을 율법에 귀속시켜 버리기 때문에, 그들은 도저히 용납할 수 없이 왜곡을 하여 율법을 그리스도로 만들어 버린다. 만약 여러분이 율법의 요구를 행한다면, 거짓 사도들은 여러분이 구원받을 것이라고 말할 것이다. 그러나 행하지 못한다면, 그리스도를 믿는 믿음이 아무리 크다고 해도 의롭다 함을 얻지 못한다고 말할 것이다. 따라서 그리스도가 우리를 의롭게 하지 못하고, 단순히 죄의 전령에 불과하다는 것이 사실이면(거짓 사도들의 가르침에서 당연히 나오는 결론으로서), 그리스도는 율법이다. 그렇게 되면 우리는 그리스도를 통해 율법 아래에 있는 것 외에 아무것도 얻지 못할 것이다. 따라서 죄의 전령인 그리스도는 의롭다 함을 얻게 하려고 우리를 율법과 모세에게 보낼 것이다.

그러나 그리스도께서 특별히 맡으신 역할이 있다. 율법 아래에서 죄책이 있다고 선언받은 자를 다시 일으키고, 그가 복음을 믿으면 그를 그의 죄로부터 해방시키시는 것이다. 그리스도는 모든 믿는 자에게 "의를 이루기 위하여 율법의 마침이 되신다"(롬 10:4). 그리스도는 "세상 죄를 지고 가는 하나님의 어린양"이시다(요 1:29). 우리의 반대자가 율법과 은혜를 혼합

시켜 그리스도를 모세로 바꾸어 놓은 것은 극악한 범죄다. 그러므로 나는
종종 말한다. 믿음의 교리는 매우 명확하다. 비록 실천하기는 아주 힘들어
도, 말로 보면 율법과 은혜 사이의 구분을 누구나 쉽게 이해할 수 있다.

우리는 여기서 우리가 선을 행해야 하는지, 율법은 거룩하고 의롭
고 선한지, 또는 율법은 지켜야 하는지 여부에 대해 논하지 않는다. 이것
은 또 다른 문제다. 우리가 다루는 질문은 칭의와 관련되어 있다. 우리는
율법이 의롭게 하는 힘이 있는지의 여부를 살펴보고 있다. 우리의 반대
자는 이 질문에 답변하지 못하고, 우리와 같이 구별하지 못한다. 그저 선
을 행하고 율법을 준수해야 한다고 외친다. 우리는 그것을 잘 알고 있다.
그러나 여러 가지 다른 문제들이 있으므로 여기서는 문제들을 섞지 않
을 것이다. 우리는 적절한 시기에 선을 행해야 한다고 말할 것이다. 그러
나 지금은 칭의 문제를 다루고 있으므로 우리의 반대자가 그토록 열렬
히 추구하는 선행에 대한 언급을 피하겠다. 우리의 반대자는 그리스도
에게서 영광을 빼앗아 그것을 행위에 돌린다. 그러나 칭의가 율법을 통
해 온다면 은혜를 통해서는 오는 것이 아니다. 그렇다면 그리스도께서
자신의 죽음과 설교를 통해 무엇을 이루었단 말인가? 율법과 죄와 사망
에 대한 승리, 성령의 보내심을 통해 도대체 무엇을 이루었단 말인가?
그러므로 우리는 그리스도로 말미암아 의롭다 함을 얻거나 그리스도를
통해 죄책 있는 죄인이 되거나 둘 중 하나라고 결론지어야 한다. 그러나
율법이 의롭게 한다면 주 예수 그리스도를 믿는 자는 누구나 죄인이고
영원한 사망을 받을 죄책을 갖고 있다는 결론이 나온다. 율법으로 피하
여 율법이 요구하는 바를 행하지 않으면 구원받지 못할 것이다.

성경, 특히 신약성경은 그리스도를 믿는 믿음을 자주 언급한다. 그
리스도를 믿는 자는 누구나 구원을 받고, 멸망하지 않으며, 심판을 받지
않고, 영생을 얻을 것이라고 말한다(요 3:16, 5:24). 그리스도를 믿는 자는
행위가 없는 믿음을 갖고 있기 때문에 정죄받을 것이라고 말하는 것은,

모든 것을 왜곡시키는 거짓말이다. 그리스도를 파괴자와 살인자로 만들고 모세를 구주로 만든다. 나는 우리의 반대자가 정확히 이렇게 표현하는 것은 아니라는 점을 인정한다. 그러나 사실상 그들이 가르치는 바는 바로 이것이라고 확신한다. 우리의 반대자는, 우리는 그리스도를 믿는 믿음이 아니라 오직 사랑과 결합된 믿음으로 죄에서 해방된다고 말한다. 이것은 그리스도가 우리를 죄와 하나님의 진노 속에 남겨 놓고 영원한 사망의 죄책을 씌우지만, 율법을 지키면 행위가 있는 믿음이 우리를 의롭게 하고, 행위가 없는 믿음은 아무 소용이 없다고 말하는 것과 같다. 그러므로 우리의 반대자는 믿음이 아니라 행위가 의롭게 한다고 말한다. 얼마나 가증하고 저주스러운 가르침인가!

　　바울은 하나의 불가능성을 제시하며 자신의 논증을 전개한다. 만약 우리가 그리스도 안에서 의롭다 함을 얻지만 여전히 죄인이고, 그리스도 외에 다른 어떤 수단을 통해―즉 율법으로―의롭게 될 수 있다면, 그리스도는 우리를 의롭게 하실 수 없고 단지 우리를 고소하고 정죄하는 자가 되고 만다. 따라서 그리스도는 헛되이 죽었고, 이 본문(17절)과 다른 본문들(요 1:29와 3:16과 같은)은 진리가 아니라는 결론이 나온다. 그렇다면 성경 전체에서 그리스도는 의롭게 하시는 세상의 구주라고 말하는 것은 거짓말이다. 만약 우리가 그리스도로 말미암아 의롭다 함을 얻은 후에도 여전히 죄인이라면, 율법을 이루는 자는 그리스도 없이 의롭게 된다는 결론이 나온다. 만약 이것이 사실이라면 우리는 외적으로 하나님의 이름과 말씀을 고백하되 실제로는 그리스도와 그분의 말씀을 부인하는 이단이 된다. 그러므로 믿음은 사랑의 행위와 결합되지 않으면 의롭게 하지 못한다고 말하는 것은 큰 불경죄다. 만약 믿음과 행위가 결합되어 우리를 의롭게 한다면, 우리가 의롭게 되는 것은 율법의 행위로 말미암음이 아니요 오직 예수 그리스도를 믿음으로 말미암는다고 말하는 바울의 말은 사실이 아니다(16절).

그리스도께서 죄를 짓게 하는 자냐? 이 표현은 바울이 고린도후서 3장에서도 사용하는 히브리어 관용 수사법이다. 여기서 죄를 짓게 한다는 것은 율법 수여자가 된다는 것이다. 곧 그리스도께서 선행과 사랑을 가르치는 율법으로 우리를 이끄는 자가 된다는 뜻이다. 그렇게 되면 우리는 고난을 겪고 그리스도와 성도들의 본보기를 따라야 한다. 이렇게 가르치고 요구하는 자는 율법과 죄, 진노, 사망을 일으킨다. 이렇게 가르침으로써 사람들의 양심을 두렵게 하고 괴롭게 하며, 그들이 죄를 짓도록 만들기 때문이다. 인간의 본성은 율법을 지킬 수 없다. 확실히 의롭다 함을 받고 성령을 소유하고 있는 자의 지체 속에는 율법이 그 마음의 법과 서로 싸운다(롬 7:23). 그렇다면 성령을 소유하지 못한 악인들 속에서는 율법이 어떻게 역사하겠는가? 그러므로 의가 율법을 통해 온다고 가르치는 자는 자신이 무슨 말을 하는지 모르는 것이다. 그는 결코 율법을 지키지 못할 것이다. 오히려 자신과 다른 사람들을 속이고 불가능한 것을 요구하고 가르침으로써 감당할 수 없는 짐을 그들에게 지운다. 결국 자기와 자기 제자들을 절망으로 이끈다.

율법의 진정한 취지는 이것이다. 안일하게 사는 사람들을 고소하고 정죄하여 그들이 죄와 진노, 영원한 사망의 위험 속에 있음을 알려 주고, 그들을 두렵게 하여 절망의 벼랑으로 이끄는 것이다. 그렇게 될 때 그들은 율법 아래에 있게 된다. 율법이 하나님에 대한 완전한 순종을 요구하고 완전한 순종을 이루지 못하는 모든 자를 정죄하기 때문이다. 확실히 살아 있는 자 가운데 완전한 순종을 이룰 수 있는 자는 아무도 없다. 그러므로 율법은 의롭게 하는 일이 아니라 정죄하는 일을 한다(신 27:26, 갈 3:10 참조).

바울은 고린도후서 3장에서 율법의 일을 죄의 일로 부른다. 거기엔 그만한 이유가 있다. 곧 율법은 양심을 고소하고, 율법이 없으면 모르는 죄를 드러내기 때문이다. 따라서 죄에 대한 지식은 우리를 두려움에 떨

게 하고 우리를 절망시키며 죽이고 파멸시킨다(롬 7:11). (나는 여기서 위선
자들의 사변적 지식에 대해 말하는 것이 아니다. 죄에 대한 하나님의 진노를 보게 하
고 사망의 맛을 실제로 느끼게 하는 참된 지식에 관해 말하는 것이다.) 그래서 성
경은 이처럼 율법과 행위를 가르치는 자들을 압제자와 폭군으로 부른다.
강제 노역으로 이스라엘 백성들을 학대한 애굽의 감독들과 같다(출 5장).
율법을 이런 식으로 가르치는 자들도 사람들의 영혼을 비참한 속박으로
이끌고, 결국은 절망과 완전한 파멸로 몰아간다. 그들은 자기 자신이나
율법의 힘에 대해 모른다. 그들이 비록 율법을 지키고 이웃을 사랑하며
많은 선행을 베풀고 큰 고난을 겪었다고 해도, 결코 그들의 양심은 평안
할 수 없다. 내적으로 큰 두려움과 사망의 고뇌에 사로잡혀 있기 때문이
다. 율법이 우리가 율법의 명령을 완전히 지키지 못했다고 말하고, 율법
에 담겨 있는 모든 것을 지키지 않은 자는 저주를 받을 것이라고 말하기
때문이다. 이렇게 우리를 항상 두렵게 하고 고소하기 때문이다. 따라서
양심은 여전히 이런 두려움을 갖고 있고, 그 두려움은 갈수록 커진다. 이
처럼 율법을 가르치는 자들은 믿음과 그리스도의 의로 말미암아 거듭나
지 않는 한 절망에 빠질 것이다.

이 사실은 출애굽기 19-20장에서도 확인할 수 있다. 율법이 이스
라엘 백성에게 처음 주어졌을 때에도 이 사실이 크게 암시되었다. 모세
는 여호와를 만나는 장소인 회막 밖으로 백성들을 이끌었다. 그래서 백
성들은 빽빽한 구름 속에서 말씀하시는 여호와의 음성을 들을 수 있게
된다. 좀 더 앞서 백성들은 하나님이 명하신 모든 것을 지키겠다고 서약
했었다. 그러나 지금은 벌벌 떨고 뒤로 물러나며 모세에게 이렇게 말한
다. "누가 감히 그 불을 볼 수 있고, 우레와 나팔 소리를 들을 수 있겠습
니까? 만약 당신이 우리에게 말하면 우리가 듣겠습니다. 하지만 하나님
이 우리에게 말씀하시지 말게 하소서. 그렇지 않으면 우리가 죽을 것입
니다." 그러므로 율법의 올바른 역할은, 우리를 회막 밖으로 이끌어 내

서, 곧 우리가 살고 있는 안일한 삶에서 이끌어 내서 자기 자신을 의지
하지 못하게 하는 것이다. 하나님 앞으로 우리를 데리고 가 우리를 향한
하나님의 진노를 보여주고, 우리의 죄를 우리 앞에 드러내놓는 것이다.
여기서 양심은 자신이 율법을 만족시키지 못했다거나 율법을 만족시킬
수 없다고 느낀다. 또는 율법이 이와 같이 우리를 하나님 앞으로 데리고
갈 때, 즉 율법이 우리를 두렵게 하고 우리를 고소하고 우리 앞에 우리
의 죄를 내놓을 때 율법이 드러내는 하나님의 진노를 감당할 수 없다고
느낀다. 이때 우리는 견딜 수 없다. 완전히 두려움에 사로잡혀 도망치고
만다. 이스라엘 백성들과 같이 외친다. "우리가 죽을까 하나이다! 우리
가 죽을까 하나이다! 여호와께서 우리에게 말씀하시지 말게 하소서! 당
신이 우리에게 말씀하소서!"

율법을 지키지 못하는 한 그리스도를 믿는 믿음은 우리를 의롭게
하지 못한다고 가르치는 것은, 그리스도를 죄의 전령 곧 모세와 똑같은
율법 선생으로 만드는 것이다. 그렇게 되면 그리스도는 구주도 아니고
은혜의 수여자도 아니다. 모세와 같이 우리가 결코 행할 수 없는 일을
요구하는 가혹한 폭군일 뿐이다. 그러나 복음은 죄를 사하고 은혜를 베
풀며 죄인들을 의롭게 하고 구원하시는 그리스도를 선포한다. 복음 속
에도 계명들이 있지만, 그 계명들은 복음이 아니다. 율법에 대한 해설로
복음에 의존하는 것이다.

율법이 죄를 드러낼 때 율법은 우리를 두렵게 만든다. 우리의 죄와
하나님의 진노를 보여주고, 사망과 파멸의 두려움으로 우리를 공격하기
때문이다. 우리의 양심은 율법을 통해 우리가 하나님의 계명을 지키지
못했고 그렇기 때문에 하나님이 우리에게 진노하신다는 사실을 깨닫는
다. 만약 하나님이 우리에게 진노하신다면, 우리는 영원히 파멸당하고
정죄받을 것이다. 우리의 양심은 이것을 절대적이고 확실한 결과로 생
각한다. "나는 죄를 범했다. 그러므로 반드시 죽어야 한다." 따라서 죄의

일은 진노와 정죄의 일이라는 결론이 나온다. 죄가 드러난 후에는 곧바로 하나님의 진노와 사망, 파멸이 이어지기 때문이다. 따라서 하나님의 심판과 진노(율법이 그들 눈앞에 내세우는)를 감당할 수 없는 많은 사람들이 목을 매거나 물에 빠져 자살한다.

결코 그럴 수 없느니라! 그리스도는 죄의 전령이 아니라 의와 영생의 수여자이시다. 그러므로 바울은 모세와 그리스도를 멀리 떼놓는다. 모세는 율법 조문의 선생으로 땅 위에 남아 있어야 한다. 모세는 죄인들을 괴롭히고 박해해야 한다. 그러나 신자들은 자기들의 양심 속에 또 다른 선생을 갖고 있다고 바울은 말한다. 그 선생은 모세가 아니라 그리스도다. 그리스도는 율법과 죄를 폐하고 하나님의 진노를 극복하고 사망을 멸망시키셨다. 그리스도는 온갖 비참함에 빠져 고생하고 학대받고 있는 우리를 자기에게 나아오라고 초청하신다. 그러므로 우리가 그리스도에게 피할 때 모세와 그의 율법은 사라진다. 그래서 모세의 무덤은 찾을 수가 없고(신 34:6), 죄와 사망은 더 이상 우리를 해칠 수 없다. 그리스도는 율법과 죄, 사망을 이기신 우리의 주이시다. 그리스도를 믿는 자는 율법과 죄, 사망으로부터 해방된다. 그러므로 사람들을 죄와 사망에서 건지는 것은 오직 그리스도만이 감당하는 역할이다. 바울은 이것을 거듭해서 가르치고 강조한다.

율법은 우리를 정죄하고 죽인다. 하지만 그리스도는 우리를 의롭게 하고 생명으로 회복시키신다. 율법은 우리를 하나님으로부터 멀리 끌고 간다. 그러나 그리스도는 우리를 하나님과 화목하게 하고 하나님께 담대히 나아갈 수 있는 길을 열어 놓으신다. 그리스도는 세상 죄를 지고 가는 하나님의 어린양이시다. 따라서 세상 죄가 제거되었다면, 내가 그리스도를 믿는 한 죄는 내게서도 제거되었다. 만약 죄가 제거되었다면 하나님의 진노와 사망, 파멸도 제거되었다. 이제 의가 죄를 대신한다. 화

목과 은혜가 진노를 대신한다. 생명이 사망을 대신한다. 구원이 파멸을
대신한다. 우리는 단순히 말이 아니라 삶과 경험을 통해 이것을 구분하
는 법을 배워야 한다. 그리스도가 있는 곳에는 마음의 기쁨과 양심의 평
안이 있기 마련이다. 그리스도가 우리의 화목과 의, 화평, 생명, 구원이
시기 때문이다. 간단히 말해, 고통받는 가련한 양심이 바라는 것은 무엇
이든 다 그리스도 안에서 충분히 발견된다. 따라서 바울은 이 주장을 상
세히 설명하고 독자들을 납득시키는 데 주력한다.

2:18 만일 내가 헐었던 것을 다시 세우면 내가 나를 범법자로 만드는 것이라
이것은 마치 다음과 같이 말하는 것과 같다. "나는 이전에 내가 헐은 것
을 다시 세우려고 설교하지 않았다. 만약 그렇게 설교했다면 나는 헛되
이 수고한 것일 뿐이다. 나 자신을 율법 파괴자로 만들고, 거짓 사도들이
그렇게 하는 것처럼 모든 것을 무너뜨릴 것이다. 그렇게 했다면 나는 은
혜와 그리스도를 취하여 그것들을 율법과 모세로 바꾸어 놓을 것이다.
거꾸로 말하면 율법과 모세를 취하여 그것들을 은혜와 그리스도로 만들
어 놓을 것이다. 복음 사역을 통해 나는 죄와 낙심, 진노, 사망을 파괴했
다. 인간의 양심은 율법과 죄, 사망에 예속되어 있고, 우리는 사람들이나
천사들을 통해서는 그로부터 해방될 수 없다고 가르쳤다. 그러나 이제
는 복음이 와서 그리스도 예수를 통해 얻는 죄 사함을 선포한다. 그리스
도는 율법을 폐하고 죄와 사망을 파괴하신다고 선포한다. 그러므로 그
리스도를 믿으라. 그러면 여러분은 율법의 저주에서 해방될 것이다. 죄
와 사망의 폭정에서 벗어날 것이다. 여러분은 의롭게 되고 영생을 차지
할 것이다.

　　율법이 양심을 더 이상 지배하지 못하도록 내가 복음 전파로 율법
을 어떻게 파괴했는지 주의해 보라. 새 손님인 그리스도 예수께서 자신
의 집으로 삼고 그곳에서 살기 위해 새 집에 들어오실 때, 그때까지 그

곳에 살고 있던 모세는 그리스도에게 집을 내주고 어디든 다른 곳으로 가야 한다. 또한 새 손님인 그리스도가 살기 위해 오시는 곳에 죄와 진노 또는 사망이 들어갈 방은 없다. 대신 오직 은혜와 의, 기쁨, 생명, 참된 믿음이 있다. 자기 아들로 말미암아 지금 우리와 화목하고 화평 속에 계시며 자비하고 오래 참고 긍휼이 충만하신 아버지에 대한 신뢰가 있다. 그렇다면 내가 어찌 지금 그리스도를 쫓아내고, 내가 복음 전파를 통해 세운 그리스도의 나라를 파괴함으로써, 율법을 재건하고 모세의 나라를 세우겠는가? 만약 거짓 사도들이 하는 것처럼 내가 할례와 율법의 행위가 구원에 필수적이라고 가르친다면, 분명히 율법을 재건하고 모세의 나라를 세우게 될 것이다. 그렇게 되면 의와 생명 대신 죄와 사망을 복원시키게 될 것이다. 오직 율법은 우리를 죄로 고소하고 하나님의 진노를 일으키며 죽이고 파괴한다."

우리는 그리스도의 은혜로 말미암아 칭의를 얻는다고 믿는다. 우리는 순전히 그리스도를 믿는 믿음으로 하나님 앞에서 의롭게 되고 의인으로 간주된다고 확신한다. 그러므로 우리는 율법과 은혜, 믿음과 행위를 혼합시키지 않고 완전히 분리시킨다. 모든 그리스도인은 글이나 말이 아니라 실제 삶이나 내적 경험으로 율법과 은혜 간의 차이를 조심스럽게 유지해야 한다. 그렇게 해야 사람들이 선을 행하고 그리스도를 본받아야 한다고 말할 때 그 말을 적절히 판단하고 이렇게 말할 수 있다. "이 모든 일을 기꺼이 행하겠다. 그러나 여기서 무엇이 나올까? 그렇게 하면 구원받고 영생을 얻는가? 그렇지 않다. 나는 선을 행하고, 환난과 고난을 인내로 감당하며, 필요하면 그리스도를 위해 피를 흘려야 한다는 것도 인정한다. 그러나 그런다고 해서 내가 의롭게 되는 것은 아니다. 그것으로 구원을 얻는 것도 아니다."

우리는 선행을 칭의 문제로 다루어서는 안 된다. 자기들의 죄로 처벌받아야 할 자라도 선을 행하면 영생을 얻을 것이라고 말하는 사람들이 있다. 이들은 처형장으로 끌려가는 자들에게 그들이 이 치욕적인 죽음을 기꺼이 인내하며 감당해야 한다고 말한다. 그렇게 하면 죄 사함과 영생을 얻을 공로를 쌓을 것이라고 위로한다. 도둑과 살인자, 강도가 극히 견디기 힘든 고뇌와 고통 속에 있을 때 비참하게 속임을 당하고, 죽음이 임박했을 때에 위로와 구원을 제공할 수 있는 유일한 길인 복음과 그리스도 안에 있는 감미로운 약속들을 거부하고, 자기들의 악한 행위로 초래된 이 죽음을 기꺼이 그리고 인내하며 견딘다고 생각해 보라. 죄 사함을 받을 희망이 있다는 말을 듣는 것은 얼마나 끔찍한 일인가! 이것은 단순히 이미 가장 비참한 고통 속에 있는 사람들에게 멸망과 파멸을 쌓는 것과 같다. 그들 자신의 죽음에 대해 잘못된 확신을 심어 줌으로써 그들은 열린 지옥문으로 뛰어 들어간다.

따라서 이런 위선자들은 분명히 자기들이 은혜와 복음 또는 그리스도에 관한 사실을 이해하지 못하고 있음을 드러낸다. 그들은 그리스도를 거부하고 복음보다 인간의 전통에 더 의지한다. 그러나 바울은 우리가 율법 없이 오직 그리스도를 믿는 믿음만으로 의롭게 된다고 말한다. 우리가 믿음으로 의롭게 되고 그리스도를 소유하며 그리스도의 의와 생명을 갖고 있음을 알게 된 후에는, 틀림없이 좋은 나무처럼 부지런히 좋은 열매를 맺을 것이다. 신자들은 성령을 소유하게 되는데, 성령은 자신이 거하는 곳에서 사람들을 게으른 상태로 놔두지 않는다. 경건함과 거룩함과 참된 종교를 실천하고, 하나님을 사랑하며, 고난을 인내로 견디고, 기도와 감사에 힘쓰며, 모든 사람에게 사랑을 베푸는 삶을 살도록 역사하실 것이다.

지금까지 우리는 바울의 첫 번째 논증을 다루었다. 이 논증에서 바울은 우리는 율법으로 의롭게 될 수 없다고 주장한다. 만약 우리가 율법으로 의롭게 된다면 그리스도는 죄의 전령이 되고 말 것이라고 말한다. 그러나 이것은 불가능한 일이다. 그러므로 우리는 칭의가 율법을 통해

서 오지 않는다고 결론짓는다. 지금까지 18절을 상세히 다루었다. 18절
은 그만한 가치가 있다. 하지만 아무리 상세히 배우고 강조되어도 충분
하다고 할 수 없다.

2:19 내가 율법으로 말미암아 율법에 대하여 죽었나니 이는 하나님에 대하여 살
려 함이라 이것은 인간의 이성으로 결코 이해할 수 없는 놀라운 말씀이
다. 문장은 짧지만 매우 열렬하고 격렬하다. 바울은 마치 큰 불쾌감을 갖
고 있는 것처럼 말한다. 다음과 같이 말하는 것과 같다. "너희는 율법을
왜 그토록 크게 자랑하느냐? 나는 차라리 율법에 대해 무지하겠다. 그러
나 너희가 율법을 갖고 있다면 나도 율법을 갖고 있다." 그러므로 성령
으로 말미암아 크게 분개한 것처럼, 바울은 은혜를 율법으로 부른다. 다
시 말해, 바울은 은혜의 효력과 역사에 율법이라는 새로운 이름을 붙인
다. 모세 율법을 무시하고, 또 율법을 칭의에 필수적이라고 주장한 거짓
사도들을 멸시하는 의미에서 그렇게 하는 것이다. 성경(그리고 특히 바울)
이 율법과 율법, 죄와 죄, 사망과 사망, 포로와 포로, 지옥과 지옥, 제단과
제단, 어린양과 어린양, 유월절과 유월절을 대립시킬 때에는 이 사실을
아름답게 묘사한다. 그 안에 위로가 충만하다. 다음과 같이 말하는 것과
같다. "모세 율법은 나를 고소하고 정죄한다. 그러나 나는 율법을 고소
하고 정죄하는 다른 율법을 갖고 있다. 이 율법은 바로 은혜와 자유다"
(약 1:25 참조). 이 율법은 고소하는 율법을 고소하고, 정죄하는 율법을 정
죄한다. 사망이 사망을 죽였다. 그러나 죽이는 사망은 생명 자체다. 죽이
는 사망이 격렬한 분개심을 갖고 사망을 죽이는 것으로 묘사된다. 따라
서 의가 이처럼 죄의 이름을 취하는 것은 의가 죄를 정죄하기 때문이다.
이렇게 죄를 정죄하는 것은 참된 의다.

　　여기서 바울은 이단, 아니 사실은 이단 중의 가장 큰 이단과 같다.
거짓 사도들은 율법에 따라 살지 않으면 하나님 앞에서 죽은 것이라고

가르쳤다. 그러나 바울은 정반대로 말한다. 인간의 이성과 지혜는 이 교훈을 이해하지 못한다. 그래서 항상 진리와 반대로 가르친다. 말하자면 인간의 이성은 "사람이 이를 행하면 그로 말미암아 살리라"고 기록되었으므로 하나님 앞에서 살고 싶으면 율법을 지켜야 한다고 가르친다. 그렇지만 바울은 반대로 말한다. 다시 말해, 우리는 율법에 대하여 철저히 죽지 않으면 하나님에 대하여 살 수 없다고 말한다. 그러므로 우리는 이 거룩한 고지로 올라가야 한다. 그렇게 해야 우리가 율법보다 훨씬 더 높은 곳에 있음을, 곧 율법에 대하여 철저히 죽었음을 확신할 수 있다. 만약 우리가 율법에 대하여 죽었다고 하자. 율법은 하나님에 대하여 살 수 있도록 우리를 율법에서 건져 내신 그리스도를 지배할 힘이 없는 것처럼, 우리도 지배할 힘이 없다. 이 모든 것은 우리가 율법이 아니라 오직 예수 그리스도를 믿는 믿음으로 의롭게 됨을 계속 증명한다.

여기서 바울은 단순히 의식법이 아니라 의식법과 도덕법을 망라한 율법 전체에 관해 말하고 있다. 그리스도인은 율법에 대하여 죽었기 때문에 그리스도인에게 율법은 완전히 폐해졌다. 물론 율법이 완전히 제거된 것은 아니다. 여전히 악인들 속에 남아 살면서 그들을 지배하고 있다. 그러나 경건한 자는 죄와 마귀, 사망, 지옥에 대하여 죽은 것처럼 율법에 대해서도 죽었다. 물론 죄와 마귀, 사망, 지옥은 계속 남아 있기는 해도 그것들은 세상의 모든 악인 속에 남아 있을 것이다.

예를 들어, 죽음에서 다시 살아나신 그리스도는 무덤에서 해방되었으나 무덤은 아직도 남아 있다. 베드로는 옥에서 풀려났고, 꼼짝 못하고 누워 있던 자가 침대에서 일어났다. 젊은이가 관에서 나오고, 소녀가 자기 침상에서 일어났다. 하지만 옥과 침대, 관, 침상은 아직도 남아 있다. 이와 똑같이 율법도 내가 율법에 예속되지 않을 때 폐지된다. 내가 율법에 대하여 죽을 때 율법은 죽는다. 율법은 여전히 존재하지만 나는 다른 율법에 의해 율법에 대하여 죽고, 율법도 나에 대하여 죽는다.

따라서 내가……율법에 대하여 죽었나니라는 말은 큰 효력이 있다.
바울은 "나는 한동안 율법으로부터 자유하다" 또는 "나는 율법을 지배
하는 주인이다"라고 말하지 않는다. 단순하게 내가 율법에 대하여 죽었
다고 말한다. 즉 "나는 율법과 아무 상관이 없다"는 뜻이다. 바울은 율법
의 의에 반대하여 내가 율법에 대하여 죽었다고 말하는 것보다 더 효과
적인 말을 말할 수 없었다. 말하자면 이런 뜻이다. "나는 율법에 대하여
아무런 관심이 없다. 그러므로 나는 율법으로 의롭게 되지 않는다."

따라서 율법에 대하여 죽는 것은 율법에 매이는 것이 아니다. 율법
으로부터 자유롭고 율법을 알지 못하는 것이다. 그러므로 여러분이 하나
님에 대하여 살기를 바란다면, 율법 없이 발견되고 그리스도와 함께 무
덤에서 나오는 데 힘쓰라. 그리스도께서 무덤에서 살아나셨을 때 군인들
은 깜짝 놀랐다. 소녀가 죽었다 살아난 것을 본 사람들도 마찬가지였다.
인간의 이성과 지혜는 우리가 율법에 대하여 죽지 않으면 의롭게 되지
못한다는 말을 들을 때 깜짝 놀란다. 이에 대해 미련한 상태가 된다. 인
간의 이성으로는 이 신비를 도저히 파악할 수 없기 때문이다. 그러나 내
면의 양심 속에서 믿음으로 그리스도를 붙잡을 때 우리는 우리를 포로
로 잡아간 옛 율법을 삼켜 버리는 새 율법 속에 들어간다. 그리스도께서
시체로 누워 있었던 무덤이 부활하신 후에 비어 있게 된 것과 같다. 그리
스도를 믿을 때 나는 그리스도와 함께 살아나고 내 무덤에 대해서는(즉
나를 포로로 잡아간 율법에 대해서는) 죽게 된다. 지금 율법은 비어 있고, 나는
내가 갇혔던 옥과 무덤 즉 율법에서 도망쳤다. 그러므로 율법은 내가 살
아났기 때문에 더 이상 나를 고소하거나 붙잡아 갈 권리가 없다.

인간의 양심은 율법의 의와 은혜의 의의 차이를 적절히 이해하려
면 이를 주의 깊게 배워야 한다. 은혜의 의 또는 양심의 자유는 육체와
전혀 관계가 없다. 육체는 자유가 없고 무덤에, 옥에, 침상에 갇혀 있어
야 한다. 육체는 율법에 예속되어 애굽 사람에게 끌려 다녀야 한다. 그러

나 그리스도인의 양심은 율법에 대하여 죽은 것이 틀림없고—즉 율법에
서 해방된 것이 틀림없고—율법과 아무 관계가 없다. 이것을 알면 고통 속
에 있는 가련한 양심을 위로하는 데 큰 도움이 된다. 죄의식 때문에 두
려움에 떨고 낙심하는 사람을 볼 때 다음과 같이 말해 주라. "너는 제대
로 구분을 못하고 있구나. 너는 육체 속에 두어야 할 율법을 네 양심 속
에 두고 있다. 깨어나라, 일어나라! 율법과 죄의 정복자이신 그리스도를
믿어라. 이 믿음을 가지면 너는 율법을 넘어 높이 올라가 율법이나 죄가
전혀 없는 은혜의 하늘로 들어갈 것이다. 율법과 죄가 아직 남아 있기는
해도, 너는 그것들에 대하여 죽었다. 그러니 너와 아무 상관이 없다."

　사실 이렇게 말하기는 쉽다. 그러나 고난이 있을 때 이 사실을 확신
하는 법을 아는 자가 복이 있다. 다시 말해, 우리는 죄가 짓누르고 율법
이 고소할 때 다음과 같이 말할 수 있어야 한다. "이것이 내게 무엇인가?
너 율법이 나를 고소하고 내가 많은 죄를 범했다고 말하는 것을 내가 왜
염려하겠는가? 나는 내가 많은 죄를 범했고, 진실로 날마다 아직도 수없
이 많은 죄를 범하고 있음을 인정한다. 그렇지만 이런 사실은 내게 아무
영향을 미치지 않는다. 나는 지금 너에 대하여 죽었기 때문이다. 내 귀는
네 말을 들을 수 없다. 따라서 네가 내게 말하는 것이 하나도 들리지 않
는다. 굳이 내 죄에 대하여 반박하려면 내 육체와 나의 종인 내 몸의 지
체들에게나 가서 반박하라. 가서 그것들을 가르쳐라. 그것들이나 부려
라. 그것들이나 괴롭혀라. 그러나 나는 괴롭히지 마라. 나는 너에 대하여
죽었고, 지금 나는 그리스도에 대하여 살고 있으니 말이다. 나는 그리스
도와 함께 다른 율법 즉 죄와 율법을 지배하는 은혜의 율법 아래에 있다.
어떻게 그것이 가능한가? 바로 그리스도를 믿는 믿음으로 가능하다."

　율법에 대하여 사는 것은 하나님에 대하여 죽는 것이고, 율법에 대
하여 죽는 것은 하나님에 대하여 사는 것이다. 이것은 일반적인 정의가
아닌 것처럼 보인다. 이 두 명제는 인간의 이성에는 확실히 모순이다. 그

러므로 아무리 뛰어난 철학자나 율법 전문가라도 이를 이해할 수 없다. 하지만 우리는 두 명제의 참된 의미를 정확히 파악한다. 율법에 대하여 사는 자―즉 율법에 복종함으로써 의롭게 되기를 바라는 자―는 죄인이고 죄인으로 남아 있다. 그러므로 그들은 죽고 정죄를 받는다. 율법은 그들을 의롭게 하거나 구원할 수 없다. 오히려 그들을 고소하고 두렵게 하고 죽인다. 그러므로 하나님에 대하여 살기를 바란다면 율법에 대하여 죽지 않으면 안 된다. 그러나 율법에 대하여 살기를 바란다면 하나님에 대해서는 죽을 것이다. 하나님에 대하여 사는 것은 그리스도로 말미암아 율법 없이 은혜로 또는 믿음으로 의롭게 되는 것이다.

따라서 그리스도인에 대한 참되고 적절한 정의는 바로 이것이다. 곧 그리스도인은 율법 아래에 있지 않고 율법과 죄, 사망, 지옥 너머에 있다. 그렇기 때문에 은혜와 죄 사함의 자녀다. 그리스도가 무덤에서 벗어나시고 베드로가 옥에서 벗어난 것처럼, 그리스도인도 율법에서 벗어났다. 의롭다 함을 얻은 양심과 율법 사이의 관계는, 부활하신 그리스도와 무덤 사이의 관계 또는 옥에서 풀려난 베드로와 옥 사이의 관계와 같다. 그리스도는 자신의 죽음과 부활을 통해 무덤에 대하여 죽었다. 지금 무덤은 그리스도와 아무 상관이 없고 더 이상 그리스도를 붙잡아 둘 수 없다. 무덤 어귀의 돌이 굴려져 나간다. 인봉이 깨지고 경비병들이 두려워할 때 그리스도는 다시 살아나 아무 방해 없이 무덤을 떠나가신다. 베드로는 옥에서 풀려날 때 자신이 원하는 곳으로 간다. 마찬가지로 양심도 은혜로 말미암아 성령으로 난 자가 그러하듯이 율법에서 해방된다. 그러나 육체는 율법으로만 판단할 수 있기 때문에 이것이 어디서 나오는지 알지 못하고 또 어디로 갈지도 알지 못한다. 이와 반대로 신자의 영은 이렇게 말한다. "율법이 아무리 나를 심하게 고소하더라도, 죄와 사망이 아무리 나를 크게 두렵게 하더라도, 나는 율법에 관해 절망하지 않을 것이다. 그것은 내가 율법을 반대하는 율법, 죄를 반대하는 죄, 사망을 반대하는 사망을 갖고 있기 때문이다."

그러므로 죄에 대하여 양심의 가책을 느끼고 후회할 때 나는 놋
뱀 곧 십자가에 달리신 그리스도를 바라본다. 거기서 나는 나를 고소하
고 삼켜 버리는—나의 죄를 반대하는—다른 죄를 발견한다. 세상 죄를 지
고 가는 그리스도의 육체 위에 있는 이 다른 죄는 힘이 막강하다. 나의
죄를 정죄하고 집어삼킨다. 따라서 나의 죄는 죄로 말미암아—곧 "우리
로 하여금 그 안에서 하나님의 의가 되게 하려고 우리를 위하여 죄가 되신" 십자가
에 못 박히신 그리스도로 말미암아—정죄받는다(고후 5:21). 마찬가지로 나는
내 육체 속에서 나를 괴롭히고 죽이는 사망을 발견한다. 그러나 사망을
반대하는 사망을 내 안에 갖고 있다. 이 사망은 사망을 죽이는 것이다.
그것은 이 사망이 나의 사망을 십자가에 못 박고 집어삼키기 때문이다.

이 일들은 율법이 아니라 십자가에 못 박히신 그리스도께서 행하신
것이다. 그리스도는 자신의 어깨에 인간의 모든 악과 비참함—율법과 죄,
사망, 마귀, 지옥—을 올려놓는다. 그 결과 이 모든 것은 그리스도 안에서
죽는다. 그리스도께서 자신의 죽음으로 죽이셨기 때문이다. 그러나 우
리는 확실한 믿음으로 그리스도가 주시는 유익을 받아들여야 한다. 우
리에게 율법이나 율법의 행위가 아니라 오직 그리스도가 제공되는 것처
럼, 요구되는 것도 오직 믿음 외에 아무것도 없기 때문이다. 우리는 이
믿음으로 그리스도를 붙들고, 우리의 죄와 사망이 그리스도의 죄와 죽
음으로 정죄되고 파괴됨을 믿는다.

따라서 칭의는 오직 믿음을 통해 온다는 결론으로 우리를 이끄
는—확실하고 확고한—논증을 우리는 항상 갖고 있다. 바울은 우리가 하
나님을 위해 살기를 바란다면 율법에 대해서는 죽어야 한다고 명확히
밝힌다. 그런데 우리가 율법에 대하여 죽고 율법이 우리에 대하여 죽었
다면, 율법은 우리와 아무 상관이 없다. 그렇다면 어떻게 율법이 우리의
칭의를 도울 수 있겠는가? 따라서 우리는 율법이나 율법에 대한 순종이

없이, 오직 은혜로 또는 오직 그리스도를 믿는 믿음으로 의롭다 함을 얻는다고 말해야 한다.

이 진리에 눈먼 자는 믿음으로 사랑의 행위를 행할 때에만 믿음이 의롭게 한다고 상상한다. 이런 식으로 그리스도를 믿는 믿음은 아무 효력이 없다. 그렇게 되면 믿음은 사랑과 결합되지 않는 한 의롭게 하는 능력을 갖지 못하기 때문이다. 그러나 지금 우리는 적절한 시기가 될 때까지 율법과 사랑을 분리시켜야 한다. 지금 우리가 다루고 있는 문제의 핵심 요점에 의지해야 한다. 요점은 다음과 같다. 하나님의 아들이신 예수 그리스도께서 십자가에 달려 죽으셨고, 자신의 몸에 나의 죄와 율법, 사망, 마귀, 지옥을 짊어지셨다는 것이다. 막강한 원수와 폭군들은 나를 학대하고 괴롭히고 고통스럽게 한다. 그러므로 지금 내가 신경 쓰고 있는 문제는, 내가 원수와 폭군들의 손에서 어떻게 벗어나서 의롭게 되어 구원받을 수 있느냐는 것이다. 여기서 나는 원수와 폭군들의 학정으로부터 나를 건져 낼 수 있는 것은 율법이나 행위 또는 사랑이 아님을 깨닫는다. 자기 몸으로 율법을 제거하고 나의 사망을 죽이고 파괴함으로써, 지옥을 부수고 마귀를 심판하여 처단하고 지옥으로 던져 버리시는 분은 오직 주 예수뿐이다. 요약하면, 그리스도 예수께서 나를 악랄하게 괴롭히고 학대했던 모든 원수를 무력화시키신다(골 2:15). 이 원수와 폭군들은 더 이상 나를 지배할 수 없다.

따라서 우리는 여기서 우리가 할 일은 아무것도 없음을 명확히 확인할 수 있다. 다만 이 일들에 대해 듣고 믿음으로 이 일들을 붙잡기만 하면 된다. 이것이 참된 믿음이다. 이와 같이 믿음으로 그리스도를 붙들고, 그리스도로 말미암아 율법에 대하여 죽고, 죄로부터 의롭게 되며 사망과 마귀, 지옥으로부터 건짐받았을 때 비로소 나는 선을 행하고 하나님을 사랑하고 하나님께 감사하고 이웃을 사랑하는 자가 된다. 그러나 이 사랑의 행위는 나의 믿음을 따라 일어나는 것이다. 나의 믿음을 구성하거나 장식하는 것이 아니다. 오히려 나의 믿음이 사랑을 구성하고 장식한다. 이것이 우리의 신학이다. 이 신학은 인간의 이성으로 보면 모순처럼 보인다. 다시 말해, 나는 율법에 대하여 눈멀고 귀먹었을 뿐만 아니라 율법으로부터 자유케 되었고, 율법에 대하여 완전히 죽었다.

이 문장(내가 율법으로 말미암아 율법에 대하여 죽었나니 이는 하나님에 대하여 살려 함이라, 19절)에는 위로가 충만하다. 적절한 때에 이 말씀이 우리 마음속에 들어와 참된 깨달음을 준다면, 이 말씀은 사망의 모든 위험을 비롯해 양심과 죄의 온갖 두려움을 물리칠 수 있는 힘을 발휘한다. 율법이 아무리 강하게 우리를 공격하고 고소하며 절망으로 끌고 가려고 획책할지라도 말이다. 사실은 누구든지 죽음 앞에서 시험에 들기 마련이다. 따라서 율법이 우리를 고소하고 우리의 죄를 드러낼 때 우리의 양심은 금방 "너는 죄를 범했다"고 말한다.

그렇다고 할지라도 바울이 여기서 가르치는 교훈을 굳게 붙잡으면, 우리는 "그래, 나는 죄를 범했다"라고 담담히 말할 수 있다.

"그러면 하나님이 너를 처벌하실 걸."

"아니지. 하나님은 절대로 그렇게 하시지 않을 거야."

"왜? 하나님의 율법이 하나님은 그렇게 하실 것이라고 말하지 않는가?"

"나는 율법과 아무 상관이 없으니까."

"어떻게 그렇지?"

"이 율법을 꼼짝 못하게 하는 다른 율법을 갖고 있기 때문이지. 바로 자유 말이네."

"어떤 자유란 말인가?"

"그리스도의 자유지. 그리스도로 말미암아 나는 완전히 율법으로부터 해방되었기 때문이야. 그러므로 악인에게 율법으로 남아 있는 율법이 내게는 자유이다. 나는 나를 정죄하고자 하는 율법을 묶는다. 이 점에서 나를 묶어 포로로 잡아가기 원하는 율법은 이제 단단히 묶여 있다. 은혜와 자유로 말미암아 포로가 되어 있지. 이제는 은혜와 자유가 나의 율법이야. 이 율법은 나를 고소하는 율법에게 이렇게 말한다. '너는 이 사람을 묶어 포로로 잡아가지 못할 것이다. 왜냐하면 이 사람은 내 것이니까. 대신 내가 너를 포로로 잡아 너의 손을 결박하겠다. 네가 지금 그리스도를 위해 살고 너에 대해서는 죽은 이 사람을 해치지 못하도록 하겠다.'"

　이렇게 하는 것은 율법의 이빨을 빼 버리는 것이다. 율법의 독침과 온갖 무기를 제거하며, 율법의 모든 힘을 무력화시키는 것이다. 그러나 이 율법은 비신자들에게 여전히 군림하고 있다. 우리의 믿음이 부족하고 연약해지면 우리에게도 여전히 힘을 발휘한다. 그러나 죄가 아무리 강하게 우리를 절망으로 끌고 간다고 해도, 그리스도를 믿는 한 나는 그리스도 안에서 갖고 있는 이 자유를 의지하고 죄를 범했다고 고백할 것이다. 그렇지만 정죄받은 죄였던 나의 죄는 이제 그리스도 안에서 정죄하는 죄가 된다. 따라서 정죄하는 죄는 정죄받은 죄보다 더 강하다. 정죄하는 죄가 은혜와 의, 생명, 구원을 정당화하기 때문이다. 따라서 사망의 두려움을 느낄 때 나는 이렇게 말한다. "사망아, 너는 나와 아무 상관이 없다. 나는 너를 죽이는 또 다른 사망 곧 나의 사망을 갖고 있으니까. 죽이는 사망은 죽임을 당하는 사망보다 더 강하다."

　따라서 신자들은 그리스도를 믿는 믿음만으로 얼마든지 일어설 수 있다. 마귀와 죄, 사망 또는 어떤 악도 두려워할 필요가 없을 정도로 확실하고 온전한 위로를 받을 수 있다. 마귀가 아무리 온 힘을 다해 역사하고 세상의 온갖 두려움으로 억압한다고 해도, 우리는 여전히 소망을 갖고 이렇게 말할 수 있다. "마귀야, 나는 너의 위협과 경고를 두려워하지 않는다. 내가 믿는 예수 그리스도가 율법을 박살 내시고 죄를 정죄하시며 사망을 소멸시키고 지옥을 파괴하셨으니까. 사탄아, 그리스도는 너를 괴롭히실 것이다. 그분이 너를 묶고 포로로 잡아가 더 이상 나를 또는 자기를 믿는 모든 자를 해칠 수 없도록 하셨으니까." 마귀는 이 믿음을 정복할 수 없고 오히려 정복당한다(요일 5:4).

그래서 바울은 은혜를—비록 그것이 우리가 그리스도 예수 안에서 갖고 있는 헤아릴 수 없는 은혜의 자유임에도 불구하고—율법이라고 부른다. 나아가 바울이 은혜를 율법으로 부르는 것은, 율법에 새 이름이 주어진 이유를 우리에게 이해시키기 위해서다. 곧 율법이 이제는 살아 있지 못하고 죽었으며 정죄받았음을 납득시키기 위함이다. 여기서 즐거운 광경이 나온다. 바울은 율법을 우리 앞에 갖다 놓고 율법을 이미 정죄받고 사형선고를 받은 강도로 제시한다. 바울은 율법을 두 손과 발이 꽁꽁 묶이고 모든 힘을 빼앗겨 더 이상 포학 행위를 할 수 없게 된 죄수로 묘사한다. 다시 말해, 율법은 이제 고소하거나 정죄할 수 없다. 이처럼 아주 통쾌한 묘사를 하면서 바울은 율법을 양심에 가증하고 멸시받는 것으로 만든다. 따라서 지금 그리스도를 믿는 사람은 거룩한 자부심을 갖고 담대히 다음과 같이 말하며 율법에 대한 승리를 만끽할 수 있다. "그래 나는 죄인이다. 율법아, 네가 나를 반대하여 할 수 있으면 무엇이든 맘껏 해보라." 이제 믿는 자에게 두려워할 것이 정말 아무것도 없다.

그리스도는 죽음에서 부활하신 분인데, 어찌 무덤을 두려워하겠는가? 베드로는 옥에서 해방되었는데, 어찌 지금 옥을 두려워하겠는가? 소녀는 죽음을 목전에 두고 있었을 때에 확실히 침상을 두려워했을 것이다. 그러나 침상에서 일어난 지금, 어찌 침상을 두려워하겠는가? 마찬가지로 그리스도인이 지금 믿음으로 그리스도를 소유하고 누리고 있는데, 어찌 율법을 두려워하겠는가? 우리가 율법에 대해 두려움을 느끼는 것은 사실이다. 하지만 율법에 정복당하지 않고 오히려 그리스도 안에서 갖고 있는 자유를 의지한다. 그리고 이렇게 말한다. "율법아, 나는 네가 나를 고소하고 정죄하고 싶다고 불평하는 소리를 듣는다. 하지만 그렇다고 네가 나를 괴롭히지는 못할 것이다. 너와 나의 관계는 무덤과 그리스도의 관계와 같다. 나는 너의 손발이 단단히 묶여 있는 것을 본다. 이것이 나의 율법이 행한 일이다. 나의 율법은 어떤 율법일까? 자유다. 이 자유는 나를 묶기 때문이 아니라 나의 율법을 묶기 때문에 율법으로 불린다. 십계명의 율법은 나를 묶었다. 그러나 나는 그 율법을 반대하는 다른 율법 즉 은혜의 율법을 갖고 있다. 그렇지만 은혜의 율법은 내게 율법이 아니다. 또 나를 묶는 것도 아니다. 오히려 나를 해방시킨다. 그리고 율법을 고소하고 정죄하는 율법이다. 율법이 나를 더 이상 해치지 못하도록 꽁꽁 묶는다. 또한 나는 나를 묶는 사망을 죽이는 다른 사망 즉 생명을 갖고 있다. 다른 사망은 그리스도 안에서 내게 생명을 준다. 이 생명은 나를 죽인 사망의 속박에서 나를 해방시킨다. 나를 묶고 있는 사망은 이제 꽁꽁 묶여 있다. 나를 죽인 사망은 이제 사망에 의해 즉 생명 자체에 의해 죽임을 당한다."

그러므로 율법과 죄와 사망에 반대하여 그리스도는 달콤하게 나의 율법과 나의 죄, 나의 사망으로 불린다. 하지만 실제로 그리스도는 자유와 의, 생명 그리고 영원한 구원이시다. 따라서 그리스도는 율법의 율법, 죄의 죄, 사망의 사망이 되신다. 그리하여 나를 율법의 저주에서 구속하고 나를 의롭게 하고 내게 생명을 주실 수 있다. 그렇다면 그리스도는 율법이지만 자유이시고, 죄이지만 의이시며, 사망이지만 생명이시다. 율법이 자기를 고소하고 죄가 자기를 정죄하고 사망이 자기를 집어삼키도록 허용하신 그리스도는 율법을 폐하셨다. 죄를 정죄하셨다. 사망을 파괴하셨다. 나를 의롭게 하고 구원하셨다. 따라서 그리스도는 율법과 죄, 사망의 독이 되시고, 아울러 우리가 자유와 의, 영생을 얻을 수 있는 길이 되신다.

바울이 여기서 그리스도를 제시하는 방법은 매우 독특하고 위로로 가득 차 있다. 또한 로마서 7장에서도 바울은 성령의 법과 우리 몸의 지체의 법을 대립시킨다. 표현하는 방법이 특이하기 때문에 마음속에 더 쉽게 새겨지고 더 확고하게 기억된다. 나아가 바울은 내가 **율법으로** 말미암아 율법에 대하여 죽었나니라고 말할 때, "내가 자유로 말미암아 율법에 대하여 죽었나니"라고 말하는 것보다 더 감미롭게 들린다. 그것은 마치 바울이 우리에게 율법에 맞서 싸우는 율법의 그림을 보여주고 다음과 같이 말하는 것과 같다. "율법아, 네가 나를 고소하고 나를 두렵게 하고 나를 결박할 수 있다면, 나는 네 위에 다른 율법을 세울 것이다. 말하자면 너를 고소하고 너를 결박하고 너를 학대하며 괴롭히는 자를 세울 것이다. 너는 확실히 나를 괴롭히는 자다. 하지만 나는 다른 괴롭히는 자, 즉 너를 괴롭게 하실 그리스도를 갖고 있다. 네가 이 괴롭히는 자에게 결박되고 괴롭힘을 당하며 학대를 받을 때 나는 자유롭다. 따라서 은혜는 나에 대한 율법이 아니라(은혜는 나를 결박하지 않으므로) 나를 죽이는 율법에 대한 율법이다. 은혜는 율법으로서 나를 죽이는 율법을 꽁꽁 묶기 때문에, 나를 죽이는 율법은 더 이상 나를 해칠 수 없다."

그러므로 바울은 율법과 죄, 사망 그리고 온갖 다른 악을 바라보지 않도록 우리를 이끈다. 대신 우리를 그리스도께 데리고 간다. 그리고 우리에게 이 즐거운 싸움을 직접 보여준다. 곧 내가 자유를 얻도록 율법이 율법과 맞서 싸우는 것, 내가 의롭게 되도록 죄가 죄와 맞서 싸우는 것, 내가 생명을 얻도록 사망이 사망과 맞서 싸우는 것, 내가 하나님의 자녀가 되도록 그리스도께서 마귀와 맞서 싸우는 것, 내가 천국을 누리도록 그리스도께서 지옥을 멸망시키는 것을 보여준다.

이는 하나님에 대하여 살려 함이라 여러분은 율법이 없는 상태가 되지 않으면, 곧 철저히 율법에 대하여 죽지 않으면 생명도 없다(나는 양심 안에서 벌어지는 일을 말하는 것이다). 그러나 그 동안 내가 종종 말한 것처럼, 몸(body)이 사는 동안 육체(flesh)는 율법에 예속되어야 하고, 율법의 형벌로 괴로움을 겪어야 한다. 그러나 율법에 예속되어 있지 않고 율법에서 자유로운 내적 인간은 그리스도를 믿는다. 그러므로 본래부터가 아니라 그리스도 안에 있을 때부터 살아 있고 정의롭고 거룩한 인간이다. 우리는 이것을 다음 부분에서 확인한다.

2:20 내가 그리스도와 함께 십자가에 못 박혔나니 바울이 이 말을 덧붙이는 것은 율법이 율법을 집어삼키는 것을 증명하기 위해서다. 요컨대 바울은 이렇게 말한다. "나는 하나님에 대하여 살기 위하여 율법을 통해 율법에 대하여 죽었다. 뿐만 아니라 나는 그리스도와 함께 십자가에 못 박혔다." 그리스도께서 율법을 지배하는 주가 되시는 것은, 그분이 십자가에 못 박히심으로써 율법에 대하여 죽었기 때문이다. 나 역시 율법을 지배하는 주가 되는데, 그것은 십자가에 못 박혀 그리스도와 함께 죽음으로써 나도 십자가에 못 박힌 자로 율법에 대하여 죽었기 때문이다. 어떻게 그렇게 되었는가? 은혜와 믿음으로 그렇게 되었다. 이 믿음을 통해 나는 이제 십자가에 못 박히고 율법에 대하여 죽었기 때문에, 율법은 그리스도에 대하여 갖고 있던 모든 힘을 상실한 것과 같이 나를 지배했던 모든 힘도 상실한다. 그러므로 그리스도 자신이 율법과 죄, 사망, 마귀가 자신을 지배하는 힘을 갖지 못하도록 그것들에 대하여 십자가에 못 박히신 것처럼, 나도 율법과 죄, 사망, 마귀가 더 이상 나를 지배하는 힘을 갖지 못하도록 믿음을 통해 영으로 그리스도와 함께 십자가에 못 박혔다. 그 결과 그것들은 지금 나에 대하여 십자가에 못 박히고 죽었다.

바울은 여기서 십자가 죽음을 문자 그대로 모방이나 본보기로 삼는 것에 대하여 말하는 것이 아니다. 이 구절(20절)에서 십자가에 못 박히는 것은 그리스도의 몸에 속한다는 뜻이다. 베드로는 베드로전서 2:21에서 "그리스도도 너희를 위하여 고난을 받으사 너희에게 본을 끼쳐 그 자취를 따라오게 하려 하셨느니라"고 말한다. 여기서 바울은 죄와 마귀, 사망이 내 안에서가 아니라 그리스도 안에서 십자가에 못 박히는 것에 관해 말하고 있다. 이는 보다 차원 높은 못 박힘이다. 여기서 모든 것을 행하시는 분은 그리스도 예수 자신이다. 그러나 나는 그리스도를 믿고 그 믿음으로 그리스도 자신과 함께 십자가에 못 박힘으로써, 이 모든 것이 지금은 나에 대하여 십자가에 못 박히고 죽는다.

그런즉 이제는 내가 사는 것이 아니요 오직 내 안에 그리스도께서 사시는 것이라 요컨대 바울은 다음과 같이 말한다. "나는 마치 내가 지금 살고 있지 않은 것처럼 나의 죽음과 십자가 못 박힘에 대하여 말하는 것이 아니다. 나는 그리스도의 죽음과 십자가 못 박힘으로 말미암아 죽음으로써 생명을 얻었기 때문에 살아 있다. 다시 말해, 나는 율법과 죄, 사망으로부터 해방되었기 때문에 지금 진실로 살아 있다. 그러므로 내가 율법과 죄, 사망 그리고 온갖 악에 대하여 십자가에 못 박히고 죽은 것은, 내게는 부활과 생명이다. 그리스도가 마귀를 십자가에 못 박으시기 때문이다. 그리스도는 사망을 죽이고 죄를 정죄하며 율법을 묶는다. 나는 이것을 믿고 율법과 죄, 사망, 마귀로부터 해방된다. 그러므로 율법은 나에 대하여 묶이고 죽고 십자가에 못 박히고, 나는 다시 율법에 대하여 묶이고 죽고 십자가에 못 박힌다. 그러므로 이 죽음과 십자가 못 박힘으로 말미암아 (즉 이 은혜 또는 자유로 말미암아) 나는 지금 살고 있다."

여기서 다시 우리는 바울의 표현 방법을 주목하지 않을 수 없다. 바울은 우리는 율법에 대하여 죽고 십자가에 못 박혔으나, 사실은 율법 자체가 우리에 대하여 죽고 십자가에 못 박힌 것이라고 말한다. 그러나 바울은 우리를 더 크게 위로하기 위해 일부러 이런 식으로 말한다. 율법(여전히 존속하고 온 세상 속에서 살고 지배하며 모든 사람을 고소하고 정죄하는)은 그리스도를 믿는 자들에 대해서만 십자가에 못 박히고 죽었다. 그러므로 이 영광을 차지하는 자는 오직 그리스도를 믿는 자들이다. 오직 그들만이 죄와 지옥, 사망, 마귀에 대하여 죽었다.

오직 내 안에 그리스도께서 사시는 것이라   바울은 여기서 그리스도인의 의
가 무엇인지를 설명한다. 다시 말해, 그리스도인의 의는 우리의 인격 속
에 있는 의가 아니라 그리스도가 우리 안에서 사는 의다. 그러므로 우리
는 그리스도인의 의에 대해 말할 때 우리의 인격은 철저히 거부해야 한
다. 그리스도와 나의 양심은 하나가 되어야 한다. 그렇게 해야 내 눈에
십자가에 못 박히고 죽은 자 가운데서 살아나신 그리스도 외에 다른 것
은 아무것도 보이지 않게 된다. 만일 내가 내 자신만 보고 그리스도를
보지 못한다면 다음과 같이 생각할 것이다. "그리스도는 하늘에 계시고
나는 땅 위에 있다. 그렇다면 지금 나는 어떻게 그리스도께 가야 할까?
거룩하게 살고 율법이 요구하는 바를 행해야 생명 속에 들어갈 것이다."
단지 나는 어떤 사람이고 어떻게 존재하며 어떤 일을 행해야 할지를 숙
고하면서 나 자신에게 다시 돌아가면, 나는 나의 의와 생명이신 그리스
도를 보지 못하게 된다. 일단 그리스도를 보지 못하게 되면, 어떤 도움도
받을 수 없고 절망에 빠지며 파멸당할 뿐이다.

　　이런 일은 흔히 일어난다. 시험이나 죽음이 임할 때 불행하게도 우
리는 금방 그리스도를 잊어버린다. 우리 자신의 과거의 삶과 우리가 행
한 일을 되돌아본다. 이럴 때 믿음으로 다시 일어서지 못하면 우리는 멸
망할 것이다. 그러므로 양심이 갈등과 두려움에 사로잡힐 때, 우리 자신
을 잊고 율법과 과거의 삶, 우리의 모든 행위를 제쳐두는 법을 배워야
한다. 그렇게 해야 우리가 우리 자신만을 생각하는 일이 벌어지지 않기
때문이다. 대신 우리는 눈을 돌려 오로지 놋 뱀—십자가에 못 박히신 예수
그리스도—만을 바라보는 법을 배워야 한다. 그분이 우리의 의와 생명이
라는 사실을 굳게 믿어야 한다. 그렇게 해야 우리의 시선이 그리스도께
고정되고, 율법의 위협과 죄, 사망, 하나님의 심판을 두려워하지 않게 된
다. 그것은 우리가 그리스도 안에서 살고, 또 그리스도가 우리 안에서 살
기 때문이다. 그리스도가 우리의 주이자 율법과 죄, 사망, 모든 악의 정

복자이시기 때문이다. 그리스도 안에서 우리는 가장 확실한 위로를 발견하고, 그리스도 안에서 우리는 승리를 얻는다.

따라서 나는 나 자신의 인격 안에 살지 않고 내 안에 그리스도께서 사신다. 더 이상 살지 않는 나는 그리스도와 분리되어 있는 사람으로, 율법을 갖고 있고 율법이 요구하는 바를 행하지 않으면 안 된다. 바울은 이 사람을 거부한다. 이 사람은 그리스도와 분리되어 있기 때문에 사망과 지옥에 속해 있다. 그래서 바울은 내 안에 그리스도께서 사시는 것이라고 말한다. 그리스도는 나의 믿음을 아름답게 꾸미는 나의 형상이고 나의 속성이시다. 우리는 그리스도가 우리와 얼마나 친밀하게 연합되어 있는지를 영적으로 파악할 수 없다. 그렇다고 해도 그리스도는 내 안에서 내가 지금 살고 있는 생명을 사신다. 그리스도 자신이 지금 내가 살고 있는 생명이시다. 그러므로 그리스도와 나는 하나다.

내 안에 사시는 그리스도는 율법을 폐하고 죄를 정죄하며 사망을 멸하신다. 그렇게 하시는 이유는 이 모든 것이 그분 앞에서 사라져야 하기 때문이다. 그리스도는 영원한 화평과 위로, 의, 생명이시다. 율법의 두려움과 낙심, 죄, 지옥, 사망은 이것들에 자리를 내주어야 한다. 또 내 안에서 살고 내주하시는 그리스도는 나를 괴롭히는 온갖 악을 제거하고 삼켜 버리신다. 그 결과 나는 율법의 두려움과 죄에서 해방된다. 나 자신과 분리되어 그리스도와 그분의 나라로 옮겨진다. 그리스도의 나라는 은혜와 화평, 기쁨, 생명, 구원, 영원한 영광의 나라다. 그렇다면 내가 그리스도 안에 거하는 동안 과연 어떤 악이 나를 해칠 수 있겠는가?

옛 본성은 밖에 남아 있고 율법에 예속되어 있다. 그러나 칭의에 관해 말한다면, 그리스도와 나는 완전히 하나로 연합되어 있다. 그래서 그리스도가 내 안에서 살고 나는 그리스도 안에서 살 수 있다. 이것을 놀랍게 표현하는 한 가지 방법은 바로 이것이다. 곧 그리스도가 내 안에서 사시기 때문에 은혜와 의, 생명, 평강, 구원이 내 안에 있음을 본다. 이것들은 그리스도의 것이지만 동시에 내 것이기도 하다. 그리스도와 나는 영으로 하나가 된다. 그리스도가 내 안에 사시기 때문에 나는 그리스도 와 은혜, 의, 생명, 영원한 구원을 공유하고 있음이 틀림없다. 따라서 율 법과 죄, 사망은 내 안에 있을 자리가 없다. 확실히 율법은 율법에 의해 십자가에 못 박히고 집어삼켜졌다. 또 죄는 죄에 의해, 사망은 사망에 의 해 십자가에 못 박히고 집어삼켜졌다. 그래서 바울은 우리가 우리 자신 과 율법, 행위를 바라보지 못하도록 이끌고 우리 안에 그리스도를 믿는 참된 믿음을 심어 준다. 그러므로 우리는 칭의와 관련하여 율법과 행위 는 제쳐두고 오직 은혜만을 생각해야 한다. 이에 따라 우리 안에 율법과 행위는 있을 자리가 없어야 한다.

그리스도는 이렇게 말씀하신다. "내가 곧 그 죄인이다. 그가 나와 연 합되어 있고 나는 그와 연합되어 있기 때문에 그의 죄와 사망은 곧 나의 죄와 사망이다." 우리는 믿음으로 그리스도와 하나로 연합되므로, 그리 스도와 "한 육체"다. 우리는 그리스도 몸의 지체다. 따라서 이 믿음으로 말미암아 우리는 남편과 아내보다 그리스도와 더 친밀한 짝이 된다.

우리는 지금까지 바울의 논증 가운데 첫 번째 논증, 즉 그리스도께 서 죄의 전령이 되거나 그렇지 않다면 율법이 의롭게 하는 힘이 없다고 하는 논증을 다루었다. 바울은 이 논증을 마칠 때 자기 자신을 본보기로 제시한다. 자신은 새 율법으로 말미암아 옛 율법에 대해서 죽었다고 말 했다. 따라서 바울은 자기에게 제기될 수 있는 두 가지 반론에 대해 답 변한다. 바울의 첫 번째 답변은 교만한 자의 반론과 약한 자의 범죄에 대한 것이다. 죄 사함이 값없이 선포되면 악의적인 사람들은 그 선포를 비방한다(롬 3:8 참조—"선을 이루기 위하여 악을 행하자"). 이 사람들은 우리 가 율법으로 의롭게 되는 것이 아니라는 말을 듣는 순간 이렇게 말한다. "그러면 우리는 율법을 거부해야 한다. 만약 죄가 많은 곳에 은혜도 많 다면 우리는 죄를 많이 범해야 한다. 그렇게 해야 의롭게 되고 은혜가 더욱 충만하게 될 테니까." 이처럼 악랄하고 교만한 영들은 교활하다. 그들은 악의적으로 성경과 성령의 가르침을 비방한다. 이것은 베드로후서 3:16에서 말하는 것처럼 사도들이 살아 있을 당시 이런 영들이 바울을 비방하다가 스스로 멸망에 이르렀던 것과 같다.

나아가 악의적이지 않은 연약한 사람들은, 율법과 선행이 칭의에 반드시 필수적인 것은 아니라는 말을 들을 때 실족한다. 이런 사람들은 도움을 받아야 한다. 선행은 의롭게 하는 힘이 없다는 사실을 듣고 깨달아야 한다. 선을 행해야 할 경우와 행해서는 안 될 경우에 대해서도 배워야 한다. 선행은 의의 원인이 아니라 의의 열매로 행해져야 한다. 우리는 의롭다 함을 얻었다면 선을 행해야 한다. 반면에 아직 의롭다 함을 얻지 못했을 때 의롭게 되기 위해 선을 행하는 것은 잘못이다. 사과나무가 사과 열매를 만드는 것이지 사과 열매가 사과나무를 만드는 것은 아니다.

바울은 자기는 죽었다고 말했다. 그러면 여기서 뻔뻔하고 악의적인 사람들은 "죽었는데 당신은 어떻게 말을 하는가? 어떻게 글을 쓰는가?"라고 말할 것이다. 또 연약한 사람들은 "우리는 당신이 살아 있는 것을 보고 있다"고 말할 것이다. 이에 대하여 바울은 내 안에 그리스도께서 사신다고 대답한다. 그러므로 두 가지 삶이 있다. 첫 번째 삶은 내 것으로 자연적인 삶이다. 두 번째 삶은 다른 사람의 삶이다. 즉 내 안에 사시는 그리스도의 삶이다. 나의 자연적 삶에 관해 말한다면 나는 죽었다. 지금 나는 다른 삶을 살고 있다. 곧 바울의 삶이 아니다. 바울은 죽었으니 말이다. 그러면 누구의 삶인가? 바로 그리스도의 삶이다. 바울 자신은 율법으로 말미암아 완전히 죽었다. 그러나 바울은 그리스도 안에서 살기 때문에—아니 사실은 그리스도가 바울 안에 사시기 때문에—다른 생명으로 살고 있다. 그리스도가 바울 안에서 말씀하시고, 바울 안에서 사시며, 바울 안에서 생명의 모든 역사를 행하시기 때문이다. 이것은 바울의 삶으로 돌릴 수 없다. 그리스도인의 삶 곧 거듭난 사람의 삶으로 돌려야 한다. 나는 나 자신의 생명으로 살지 않는다. 만약 내가 나 자신의 생명으로 산다면 율법이 나를 지배하고 나를 포로로 잡아갈 것이다. 그런데 율법이 나를 포로로 잡아가지 못하므로, 나는 다른 율법으로 말미암아 율법에 대하여 죽었다. 이 죽음으로 나는 다른 사람의 생명 곧 그리스도의 생명을 얻는다. 그리스도의 생명은 본질상으로 나의 것이 아니지만, 믿음을 통해 그리스도로 말미암아 내게 주어진다.

바울이 자기는 죽었다고 말할 때 두 번째 반론이 다음과 같이 제기되었을 것이다. "우리는 당신의 몸은 보고 있으나 그리스도는 보지 못한다. 당신은 이전과 똑같이 살고 있다. 다른 사람들이 행하는 것처럼 이 육체의 생명으로 모든 것을 행한다. 그런데 마치 우리가 당신을 육체적으로 보지 못하는 것처럼 속이려 드느냐?" 이에 대한 바울의 답변이 다음과 같이 이어진다.

이제 내가 육체 가운데 사는 것은……하나님의 아들을 믿는 믿음 안에서 사는 것이라 바울은 본질상 다음과 같이 말한다. "내가 육체적으로 사는 것은 맞다. 하지만 그것이 무엇이든 간에 나는 이 생명을 생명으로 여기지 않는다. 사실은 이 생명은 참된 생명이 아니다. 다른 사람 곧 나의 참된 생명이신 그리스도의 생명의 그림자에 불과하기 때문이다. 너희는 참된 생명을 보지 못하고 듣기만 한다. 그것은 '바람이 어디서 와서 어디로 가는지 알지 못하는 것과 같다. 너희는 그 소리를 듣지만 어디로 와서 어디로 가는지 말할 수 없다'(요 3:8). 마찬가지로 너희는 내가 말하고 먹고 일하고 잠자고 다른 일들을 하는 모습을 보지만, 나의 생명은 보지 못한다. 현재 내가 육체 가운데 사는 것은 맞다. 하지만 나는 육체를 통해서 또는 육체를 따라서 살지 않는다. 오히려 믿음을 통해서 또는 믿음을 따라 살고 있다." 따라서 바울은 자연인이 하는 모든 것을 자신도 하므로 자신이 육체 가운데 사는 것을 부인하지 않는다. 바울은 의식주를

위해 육체적인 것들을 사용한다. 그러나 그것은 자신의 생명이 아니라
고 말한다. 비록 이런 것들을 사용한다고 해도, 바울은 세상과 달리 그것
들을 통해 살지 않는다. 바울은 그리스도의 생명 외에 어떤 생명도 알거
나 바라지 않는다.

그래서 바울은 그것이 무엇이든 육체 가운데 사는 것은 하나님의 아
들을 믿는 믿음 안에서 사는 것이라고 말한다. 그것은 바로 이런 말이다.
"내가 지금 전하고 있는 말은 물리적으로 육체로부터 나오는 것이 아니
다. 바로 성령으로부터, 그리스도로부터 나오는 것이다. 내가 내 눈으로
보는 것은 육체로부터 나오는 것이 아니다. 다시 말해, 그것은 육체의 지
배를 받지 않고 성령의 지배를 받는다. 마찬가지로 내가 듣는 것도, 육체
가운데 있으나 육체로부터 나오는 것이 아니라 성령으로부터 나온다.
그리스도인은 오직 하나님의 영광과 다른 사람들의 유익을 위해 산다.
그리스도와 관련되어 있는 고상하고 온전하고 거룩한 일들에 대해 말한
다. 나는 오직 이 육체의 기관들을 통해 가르치고 쓰고 기도하고 감사할
수 있다. 그러나 이 행동들은 육체로부터 나오는 것이 아니라 하나님에
의해 위로부터 주어진다. 또한 나는 여성을 바라볼 때 음탕한 눈이 아니
라 정결한 눈으로 바라본다. 나의 시선은 비록 육체적인 것이기는 해도
육체로부터 나오는 것이 아니다. 눈은 육체적 기관에 불과하기 때문이
다. 그러나 내 시선의 정결함은 하늘로부터 온다."

따라서 그리스도인은 세상과 모든 피조물을 선용한다. 그렇게 할
때 신자와 비신자 사이에 차이는 없다. 옷을 입고 음식을 먹고 듣고 보
고 말하고 행동하고 바라본다. 이와 같은 일들을 할 때 그리스도인은 다
른 사람과 똑같다. 그 점에서 외관상 사람들은 모두 하나다(바울이 빌 2:8
에서 그리스도에 관해 말하는 것처럼). 그러나 큰 차이가 있다. 이에 대하여
바울은 다음과 같이 말한다. "나는 내가 육체 가운데 산다는 것을 인정
한다. 하지만 나는 스스로 사는 것이 아니다. 하나님의 아들을 믿는 믿음

안에서 사는 것이다. 지금 내가 말하는 것은 너희가 이전에 내게서 들은 것과 다른 원천을 갖고 있다." 바울은 회심하기 전에도 이후에 했던 말과 똑같은 음성과 혀로 말했다. 그러나 그때 그의 음성과 혀는 불경했다. 그래서 그리스도와 교회에 대해 불경하고 가증한 것 외에 다른 것은 말할 수 없었다. 그러나 회심한 후에 이전과 똑같은 몸, 음성, 혀를 갖고 있었으나, 그의 음성과 혀는 불경한 말을 하지 않고 신령하고 거룩한 말을 했다. 다시 말해, 믿음과 성령으로부터 나온 감사와 찬양을 하나님께 돌렸다. "이처럼 나는 육체 가운데 살지만 육체에 속하거나 육체를 따라 살지 않고, 하나님의 아들을 믿는 믿음으로 산다."

따라서 우리는 영적 생명이 어디서 오는지 분명히 안다. 그러나 거듭 나지 않은 자연인은 영적 생명이 어떤 생명인지 전혀 모르므로 결코 영적 생명을 파악할 수 없다. 자연인은 바람이 부는 소리를 듣지만 어디서 와서 어디로 가는지 모른다. 자연인은 신령한 사람들의 음성을 듣고 그들의 얼굴과 태도, 몸짓을 안다. 하지만 이전과 달리 지금은 악하거나 불경하지 않고 거룩하고 경건한 그들의 말과 행동이 어디서 나오는지에 대해서는 모른다. 이 생명은 믿음으로 말미암아 마음속에 있다. 거기서 육체는 죽임을 당하고 그리스도가 성령으로 다스리신다. 성령은 지금 신자 속에서—비록 육체가 저항할지라도—보고 듣고 말하고 행동하고 견디며 다른 모든 것을 행하신다. 결론을 내리면 다음과 같다. 이 생명은 비록 육체 가운데 있어도 육체의 생명이 아니다. 이 생명은 하나님의 아들로 그리스도인이 믿음으로 소유하는 그리스도의 생명이다.

나를 사랑하사 나를 위하여 자기 자신을 버리신 여기서 바울은 의롭다 함을 얻는 참된 길을 증명하고, 믿음의 확신에 관한 온전한 본보기를 우리에게 보여준다. 굳건하고 변함없는 믿음을 갖고 바울과 같이 나를 사랑하사 나를 위하여 자기 자신을 버리신 하나님의 아들을 믿는 믿음 안에서 산

다고 말할 수 있는 자는 누구나 복이 있다. 바울은 이 말로 율법과 행위
의 의를 완전히 제거한다. 그러므로 우리는 바울의 말을 주의 깊게 살펴
보아야 한다. 내가 먼저 하나님의 아들을 사랑하고 그분을 위해 나 자신
을 바친 것이 아니다. 육체의 지혜를 뽐내는 악인은 자기가 할 수 있는
것—하나님을 사랑하는 것, 그리스도를 위해 자기 자신을 바치는 것—을 행한다
고 생각한다. 하지만 그가 행하는 일은 복음을 폐지시키고 그리스도를
조롱하는 것에 불과하다. 그는 그리스도가 의롭게 하시는 분이자 구주
라고 말하지만, 사실은 그리스도에게서 의롭게 하고 구원하는 힘을 빼
앗는다. 그는 자기 자신의 행동과 의식, 헌신에 의롭게 하고 구원하는 힘
을 부여한다. 이것은 자기 자신의 의로 사는 것이지, 하나님의 아들을 믿
는 믿음으로 사는 것이 아니다.

우리가 원하는 일을 행하는 것은 의롭다 함을 얻는 참된 길이 아니
다. 사람들은 우리가 선한 사람으로 인정받을 만한 일을 하는 데 충분
하고, 그렇게 하면 선하신 하나님이 은혜로 우리에게 보상하실 것이라
고 말한다. 그들은 "하나님은 우리에게 우리가 할 수 있는 것 이상의 행
위를 요구하지 않으실 것"이라고 말한다. 물론 이 말은 적절하게 사용
하고 올바르게 적용하면—예컨대, 정치와 경제, 가정생활 분야—틀린 말이
아니다. 만약 이성의 세계 속에서 국가 당국자나 가장의 역할을 수행할
때 내가 할 수 있는 일을 행한다면 괜찮다. 이성의 세계는 "우리가 할 수
있는 것을 행하라"는 것과 같은 말이 적용되는 고유 영역을 갖고 있다.
그러나 영의 세계에서는 다르다. 우리는 죄의 종으로 팔렸기 때문에(롬
7:14) 죄를 짓는 것 외에는 아무것도 할 수 없다. 정치와 경제와 가정생
활에 적용되어야 적절한 말을 교회에 적용시키는 것은 잘못이다. 인간
이성의 세계는 영의 세계와 분리되어 유지되어야 한다.

나아가 사람들은, 본성은 부패하지만 자연적 능력은 건전하고 부
패하지 않은 상태로 남아 있다고 말한다. 사람들은 인간의 지성과 의지

도 건전하고 부패하지 않았기 때문에, 다른 모든 자연적 능력은 순전하고 온전하다고 주장한다. 이 사실로부터 우리는 스스로 율법을 이루고 온 마음을 다해 하나님을 사랑할 능력이 있다고 추론한다. 그래서 이 능력들을 영의 세계에 적용시킨다. 그러나 나는 여기서 사람들이 혼합하고 혼동하는 자연적 능력과 영적 능력을 구분하고자 한다. 영적 능력은 죄로 말미암아 건전하지 않고 부패하여 완전히 상실되었다. 사람들은 단지 하나님의 뜻과 끊임없이 다투는 부패한 지성과 의지를 갖고 있다.

　나는 자연적 능력은 부패하지 않았음을 인정한다. 하지만 자연적 능력이 무엇인가? 죄에 빠져 있는 자들 곧 사탄의 종노릇 하는 자들은 국가 당국자나 가장의 직무를 수행하고, 배를 만들며, 집을 짓고, 인간에게 예속되어 있는 여러 가지 일들을 행한다. 이와 같은 일들을 행할 수 있는 의지와 이성, 능력을 갖고 있다. 나는 육체적 세계에서 이런 일들이 가능하다는 사실을 부인하지 않는다. 그러나 이런 일들을 영의 세계에 적용시킨다면 그것은 철저히 부인할 것이다. 그렇게 되면 내가 말한 것처럼 우리는 분명히 죄에 압도되고 말 것이기 때문이다. 우리의 의지 속에 있는 것은 무엇이든 악하다. 우리의 지성 속에 있는 것은 무엇이든 오류다. 그러므로 영적인 문제에 있어 우리는 의지와 지성의 어둠, 오류, 무지, 악의, 왜곡 외에 다른 것은 갖고 있지 못하다. 그렇다면 우리가 어떻게 선을 행하고 율법을 지키며 하나님을 사랑할 수 있겠는가?

　그래서 바울은 여기서 그리스도께서 나를 사랑하사 나를 위하여 자기 자신을 버리셨다고 말한다. 우리가 아니라 그리스도께서 우리의 구원을 시작하셨다. 이것은 선하신 주님이 내 안에서 선한 뜻이나 올바른 지성을 조금도 찾아내지 못하셨으나 내게 자비를 베풀어 주셨다고 말하는 것과 같다. 주님은 내가 하나님을 멸시하고 그분에게서 더 멀리 떠나갔기 때문에 내게서 악과 혼돈만 보셨다. 나는 하나님을 거역하고 있었다. 마귀에게 사로잡혀 있었다. 그래서 하나님은 자비로 내 의지와 이성을 차단하셨다. 그분은 나를 크게 사랑하사 나를 위해 자신을 버리심으로 써 내가 율법과 죄, 마귀, 사망으로부터 해방될 수 있도록 역사하셨다.

이 말은 율법과 모든 율법 행위의 의에 반대하기 위하여 하늘에서 내려온 뇌성벽력과 같다. 나는 의지와 지성 속에 이처럼 크고 두려운 악함과 오류, 어둠, 무지를 갖고 있기 때문에 도저히 갚을 수 없는 값을 치르지 않으면 속량이 불가능했다. 그렇다면 우리가 어떻게 고상한 본성과 이성의 법칙, 자유의지의 힘 그리고 원하는 대로 행할 능력을 갖고 있다고 자랑할 수 있겠는가? 우리가 어떻게 우리 죄의 썩은 그루터기와 지푸라기를, 모세가 말하는 것처럼 "소멸하는 불"(신 4:24)이신 하나님의 진노를 진정시키는 데 내놓을 수 있겠는가? 우리는 우리의 본성 속에 사악함이 숨겨져 있음을 안다. 이 사악함으로 온 세상과 모든 피조물이 하나님의 분노를 사는 것 외에 다른 것은 전혀 할 수 없는 상태에 있었기 때문에 하나님의 아들이 직접 자기 목숨을 버리셔야 했다는 사실을 우리는 안다. 그런데 어떻게 하나님께 우리의 끔찍한 죄를 은혜와 영생으로 보상해 달라고 감히 요구할 수 있겠는가?

도저히 지불할 수 없는 값을 조심스럽게 생각하고, 바울이 말하는 것처럼 나를 위해 바쳐진 포로(하나님의 아들)에 대해 알아 보라. 그러면 그분이 모든 피조물보다 비교할 수 없이 뛰어나신 분임을 깨달을 것이다. 여러분은 바울이 이처럼 도저히 갚을 수 없는 값이 여러분을 위하여 지불되었다고 말하는 것을 들을 때 어떻게 하겠는가? 그래도 여전히 여러분의 서약과 여러분의 행동, 여러분의 공로를 내세우겠는가? 이런 것들로 무엇을 할 수 있겠는가? 모세의 율법으로 무엇을 할 수 있겠는가? 여러분은 인간의 모든 행동과 순교자의 온갖 고통으로 얼마나 도움을 받을 수 있겠는가? 가장 수치스럽게 십자가에 달려 죽으시고, 여러분의 죄를 위해 자신의 가장 보배로운 피를 한 방울도 남김없이 흘리신 하나님의 아들과 비교할 때 모든 천사의 순종이 무엇인가? 이 비교할 수 없

는 가치를 생각한다면, 여러분은 다른 모든 것을 기꺼이 지옥으로 던져
버릴 것이다.

나를 위하여   여기서 나는 누구인가? 나 자신이다. 곧 비참하고 가증한
죄인이지만 나를 위하여 자기 자신을 버리신 하나님 아들의 사랑을 극진
히 받은 자다. 만약 내가 나의 행동이나 공로를 통해 하나님의 아들을
사랑하고 그분께 나아갈 수 있었다면, 왜 그분은 나를 위해 자기 자신을
버리셔야 했을까? 따라서 우리가 그리스도인의 의의 한 조항을 잃어버
린다면, 우리는 칭의를 믿는 믿음에서 우리를 분리시킨 오류나 분파를
결코 물리칠 수 없다. 나를 위하여 자기 자신을 버리신 하나님의 아들의
죽음 및 피와 비교하면, 모든 새로운 것들(아무리 거룩해 보인다고 해도)은
과연 어떻게 될까? 하나님의 아들이 어떤 분인지, 얼마나 영광스러운 분
인지를 생각해 보라. 그분이 얼마나 능하신 분인지를 주의 깊게 생각해
보라. 하늘과 땅에서 그분과 비교할 것이 무엇이 있겠는가?

     나를 사랑하사라는 말은 믿음으로 충만하다. 만약 내가 여기서 바울
처럼 참되고 변함없는 믿음을 갖고 나라는 말을 할 수 있고, 또 그 말을
나 자신에게 적용시킬 수 있다면, 바울과 같이 율법을 반대하는 주장을
충분히 펼칠 수 있을 것이다. 하나님의 아들이 이처럼 나를 위해 자기
자신을 버리셨기 때문에, 나는 위로를 받고 이 말을 나 자신에게 적용시
킬 수 있다. 이렇게 적용하는 것이 믿음의 참된 힘과 능력이다.

     바울은 은혜와 그리스도인의 의를 순전히 선포하는 말을 통해 율법
의 의를 반대한다. 이것은 다음과 같이 말하는 것과 같다. "율법은 거룩한
교훈이고 자체로 장점이 있다고 해도, 나를 사랑하거나 나를 위하여 자기
를 바치는 것이 아니다. 사실 율법은 나를 고소하고 나를 두렵게 하고 나
를 절망으로 이끈다. 그러나 지금 내게는 나를 율법과 죄, 사망의 두려움
에서 해방시키고 내게 자유와 하나님의 의, 영생을 주신 분이 계신다. 그

분은 하나님의 아들로 영원토록 찬송과 영광을 받으실 분이다."

그러므로 앞에서 말한 것처럼 믿음은 하나님의 아들이신 그리스도 예수를 영접하는 것이다. 바울이 여기서 가르치는 것처럼 우리를 위하여 자신을 죽음에 내놓으신 그분 안에 들어가는 것이다. 우리가 믿음으로 그리스도를 붙들 때 그분은 우리에게 의와 생명을 주신다. 여기서 바울은 하나님과 화평하게 하고, 죄인을 위해 중보하고, 자기 자신을 죄인의 죄를 위한 속죄 제물로 바치고, 죄인을 대속하고, 죄인을 가르치며, 죄인을 위로하시는 그리스도의 제사장 직분과 역할을 아주 생생히 제시한다. 그러므로 여기서 우리는 그리스도에 대한 참된 정의를 배워야 한다. 그리스도를 옛 율법을 폐하고 새 율법을 세우시는 새로운 율법 수여자로 규정하면 안 된다. 속죄 제물로 자기 자신을 바치신 하나님의 아들로 규정해야 한다. 이때 그리스도께서 자기 자신을 속죄 제물로 바치신 것은, 우리가 그만한 가치가 있거나 우리가 의인이기 때문이 아니다. 자기 자신의 값없는 자비로 우리를 영원토록 거룩하게 하시기 위함이다.

만약 이와 다른 방식으로 그리스도를 묘사한다면, 여러분은 환난과 시험이 임할 때 금방 무너지고 말 것이다. 그러므로 이런 식으로 그리스도를 정의하는 것은 그리스도인이 가질 수 있는 최고의 지식이다. 아니 모든 사실 가운데 가장 든든한 사실이다. 나 자신으로 말하면, 오랫동안 큰 복음의 빛 속에서 살아왔으나 바울이 제시하는 그리스도에 대한 정의를 붙잡는 데 많은 어려움이 있었다. 그것은 그리스도는 율법 수여자라는 가르침이 뼛속까지 깊이 스며들어 있었기 때문이다. 젊은이들은 이 점에서 우리 나이 든 사람들보다 훨씬 더 유리하다. 젊은이들은 어렸을 때부터 내가 가르침받았던 치명적인 오류에 아직 전염되어 있지 않기 때문이다. 나는 어렸을 때 그리스도를 엄격한 심판자로 생각했다. 그래서 그리스도의 이름만 들어도 두려움에 벌벌 떨었다. 만약 여러분이 마음의 낙심과 고뇌로 괴로움을 느낀다면, 그것을 그리스도께 전가시키지 말아야 한다. 그것이 그리스도의 이름으로 오는 것이라고 해도 말이다. 종종 그리스도처럼 다가와 자기 자신을 광명의 천사로 가장하는 마귀에게 그것을 전가시켜라.

그러므로 우리는 말뿐만 아니라 실제 삶 속에서도 그리스도와 율법 수여자를 구분해야 한다. 그렇게 해야 마귀가 그리스도를 가장하고 들어와 그리스도의 이름으로 우리를 혼란시키면, 그가 그리스도가 아니라 악령임을 알아챌 수 있다. 여기서 바울이 그리스도를 가장 감미롭게 묘사하고 그리스도께서 나를 사랑하사 나를 위하여 자기 자신을 버리셨다고 말할 때 증명하는 것처럼, 그리스도는 오실 때 두려워 떠는 상한 심령에 오직 기쁨과 평안함이 되신다. 따라서 그리스도는 확실히 환난과 고뇌, 죄와 사망 가운데 있는 자들을 사랑하신다. 그리스도는 우리를 매우 사랑하시기에 우리를 위해 자기 자신을 버리셨고, 아울러 우리의 대제사장이 되신다. 곧 하나님과 불행하고 비참한 죄인인 우리 사이의 중보자가 되신다. 고통 속에 있는 가련한 양심을 진정시키는 데 이보다 더 나은 말이 과연 있을 수 있겠는가? 따라서 이 일들이 사실이라면(이 일들이 진실로 가장 참되다. 그렇지 않으면 복음은 단지 꾸며 낸 말에 불과하게 될 것이다), 우리는 율법의 의로 의롭게 되는 것이 아니다. 우리 자신의 의로는 말할 것도 없이 의롭게 되지 못한다.

여기서 나를과 나를 위하여라는 말에 큰 강조점을 두고 본문을 읽어 보라. 여러분은 굳건한 믿음을 가지면 자신이 나에 속해 있는 사람들 가운데 있다는 사실을 의심하지 않을 수 있다. 나를이라는 말을 마음속에 새겨 넣고 자신에게 적용시킬 수 있다. 그리스도는 베드로와 바울을 사랑하고 그들을 위해 자기 자신을 버리셨을 뿐만 아니라 나를에 포함되어 있는 은혜를 우리에게도 베풀어 주신다. 우리는 모두 죄인임을 부인할 수 없다. 아담의 죄로 말미암아 모두가 상실된 자로 하나님의 원수가 되었다. 우리에게 죄책이 있고, 우리는 하나님의 영원한 사망의 심판에 예속되어 있다고 말하지 않을 수 없다(두려워하는 모든 심령이 이것을 느끼거나 고백하고 있고, 그것도 자기들이 가져야 할 것보다 확실히 더 크게 느끼거나 고백하기 때문이다). 따라서 우리는 그리스도께서 우리의 죄를 대속하여 우리를 의롭게 하려고 죽으신 것을 부인할 수 없다. 그리스도는 의인을 의롭게 하거나 의인을 하나님의 자녀와 모든 신령하고 거룩한 은사의 상속자로 삼으려고 죽으신 것이 아니다. 그렇다면 아담의 범죄로 말미암아 내가 죄인이라는 것을 느끼고 고백할 때, 왜 그리스도의 의로 말미암아 내가 의롭게 된다고 말하지 못하겠는가? 특히 그리스도께서 나를 사랑하사 나를 위하여 자기 자신을 버리셨다는 말을 들을 때 나는 그렇게 말하지 않을 수가 없다. 바울은 아주 확고하게 그것을 믿는다. 그래서 이처럼 온전한 확신을 갖고 이 말을 크게 강조한다.

2:21 내가 하나님의 은혜를 폐하지 아니하노니 이제 바울은 갈라디아서에서 펼치는 자신의 두 번째 논증을 준비한다. 여기서 우리가 율법의 행위로 의롭게 되고자 하는 것은 하나님의 은혜를 거부하는 것과 같다는 것이다. 그러나 하나님의 은혜를 거부하고 그리스도로 말미암아 임하는 의를 거절하는 것보다 더 끔찍한 죄가 있을 수 있을까? 우리가 하나님의 모든 명령을 어긴 사악한 죄인이자 범죄자임은 충분히 드러났다. 이미 자명한 사실이다. 그러나 우리는 그리스도로 말미암아 우리에게 제공된 하나님의 은혜와 죄 사함을 멸시하고 거부할 때 가장 치명적인 죄를 범하게 된다. 이것은 말로 다 표현할 수 없는 불경죄다. 바울과 다른 사도들이 은혜를 경멸하고 그리스도를 거부하는 죄만큼 크게 혐오하는 죄는 없다. 그런데도 이 죄보다 더 흔하게 저질러지는 죄도 없다. 그래서 다른 누구보다 바울은 적그리스도의 영을 아주 격하게 반대한다. 적그리스도는 하나님의 은혜를 멸시하고, 또 자기 자신을 우리의 죄를 위한 속죄 제물로 바치신 우리의 대제사장 그리스도의 유익을 거부하기 때문

이다. 이와 같이 그리스도를 부인하는 것은 그리스도의 얼굴에 침을 뱉고, 그리스도를 발로 짓밟는 것과 같다. 그리스도의 자리를 자기가 차지하고 다른 사람들에게 "내가 너희를 의롭게 하겠다. 내가 너희를 구원하겠다"고 말하는 것과 같다. 적그리스도는 믿음이 행위와 결합되지 않으면 아무 유익이 없다고 가르친다. 그리스도와 그분 나라의 은혜 대신 행위와 의식에 관한 교훈을 내세웠다. 따라서 이제 우리는 하나님의 은혜를 거부하는 것이 어떤 뜻인지 이해할 수 있다. 그것은 곧 율법을 통해 의를 추구하는 것이다. 사람들이 율법을 지킴으로써 의식적으로 은혜를 거부한다는 말을 누가 들어 보았을까? 그런데 사실은 우리가 율법을 통해 의롭게 되기 위하여 율법을 지킬 때 은혜를 멸시한다. 율법은 선하고 거룩하고 유익하다. 하지만 우리를 의롭게 하는 힘은 없다.

이제 두 번째 논증이 펼쳐진다.

만일 의롭게 되는 것이 율법으로 말미암으면 그리스도께서 헛되이 죽으셨느니라

그리스도께서 우리를 위해 죽음을 겪으신 것이 정말 사실인가? 그리스도께서 헛되이 죽으신 것 아닌가? 우리는 진짜 미치지 않았다면, 그리스도께서 우리를 위해 확실히 고난을 겪고 헛되이 죽으신 것이 아니라고 답변해야 한다. 그러므로 의는 율법을 통해 오는 것이 아니라는 결론이 나온다.

여기서 다시 한 번 바울은 단순히 의식법에 관해 말하는 것이 아니라는 점을 여러분에게 환기시키고 싶다. 의식법, 아니 심지어 도덕법 또는 가장 완벽한 종교와 하나님에 대한 최고의 섬김―즉 하나님에 대한 경외와 하나님에 대한 사랑, 이웃에 대한 사랑―이 담겨 있는 십계명을 지켜보라. 누구든 율법으로 의롭게 된 자가 있다면 내게 데려와 보라. 만약 그런 자가 있다면 그리스도께서 헛되이 죽으신 것이 맞다. 율법으로 의롭게 된 사람이 있다면, 그는 누구든 자기 힘으로 의를 얻을 능력을 갖고

있는 것이기 때문이다. 그는 자신의 힘으로 할 수 있는 일을 행함으로써, 은혜를 받고, 성령이 그에게 부어지며, 이제 하나님과 이웃을 사랑할 수 있다. 그러나 이것을 인정한다면, 그리스도께서 헛되이 죽으셨다는 결론이 나와야 한다. 우리가 은혜를 얻고 영생을 받을 수 있을 정도로 그리스도를 사랑하고 그리스도를 위해 우리 자신을 바친다면, 그리스도께서 굳이 죽으실 이유가 있겠는가? 그리스도를 그분의 온갖 유익과 함께 제거해 보라. 그러면 그리스도는 확실히 무익한 분으로 판명될 것이다. 그러나 그리스도께서 왜 태어나셨는가? 왜 십자가에 못 박히셨는가? 왜 고난을 당하셨는가? 왜 나를 사랑하고 나를 위하여 헤아릴 수 없는 속죄 제물로 자기 자신을 주신 나의 대제사장이 되셨는가?

우리가 자신의 사랑하는 아들을 조금도 아끼지 않고 우리 모두를 위해 죽음에 내놓으신 신적 존엄이 이 모든 일을 진지하게 행하지 못하고 일종의 장난처럼 행하셨다고 비방하는 이 끔찍한 불경죄를 허용해야 할까? 그렇게 되면 모든 성도와 거룩한 천사들이 마귀와 함께 지옥에 던져지는 모습을 보아야 할 것이다. 그러나 내 눈은 오직 헤아릴 수 없는 보배, 곧 나의 주와 구주이신 그리스도를 바라볼 것이다. 그리스도는 무엇과 비교하든지 간에 다른 모든 것이 쓰레기로 보일 정도로 내게 보화가 되어야 한다. 그리스도는 내가 믿음으로 그분을 붙잡았을 때 세상에 어떤 율법과 어떤 죄, 어떤 의 또는 어떤 불의가 있는지 모를 정도로 내게 빛이 되어야 한다. 하늘과 땅에 있는 모든 것을, 나를 사랑하사 나를 위하여 자기 자신을 버리신 하나님의 아들로 나의 주와 구주이신 그리스도 예수와 비교하면 어떻게 될까?

그러므로 하나님의 은혜를 거부하는 것은 끔찍한 죄이다. 그런데 이 죄는 온 세상에서 흔하게 저질러졌다. 자기 자신의 행위로 의를 구하는 자는 모두 이 죄를 저지른다. 그러나 우리는 하나님의 은혜를 거부하지 않는 자로 결정되어 있다. 우리는 그리스도께서 헛되이 죽으신 것이 아니면 율법은 의롭게 하는 힘이 없다는 바울의 말에 확실히 동조할 것이다. 그런데 그리스도는 확실히 헛되이 죽지 않으셨다. 그렇다면 율법은 우리를 의롭게 하지 못한다. 하나님의 아들이신 그리스도께서 자신의 값없는 은혜와 자비로 우리를 의롭게 하셨다. 그러므로 율법은 우리를 의롭게 할 수 없었다. 율법이 우리를 의롭게 할 수 있었다면, 그리스도께서 우리를 의롭게 하려고 자기 자신을 버리심으로써 우리의 죄를 대속하신 것은 어리석은 일이 될 것이다. 그러므로 여기서 은혜를 받기 이전이나 이후나 우리 자신의 행동이나 율법으로 말미암아 의롭다 함을 얻지 못한다고 결론 맺고자 한다.

만약 나의 구원의 값이 너무 비싸기 때문에 그리스도가 나의 죄를 대속하려고 죽어야 할 정도였다면, 율법의 모든 의와 함께 나의 모든 행동은 비교할 수 없을 정도로 비천하고 무가치하다. 내가 어떻게 1페니로 엄청난 양의 금값을 맞출 수 있겠는가? 율법(별로 가치가 없는 다른 것들은 말할 것도 없고)은 율법의 모든 행위 및 의와 함께, 자신의 죽음으로 나의 죽음을 소멸시키고 의와 영생을 얻으신 그리스도와 비교하면, 고작 1페니와 같다. 그렇다면 내가 이처럼 비교할 수 없는 대가를 멸시하고 거부해야 하겠는가? 그리스도와 비교하여 바울이 배설물로 부르는 율법이나 인간의 행동이나 공로로 의를 얻고자 하겠는가? 그리스도는 순전한 사랑으로 이미 자신의 의를 내게 값없이 주셨고, 나를 위해 자기 자신과 자신의 피를 내놓으셨을 정도로 큰 대가를 치르셨다. 그러나 온 세상이, 특히 다른 사람보다 더 거룩하고 종교적인 사람으로 생각되기를 바라는 자들이 그리스도를 거부한다. 따라서 그들은 아무리 반대로 많은 말을 하더라도, 그리스도께서 헛되이 죽으셨다는 사실을 공언한다.

여기서 바울은 의에 관해 말하고 있으나 시민적 의에 관해 말하는 것은 아니다. 하나님은 시민적 의를 인정하고 요구하시며, 그 의를 지켰을 때 상을 주신다. 우리도 시민적 의를 어느 정도 행할 수 있다. 그러나 바울은 하나님 앞에서 효력을 갖는 의를 다루고 있다. 우리는 이 의가 있어야 율법과 죄, 사망 그리고 온갖 악에서 해방된다. 이 의가 있어야 은혜와 의, 영생을 차지하며, 최종적으로는 하늘과 땅 그리고 다른 모든 피조물의 주가 된다. 이 의는 인간의 율법이나 하나님의 율법으로 이루어질 수 없다.

율법은 이성 위에 우리에게 빛과 도움이 되기 위해 주어진다. 율법은 우리가 행해야 할 것과 행해서는 안 될 것이 무엇인지 보여주려고 주어진다. 그러나 우리의 온 힘과 이성을 다한다 해도, 율법의 큰 빛을 갖고 있다 해도, 우리는 여전히 의롭다 함을 얻을 수 없다. 만약 세상에서 가장 훌륭한 것 곧 율법이 우리를 의롭게 할 수 없다면, 이성이 율법 없이 무엇을 할 수 있겠는가? 율법은 우리를 의로부터 떼어놓고 그리스도를 거부하기 때문에 의를 이룰 수 없다. 따라서 우리는 그리스도의 죽음을 모든 율법을 반대하는 자리에 두어야 한다. 예수 그리스도와 그분이 십자가에 못 박히신 것 외에는 아무것도 알아서는 안 된다(고전 2:2). 우리는 오직 그리스도를 제외하고 이성이나 율법이나 다른 어떤 것으로부터 나오는 빛을 받아서는 안 된다. 그렇게 해야 우리는 의로움과 거룩함을 배우고, 순전한 말씀과 믿음 안에서 우리를 보존하실 성령을 받게 될 것이다. 그러나 그리스도를 배제시킨다면 모든 것이 헛되다.

여기서 다시 우리는 바울이 율법의 의 곧 인간적 의를 어떻게 평가하는지를 본다. 바울은 율법의 의가 하나님의 은혜를 멸시하고 그리스도의 죽음의 필연성과 가치를 부정한다고 본다. 바울이 달변가는 아니다. 하지만 바울은 말 잘하는 자가 되기를 원하는 자에게 어떤 말을 해야 하는지를 보여준다. 이 말 곧 하나님의 은혜를 폐하느냐 아니면 그리스도께서 헛되이 죽으셨느냐와 비견할 수 있는 웅변이 과연 있을까! 그렇지만 세상은 이 말을 듣고 참되다고 믿지 않는다. 하나님의 은혜를 거부하고 그리스도의 죽음을 무가치한 것으로 간주하는 자만큼 악한 자는 없다. 그럼에도 불구하고 이 죄는 흔히 저질러진다. 그리스도 없이 의를 구하는 모든 자는, 그렇지 않은 말을 얼마나 하든지 간에 하나님의 은혜를 거부하고 그리스도의 죽음을 멸시하는 자이다.

3장.

믿음으로 말미암아
의롭다 함을 얻게 하려 함이라

3:1 어리석도다, 갈라디아 사람들아! 여기서 바울은 사도로서 자신이 교회에 대해 각별한 관심과 불타는 열심을 갖고 있음을 보여준다. 바울은 자신의 주장을 제시할 때 디모데후서 4:2에서 자신이 제공한 규칙에 따른다. 때로는 조용히 권면하고, 때로는 날카롭게 비판한다. 여기서 단순한 독자는 조심해야 한다. 바울이 자신의 규칙을 따르지 않고 있다고 착각할 수 있다. 확실히 여기서 바울은 수사적 표현에 있어 방침을 고수하고 있지 않다. 하지만 영에 관해서는 좋은 방침을 갖고 있다.

그리스도인의 의는 율법을 지키는 데서 나오는 것이 아니라 그리스도를 믿는 믿음에서 나온다는 두 가지 강력한 논증을 제시하고 거짓 사도들의 가르침을 논박한 후에, 바울은 갈라디아서 강론의 중간 지점에 이른다. 여기서 갈라디아 사람들을 어리석도다, 갈라디아 사람들아!라고 부르면서 책망한다. 그것은 마치 다음과 같이 말하는 것과 같다. "슬프다, 너희 비참한 갈라디아 사람들아! 너희가 참으로 크게 넘어졌구나. 나는 너희에게 복음의 진리를 정말 조심스럽게 가르쳤고, 너희는 내게서 매우 부지런히 그것을 받아들였다. 그런데 어떻게 너희가 그렇게 갑자기 복음의 진리에서 떨어져 나갔단 말이냐? 누가 너희를 꾀더냐?"

바울은 갈라디아 사람들에게 어리석도다와 꾀더냐라고 외치며 그들이 진리에 불순종한다고 말할 때 그들을 매우 신랄하게 비판하는 것처럼 보인다. 나는 여기서 바울이 그렇게 말하는 것이 열심 때문인지 아니면 연민 때문인지는 말하지 않겠다. 아마 둘 다 맞을 것이다. 세상 사람들은 이것을 경건한 비판이 아니라 욕이라고 해석할 것이다. 그렇다면

바울은 나쁜 본보기를 보여준 것인가? 아니면 갈라디아 사람들에게 악
감정을 품었단 말인가? 둘 다 아니다. 사도, 목사 또는 전도자가 기독교
적 열정으로 자신의 책임에 맡겨진 자를 비판하는 것은 합당한 일이기
때문이다. 이런 비판은 자애롭고 거룩하다. 자상한 부모는 자기 자녀를
단호하게 책망하는 법이다. 만약 부모가 그렇게 하지 못한다면, 다른 사
람이 그렇게 할 것이다. 학교 선생은 때때로 학생들에게 화를 내며 그들
을 질책한다. 그러면 학생들은 그 질책을 잘 받아들인다. 국가 재판관도
수시로 분노한다. 자기 앞에 있는 고소당한 자들을 꾸짖고 처벌한다. 이
런 징계는 유익할 뿐만 아니라 매우 필수적이다. 징계가 없으면 바르게
행할 수 없다.

날카로운 비판과 신랄한 질책은 다른 덕과 마찬가지로 삶의 모든
분야에서 필요하다. 그러나 이런 분노는 시기나 악의에서 나오지 않아야
한다. 오직 자애로운 감정과 기독교적 열심에서 나오도록 규제되어야 한
다. 다시 말해, 보복하기 위해서가 아니라 오직 잘못을 바로잡고 더 좋은
사람으로 만들기 위해 드러내는 것이 되어야 한다. 이런 분노는 선하다.
이런 식으로 형제와 자녀, 학생 또는 국민을 비판하는 것은 그들의 파멸
이 아니라 그들의 유익과 행복을 구하는 데에 목적이 있기 때문이다.

따라서 여기서 바울이 갈라디아 사람들을 책망하는 것은 참된 열
심(그들을 파멸시키기 위함이 아니라 그들을 하나님의 길로 돌아오게 하고 바로잡
아 주기 위함이므로) 아니면 연민이나 동정에서 나온 것이다. 그래서 그들
이 비참하게 진리에서 떨어져 나간 것이 자기를 슬프게 한다고 탄식한
다. 이것은 다음과 같이 말하는 것과 같다. "너희의 비참한 행동으로 인
해 벌어진 상황에 대해 들으니 정말 슬프고 부끄럽다." 마찬가지로 우리
도 비참한 일을 저지른 사람들을 비판한다. 그때 우리는 그들을 비참하
게 짓밟거나 비난하지 않는다. 다만 그들을 동정하고 그들의 행동을 개
선하기를 바란다. 내가 이렇게 말하는 것은 누군가 바울이 복음의 법칙

과 반대로 갈라디아 교회들을 헐뜯고 있다고 비난할 수 있기 때문이다.

마찬가지로 그리스도도 바리새인들을 비난하면서 그들을 "뱀들," "독사의 새끼들" 그리고 마귀의 자식으로 부르셨다(마 23:33, 요 8:44). 성령이 책망하는 말은 자애롭고 자상하며 진실한 친구의 비판과 같다. 이는 잠언 27:6에서 말하는 것과 같다. "친구의 아픈 책망은 충직으로 말미암는 것이나 원수의 잦은 입맞춤은 거짓에서 난 것이니라." 따라서 아버지가 자녀에게 주는 비판은 자녀에게 큰 유익을 줄 수 있다. 반면에 경쟁자나 반대자의 비판은 악의적인 비난일 것이다. 두 사람이 같은 일을 해도, 한 사람은 칭찬을 듣고 다른 한 사람은 비난을 받을 수 있다. 그리스도와 바울의 책망은 뛰어난 미덕 및 칭찬과 관련되어 있었다. 만약 보통 사람이 똑같이 한다면 그것은 큰 악덕이고 불명예다. 그러나 바울의 말은 유익하다.

갈라디아 사람들이라는 말에는 지적해야 할 강조점이 있다. 바울은 다른 곳과 달리 여기서는 그들을 형제들로 부르지 않기 때문이다. 갈라디아 지역에서 자연스럽게 저질러지는 죄악이 어리석음이었던 것으로 보인다. 이것은 그레데인들의 잘못이 거짓말쟁이인 것과 같았다(딛 1:12). 그것은 마치 바울이 이렇게 말하는 것과 같다. "너희는 사람들이 너희가 그렇다고 말하는 것과 똑같다—어리석도다, 갈라디아 사람들아. 너희는 지금 복음 안에서 지혜롭지 못하다. 오히려 복음에 대해 어리석은 자가 되어 있다." 따라서 바울은 갈라디아 사람들에게 그들의 부패한 본성을 바로잡으려고 그 사실을 상기시킨다.

나아가 우리는 여기서 교회와 경건한 사람들 속에 여전히 육체를 따르는 자연적인 악덕이 남아 있음을 깨닫는다. 신실한 사람들이 은혜를 받는다고 해서 하루아침에 모든 면에서 완전히 새로운 피조물로 완벽하게 탈바꿈하는 것은 아니다. 이전의 본성적인 부패의 찌꺼기가 어느 정도 남아 있다. 만약 본성적으로 화를 내는 경향이 있는 사람이 그리스도를 믿고 회심하면, 은혜로 어느 정도 부드러워질 수 있다(성령이 그의 마음을 주관함으로써 이제 그는 더 온유하고 온순한 사람이 된다). 그러나 본성적 악덕이 그의 몸에서 완전히 소멸되는 것은 아니다. 마찬가지로 본성적으로 엄격하고 날카로운 사람도, 믿음을 갖게 되었다고 해서 악덕을 완전히 근절할 수 없다. 따라서 모든 성경은 한 가지 진리를 담고 있지만, 다양한 신자들에게 맞추어 각기 다르게 제시된다. 어떤 가르침은 부드럽고 온화하지만, 다른 가르침은 거칠고 준엄하다. 따라서 다양한 그릇 속에 부어진 하나님의 영은 본성의 악덕을 즉시 소멸시키는 것이 아니다. 갈라디아 사람들뿐만 아니라 모든 민족들 속에 뿌리 박혀 있는 죄를 평생에 걸쳐 점차 제거하신다.

그러므로 갈라디아 사람들이 믿음의 설교를 통해 깨닫고 믿어 성령을 받았다고 할지라도, 악덕의 잔재(어리석음)가 그들 속에 여전히 들어 있었다. 이들 안에 부패성이 있었기 때문에 이후에 거짓 교리의 불꽃에 의해 쉽게 폭발하게 된 것이다. 우리 가운데 어느 누구도 은혜를 받았을 때 이후에 거짓 교리의 불꽃에 의해 쉽게 폭발할 가능성이 있는 원래의 부패성과 함께 자기 과거의 악덕을 완전히 청산할 수 있다고 생각하고 자기 자신을 신뢰해서는 안 된다. 확실히 은혜를 받으면 우리 안에 있는 많은 악덕이 제거된다. 뱀의 머리—즉 하나님에 대한 불신앙과 무지—는 잘라지고 짓밟힌다. 그러나 흙투성이 몸과 죄의 찌꺼기는 여전히 우리 안에 남아 있다(히 1:21, 롬 7:14, 23, 갈 5:17). 믿음을 갖기 전에 우리 안에 있었던 본성적 악덕이 믿음을 가진 후에도—우리가 지금은 성령에 예속되어 있다는 것을 제외하고—여전히 우리 안에 남아 있다. 악덕들이 우리를 지배하지는 못하지만 우리 안에서 큰 다툼을 일으킨다. 죄가 없는 완전한 상태는 오직 그리스도만 갖고 계신다(벧전 2:22).

누가 너희를 꾀더냐? 우리가 율법의 의 즉 우리 자신의 의를 의지하게 되면 진리를 멸시하는 일이 벌어진다. 율법의 의에 속으면 진리를 믿거나 진리에 순종하지 못하고 오히려 진리를 거역한다.

바울은 갈라디아 사람들을 주술에 속아 큰 해를 당하는 어린아이들로 비유한다. 그것은 마치 다음과 같이 말하는 것과 같다. "주술사들이 어린아이들을 주술이나 마귀의 환각으로 꾀는 일이 일어난 것처럼 너희에게도 그런 일이 일어났다." 바울은 이후로 갈라디아서 5:19-20에서 육체의 일[육체 본성의 행위들] 가운데 하나로 주술을 언급하고, 주술이 확실히 존재한다고 증언한다. 나아가 마귀가 존재하며 세상 전체를 다스린다는 것도 부인할 수 없는 사실이다. 그러므로 주술은 마귀의 일이다. 마귀는 주술로 사람들을 해치고, 하나님이 허용하실 때 때때로 사람들을 파멸시키기도 한다. 게다가 우리는 모두 몸과 행동이 마귀에게 예속되어 있다. 우리는 이 세상에서 나그네이고, 이 세상의 임금과 신은 마귀다. 그러므로 우리가 먹는 떡과 마시는 음료, 입는 옷, 심지어 공기까지도 마귀의 지배 아래에 있다. 우리가 물리적으로 의존하며 사는 다른 모든 것이 마귀의 지배 아래에 있는 것이다. 하나님이 마귀에게 그것들을 사용하도록 허용하시기 때문이다.

마귀는 이처럼 눈에 띄는 방법으로 사람들을 꾀는 데 그치지 않는다. 마귀는 매우 교활한 일꾼이기 때문에 더 은밀하고 위험한 방법으로 사람들을 꾄다. 그래서 바울은 마귀가 우리의 감각을 속이는 것을 영을 속이는 것에 적용시킨다. 옛 뱀은 영적 주술을 이용하는데, 우리의 감각이 아니라 우리의 지성을 사악한 거짓 의견으로 꾄다. 이로 말미암아 꾐을 당한 사람들은 사악한 거짓 의견을 참되고 거룩한 것으로 취한다. 주술사 곧 마귀의 악의와 그의 해치고자 하는 욕망은 매우 크다. 교만하고 안일한 사람만 해치는 것이 아니라 심지어 참된 기독교를 고백하는 사람도 해친다. 사실 마귀는 수시로 나를 혼탁한 생각으로 매우 혹독하게 공격하고 억압한다. 내 구주 그리스도가 내 시야에서 완전히 보이지 않도록 한다. 우리 가운데 종종 거짓 관념들에 꾐을 당하지 않는 자는 하나도 없다. 즉 우리는 모두 그렇게 해서는 안 될 때 두려워하고 의지하고 또는 즐거워한다. 우리는 때때로 하나님과 그리스도, 믿음, 우리의 소명 등에 관해 마땅히 생각해야 할 바가 아닌 다른 것을 생각한다.

주술사 곧 마귀가 안일함에 빠져 있는 우리를 찾아내 그의 주술로 우리를 속이므로, 우리는 그의 교활한 간계를 알아내는 방법을 배워야 한다. 물론 마귀는 자신의 주술로 우리의 사역을 좌지우지할 수 없다. 그러나 마귀는 영으로 우리와 함께 있다. 밤낮을 가리지 않고 우리를 어떻게 해야 잡아먹을 수 있는지 알아내려고 혈안이 되어 있다. 그러므로 우리가 정신을 번쩍 차리고 영적 무기로(즉 하나님의 말씀과 믿음으로) 무장하고 있지 않으면 마귀에게 잡아먹힐 것이다.

그래서 마귀는 우리에게 새로운 싸움을 종종 걸어온다. 확실히 마귀가 이런 식으로 우리를 공격하는 것이 우리에게는 매우 유익하다. 그렇게 함으로써 마귀는 우리의 가르침을 확증하고 우리 안에 있는 믿음을 자극하고 향상시키기 때문이다. 우리는 그동안 이 싸움에서 많이 졌고, 지금도 많이 지고 있다. 그러나 우리는 결코 망하지 않는다. 그리스도께서 이미 승리하셨고 또 우리를 통해 항상 승리하시기 때문이다. 그러므로 우리는 예수 그리스도로 말미암아 마귀를 물리치는 승리를 얻기를 간절히 바란다. 우리는 이 소망으로 확실한 위로를 얻고, 시험을 당할 때 용기를 얻으며 다음과 같이 말한다. "사탄은 이전에 우리를 시험했고, 자신의 속임수로 우리에게 불신앙과 하나님에 대한 멸시, 절망을 일으키려고 획책했다. 그러나 사탄은 이기지 못했고 앞으로도 이기지 못할 것이다(요일 4:4). 그리스도가 강한 자보다 더 강하시다. 우리 안에서 그를 이기셨으며 계속 이기고 계신다. 그를 영원히 이기실 것이다." 그러나 마귀는 때때로 육체에서는 우리를 이긴다. 그러나 그때에도 우리는 이 강한 원수보다 더 강하신 분의 능력을 경험할 수 있고, 바울과 같이 "내가 약한 그 때에 강함이라"고 말할 수 있다(고후 12:10).

　　그러므로 마귀에게 꾐을 당한 자가 갈라디아 사람들 밖에 없다고 생각해서는 안 된다. 우리도 마귀에게 꾐을 당해 왔고, 또 여전히 꾐을 당할 수 있다. 특히 우리 자신의 힘으로 마귀를 대적하려고 한다면, 우리 가운데 마귀를 대적할 수 있을 정도로 강한 자는 하나도 없다. 욥은 "온전하고 정직하여" 하나님을 경외하며 악에서 떠났고, 그런 자가 "세상에 없었다"(욥 1:8). 그러나 하나님이 도움을 철회하자 욥이 과연 마귀를 대적할 능력을 갖고 있었는가? 이 거룩한 사람이 무서울 정도로 넘어지지 않았는가? 그러므로 꾀는 자 곧 마귀는 갈라디아 사람들에게 강력했다. 뿐만 아니라 어떻게든 끊임없이 그들을 속이려고 획책했다. 그 결과, 전부는 아니지만 많은 갈라디아 사람들을 자신의 환상과 거짓 주장으로 속일 수 있었다(요 8:44).

　　여기서 바울은 갈라디아 사람들을 변명하고 거짓 사도들을 비난한다. 바울은 결국 이렇게 말한다. "너희가 넘어진 것은 너희의 고집이나 악의 때문이 아니다. 마귀가 자기의 자식인 거짓 사도들을 너희에게 보내 그들이 너희를 꾀어 너희에게 율법으로 의롭게 된다고 가르쳤기 때문이다. 너희가 그 가르침을 듣고 내가 전파한 복음과 다르게 생각했기 때문이다. 그러나 우리는 너희에게 설교하고 편지를 씀으로써 거짓 사도들이 놓은 주술의 덫에 걸려 있는 자들을 해방시키는 데 심혈을 기울이고 있다."

　　마귀는 부인할 수 없는 명백한 진리라고 수없이 맹세하게 만들 정도로 우리의 마음속에 아주 명확하게 거짓말을 심을 수 있다. 그러므로 우리는 절대로 교만해서는 안 된다. 오히려 두렵고 겸손한 마음으로 주 예수를 찾아야 한다. 그렇게 해야 시험에 넘어가지 않게 된다. 세속적이고 안일한 사람들은 한두 번 정도 선포된 복음을 듣고, 곧바로 자기들이 성령을 충만하게 받은 것처럼 상상한다. 그러나 결국 그들은 똑같이 넘어진다. 그것은 그들이 하나님을 경외하지 않고 하나님께 감사하지 않으며, 잘못된 확신을 갖고 있기 때문이다. 그들은 자기들이 참된 종교의 교리를 고수하고 옹호할 수 있다고 믿는다. 그뿐 아니라 아무리 클지라도 어떤 공격이나 싸움에서도 마귀를 대적할 수 있다고 스스로 확신한다. 마귀는 이런 사람들을 쉽게 꾀고 그들을 절망 속에 집어넣는다.

우리는 "나는 완벽하다. 그러니 절대로 넘어질 수 없다"고 말해서는 안 된다. 항상 자신을 낮춰야 한다. 오늘 서 있다고 해도 내일은 넘어질 수 있음을 두려워해야 한다. 나 자신으로 말하면, 비록 신학박사이고 지금 그리스도를 전하며 마귀의 거짓 선생들과 오랫동안 싸우고 있지만, 경험상 이것이 얼마나 어려운 일인지 잘 알고 있다. 나는 마음대로 사탄을 쫓아낼 수도 없고, 성경이 보여주는 대로 그리스도를 경험할 수도 없다. 그러나 우리는 겸손하고 경외하는 마음으로 하나님 앞에서 행해야 한다. 우리 자신의 지혜와 의, 힘을 의지하지 않고, 우리가 약할 때 강하시며 우리와 같이 약하고 힘없는 피조물을 통해 계속 이기고 승리하시는 그리스도의 능력을 의지해야 한다. 이렇게 할 수 있도록 말씀과 믿음, 기도로 우리를 지켜 주시는 하나님께 감사하자. 세세토록 하나님께 영광이 있기를!

따라서 이 꾐은 마귀가 그리스도에 대한 거짓 의견과 그리스도를 반대하는 의견을 마음속에 심는 단순한 환상에 불과하다. 이 환상에 미혹된 자는 누구나 마귀에게 꾐을 당한다. 자기가 율법의 행위나 인간의 전통으로 의롭게 된다고 믿는 자는 마귀에게 꾐을 당한 자다. 이런 관념은 믿음에도 반하고 그리스도에게도 반하기 때문이다. 바울은 꾀다는 말을 율법 교리를 주장한 거짓 사도들을 멸시하는 데 아주 적극적으로 사용한다. 바울은 요컨대 이렇게 말한다. "이것이 바로 마귀의 주술이다! 육체적 주술로 사람들의 감각이 왜곡되는 것처럼 지성 또한 이 영적 주술로 미혹을 당한다."

예수 그리스도께서……너희 눈앞에 밝히 보이거늘 요컨대 바울은 이렇게
말하고 있다. "내가 설교를 통해 너희에게 그리스도를 묘사한 것만큼 생
생하게 그리스도를 묘사할 수 있는 화가는 절대로 없다. 그런데도 너희
는 정말 비참하게도 꾐을 당했다."

십자가에 못 박히신 것이 앞에서 바울은 갈라디아 사람들이 하나님의 은
혜를 거부하고 율법으로 의를 얻고자 했을 때, 그러면 그들에게 그리스
도는 헛되이 죽은 것이라고 말했다. 이제 바울은 그들이 전에 그들 속
에 살면서 그들을 다스리셨던 그리스도를 십자가에 못 박았다고 덧붙인
다. 이것은 다음과 같이 말하는 것과 같다. "너희는 지금 하나님의 은혜
를 거부하고 있을—그리스도께서 너희를 위하여 헛되이 죽으셨을—뿐만 아니
라 너희 때문에 그리스도께서 아주 치욕적으로 십자가에 못 박히신 것
이다." 마찬가지로 히브리서 6:6도 이렇게 말한다. "타락한 자들은 다시
새롭게 하여 회개하게 할 수 없나니, 이는 그들이 하나님의 아들을 다시
십자가에 못 박아 드러내놓고 욕되게 함이라."
　　바울은 여기서 갈라디아 사람들에게 경고하고, 그들을 거짓 사도들
의 교훈에서 떠나게 하려고 아주 날카롭고 신랄한 말로 비판한다. 요컨
대 이렇게 말하고 있다. "너희가 한 짓을 곰곰이 생각해 보라. 너희는 율
법으로 의롭게 되는 길을 추구하기 때문에 그리스도를 다시 십자가에 못
박았다(나는 이것을 매우 명백히 묘사하고, 너희가 확실히 볼 수 있도록 너희 눈앞에
제시했다). 그러나 만약 율법으로 의를 얻는다면, 그리스도는 죄의 전령이
고 그리스도의 죽음은 완전히 헛되다. 이것이 사실이라면 그리스도는 너
희 안에서 다시 십자가에 못 박히셨다는 결론이 나오는 것이 틀림없다."

3:2 내가 너희에게서 다만 이것을 알려 하노니 너희가 성령을 받은 것이 율법
의 행위로냐? 혹은 듣고 믿음으로냐? 여기서 바울은 분개하며 본질상 다

음과 같이 말한다. "내가 너희를 반대할 근거를 아무것도 가지지 못했더
라도, 너희 자신의 경험만 가지고도 너희를 충분히 반박할 수 있다. 내게
말해 보라(너희들이 갑자기 선생이 되었기에 나는 너희의 학생이다). 너희가 성
령을 받은 것이 율법에 순종해서인지, 아니면 전파된 복음을 들었기 때
문인지 말해 보라. 바울은 이 논증을 통해 갈라디아 사람들에게 그들이
더 이상 답변할 말이 없음을 깨닫게 한다. 갈라디아 사람들의 경험은 완
전히 그들을 반대한다. 다시 말해, 그들이 성령을 받은 것은 율법을 지켰
기 때문이 아니라 그들이 전파된 복음을 믿었기 때문이다.

여기서 다시 한 번 바울은 단순히 의식법이 아니라 모든 율법에 관
해 말하고 있다는 사실을 강조해야겠다. 바울은 자신의 논증의 기초를
율법으로 성령을 받는 것과 믿음으로 성령을 받는 것 간의 대조에 두고
있다. 만약 율법으로 성령을 받는다면 전파된 복음을 믿는 것으로는 성
령을 받지 못한다. 둘 사이에 중간 길은 없다. 성령이나 전파된 복음을
믿는 것 말고 다른 것은 다 율법이다. 의롭다 함을 얻기 위해서는 복음
의 음성을 듣거나 율법의 음성을 듣는 것 외에 다른 길은 없다. 그러므
로 여기서 율법은 일반적 의미로, 즉 전적으로 복음과 구별되는 개념으
로 사용된 것이다. 복음과 분리되어 있는 것은 의식법만이 아니다. 도덕
법이나 십계명도 복음과 분리되어 있다. 그러므로 바울은 여기서 온 율
법에 관해 말하는 것이다. 바울은 이렇게 말한다. "너희가 성령을 받은 것
이 율법의 행위로냐, 혹은 듣고 믿음으로냐? 내게 말해 보라. 너희는 율법
으로 받았다고 말할 수 없다. 너희가 율법 아래에 있으면서 율법을 지켰
을 때에는 성령을 결코 받지 못했기 때문이다. 확실히 너희는 안식일마
다 모세 율법을 가르치고 들었다. 그러나 선생이나 제자나 어느 누구든
율법에 대한 설교를 통해서는 성령 받은 것을 보지 못했다. 나아가 너희
는 율법을 가르치고 들었을 뿐만 아니라 온 힘을 다해 자신의 행위로 율
법에 순종하려고 노력했다. 만약 율법으로 성령이 주어진다면, 율법의 행

위로 여러분은 성령을 받았어야 했다. 너희는 선생이나 제자였을 뿐만 아니라 율법을 행하는 자들이었기 때문이다. 그런데 너희는 언제라도 그런 일이 있었다는 사실을 증명할 수 없다. 그러나 복음을 듣고 믿은 순간 너희는 성령을 받았다. 너희가 어떤 일을 행하거나 복음의 열매를 증명하기도 전에 말이다." 누가가 사도행전 10:44-46에서 증언하는 것처럼 베드로와 바울은 전하기만 했는데, 그들의 메시지를 들은 자들에게 성령이 임했다. 성령을 통해 그들은 다양한 은사를 받아 방언을 말했다.

그러므로 너희가 율법을 단순히 듣는 일뿐만이 아니라, 행위로 율법을 지키려고 애쓰는 열심까지도 헛된 일이다. 비록 사람들이 무엇이든 하려고 애쓴다고 해도, 그들은 헛되이 수고하는 것이다. 곧 하나님에 대하여 열심을 내고, 율법으로 구원받으려고 최선을 다하며, 자기 자신의 힘으로 율법의 의를 행하는 데 밤낮으로 힘쓴다고 해도 그들은 여전히 헛되이 수고하는 것이다. 그들은 결국 지쳐 넘어질 것이다. 하나님의 의에 무지하고 자기 의를 세우려고 애쓰는 자는 하나님의 의에 복종하지 못한다(바울이 롬 10:3에서 말하는 것처럼). 다시 말하면 다음과 같다. "의의 법을 따라간 이스라엘은 율법에 이르지 못하였으니"(롬 9:31). 바울은 여기서 갈라디아 사람들에게 초대 교회가 출범할 당시에 임하신 성령의 나타나심에 대해 말하는 것이다. 그때 성령은 믿는 자에게 명확한 한 형태로 강림하셨다. 이 표징으로 사도들이 복음을 전했을 때 성령이 임하신 것이 증명되었다. 또 사도들이 전한 메시지를 믿은 자들이 하나님 앞에서 의인으로 받아들여진 것이 증명되었다. 그렇지 않았다면 성령은 그들에게 강림하시지 않았을 것이다.

그러므로 우리는 사도행전에서 자주 반복되는 이 논증의 효력을 주의 깊게 살펴보아야 한다. 사도행전은 이 논증을 확증하기 위해 기록되었다. 사도행전은 성령이 율법으로 주어진 것이 아니라 복음을 듣고 믿음으로 주어졌다고 가르치기 때문이다. 베드로가 설교했을 때 성령이 즉각 베드로의 설교를 들은 모든 자에게 임했다(행 2장). 마찬가지로 고넬료는 사랑으로 자선을 행했기 때문에 성령을 받은 것이 아니라, 베드로가 입을 열어 말하고 있을 때 성령을 받았다(행 10:44). 누가는 또 사도행전 15장에서 바울이 (바나바와 함께) 이방인에게 복음을 전하고 예루살렘으로 돌아왔을 때 할례와 율법 준수를 구원의 필수 조건으로 주장한 바리새인이나 다른 사람들과 대립했다고 기록한다. 바울은 그들에게 자신과 바나바가 이방인에게 했던 것을 보여줌으로써 그들을 중단시켰다(고 누가는 말한다). 이때 예루살렘 온 교회는 이 말을 듣고, 특히 바울과 바나바를 통해 하나님께서 이방인에게 수없이 많은 표적과 이적, 큰 역사를 행하신 소식을 듣고 크게 놀랐다.

율법에 열심을 내었던 사람들은 율법을 지키지 않는 이방인이 할례를 받지 않고 어떻게 의롭다 함을 얻고 성령을 받을 수 있었는지 의아해했다. 이에 바울과 바나바는 단순히 자기들이 겪은 명백한 경험을 말해 주었다. 다른 사람들은 이 말에 혼란스러워했고 더 이상 할 말을 잇지 못했다. 이때 총독 서기오 바울은 율법을 지키지 않고도 선포된 메시지를 듣고 믿었다. 사도들이 복음을 전한 도시와 지방과 왕국과 나라들의 사람들도 마찬가지였다.

그러므로 요컨대 사도행전 전체는, 유대인과 이방인 곧 의인과 죄인이 율법을 지키지 않고 오직 그리스도 예수를 믿는 믿음만으로 의롭다 함을 얻는 것에 대해 다룬다. 다시 말해, 우리는 베드로와 스데반, 빌립, 다른 사도들의 설교에서 그리고 이방인과 유대인의 본보기를 통해 바로 이 사실을 확인한다. 하나님이 율법 없이 산 이방인에게 복음 전파를 통해 성령을 주신 것처럼, 유대인에게도 율법이 아니라, 곧 율법에 명령된 의식과 속죄 제사가 아니라 단순히 전파된 메시지를 믿는 믿음에 따라 성령을 주셨다. 만약 율법이 의롭게 할 수 있는 힘을 갖고 있다면, 만약 율법의 의가 구원의 필수 조건이었다면, 당연히 율법을 지키지 않은 이방인에게는 성령이 주어지지 않을 것이다. 그러나 경험으로 보면 성령이 율법 없이 이방인에게 주어진 사실이 분명히 증명된다. 베드로와 바울, 바나바 그리고 다른 사도들은 이것을 직접 목격했다. 그러므로 율법은 의롭게 하는 힘이 없다. 오직 복음으로 선포되는 그리스도를 믿는 믿음으로만 의롭다 함을 얻는다.

사도행전이 말하는 바를 깊이 생각해 보지 않는 사람들이 있으므로, 여러분은 이 사실에 조심스럽게 귀를 기울일 필요가 있다. 나 자신으로 말하면, 과거에 사도행전을 읽고 그 안에 담긴 내용을 전혀 이해하지 못한 적이 있었다. 여러분은 사도행전이나 성경 다른 곳에서 이방인이라는 말을 듣거나 읽을 때, 이 말은 문자적 의미로 이해되어야 할 뿐만 아니라 영적 의미로도 이해되어야 함을 깨달아야 한다. 이 말은 영적 의미로 율법이 없는 사람들을 가리키는 뜻으로 이해되어야 한다. 이방인이 믿음으로 의롭게 된다고 말하는 것은, 율법을 지키지 않고 할례를 받지 않으며 속죄 제사를 드리지 않는 사람들이 의롭게 되고 성령을 받는다고 말하는 것이다. 그 외에 다른 말이 아니다. 어떻게 그렇게 되는가? 율법의 행위가 아니라 값없이, 오직 복음을 듣는 것으로 의롭게 된다.

따라서 고넬료와 그가 자기 집으로 초대한 친구들은 아무것도 하지 않았고 자기들이 이전에 했었던 것에 의존하지 않았으나, 모두 성령을 받았다. 그 자리에서 말하는 자는 베드로뿐이다. 그들은 앉아 있을 뿐 아무것도 하지 않는다. 그들은 율법에 관해 생각하지 않는다. 율법을 지키는 것은 더욱더 아니다. 속죄 제사도 드리지 않고 할례를 받는 것에는 관심도 없다. 다만 베드로의 말을 듣는 데에 집중한다. 베드로의 설교를 통해 마치 눈에 보이는 것처럼 그들의 마음속에 성령이 임한다. 곧 그들은 방언을 말하며 하나님께 영광을 돌렸다.

여기서 어떤 이는 "성령이 임한 것인지 아닌지 어떻게 아느냐?"고 물을 것이다. 그러나 그렇게 말하지 말라. 이런 식으로 확실히 증언할 때 성령은 거짓말을 하시지 않는다. 성령은 자신이 이방인을 의인으로 받아들이고, 단순히 복음의 음성으로 곧 그리스도에 관한 메시지를 믿는 것으로 그들을 의롭게 하심을 증명하신다. 또한 우리는 사도행전에서 유대인이 이처럼 새롭고 이상한 일을 보고 얼마나 크게 놀랐는지 확인할 수 있다. 베드로와 함께 가이사랴에 온 할례받은 신자들은 고넬료의 집에서 이방인들에게도 성령의 선물이 주어지는 것을 보고 크게 "놀랐다"(행 10:45). 또 예루살렘에 있던 자들은 베드로에게 "네가 무할례자의 집에 들어가 함께 먹었다"고 불평했다(행 11:3). 그러나 그들은 베드로가 고넬료에게 일어난 일을 이야기하자 깜짝 놀라 하나님께 영광을 돌렸다. 그들은 "그러면 하나님께서 이방인에게도 생명 얻는 회개를 주셨도다"라고 말했다(행 11:18).

그러므로 믿는 유대인들도 처음에는 하나님이 이방인에게도 구원을 베풀어 주신 것에 관한 이야기를 인정할 수 없었을 뿐만 아니라, 심지어 크게 기분 나빠하기도 했다. 유대인은 하나님의 백성으로 다른 모든 민족보다 특권이 많았기 때문에 이런 이야기를 듣고 쉽게 지나칠 수 없었다. 하나님의 자녀 됨과 영광, 예배는 그들에게 속한 일이었다(롬 9:4). 나아가 유대인은 온종일 고생하면서 율법의 의를 실천했다. 온종일 짐을 지고 한낮의 더위를 견뎠다(마 20:12). 또한 율법의 행위와 연관된 약속들도 갖고 있었다. 그러므로 유대인은 이방인에 대해 다음과 같이 말하며 불평할 수밖에 없었다. "보라, 이방인은 이제 와서 뜨거운 더위 아래 고생을 전혀 하지 않고 짐도 거의 지지 않으며 수고한 것이 조금도 없지만, 우리와 똑같은 의와 성령을 갖고 있다. 그런데 우리는 온종일 수고하거나 한낮의 더위나 짐을 견뎠지만 성령을 얻을 수가 없었다. 이방인은 수고하기는 했으나 한 시간 밖에 일하지 않았다. 이 수고로 그들은 피로하기는커녕 오히려 기운이 더 났다. 따라서 율법이 의를 얻는 데 도움이 되지 않는다면, 하나님은 어찌하여 율법으로 우리를 괴롭게 하셨을까? 그런데 하나님은 율법의 멍에 아래 오랫동안 고생한 우리보다 이방인에게 우선권을 두신다. 하나님의 백성인 우리는 온종일 괴로움을 겪었으나 하나님의 백성도 아니고 율법도 갖고 있지 못하다. 선한 일은 전혀 행하지 않은 자들이 이제 우리와 동등한 자가 되었다."

그래서 그리스도를 믿었지만 여전히 마음속으로는 모세 율법을 준수해야 한다고 생각한 유대인들을 만족시키기 위해 사도들의 회의가 예루살렘에서 개최된 것이다. 거기서 베드로는 자신의 경험을 통해 그런 유대인들의 견해를 반대하며 이렇게 말했다. "그런즉 하나님이 우리가 주 예수 그리스도를 믿을 때에 주신 것과 같은 선물을 그들에게도 주셨으니, 내가 누구이기에 하나님을 능히 막겠느냐?"(행 11:17. 행 15:8-10 참조) 베드로는 이 말로 온 율법을 즉각 무너뜨린다. 요컨대 베드로는 이렇게 말했다. "우리는 율법을 지킬 수 있는 능력이 없으므로 율법을 지키지 못할 것이다. 이방인들이 그런 것처럼 우리도 주 예수 그리스도의 은혜로 말미암아 믿음으로 구원받는다." 베드로는 하나님이 유대인에게 주신 것과 똑같은 은혜를 이방인에게 주셨다는 논증에 의지했다. 이것은 다음과 같이 말하는 것과 같다. "고넬료에게 복음을 전했을 때 나는 율법 없이 단순히 복음을 믿는 것만으로 이방인에게 성령이 주어진 것을 알았다. 그러므로 이방인은 율법의 짐을 지고 있지 않다. 사실 우리나 우리의 조상이나 지금까지 율법을 지킬 수 있었던 자는 하나도 없었다. 따라서 여러분도 의와 구원은 율법에서 온다는 오류를 당연히 거부해야 한다." 이것으로 믿는 유대인들은 조금씩 그 오류를 거부했다. 그러나 이 설교에 화가 난 악인들은 완전히 강퍅해졌다.

따라서 사도행전에서 우리는 율법의 의에 대한 완고한 관념을 반대하고 이 논증을 확증하는 사도들의 경험과 설교, 본보기를 발견한다. 사도행전에는 우리를 강하게 하고 굳건하게 할 수 있는 매우 본질적인 증언들이 담겨 있다. 그러므로 우리는 사도행전을 사랑하고 더욱 부지런히 읽어야 한다. 비록 여러분이 금식을 하고 사랑을 베풀며 부모를 공경하고 국가 당국에 순종한다고 해도, 이런 행위로는 여전히 의롭다 함을 얻지 못한다. 율법은 "네 부모를 공경하라"하거나 다른 어떤 행동을 하라고 말하지만, 그 말을 경청하거나 순종하는 것으로 우리는 의롭게 되지 못한다. 그러면 어떻게 할까? 신랑의 음성 곧 말씀을 듣고 믿는 것이 우리를 의롭게 한다. 왜 그런가? 이런 방식으로 성령이 사람들을 의롭게 하고 하나님 앞에서 그들을 의인으로 만들기 때문이다.

이것이 율법과 복음의 차이다. 율법은 성령을 임하게 하지 못한다. 단지 우리가 행해야 할 바를 가르칠 뿐이다. 그러므로 율법은 우리를 의롭게 하는 힘이 없다. 그러나 복음은 성령을 임하게 한다. 그것은 복음이 우리에게 우리가 행해야 할 바가 아니라 우리가 받아야 할 바를 가르치기 때문이다. 그러므로 율법과 복음은 정반대되는 두 교훈이다. 따라서 의를 율법 속에 두는 것은 복음에 맞서는 것이다. 그 외에 다른 것이 아니다. 모세는 율법을 갖고 우리에게 행하라고 요구한다. 반면에 복음은 값없이 주고, 우리에게 손을 벌려 주어지는 것을 받으라고 한다. 그 외에 요구하는 일은 없다. 따라서 요구하는 것과 주는 것, 받는 것과 제공하는 것은 완전히 반대이고 공존할 수 없다. 따라서 복음이 선물이라면 그것은 어떤 것도 요구하지 않는다. 반면에 율법은 요구하는 것 외에 아무것도 주지 않고, 우리에게 불가능한 것을 엄격히 강요한다.

수리아 장군 나아만은 말할 것 없이 선하고 경건한 사람으로 하나님에 관해 참된 관념을 갖고 있었다. 그는 이방인으로 당시 번성했던 모세의 나라에 속한 사람은 아니었다. 그러나 나아만의 육체는 깨끗하게 치료받았고, 이스라엘의 하나님을 계시받았으며, 성령을 받았다. 나아만은 이렇게 말했다. "내가 이제 이스라엘 외에는 온 천하에 신이 없는 줄을 아나이다"(왕하 5:15). 나아만은 아무것도 하지 않았다. 율법을 지키지 않았고 할례를 받지도 않았다. 다만 노새 두 마리에 실을 흙을 달라고 기도했을 뿐이다(17절). 나아만은 엘리사 선지자에게 다음과 같이 말한 것으로 보아 믿음이 나태했던 사람은 아니었던 것으로 보인 다. "이제부터는 종이 번제물과 다른 희생제사를 여호와 외 다른 신에게는 드리지 아니하고 다만 여호와께 드리겠나이다. 오직 한 가지 일이 있사오니 여호와께서 당신의 종을 용서하시기를 원하나이다. 곧 내 주인께서 림몬의 신당에 들어가 거기서 경배하며 그가 내 손을 의지하시매 내가 림몬의 신당에서 몸을 굽히오니 내가 림몬의 신당에서 몸을 굽힐 때에 여호와께서 이 일에 대하여 당신의 종을 용서하시기를 원하나이다"(17-18절). 이에 엘리사는 "평안히 가라"고 대답했다(19절). 나아만은 의롭다 함을 받았다. 유대인은 이 이야기를 들으면 화를 내며 이렇게 말한다. "뭐라고! 이방인이 율법을 지키지 않고 의롭게 되었다고? 그가 할례받은 우리와 비교가 된단 말인가?"

오랜 세월 전에 곧 모세의 나라가 아직 존속하고 번성할 때에 하나님은 율법 없이 사람들을 의롭게 하셨음을 보여주셨다. 그때 확실히 하나님은 이집트와 바벨론의 많은 왕들을 의롭게 하셨고, 또 욥과 동방의 많은 다른 민족의 사람들도 의롭게 하셨다. 나아가 큰 성읍인 니느웨도 의롭다 함을 얻었고 멸망당하지 않으리라는 하나님의 약속을 받았다. 어떻게 그랬을까? 그것은 율법을 듣고 순종했기 때문이 아니다. 선지자 요나가 전한 하나님의 말씀을 믿었기 때문이다. 요나는 이렇게 말한다. "니느웨 사람들이 하나님을 믿고 금식을 선포하고……굵은 베 옷을 입은지라"(욘 3:5). 다시 말해, 그들은 회개했다. 우리의 반대자는 교묘하게 "믿고"라는 말을 무시하겠지만, 이 말의 효력은 전체에 미친다. 여러분은 요나서에서 "니느웨 사람들이 모세 율법을 받고 할례를 받고 속죄 제사를 드리고 율법을 지켰다"는 말씀을 보지 못한다. 단순히 그들이 "믿었고" 굵은 베옷을 입고 재에 앉아 회개했다는 말씀을 본다.

이 일은 그리스도가 계시되기 전에, 곧 믿음이 아직 미래의 그리스도를 믿는 것에 있었을 때에 일어났다. 따라서 율법이 아직 효력을 갖고 있었을 때에도 이방인이 율법 없이 의롭게 되고 은밀하게 성령을 받았다면, 그리스도의 오심으로 율법이 폐해진 후에 어찌 율법이 의의 필수 조건으로 요구되어야 하겠는가? 이것은 갈라디아 사람들의 경험에 기반을 두고 있는 강력한 논증이다. 너희가 성령을 받은 것이 율법의 행위로냐, 혹은 듣고 믿음으로냐? 갈라디아 사람들은 자기들이 바울에게 복음을 듣기 전에는 성령에 관해 들어 본 적이 없음을 분명히 인정했다. 그러나 바울이 복음을 전하자 그들은 성령을 받았다.

성령은 오직 우리가 듣는 것을 믿을 때 받는다는 것, 그리고 우리의 온갖 행위를 피하고 복음을 듣는 것 외에 우리에게 요구되는 일은 아무것도 없다는 것이, 이성에는 가능한 일로 보이지 않는다. 인간의 이성으로는 이런 큰 보화 즉 성령이 우리가 듣는 것을 믿기만 하면 주어진다는 사실을 이해하거나 믿지 못하기 때문이다. 우리는 죄 사함을 비롯해 사망으로부터의 해방, 성령의 은사, 의, 영생을 매우 큰일이므로 이처럼 헤아릴 수 없는 유익을 얻으려면 어떤 큰일을 행하지 않으면 안 될 것이라고 추론한다. 마귀는 이런 관념을 인정하고, 이런 관념이 우리 마음속에서 자라나도록 역사한다. 따라서 우리의 이성은 죄 사함을 얻기 위해 우리는 아무것도 할 것이 없고 하나님의 말씀을 듣기만 하면 된다는 말을 들을 때 즉각 이렇게 외친다. "어리석구나! 너는 죄 사함을 너무 하찮은 일로 만들고 있다." 헤아릴 수 없이 큰 선물이라는 이유로 우리가 오히려 그것을 믿지 못한다. 이 비교할 수 없는 보화는 값없이 제공되기 때문에 오히려 무시당한다.

그러나 우리는 죄 사함과 그리스도, 성령이 (우리의 끔찍한 죄에도 불구하고) 듣는 것을 단순히 믿기만 하면 값없이 우리에게 주어진다는 사실을 알아야 한다. 이때 주어지는 것이 얼마나 큰지에 관해서는 생각할 필요가 없다. 또 그것을 받기에 우리가 얼마나 가치 없는 존재인지도 생

각할 필요가 없다(만약 그것을 생각하면 두려움에 빠질 것이다). 오히려 이 형
언할 수 없는 선물을 값없이 우리에게 주시기를 하나님이 얼마나 기뻐
하시는지를 생각해야 한다(눅 12:32). 하나님이 그 선물을 주기 원하신다
면, 나 자신의 죄와 무가치함은 생각할 필요가 없다. 나를 향하신 하나님
의 뜻, 곧 자애롭고 선하신 뜻만 생각하면 된다. 이 큰 선물을 기쁘고 즐
겁게 받고 감사하면 된다.

　여기서 다시 미련한 이성은 반기를 들고 이렇게 말한다. "이것은 은
혜를 멸시하는 일이다. 사람들은 분명히 안일함과 게으름과 방종에 빠
져 선을 전혀 행하지 않을 것이다. 따라서 이런 교훈을 전하는 것은 좋
은 관념이 아니다. 이런 교훈은 참될 수 없다. 사람들이 힘써 의를 행할
때 이 선물을 받을 수 있다고 권면해야 한다." 이것은 펠라기우스주의
자가 과거에 했던 말과 똑같다. 그러나 바울이 이 본문에서 말하는 것을
들어보라. "너희는 너희 자신의 수고가 아니라 듣고 믿음으로 성령을 받
았다"(2절 참조). 마르다는 바쁘게 일하며 동생 마리아가 예수님에게 말
씀을 듣는 것을 용납할 수 없었다. 그러나 그리스도께서 무슨 말씀을 하
시는지 들어보라. "마르다야, 마르다야, 네가 많은 일로 염려하고 근심
하나 몇 가지만 하든지 혹은 한 가지만이라도 족하니라. 마리아는 이 좋
은 편을 택하였으니 빼앗기지 아니하리라"(눅 10:41-42). 그러므로 우리
는 행함이 아니라 들음으로 그리스도인이 된다. 따라서 의를 행하기 원
하는 자는 먼저 복음을 들어야 한다. 사람들은 복음을 듣고 받아들일 때,
하나님께 기쁨으로 감사해야 한다. 그렇게 해야 율법에 명령된 선행을
행할 수 있다. 율법과 행위는 들은 것을 믿는 믿음 다음에 와야 한다. 그
렇게 할 때 사람들은 조용히 빛 가운데서 걸을 수 있다. 다시 말해, 그리
스도를 따르고 하나님을 기쁘시게 할 수 있다. 하나님이 명하시는 일들
을 가식으로가 아니라 진심으로 행함으로써 담대히 행할 수 있다.

　우리의 반대자는 믿음으로 성령을 받는 것이 쉬운 일이라고 생각한

다. 그러나 나는 경험을 통해 그것이 얼마나 어려운 일인지 잘 알고 있다. 단순히 들은 것을 믿으면 성령을 받는다고 말하기는 쉽다. 하지만 이것을 붙잡는 것 곧 믿고 소유하는 것은 그리 쉽지 않다. 따라서 여러분은 내게서 그리스도는 여러분의 죄를 위해 제물로 바쳐진 하나님의 어린양이라고 말하는 것을 들을 때, 자신이 하나님의 진리를 효과적으로 듣고 있음을 확신해야 한다. 하나님의 말씀은 내 목소리로 표현되는 것으로 그쳐서는 안 되고, 여러분에게 들려져야 하며, 여러분의 마음속에 들어가 여러분이 믿어야 한다. 다시 말해, 여러분은 자신이 들은 바를 확실히 믿어야 한다. 그렇게 해야 성령을 받는다. 일단 성령을 받으면 여러분은 자신의 육체를 죽여야 할 것이다.

신자는 말씀을 들을 때, 그 말씀을 붙잡아 받아들여서 율법에 대한 관념과 자기 자신의 의를 포기하게 된 것이 얼마나 기쁜 일인지 경험을 통해 알게 된다. 그러나 자기의 육체 속에 성령을 크게 저항하는 본성이 있음을 느낀다. 이성과 육체는 함께 간다. 우리는 우리의 지성 속에서 율법을 지켜야 한다는 관념을 소멸시킬 수 없다. 신자 속에는 자기가 들은 바를 믿는 것과 율법을 지키는 것 사이에 끊임없는 싸움이 벌어진다. 양심은 항상 믿는 것이 너무 손쉬운 방법이라고 불평하고 있다. 그러나 일단 여러분이 믿었다면, 들은 것을 믿는 것이 얼마나 쉬운 일인지 내게 말해 달라. 주시는 분은 정말 크신 분이다. 나아가 그분은 큰 것을 기꺼이 그리고 값없이 주시고 그것을 받은 자들을 비난하지 않으신다. 그러나 여러분의 능력은 제한되어 있고, 여러분의 믿음은 허약하다. 여러분은 종종 이 선물을 받아들일 수 없다. 여러분의 양심이 심하게 여러분을 고소하는가? 여러분의 지성 속에 율법을 지켜야 할 "당위"가 자주 찾아오는가? 그렇다고 해도, 그것을 극복할 때까지 굳게 서서 저항하라. 믿음이 점차 자라갈수록 율법의 의에 대한 관념은 감소할 것이다. 그러나 이런 일은 큰 싸움 없이는 일어날 수 없다.

3:3 너희가 이같이 어리석으냐? 성령으로 시작하였다가 이제는 육체로 마치겠느냐? 바울은 이제 갈라디아 사람들에게 두 가지 위험성을 강조하며 경고하기 시작한다. 바울은 요컨대 이렇게 말한다. "너희는 성령으로 시작했다. 즉 너희의 종교는 훌륭하게 시작되었다. 그러나 너희가 그것을 통해 얻은 것이 무엇이냐? 너희는 결국 인간적인 노력을 시도하는 것으로 마칠 것인가!"

여기서 바울은 성령과 육체(인간적 노력)를 대조시킨다. 성령은 우리가 성령을 따라 행하는 모든 것을 가리킨다. 육체는 우리가 성령 없이 행하는 모든 것을 가리킨다. 배우자를 사랑하는 것이나 자녀를 양육하는 것과 같은 그리스도인의 모든 의무는 성령의 일이다. 그러나 바울이 여기서 육체로 마치겠느냐고 말하는 율법의 의는, 우리를 결코 의롭게 하지 못한다. 성령을 받은 후에 율법의 의에 다시 떨어진 자를 완전히 파멸시키기 때문이다.

바울은 항상 거짓 사도들을 염두에 두고 있다. 거짓 사도들은 율법에 대한 순종을 강요하고, 단순히 그리스도를 믿는 믿음으로는 죄를 제거하거나 하나님의 진노를 진정시키거나 우리를 의롭게 하지 못하고, 이런 유익을 얻기 위해서는 그리스도를 믿는 것 외에 율법을 지키고 할례를 받고 절기, 속죄 제사 등을 준수하는 일도 해야 한다고 말하기 때문이다. 사실상 바울은 이렇게 말한다. "오히려 그와 같은 일을 행할 때 너희는 불의를 세우고, 하나님의 진노를 자극하며, 죄에 죄를 쌓고, 은혜에서 떨어져 나가고, 은혜를 완전히 거부하는 것이다. 너희 제자들과 함께 너희는 인간적 노력을 하는 것으로 끝날 것이다."

바울이 갈라디아 사람들에게 경고하는 첫 번째 위험성은, 바로 그들이 율법으로 의롭게 되는 길을 추구함으로써 성령을 잃어버리고 좋은 출발을 했으나 결국 비참한 결말에 이르는 것이다.

3:4 너희가 이같이 많은 괴로움을 헛되이 받았느냐? 이것이 두 번째 또 다른 위험성이다. 바울은 요컨대 다음과 같이 말한다. "너희가 정말 좋게 시작했으나 그 좋은 출발을 포기하고 죄와 사망에 다시 떨어진 것이 얼마나 비참한 일인지 생각해 보라. 또한 너희가 복음을 위하여 그리고 그리스도의 이름을 위하여 얼마나 많은 고난을 겪었는지 생각해 보라. 너희는 너희 소유를 잃어버리고, 비난을 받으며, 목숨과 수족이 위험에 빠진 일들을 겪었다. 너희는 모든 것이 좋았다. 순전한 교리를 배웠고, 거룩한 삶을 살았으며, 그리스도의 이름을 위해 많은 악을 굳게 견뎠다. 그러나 지금은 모든 것을 잃어버렸다. 교리뿐만 아니라 믿음도 잃어버렸다. 행동뿐만 아니라 고난도 잃어버렸다. 성령뿐만 아니라 성령의 열매도 잃어버렸다."

따라서 율법의 의 곧 인간적 의가 어떤 결과를 가져왔는지는 너무 명확하다. 율법의 의를 의지하는 자는 즉각 말로 표현할 수 없는 유익을 상실한다. 하나님을 향한 헤아릴 수 없는 영광과 양심의 평안을 갑자기 잃어버리는 것은 얼마나 비참할까! 또한 재산과 아내, 자녀, 몸, 목숨을 잃는 것과 같이 매우 크고 힘든 고통을 많이 겪는 것—이 모든 일을 헛되이 겪는다는 것—은 얼마나 비참한 일인가! 바울은 헤아릴 수 없이 큰일들, 즉 한편으로는 하나님의 영광, 세상과 육체와 마귀에 대한 승리, 의와 영생을 다루고 다른 한편으로는 죄와 절망, 영원한 사망, 지옥을 다룬다. 우리는 졸지에 비교할 수 없는 하나님의 선물들을 잃어버리고 이처럼 끔찍하고 처절한 비참에 빠질 수 있다. 이 모든 것은 거짓 선생들을 통해 온다. 곧 거짓 선생들이 우리를 복음의 진리에서 끌어내리고 거짓 교훈으로 끌고 갈 때 일어난다. 거짓 선생들은 이런 일을 매우 쉽게 행한다. 그렇게 할 때 외관상으로 매우 그럴듯하게 거룩한 모습을 보여준다.

과연 헛되냐? 바울은 여기서 자신이 갈라디아 사람들을 매우 신랄하게 비판하는 것을 완화시키는 말을 덧붙인다. 바울이 이런 말을 덧붙이는 것은 사도로서 갈라디아 사람들을 너무 불안하게 만들지 않기 위해서다. 비록 꾸짖기는 해도, 바울은 갈라디아 사람들이 절망하지 않도록 항상 후빈 상처에 연고를 발라 준다. 요컨대 바울은 이렇게 말한다. "나는 너희에게서 모든 희망을 빼앗는 것이 아니다. 그러나 너희가 율법의 의를 따르고 성령을 포기함으로써 육체(인간적 노력)를 의지하는 것으로 마치기를 바란다면, 너희의 모든 영광과 하나님에 대한 신뢰는 헛되고 너희의 모든 고난은 무익하다는 경고를 받아야 할 것이다. 사실은 너희에게 이에 관해 단호하게 말해야 한다. 특히 이 문제는 너무 중요하기 때문에 복음을 열렬히 옹호하고 너희를 신랄하게 비난하지 않으면 안 되겠다. 그렇지 않으면 너희가 내 교훈을 거부하고 다른 교훈을 받아들이는 것을 대수롭지 않게 생각할 테니 말이다. 그러나 나는 너희가 완전히 낙심하는 것은 바라지 않는다. 회개하고 고치기를 바란다." 병든 자녀를 무시하거나 소홀히 대해서는 안 된다. 건강한 자녀보다 더 소중히 대해야 한다. 따라서 바울은 훌륭한 의사와 같이 치명적인 질병의 유일한 원인인 거짓 사도들을 신랄하게 비난한다. 바울은 갈라디아 사람들을 바로잡기 위해 그들을 매우 부드럽게 대한다. 우리도 바울의 본보기를 따라야 한다. 약한 자를 바울과 같은 부드러운 태도로 비판함으로써 그들의 연약함을 바로잡아 주어야 한다. 너무 거칠게 다루어 그들이 절망에 빠지지 않도록 조심하고 위로하는 일을 멈추어서는 안 된다.

3:5 너희에게 성령을 주시고 너희 가운데서 능력을 행하시는 이의 일이 율법의 행위에서냐? 듣고 믿음에서냐? 바울은 여기서 앞에서 했던 주장(2절)을 반복한다. 곧 갈라디아 사람들은 그들이 들은 것을 믿음으로써 성령을 받았고, 그들이 알았거나 행했던 것도 모두 그들이 들은 것을 믿음으로써 온 것이라고 말한다. 이것은 다음과 같이 말하는 것과 같다. "하나님

은 너희에게 성령을 주시는 것으로 만족하시지 않았다. 너희를 성령의 은사로 부요하게 하고 너희가 그 안에서 자라도록 하셨다. 너희가 참으로 성령을 받았다면 성령의 역사가 항상 너희 안에서 자라고 더욱 효력을 발휘했을 것이다." 따라서 갈라디아 사람들은 분명히 이적을 행했고, 또는 최소한 복음의 참된 제자들이 익숙하게 맺는 믿음의 열매를 보여 주었다. 고린도전서 4:20에서 바울은 "하나님의 나라는 말에 있지 아니하고 오직 능력에 있음이라"고 말한다. 이 능력은 단순히 하나님의 나라에 관해 말하는 것이 아니다. 실제로 하나님이 성령을 통해 우리 안에서 효과적으로 역사하심을 증명한다(갈 2:8).

설교자가 말씀이 효과적으로 역사하도록 전할 때 하나님은 듣는 자에게 자신의 영을 주시고 그들 속에서 이적을 행하신다. 다시 말해, 듣는 자가 믿음과 소망, 사랑, 인내로 열매 맺도록 전할 때 하나님이 그들 속에서 역사하신다. 믿음과 소망, 사랑, 인내가 열매로 맺어질 때 마찬가지로 바울도 여기서 하나님이 갈라디아 사람들에게 성령을 주셨고, 그들 속에서 능력(이적)을 행하셨다고 말한다. 바울은 요컨대 다음과 같이 말하고 있다. "하나님은 나의 설교를 통해 너희가 믿도록 역사하셨다. 그뿐만 아니라 거룩한 삶을 살도록 많은 믿음의 열매를 맺고 고난을 견디는 힘을 주셨다. 또한 이 똑같은 성령의 능력으로 너희는 사실상 간음하는 자, 분노하는 자, 참지 못하는 자, 탐욕적인 자, 원수에서 이웃을 사랑하는 관대한 자, 순결한 자, 온순한 자, 인내하는 자로 변화되었다." 너희가 진심으로 이웃을 사랑하고 그들의 구원을 위해 너희의 돈과 재산과 관심 그리고 너희의 모든 소유를 베풀 준비가 되어 있는 것은 성령의 역사와 열매다. 거짓 선생들이 교회 안에 들어오기 전에 갈라디아 사람들은 이런 열매를 맺었다. 그러나 그들이 이런 열매를 맺은 것은 율법 때문이 아니었다. 하나님이 성령으로 날마다 그들 속에서 크게 역사하신 결과였다. 따라서 복음은 그들의 가르침과 믿음, 행함, 고난 속에서 갈수록 번성했다.

갈라디아 사람들이 (그들 자신의 양심의 증언에 설복되어) 이 모든 것을 알고 있었음에도 불구하고, 이전에 맺었던 열매를 보여주지 못한 것은 어떻게 된 일일까? 그들은 왜 참된 진리를 가르치지 못하고 믿음의 열매를 맺지 못했을까? 거룩한 삶을 살지 못하고, 올바르게 행하지 못하며, 고난을 견디지 못했을까? 이전과 달리 바울을 냉대하도록 그들을 부패시킨 자가 누구인가? 왜 바울을 하나님이나 예수 그리스도의 사자로 받아들이지 못하게 되었는가? 왜 바울에게 시선을 계속 두지 못하고 등을 돌렸을까? 어떻게 지금 자기들을 속여 비참하게 만든 거짓 사도들을 좋아하게 되었을까?

똑같은 일이 우리에게도 벌어졌다. 우리가 처음에 복음을 전했을 때 아주 많은 사람들이 우리의 교훈을 좋아하고 우리에게 호의적인 마음을 가졌다. 우리의 가르침은 믿음의 열매와 결실로 이어졌다. 그러나 그 다음에 어떤 일이 벌어졌는가? 어떤 이는 잘못된 생각을 따라감으로써 우리가 그토록 열심히 수고하며 심었던 모든 것을 일순간에 파괴시켰다. 우리는 이전에 우리를 크게 사랑하고 우리의 교훈을 감사로 받았던 자들에게 매우 가증한 자가 되고 말았다. 우리에게 말씀을 들었던 자들이 지금은 어떤 것보다 우리의 이름을 더 미워하고 있다. 마귀가 이 치명적인 결과를 일으킨 장본인이다. 마귀는 자신의 하수인들을 통해 성령의 역사를 반대하고 있다.

그러므로 바울은 갈라디아 사람들이 경험을 통해 이처럼 훌륭한 덕들을 가졌던 것은 율법을 지켜서가 아니었음을 배워야 했다고 말한다. 그들이 복음을 믿기 전에는 이런 덕들을 갖고 있지 못했고, 또 거짓 사도들이 그들 속에서 활동하는 지금도 그런 덕들이 없기 때문이다.

3:6 아브라함이 하나님을 믿으매 그것을 그에게 의로 정하셨다 함과 같으니라

이제 바울은 아브라함을 본보기로 제시하고 창세기 15:6을 인용한다.

바울은 로마서 4장에서와 같이 이 창세기 본문을 충분히 활용한다. 하나님 앞에서 아브라함은 죄와 진노 외에 받을 것이 없었다. 그런 아브라함이 하나님 앞에서 의롭게 된 것은 그가 어떤 일을 행했기 때문이 아니다. 그가 다만 믿었기 때문이다. 바울은 하나님을 믿는 믿음을 주된 경배이자 주된 의무, 주된 순종, 주된 제사로 삼는다. 믿음은 한없이 강하다. 그 이유는 믿음이 하나님께 바칠 수 있는 가장 큰 예배로 하나님께 영광을 돌리는 것이기 때문이다. 하나님께 영광을 돌리는 것은 하나님을 믿는 것, 곧 하나님을 참되고 지혜롭고 의롭고 자비로우신 전능자로 여기는 것이다. 요약하면 하나님을 모든 선의 창시자와 수여자로 인정하는 것이다. 이것은 이성이 아니라 믿음으로 가능하다. 우리는 믿음을 통해 하나님의 백성이 된다. 믿음이 없으면 우리 안에 하나님의 영광과 지혜, 의, 진리, 자비가 없다. 하나님이 우리에게 첫 번째로 요구하시는 것은 하나님께 영광을 돌리고 하나님의 신격을 인정하는 것이다. 즉 하나님을 단순한 우상이 아니라, 우리를 감찰하고 우리의 말을 들으시며 우리에게 긍휼을 베풀고 우리를 돕는 참 하나님으로 간주하는 것이다. 이렇게 했을 때 우리는 하나님의 충분하고 완전한 신격을 인정하게 된다. 즉 하나님은 신실한 심령이 자신에게 돌릴 수 있는 것은 무엇이든 다 갖고 계신다. 하나님께 영광을 돌릴 수 있는 것이 최고의 지혜와 최고의 의, 최고의 종교, 최고의 제사다. 따라서 우리는 믿음이 얼마나 탁월한 의인지 알 수 있다. 반대로 죄가 얼마나 끔찍하고 통탄할 만한 불신앙인지도 알 수 있다.

따라서 아브라함과 같이 하나님의 말씀을 믿는 자는 누구나 하나님 앞에서 의인이고, 하나님께 영광을 돌리는 믿음을 갖고 있다. 이런 사람은 하나님께 마땅히 돌아가야 할 것을 하나님께 돌린다. 믿음은 "나는 하나님 당신이 말씀하실 때 당신을 믿습니다"라고 말하기 때문이다. 그런데 하나님이 무엇이라고 말씀하시는가? 만약 여러분이 이성에 따라 믿는다면, 하나님은 불가능한 일—거짓말, 미련한 일, 악하고 부조리하고 가증하고 이단적이고 마귀적인 일—을 말씀하실 것이다. 하나님이 아브라함에게 임신이 불가능한 아내 사라의 몸을 통해 직접 아들을 얻을 것이라고 말씀하셨을 때보다 더 부조리하고 어리석고 불가능한 일이 어디 있겠는가?

따라서 우리가 이성의 판단을 따르게 되면, 하나님은 우리에게 기독교 신앙의 요소들을 제공하실 때 아주 부조리하고 불가능한 일을 행하시는 것이다. 주의 만찬에서 그리스도의 몸과 피가 우리에게 제공되는 것, 세례를 통해 우리가 성령의 새 탄생과 새롭게 하심으로 씻기는 것, 죽은 자가 마지막 날에 다시 살아난다는 것, 하나님의 아들이신 그리스도가 동정녀 마리아의 태에 잉태되어 그 속에 계신 것, 그리스도가 태어나신 것, 그리스도가 십자가에서 가장 수치스러운 죽음을 당하신 것, 그리스도가 다시 살아나신 것, 그리스도가 지금 아버지 하나님 우편에 앉아 계시는 것, 그리스도가 하늘과 땅의 모든 권세를 갖고 계시는 것을 생각해 보라. 이성의 눈에 완전히 부조리하고 어리석은 일로 보인다. 그래서 바울은 십자가에 못 박히신 그리스도의 복음을 "미련한 것"으로 부른다(고전 1:18, 21). 복음은 유대인에게는 거리끼는 것이고 이방인에게는 미련한 것이다. 이성은 하나님의 말씀을 듣고 믿는 것이 하나님이 우리에게 요구하시는 가장 큰 예배임을 이해하지 못한다. 이성은 자신이 온갖 선한 의도와 헌신으로 택하고 처리하는 모든 것이 하나님을 기쁘시게 한다고 생각한다. 그러므로 이성은 하나님이 말씀하실 때 부조리하고 미련해 보이는 하나님의 말씀을 이단과 마귀의 말로 판단한다.

그러나 믿음은 이성을 죽인다. 온 세상과 온 피조물이 죽일 수 없는 이 짐승을 살해한다. 그래서 아브라함은 임신이 불가능한 사라를 통해 자신의 후손이 나올 것이라고 약속하신 하나님의 말씀을 믿는 믿음으로 이성을 죽였다. 이성은 하나님의 말씀이 부조리하고 미련하고 불가능하다고 판단했다. 그래서 아브라함이 이 말씀에 복종하지 못하게 하려고 아브라함 안에서 믿음에 맞서 싸웠다. 그러나 믿음은 아브라함 안에서 벌어진 이 싸움에서 승리했다. 그래서 매우 잔인하고 치명적인 하나님의 원수인 이성을 죽이고 제물로 삼았다. 마찬가지로 아브라함과 같이 믿음의 어둠 속으로 들어간 경건한 자는 모두 이성을 죽이고 이렇게 말한다. "이성아, 너는 정말 미련하다! 너는 하나님께 속해 있는 일들을 깨닫지 못하는구나. 그러므로 나를 반대하여 말하지 말고, 너의 평안이나 지켜라. 더이상 판단하지 말고, 대신 하나님의 말씀을 듣고 그 말씀을 믿으라." 따라서 경건한 자는 믿음으로 온 세상보다 더 큰 이 짐승을 죽인다. 하나님께 그분이 받으시기에 합당한 제사와 예배를 드린다.

신실한 자의 제사를 보라. 이와 비교하면 모든 민족의 종교들은 정말 아무것도 아니다. 무엇보다 첫째로, 이 제사를 통해 신실한 자는 크고 강한 하나님의 원수인 이성을 죽인다. 둘째로 신실한 자는 하나님께 영광을 돌린다. 다시 말해, 그들은 하나님을 의롭고 선하고 신실하고 참되신 분으로 믿는다. 또 하나님이 무엇이든 하실 수 있으며 하나님의 모든 말씀은 거룩하고 참되고 살아 있고 효과적이라는 사실을 믿는다. 이 믿음이야말로 하나님이 받으실 만한 가장 좋은 순종이다. 믿음보다 더 크고 거룩한 종교나 섬김은 있을 수 없다.

반면에 자기 자신의 행위로 의를 구하는 자는 믿음 없이 많은 일을 행한다. 그는 금식하고 기도하고 절제하며 자기 십자가를 짊어진다. 그러나 자기가 하는 일로 하나님의 진노를 진정시키고 하나님의 은혜를 받을 만하다고 생각하기 때문에 하나님께 전혀 영광을 돌리지 못한다. 다시 말해, 그는 하나님을 자비하고 진실하고 신실하신 분이 아니라, 자기가 행하는 일을 통해 진정시키지 않으면 안 되는 성난 심판자로 판단한다. 이 수단을 통해 그는 하나님을 자신이 하신 모든 약속을 지키지 않는 거짓말쟁이로 만들어 하나님을 멸시한다. 그리고 그리스도와 그분이 주는 모든 유익을 부정한다. 하나님을 보좌에서 쫓아내고 대신 자기가 그 보좌를 차지한다. 하나님의 말씀을 거부하고 멸시하며 자기 스스로 하나님이 명하지 않은 섬김과 행동을 취한다. 그들은 하나님이 이런 일을 기뻐하신다고 상상하고, 하나님이 자기들에게 상을 주실 것을 기대한다. 그러므로 그들은 하나님의 강한 원수인 이성을 죽이지 못하고 도리어 이성에 생명력을 부여한다. 하나님의 위엄과 신성과 속성을 취해 이것들을 그들 자신의 행동에 귀속시킨다. 그러나 바울이 아브라함에 관해 말하는 것처럼(롬 4:20-22), 하나님께 영광을 돌리는 것은 오직 믿음 밖에 없다.

그리스도인의 의는 두 가지로 구성된다. 하나는 마음의 믿음이고, 또 하나는 하나님이 의를 우리에게 돌리시는 것이다. 믿음은 확실히 하나의 형식적 의다. 하지만 이 형식적 의는 충분하지 않다. 믿고 난 후에도 우리 안에는 여전히 죄의 잔재가 얼마간 남아 있기 때문이다. 믿음의 제사는 아브라함에게서 시작되었다. 그러나 그 제사는 죽음으로 완성되는 것이었다. 그러므로 우리 안에서 이 의가 온전해지려면 의의 다른 부분이 더해져야 한다. 다시 말해, 하나님이 의를 우리에게 돌리셔야 한다. 믿음은 불완전하므로 하나님께 충분히 바쳐지지 못한다. 다른 더 좋은 표현으로 말하면, 우리의 믿음은 단순히 하나님의 참된 신성을 인정하기 시작하는 믿음의 작은 불꽃에 불과하다. 우리는 성령의 처음 익은 열매를 받았으나 아직 다 받지는 못했다. 이 외에도 이성은 현세에서 완전히 죽임을 당하지 않는다. 이것은 여전히 우리 안에 남아 있는 정욕과 분노, 짜증 그리고 육체와 불신앙의 다른 열매들로 보아 분명하다. 살아 있는 자들 가운데 아무리 거룩한 자라도 하나님 안에서 충분하고 지속적인 기쁨을 누리며 사는 것은 아니다. 성경이 선지자와 사도들에 관해 증언하는 것처럼 그들은 다양한 갈망을 갖고 있다. 그러나 이런 잘못이 그들의 책임으로 돌려지지 않는 것은 그들이 그리스도를 믿는 믿음을 갖고 있기 때문이다. 그렇지 않으면 구원받는 자는 하나도 없을 것이다.

참된 그리스도인의 의는 하나님의 아들을 믿는 믿음과 신뢰를 가리
킨다. 다른 더 좋은 표현으로 말하면, 예수 그리스도로 말미암아 마음으
로 하나님을 신뢰하는 것을 의미한다. 우리는 이것을 믿음과 신뢰가 그
리스도로 말미암아 우리에게 의로 여겨지는 것으로 이해해야 한다. 하
나님은 나의 불완전한 믿음을 내가 믿기 시작한 그리스도로 말미암아
완전한 의로 받아들이신다. 그리스도를 믿는 믿음 때문에 하나님은 내
가 나를 향하신 자신의 선하신 뜻을 의심해도 개의치 않으신다. 나의 영
이 낙심하는 것 그리고 내 안에 여전히 존재하는 다른 죄들을 보지 않으
신다. 내가 육체를 갖고 살아 있는 동안 죄는 여전히 내 안에 남아 있다.
그러나 병아리가 어미 닭의 날개 아래 있는 것처럼, 나는 그리스도의 날
개 그늘 아래 있다. 나는 나를 덮고 있는 죄 사함의 넓은 깃발 아래 두려
움 없이 산다. 그러므로 하나님은 내 안의 죄의 잔재를 덮고 용서하신다.
다시 말해, 내가 그리스도를 붙잡기 시작한 믿음 때문에 하나님은 나의
불완전한 의를 완전한 의로 받아들이신다. 확실히 죄인데도 불구하고
나의 죄를 죄가 아닌 것으로 여기신다.

따라서 우리는 그리스도 육체의 덮개 아래 숨어야 한다. 그리스도
는 하나님이 우리의 죄를 보지 못하도록 낮에는 우리의 구름기둥이 되
고 밤에는 우리의 불기둥이 되신다(출 13:21). 우리의 죄를 보고—그 죄
로 양심이 두려움을 느낀다고 해도—우리는 우리의 중보자이자 화해자인 그
리스도에게 피한다. 그리스도로 말미암아 우리는 온전하게 된다. 따라
서 늘 튼튼하고 안전하다. 모든 것이 그리스도 안에 있기 때문에 그리스
도로 말미암아 우리도 모든 것을 갖는다. 우리 안에 없는 것은 무엇이
든 그리스도께서 공급해 주신다. 우리가 이것을 믿을 때 하나님은 우리
의 죄와 아직 우리의 육체 속에 남아 있는 죄의 잔재들을 눈감아 주신
다. 그래서 마치 죄가 아닌 것처럼 그것들을 덮어 버리신다. 바울은 본질
상 이렇게 말한다. "너희는 내 아들을 믿으므로 너희가 아무리 많은 죄

를 갖고 있다고 할지라도, 죽을 때 그 죄들로부터 완전히 해방될 때까지 용서받을 것이다."

그리스도인은 그리스도인의 의에 관해 이렇게 이해하는 법을 배워야 한다. 부지런히 바울의 글을 읽고 또 읽어 보라. 바울과 바울 자신을 철저히 그리고 충분히 비교해 보라. 그러면 진실로 그리스도인의 의는 두 가지 사실로 구성되어 있음을 발견하게 된다. 곧 그리스도인의 의는 하나님께 영광을 돌리는 믿음과 하나님이 의를 우리에게 돌리시는 것으로 이루어져 있다. 앞에서 말한 것처럼 우리의 믿음은 약하다. 그러므로 하나님은 우리에게 의를 돌리시지 않으면 안 된다. 다시 말해, 하나님은 죄의 잔재를 우리의 책임으로 돌리지 않으셔야 한다. 당연히 하나님은 죄의 잔재 때문에 우리를 처벌하거나 정죄하지 아니하실 것이다. 죄를 덮어 주시며 마치 아무 일이 아닌 것처럼 값없이 용서하실 것이다. 하나님이 이렇게 하시는 것은 우리 때문이 아니다. 곧 우리가 행한 것 때문이 아니다. 바로 우리가 믿는 예수 그리스도 때문이다.

따라서 그리스도인은 의인이자 죄인이다. 거룩한 자이자 불경한 자이다. 하나님의 원수이지만 동시에 하나님의 자녀다. 의를 얻는 참된 방법을 모르는 자는 이런 대립 관계를 인정하지 못할 것이다. 그러나 우리는 괴로움 속에 있는 죄인을 가르치고 위로할 때 다음과 같이 말해 주어야 한다. "형제님, 현세에서는 죄를 조금도 느끼지 않는 의인이 될 수 없습니다. 형제님의 몸은 태양처럼 흠이나 점이 없이 깨끗하게 될 수 없습니다. 그러나 형제님에게 티나 주름이 있어도 형제님은 거룩합니다. 형제님은 '내 안에 죄가 있고 죄를 느끼는데 어떻게 거룩할 수 있을까?'라고 말하겠지요. 형제님이 자신의 죄를 느끼고 인정하는 것은 좋은 표지입니다. 그러니 하나님께 감사하고 절대로 절망하지 마십시오. 병자가 자신의 병을 인정하는 것은 건강을 향해 한 걸음 더 나아간 것과 같으니까요. '그렇지만 어떻게 내가 죄에서 해방될 수 있겠습니까?'라고 또 물으시겠지요. 그러므로 마음이 상한 자를 고치고 죄인을 구원하는 의사이신 그리스도께 달려가십시오. 그리스도께서 죄인에게 화를 낸다고 말하는 이성의 판단을 따르지 마십시오. 이성을 죽이고 그리스도를 믿으십시오. 그리스도를 믿으면 하나님께 영광을 돌리게 되므로 형제님은 의인입니다. 하나님의 신성과 하나님께 속해 있는 다른 모든 것을 받아들이십시오. 형제님 안에 남아 있는 죄는 형제님의 죄과가 되지 않습니다. 형제님이 믿는 분 곧 완전히 의로운 그리스도로 말미암아 용서받게 될 테니까요. 그리스도의 의는 형제님의 의이고, 형제님의 죄는 그리스도의 죄랍니다."

여기서 우리는 모든 그리스도인은 대제사장임을 확인한다. 우리가 처음에는 우리 자신의 이성과 육신의 지혜를 죽여서 제물로 바치고, 그런 다음에는 하나님은 의롭고 참되고 오래 참고 인자하고 자비로우시다고 말함으로써 하나님께 영광을 돌리기 때문이다. 이것은 매일 아침저녁으로 바쳐져야 하는 새 언약의 제사다. 저녁 제사는 이성을 죽이는 것이고, 아침 제사는 하나님을 영화롭게 하는 것이다. 이 기독교 제사의 훌륭함과 존엄함은 아무리 높게 평가해도 지나칠 수 없다.

이것은 그리스도인의 의에 대한 희한하고 놀라운 정의다. 그리스도인의 의는 우리가 그리스도를 믿기 때문에 그리스도로 말미암아 하나님에 의해 우리에게 의로 돌려진다. 어떤 이는 이 말을 들으면 웃는다. 그리스도인의 의를 영혼 속에 부어져서 우리의 각 부분으로 퍼지는 일종의 특질로 상상하기 때문이다. 이런 사람들은 올바른 판단과 선한 뜻 곧 선한 의도가 참된 의라고 가르치는 이성의 잘못된 관념들을 버릴 수 없다. 그러므로 우리가 우리를 위해 세상에 보내심을 받아 태어나고 고난을 받고 십자가에 달려 죽으신 자기 아들을 영접하기만 하면, 행함이 없어도 하나님이 우리를 의로 여기시는 것은 말로 표현할 수 없는 엄청난 선물이다. 이것은 모든 이성을 초월한다. 우리는 그리스도께서 우리를 위해 행하신 일이 결코 작은 일이 아니라는 사실을 알고 믿음으로 그분을 붙잡는다. 바울이 말하는 것처럼 그리스도는 우리를 사랑하셔서 우리를 위하여 자기를 주시고 우리 대신 저주를 받으셨다(갈 2:20, 3:13). 그리스도께서 내 죄를 위하여 자기를 내놓으시고 나를 대신하여 저주가 되셨기 때문에 내가 영원한 사망에서 해방될 수 있다고 생각하는 것은 공허한 사변이 아니다. 그러므로 믿음으로 하나님의 아들을 붙잡고, 하나님이 우리에게 그리고 우리를 위하여 주신 그리스도를 마음으로 믿을 때, 하나님은 우리의 불완전한 믿음을 완전한 의로 여기신다.

여기서 우리는 이성과 아무 상관이 없는 완전히 다른 세계 속에 들어가 있다. 우리가 무엇을 해야 할지 또는 우리가 은혜와 죄 사함을 받을 수 있는 행위가 무엇인지 따질 필요가 전혀 없다. 우리는 가장 고귀하고 거룩한 신학의 핵심 속에 들어가 있다. 이 신학을 통해 복음 곧 그리스도께서 우리를 위하여 죽으셨다는 사실과 이것을 믿으면 우리가 우리 안에 여전히 죄가, 그것도 큰 죄가 남아 있어도 의인으로 간주된다는 기쁜 소식을 듣는다. 우리 구주 예수 그리스도는 또한 믿음의 의를 이렇게 규정하신다. "아버지께서 친히 너희를 사랑하심이라"(요 16:27). 왜 아버지께서 우리를 이토록 사랑하시는가? 우리가 율법의 의에 흠이 없고, 할례를 받으며, 선을 행하고, 금식을 한 바리새인이었기 때문이 아니다. 하나님이 우리를 세상에서 나오도록 불러내셨고, 그래서 "너희가 나를 사랑하고, 내가 하나님에게서 온 것을 믿은" 것 외에 아무것도 한 것이 없기 때문이다. 우리가 이 "나"(곧 그리스도)를 붙잡고 그분을 영접했기 때문에 아버지께서 우리를 사랑하고, 우리도 아버지를 기쁘시게 한다.

그러나 다른 본문에서 예수님은 듣는 이들을 악하다고 말하고, 그들에게 죄 사함을 구하라고 명령하신다. 이 두 가지 사실은 정반대처럼 보인다. 다시 말해, 그리스도인은 의인이고, 하나님의 사랑의 대상이다. 하지만 동시에 죄인이다. 하나님은 자신의 본성을 부인하실 수 없다. 즉

하나님은 죄와 죄인들을 미워하셔야 하고, 당연히 죄와 죄인들을 미워하
신다. 그렇지 아니하면 하나님은 불의하고 죄를 사랑하시는 분이 된다.
그러면 이 두 대립적 사실, 곧 내가 죄인이고 하나님의 진노와 분노를 받
기에 아주 합당하지만 동시에 아버지께서 나를 사랑하신다는 것은 어떻
게 조화될 수 있을까? 오직 중보자 그리스도만이 이 둘을 조화시킬 수
있다. 그리스도는 아버지께서 우리를 사랑하시는 것은 우리가 사랑받을
만한 자격이 있기 때문이 아니라 "너희가 아버지께서 나를 사랑하고 내
가 아버지에게서 온 것을 믿었기" 때문이라고 말씀하신다.

따라서 그리스도인으로서 우리는 진정으로 겸손한 마음을 갖고 우
리 자신 속에서 죄를 느껴야 한다. 우리는 하나님의 진노와 심판, 영원
한 사망을 받기에 합당하다고 고백함으로써 이 세상에서 겸손해져야 한
다. 그러나 우리는 그리스도에게로 돌아서서 그리스도 안에서 하나님의
진노와 심판에 대한 감정을 내쫓는다. 죄의 잔재가 우리에게 돌려지지
않을 뿐만 아니라 우리가 아버지의 사랑을 받는 것은, 우리 자신 때문이
아니라 아버지께서 사랑하시는 그리스도 때문이라는 것도 믿는다.

따라서 여러분은 믿음이 어떻게 행위 없이 의롭다 함을 얻게 하는
지, 의가 또한 어떻게 우리에게 돌려지는지 알 수 있다. 하나님이 끔찍이
싫어하시는 죄는 여전히 우리 안에 남아 있다. 그러므로 우리는 의로 여
겨져야 한다. 우리는 이 의를 그리스도를 통하여 그리고 그리스도를 위하
여 얻는다. 그리스도는 우리에게 주어지고, 우리는 그리스도를 믿음으로
받아들인다. 이 땅에 사는 동안 우리는 주의 큰 날에 죄의 몸이 폐기되고
새 피조물로 지음받을 때까지 하나님의 자비와 오래 참으심 아래 인도받
고 양육받는다. 그때에 의가 거할 새 하늘과 새 땅이 있을 것이다. 그 동안
이 세상에서는 악한 죄인들이 산다. 또한 경건한 자도 그 속에서 죄를 짓
고 산다. 그래서 바울은 로마서 7장에서 성도들 속에 남아 있는 죄에 대
하여 불평한다. 하지만 그 다음 장에서는 "이제 그리스도 예수 안에 있

는 자에게는 결코 정죄함이 없나니"라고 말한다(롬 8:1). 이 대립적 사실
—우리 안에 있는 죄는 죄가 아니라는 것과 파멸당해야 할 사람이 정죄받지 않으리
라는 것—은 어떻게 조화될 수 있을까? 이를 조화시킬 수 있는 유일한 존
재가 하나님과 사람 사이에 있는 중보자 곧 사람이신 예수 그리스도다.

3:7 그런즉 믿음으로 말미암은 자들은 아브라함의 자손인 줄 알지어다　유대
인의 견해를 반대하는 바울의 전체 논증은, 아브라함의 자손은 그의 혈
통적 자손이 아니고 믿는 자라는 것이다. 바울은 이 논증을 이 부분과
로마서 4장 및 9장에서 상세히 제시한다. 유대인에게 가장 큰 자부심과
자랑거리는, 자기들이 할례를 받고 율법을 지킨 아브라함의 자손이라
는 데 있었다. 하나님이 아브라함의 자손에게 말씀하신 것은 아무도 부
인할 수 없었다. 그러나 이 특권은 믿지 않는 유대인에게 아무 혜택을
주지 못했다. 그래서 바울은 특히 이 본문(7절)에서 유대인의 이런 주장
에 강력히 맞서고, 그들의 이 강력한 신념을 빼앗아 버린다. 그리스도의
"택한 그릇"으로서 바울은 다른 누구보다 그렇게 할 만한 자격이 있었
다(행 9:15).

　　유대인들이 매우 교만하게 자기들은 아브라함의 자손이라고 주장
했을 때, 바울은 "그래서 그게 어떻다는 것인데?"라고 반문했다. 유대인
들은 아브라함처럼 자기들도 할례를 받고 율법을 지켰다고 말했다. 이
에 바울은 요컨대 이렇게 답변했다. "모든 것을 인정한다. 그러나 너희
는 그것 때문에 의롭다 함을 얻고 구원받기를 기대하느냐? 그러지 못할
것이다. 아브라함을 살펴보라. 아브라함이 어떻게 의롭다 함을 얻고 구
원을 받았는지 알아보라. 그것은 확실히 아브라함의 훌륭한 덕이나 거
룩한 행동 때문이 아니었다. 또 자신의 고향과 친척과 아버지의 집을 떠
났기 때문도 아니었다. 할례를 받고 율법을 지켰기 때문도 아니었다. 후
손에 관한 약속이 달려 있었던 아들, 이삭을 하나님의 명령에 따라 기꺼

이 제물로 바쳤기 때문도 아니었다. 그것은 아브라함이 하나님을 믿었기 때문이었다. 그러므로 아브라함은 오직 믿음 외에 다른 것으로 의롭게 된 것이 아니었다. 만약 너희가 율법으로 의롭게 되기를 원한다면 너희의 조상 아브라함은 율법으로 훨씬 더 의롭게 되었어야 한다. 그러나 아브라함은 오직 믿음 외에 다른 어떤 방법으로도 의롭다 함을 얻고 죄 사함과 성령을 받을 수 없었다. 성경이 이것이 진실임을 증언하는데, 어찌하여 너희가 할례와 율법을 그토록 크게 의지하는가?"

바울은 육체적 출생이나 혈통으로는 하나님 앞에서 아브라함의 자손이 될 수 없다고 말하면서 결론을 맺는다. 아브라함의 자손이 되고자 하는 자는 믿어야 한다. 믿지 않으면 그들은 택함받고 사랑받고 의롭다 함을 받은 아브라함의 자손이 아니다. 믿지 않으면 다른 모든 사람과 똑같이, 죄 사함도 없고 믿음도 없고 성령도 없이 죄로 잉태되고 죄 가운데 태어나고 죄로 싸여 있는 정죄받은 아브라함의 자손에 불과하다. 또한 아브라함의 혈통적 후손이지만, 그들 속에 그들의 조상과 같이 혈과 육, 죄와 사망을 제외하고 아무것도 없는 자도 마찬가지다. 그러므로 그들 역시 파멸당한다. "우리가 아브라함의 자손"이라고 자랑하는 것은 아무 소용이 없다(요 8:33).

바울은 로마서 2-4장에서 구약성경에서 뽑아 온 두 가지 사례를 언급하면서 이 논증을 시작한다. 첫 번째는 이스마엘과 이삭의 사례다. 이스마엘과 이삭은 둘 다 아브라함의 혈통적 자녀로 태어났다. 하지만 이스마엘은 버림받았다. 이에 대해 성경은 이렇게 말한다. "이삭에게서 나는 자라야 네 씨라 부를 것임이니라"(창 21:12). 두 번째는 에서와 야곱의 사례다. 에서와 야곱이 어머니의 복중에 있어 아직 선이나 악을 행하기 전이었을 때 성경은 이렇게 말했다. "큰 자가 어린 자를 섬기리라"(창 25:23). "내가 야곱을 사랑하였고 에서는 미워하였으며"(말 1:2-3). 그러므로 분명히 아브라함의 자손은 믿음으로 말미암은 자들이다.

어떤 이는 여기서 유대인들이 주장하는대로, 창세기 본문은 육체적인 것—곧 후손에 대한 약속—에 관해 말하고 있고, 그러므로 바울이 그것을 그리스도를 믿는 믿음에 적용시키는 것은 옳지 않다고 말할 것이다. 또한 그들은 바울이 갈라디아서 3:11에서 인용하는 하박국서 본문도("의인은 믿음으로 말미암아 살리라," 합 2:4) 단순히 그리스도를 믿는 믿음이 아니라 환상 전체의 성취를 믿는 믿음을 가리킨다고 반박할 것이다. 또한 믿음과 믿음의 본보기에 관해 말하는 히브리서 11장 전체도 이런 식으로 왜곡시킬 수 있다. 이렇게 함으로써 오만한 자들은 그럴 만한 자격이 전혀 없음에도 불구하고 유식하고 학식 있는 자로 칭송을 받는다.

바울이 창세기 15장을 그리스도를 믿는 믿음에 적용시키는 것은 정당하다. 하나님의 자비에 대한 확신은 항상 믿음과 연계되어 있기 때문이다. 이 확신에는 그리스도로 말미암은 죄 사함을 신실하게 신뢰하는 것이 포함되어 있다. 우리의 양심은 먼저 그리스도로 말미암아 하나님이 우리에게 자비를 베풀어 주신다는 확신을 갖지 않으면, 하나님께로부터 나온 것을 절대로 바라볼 수 없다. 그러므로 모든 약속은 여자의 후손이 뱀의 머리를 상하게 할 것이라는 그리스도에 관한 최초의 약속에 비추어 언급되어야 한다(창 3:15). 모든 선지자가 이것을 이해하고 가르쳤다. 따라서 우리는 구약 시대 조상들의 믿음과 신약 시대 지금 우리의 믿음은, 외적 대상에 차이는 있어도 완전히 하나임을 알아야 한다. 베드로는 "우리 조상과 우리도 능히 메지 못하던 멍에"에 관해 언급하면서 "우리는 그들이 우리와 동일하게 주 예수의 은혜로 구원받는 줄을 믿노라"고 말할 때 이것을 증언한다(행 15:10-11. 또한 바울이 고전 10:4에서 말하고 그리스도 자신이 요 8:56에서 말하는 것도 보라).

조상들은 장차 오시기로 되어 있던 그리스도께 믿음의 기초를 두고, 우리는 이미 오신 그리스도께 기초를 둔다. 시기가 다르다고 해서 믿음이나 성령이나 성령의 은사가 바뀌는 것은 아니다. 그리스도에 관해서는 고대의 조상들이나 오늘날 신자나 미래의 신자나 마음속에 항상 하나의 생각 곧 하나의 판단과 하나의 이해가 있었다. 지금도 있고 앞으로도 있을 것이다. 우리도 구약 시대 조상들과 똑같이 미래의 그리스도를 소유하고 있고 미래의 그리스도를 믿는다. 그것은 우리가 마지막 날에 영광 속에서 다시 오셔서 산 자와 죽은 자를 심판하실 그리스도를 바라보고, 또 우리의 구원을 위해 이미 오신 그리스도를 믿기 때문이다.

결론적으로 과거의 모든 약속이 미래의 그리스도 안에 담겨져 있으므로, 바울이 창세기 본문을 들어 아브라함의 믿음을 언급하면서 그리스도를 믿는 믿음에 관해 말하는 것은 옳다. 그러므로 아브라함과 다른 조상들은 오늘날 우리와 마찬가지로, 그리스도를 믿는 믿음으로 의롭다 함을 얻었다. 우리는 여기서 칭의의 본질과 방법을 다루고 있다. 앞으로 계시될 그리스도 안에 있거나 지금 계시된 그리스도 안에 있거나 칭의는 하나다. 조상들에게 있는 것이나 우리에게 있는 것이 똑같이 하나다. 그러므로 바울이 율법은 의롭게 하는 힘이 없고, 장차 오실 그리스도를 믿든지 이미 오신 그리스도를 믿든지 상관없이 오직 믿음으로 의롭게 된다고 증명하는 것은 충분하다.

오늘날도 그리스도는 어떤 사람에게 임하시고, 또 미래에는 다른 사람에게 임하신다. 그러나 그리스도는 모든 신자에게 임하신다. 비신자에게는 임하시지 않았고 그들에게 어떤 유익도 베풀지 않으신다. 그러나 그들이 복음을 듣고 그리스도께서 그들 자신에게 임하심을 믿는다면, 그리스도는 그들도 의롭게 하고 구원하신다.

바울은 요컨대 이렇게 말하고 있다. "너희는 아브라함의 사례를 통해 그리고 성경의 명확한 증언에 따라 아브라함의 자손이 믿는 자라는 사실을 알게 된다. 이는 율법이나 행위나 조상들의 혈통과 상관없이, 유대인이든 이방인이든 막론하고 말이다. 아브라함이 세상의 상속자가 되리라는 약속 즉 땅의 모든 족속이 아브라함의 후손으로 말미암아 복을 받고 아브라함이 여러 민족의 아버지로 불리게 되리라는 약속이 아브라함에게 주어진 것은, 율법이 아니라 믿음의 의 때문이다. 유대인들이 "이방"(8절)이라는 말을 오해하지 않도록 성경은 "내가 너를" 단순히 민족이 아니라 "많은 민족의 조상으로 세웠다"고 말함으로써 이 사실을 예견한다(롬 4:17). 그러므로 아브라함은 유대인의 조상일 뿐만 아니라 이방인의 조상이기도 하다.

따라서 우리는 바울이 로마서 4장에서 말하는 것처럼, 아브라함의 자손은 그의 혈통적 자손이 아니라 그의 믿음의 자손임을 분명히 확인할 수 있다.

3:8 또 하나님이 이방을 믿음으로 말미암아 의로 정하실 것을 성경이 미리 알고

여기에는 앞에서 이미 펼쳐진 논증이 포함되어 있다. 곧 이렇게 말하는 것과 같다. "너희 유대인은 율법을 지나치게 자랑한다. 너희는 하나님이 떨기나무 수풀에서 모세에게 말씀하신 것을 이유로 모세를 너무 높인다." 그리고 바울의 답변은 이렇다. "너희의 오만한 자랑은 아무 소용이 없다. 성경의 예언을 보라. 율법이 있기 오래전에 이방인이 율법으로 의롭게 되는 것이 아니라 율법이 주어지기 430년 전에 약속을 받은 아브라함의 자손의 복으로 말미암아 의롭게 된다고 미리 예고했다. 따라서 이후로 많은 세월이 흐른 뒤에 주어진 율법은 아브라함에게 주어진 이 복에 대한 약속을 방해하거나 폐할 수 없다. 오히려 굳게 세워지고 영원히 계속될 것이다." 유대인들은 이에 대해 무엇이라고 답할 수 있을까?

명확한 시기에 기초를 둔 이 논증은 매우 강력하다. 이 복의 약속은 이스라엘 백성이 율법을 받기 430년 전에 아브라함에게 주어졌다. 아브라함은 자신이 하나님을 믿고 하나님을 영화롭게 했기 때문에 "여러 민족의 아버지"가 될 것이라는 말을 듣는다(창 17:4). 아브라함은 하나님의 약속에 따라 많은 민족의 조상으로 지정되었다. 아브라함의 후손이 세

상을 상속받게 되리라는 약속은 율법이 주어지기 오래전에 아브라함에게 주어졌다. 그런데 갈라디아 사람들은 어찌하여 자기들이 그 약속보다 430년이나 뒤에 주어진 율법을 통해 죄 사함을 받고 하나님의 자녀가 되고 기업을 받았다고 자랑했을까?

따라서 거짓 사도들은 율법과 율법의 영광은 강조했으나, 율법이 주어지기 430년 전에 아브라함에게 주어진 약속은 무시하고 경시했다. 거짓 사도들은 율법이 있기 오래전에 아브라함이 할례받지 않았을 때 오직 믿음으로 의롭게 된 사실을 잊어버렸다(창 15:6). 아브라함이 그의 믿음으로 말미암아 의인으로 여겨지고 난 후에 성경은 할례를 언급한다(창 17:10). 이 논증으로 바울은 아브라함이 할례 없이, 할례받기 전에 그리고 율법이 있기 430년 전에, 오직 믿음으로 의롭게 되었음을 증명한다. 바울은 로마서 4장에서도 똑같은 논증을 제시한다.

먼저 아브라함에게 복음을 전하되 "모든 이방인이 너로 말미암아 복을 받으리라" 하였느니라 (또한 창 12:3과 행 3:25도 보라.) 유대인들은 복을 받는 것이 세상 사람들의 눈에 칭송을 받는 것과 번성을 기원하는 것, 영광스럽게 되는 것을 의미한다고 말한다. 유대인들의 말에 따르면, 이 점에서 아브라함의 가문에서 태어난 유대인은 복을 받았고, 또 개종자 곧 유대인의 하나님을 경배하고 유대인 속에 포함된 이방인도 복을 받았다. 이처럼 유대인들은 복이 이 세상에서 칭송과 영광을 받는 것 외에 다른 것이 아니라고 생각한다. 그들은 자기들이 아브라함의 자손임을 자랑한다. 그러나 이것은 성경을 더럽히고 왜곡하는 것이다. 결코 옳게 해설하는 것이 아니다. "아브라함이 하나님을 믿으매"라는 말로 바울은, 영적 아브라함을 신실하고 의로우며 하나님의 약속을 갖고 있는 자로 정의한다. 아담이 아니라 성령에게서 난 자로 정의한다. 믿음으로 새롭게 되고 성령으로 거듭난 아브라함이 성경이 정의하는 아브라함이라고 말한다. 성경은 아브라함이 많은 민족의 조상이 되고 이방인이 기업으로 그에게 주어질 것이라고 말한다.

이런 이유로 성경은 아브라함이 믿는 경우가 아니면 그에게 의를 돌리지 않는다. 성경은 육체적 혈통과 상관없는 새 아브라함을 제시하고, 믿는 자 곧 믿음으로 말미암아 의롭게 된 자가 바로 아브라함이 된다. 하나님이 그의 믿음으로 말미암아 그가 많은 민족의 조상이 되고 모든 민족이 그로 말미암아 복을 받을 것이라는 약속을 주시는 자는 바로 아브라함이다. 의심할 것 없이 세상 사람들의 눈에는 아브라함의 자손으로 태어나는 것이 큰 특권이다. 하지만 하나님의 눈에는 그렇지 않다. 이 복에 관한 본문을 단지 육체적 복에만 적용시키는 것은 내용을 악랄하게 왜곡시키는 것이다. 성경은 분명히 영적 복에 관해 말하고 있다. 성경이 너로 말미암아라고 말할 때 너는 믿음이 있는 아브라함 또는 이 아브라함이 믿는 자신의 미래의 후손인 그리스도를 가리킨다. 모든 이방인은 아브라함처럼 복을 받게 되는 아브라함의 복된 자손을 가리킬 것이다.

그런 의미에서 아브라함의 복과 믿음은 우리의 것과 똑같다는 결론이 나온다. 아브라함의 죄를 위해 죽으신 아브라함의 그리스도는 우리의 그리스도이다. 그분은 우리의 죄를 위해서도 똑같이 죽으셨다(요 8:56).

3:9 그러므로 믿음으로 말미암은 자는 믿음이 있는 아브라함과 함께 복을 받느니라 바울이 믿음이 있는 아브라함이라고 말할 때, 그것은 마치 그가 두 아브라함을 구분하여 행위가 있는 아브라함(working Abraham)과 믿음이 있는 아브라함(believing Abraham)이 있다고 말하는 것처럼 보인다. 우리는 행위가 있는 아브라함과는 아무 상관이 없다. 만약 그가 자신의 행위로 의롭게 된다면, 즐거워할 만한 어떤 것을 하나님이 아니라 자기 안에 갖고 있는 것이기 때문이다. 유대인들은 할례를 받고 율법을 지킨 조상

에 관해 좋아하는 것만큼 행위가 있는 아브라함을 기뻐할 수 있다. 우리는 자기뿐만 아니라 자기처럼 믿는 모든 자를 위해 자신의 믿음으로 의의 복을 받았다고 성경이 말하는, 믿음이 있는 아브라함 안에서 기뻐한다. 따라서 아브라함에게 세상이 주어지리라는 약속이 주어진 것은 그가 믿었기 때문이다. 그렇기 때문에 모든 세상이 복을 받는다. 즉 세상도 아브라함이 믿은 것처럼 믿으면 의로 여겨진다.

따라서 여기서 말하는 복은 복음에 대한 약속이다. 모든 이방인(민족)이 복을 받으리라고 말하는 것은 그들이 모두 그 복에 대해 듣게 되리라는 사실을 의미한다. 다시 말해, 하나님의 약속들이 복음을 통해 모든 민족 가운데 전파되리라는 것이다. 선지자들은 신령한 지식으로 바울이 인용하는 본문으로부터 많은 예언들을 이끌어 냈다(예컨대, 시 2:8과 19:4를 보라). 그리스도의 나라와 온 세상에 전파될 복음에 관한 예언은 모두 이 본문에서 파생되어 나온 것이다. 민족들이 복을 받게 되리라는 예언은, 율법이 아니라 듣고 믿음으로써 의가 값없이 그들에게 주어질 것이라고 말하는 것이다. 또는 그들이 하나님 앞에서 의로 여겨질 것이라고 말하는 것이다. 그것은 아브라함이 오직 약속과 복과 은혜의 말씀을 들음으로써 의롭다 함을 얻었기 때문이다. 그러므로 아브라함이 자신이 들은 것을 믿음으로써 의로 여겨진 것처럼, 모든 이방인도 이와 똑같은 복을 얻고 또 계속 얻고 있다. 본래 아브라함에게 선언되었던 말이 이후에 모든 이방인에게도 주어졌다.

따라서 복을 받는 것은, 복음의 말씀을 전파하고 가르치는 것, 그리스도를 고백하는 것, 이방인 가운데 그리스도에 관한 지식을 널리 퍼뜨리는 것을 의미한다. 이것은 신약 시대 교회가 감당하는 제사장 직분과 지속적인 제사다. 이 복은 말씀 전파와 성례의 거행을 통해, 상한 심령에 대한 위로를 통해 배분된다. 또 아브라함이 가졌고 아브라함의 복이기도 했던 은혜의 말씀의 선포를 통해 배분된다. 아브라함은 그 은혜의 말씀을 믿었을 때 복을 받았다. 따라서 우리도 똑같이 그 은혜의 말씀을 믿으면 복을 받는다. 이 복은 세상 앞에서가 아니라 하나님 앞에서 큰 영광이 된다. 우리는 우리의 죄가 사함받았고, 우리가 하나님께 받아들여졌다는 말씀을 들었다. 하나님은 우리의 아버지이고 우리는 하나님의 자녀라는 말씀을 들었다. 또 우리가 하나님의 자녀이기 때문에 하나님은 우리에게 진노하시지 않고, 우리를 죄와 사망 그리고 온갖 악으로부터 구원하시고, 우리에게 의와 생명, 영원한 구원을 베풀어 주실 것이라는 말씀을 들었다. 선지자들은 조상들에게 주어진 이 약속을 대수롭지 않게 여기지 않는다. 매우 부지런히 읽고 이해한다. 어떻게든 이 약속으로부터 자기들이 그리스도나 그분의 나라에 관해 예언한 모든 것을 이끌어 냄으로써 도처에 이 본문의 내용을 전파한다.

나아가 민족들은 복을 받는다면(즉 그들이 하나님 앞에서 의인으로 여겨진다면), 그들이 행한 일이 아니라 그리스도를 믿는 믿음으로 말미암아 죄와 사망에서 해방되고, 의와 구원, 영생에 참여하게 된다. 그러므로 창세기 12:3은 현세적 복에 관해 말하는 것이 아니다. 하나님께로부터 와서 우리를 죄의 저주와 죄에 수반된 온갖 악으로부터 구속하는 의를 얻는 복에 관해 말한다. 창세기 본문이 분명히 아브라함이 "여호와를 믿으니 여호와께서 이를 그의 의로 여기시고"라고 말하는 것으로 볼 때, 이 복은 오직 믿음으로 받는다(15:6). 그러므로 이 복은 영적 복이다. 사실 세상 사람들은 영적 복을 멸시하지만 이 복이 없으면 다른 어떤 복도 하나님 앞에서 아무 소용이 없다.

따라서 유대인들이 단순히 행위가 있는 아브라함만 자랑하는 것처럼, 어떤 이들도 단순히 그리스도를 행함의 한 본보기로만 제시한다. 그들은 경건한 삶을 살기 원하는 자는—요한복음 13:15에서 그리스도께서 명하시는 것처럼—그리스도께서 행하신 것처럼 행해야 한다고 말한다. 우리는 신자가 그리스도의 본보기를 따라야 한다는 사실을 부인하지 않는다. 하지만 그리스도의 본보기를 따른다고 해서 하나님 앞에서 의롭다 함을 얻는 것은 아니다. 바울은 여기서 우리가 행해야 할 일을 말하는 것이 아니고, 우리가 의롭게 되는 것이 무슨 뜻인지를 말하고 있다. 이 점에 있어 우리는 우리의 죄를 위하여 죽고 우리의 의를 위하여 다시 사신 예수 그리스도만 바라보아야 한다. 우리는 그리스도를 본보기로서가 아닌 선물로서 믿음으로 붙잡아야 한다. 이성은 이것을 이해하지 못한다. 그러나 구원받은 유대인들이 믿음이 있는 아브라함을 따른 것이 옳았던 것처럼, 우리도 아브라함이 믿음으로 붙잡았고 아브라함에게 복을 주신 그리스도, 곧 의롭게 하고 구원하시는 그리스도를 붙잡아야 한다. 우리가 진정으로 우리의 죄에서 해방되고 구원받기를 바란다면 말이다.

아브라함이 하나님의 명령에 따라 할례를 받은 것, 아브라함이 훌륭한 덕을 부여받은 것, 아브라함이 모든 면에서 하나님께 순종한 것은 확실히 큰 자랑거리였다. 우리도 마찬가지다. 우리가 행실로 그리스도의 본보기를 따르면 그것이 우리의 큰 자랑이고 행복이다. 우리는 이웃을 사랑하고, 우리를 해치는 자에게 선을 행하고, 원수를 위해 기도하며, 선을 악으로 갚는 자들의 배은망덕을 인내로 감수할 수 있다. 그러나 이 모든 것은 하나님 앞에서 의를 얻고자 하는 데에는 아무 소용이 없다. 아브라함의 훌륭한 행위와 미덕은 그가 하나님 앞에서 의인으로 여겨진 이유가 아니었다. 마찬가지로 그리스도의 본보기를 모방하고 따른다고 해서 우리가 하나님 앞에서 의롭게 되는 것이 아니다. 이보다 훨씬 더 큰 대가를 치러야 한다. 인간의 의나 율법의 의로는 충분하지 못하다. 아브라함이 자기에게 복을 베풀고 자기를 구원하신 그리스도를 소유했던 것처럼, 우리도 우리에게 복을 베풀고 우리를 구원하시는 그리스도를 소유해야 한다. 어떻게 소유하는가? 행위가 아니라 믿음으로 가능하다. 바울은 우리에게 본보기를 주시는 그리스도와 행위가 있는 아브라함이 아니라, 구속하시는 그리스도와 믿음이 있는 아브라함에 관해 말한다.

그러므로 우리는 믿음이 있는 아브라함과 행위가 있는 아브라함을 하늘과 땅보다 훨씬 더 멀리 분리시켜야 한다. 그리스도를 믿는다면 우리는 하나님의 자녀요, 세상의 상속자요, 죄와 사망과 세상과 마귀의 정복자다. 우리는 믿음이 있는 아브라함을 무덤 속에 놔두지 말아야 한다. 그를 크게 높이고 하늘과 땅을 그의 이름으로 채워야 한다. 믿음이 있는 아브라함에 관해 말할 때 우리는 하늘에 있는 자다. 그러나 이후로 행위가 있는 아브라함이 한 일을 행하면(그 일이 하나님에 의해 주어졌다고 해도), 그것은 하늘의 일이 아니라 땅에 속한 일이다. 이때 우리는 땅에 속한 자 가운데 있다.

성경에서 믿는 이방인은 모두 믿음이 있는 아브라함과 함께 복을 받는다고 말할 때, 반대 사실이 다음과 같이 이어져야 한다. 곧 믿지 않으면 모든 사람(유대인과 이방인 모두)이 저주 아래에 있다. 모든 민족에게 미칠 복에 관한 약속이 아브라함에게 주어졌으므로, 아브라함에게 주어지고 지금 세상 전역에서 선포되고 있는 약속에 담긴 복 외에 바라보아야 할 다른 복은 분명히 없다. 이 복이 없는 곳은 어디든 저주 아래에 있다. 바울은 다음 구절(10절)에서 이것을 분명히 보여준다.

3:10 무릇 율법 행위에 속한 자들은 저주 아래에 있나니 여기서 저주는 홍수와 같아서 아브라함이 없으면, 즉 믿음과 아브라함의 복의 약속이 없으면 무엇이든 삼켜 버린다. 따라서 하나님의 명령으로 모세를 통해 주어진 율법이 율법 아래에 있는 자를 저주받은 자로 만든다면, 인간이 만들어 낸 법과 전통은 얼마나 더 그러하겠는가? 만약 우리가 저주를 피하기를 원한다면 복의 약속 또는 아브라함의 믿음을 붙잡아야 한다. 그렇지 않으면 우리는 저주 아래 남아 있게 될 것이다. 아브라함의 후손을 통해 온 세상에 선포되도록 되어 있는 복의 약속을 최초로 받은 아브라함의 믿음으로 복을 받지 않으면, 모든 민족은 저주 아래에 있고 영원토

록 저주 아래 남아 있을 것이다. 아브라함 이전이나 아브라함 당시나 아브라함 이후를 막론하고 이것은 자명한 진리다.

이 사실은 괴로움과 고통 속에 있는 양심을 위로하는 데 매우 유용하다. 그렇기 때문에 우리는 이 사실을 깊이 이해해야 한다. 나아가 이 사실은 우리에게 믿음의 의와 시민적 의를 구별하도록 가르친다. 바울은 여기서 정치 문제가 아니라 신령한 영적 문제를 다루고 있음을 주목하라. 바울은 정치적 법과 국가 당국자를 정죄하는 것이 아니다. 시민법과 정치는 하나님이 정하신 규례로 선한 일이고, 성경은 다른 곳에서 시민법과 정치를 인정하고 지키도록 권장한다. 우리는 영적 의로 하나님 앞에서 의롭다 함을 얻고 천국에서 하나님의 자녀로 불린다. 바벨론 제국은 하나님의 작정에 따라 훌륭한 법을 갖고 있었고 모든 민족이 그 법에 복종하도록 명령을 받았다. 그러나 바벨론은 이 훌륭한 법으로 백성들을 하나님의 율법의 저주에서 구원해 내지 못했다. 마찬가지로 우리도 시민법에 복종한다. 하지만 그런다고 해서 하나님 앞에서 의롭다 함을 얻지는 못한다. 이것은 다른 문제다. 시민적 의를 얻으려면 법을 지키고 행동을 조심해야 한다. 그러나 영적이고 신령하고 거룩한 의를 얻으려면, 우리는 온갖 법과 우리의 행동을 완전히 거부해야 한다. 오직 우리 앞에 그리스도를 두는 약속과 복을 바라보아야 한다. 그리스도가 이 복과 은혜를 주시는 분이고 우리의 유일한 구주이기 때문이다.

우리가 오직 그리스도를 통해 이 복을 받고자 한다면, 그 복은 율법으로 받는 것이 아니라는 결론이 나온다. 그 복은 율법이 수여되기 전에 그리고 율법과 상관없이 신실한 아브라함에게 주어졌기 때문이다. 아브라함이 이 복의 수여자인 미래의 그리스도를 믿은 것처럼, 우리도 지금 세상에 오셔서 우리와 함께 계시는 그리스도를 믿는다. 과거에 아브라함이 믿음으로 의롭게 된 것처럼, 우리도 지금 믿음으로 의롭게 된다. 율법 아래 있는 자는 복을 받지 못하고 저주 아래 남아 있다.

그러면 결론을 내려 보자. 모든 물리적 대상은 하나님의 선한 피조물이다. 그러므로 아내와 자녀, 재산, 정치적 법과 규칙을 갖는 것은 하나님이 적절하게 베풀어 주신 선한 복이다. 다시 말해, 이 세상에서만 누리는 현세적 복이다. 그러나 많은 사람들이 이 복을 혼동한다. 육적 복과 영적 복을 구분하지 않는다. 아주 악한 사람들이 육적 복을 매우 넉넉히 차지하고 있는 것이 흔한 것을 보면, 영생은 육적 복에 속해 있지 않다. 또 영생은 시민적 의나 율법적 의를 가짐으로써 얻는 것도 아니다. 악인들도 이런 의를 풍성히 갖고 있다. 해를 악인과 선인에게 비추시며 비를 의로운 자와 불의한 자에게 내려주시는 것처럼, 하나님은 이런 복과 의를 선인과 악인에게 자유롭게 베풀어 주신다. 하나님은 만인에게 관대하시다. 그러나 하나님에게는 모든 피조물을 악인의 발아래 두시는 것이 큰 문제가 아니다(롬 8:20). 따라서 육적 복만 받은 자는—아브라함이 그랬던 것처럼—하나님 앞에서 영적 복을 받은 하나님의 자녀가 아니다. 바울이 여기서 말하는 것처럼 그들은 저주 아래에 있다.

바울은 일반적으로 믿음이 없는 자는 누구나 저주 아래에 있다고 말할 수도 있었다. 그러나 그렇게 말하지 않는다. 믿음 외에 율법이 세상의 육적 복 가운데 가장 좋고 크고 훌륭한 복인 하나님의 율법을 취하여 말한다. 율법은 확실히 하나님이 주신 거룩한 것이라고 말한다. 그러나 율법은 모든 사람을 저주 아래에 두는 것에 불과하다. 따라서 하나님의 율법이 사람들을 저주 아래로 데리고 간다면, 이보다 못한 법과 복은 더 그렇다고 말할 수 있을 것이다. 바울은 자신이 말하는 바를 우리가 분명히 깨닫도록 성경의 증언을 인용한다.

기록된바 "누구든지 율법 책에 기록된 대로 모든 일을 항상 행하지 아니하는 자는 저주 아래에 있는 자라" 하였음이라   신명기 27:26에서 뽑아 온 이 인용문을 통해 바울은, 율법 아래에 또는 율법의 행위 아래에 있는 자는 누구나 저주를 받거나 저주 아래에 있음을 증명하고자 한다. 다시 말해, 죄와 하나님의 진노, 영원한 사망 아래에 있음을 증명고자 한다. 바울은 여기서 육적 저주가 아니라 영적 저주 곧 영원한 사망과 지옥의 저주에 관해 말하고 있다. 바울은 모세의 글에서 부정문(모든 일을 항상 행하지 아니하는 자는 저주 아래에 있는 자라……)을 인용하여 긍정문(무릇 율법 행위에 속한 자들은 저주 아래에 있나니)을 지지한다. 이 두 문장은 완전히 대립 관계에 있는 것처럼 보인다. 그런데 어떻게 전자가 후자를 증명할 수 있을까? 사실 칭의 교리를 알거나 이해하지 못하는 자는 이 본문을 적절히 이해할 수 없다.

바울은 갈라디아 사람들과 함께 있었을 때 이미 이 문제를 상세히 다루었다. 그래서 바울은 여기서 이 문제를 지나가듯이 간략히 다룬다. 바울이 이전에 그 문제를 다루지 않았다면 갈라디아 사람들은 이해할 수 없을 것이다. 갈라디아 사람들은 이전에 바울이 자기들에게 말한 것을 들었고, 지금은 그것을 상기하면 되었다. 사실 이 두 문장은 모순이 아니고 서로 매우 잘 일치된다. 우리는 또 "하나님 앞에서는 율법을 듣는 자가 의인이 아니요, 오직 율법을 행하는 자라야 의롭다 하심을 얻으리니"라고 가르친다(롬 2:13). 하지만 반대로 칭의 교리는 아브라함의 믿음이 없는 자는 누구나 저주를 받는다고 가르치므로 율법의 행위 아래에 있는 자는 저주 아래에 있다. 그렇더라도 율법의 의는 우리 안에서 이루어져야 한다(롬 8:4). 믿음의 교리에 무지한 자에게는 이 두 문장이 완전히 대립하는 것처럼 보인다.

그러므로 무엇보다 먼저 우리는 바울이 이 본문(10절)에서 무엇을 다루고 있는지, 바울이 무엇을 말하고자 하는지, 그리고 바울이 모세를 어떻게 바라보는지를 조심스럽게 주목해야 한다. 여기서 바울은 정치나 입법 문제가 아니라 영적 문제를 다루고 있다. 또 위선자와 거짓 사도들의 관점과 다르게 모세를 본다. 그리고 율법을 영적으로 해설한다. 문제는 특히 행하다는 말에 있다. 여기서 율법을 행하는 것은 단순히 외적으로 행하는 것이 아니다. 율법을 진실로 그리고 온전히 행하는 것을 의미한다. 따라서 율법에 기록된 것을 행하는 자는 두 종류가 있다. 첫 번째는 율법의 행위에 속해 있는 자로, 바울은 이들을 갈라디아서 전체를 통해 통렬히 비난한다. 두 번째는 믿음에 속한 자로, 이들에 대해서는 나중에 다룰 것이다.

따라서 율법 곧 율법의 행위에 속한 것과 믿음에 속한 것은 완전히 반대다. 이것은 하나님과 마귀, 죄와 의, 죽음과 생명이 정반대인 것과 같다. 율법에 속한 자는 율법으로 의롭다 함을 얻고자 하는 사람이다. 믿음에 속한 자는 자기가 그리스도로 말미암아 오직 자비로 의롭다 함을 얻는다는 진리를 확실히 신뢰하는 사람이다. 의는 믿음에 속해 있다고 말하는 자는 누구나 행위의 의를 저주하고 정죄할 것이다. 반대로 의는 율법에 속해 있다고 말하는 자는 누구나 믿음의 의를 저주하고 정죄할 것이다. 두 부류의 사람들은 서로 완전히 반대다.

이것을 생각한다면, 여러분은 율법을 지키는 것이 율법의 명령을 단순히 외적으로 행하는 것(위선자들이 상상하는 것처럼)이 아니라 영으로 즉 진실로 그리고 온전히 행하는 것을 의미한다는 점을 쉽게 이해할 것이다. 그러나 우리가 이처럼 율법을 온전히 지킬 자를 어디서 찾을 수 있겠는가? 그런 사람을 만나면 칭송해야 한다. 여기서 우리의 반대자는 금방 답변을 준비해서 이렇게 말한다. "오직 율법을 행하는 자라야 의롭다 하심을 얻으리니"(롬 2:13). 당연히 맞는 말이다. 그러나 우리가 먼저 이 사람들이 말하는 율법을 행하는 자가 누구인지 정의해 보자. 사람들은 율법이 명령하는 바를 행할 때 율법을 행하는 자로 불리고, 이 행함으로 의롭게 된다. 하지만 바울이 말하는 율법을 행하는 것은 이런 뜻이 아니다. 내가 말한 것처럼 율법에 속한 것과 믿음에 속한 것은 반대다. 그러므로 율법의 명령을 행함으로써 의롭다 함을 얻고자 하는 것은 믿음의 의를 부인하는 것이다. 하나님은 우리에게 믿음으로 그리고 자신의 이름을 두려워하는 마음으로 자기를 경배하라고 명하신다. 한편 믿음 없이 믿음을 거역하고 행위를 통해 의를 이루는 자는 정확히 율법을 정반대로 행하는 것이다. 이것은 정말 치명적으로 죄를 범하는 것이다. 그렇게 하면 그들은 하나님의 의와 자비, 약속을 부인하게 된다. 그리스도와 그분의 온갖 유익을 부인하게 되고, 그들의 마음속에 율법의 의(그들이 이해하지 못하는 의로 행하기는 더욱 불가능한)가 아니라 율법의 단순한 환상과 우상을 세우게 된다. 그러므로 우리가 강조해야 하는 바는 이것이다. 율법을 행할 때 그들은 진실로 율법을 지키는 것이 아닐 뿐만 아니라 오히려 죄를 범하는 것이 된다. 하나님의 모든 약속에 담겨 있는 신적 존엄을 부인하게 된다. 율법은 이런 목적으로 주어진 것이 아니다.

우리의 반대자는 율법을 이해하지 못하므로 율법을 악용한다(롬 10:3). 그들은 눈이 멀어 믿음과 약속을 판단하는 법을 모르고 있다. 그러므로 아무 지식이 없이 성경 속에 뛰어들어 단지 성경의 한 부분 곧 율법만을 붙잡고, 자기들의 행위로 율법을 행할 수 있다고 상상한다. 그러나 이것은 꿈이다. 마음을 홀리는 환영(幻影)에 불과하다. 우리의 반대자가 행하고 있다고 생각하는 율법의 의는 사실은 하나님을 거역하는 우상숭배와 불경죄일 뿐이다. 그러므로 그들은 저주 아래에 남아 있어야 한다.

우리의 반대자가 상상하는 방식으로 율법에 복종하는 것은 불가능하다. 그것으로 의롭다 함을 얻는 것은 더더욱 불가능하다. 율법 자체는 이와 정반대되는, 곧 죄를 더하고 진노를 가져오며 고소하고 두렵게 하고 정죄하는 역할을 한다. 그런데 어떻게 율법이 의롭게 할 수 있겠는가? 더구나 약속도 똑같은 것을 보여준다. 하나님은 아브라함에게 "땅의 모든 족속이 너로 말미암아 복을 얻을 것"이라고 말씀하셨다(창 12:3). 그러므로 아브라함의 약속에는 복 외에 다른 것은 없다. 만약 그 약속 밖에 있다면, 여러분은 저주 아래에 있는 것이다. 만약 저주 아래에 있다면, 여러분은 율법을 이루지 못한다. 여러분은 죄와 마귀, 영원한 사망 그리고 확실히 저주 다음에 오는 모든 것 아래에 있기 때문이다. 따라서 의가 율법으로 말미암아 온다면, 하나님의 약속은 헛될 것이다. 하나님이 이처럼 풍성하게 자신의 복을 부어 주시는 것도 헛될 것이다. 하나님은 우리가 율법을 이룰 수 없음을 이미 알고 계셨다. 율법이 주어지기 오래전에 이것을 대비하여 아브라함에게 복을 약속하셨다. 이것은 모든 사람이 율법이 아니라 아브라함에게 주어진 약속을 통해 복을 받게 되리라는 것을 증명했다. 따라서 율법을 붙잡고 약속을 멸시하면서 율법으로 의롭게 되기를 바라는 자는 저주 아래에 있다.

그러므로 여기서 행하는 것은, 무엇보다 먼저 믿고 믿음을 통해 율법에 복종하는 것을 의미한다. 그렇기 때문에 우리는 먼저 성령을 받아야 한다. 먼저 성령으로 말미암아 깨닫고 새 피조물이 되어야 한다. 그런 후에 비로소 우리는 율법에 복종하기 시작한다. 다시 말해, 하나님과 이웃을 사랑하게 된다. 그러나 성령은 율법을 통해 받는 것이 아니라(율법 아래에 있는 자는, 바울이 말하는 것처럼, 저주 아래에 있으니까) 우리가 듣는 것을 믿음으로써 받는다. 곧 약속을 통해 받는다. 우리는 오직 아브라함에게 주어진 약속과 아브라함의 믿음으로 아브라함과 함께 복을 받을 수 있다. 그러므로 다른 무엇보다 우리는 그리스도를 제시하고 그리스도를 모든 신자에게 제공하는 약속을 듣고 받아들여야 한다. 그렇게 해야 믿음으로 그리스도를 붙잡았을 때 그리스도로 말미암아 우리에게 성령이 주어진다. 이렇게 성령을 받으면, 우리는 하나님과 이웃을 사랑하고 선을 행하며 인내하고 십자가를 짊어지는 사람이 된다. 이것이 율법에 대한 참된 복종이다. 참된 정의에 따르면 율법을 행하는 것은 예수 그리스도를 믿는 것이다. 일단 그리스도를 믿는 믿음을 통해 성령을 받으면 율법의 명령을 행하게 된다. 그렇지 않고는 율법을 행할 수 없다. 약속이 없으면—절대로 율법이 아니다—복도 없다고 성경은 말하기 때문이다. 그러므로 약속이 없으면 율법을 행할 수 없다. 나무가 먼저 있고 그 다음에 열매가 나오는 법이다. 사과가 사과나무를 만드는 것이 아니고 사과나무가 사과를 만든다. 따라서 믿음이 먼저 와서 나중에 선을 행하는 사람을 만든다. 그렇기 때문에 믿음 없이 율법을 행하는 것은 나무 없이 목재와 흙으로 사과를 만드는 것과 같다. 그것은 사과를 만드는 것이 아니다. 그저 환상에 불과하다. 반면에 나무가 만들어지면, 즉 그리스도를 믿는 믿음을 통해 사람이 만들어지면, 행위는 자연스럽게 이어질 것이다.

따라서 행하는 자로 불리는 것은 행해진 일 때문이 아니라 행해져야 할 일 때문이다. 그리스도인은 의로운 일을 행함으로써 의롭게 되는 것이 아니다. 그리스도를 믿는 믿음으로 의롭게 되었기 때문에 의로운 일을 행하는 것이다. 바로 이것이 바울이 "오직 율법을 행하는 자라야 의롭다 하심을 얻으리니"라고 말할 때 가리키는 의미다(롬 2:13).

그러므로 현재 본문(10절)에서 바울은—얼핏 보면 그렇게 보이는 것처럼—반대 사실을 통해 한 가지 사실을 증명하는 것이 아니다. 그 사실을 올바르게 적절한 순서를 따라 증명한다. 모세도 "모든 일을 항상 행하지 아니하는 자는 저주 아래에 있는 자라"고 말할 때 바울이 말하는 바와 똑같은 사실을 가르치고 있는 것이다. 어느 누구도 모든 일을 행하지 못하므로, 율법 아래에 있는 자는 율법을 지키지 못한다. 그리고 그들은 율법을 지키지 못하기 때문에 저주 아래에 있다. 율법을 진실로 지키는 자는 위선자와 구별되어야 한다. 율법을 진실로 지키는 자는 열매를 맺기 전에 믿음을 통해 좋은 나무가 되는 자, 곧 일하기 전에 좋은 행위자와 일꾼이 되는 자다. 모세가 말하는 사람도 바로 이런 사람이다. 그러나 위선자는 자기의 행동이 자기를 의롭게 하고 인정받을 수 있게 만들 것이라고 생각한다. 위선자는 죄인이자 불의한 자인 자기들이 선행으로 의롭게 될 것이라고 상상한다. 그러므로 위선자는 기초를 세운답시고 지붕을 먼저 짓기 시작하는 어리석은 건축자와 같다. 위선자는 행위로 의롭게 되는 길을 추구함으로써 행위로부터 행위자를 만드는 자가 되고 만다. 이것은 모세의 말과 직접 반대된다. 모세는 이런 행위자를 저주 아래 두었다. 바울도 똑같았다.

그러므로 이런 사람들은 율법을 행하는 동안 첫째 계명, 하나님의 약속, 아브라함에게 약속된 복을 부인하게 된다. 그들은 믿음을 포기하고, 자기 자신의 행위로 복을 받으려고 애쓴다. 다시 말해, 자기 자신의 행위로 죄와 사망에서 의롭게 되고, 마귀를 정복하며, 맹렬히 천국을 붙잡으려고 시도한다. 이것은 분명히 하나님을 거부하고 자기 자신을 하나님의 자리에 두는 것이다. 이것들은 모두 하늘이나 땅의 다른 피조물의 일이 아니라 오직 엄위하신 하나님의 일이기 때문이다.

바울은 첫째 계명을 통해 적그리스도가 가증한 교훈을 교회 안에 침투시키리라 것을 쉽게 예측할 수 있었다. 사실 첫째 계명을 통해 하나님이 우리에게 요구하시는 것—즉 하나님에 대한 경외와 믿음, 사랑—외에 다른 경배가 구원에 필수적이라고 가르치는 자는 모두 분명히 자기 자신을 하나님의 자리에 두는 적그리스도들이다. 그리스도는 이런 자들이 나타날 것이라고 직접 예언하셨다(마 24:5). 오늘날도 믿음 없이 행위로 의를 구하는 자는 누구나 "이것을 행하면 의롭게 될 것이다. 죄와 사망, 마귀, 하나님의 진노, 지옥을 정복하고 영생을 얻을 것이다"라고 생각함으로써 하나님을 부인하고 자기 자신을 하나님으로 삼는 자라고 충분히 주장할 수 있다. 이것이 오직 하나님께 속해 있는 것을 자기 자신이 취하고, 자기가 하나님이라고 말하는 것이 아니면 무엇이란 말인가? 따라서 믿음 없이 행하는 자는 모두 우상숭배자이다. 그뿐 아니라 하나님을 부인하고 자기 자신을 하나님의 자리에 두는 실질적인 무신론자다(벧후 2:1-2).

구약성경에서 우상숭배를 반대하는 모든 예언은 첫째 계명에서 흘러 나왔다. 모든 악한 왕과 선지자는, 신실하지 못한 백성들과 함께 첫째 계명과 하나님이 정하신 예배를 거부했다. 그들은 아브라함의 자손을 통해 모든 민족이 복을 받고 거룩하게 되리라는 약속을 무시했다. 그들은 하나님의 말씀과 완전히 반대되는 악한 예배를 정해 놓고, 결국은 "이 예배로 우리가 애굽 땅에서 우리를 인도하신 하나님을 섬기고 찬송하겠다"고 말했다. 그래서 여로보암은 두 개의 금송아지 형상을 만들어 놓고 "이스라엘아, 이는 너희를 애굽 땅에서 인도하여 올린 너희의 신들이라"고 말했다(왕상 12:28). 여로보암은 이것이 이스라엘을 구속하신 참 하나님에 관한 예배라고 말했다. 하지만 여로보암과 그의 모든 백성은 우상숭배자였다. 그들은 첫째 계명과 반대로 하나님을 경배했기 때문이다. 그들은 단지 행위만을 바라보고 있었고, 그 행위를 했을 때 자기들을 하나님 앞에서 의인으로 간주했다. 이것은 그들이 자기들을 애굽 땅에서 인도하셨다고 입술로 고백했던 하나님을 직접 부인하는 행동이었다. 바울은 이런 우상숭배자들에 관해 "하나님을 시인하나 행위로는 부인하니"라고 말한다(딛 1:16).

따라서 모든 위선자와 우상숭배자는 오직 존엄하신 하나님과 그리스도께 속한 일을 부당하게 자기들이 행한다. 물론 그들은 "내가 하나님이다, 내가 그리스도다"라고 직접 말하지 않는다. 그러나 실제로는 교만하게 그리스도의 직분과 신성에 도전한다. 따라서 그것은 "내가 그리스도다. 내가 나 자신뿐만 아니라 다른 사람들의 구주다"라고 말하는 것과 같다. 이런 위선은 하나님의 복으로 의롭게 되기를 거부한다. 또는 창조주 하나님에 의해 새로 지음받기를 거부한다. 이런 위선은 받는 자가 되기를 바라거나 자기에게 어떤 일이 행해져야 한다는 사실을 인정하지 않는다. 오히려 자기가 행위자가 되어, 하나님이 하셔야 하고 하나님으로부터 받아야 할 일을 스스로 행한다. 이것은 아브라함과 그의 믿는 후손에게 약속으로 주신 복을 멸시하는 것이다. 이 복이 없이 행함으로 율법의 의를 추구하는 것은 정말 두려운 일이다. 이런 사람은 하나님을 부인하고 피조물을 창조주의 자리에 둔다.

그러므로 진정으로 율법을 행하는 자는 율법을 외적으로 지키는 위선자가 아니다. 바로 성령을 받고 율법을 이루는—하나님과 이웃 등을 사랑하는—참 신자다. 우리는 율법의 참된 준수는 믿음으로 거듭난 인격으로 가능하다는 사실을 알아야 한다. 복음에 따르면 의롭게 된 자가 의로운 일을 행한다. 의롭고 정당한 자가 되는 것은 사람들이 의로운 일을 행하기 때문이 아니다. 따라서 믿음으로 의롭게 된 우리가 선을 행하고, 이 선행을 통해 우리의 부르심을 날마다 확증하고 굳건하게 한다(벧후 1:10). 그러나 우리는 단지 성령의 첫 열매만을 갖고 있고, 우리 안에는 여전히 죄의 잔재가 남아 있다. 그러므로 율법을 완전히 행하지는 못한다. 그렇더라도 이 불완전함이 아브라함에게 약속을 주시고 우리에게 복을 베풀어 주신 그리스도를 믿는 자에게는 전가되지 않는다. 우리는 하나님이 오래 참으시는 동안 그리스도로 말미암아 양육을 받고 소중히 보살핌을 받는다. 우리는 강도에게 상처를 입은 사람과 같다. 기름과 포도주를 붓고 그 상처를 싸맨 후에 자기 짐승에 태워 주막으로 데리고 간다(눅 10:30-35). 우리는 주님이 우리를 완전히 해방시키기 위해 다시 와서 손을 펴서 어루만지실 때까지 주막에서 소중히 보살핌을 받는다(사 11:11).

모세는 우리에게 율법에 완전히 복종할 것을 요구한다. 그러나 우리가 어디서 이런 사람을 찾을 수 있겠는가? 어디에도 없다. 다윗은 "주의 종에게 심판을 행하지 마소서. 주의 눈앞에는 의로운 인생이 하나도 없나이다"라고 말한다(시 143:2). 바울은 "내가 원하는 것은 행하지 아니하고 도리어 미워하는 것을 행함이라"고 말한다(롬 7:15). 그러므로 모세는 바울과 함께 우리를 그리스도에게 이끈다. 그 결과 우리는 그리스도를 통해 율법을 행하는 자가 되고, 어떤 범죄에 대해서도 죄책이 없다고 여겨진다. 이것이 어떻게 가능한가? 첫째, 우리가 그리스도를 믿는 믿음으로 말미암아 죄 사함을 받고 의인으로 간주되기 때문에 가능하다. 둘째, 우리에게 새 생명을 주어 율법을 효과적으로 따를 수 있도록 성령 하나님의 은사가 주어지기 때문에 가능하다. 행하지 않은 것은 그리스도로 말미암아 용서받고, 우리 안에 어떤 죄가 남아 있더라도 그 죄가 우리에게 돌려지지 않는다. 따라서 모세는 바울과 똑같은 일을 하고 있다. 그것은 모세가 사람들은 자기들이 행하는 일로 자기 자신을 의롭게 하려고 하는 한 율법을 행하지 못한다고 말하고, 또 바울과 같이 그들이 저주 아래에 있다고 결론짓기 때문이다. 그러므로 모세는 믿음을 갖고 있는 자를 율법의 참된 준수자로 인정한다. 이것은 바울이 믿음을 갖지 않은 자는 율법을 참으로 지키는 자가 아니라고 비난하는 것과 같다.

3:11 또 하나님 앞에서 아무도 율법으로 말미암아 의롭게 되지 못할 것이 분명하니 이는 의인은 믿음으로 살리라 하였음이라   여기서 바울은 하박국 2:4를 인용한다. 바울은 요컨대 이렇게 말한다. "우리에게 어찌 긴 논증이 필요하겠는가? 의인은 믿음으로 살리라는 선지자의 명백한 말을 가지고 왈가왈부할 수 있는 자는 아무도 없다. 만약 그들이 믿음으로 산다면 율법으로는 살지 못한다. 율법은 믿음이 아니기 때문이다." 여기서 바울은 율법을 믿음과 반대되는 것으로 간주한다.

이 말("의인은 믿음으로 살리라")을 의인은 행함이 있는 믿음으로 사는 것을 의미한다고 곡해하는 것은 성경을 더럽히는 일이다. 믿음은 사랑으로 이루어지고 사랑으로 온전하게 되는 것이므로, 만약 믿음이 사랑의 행위로 이루어지지 않는다면 그것은 우리를 의롭게 하지 못한다고 왜곡해서는 안 된다. 성령은 의인이 사랑으로 이루어지고 아름답게 되고 온전하게 되는 믿음으로 살 것이라고 말씀하실 수도 있었다. 그러나 의도적으로 이것을 생략하고, "의인은 믿음으로 살리라"고 간명하게 말씀하신다. 하나님이 요구하신 믿음은 하나님이나 그분의 약속을 의심하지 않는 믿음이다. 그것은 그리스도로 말미암아 죄 사함을 얻고, 그 결과 우리가 그리스도 안에서 안전하고 확실하게 남아 있으며, 항상 우리의 눈앞에 중보자의 고난과 피 그리고 중보자의 모든 유익을 두게 되리라는 것을 확실히 믿는 참된 믿음이다. 그리스도를 믿음으로 붙잡는 것이 우리가 이 유익들을 우리의 눈앞에 둘 수 있는 유일한 길이다.

3:12 율법은 믿음에서 난 것이 아니니 율법이 무엇인가? 율법은 사랑의 율법이 아닌가? 맞다. 율법은 사랑 외에 다른 것을 가르치지 않는다(출 26:6, 신 6:5, 마 22:37-40에서 확인할 수 있다). 따라서 사랑을 명령하는 율법이 믿음과 반대된다면, 사랑의 행위—율법—는 믿음에서 난 것이 아니라는 결론이 나온다. 율법은 분리시키고 구별시킨다. 오직 믿음만이 우리를 의롭게 하고 우리에게 영생을 주는 것으로 남아 있다.

여기서 바울의 논증은 하나님 앞에서 유일하게 칭의와 생명을 얻는 자는 믿는 자 곧 율법 없이, 사랑 없이, 오직 믿음으로 의와 영생을 얻는 자라는 것이다. 그 이유는 율법은 믿음에서 난 것이 아니기 때문이다. 곧 율법은 믿음에 속해 있는 것이 아니기 때문이다. 율법의 행위는 믿음도 아니고 믿음에서 난 것도 아니다. 믿음은 약속이 율법과 다른 것만큼 율법과 다르다. 우리는 약속이 우리의 행함으로 주어지는 것이 아니라 믿음으로 주어진다고 주장한다. 약속과 율법은 큰 차이가 있고, 따라서 믿음과 행위도 큰 차이가 있다. 이것은 하늘과 땅의 차이와 같다.

그러므로 믿음은 절대로 율법에 기초를 둘 수 없다. 믿음은 오직 약속에 의존한다. 믿음은 오직 하나님을 붙잡고 하나님에게서 오는 좋은 것들을 받아들인다. 반대로 율법과 행위는 하나님에게 요구하고, 행동하고, 드리는 것이다. 아벨은 제물을 바쳤을 때에는 하나님께 드렸지만 믿음으로는 하나님께 받았다. 그러므로 바울은 하박국서 본문을 통해 의인은 오직 믿음으로 산다고 결론짓는다. 율법은 약속이 아니므로 율

법이 믿음에 속할 방도는 절대로 없다. 그러나 믿음은 오직 약속에 의존
한다. 그러므로 율법과 약속이 차이가 있는 것만큼 행위와 믿음도 차이
가 있다.

율법을 행하는 자는 그 가운데서 살리라　여기서 바울은 율법과 복음의 참
된 의를 증명한다. 율법의 의는 율법을 행하는 것이다. 믿음의 의는 믿는
것이다. 율법은 우리에게 하나님께 어떤 것을 드리라고 요구한다. 그러
나 믿음은 하나님의 약속을 믿고 하나님께로부터 약속을 받는 것 외에
우리에게 어떤 일을 행하거나 하나님께 어떤 것을 드리라고 요구하지
않는다. 그러므로 율법이 하는 일은 행하는 것이고, 믿음이 하는 일은 약
속에 동의하는 것이다. 율법과 약속이 다른 것처럼 행하는 것과 믿는 것
도 다르다. 이 구별에 따라 바울은 여기서 사랑과 믿음을 분리시키고, 사
랑은 의롭게 하지 못한다고 가르친다. 그 이유는 율법은 칭의를 위해서
아무것도 하지 못하기 때문이다. 오직 믿음만이 의롭게 하고 생명을 가
져온다. 그러나 그것은 헛된 것이 아니다.

　　믿을 때 우리는 오직 그리스도를 믿는 믿음으로 산다. 죄가 없고 우
리의 속죄소와 죄 사함이 되시는 그리스도를 믿는 믿음으로 산다. 반면
에 율법을 행할 때 우리는 의나 생명을 얻지 못한다. 율법이 행하는 것
은 의롭게 하고 생명을 주는 것이 아니다. 죄를 드러내고 멸망시키는 것
이다. 율법은 "율법을 행하는 자는 그 가운데서 살리라"고 말한다. 그러나
율법을 행하는 자가 어디 있는가? 곧 누가 온 마음을 다해 하나님을 사
랑하고 이웃을 자신과 같이 사랑하는가? 율법을 행하는 자는 아무도 없
다. 아무리 행하려고 애써도 행하지 못한다. 따라서 우리는 저주 아래에
있다. 그렇지만 믿음은 그리스도를 의롭게 하시는 분으로 믿는다. 그러
므로 우리는 우리가 행하는 것 때문에 살지 않고 우리의 믿음 때문에 산
다. 신실한 사람은 율법의 요구를 행하되, 그가 행하지 못하는 것은 그리

스도로 말미암은 죄 사함을 통해 용서받는다. 이때 그는 남은 죄로 비난
받지 않는다.

　　그러므로 바울은 이 본문(12절)에서 그리고 로마서 10장에서 율법
의 의와 믿음의 의를 비교하고, 요컨대 이렇게 말한다. "물론 우리가 율
법을 행할 수 있다면 정말 좋을 것이다. 그러나 아무도 행할 수 없기 때
문에 우리는 '모든 믿는 자에게 의를 이루기 위하여 율법의 마침이 되
시는' 그리스도께 피해야 한다(롬 10:4)." 그리스도는 율법 아래에서 태
어나셨으므로 율법 아래에 있는 우리를 구속하실 수 있다(갈 4:4-5). 우
리는 그리스도를 믿으면 성령을 받고 율법에 복종하기 시작한다. 그리
스도를 믿는 믿음으로 말미암아 우리가 행하지 못하는 것에 대해 죄책
이 없다. 그러나 다가올 세상에서는 믿음이 더 이상 필요 없을 것이다
(고전 13:12). 그때에는 영원한 위엄이 가장 영광스럽게 빛나고, 우리는
하나님을 계시는 그대로 보게 될 것이다. 그때에는 하나님에 관한 참되
고 완전한 지식, 이성과 선한 의지의 완전한 빛이 있을 것이다. 그동안
우리는 믿음으로 의의 소망을 바라보고 있다. 하지만 그리스도가 아니
라 율법으로 죄 사함을 구하는 자는 결코 율법을 행하지 못하고 저주 아
래 남아 있게 된다.

　　바울이 유일하게 의인으로 부르는 자는, 율법 없이 약속을 통해 또
는 약속을 믿는 믿음을 통해 의롭다 함을 얻은 자다. 율법의 요구를 행
하는 것에 의존하고 율법의 요구를 행하는 것처럼 보이는 자는 율법을
행하는 것이 아니다. 율법의 요구를 행하는 것에 의존하는 자는 모두 저
주 아래에 있고, 그들은 율법을 이루었을 때에만 저주에서 벗어나게 된
다고 바울은 결론짓는다. 율법의 요구를 행한 자가 복을 받게 되는 것은
사실이지만, 율법의 요구를 행한 자는 하나도 찾아볼 수 없다.

　　율법은 이중의 의미—정치적 의미와 영적 의미—를 갖고 있다. 만약
여러분이 이 문장("율법을 행하는 자는 그 가운데서 살리라")을 시민법을 의미

하는 것으로 이해한다면, 사람은 정부에 복종하면 처벌과 죽음을 면하리라는 것을 의미할 수 있다. 그때 국가 당국자는 그를 처벌할 권한이 없기 때문이다. 이것이 율법의 정치적 의미이다. 이것은 법을 잘 지키지 않는 자를 제어하는 데 도움을 준다. 그러나 여기서 바울은 율법의 정치적 의미에 관해 말하는 것이 아니다. 바울은 율법을 신학자로 다루고 있다. 그러므로 조건이 들어 있다. 바울은 요컨대 이렇게 말한다. "만일 율법을 지킬 수 있었다면 사람들은 행복할 것이다. 그러나 이런 사람들이 어디 있는가? 사람들은 다만 율법 없이 믿음으로 의롭다 함을 얻어야 율법을 행하는 자가 된다."

따라서 바울은 율법의 명령을 행하는 것에 의존하는 자를 저주하고 정죄할 때, 믿음으로 의롭다 함을 얻은 자에 관해 말하는 것이 아니다. 그리스도를 믿는 믿음이 없이 행위로 의롭다 함을 얻으려고 애쓰는 자에 관해 말하는 것이다. 바울은 여기서 믿음으로 의롭다 함을 얻고 진실로 율법의 요구를 행하는 자에 대해서는 반대하는 말을 하지 않는다. 그들이 율법의 행위에 의존하지 않기 때문이다. 바울은 단순히 율법을 지키지 않는 자를 반대하는 것이 아니라 율법에 대하여 죄를 범하는 자를 반대하는 것이다. 율법은 우리에게 참된 믿음을 갖고 하나님을 경외하고 사랑하고 경배하라고 명하기 때문이다. 율법에 대하여 죄를 짓는 자는 율법에 대하여 이렇게 하지 않는다. 하나님이 명하시지 않은 새로운 예배와 행위를 선택함으로써 하나님의 분노를 진정시키기는커녕 오히려 분노를 자극한다(마 15:9). 그러므로 그들은 불신앙으로 가득 차 다른 무엇보다 첫째 계명을 극악하게 어기고 죄를 범하는 우상숭배자로서 하나님을 거역한다. 나아가 그들은 탐욕과 진노 그리고 다른 온갖 악한 감정으로 충만하다. 요약하면 그들 속에는 외적으로 의인처럼 율법에 순종하는 것처럼 보이는 것을 제외하면 선한 것이 아무것도 없다.

믿음으로 의롭다 함을 얻은 우리도 족장과 선지자 그리고 모든 성도와 마찬가지로 칭의를 율법의 요구에 의존하지 않는다. 우리는 육체 안에 있고 우리 속에는 여전히 죄의 잔재가 남아 있다. 곧 우리는 율법 아래에 있다. 그러나 우리가 믿는 그리스도로 말미암아 남아 있는 죄가 우리에게 죄책을 돌리지 못하기 때문에 우리는 저주 아래에 있지 않다. 육체는 하나님의 원수이고, 우리 안에 남아 있는 육체의 정욕은 율법을 이루지 못한다. 뿐만 아니라 우리를 거역하고 우리를 종으로 끌고 가기 때문에 우리는 율법에 대하여 죄를 범한다(롬 7장). 따라서 성도들은 율법을 이루지 못하고 율법에 반하는 일을 많이 행하면 확신을 가지고 하나님을 찾을 수 없다. 또 악과 죄의 잔재가 여전히 성도들 속에 남아 있어서 하나님을 경외하고 사랑하지 못하게 한다고 해도 마찬가지다. 마땅히 해야 할 만큼 하나님을 찬양하거나 하나님의 말씀을 존중할 수 없다. 이것은 아직 믿음으로 의롭다 함을 얻지 못하고 하나님의 말씀과 사역을 진심으로 멸시하고 미워하는 하나님의 원수들 속에서는 더 참된 사실이다. 그래서 바울은 여기서 아직 믿음을 받지 못하고 율법을 이루는 것으로 의롭다 함을 얻고자 하는 자들에 관해 말하는 것이다. 이미 믿음으로 의롭다 함을 얻은 조상과 성도들에 관해 말하는 것이 아니다.

3:13 그리스도께서 우리를 위하여 저주를 받은 바 되사 율법의 저주에서 우리를 속량하셨으니 기록된 바 나무에 달린 자마다 저주 아래에 있는 자라 하였음이라

바울은 그리스도는 자기 자신을 위해서가 아니라 우리를 위하여 저주를 받으셨다고 말한다. 그리스도는 그분 자신의 인격에 관한 한 죄가 없다. 그러므로 나무에 달려서는 안 된다. 그러나 모세의 율법 아래에서 모든 강도와 죄수는 나무에 달려 죽어야 했으므로, 죄인과 강도의 인격―의로운 자가 아니라 모든 죄인과 강도의 인격―을 취하신 그리스도 역시 나무에 달려 죽으셔야 했다. 우리는 죄인과 강도이다. 그러므로 사망과 영원한 파멸의 죄책을 갖고 있다. 그러나 그리스도가 우리의 모든 죄를 짊어지

고 우리의 죄를 대속하려고 십자가에 달려 죽으셨다. 이런 이유로 그리스도께서 "범죄자 중 하나로 헤아림을 받으신" 것은 당연했다(사 53:12).

의심할 것 없이 모든 선지자가 그리스도께서 지금까지 세상에 있었던 또는 있을 수 있는 가장 큰 범죄자이자 살인자, 간음자, 강도, 반역자, 모독자가 되실 것이라고 예언했다. 온 세상의 죄를 위하여 제물이 되신 그리스도는 이제 죄가 없는 사람이 아니다. 이제 그리스도는 동정녀 마리아에게서 태어난 하나님의 아들이 아니다. 모독자와 학대자와 박해자였던 바울의 죄, 그리스도를 부인했던 베드로의 죄, 간음죄와 살인죄를 저지르고 이방인들에게 여호와의 이름을 모독하게 만든 다윗의 죄를 짊어지고 있는 죄인이다. 요컨대 그리스도는 모든 사람의 모든 죄를 자신의 몸에 짊어지고 계신다. 그리스도는 이 죄를 저지르지 않았고 우리가 저지른 죄를 받으신 것이다. 우리가 저지른 죄를 그리스도께서 자신의 몸에 짊어지셨고, 그리하여 자신의 피로 우리가 저지른 죄를 배상하실 수 있다(사 53:5, 마 20:18-19). 그리스도께서 죄인과 범죄자 가운데서 발견되었기 때문에 모세의 일반적 선고에 그리스도도 포함된다(그분 자신의 인격은 무죄하더라도). 이것은 국가 재판관이, 어떤 사람이 직접 죄를 저지르지 않았어도 다른 강도와 범죄자들 속에서 그를 발견할 때 강도와 범죄자로 간주하고 그를 처벌하는 것과 같다. 그리스도도 죄인들 속에서 발견되었다. 뿐만 아니라 그분은 자기 자신과 자기 아버지의 뜻에 따라 죄인들의 동료가 되어 죄인이자 강도였던 자의 혈과 육을 직접 취하시고 온갖 죄에 뛰어든 자가 되셨다. 그러므로 율법은 그리스도를 강도들 속에서 찾아냈을 때 강도처럼 정죄하고 죽였다.

어떤 이는 하나님의 아들을 저주받은 죄인으로 부르는 것은 지극히 불합리한 비방이라고 주장할 것이다. 만약 그리스도가 죄인으로 저주받은 것을 부인한다면, 여러분은 그리스도께서 십자가에 못 박히고 죽으신 것도 부인하지 않으면 안 된다고 생각한다. (우리가 믿음으로 고백

하는 것처럼) 하나님의 아들이 십자가에 못 박혀 죄와 사망의 고통을 겪
으셨다고 말하는 것은, 그분이 죄인으로 저주를 받으셨고 그것도 모든
죄인 가운데 가장 큰 죄인이었다고 말하는 것과 같이 부조리하지 않다
(고후 5:21). 그리스도는 흠도 없고 점도 없는 하나님의 어린양이므로 진
실로 죄가 없으시다(요 1:29). 그러나 세상 죄를 짊어지기 때문에 그리스
도의 무죄는 온 세상의 죄와 죄책으로 얼룩진다. 나와 여러분 그리고 우
리 모두가 어떤 죄를 범했든 간에, 또는 이후에 어떤 죄를 범하든 간에,
그 죄는 모두 그리스도 자신이 직접 지은 것처럼 그분의 죄가 된다. 요
컨대 우리의 죄는 그리스도 자신의 죄가 되어야 한다. 그렇지 않으면 우
리는 영원히 멸망할 것이다.

이사야는 그리스도에 관해 "여호와께서는 우리 모두의 죄악을 그
에게 담당시키셨도다"라고 말한다(사 53:6). 우리는 이 말을 절대로 간과
해서는 안 된다. 하나님은 이사야 선지자를 통해 아주 진지하게 말씀하
고 계신다. 그리스도가 큰 사랑으로 하나님의 어린양이 되어 우리 모두
의 죄를 담당할 것이라고 말씀하신다. 그런데 죄악을 담당한다는 것은
무슨 뜻일까? 만약 그것이 그리스도께서 처벌받는 것을 의미한다면, 그
리스도는 왜 처벌을 받으실까? 그것은 그리스도께서 죄가 있고 죄를 담
당하시기 때문이 아닌가? 성령은 시편 40편에서 그리스도는 죄가 있다
고 말씀하신다. "나의 죄악이 나를 덮치므로 우러러볼 수도 없으며, 죄
가 나의 머리털보다 많으므로 내가 낙심하였음이니이다"(12절. 시 41:4,
69:5 참조). 여기서 성령은 그리스도의 인격으로 말씀하고 계시고, 분명
히 그리스도께서 죄가 있다고 선언하신다. 이 증언은 무죄하신 그리스
도에 대한 말이 아니다. 바로 모든 죄인의 인격을 직접 취해 온 세상 죄
의 죄책을 자기 몸에 짊어진 고난의 종 그리스도에 대한 말이다.

그러므로 그리스도는 십자가에 못 박히고 죽으셨을 뿐만 아니라
(엄위하신 하나님의 사랑으로 말미암아) 죄를 자신이 담당하셨다. 그러므로

바울이 모세의 이 일반적인 진술을 그리스도에게 적용시키는 것은 확실히 정당하다. 그리스도는 나무에 달리셨고, 그렇게 하나님께 저주를 받으셨다.

그리스도께서 우리의 죄로 옷 입으신다는 것 곧 그리스도께서 내 죄, 여러분의 죄 그리고 온 세상의 죄를 뒤집어쓰신 것, 그래서 우리의 모든 죄악을 짊어지고 있는 그분을 바라보는 것은 모든 그리스도인에게 특별한 위로를 준다. 그리스도를 이와 같이 바라보면 행위로 얻는 의에 관한 모든 관념은 쉽게 극복될 것이다. 만약 사랑으로 꾸며진 믿음이 죄를 제거하고 하나님 앞에서 우리를 의롭게 만든다고 생각하면, 우리는 그리스도에게서 우리의 죄를 벗겨 내고 그분을 무죄한 자로 만들게 된다. 그렇게 되면 우리는 우리 자신의 죄를 다시 떠맡고 죄에 압도되며, 결국은 우리의 죄가 그리스도가 아니라 우리 자신 속에 있는 것으로 간주된다. 그러면 그리스도는 완전히 우리에게 무익한 분이 되고 만다. 만약 우리가 율법에 순종하는 것과 사랑의 행위로 죄를 제거하는 것이 사실이라면, 그리스도는 죄를 제거하시는 분이 아니다. 만약 그리스도께서 우리를 위하여 저주를 받으신 하나님의 어린양이라면, 우리는 절대로 우리가 행하는 일로 의롭다 함을 얻을 수 없다. 하나님은 우리의 죄를 우리에게 두시지 않고 자기 아들 그리스도에게 두셨다. 그리하여 그리스도는 우리를 위하여 형벌을 담당하심으로써 우리의 평화가 되고, 그분의 상처로 말미암아 우리가 나음을 받는다(사 53:5). 어쨌든 우리의 죄는 우리가 제거할 수 없다. 모든 성경이 이것을 증언한다. 우리 역시 "나는 우리를 위하여 고난을 당하고 십자가에 못 박히고 죽으신 하나님의 아들 예수 그리스도를 믿는다"고 말할 때 그것을 기독교 신앙의 한 조항으로 고백한다.

따라서 복음 교리는 우리의 행위나 율법의 행위에 관해서는 아무 말을 하지 않는다. 대신 가장 비참하고 불행한 죄인들을 향하신 하나님의 헤아릴 수 없는 자비에 관해 말을 많이 한다. 다시 말해, 우리의 가장 자애로운 아버지께서 우리가 율법의 저주로 학대받고 압도되고, 우리 자신의 힘으로는 더 이상 거기서 벗어날 수 없음을 보셨다. 자신의 유일한 아들을 세상에 보내 그분에게 모든 사람의 죄를 담당시키심으로써 그분에게 내가 주님을 부인한 베드로라고 말하게 하셨다. 내가 주님을 핍박하고 학대하고 모독한 바울이라고, 간음한 다윗이라고, 낙원의 열매를 따먹은 죄인이라고, 십자가에 달린 강도라고―요컨대 모든 사람의 죄를 저지른 사람이라고―말하게 하셨다. 이때 율법이 함께 와서 이렇게 말한다. "나는 그가 죄인이고, 그에게 모든 사람의 죄가 두어진 것을 발견한다. 그 안에서 죄 외에 다른 것은 보지 못하겠다. 그러므로 그는 십자가에 못 박혀 죽어야 한다." 그래서 하나님은 그리스도를 공격하고 죽이신다. 이런 방식으로 온 세상은 온갖 죄에서 정결하고 깨끗하게 되며, 사망과 온갖 악에서 해방된다. 이처럼 죄와 사망이 이 한 사람으로 말미암아 제거되기 때문에, 하나님은 믿기만 하면 온 세상에서 깨끗함과 의 외에 다른 것은 보지 않으신다. 어떤 죄의 흔적이 남아 있더라도 그리스도 안에 있는 큰 영광으로 말미암아 눈감아 주신다.

따라서 어떤 말로도 엄청난 그리스도인의 의를 온전히 전할 수 없다고 하더라도, 그리스도인의 의의 교리가 율법의 의를 반대한다는 것만큼은 크게 강조해야 한다. 여기서 바울의 논증은 다음과 같은 대조를 담고 있다. 이것은 율법의 의를 반대하는 어떤 논증보다 더 강력하다. 만약 온 세상의 죄가 한 사람 예수 그리스도 안에 있다면 이 죄는 세상 속에 있지 않다. 온 세상의 죄가 한 사람 예수 그리스도 안에 있지 않다면 이 죄는 여전히 세상 속에 있다. 또한 그리스도께서 우리가 저지른 모든 죄의 죄책을 갖고 계신다면, 우리는 우리 자신에 의해서나 또는 우리 자신의 행위나 공로에 의해서가 아니라 그리스도로 말미암아 모든 죄에서 해방된다. 그러나 그리스도께서 무죄하고 우리의 죄를 담당하지 않으신다면, 우리가 우리의 죄를 담당해야 하고 결국 그 안에서 우리는 죽고 파멸당할 것이다. "우리 주 예수 그리스도로 말미암아 우리에게 승리를 주시는 하나님께 감사하노니!"(고전 15:57)

그러므로 우리는 두 대립 요소가 한 사람 그리스도 안에서 어떻게 조화될 수 있는지 알아보아야 한다. 그리스도께서 내 죄와 여러분의 죄뿐만 아니라 온 세상의 과거와 현재, 미래의 죄를 담당하신다. 그로 말미암아 그분은 정죄를 당하기 시작하고, 확실히 정죄를 당하신다. 그러나 이 같은 사람—가장 높고 가장 큰 죄인—안에는 또한 정복할 수 없는 영원한 의가 있다. 따라서 가장 높고 가장 큰 죄가 가장 높고 가장 큰 의와 충돌한다. 이처럼 둘은 서로를 강력히 반대하기 때문에 하나는 상대에게 져야 한다. 그 결과 그리스도 안에서 모든 죄는 소멸되고 죽임을 당하며 장사되고, 대신 의가 정복자로 남아 영원토록 다스린다.

또한 사망도 그리스도로 말미암아 온 세상에서 소멸되고 폐기된다. 그 결과 이제는 더 이상 사망을 죽이신 분을 믿는 자를 해하지 못한다(호 13:14). 세상에 대한 하나님의 진노에 찬 저주는, 그리스도 안에서 주어지는 은혜의 복과 하나님의 영원한 자비와 싸움을 벌인다. 이 저주는 은혜의 복을 정죄하고 무력화하기를 원하지만 결코 원하는 대로 할 수 없다. 그리스도 안에 있는 은혜의 복은 신적이고 영원하다. 그러므로 결국은 이 저주가 항복해야 한다. 만약 그리스도 안에 있는 복이 정복될 수 있다면, 하나님 자신도 정복될 수 있을 것이다. 하지만 이것은 불가능하다. 그러므로 하나님의 능력이신 그리스도가 자신의 몸으로 이 괴물들—죄와 사망, 저주—을 정복한다. 그 결과 이 괴물들은 더 이상 믿는 자를 해칠 수 없다.

여기서 여러분은 그리스도의 신성을 믿는 것이 얼마나 중요한지를 확인한다. 세상의 죄와 사망, 저주 그리고 하나님의 진노를 정복하는 것은, 피조물의 일이 아니고 신적 능력의 일이기 때문이다. 이 괴물들을 정복하려면 그리스도께서 진실로 하나님이어야 한다. 신적 능력 외에 다른 어떤 능력도 죄와 사망, 저주보다 더 강하지 못한다. 그리스도의 신성을 부인하는 자는 기독교 전부를 상실한다. 죄와 사망, 영원한 저주의 정복자이신 그리스도로 말미암아 의롭다 함을 얻는다고 가르칠 때, 우리는 그리스도의 본성과 속성이 하나님이라고 증언하는 것이다.

만약 그리스도께서 내 죄와 여러분의 죄 그리고 온 세상의 죄를 친히 담당하지 않으셨다면, 그리스도에 대해서는 아무 권한을 갖지 못할 것이다. 율법은 오직 죄인만 정죄하기 때문이다. 그리스도는 저주를 받지 않거나 죽지 않으실 수 있었다. 저주와 사망의 유일한 원인이 죄인데, 죄가 그분에게 없었을 것이기 때문이다. 그러나 그리스도는 자신의 자유의지로 우리의 죄를 담당하셨으므로 자기 자신을 위해서가 아니라 우리를 위해 하나님의 형벌과 진노를 받으셨다. 그리스도는 우리를 위해 기꺼이 저주가 되셨으며 이렇게 말씀하셨다. "나 자신의 인격에 관한 한, 나는 아무것도 받거나 필요로 하는 것이 없다. 그러나 나는 너희를 사망에서 해방시키기 위해 낮아져서 너희의 인격 즉 너희의 인간적 본성을 취하고 너희 가운데 살며 죽음을 당할 것이다"(빌 2:7 참조). 그러나 그리스도는 신적이고 영원한 인격을 갖고 계셨으므로 사망이 그분을 붙잡아 둘 수 없었다. 그래서 그리스도는 사흘 만에 부활하셔서 지금 영원히 살아 계신다. 그리스도 안에는 더 이상 죄나 사망이 없고, 오직 의와 생명, 영원한 지복만이 있다.

우리는 이 그림을 견고한 믿음의 눈으로 계속 바라보아야 한다. 우리는 믿음으로 그리스도의 무죄함과 승리를 붙잡기 때문에 오직 믿음으로 의롭게 된다. 만약 여러분이 죄와 사망, 저주가 그리스도 안에서 폐기된 것을 믿는다면 그것들은 폐기된다. 그리스도께서 그것들을 정복하셨고 자신의 힘으로 그것들을 제거하셨다. 그러므로 우리는 지금 그리스도 자신의 인격 안에 죄나 사망이 없는 것처럼 우리 안에도 죄나 사망이 없음을 믿을 수 있다. 그분이 우리를 위해 모든 것을 행하셨기 때문이다.

그러므로 죄가 여러분을 괴롭히고 사망이 여러분을 두렵게 한다면, 그것은 다만 마귀의 환상 가운데 하나인 여러분의 상상에 지나지 않는 것임을 명심하라. 이제 더이상 우리를 해하는 죄와 저주, 사망 또는 마귀는 없다. 그리스도께서 이 모든 것을 폐하셨기 때문이다. 그러므로 그리스도의 승리는 매우 확실하다. 우리의 불신앙을 제외하고 우리의 상황 자체에 잘못된 것은 아무것도 없다. 그런데 이성으로는 이 형언할 수 없는 보화를 믿기가 어렵다. 사탄은 특히 이 교리의 능력과 효력을 잘 알기 때문에 어떻게든 우리가 이 교리를 왜곡하도록 획책한다.

우리가 날마다 사도신경을 낭송하면 그것은 죄와 사망 또는 저주가 더 이상 없다고 고백하는 것과 같다. 그리스도께서 지금 다스리고 계시므로 우리가 "나는 거룩한 공회(교회)를 믿습니다"라고 말하기 때문이다. 이것은 "나는 하나님의 교회 안에는 죄도 없고 저주도 없으며 사망도 없음을 믿습니다"라고 말하는 것과 똑같다. 그리스도를 믿는 자는 죄인이 아니고 사망의 죄책도 없다. 오히려 죄와 사망을 지배하는 거룩하고 의로운 주가 되며 영원히 살 것이다. 그러나 이것은 오직 믿음으로 가능하다. 만약 여러분이 이성과 여러분 자신의 눈을 믿는다면 정반대로 판단할 것이다. 경건한 사람들 속에서 여러분을 불쾌하게 하는 많은 것들을 보게 될 테니 말이다. 때때로 여러분은 경건한 사람들이 죄에 빠지고 믿음이 약해지는 모습을 본다. 또 경건한 사람들이 분노와 시기, 악한 감정에 사로잡히는 모습도 본다. 그래서 여러분은 교회는 거룩하지 않다고 결론짓는다. 하지만 나는 이런 추론을 거부한다. 물론 내가 나 자신이나 내 형제를 본다면, 교회는 결코 거룩해 보이지 않을 것이다. 그러나 자신의 교회를 성결하게 하고 깨끗하게 하시는 그리스도를 본다면, 교회는 완전히 거룩하다. 그리스도께서 온 세상의 죄를 제거하셨기 때문이다.

따라서 우리 눈에 죄가 확인되고 느껴질 때 사실 하나님의 눈에는 죄가 아니다. 바울의 신학에 따르면, 세상 죄를 짊어지고 친히 저주가 되어 저주로부터 우리를 해방시키신 하나님의 어린양 그리스도 안에만 죄와 사망과 저주가 있기 때문이다. 성도들은 온전히 믿는 믿음을 갖고 있지 못하므로 그들 속에는 여전히 죄의 잔재가 남아 있다. 그러나 그리스도를 믿는 믿음으로 말미암아 죄의 잔재에 대해 죄책이 없다.

바울은 모세의 이 말을 취하여 그리스도에게 적용시켰다. 우리도 신명기 27장만이 아니라 모세 율법의 모든 저주를 그리스도에게 적용시킬 수 있다. 그리스도 자신의 인격에 관해 말하면, 그분은 일반 율법에 있어서 죄가 없으신 것처럼 나머지 모든 율법에 있어서도 죄가 없으시다. 우리를 위하여 저주가 되고 악인으로 십자가에 달리셨기 때문에 일반 율법에 있어서 죄책이 있으신 것처럼 나머지 모든 율법에 있어서도 죄책이 있으시다. 그것은 율법의 모든 저주가 그분에게 쌓여 있고, 그분 위에 있으며, 우리를 위해 자신의 몸으로 모든 저주를 담당하셨기 때문이다.

이것이 성경을 사도와 같이 참되게 해석하는 방법이다. 성령의 역사가 없으면 우리가 절대로 이런 식으로 말할 수 없기 때문이다. 다시 말해, "그리스도께서 우리를 위하여 저주를 받은바 되사"라는 한 마디 말 속에 율법 전체가 포함되어 있다. 온 율법이 온전히 그리스도에게 적용되고, 성경의 모든 약속을 포함하며, 그리스도 안에서 단번에 성취된다.

우리는 여기서 바울이 얼마나 조심스럽게 성경을 이해하는지를 알 수 있다. 바울은 "네 씨로 말미암아 천하 만민이 복을 받으리니"라는 말씀을 정확히 숙고한다(창 22:18). 만약 천하 만민이 복을 받을 것이라면 천하 만민—심지어 율법을 갖고 있는 유대인도—이 저주 아래에 있다고 바울은 말한다. "천하 만민"이라는 말로부터 복이 유대인에게뿐만 아니라 온 세상의 모든 민족에게도 속해 있다는 사실을 추론해 낸다. 복이 모든 민족에게 속해 있으므로 모세 율법을 통해서는 복을 얻을 수 없다. 율법은 오직 유대인만 갖고 있었고 다른 민족은 갖고 있지 못했기 때문이다.

그러나 유대인은 율법을 갖고 있었으나 율법을 통해 전혀 복을 얻지 못했다. 율법에 순종하려고 하면 할수록 율법의 저주에 그만큼 더 예속되었다. 그러므로 율법의 의보다 훨씬 더 나은 다른 의가 필요하다. 곧 유대인뿐만 아니라 세계 전역의 모든 민족이 복을 얻게 될 의가 없으면 안 된다.

마지막으로 바울은 "네 씨로 말미암아"라는 말을 다음과 같이 해설한다(창 22:18). 이후에 모든 민족에게 복을 가져올 사람이 아브라함의 씨(후손)로부터 나올 것이다. 그가 바로 그리스도다. 따라서 이처럼 모든 민족에게 복을 가져올 분이 그리스도였다면, 모든 민족으로부터 저주를 제거하실 분도 그리스도였다. 그러나 그리스도는 율법으로 저주를 제거하실 수 없었다. 율법으로는 오히려 저주가 더 커지기 때문이다. 그러면 그리스도는 어떻게 저주를 제거하셨는가? 그리스도는 저주받은 자들 속에 들어가 그들의 혈과 육을 취하고 자신을 하나님과 사람 사이의 중보자로 세우신 다음 이렇게 말씀하셨다. "비록 나는 혈과 육이고 지금은 저주받은 자들 속에서 살고 있기는 해도, 나는 복을 베푸는 자다. 모든 사람이 나로 말미암아 복을 받을 것이다." 따라서 그리스도는 한 인격 속에 하나님과 사람을 하나로 연합시킨다. 그리스도는 저주받은 우리와 연합되심으로써 우리를 위하여 저주가 되셨고, 우리의 죄와 사망, 저주 속에 자신의 복을 감추어 두셨다. 그로 말미암아 그리스도는 자기를 정죄하고 자기를 죽음에 두셨다. 그러나 또한 그리스도는 하나님의 아들이셨기 때문에 저주와 사망에 매이지 않고, 오히려 저주와 사망을 물리치고 사로잡고 승리하셨다. 우리를 위하여 자신이 취하신 육체에 달려 있는 것은 무엇이든 자기가 담당하셨다. 그러므로 그리스도의 육체와 연합한 자는 모두 복을 받고 저주에서 해방된다. 즉 죄와 영원한 사망에서 벗어난다.

이것을 이해하지 못하는 자는 기분이 나쁠 것이다. 그들의 마음은 그들 자신의 관념으로 가득 차 있기 때문에 이런 일이 이상하게 보일 것이다. 사실 이런 일은 이성과 큰 갈등 속에 있기 때문에 성령의 첫 열매를 받은 우리도 완벽히 이해하는 것이 불가능하다.

3:14 이는 그리스도 예수 안에서 아브라함의 복이 이방인에게 미치게 하고

아브라함에게 약속된 복이 아브라함의 씨인 그리스도로 말미암지 않으면 이방인에게 미칠 수 없었기 때문에 바울은 아직까지도 창세기 22:18을 생각하고 있다. 그리스도는 저주가 되심으로써 아브라함에게 주어진 약속—"네 씨로 말미암아 천하 만민이 복을 받으리니"—을 성취하셔야 했다. 이것은 저주가 되어 저주받은 자와 자신을 연합시킴으로써 그들에게서 저주를 제거하고, 자신의 복을 통해 그들에게 의와 생명을 제공하시는 예수 그리스도를 통해서만 이루어질 수 있었다. 여기서 복이라는 말이 단순한 인사말이 아니라는 점을 주목하라. 바울은 하나님 앞에서 평가받을 죄와 의, 사망과 생명을 다루고 있다. 바울은 이성으로 이해할 수 없는 일에 관해 말하고 있다.

    나아가 우리는 여기서 우리가 내세우는 공로가 무엇이고 어떤 수단으로 복을 얻는지를 확인한다. 우리가 내세우는 공로는 곧 그리스도 예수께서 우리를 위하여 저주를 받은바 되신 것이다(13절). 우리는 하나님과 하나님의 원수들, 죄로 인한 죽음, 저주에 대해 무지하다. 우리가 어떤 자격을 가질 수 있을까? 믿음과 굳은 확신으로 다음과 같이 말하지 않는 한 우리가 저주를 피할 수 있는 방도란 없다. "그리스도 당신이 저의 죄이고 저의 저주입니다. 아니 사실은 제가 당신의 죄, 당신의 저주, 당신의 사망, 당신의 하나님의 진노, 당신의 지옥입니다. 반면에 당신은 저의 의, 저의 복, 저의 생명, 저의 하나님의 은혜, 저의 천국입니다." 본문(13절)은 그리스도께서 우리를 위하여 저주를 받으셨다고 명확히 말한다. 그러므로 우리는 그리스도께서 저주가 되신 일의 원인이다. 아니 사

실은 우리가 그리스도의 저주다.

이것은 영적 위로로 가득 차 있는 은혜로운 말씀이다. 비록 눈멀고 완고한 마음을 가진 유대인들은 만족시키지 못했을지라도, 세례를 받고 이 교리를 받아들인 우리는 이 본문(13절)에 만족을 누린다. 우리는 그리스도의 저주와 죽음으로 말미암아 복을 받았다고 아주 확신있게 결론을 내린다. 우리는 의롭게 되고 생명을 얻었다. 죄와 사망, 저주가 우리 안에 남아 있는 한, 죄는 우리를 두렵게 하고 사망은 우리를 죽이며 저주는 우리를 정죄한다. 그러나 죄와 사망, 저주가 그리스도의 등으로 옮겨지면 모든 악은 그리스도 자신의 것이 되고, 대신 그리스도의 유익이 우리의 것이 된다. 그러므로 어떤 시험이 닥칠지라도 죄와 사망, 저주 그리고 우리를 괴롭히는 온갖 악을 우리 자신에게서 그리스도에게로 옮기는 법을 배워야 한다. 또 의와 자비, 생명, 복을 그리스도에게서 우리 자신에게로 옮기는 법을 배우자. 그리스도는 기꺼이 우리의 온갖 악과 비참을 담당하신다(사 53장). 그리스도는 그렇게 하심으로써 자기 아버지의 뜻을 행하셨다. 그래서 우리는 영원히 거룩하게 된다.

우리는 여기서 바울이 열변을 토하며 기쁘게 칭송하는 하나님의 자비를 본다. 하나님의 자비는 무한하고 측량할 수 없다. 그러나 우리 마음의 부족한 능력으로는 이 자비를 다 파악할 수 없다. 우리를 향하신 하나님의 헤아릴 수 없는 깊이와 불타는 열심을 말로 표현하는 것은 더더욱 불가능하다. 하나님 사랑의 크기를 결코 헤아릴 수 없기 때문에 우리는 믿기 어려울 뿐 아니라 불신앙에 빠지기도 한다. 전능하신 하나님은 자기 아들을 아끼지 않으셨다. 나를 위하여 저주와 죄가 되도록 아들을 내주셨다. 내가 하나님의 자녀와 상속자가 되는 복을 받도록 아들을 가장 수치스러운 죽음에 내놓으셨다. 이 엄청난 하나님의 인자하심을 누가 충분히 찬송할 수 있겠는가?

우리로 하여금 믿음으로 말미암아 성령의 약속을 받게 하려 함이라　여기서 성령의 약속이라는 말의 히브리어는 약속된 성령(the promised Spirit)을 의미한다. 성령은 율법과 죄, 사망, 저주, 지옥, 하나님의 진노와 심판으로부터의 자유를 갖고 오신다. 이것은 우리 자신의 공로나 가치 때문이 아니다. 우리가 온갖 악에서 해방되고 온갖 좋은 것을 얻도록 아브라함의 씨로 말미암아 주어진 값없는 약속이자 선물이다. 우리는 성령의 자유와 선물을 오직 믿음으로 받는다. 바울이 여기서 분명히 말하는 것처럼, 우리는 오직 믿음으로만 하나님의 약속들을 붙잡는다.

　　확실히 이것은 놀라운 사도적 교훈이다. 많은 선지자와 왕들이 우리를 위해 이루어지고 우리에게 주어지는 것을 보고 듣기를 원했다. 이와 같은 본문들을 오래전에 영으로 미리 내다본 선지자들의 다양한 예언들로부터 뽑은 것이다. 그들은 사람 그리스도로 말미암아 모든 것이 바뀌고 회복되고 지배되리라는 것을 예언했다. 그러므로 이런 유대인들은 하나님의 율법을 갖고 있었을지라도 그리스도를 기다렸다. 하나님 백성의 선지자나 통치자 가운데 새로운 율법을 만들어 낸 자는 아무도 없었다. 그들은 모두 모세 율법 아래에서 살았다. 제사장 제도와 율법을 바꾸는 역사는 모세가 예언한 바로 그 선지자에게 맡겨졌다. "네 하나님 여호와께서 너희 가운데 네 형제 중에서 너를 위하여 나와 같은 선지자 하나를 일으키시리니, 너희는 그의 말을 들을지니라"(신 18:15). 모세가 "너희는 다른 사람의 말이 아니라 오직 그의 말만 들어야 한다"고 말한 것과 같았다.

　　아무도 십계명과 같은 훌륭한 율법을 제공한 모세보다 더 훌륭한 것을 가르칠 수 없었기 때문에 조상들은 이 예언을 잘 이해했다. 십계명 가운데 하나님에 대한 사랑과 관련된 첫째 계명은 천사들도 그 범주에 포함되었다. 그러므로 첫째 계명은 모든 신적 지혜의 원천이다. 그렇다고 해도 이 훌륭한 율법을 크게 능가하는 것—즉 은혜와 죄 사함—을 가져오고 가르칠 다른 선생 즉 그리스도께서 반드시 오셔야 했다. 그러므로 이 본문(14절)은 힘이 넘친다. 바울은 더 큰 것을 더 이상 말할 수 없을 때 거기서 설명을 멈춘다.

3:15 형제들아, 내가 사람의 예대로 말하노니 사람의 언약이라도 정한 후에는 아무도 폐하거나 더하거나 하지 못하느니라   이제 바울은 사람의 언약에 비유하여 다른 논증을 덧붙인다. 이 논증은 보기에는 매우 빈약하다. 곧 바울이 이처럼 중요한 문제를 확증하는 데 사용하기에 부적합한 말처럼 보인다. 그러나 피조물 속에는 하나님이 정하신 것이 들어가 있으므로, 거기서 나온 논증은 거룩하고 천상적인 일들에 적용될 수 있다. 하나님이 정하신 시민법은 사람의 언약을 어기거나 바꾸는 것이 불법이라고 말한다. 시민법은 사람의 마지막 유언과 약속은 가장 거룩하고 가장 건전한 인간의 미풍양속의 하나이므로 엄격히 지킬 것을 명한다. 그래서 바울은 다음과 같이 주장한다. 우리가 어째서 하나님의 명령이 아니라 인간의 명령에 복종하는가? 유언이나 다른 일들에 관한 시민법의 규정은 엄격하게 지킨다. 규정을 바꾸지 않는다. 더하거나 빼는 것도 없다. 그런데 우리는 하나님의 언약을 바꾼다. 즉 영적 복에 관한 하나님의 약속을 바꾼다. 또 거룩하고 영원한 일들에 관한 하나님의 약속을 바꾼다. 그러나 하나님의 약속을 이런 식으로 바꾸어서는 안 된다. 온 세상이 열정을 다해 매우 신실하게 존중하고 소중히 지켜야 한다.

하나님의 마지막 유언이 아브라함과 그의 후손에게 주어졌다. 그리스도께서 죽으셨을 때 그 유언은 그리스도 안에서 확증되었다. 그리스도께서 죽으신 후로는 그분의 마지막 유언에 관한 기록이 공개되었다. 다시 말해, 아브라함에게 약속된 복이 온 세상의 모든 민족에게 선포되었다. 이것은 그리스도의 죽음으로 확증된 하나님의 마지막 뜻과 유언이었다. 그러므로 율법과 인간적 전통을 가르치는 자들처럼 그것을 바꾸거나 그것에 무엇을 더해서는 안 된다. 이 사람들은 할례를 받고, 율법을 지키며, 선행을 많이 행하고, 많은 일들을 견디지 않으면 구원받을 수 없다고 말한다. 하지만 이것은 하나님의 마지막 뜻과 유언이 아니다. 하나님은 아브라함에게 "만약 네가 이런 저런 일을 행하면 복을 받을 것이다"라거나 "할례를 받고 율법을 지키는 자는 복을 받을 것이다"라고 말씀하시지 않았다. 오히려 "네 씨로 말미암아 천하 만민이 복을 받을 것"이라고 말씀하셨다. 이것은 다음과 같이 말하는 것과 같았다. "순전한 자비로 네게 약속하는데, 그리스도가 네 후손으로부터 나와 죄와 사망으로 학대받는 모든 민족에게 복을 베풀 것이다. 다시 말해, 만약 믿음으로 이 약속을 받아들이면 그리스도가 민족들을 영원한 저주에서, 죄와 사망에서 건져 낼 것이다."

3:16 이 약속들은 아브라함과 그 자손에게 말씀하신 것인데 여럿을 가리켜 그 자손들이라 하지 아니하시고 오직 한 사람을 가리켜 네 자손이라 하셨으니 곧 그리스도라　이 복은 아직 계시되지 않고 봉인된 유언이었다. 그런데 유언은 율법이 아니라 값없는 선물이다. 상속자는 율법이나 유언으로 자기에게 지워진 짐을 바라보지 않는다. 그는 확증되어야 할 기업을 바라본다.

　무엇보다 먼저 바울은 단어를 해설한다. 그런 다음 비슷한 예를 적용시키고, 자손(씨)이라는 말에 설명을 집중한다. 어떤 율법도 아브라함에게 주어지지 않았고 아브라함에게 주어진 것은 언약[유언]이었다고 바울은 말한다. 이 약속은 영적 복에 관해 선포되었고, 그러므로 어떤 것이 아브라함에게 약속되고 주어졌다. 만약 사람의 언약이 지켜진다면 하나님의 언약은 더 지켜져야 하지 않겠는가? 만약 우리가 표징을 지키기 원한다면 어찌하여 표징이 지시하는 실체를 지키지 않겠는가?

　그런데 이 약속은 모든 유대인이나 많은 자손들과 맺어지는 것이 아니다. 바로 한 자손 곧 그리스도와 맺어진다. 유대인들은 바울의 해석을 받아들이지 않을 것이다. 그 이유는 그들이 여기서 단수형은 많은 사람을 대표하는 하나를 가리키는 것으로, 실제로는 복수형이라고 말하기 때문이다. 그러나 우리는 한 자손이라는 해석을 기꺼이 받아들인다.

3:17 내가 이것을 말하노니 하나님께서 미리 정하신 언약을 사백삼십 년 후에 생긴 율법이 폐기하지 못하고 그 약속을 헛되게 하지 못하리라　유대인들은 하나님이 아브라함에게 약속을 기꺼이 주실 뿐만 아니라 430년 후에는 율법도 주셨다고 반박할 것이다. 그러므로 유대인들은 말하기를 하나님이 자신의 약속을 의지하지 않고 그 약속으로는 사람들을 의롭게 하는 것이 충분하지 않았다고 생각하셨다고 한다. 그래서 하나님은 더 나은 것, 즉 율법을 더하심으로써 율법이 왔을 때 게으르지 않고 율법에 부지런히 순종한 사람들이 율법으로 의롭게 될 수 있도록 하셨다고 말한다. 이 견해에 따르면 율법이 약속을 폐지시켰다.

　이런 주장에 대해 바울은 명쾌하게 답변한다. 바울은 율법이 약속을 공허하거나 무익한 것으로 만들 수 없었다고 말한다. 하나님의 언약의 약속은 율법이 주어지기 오래전에 그리스도 안에서 하나님이 직접 확증하셨기 때문이다. 하나님은 자신이 한 번 약속하고 확증하신 것은 절대로 폐지하지 않으신다. 오히려 비준하고 영원히 보증하신다.

　그렇다면 왜 율법이 더해졌는가? 율법이 더해진 것은 아브라함의 자손이 율법을 통해 복을 받도록 하려는 데 목적이 있지 않았다. 율법의 역할은 복을 베푸는 것에 있지 않고 사람들을 저주 아래로 이끄는 것에 있었기 때문이다. 율법이 더해진 목적은 이와 같다. 세상 속에 그리스도를 태어나게 하고, 그리스도의 말씀과 증언을 가질 사람들이 있도록 하며, 또 율법 아래 갇혀 있던 사람들이 아브라함의 후손을 통해—유일하게 복을 베풀 수 있는 즉 모든 사람을 죄와 영원한 사망에서 건질 수 있는 그리스도를 통해—구원을 갈망하도록 하기 위해서다. 나아가 율법에 규정된 의식들은 그리스도를 예시했다. 그러므로 이 약속은 율법이나 율법의 의식들로 말미암아 폐지된 것이 아니라, 어떤 인장들로 봉인된 것처럼 한동안 효력을 유지하고 있다가, 때가 되어 언약(즉 약속)의 기록이 공개되고 복음 전파를 통해 모든 사람에게 파급된 것이었다.

율법과 약속은 견주어 보아야 한다. 그렇게 해야 어느 것이 더 강한지 알 수 있다. 즉 약속이 율법을 폐지시키는지, 아니면 율법이 약속을 폐지시키는지를 알 수 있다. 만약 율법이 약속을 폐지시킨다면 우리는 우리의 행위로 하나님을 거짓말쟁이로 만드는 것이다. 그렇게 되면 하나님의 약속은 무익하다는 결론이 나온다. 율법이 우리를 의롭게 하고 죄와 사망에서 우리를 해방시키며, 그래서 우리의 행위와 힘으로 율법을 이룬다면 아브라함에게 주어진 약속은 완전히 헛되고 무익한 것이 된다. 따라서 하나님은 거짓말쟁이와 사기꾼에 불과할 것이다. 어쨌든 약속을 한 사람이 약속한 대로 행하지 않는다면 무엇이 되겠는가? 그러나 율법이 하나님을 거짓말쟁이로 만들거나 우리의 행동이 하나님의 약속을 헛되게 만들 수 없다. 오히려 하나님의 약속은 영원히 굳게 서 있을 것이다. 비록 우리가 율법을 지키거나 이룰 수 있었다고 해도, 하나님은 자신의 약속을 절대로 헛된 것으로 만들지 않으실 것이다. 모든 사람이 천사처럼 거룩해서 굳이 약속을 필요로 하지 않는다고 해도(물론 불가능한 일이지만), 이 약속은 여전히 매우 확실하고 확고하게 서 있을 것이다. 우리는 이 사실을 인정해야 한다. 그렇지 않으면 하나님은 헛된 약속을 한 거짓말쟁이가 되는 것이다. 아니면 자신이 약속하는 것을 행하는 데 미온적인 사람이나 행할 능력이 없는 자가 되는 것이다. 그러므로 약속은 율법보다 앞서 주어진 것인 만큼 율법보다 훨씬 더 뛰어나다.

하나님이 율법을 주시기 오래전에 약속을 주신 것은 멋진 계획이었다. 하나님은 확실한 목적을 가지고 그렇게 하셨다. 따라서 의가 주어진 것은 율법을 통해서가 아니라 약속을 통해서라고 말할 수 있게 되었다.

만약 하나님이 율법을 통해 우리가 의롭게 되기를 바라셨다면, 약속을 주기 430년 전에 율법을 주셨거나 율법을 약속과 함께 주셨을 것이다. 그러나 사실 하나님은 율법에 관해서 처음부터 한 마디도 말씀하지 않으셨다. 430년이 지난 후에서야 우리에게 율법을 주셨다. 그때 하나님이 말씀하신 것은 자신의 약속에 관한 것이 전부였다. 복과 의의 값없는 선물은 율법을 주시기 전 약속을 통해 임했다. 그러므로 약속이 율법보다 훨씬 더 뛰어나다. 율법은 약속을 폐지시키지 못한다(그리스도가 오시기 전에도 신자들은 약속을 통해 구원받았다). 약속은 지금 복음 전파를 통해 온 세상에 선포되고 있다. 약속은 율법이 죄를 더 증가시킬 수 없도록 율법을 폐지시킨다. 또 죄인들이 믿음을 통해 약속을 붙잡는다면 그들을 절망으로 이끌 수 없도록 율법을 폐지시킨다.

바울이 사백삼십 년이라는 수를 명시적으로 제시하는 것을 주목하자. 이것은 마치 다음과 같이 말하는 것과 같다. "약속과 율법이 주어진 시기의 간격이 얼마나 되는지 생각해 보라. 아브라함은 분명히 율법을 받기 오래전에 약속을 받았다." 바울은 여기서 율법 전체에 관해 말하는 것이 아니라 오직 성문 율법에 관해서 말하고 있다. 바울은 요컨대 이렇게 말하고 있다. "그때 하나님은 율법의 의식과 행위들 그리고 율법을 지킨 자들에게 의를 베푸는 것에 관심을 가지실 수 없었다. 왜냐하면 의식을 명령하고, 행위를 요구하며, 율법의 의식들을 지키는 자들에게 생명을 약속하는 율법이 아직 주어지지 않았기 때문이다. 율법이 의와 생명을 약속한다고 해도, 우리가 이것들을 얻는다는 결론이 나오는 것은 아니다. 율법은 약속된 유익을 받는 자가 율법을 행하는 자라고 분명히 말하고, 율법을 행할 수 있는 자는 아무도 없음이 확실하기 때문이다."

나아가 바울은 율법이 약속을 폐지시킬 수 없다고 말한다. 한 예를 들어보자. 만약 한 부자가 자유로운 뜻에 따라 어떤 사람을 양자로 들인다고 해보자. 부자는 그에게 양자 삼는 것을 알리지 않고 어떤 것도 요구하지도 않았다. 그리고 그를 자신의 모든 땅과 재산의 상속자로 삼고 상당히 오랜 세월이 흐른 후에 그에게 이렇게 저렇게 하라는 법을 주었다. 그는 지금 자신이 행한 일 때문에 이런 혜택을 받았다고 말할 수 있는가? 절대 그럴 수 없다. 이미 많은 세월 동안 그는 단순한 호의로 값없이 그 혜택을 받았기 때문이다. 따라서 하나님은 우리의 행동과 가치를 주목하실 수 없었다. 약속과 성령의 선물이 율법이 주어지기 430년 전에 주어진 것으로 보면 분명하다.

따라서 분명히 아브라함은 하나님 보시기에 율법을 통해 의를 얻은 것이 아니다. 그러나 그때까지는 약속만 있었고 율법은 없었다. 아브라함은 이 약속을 믿었고, 이로 말미암아 아브라함은 의로 여겨졌다. 아버지가 이 약속을 가지신 것과 정확히 똑같은 방식으로 자녀도 이 약속을 얻고 소유한다. 따라서 오늘날 우리는 우리의 죄가 그리스도의 죽음으로 말미암아 제거되었다고 말할 수 있다.

그렇기 때문에 바울은 약속이 절대로 폐기될 수 없다고 매우 강력한 논증을 펼친다. 따라서 우리도 이 논증으로 양심을 무장시켜야 한다. 그렇게 해야 시험을 당할 때 항상 큰 도움을 받을 수 있다. 우리는 이 논증을 통해 율법과 행위에서 벗어나 약속과 믿음으로 피한다. 곧 진노에서 은혜로, 죄에서 의로, 사망에서 생명으로 피한다. 그러므로 율법과 약속, 이 두 가지는 조심스럽게 구별되어야 한다. 시간에 따라, 장소에 따라, 사람에 따라 그리고 일반적으로 다양한 모든 상황 속에서 율법과 약속은 하늘과 땅만큼 차이가 있다. 율법과 복음을 적절한 자리에 둘 때, 여러분은 둘 사이를 곧 약속의 하늘과 율법의 땅 사이를 안전하게 걸을 것이다.

그렇게 되면 여러분은 영으로 은혜와 평화의 낙원에서 살게 된다. 육체로는 행위와 십자가의 땅에서 살게 된다. 게다가 여러분은 마음을 크게 위로하고 즐겁게 하는 약속의 달콤함 때문에 육체가 어쩔 수 없이 겪어야 할 괴로움도 겪지 않는다. 그러나 율법과 약속을 혼동하고 율법을 양심 속에 두고 자유에 대한 약속을 육체 속에 둔다면, 여러분은 혼란에 빠져 율법과 약속, 죄 또는 의가 무엇인지 알 수 없게 될 것이다.

이 진리의 말을 적절히 이해하기를 바란다면, 여러분은 내적 감정이나 실제 삶과 관련하여 약속과 율법을 명확히 구분하지 않으면 안 된다. 바울은 율법과 약속을 제대로 구분하지 못하는 경향이 교회 안에 퍼져 하나님의 말씀을 혼동하고, 약속을 율법과 혼합시켜 약속이 완전히 사라지고 말 것이라는 점을 미리 내다보았다. 그래서 이 논증을 이처럼 강력하게 제시하는 것이다. 약속이 율법과 혼동되면 율법만 남게 된다. 그러므로 시간상으로 약속과 율법을 익숙하게 분리시키면, 율법이 여러분의 양심을 고소할 때 다음과 같이 말할 수 있다. "율법 부인, 너는 때를 잘못 알고 왔다. 너무 일찍 왔어. 오려면 430년을 기다려야지. 430년이 지나면 와서 마음대로 해봐. 하지만 그때 오면 또 너무 늦게 오는 거야. 그때는 약속이 온 지 430년이 되었고 나는 약속을 의지하거든. 그러므로 나는 너와 아무 상관이 없고 네 말을 듣지 않을 거야. 나는 이제 믿는 아브라함과 함께 살고 있어. 아니 사실 이제는 그리스도께서 계시되고 내게 주어졌으므로 그분이 나의 의가 되어. 난 너를 폐지시킨 그리스도 안에서 살고 있지." 따라서 육체의 율법과 모든 행위와 공로를 반대하라. 대신 믿음을 옹호하는 모든 논증의 확고한 결론으로서 그리스도를 항상 여러분의 눈앞에 두라.

지금까지 나는 거의 모든 논증을 언급했다. 특히 주된 논증은 바울이 갈라디아서에서 칭의 교리를 확증하기 위해 사용하는 논증이다. 이 논증들 가운데 아브라함과 다른 조상들에게 주어진 약속에 관한 논증이 가장 비중이 크고 유효하다. 바울은 갈라디아서와 로마서에서 이 논증을 전개한다. 바울은 논증에 사용된 단어들을 깊이 숙고하고 시대와 인물들을 다룬다. 바울은 자손(씨)이라는 말에 관심을 집중하고, 이 말을 그리스도에게 적용시킨다. 마지막으로 바울은 반대 상황을 다룬다. 곧 율법이 사람들을 저주 아래에 두고 있음을 증명한다. 따라서 바울은 강력하고 힘 있는 논증으로 그리스도인의 의의 교리를 강조한다. 반면에 거짓 사도들이 율법의 의를 옹호하는 데 사용한 논증을 무너뜨리고 그들을 혼란에 빠뜨린다. 거짓 사도들은 율법으로 의나 생명을 얻는다고 주장했으나, 바울은 율법이 우리 안에서 사망 외에 아무것도 이루는 것이 없다고 역설한다. 바울은 본질상 이렇게 말한다. "너희는 율법이 '너희는 내 규례와 법도를 지키라. 사람이 이를 행하면 그로 말미암아 살리라'라고 말한다고 주장한다(레 18:5). 그런데 율법에 순종하는 자가 누가 있느냐? 아무도 그렇게 살지 못한다. 그러므로 무릇 율법 행위에 속한 자들은 저주 아래에 있다"(갈 3:10. 고전 15:56 참조). 이어서 바울의 모든 논증의 결론이 나온다.

3:18 만일 그 유업이 율법에서 난 것이면 약속에서 난 것이 아니리라　또 로마서 4:14에서도 바울은 이렇게 말한다. "만일 율법에 속한 자들이 상속자이면 믿음은 헛것이 되고 약속은 파기되었느니라." 바울의 말대로 분명히 율법은 약속과 확실히 다른 실재이다. 사실은 자연적 이성도—아무리 맹목적이라고 해도—약속하는 것과 요구하는 것은 별개임을, 또 주는 것과 받는 것은 별개임을 충분히 인정한다. 율법은 우리에게 행할 것을 요구한다. 자손에 대한 약속은 우리에게 그리스도로 말미암아 값없이 하나님의 영적이고 영원한 유익을 제공한다. 그러므로 우리는 율법을 통해서가 아니라 약속을 통해 유업이나 복을 받는다. 약속은 "네 씨로 말미암아 천하 만민이 복을 받으리니"라고 말한다. 만약 여러분이 율법을 갖고 있다면 아직 복을 받은 것이 아니다. 이 복이 없으면 당연히 아직 저주 아래에 있는 것이므로 충분한 것을 갖고 있지 못한 것이다. 그러므로 율법은 복을 가져오지 못하므로 의롭게 할 수 없다. 나아가 유업이 율법에서 나왔다면 하나님은 거짓말쟁이가 되고 약속은 헛된 것이 되고 말 것이

다. 율법이 복을 가져올 수 있었다면 왜 하나님께서 자손에 관한 약속을 주셨겠는가? 왜 하나님께서 "이것을 하라. 그러면 너희가 복을 받을 것이다"라거나 "율법을 지킴으로써 너희는 영생을 얻을 자격을 갖출 것이다"라고 말씀하지 않았겠는가? 이 논증은 반대 사실 곧 유업은 약속에서 나오고 그러므로 율법에서 나오는 것이 아니라는 사실에 기초한다.

그러나 하나님이 약속으로 말미암아 아브라함에게 주신 것이라   하나님은 율법을 주시기 전에 아브라함에게 약속으로 유업 또는 복—즉 죄 사함과 의, 구원, 영생—을 주셨다. 그래서 우리는 하나님의 자녀와 상속자 곧 그리스도와 함께 한 상속자가 될 것이다. 이는 결코 부인할 수 없는 명백한 사실이다. 하나님은 창세기에서 "네 씨로 말미암아 천하 만민이 복을 받으리니"라고 분명히 약속하신다. 거기서 복은 율법이나 우리의 행위와는 아무 상관없이 값없이 주어진다. 하나님은 모세가 태어나기 전에 또는 율법에 관해 생각한 사람이 있기 전에 유업을 주셨다. 그렇다면 의와 생명, 구원이 율법이 있기 전에 우리의 조상 아브라함에게 주어졌는데, 의가 율법에서 나온다고 어찌 자랑하겠는가? 이 사실을 따르지 않는 자는 누구든 눈멀고 완고한 자다.

　이것이 갈라디아서의 본론이다. 이제 바울은 율법의 용도와 역할을 증명하는 데 힘쓰고, 마지막으로 태도에 관한 교훈을 제시한다.

3:19 그런즉 율법은 무엇이냐?   우리가 사람들은 율법 없이 의롭게 된다고 가르칠 때 다음과 같은 질문이 반드시 따르게 된다. "만약 율법이 의롭게 하지 못한다면 율법은 왜 주어졌는가?" "율법이 의롭게 하지 못한다면 하나님은 왜 우리에게 율법의 짐을 지우시는가? 단 한 시간 일하는 자가 온종일 무더위와 짐을 감당한 우리와 똑같다면, 왜 우리는 종일 애써 고생해야 하는가?" 우리가 복음이 제공하는 은혜에 관해 들으면 이

처럼 큰 불평이 생긴다. 복음은 율법이 없이 선포될 수 없다. 유대인들은 만약 자기들이 율법을 지켰다면 그것으로 의롭다 함을 얻게 될 것이라고 생각했다. 따라서 유대인들이 복음은 의인이 아니라 죄인을 구원하러 세상에 오신 그리스도에 관해 선포된 것이라는 말과, 이런 죄인들이 자기들보다 먼저 하나님의 나라에 들어가게 될 것이라는 말을 듣게 되자 크게 격분했다. 그리고 자기들은 오랜 세월 동안 율법의 무거운 짐을 짊어지는 데 크게 수고했으나 아무 유익도 얻지 못했다고 불평했다. 아니 도리어 큰 해를 입고 율법의 학정에 비참하게 시달렸으나, 우상숭배자인 이방인들은 아무 수고도 하지 않고 은혜를 받았다고 토로했다.

이것은 답하기 어려운 문제다. 이성은 이 문제에 답변하지 못하고, 대신 크게 불쾌하게 여긴다. 이성은 어떤 면에서 율법의 의를 이해하고, 율법의 의를 가르치며, 율법에 순종하는 자가 의롭다고 생각한다. 그러나 이성은 율법의 역할과 목적을 바로 이해하지 못한다. 그러므로 이성은 바울이 율법은 범법하므로 더하여진 것이라고 말하는 것을 들을 때 바울이 율법을 폐지시키고 있다고 결론짓는다. 바울이 우리는 율법으로 의롭게 되지 못한다고 말하기 때문이다. 이런 의미에서 이성은 바울을 율법을 주신 하나님을 모독하는 자로 본다. 그러므로 이성은 다음과 같이 말할 것이다. "우리가 율법이 없는 이방인이 사는 것처럼 살자. 죄를 더 범할수록 은혜가 더 증가할 것이니 우리가 죄를 더 많이 범하자. 악을 행할수록 거기서 선이 나올 것이니 우리가 악을 더 행하자." 이런 일이 사도 바울에게 일어났고, 오늘날 우리에게도 똑같이 일어나고 있다. 보통 사람들은 복음을 통해 의는 율법 없이, 행함 없이, 오직 하나님의 은혜로, 오직 믿음을 통해 얻는다는 말을 들을 때, 만약 율법이 의롭게 하지 못한다면 아무것도 해서는 안 된다고 결론짓는다. 유대인들이 그런 것처럼 말이다.

그러면 우리는 어떻게 해야 할까? 이런 불신앙이 매우 괴로운 일이

긴 하지만, 그렇다고 우리가 어떻게 할 수도 없다. 그리스도는 설교하셨을 때, 거짓 가르침으로 사람들을 가이사를 거역하도록 만드는 신성모독자와 선동가라는 비난을 견디셔야 했다. 바울이나 나머지 다른 사도들에게도 똑같은 일이 벌어졌다. 만약 오늘날에도 세상이 우리를 똑같이 고소한다면 그것이 이상한가? 아니다. 그러므로 세상이 우리를 고소하도록 놔두자. 세상이 우리를 비방하도록 놔두자. 세상이 우리를 용납하지 않고 박해하도록 놔두자. 그러나 그렇다고 해도 우리는 침묵을 지키지 말고 자유롭게 말해야 한다. 그럼으로써 고통받는 양심들이 마귀의 덫으로부터 벗어날 수 있도록 도와야 한다. 우리는 우리의 교훈을 악용하는 미련하고 경건하지 않은 사람들에게 신경 쓸 필요가 없다. 율법을 가지고 있든 아니든 간에 그들은 개혁될 수 없다. 그러나 우리는 고통받는 양심들이 어떻게 위로받을 수 있는지 유의해야 한다. 그럼으로써 그들이 나머지 다른 사람들과 함께 멸망하지 않도록 해야 한다. 만약 우리가 본심을 숨기거나 침묵을 지킨다면, 비참한 고통 속에 있는 양심들이 인간적 율법과 전통의 함정과 덫에 걸려 꼼짝 못하고 있을 때 아무런 위로를 주지 못할 것이다.

그러므로 바울은 어떤 사람들이 자신의 교훈에 저항하고, 또 어떤 이들은 육체의 해방을 추구하나 상태가 더 악화된 것을 보았을 때, 다음과 같은 방식으로 스스로를 위로했다. "나는 하나님이 택하신 자에게 믿음을 전하도록 보내심을 받은 예수 그리스도의 사도다. 그러니 택함받은 자가 나와 같이 구원을 얻도록 하는 데 있어 모든 일을 감수해야 한다." 우리도 마찬가지다. 우리도 오늘날 택함받은 자 곧 우리의 교훈을 통해 변화되고 위로받을 자들을 위해 무엇이든 해야 한다.

의롭게 하는 힘이 없다면 율법은 아무 소용이 없다고 주장하는 자는, 미련하고 무지한 자이다. 뿐만 아니라 스스로 매우 지혜롭다고 생각하는 자다. 그러나 그렇게 말한다고 해서 참된 주장이 되는 것은 아니다.

돈은 우리를 의롭게 하거나 의롭게 만들지 못한다. 그렇다고 해서 돈은 아무 소용없다는 뜻은 아니다. 우리의 눈도 우리를 의롭게 만들지 못한다. 그렇다고 해서 그것이 우리의 눈을 뽑아 버려야 한다는 뜻은 아니다. 우리의 손은 우리를 의롭게 만들지 못한다. 그렇다고 해서 그것이 우리의 손은 잘라 버려야 한다는 뜻은 아니다. 마찬가지로 율법도 우리를 의롭게 하지 못한다. 그렇다고 해서 그것이 율법은 무익하다는 뜻은 아니다. 우리는 각각의 사물에 각각의 용도가 있음을 인정해야 한다. 따라서 율법이 우리를 의롭게 하지 못한다고 말한다고 해서, 우리가 율법을 파괴하거나 정죄하는 것은 아니다. 대신 우리는 반대자와 달리 "율법은 어떤 목적을 갖고 있는가?"라는 질문에 다른 답변을 제시한다. 우리의 반대자는 악하게도 그리고 왜곡되게도 적절하지 못한 율법의 목적을 만들어 낸다.

　이처럼 율법을 악용하는 것을 반대하면서 우리는 바울과 같이 율법은 의롭게 하는 힘이 없다고 대답한다. 그러나 이렇게 말할 때 우리는 반대자가 말하는 것과 달리 율법은 아무 소용이 없다고 주장하지 않는다. 율법은 자체로 목적을 갖고 있으나, 우리의 반대자가 상상하는 것과 같은 목적은 아니다. 즉 사람들을 의롭게 만드는 것이 율법의 목적은 아니다. 율법은 사람들을 고소하고 두렵게 하고 정죄한다. 우리는 바울과 같이 율법은 선하다고 말한다. 만약 사람들이 율법을 적절하게 사용하면, 즉 사람들이 율법을 율법으로 사용하면 말이다. 율법은 올바르게 정의하면 좋은 것이다. 그러나 율법에 부여해서는 안 되는 다른 목적이나 속성을 부여한다면, 율법을 왜곡시킬 뿐만 아니라 성경 전체를 왜곡시키게 된다.

범법하므로 더하여진 것이라　　율법은 칭의의 역할을 찬탈해서는 안 된다. 이 역할은 오직 은혜에, 오직 약속과 믿음에 주어져야 한다. 그러면 율법의 역할은 무엇인가? **범법이다.** 또는 바울이 로마서 5:20에서 말하는 것처럼, "율법이 들어온 것은 범죄를 더하게 하려 함이다." 다시 말해, 율법은 약속된 자손인 그리스도께서 오실 때까지 약속에 덧붙여진 것이다.

여러분은 율법에 두 가지 용도가 있음을 알아야 한다. 하나는 시민적 용도다. 하나님은 범죄자를 처벌하기 위해 시민법, 아니 사실상 모든 법을 정하셨다. 따라서 모든 율법이 죄를 억제하기 위해 주어진다. 만약 죄를 억제시킨다면 율법은 사람들을 올바르게 행동하도록 이끌 것이다. 내가 사람을 죽이지 않고 간음하지 않으며 도둑질하지 않고 또는 다른 죄들을 범하지 않을 때에, 그것은 내가 덕을 사랑해서 기꺼이 그렇게 하는 것이 아니다. 교도소와 사형 집행인이 두렵기 때문이다. 사자나 곰이 쇠사슬에 결박되어 다른 대상을 물어뜯거나 잡아먹지 못하는 것처럼, 나도 이것 때문에 죄를 범하지 않고 억제하게 된다. 그러나 죄의 억제가 곧 의는 아니다. 오히려 불의의 표지다. 야수가 만나는 모든 대상을 잡아먹기 때문에 우리에 갇혀 있는 것처럼, 율법도 광포한 사람들을 억제시켜 그들이 자기들이 원하는 대로 죄를 짓지 못하게 만든다. 이런 억제는 분명히 율법을 필요로 하는 자들(모든 사람이 그리스도가 없는 자로 행하기 때문에)이 의롭지 않고 오히려 악하다는 사실을 충분히 증명한다. 사람들을 율법의 사슬과 속박으로 억제시키는 것은 필요하다. 그러므로 율법은 의롭게 하지 못한다.

따라서 율법의 첫 번째 용도는 악인을 억제시키는 것이다. 마귀는 세상 전역을 지배하고 사람들을 부추겨 온갖 끔찍한 악을 저지르도록 만든다. 그러므로 하나님은 국가 당국자와 부모, 사역자, 법, 시민 규례를 정하셨다. 그렇게 하심으로써 그들이 다른 어떤 일을 할 수 없으면 최소한 마귀의 손이라도 묶어 마귀가 자신이 원하는 대로 자기 종들을 격동시키지 않도록 하셨다. 시민적 억제는 매우 필요하다. 이것을 공공 평화와 만물의 보존을 위해 하나님이 정하셨다. 특히 그 과정에서 복음이 악인들의 방해를 받지 않도록 하신다. 그러나 여기서 바울이 다루는 것은 시민적 용도가 아니다. 율법의 시민적 용도는 매우 필요하지만, 그렇다고 해도 율법은 의롭게 하는 것이 아니다. 미친 사람의 손발을 묶어 놓는다고 해서 그 사람이 마귀의 덫에서 해방되거나 제 정신을 찾는 것은 아니다. 마찬가지로 세상도 율법으로 외적 죄악이 억제되기는 하지만, 그렇다고 해서 세상이 의롭게 되는 것은 아니다. 세상은 여전히 악한 상태로 남아 있다. 이런 억제는 세상이 악하고, 마귀의 사주를 받아 죄악에 빠져든다는 사실을 분명히 증명한다. 그렇지 않으면 세상은 율법으로 억제될 필요가 없을 것이다.

율법의 또 하나의 용도는 거룩하고 영적인 용도다. 다시 말해, (바울이 말하는 것처럼) 범죄를 더하게 하는 것이다. 이 용도는 우리에게 우리의 죄와 맹목성, 비참, 불신앙, 무지, 미움, 하나님에 대한 멸시를 드러내는 것이다. 바울은 로마서 7장에서 이것을 상세하게 다룬다. 하나님이 시내 산에서 율법을 주신 것은 인간적 의와 종교라는 괴물을 억제시키기 위함이었다. 인간적 의와 종교는 사람들을 자연스럽게 교만하고 오만하게 만들어, 자기들이 그것으로 하나님을 기쁘시게 한다고 착각하도록 만든다.

이것은 율법의 고유한 일차적 용도로 가장 필수적이다. 만일 어떤 사람이 살인하거나 간음하거나 도둑질하지 않고 복음서에 나오는 바리새인처럼 외적으로 죄를 억제시키고 있다고 하자. 그는 자신이 의롭다고 선언하고(마귀에게 붙잡혀 있기 때문에) 자신의 선행과 공로를 의지하게 될 것이다. 하나님은 이런 사람들을 오직 율법으로만 낮추실 수 있다. 자기 의를 두려워하도록 만드는 것, 이것이 바로 율법 고유의 용도다. 마음속에 우리 자신의 의를 두고 있는 한, 우리는 교만과 주제넘음, 안일함, 하나님에 대한 미움, 하나님의 은혜와 자비에 대한 멸시, 약속들과 그리스도에 대한 무지도 함께 갖고 있다. 우리가 이와 같은 상태에 있는 한, 그리스도로 말미암아 값없이 받는 죄 사함에 대한 설교가 마음속에 들어올 수 없다. 또한 우리의 마음을 둘러싸고 있는 이 단단한 바위가 방해하기 때문에 죄 사함의 맛도 결코 느낄 수 없다.

따라서 이 율법의 고유한 기능은, 우리의 양심에 두려움을 심어 줌
으로써 하나님이 우리에게 불쾌한 마음과 진노를 갖고 계신다는 것과
우리 자신에게 영원한 사망의 죄책이 있다는 것을 느끼도록 우리를 고
소하고 우리의 죄를 드러내는 것이다. 여기서 고통받는 가련한 죄인은
견딜 수 없는 율법의 짐을 느끼고 절망에 빠진다. 깊은 고뇌와 두려움으
로 억압받는 죄인은 차라리 죽음을 갈망하거나 스스로 파멸시키는 길을
택한다. 율법은 교만하고 완고한 위선자를 박살내는 망치다. 이러한 두
려움에 견딜 수 없게 되자 엘리야는 겉옷으로 얼굴을 가렸다. 나팔 소리
가 그치자 부드럽고 은혜로운 바람이 불었고, 그때 여호와께서 말씀하
셨다. 그러나 여호와께서 은혜로운 바람 속에서 자신을 계시하기 전에,
불과 바람, 지진이 일어나는 것이 정상이었다.

하나님이 시내산에서 율법을 주실 때 보여주신 두려운 위엄은 율
법의 목적이 무엇인가를 보여주었다. 애굽에서 나온 이스라엘 백성들은
특별히 거룩해졌다. 그들은 기뻐하면서 "여호와께서 명령하신 대로 우
리가 다 행하리이다"라고 외쳤다(출 19:8). 모세는 백성들을 성결하게 하
고 그들에게 옷을 빨고 성관계를 금하며 셋째 날을 준비하라고 말했다.
그들 가운데 거룩함으로 충만하지 않은 사람은 하나도 없었다. 셋째 날
에 모세는 백성들을 장막에서 여호와가 계시는 산으로 데리고 갔고, 거
기서 그들은 하나님의 음성을 들을 수 있었다. 그 다음에 어떤 일이 일
어났는가? 이스라엘 자손은 산에서 연기가 나고 검은 구름과 우레 소리
가 진동하고, 또 오랫동안 크게 울려 퍼지는 나팔 소리를 듣자 갑자기
두려워졌다. 그들은 먼 거리에 서서 모세에게 "당신이 우리에게 말씀하
소서! 우리가 들으리이다. 하나님이 우리에게 말씀하시지 말게 하소서!
우리가 죽을까 하나이다"라고 말했다(출 20:19 참조. 신 18:16과 비교하라).
그러면 그들이 옷을 빨고 성관계를 금한 것은 무슨 소용이 있었을까?
아무 소용이 없었다. 그들 가운데 위엄과 영광 속에 거하시는 여호와 앞

에서 견딜 수 있었던 자는 하나도 없었다. 그들은 모두 두려워했다. "하나님은 소멸하시는 불"이기 때문에 마치 마귀에게 끌려가는 것처럼 뒤로 물러섰다(신 4:24).

　　그러므로 하나님의 율법은 처음부터 시내산에서 가졌던 것과 같은 특수한 기능을 갖고 있다. 율법은 거룩한 백성에게 그들 자신의 비참함을 알려 주어 그들을 죽음과 절망으로 이끄는 역할을 했다. 어떤 순결함이나 거룩함도 도움을 줄 수 없었다. 그때 그들은 그들 자신의 무가치함과 죄, 심판과 하나님의 진노를 절감하여 여호와 앞에서 도망치려고 했다. 도저히 여호와의 음성을 듣고 있을 수가 없었다. "하나님이 사람과 말씀하시되 그 사람이 생존하는 것을 오늘 우리가 보았나이다.……육신을 가진 자로서 우리처럼 살아 계시는 하나님의 음성이 불 가운데에서 발함을 듣고 생존한 자가 누구니이까?"(신 5:24, 26) 이제 이스라엘 백성들은 이전에 말했던 것과 확실히 다른 말을 했다. 자기들이 여호와 하나님께 거룩한 백성이었고, 그래서 여호와께서 명하신 모든 것을 행하겠다고 말했다. 따라서 이런 일이 자기 자신의 의를 높이 평가하는 모든 자에게 일어난다. 그들은 시험에서 벗어나 있을 때 자기들은 하나님의 사랑을 받고 있고, 하나님이 자기들의 기도를 존중하며, 자기들의 행위로 하늘에서 면류관을 받을 것이라고 생각한다. 그러나 그때 갑자기 우레와 번개, 불 그리고 우리를 산산조각 내는 망치—즉 하나님의 율법—가 그들에게 임한다. 이것은 그들에게 그들의 죄와 하나님의 진노와 심판을 보여준다. 이렇게 시내산 밑에서 유대인들에게 일어난 것과 똑같은 일이 그들에게 벌어진다.

　　하나님을 두려워하는 모든 자, 특히 이후에 다른 사람들을 가르치게 될 사람은, 바울의 논증을 통해 율법의 참된 용도를 파악하는 법을 배워야 한다. 나는 우리 시대가 지나면 진리의 원수들이 율법의 용도를 짓밟고 완전히 폐지시키지 않을까 두렵다. 지금 이 순간에도 우리는 어떻게든 율법과 복음의 기능을 설명하려고 심혈을 기울이며 살고 있지만, 그리스도인을 자처하는 사람들 중에도 이 사실을 마땅히 알아야 할 만큼 알고 있는 사람은 별로 없기 때문이다. 그렇다면 우리가 죽고 사라질 때에는 어떤 일이 벌어질까?

우리는 반대자가 말하는 것처럼 율법을 거부하지 않는다. 우리는 율법을 세우고 사람들에게 율법에 순종할 것을 요구한다. 그리고 율법은 선하고 유익하다고 말한다. 율법은 자체로 갖고 있는 두 가지 특수한 용도로 사용될 때—즉 첫째로 시민 범죄를 억제시키고, 둘째로 영적 범죄를 드러낼 때—에는 선하고 유익하다. 그러므로 율법은 하나님의 은혜나 의와 생명을 드러내는 빛이 아니고, 죄와 사망, 하나님의 진노와 심판을 드러내는 빛이다. 시내산에서 우레와 번개, 빽빽하고 어두운 구름, 피어오르는 연기는 이스라엘 자손에게 기쁨을 주거나 그들에게 생명을 주지 못했다. 그들에게 두려움과 놀라움을 안겨 줄 뿐이었다. 이스라엘 자손은 자기들이 아무리 순결하고 거룩하더라도 구름 속에서 그들에게 말씀하시는 하나님의 위엄을 얼마나 견딜 수 없는 존재인지를 증명했다. 마찬가지로 율법도 단순히 죄를 드러내고, 진노를 일으키며, 우리를 고소하고, 또 우리를 두렵게 함으로써 우리를 절망의 벼랑 끝으로 몰아넣는다. 이것이 율법의 고유의 기능이다. 이에 대해 다른 말을 해서는 안 된다.

반면에 복음은 생명과 위로를 주고 양심을 일으켜 세우는 빛이다. 복음은 하나님이 그리스도로 말미암아 죄인들과 가장 무가치한 자들에게 은혜를 베풀어 주시는 것을 보여준다. 만약 그들이 그리스도의 죽음을 통해 자기들이 저주—즉 죄와 영원한 사망—에서 해방된다는 것과 그리스도의 승리를 통해 자기들에게 값없이 복—즉 은혜와 죄 사함, 의, 영생—이 주어진다는 사실을 믿으면, 하나님은 은혜를 베풀어 주신다. 이렇게 율법과 복음을 구분해야 우리는 율법과 복음에 각각 적절한 기능을 돌리게 된다. 복음이 율법과 명확히 구분되지 않으면, 참된 기독교 교리는 건전하고 온전하게 지켜질 수 없다. 그러나 복음과 율법의 구분이 제대로 이루어지면, 참된 칭의의 길도 올바로 이해되고, 믿음과 행위, 그리스도와 모세를 구분하는 것도 쉬워진다. 그리스도가 없으면 모든 것이 악인을 처벌하기 위한 사망으로 나아간다. 그러므로 바울은, 율법은 **범법하므로** 더하여진 것이라고, 즉 범죄를 증가시키고 범죄를 더 잘 보고 알도록 주어졌다고 말함으로써 질문에 답한다.

확실히 그런 일이 벌어진다. 율법을 통해 죄와 사망, 하나님의 진노와 심판, 지옥이 우리에게 계시되면, 우리는 하나님의 심판이나 우리 자신의 사망과 파멸을 견딜 수 없어 하나님께 짜증을 내고 불평하며 하나님의 뜻을 멸시하지 않을 수 없게 된다. 우리는 이것을 피할 수 없다. 여기서 우리는 하나님의 미움을 받고 하나님께 불경한 자가 된다. 이전에 시험이 없었을 때 우리는 참 거룩했다. 하나님 앞에 무릎을 꿇고 하나님을 경배하고 찬양했다. 누가복음 18장에서 바리새인이 한 것처럼 하나님께 감사했다. 그러나 죄와 사망이 우리에게 계시된 지금 우리는 하나님이 없었으면 좋겠다고 생각한다. 그러므로 율법은 저절로 하나님을 아주 미워하게 만든다. 이와 같이 죄는 율법을 통해 드러나고 알려질 뿐만 아니라, 율법으로 증가되고 자극받는다. (바울은 롬 7장에서 이 율법의 효력을 상세히 다룬다.)

그래서 "율법이 의롭게 하지 못한다면 율법의 용도는 무엇인가?"라는 질문에 답변할 때, 바울은 다음과 같이 답변한다. 율법은 의롭게 할 힘은 없더라도 시민적으로 반역하고 완고한 자들의 죄를 억제시킨다. 나아가 율법은 우리 자신을 사망의 죄책이 있고 하나님의 영원한 진노와 분노를 받기에 마땅한 죄인으로 보여주는 거울이다. 그러면 이렇게 콧대를 꺾고 상처를 입히고 두들겨 패는 율법의 목적은 무엇인가? 바로 우리를 은혜로 이끄는 것이다. 따라서 율법은 은혜의 길을 준비하는 사자다. 하나님은 비천한 자와 비참한 자, 고통받는 자, 학대받는 자, 절망하는 자

그리고 진멸당할 자의 하나님이시다. 하나님의 본성은 비천한 자를 높이
고, 굶주린 자를 먹이고, 눈먼 자를 보게 하며, 비참한 자와 고통받는 자,
상처받은 자, 마음이 상한 자를 위로하고, 죄인들을 의롭게 하며, 죽은 자
를 살리고, 크게 절망하고 파멸 속에 있는 자를 구원하는 것이다. 하나님
은 모든 것을 무로부터 창조하신 전능하신 창조주이시다.

그런데 우리가 우리 자신의 의에 대하여 파괴적이고 치명적인 관
점―곧 자기 자신을 부정하고 비참하고 파멸적인 죄인으로 인정하지 않고 의롭고
거룩한 자로 인정하기를 바라는 태도―를 갖고 있으면, 하나님은 우리에게
자신의 특별한 사역을 행하지 못하실 것이다. 그러므로 하나님이 율법
의 망치를 들고 헛된 신뢰와 지혜, 의, 힘을 박살내야 한다. 그때 우리는
비로소 우리 자신이 철저히 버림받고 상실되고 파멸당한 존재라는 사
실을 깨달을 수 있다. 이처럼 우리의 양심이 율법으로 두려움을 느낄 때
복음과 은혜의 교리가 우리를 다시 일으켜 세우고 위로해 준다. 우리에
게 그리스도가 세상에 오셔서 상한 갈대를 꺾지 아니하고, 꺼져 가는 등
불을 끄지 아니하며, 가난한 자에게 기쁜 소식 곧 복음을 선포하고, 상하
고 회개하는 심령을 고치시며, 포로된 자에게 죄 사함을 선포하신다고
말해 준다(사 42:3, 마 12:20).

여기서 정말 큰 문제점은, 우리가 두려움을 느끼고 낙심할 때 우리
가 스스로 일어설 수 있다고 보는 것이다. 이제 충분히 상처받고 고통받
았다고 곧 율법은 우리에게 아주 충분히 고통과 괴로움을 주었다고 말
하는 것이다. 그러나 지금은 우리가 그리스도의 입에서 나오는 은혜와
생명의 말씀을 듣는 은혜의 때다. 지금은 연기가 피어오르는 시내산이
아니라 하나님의 보좌와 성전, 속죄소가 있는 모리아산―즉 공의와 평화
의 왕이신 그리스도―을 바라보는 때다. 모리아산에서 우리는 여호와께서
자기 백성에게 오직 평강을 말씀하시는 것을 듣게 될 것이다.

그런데 인간의 마음은 너무 미련해서 율법이 행하기로 되어 있던

일을 한다. 이렇게 함으로써 양심이 고통 속에 있을 때, 단순히 그리스도로 말미암아 죄 사함을 약속하는 은혜의 교리를 붙잡지 않는다. 양심을 만족시키기 위해 율법을 더 잘 지키려고 애쓴다. 이럴 때 우리는 내가 살면 내 삶을 고칠 수 있고, 이것도 하고 저것도 하겠다고 말한다. 그러나 이와 정반대로 하지 않는 한, 우리는 구원을 바랄 수 없다. 곧 모세를 그의 율법과 함께 자만하고 오만하고 완고한 자들에게 떠나보내고 두려움과 고뇌 속에서 우리 죄를 위하여 십자가에 못 박혀 죽으신 그리스도를 붙잡지 않는 한, 구원을 바랄 수 없다.

　따라서 율법은 우리를 은혜의 약속으로 이끌고, 은혜의 약속을 아주 감미로운 것으로 만든다는 점에서 우리를 의롭게 하는 데 도움을 준다. 그러므로 우리는 율법을 폐지하지 않고, 율법의 참된 기능을 인정한다. 즉 율법을 통해 그리스도께 나아간다. 다시 말해, 여러분은 율법이 여러분을 낮추고 두렵게 하고 크게 낙심시켜 절망의 구렁텅이에 빠뜨린 후에, 율법을 적절히 사용하는 법을 배운다. 율법의 기능은 죄와 하나님의 진노를 드러내는 것과 사람들을 그리스도에게 이끄는 것에 있다. 율법의 기능은 오직 고통받고 상한 마음을 가진 자에게 하나님이 임하신다고 증언하는 성령의 역사로 인해 복음 속에서 시작된다. 그러므로 율법의 망치로 상처를 입었다면, 상처를 잘못 사용하여 스스로 더 무거운 율법의 짐을 지지 말라. "수고하고 무거운 짐 진 자들아, 다 내게로 오라. 내가 너희를 쉬게 하리라"고 말씀하시는 그리스도께 나아와 들으라(마 11:28). 율법의 압박으로 만사가 완전히 절망적인 것처럼 보일 때 여러분이 도움을 청하려고 그리스도께 나아가면, 율법은 본연의 참된 기능을 수행하고 있는 것이다. 이것이 가장 좋고 완전한 율법의 기능이다.

　그러므로 바울은 율법을 다시 다루기 시작하고, 율법이 무엇인지를 정의한다. 율법은 의롭게 하는 힘이 없다는 말을 들을 때, 이성은 그러면 하나님이 율법을 쓸 데 없이 주셨다고 추론한다. 그러므로 율법이 무엇인지 알아보거나 증명해 봐야 한다. 그렇게 함으로써 율법을 마땅히 이해해야 하는 폭이 더 넓거나 더 좁아지지 않도록 조심해야 한다. 바울은 그 자체로 칭의의 필수 요소가 될 수 있는 율법은 절대로 없다고 말한다. 그러므로 의와 생명, 영원한 구원에 관해 추론할 때에는, 율법을 시야에서 완전히 배제시켜야 한다. 마치 율법이 전혀 없었거나 전혀 없어야 할 것처럼 말이다. 마치 율법이 아무것도 아닌 것처럼 말이다.

약속하신 자손이 오시기까지 있을 것이라   바울은 율법을 영속적인 것으로 보지 않는다. 시민적으로 범죄를 억제시키기 위하여, 그리고 특히 우리의 범죄를 영적으로 드러내고 증가시키기 위하여—지속적으로가 아니라 한시적으로—주어진 것이라고 말한다. 여기서 우리가 어떤 존재인지를 우리에게 보여주고 하나님의 진노를 드러내는 율법의 힘이 얼마나 오랫동안 지속되는지를 알아야 한다. 이런 일을 깊이 느끼는 자는, 만약 위로를 받지 못한다면 갑자기 파멸할 것이다. 따라서 율법의 지속 기간이 제한되어 있지 않았다면 아무도 구원받지 못하게 된다. 율법의 지배는 얼마나 오래 지속될까? 바로 약속하신 자손이 오시기까지다. 다시 말해, "네 씨로 말미암아 천하 만민이 복을 받으리니"라고 기록되어 있는 그 자손이 오실 때까지다. 율법의 학정은 때가 될 때까지, 곧 복의 자손이 오실 때까지 계속될 것이다. 이것은 율법 자체가 곧 이 자손을 데려오거나 의를 제공하는 역할을 한다는 뜻이 아니다. 율법은 세상사 속에서 반역적이거나 완고한 자들을 억제시키고 그들을 이를테면 옥에 가두고, 그런 다음에는 영적으로 그들의 죄를 비난하고 그들을 낮추며 그들을 두렵게 함으로써, 그들이 복의 자손을 바라보도록 만드는 것이다.
  우리는 율법의 지속 기간을 문자적으로나 영적으로 이해할 수 있다. 문자적으로 율법은 은혜의 때가 될 때까지 지속된다. 그리스도는 "모든 선지자와 율법이 예언한 것은 요한까지니"라고 말씀하셨다

(마 11:13). "세례 요한의 때부터 지금까지 천국은 침노를 당하나니 침노하는 자는 빼앗느니라"(12절). 그때 그리스도는 세례를 받고 복음 전파 사역을 시작하셨다. 또한 그때 모세의 율법과 모든 의식들도 문자적으로 중단되었다.

영적으로 율법은 다음과 같이 이해될 수 있다. 곧 율법은 이 복된 자손이 오실 때까지만 양심을 지배해야 한다. 율법이 내게 내 죄를 보여주고 나를 두렵게 하며 하나님의 진노와 심판을 드러냄으로써 내가 벌벌 떨고 절망에 빠지는 것은, 율법이 지속될 때까지만이다. 율법의 시간은 제한되어 있다. 따라서 이 복된 자손이 이미 온 지금은 예전과 같은 학정을 행하지 못한다. 율법이 자신의 직무를 행했다면 우리에게 하나님의 진노를 계시하고 우리를 충분히 두렵게 만들었을 것이다. 그러면 이때 우리는 율법에게 이렇게 말해야 한다. "율법아, 이제는 떠나가라. 너는 충분히 할 일을 했다. 나를 충분히 두렵게 하고 고통스럽게 했다. '주의 모든 파도와 물결이 나를 휩쓸었나이다.' '주의 얼굴을 주의 종에게서 숨기지 마소서.' '주의 진노로 나를 징계하지 마옵소서'"(시 42:7, 69:17, 6:1). 율법으로 이런 두려움과 괴로움이 임할 때 복된 자손의 때가 임한다. 따라서 율법은 자리를 내놓고, 죄를 드러내거나 우리를 두렵게 하는 일을 멈추어야 한다. 율법은 자신이 지배했던 나라를 복된 자손 곧 그리스도에게 내주어야 한다. 그리스도는 고소하거나 두렵게 하지 않으신다. 그분은 율법이 주는 것보다 훨씬 더 좋은 것 곧 자신의 죽음과 고난으로 말미암아 신자가 얻는 은혜, 평강, 죄 사함, 죄와 사망과 마귀와 파멸에 대한 승리에 관해 말씀하신다.

문자적으로 보면 율법은 복된 자손이 세상에 오셔서 우리의 육체를 취하고, 성령을 주시고, 우리의 마음속에 새 율법을 기록하신 후로는 역할이 끝난다. 그러나 영적으로 보면, 율법의 시간은 복된 자손이 오실 때 바로 끝나는 것이 아니다. 율법은 양심 속에 굳게 뿌리를 두고 남아 있

다. 그러므로 어떤 사람에게는 율법의 마침을 보기 위해 율법을 영적으
로 사용하는 것이 쉽지 않다. 이런 두려움과 죄의식 속에 있을 때 지성
은 하나님이 자비하시다는 느낌과 하나님이 그리스도로 말미암아 죄를
용서해 주실 것이라는 소망을 가질 수 없다. 지성은 다만 하나님은 죄인
들에게 진노하고 그들을 고소하고 정죄하실 것이라고 생각한다. 이때
믿음이 와서 괴로움과 고통 속에 있는 양심을 다시 일으켜 세우지 않는
다면, 또는 주위에 하나님의 말씀으로 위로해 줄 신실한 형제가 없다면
(마 18:20), 절망과 사망이 이어질 것이다. 그러므로 우리가 홀로 있는 것
은 위험하다(전 4:10). 만약 우리가 하루나 이틀 동안 기도하기 위해 다
른 사람들과 떨어진다면 그것은 위험하지 않다. 그리스도께서 홀로 산
에 올라가 거기서 밤새도록 기도하셨고, 겟세마네 동산에서도 똑같이
그렇게 하셨다(마 26:39, 눅 22:41). 그러나 사람들이 어쩔 수 없이 외로운
삶을 살아갈 때 그것은 마귀의 간계에 걸려든 것이다. 시험을 당하고 홀
로 있을 때 우리는 어떤 경우에도 스스로 일어설 수 없다.

천사들을 통하여 한 중보자의 손으로 베푸신 것인데   이 구절은 내용의 흐름
에서 약간 벗어난 것이다. 바울은 여기서 자신의 말을 마치지 않고 약간
덧붙여서 계속한다. 바울은 율법과 복음이 시기뿐만 아니라 출처도 다
르다고 말한다. 율법은 천사들을 통해 전해졌다(히 2:2). 그러나 복음은
주님이 친히 전하셨다. 그러므로 복음이 율법보다 훨씬 더 뛰어나다. 말
하자면 율법은 종들의 음성이지만, 복음은 주님 자신의 음성이기 때문
이다. 따라서 율법의 권위를 낮추고 복음을 높이기 위해 바울은 율법은
단지 한시적으로 주어졌지만(율법은 단지 약속이 성취될 때까지만 즉 복된 자
손이 오실 때까지만 지속되었기 때문에) 복음은 영원히 지속된다고 말한다.
모든 신자는 세상이 시작될 때부터 항상 동일한 복음을 갖고 있었고, 동
일한 복음으로 구원을 받았다.

나아가 율법의 말은 단지 종에 불과한 천사들을 통해 그것도 천사들보다 훨씬 저급한 다른 종 모세에 의해—즉 사람인 한 중보자의 손으로—주어졌다. 그리스도는 종이 아니라 주님 자신이다. 그리스도는 모세처럼 율법에 따른 하나님과 사람 사이의 중보자가 아니라 더 좋은 언약의 중보자이시다. 그러므로 율법은 종인 천사들을 통해 정해졌다. 모세와 이스라엘 백성들은 시내산에서 하나님의 말씀을 들었다. 즉 그들은 천사가 하나님의 인격으로 말하는 것을 들었다. 그래서 스데반은 사도행전 7:53에서 "너희는 천사가 전한 율법을 받았다"고 말한다. 그리고 출애굽기 3:2는 분명히 천사가 떨기나무 가운데로부터 나오는 불꽃 안에서 모세에게 나타나 말한 것을 증언한다.

그러므로 바울은 그리스도는 모세보다 훨씬 더 좋은 언약의 중보자라고 지적한다. 여기서 바울은 모세가 하나님을 만나도록 백성들을 장막에서 이끌어 내어 시내산으로 데리고 간 일에 관한 이야기를 암시한다. 거기서 이스라엘 백성들은 두려운 광경을 보았다. 온 산이 불에 휩싸여 있었다. 백성들은 이 광경을 보자 벌벌 떨기 시작했다. 그것은 자기들이 갑자기 멸망당할 것이라고 생각했기 때문이다. 백성들은 시내산에서 그토록 두렵게 울려 퍼지는 율법을 견딜 수 없었기 때문에(그 음성이 백성들을 죽일 정도였으므로) 자기들의 중보자인 모세에게 나아가서 말했다. "당신은 가까이 나아가서 우리 하나님 여호와께서 하시는 말씀을 다 듣고, 우리 하나님 여호와께서 당신에게 이르시는 것을 다 우리에게 전하소서." 이에 모세는 이렇게 답변했다. "여호와께서 너희가 내게 말할 때에 너희가 말하는 소리를 들으신지라"(신 5:27-28). 모세가 백성들과 율법 사이의 중보자였다는 사실은 이 본문으로 보아 분명하다.

이렇게 바울은 율법을 통해 의를 얻는 것은 불가능하다는 점을 증명한다. 이것은 다음과 같이 말하는 것과 같다. "만약 정결하고 성결하게 된 이스라엘 온 백성이, 아니 심지어 하나님과 백성들 사이의 중보자인 모세까지도, 율법의 음성 앞에서 두려워 벌벌 떨었다면 율법이 어떻게 의롭게 할 수 있는 힘을 가질 수 있겠는가?(히 12:21) 그러나 온 세상에 있는 어떤 의로움 또는 거룩함이 율법을 듣고 견디며 율법을 미워할 수 있을까? 율법의 수여 이야기는, 이스라엘 백성들이 율법을 들었을 때 차라리 죽기를 바랐다는 것을 분명히 증언한다.

따라서 율법이 마음속에 집어넣는 밝은 광선으로 죄가 드러날 때, 우리에게 율법보다 더 싫고 견딜 수 없는 것은 없다. 우리는 한동안 율법에 대한 두려움을 억지로 견디기보다는 차라리 죽기를 바랄 것이다. 이것은 율법이 우리를 의롭게 하지 못한다는 사실을 분명히 암시한다. 만약 율법이 의롭게 했다면 의심할 것 없이 사람들은 율법을 사랑하고 진심으로 율법을 받아들일 것이다. 그러나 이런 반응을 어디서 보았는가? 어디서도 발견하지 못한다. 모세에게서도, 이스라엘 전체 백성에게서도 발견하지 못한다. 그들은 모두 두려워서 도망쳤다. 이런 모습은 인간의 마음이 율법에 대하여, 따라서 율법의 창시자인 하나님 자신에 대하여 갖고 있는 치명적인 미움을 증명한다. 만약 율법을 통해서는 의를 얻지 못한다는 점을 증명하는 다른 논증이 없다고 해도, 바울이 한 중보자의 손으로라는 말로 암시하는 이 한 가지 이야기만으로도 충분할 것이다. 바울은 요컨대 이렇게 말하고 있다. "너희는 너희 조상이 율법을 전혀 감당할 수 없었기에 중보자 모세를 필요로 했다는 사실을 기억하지 않느냐? 모세가 중보자 직분을 받았을 때 너희 조상은 율법을 사랑하기는커녕 자기들의 중보자와 함께 도망쳤다. 따라서 너희 조상은 히브리서가 증명하는 것처럼 율법을 미워했다는 것을 보여주었다. 만약 할 수만 있었다면 너희 조상은 본래 애굽의 철산으로 돌아가려고 했을 것이다. 그러나 너희 조상은 에워싸여 있었고 피할 방도가 없었다. 그래서 모세에게 이렇게 외쳤다. "만일 우리가 우리 하나님 여호와의 음성을 다시 들으면 죽을 것이라……우리 하나님 여호와께서 당신에게 이르시는 것을 다 우리에게 전하소서"(신 5:25, 27). 만약 너희 조상이 율법을 들을 수조차 없었다면 어떻게 율법에 순종할 수 있었겠는가?

따라서 율법 아래에 있던 사람들이 중보자를 가져야 했다면, 율법은 그들을 의롭게 하지 못했다는 결론이 당연히 나온다. 그러면 율법은 어떤 일을 했는가? 바울이 말하는 바가 정확히 이것이다. "율법이 들어온 것은 범죄를 더하게 하려 함이라"(롬 5:20). 율법은 빛 곧 이스라엘 자손의 마음속에 광선을 던지는 해와 같았다. 그 결과 그들은 율법과 율법의 창시자를 미워할 정도로 벌벌 떨었고 하나님에 대한 두려움에 사로잡혔다. 이것은 정말 끔찍한 불신앙이다. 여러분은 이 사람들이 의롭다고 말하고 싶은가? 사람들은 율법을 듣고 진심으로 율법을 받아들이며 율법 안에서 즐거워한다면 의롭게 된다. 그러나 율법 수여 이야기는 세상의 모든 사람이 아무리 거룩하다고 해도(특히 정결하고 성결하게 된 사람들도 율법을 들을 수 없었던 것으로 보아) 율법을 미워하고 싫어하며, 율법이 없었으면 하고 바란다는 것을 증명한다. 그러므로 사람들은 율법을 통해 의롭게 될 수 없다. 율법은 실제로는 정확히 그 반대 효력을 갖고 있다.

바울은 (앞서 말한 것처럼) 이 문제를 지나가듯이 간단히 다룬다. 비중 있게 철저히 다루거나 적절히 끝맺지 않는다. 그러나 본문을 주의 깊게 읽어 보는 사람이라면 누구나 바울이 두 중보자 곧 모세와 그리스도를 매우 높게 평가하고, 서로 비교하고 있음을 깨달을 것이다. 만약 바울이 이 문제를 더 상세히 언급했다면, 이 본문으로 또 하나의 편지를 써야 할 정도로 많은 분량을 할애해야 했을 것이다.

따라서 온 세상 사람이─이스라엘 백성들이 그랬던 것처럼─시내산에서 있었다면, 그들도 당시 유대인들과 똑같이 율법을 미워하고 율법으로부터 도망쳤을 것이다. 그러므로 세상 사람은 누구나 율법을 극도로 미워하는 마음을 가지고 있다. 그러나 율법은 거룩하고 의롭고 선하다. 율법은 하나님의 뜻에 대한 온전한 법칙이다. 그렇다면 율법을 미워하고 싫어하여 율법으로부터 도망치고, 게다가 율법의 창시자인 하나님과 원수인 사람들이 어떻게 의인이 될 수 있겠는가? 이것은 바울이 로마서 8:7에서 말하는 것과 같다. "육신의 생각은 하나님과 원수가 되나니, 이는 하나님의 법에 굴복하지 아니할 뿐 아니라 할 수도 없음이라." 따라서 여러분이 율법을 듣고 견딜 수 없을 정도로 하나님과 율법을 미워하면서 율법으로 의롭게 된다고 주장한다면, 그것은 정말 미친 짓이다.

만약 율법이 내가 나 자신의 의를 높이 평가하는 것을 묵인한다면, 그리고 하나님이 내가 행하는 행위로 진정되신다면, 그러면 확실히 율법은 나의 이성을 즐겁게 할 것이다. 그러나 이것이 사실이 아니라면, 그리고 율법이 본연의 목적에 맞게 활동한다면, 이성은 더 이상 우쭐해할 수 없고 율법의 밝은 광선을 견딜 수 없다. 그러므로 나는 모세를 중보자로 필요로 한다. 이것이 고린도후서 3장에서 바울이 말하는 바다. 거기 보면 바울은 모세의 수건 쓴 얼굴에 관해 말한다(출 34장). 이것은 이스라엘 백성들이 율법의 참된 영적 용도를 몰랐을 뿐만 아니라 그 용도를 감당할 수도 없었음을 증명한다. 바울은 먼저 이스라엘 백성들이 모세의 얼굴에 덮여 있는 수건 때문에 율법의 요점을 볼 수 없었다고 말한다. 다시 말해, 백성들은 수건으로 덮여져 있지 않았을 때 영광 때문에 모세의 얼굴을 제대로 바라볼 수 없었다. 모세는 백성들에게 말할 때 얼굴을 수건으로 가렸다. 수건으로 가리지 않았다면 백성들은 모세의 말을 견딜 수 없었을 것이다. 다시 말해, 백성들은 모세가 다른 중보자(즉 수건)를 세우지 않았다면 자기들의 중보자인 모세에게 직접 들을 수 없었다. 그렇다면 그들은 하나님이나 천사의 음성을 어떻게 들어야 할까? 복된 자손이 와서 율법을 들은 자들을 일으켜 세우고 위로하지 않으면, 그들은 율법을 두려워하고 하나님을 미워하고 모독할 것이다. 날마다 하나님을 더 불쾌하게 하다 절망 속에서 죽을 것이다. 율법이 양심을 두렵게 하고 혼란시킬수록, 율법이 양심을 더 깊이 찌르고 더 오래 지속될수록 그만큼 더 율법은 하나님에 대한 미움과 모독을 증가시킨다.

3:20 그 중보자는 한 편만 위한 자가 아니나 여기서 바울은 두 중보자를
비교한다. 하지만 우리는 곧 바울이 단순히 모세가 아니라 일반적인 중
보자에 관해 말하고 있음을 깨닫는다. 중보자라는 말은 화를 입은 자와
화를 입힌 자가 모두 관련된다. 화를 입힌 자는 중보를 필요로 하고, 화
를 입은 자는 중보를 필요로 하지 않는다. 따라서 중보자는 한 당사자만
대표하는 것이 아니라 서로 불화하는 두 당사자를 대표한다. 따라서 모
세는 일반적 정의에 따를 때 중보자다. 율법과 율법의 참된 영적 용도를
견딜 수 없는 사람들 사이를 중재하기 때문이다. 이런 의미에서 율법은
새로운 얼굴을 가져야 하고, 율법의 음성은 바뀌어야 한다. 즉 율법의 음
성은 영적 음성이 되어야 한다. 그렇지 않으면 율법은 내적으로 생명을
제공할 수 없다. 그것을 감당할 수 있으려면 수건으로 싸놓아야 한다. 사
람들은 모세의 음성을 통해 율법을 들을 수 있을 것이다.

　　율법이 수건으로 가려지면, 더 이상 위엄을 갖고 말하지 못한다. 오
직 모세를 통해서만 말한다. 이렇게 되면 율법은 더 이상 제 기능을 수
행하지 못한다. 곧 율법은 양심을 두렵게 하지 못한다. 이것이 사람들이
율법을 이해하지 못하고 또는 율법에 주의를 기울이지 못하는 이유이
다. 그 결과 사람들은 안일하고 게으르고 주제넘은 위선자가 된다. 그러
나 이런 사실에도 불구하고 다음 두 가지 중 어느 한 일이 일어날 것이
다. 곧 율법은 효력이 상실되고 수건으로 덮여 사람들을 위선자로 만들
거나 아니면 수건 없이 사람들을 죽일 것이다. 인간은 수건 없이는 율법
을 견딜 수 없다. 그러므로 여러분이 수건 없이 율법의 목적을 이루려고
생각한다면, 다음 둘 중 한 가지를 해야 한다. 믿음으로 복된 자손을 붙
잡고 율법의 끝 너머에 계신 그리스도 곧 율법의 마침으로 여러분에게
"율법은 너희를 충분히 두렵게 했다. 이제 힘내라. 너희 죄가 사해졌다"

고 말씀하실 수 있는 분을 바라보아야 한다. 아니면 그의 수건과 함께 모세를 여러분의 중보자로 가져야 한다.

하나님은 중보자를 조금도 필요로 하시지 않는다. 그러므로 모세는 하나님만의 중보자가 될 수 없었다. 또 모세는 사람들만의 중보자도 될 수 없었다. 오히려 모세는 하나님과 사람들 곧 하나님과 불화 속에 있는 사람들 사이의 중보자다. 중보자의 기능은, 화를 입은 당사자를 진정시키고 화를 입힌 당사자를 화를 입은 당사자와 화해시키는 것이다. 모세는 단순히 율법의 음성을 바꾸고 율법을 견딜 수 있는 것으로 만드는 중보자다. 그러나 율법에 순종할 능력을 주지는 못한다.

만약 율법이 모세 없이 주어지고—모세 이전이나 모세 이후에—중보자가 없었다면, 그리고 거기다 사람들에게 도망치는 것이 허용되지 않는다면, 어떤 일이 벌어질 것이라고 생각하는가? 사람들은 견딜 수 없는 두려움에 꼼짝달싹 못하고 당장 진멸당할 것이다. 또는 다행히 거기서 도망쳐 다른 중보자를 만난다면 보존을 받고 율법은 여전히 유효할 것이다. 이 외에도 율법과 사람들 사이에 대속이 이루어져야 한다. 실제로는 모세가 와서 중보자가 되었다. 모세는 수건으로 얼굴을 가렸다. 그러나 율법이 일으킨 고뇌와 두려움으로부터 사람들의 양심을 해방시킬 수는 없었다. 그러므로 가련한 죄인들은 죽는 순간이나 양심이 갈등 속에 있을 때 율법이 드러내고 증가시키는 죄에 대해 하나님의 진노와 심판을 느끼면, 그들에게 "너희는 죄인이지만 율법과 율법의 진노에도 불구하고 죽지 않으리라"고 말해 줄 중보자를 갖고 있어야 한다.

이 중보자가 바로 예수 그리스도다. 예수 그리스도는 모세처럼 율법의 음성을 바꾸거나 율법을 수건으로 가리지 않으신다. 또한 우리를 율법의 시야에서 벗어나도록 이끌지 않으신다. 그리스도는 율법의 진노에 직접 맞서 율법을 제거하고, 자신의 육체로 율법을 만족시키신다. 그리스도는 복음을 통해 내게 이렇게 말씀하신다. "확실히 율법은 하나님의 진노와 영원한 사망으로 너를 위협할 것이다. 하지만 두려워 말라. 도망치지 말고 굳게 서라. 내가 네게 모든 것을 공급하고 행할 것이다. 내가 너를 위해 율법을 만족시키겠다." 자기 자신과 하나님 사이에 서 있고, 화를 입은 자이자 화를 입힌 자인 모세보다 훨씬 뛰어나신 중보자가 바로 예수 그리스도다. 여기서 모세의 중보는 전혀 유익이 없다. 모세는 이미 자신의 임무를 마쳤고, 지금은 수건과 함께 사라졌다. 여기서 매우 절망적인 상태에 있고 죽음을 당면한 비참한 죄인은 화를 입은 하나님과 만난다. 이때 율법을 만족시키고 율법의 진노를 제거함으로써, 영원한 사망의 죄책이 있는 가련한 죄인을 하나님과 화해시키기 위해서는, 모세와는 차원이 다른 중보자가 있어야 한다.

바울은 여기서 이 중보자를 간략히 언급한다. 우리는 화를 입힌 당사자다. 하나님은 자신의 율법과 함께 화를 입으신 당사자다. 우리가 입힌 화는 하나님이 도저히 간과하실 수 없을 정도로 심각하다. 우리는 절대로 화를 속량할 수 없다. 그러므로 하나님과 우리 사이에 무섭고 두려운 불화가 존재한다. 나아가 하나님은 자신의 율법이 준수되지 않는 한 율법을 철회하실 수 없다. 율법을 범한 우리는 하나님 앞에서 도망칠 수 없다. 그러므로 그리스도가 무한히 그리고 영원히 분리되어 있는 두 당사자 사이의 중보자로 나타나셨다. 그리스도는 두 당사자를 화해시키셨다. 어떻게 그렇게 하셨는가? 바울이 골로새서 2:14-15에서 말하는 것과 같다. "우리를 거스르고 불리하게 하는 법조문으로 쓴 증서를 지우시고 제하여 버리사 십자가에 못 박으시고, 통치자들과 권세들을 무력화하여 드러내어 구경거리로 삼으시고 십자가로 그들을 이기셨느니라." 그래서 바울은 그리스도가 끔찍한 불화 속에 있는 두 당사자 사이의 중보자라고 말한다.

이 구절(20절)은 또한 율법의 의를 강력히 반대하고, 우리에게 칭의 문제에 있어 율법은 우리의 시야에서 철저히 제외시켜야 한다고 가르친다. 또한 **중보자**라는 말은 율법은 의롭게 하는 힘이 없음을 증명한다. 그렇지 않으면 왜 우리가 중보자를 필요로 하겠는가? 인간의 본성은 율법을 듣고 견뎌 낼 수 없다. 율법에 순종하거나 율법에 일치하는 일은 더욱더 할 수 없다. 이것은 모든 그리스도인이 매우 주의 깊게 배워야 할 율법에 대한 참된 교훈이다. 율법의 결과는, 분명히 율법이 의롭게 하는 힘을 갖고 있다고 생각하는 모든 인간적 판단과 대립한다.

그러므로 이 설명을 받아들일 수 있는 자는 누구든 율법은 적절하게 이해될 때 의롭게 할 힘이 없고 확실히 이와 반대되는 결과를 갖고 있다는 것을 알아야 한다. 율법은 우리에게 우리 자신의 실상을 보여준다. 우리 앞에 분노하시는 하나님을 세워 놓는다. 하나님의 진노를 계시한다. 우리를 두렵게 한다. 율법은 죄를 계시할 뿐만 아니라 죄를 크게 증가시킨다. 그렇게 함으로써 이전에 작은 죄가 있었다면 이제는 그 죄가 드러나 매우 악한 죄가 된다. 그래서 우리는 율법을 미워하고, 율법으로부터 도망치며, 율법의 창시자인 하나님을 크게 미워하고 혐오하게 된다. 이것은 율법으로 의롭게 되기는커녕 오히려 율법에 대해 이중의 죄를 범하는 것이다. 첫째는 우리의 의지가 율법을 들을 수 없을 정도로 율법에 매우 적대적인 상태가 된다. 둘째는 율법을 크게 미워함으로써 율법의 창시자로 절대로 선하신 하나님 자신과 함께 율법이 폐지되기를 바란다.

하나님을 미워하고, 또 하나님의 율법이 선하고 거룩한 것임에도 불구하고 그것을 싫어하고, 율법을 들을 수 없는 상태가 되는 것보다 더 큰 불경이나 두려운 죄를 상상할 수 있을까? 우리는 분명히 이스라엘 백성들이 훌륭한 율법이자 거룩하고 의로운 말씀인 십계명 듣기를 거부했다는 말을 듣는다. 이스라엘 백성들은 중보자가 필요했다. 그들은 가장 훌륭한 신적 지혜를 견딜 수 없었다. 그래서 이렇게 말한다. "만일 우리가 우리 하나님 여호와의 음성을 다시 들으면 죽을 것이라," "우리 하나님 여호와께서 당신에게 이르시는 것을 다 우리에게 전하소서. 우리

가 듣고 행하겠나이다"(신 5:25, 27). 우리는 늘 우리의 행복을 위해 마련
된 것을 제대로 파악할 수 없다. 그러나 우리는 하나님을 가지고 있고,
하나님은 자비로운 하나님이시다. 그런데도 우리는 "살인하지 말라, 간
음하지 말라, 도둑질하지 말라"와 같은 하나님의 계명을 항상 따르지 못
한다. 이 계명들을 통해 여호와는 인간의 생활과 활동을 보호하신다. 이
계명들은 악인들의 포악한 범죄를 차단하는 벽으로 작용한다.

    따라서 율법은 그 광선으로 양심을 계몽시켜 우리에게 죄와 사망,
심판, 하나님의 진노를 알려 주는 것 외에는 아무것도 할 수 없다. 율법
이 임하기 전에 나는 안전하다고, 죄가 없다고 느낀다. 그러나 율법이 임
하면 죄와 사망, 지옥이 계시된다. 이것은 의롭게 되는 것이 아니다. 죄인
이 되고 하나님의 원수가 되어 사망과 지옥 불의 정죄를 받게 되는 것이
다. 그러므로 참 기독교 신학에서 율법의 핵심 요점은 사람들을 더 좋게
만들거나 나쁘게 만드는 데 있지 않다. 다시 말해, 율법은 사람들에게 그
들의 죄를 보여준다. 그 결과 그들은 낮아지고 두려워하며 상처를 입고
상한 심령이 된다. 이 수단을 통해 위로를 찾고 복된 자손에게 나아온다.

하나님은 한 분이시니라!   하나님은 아무에게도 화를 입히지 않는다. 그러
므로 중보자를 필요로 하지 않으신다. 그러나 우리는 하나님께 화를 입
힌다. 그러므로 중보자를 필요로 한다. 우리에게 더 좋은 것을 말씀하는
이는 모세가 아니라 그리스도다. 여기까지 바울은 이탈을 계속했다. 이
제 바울은 자신이 본래 다루던 핵심 주제로 되돌아간다.

3:21 그러면 율법이 하나님의 약속들과 반대되는 것이냐?   앞에서 바울은
율법에 의롭게 하는 힘이 없다고 말했다. 율법은 우리에게 우리 자신에
관한 지식을 제공한다. 율법은 죄를 드러내고 증가시킨다. 그런데 여기
서 또 다른 반론이 제기된다. "만약 율법이 사람들을 더 나쁘게 만드는

것에 불과하다면, 그것은 하나님의 약속과 다르다. 왜냐하면 하나님이
단지 율법에 의해 분노하시게 되어, 그의 약속을 이루지 않으시는 것처
럼 보이기 때문이다. 우리 유대인들은 이와 반대로 생각해왔다. 즉 우리
가 이 외적 훈련으로 억제될 때, 이것에 고무된 하나님이 서둘러 자신의
약속을 이루시고, 그러므로 이 훈련으로 인해 우리는 약속을 받을 자격
을 가질 수 있다고 생각했다.”

바울은 그렇지 않다고 답변한다. 오히려 반대로 여러분이 율법을
따라 살고자 애쓰면 약속이 방해를 받는다. 자연적 이성은 약속에 신실
하신 하나님의 기분을 상하게 하고, 하나님의 선하고 거룩한 율법을 듣
지 못하게 할 것이기 때문이다. 이성은 “주님이 우리에게 말씀하시는 대
로 하지 말라”고 말한다. 그렇다면 하나님은 어떻게 자신의 율법과 훈계
를 받아들이지 않을 뿐만 아니라 목숨 걸고 율법을 미워하고 율법에서
도망치는 자들에게 자신의 약속을 이루실 수 있을까? 바울은 이 반론을
간략히 다루고 답변한다.

결코 그럴 수 없느니라! 하나님이 우리에게 어떤 약속을 주시는 것은 우
리의 가치나 공로나 선행 때문이 아니다. 그리스도 안에 있는 그분의 선
하심과 자비하심 때문이다. 하나님은 아브라함에게 “네가 율법을 지켰
으므로 네 안에서 천하 만민이 복을 받을 것”이라고 말씀하시지 않는다.
아브라함이 아직 할례를 받지 않고 우상숭배자였을 때 하나님은 이렇게
말씀하셨다. “너의 고향을 떠나……나는 네 방패요……네 씨로 말미암
아 천하 만민이 복을 받으리니”(창 12:1, 15:1, 22:18). 이 말씀은 절대적인
약속이다. 하나님이 아브라함에게 이전이나 이후나 그의 행위에 대해
어떤 조건을 붙이지 않고 값없이 주신다.

특별히 이것은 자기들의 죄로 하나님의 약속이 방해받는다고 생각
하는 유대인들의 주장을 반박한다. 바울은 본질상 다음과 같이 말한다.

"하나님은 우리의 죄 때문에 자신의 약속을 등한시하거나 우리의 의와 공로 때문에 자신의 약속을 서두르지 않으신다. 하나님은 어느 쪽에도 유의하지 않으신다." 따라서 우리가 율법을 통해 더 큰 죄를 범하고 하나님을 더 멸시하고 미워한다고 해도, 하나님은 여전히 자신의 약속을 바꾸지 않으신다. 하나님의 약속은 우리의 연약함에 의존하는 것이 아니다. 오직 하나님의 선하심과 자비하심에 의존한다. 그러므로 유대인들은 마치 하나님이 우리의 죄 때문에 불의하신 것처럼, 또는 우리가 거짓말쟁이기 때문에 하나님을 거짓말쟁이로 만드는 것처럼, "메시아는 우리의 죄가 그분의 오심을 방해하기 때문에 아직 오시지 않았다"고 말해서는 안 된다. 하나님은 항상 의롭고 참되시다. 그러므로 하나님의 진실하심이 하나님이 자신의 약속을 이루시는 유일한 이유다.

나아가 율법이 죄를 드러내고 증가시킨다고 해도 하나님의 약속을 방해하지는 못한다. 오히려 율법은 하나님의 약속을 확증한다. 율법의 참된 목적은 우리를 비천하게 하고, (그렇게 함으로써 율법을 올바르게 사용하여) 탄식하며 자비를 구하도록 우리를 준비시키는 것에 있기 때문이다. 죄가 율법을 통해 우리에게 계시되어 우리의 죄가 늘어날 때, 우리는 율법과 율법의 창시자인 하나님을 싫어하는 악한 마음이 일어나는 것을 인식하기 시작한다. 따라서 우리는 우리가 하나님을 사랑하지 않을 뿐만 아니라, 실제로는 선하심과 자비하심으로 충만한 하나님과 의롭고 거룩한 하나님의 율법을 미워하고 모독한다는 것을 확실히 느낀다. 따라서 율법을 통해 낮아지면 우리는 우리 자신이 가장 비참하고 가증한 존재임을 깨닫는다. 이렇게 율법이 제 역할을 감당하면, 우리는 복된 자손이 오셔서 율법으로 크게 상심하고 비천한 상태에 있는 자들을 위로하실 은혜의 때가 임했음을 인정한다.

흔히 말하는 속담에 시장이 반찬이라는 말이 있다. 마른 땅이 비를 갈망하듯이, 율법도 괴로움과 고통 속에 있는 영혼들이 그리스도를 갈망하도록 만든다. 이런 사람들에게 그리스도는 희한한 맛이다. 그들에게 그리스도는 기쁨과 위로, 생명 외에 다른 것이 아니다. 따라서 그리스도와 그분의 유익이 인정받기 시작한다. 그리스도는 갈급한 영혼을 필요로 한다. 그래서 사랑으로 그들을 부르신다. 그리스도는 이처럼 마른 땅에 기꺼이 물을 부어 주신다. 하지만 마르지 않고 물을 갈망하지 않는 땅에는 부어 주시지 않는다. 그리스도의 유익은 헤아릴 수 없다. 오직 자신의 유익을 필요로 하고 열렬히 바라는 자에게 그 유익을 베풀어 주신다. 그리스도는 가난한 자에게 기쁜 소식을 전하신다. 목마른 자에게 물을 주신다(요 7:37, 시 147:3). 율법으로 상처 입고 고통받는 자를 위로하신다. 그러므로 율법은 하나님의 약속들을 결코 반대하지 않는다.

만일 능히 살게 하는 율법을 주셨더라면, 의가 반드시 율법으로 말미암았으리라

바울은 여기서 율법은 자체로 생명을 줄 수 있는 것이 아니라고 말하고 있다. 율법은 단지 죽이는 역할만 한다. 그러므로 하나님의 율법에 따라 행한 행위도 우리를 하나님 앞에서 의롭게 만들지 못하고 오히려 죄인으로 만든다. 이런 행위는 하나님의 진노를 진정시키지 못하고 오히려 진노를 불붙인다. 이런 행위는 의를 얻지 못하고 오히려 의를 얻는 것을 방해한다. 그러므로 이 말씀 속에서 바울이 가르치는 바가 이것이다. 분명히 율법은 본질상 의롭게 하지 못하고 의롭게 하는 것과는 정반대 효력을 갖고 있다는 것이다.

율법과 복음 사이의 차이를 인식하게 되면, 신실한 사람은 온갖 생명을 비롯해 인간적 법과 규례, 교훈을 판단하게 되고, 온갖 영들을 시험하는 능력을 갖게 된다.

이제 바울은 (올바르게 이해된) 율법은 우리를 그리스도에게 인도할 책임을 가졌다고 가르친다(24절). 율법은 우리에게 죄책을 가져온다. 죄와 진노, 사망, 지옥에 대한 지식을 제공함으로써 적절한 기능을 따라 수

행되면, 율법은 우리를 겸손하게 한다. 우리를 준비시키고 우리가 기꺼이 그리스도의 의를 받아들이도록 만든다. 율법이 그렇게 하면 우리 자신의 의와 거룩함에 대한 생각은 사라진다. 대신 그리스도와 그분의 유익이 우리 안에서 감미롭게 자라기 시작한다. 그러므로 율법은 하나님의 약속들을 반대하지 않고 오히려 확증한다. 율법이 하나님의 약속들을 이루지 못하거나 의를 가져오지 못하는 것은 사실이다. 대신 율법은 우리를 겸손하게 한다. 우리를 그리스도의 유익을 더 갈망하고 그 유익을 받기에 더 합당한 자로 만든다. 그러므로 바울은, 만약 어떤 율법이 주어져서 그것이 의를 가져오고 그 의를 통해 생명을 가져올 수 있다면(먼저 의를 이루지 못하면 아무도 생명을 얻을 수 없으므로), 확실히 의가 율법으로 말미암아 주어질 것이라고 말한다. 게다가 우리가 죄 사함과 의, 생명을 받을 수 있는 삶의 상태나 행위, 종교가 있었다면, 이런 것들은 확실히 우리를 의롭게 하고 우리에게 생명을 줄 것이다. 그러나 다음 구절(22절)에서 증명되는 것처럼 이것은 불가능하다.

3:22 성경이 모든 것을 죄 아래에 가두었으니   이런 말이 어디에 있는가? 첫째, 창 3:15와 22:18과 같은 그리스도에 관한 약속들 속에 있다. 성경에서 그리스도에 관해 조상들에게 약속이 주어지는 곳은 어디에나 복—즉 의와 구원, 영생—이 약속되어 있다. 그러므로 거꾸로 말하면 복을 받도록 되어 있는 자는 저주—즉 죄와 영원한 사망—에 예속되어 있는 것이 분명하다. 그렇지 않으면 왜 복이 약속되었겠는가?

　　둘째, 성경은 온 세상이 죄로 갇혀 있고 저주, 특히 율법의 저주 아래에 있다고 말한다. 율법의 고유 기능은 죄를 드러내고 진노를 불러일으키는 것이다(특히 3:10을 보라). 바울은 또한 신명기 27:26도 염두에 두고 있는 것으로 보인다. 이 구절들이 분명히 말하는 바는 다음과 같다. 죄는 뻔뻔하게 율법을 어기고 죄를 짓거나 외적으로 율법에 순종하지

않는 자뿐만 아니라 율법 아래에 있고 율법에 순종하려고 최선을 다하
는 자도 속박한다. 조금도 예외 없이 죄 아래에 가두어져 있다. 모든 국가
의 정책과 법도, 또 온갖 의식과 종교도 마찬가지다. 그것들이 아무리 유
익하고 필요하다고 해도, 만약 그리스도를 믿는 믿음이 없으면 죄와 사
망, 영원한 파멸 아래에 있고 계속 남아 있을 것이다.

　　그러므로 행위 없이 오직 믿음으로만 의롭게 된다고 말하는 것은
진리다. 바울은 여기서 율법의 목적이 생명을 주기 위한 것이 아니므로
생명을 가져오지 못한다고 강력히 결론짓기 때문이다. 만약 율법이 의
롭게 하는 힘이 없고 생명을 주지 못한다면, 행위는 더더욱 우리를 의롭
게 하지 못할 것이다. 바울이 율법은 생명을 주지 못한다고 말할 때 행
위도 생명을 주지 못한다는 사실을 함축하기 때문이다. 우리는 율법을
지킬 수 없다. 설사 지킨다고 해도, 율법은 우리를 의롭게 하지 못할 것
이다. 그러므로 나는 행위 없이 오직 믿음으로만 의롭게 되고 생명을 가
져온다고 결론을 내리겠다. 바울은 믿음에 행위를 더하면 의롭게 된다
는 것을 인정할 수 없었다(롬 3:20).

이는 예수 그리스도를 믿음으로 말미암는 약속을 믿는 자들에게 주려 함이라
바울은 모든 것을 죄 아래에 가두었으니라고 말했다. 그러면 이 상태는
영원한가? 아니다. 다만 약속이 주어질 때까지만이다. 따라서 여기서 약
속은 유업 자체 곧 아브라함에게 약속된 복이다. 다시 말해, 율법과 죄,
사망, 마귀로부터의 해방뿐 아니라 은혜와 의, 구원, 영생의 값없는 선물
이다. 이 약속은 어떤 공로로, 어떤 율법으로 또는 우리가 행하는 어떤
행위로 얻는 것이 아니라 주어지는 것이라고 바울은 말한다. 누구에게
주어지는가? 믿는 자에게 주어진다. 누구를 믿는 자에게 주어지는가?
예수 그리스도를 믿는 자에게 주어진다. 예수 그리스도 바로 그분이 모
든 믿는 자를 저주로부터 구속하심으로써 그들이 복을 받을 수 있도록

하신 복된 자손이기 때문이다. 이 말씀은 더 깊이 생각해 볼 필요가 없을 정도로 명백하다. 그렇더라도 우리는 이 말씀을 주목하고 그 효력과 중요성을 주의 깊게 살펴보아야 한다.

이렇게 모든 사람이 죄에 갇혀 있다면, 모든 민족이 저주 아래에 있고 그들에게 하나님의 은혜가 없다는 결론이 나온다. 또한 모든 사람이 하나님의 진노와 마귀의 권세 아래에 있고, 아무도 예수 그리스도를 믿는 믿음 외에 다른 수단으로는 하나님의 진노와 마귀의 권세에서 해방될 수 없다는 결론도 따라 나온다. 의롭다 함은 율법이나 우리가 행하는 일로 얻을 수 없다. 모든 것이 죄와 저주에 갇혀 있기 때문이다. 의롭다 함은 그리스도를 믿는 믿음으로만 얻는다. 칭의에 대한 논의를 떠나서라도, 하나님께 순종하기 위해 한 행위는 아무리 칭송해도 충분할 수 없다. 그리스도인이 믿음을 통해 그리고 믿음 안에서 하는 행위의 유익과 열매를 누가 충분히 칭찬할 수 있겠는가? 온 세상은 이런 선행에 합당한 보상을 해줄 수 없다. 확실히 온 세상은 신실한 자의 거룩한 행위를 마땅히 받을 만큼 칭송해 줄 수 있는 은혜를 갖고 있지 못하다. 보상은 더 말할 것도 없다. 왜냐하면 세상은 그러한 신실한 자의 거룩한 행위를 보지 못하기 때문이다. 혹시 본다고 해도 신실한 자의 거룩한 행위를 선행으로 평가하지 않는다. 오히려 아주 악하고 혐오할 죄악으로 판단하고, 인류에 대한 치명적인 재앙으로 규정하며, 그들을 세상에서 배제시킨다.

따라서 세상의 구주이신 그리스도는 상상할 수 없는 자신의 유익을 얻기 위해 가장 수치스러운 십자가 죽음을 겪는 대가를 치르셨다. 은혜와 영생이라는 말을 세상 속에 들여온 사도들도 온 세상 사람에게 쓰레기와 폐기물로 간주되었다. 이것은 세상이 이처럼 엄청난 그리스도의 유익에 대해 주는 보상이다. 그러나 믿음 없이 한 행위는 아무리 거룩해 보인다고 해도 저주 아래에 있다. 이런 행위를 하는 자는 죄 위에 죄를 쌓는다.

3:23 믿음이 오기 전에 우리는 율법 아래에 매인 바 되고 계시될 믿음의 때까지 갇혔느니라 바울은 계속해서 율법이 우리에게 어떻게 유익을 주는지 그리고 율법이 왜 필요한지를 설명한다. 바울은 율법이 더해진 것이 범법 때문이라고 이미 말했다. 곧 하나님이 율법을 만드신 주된 목적은 사망과 파멸을 일으키고자 하는 데 있지 않다(롬 7:13). 율법은 생명을 보여주고 사람들을 생명으로 이끄는 말이다. 그러므로 율법은 단순히 사망의 하수인으로 주어지는 것이 아니다. 율법의 주된 목적은, 사망을 계시함으로써 사람들이 죄가 얼마나 무서운 것인지를 보고 알도록 하는 데 있다. 그러나 율법은 죽이고 멸망시키는 것 외에 다른 목적이 없는 것처럼 보이지 않는다. 율법은 사람들이 두려워하고 낙심하고 비천함을 느낄 때 하나님을 두려워하도록 사망을 계시한다(출 20:20). 율법의 기능은 죽이는 것이지만, 그것이 목적은 아니다. 하나님이 소생시키고 다시 생명을 주실 수 있도록 하기 위해 존재한다. 사람들은 교만하고 자기들이 지혜롭고 의롭고 거룩하다고 상상한다. 그렇기 때문에 반드시 율법을 통해 낮아져야 한다. 그때 자기들의 의에 높은 평가를 내리는 짐승은 죽임을 당해야 한다. 그렇지 않으면 아무도 생명을 얻을 수 없다.

따라서 율법이 죽이는 것이기는 해도, 하나님은 율법의 효력 곧 사망을 생명을 일으키는 선한 목적에 사용하신다. 하나님은 온 세상의 이 보편적 죄악—즉 우리 자신의 의에 대한 우리의 높은 평가, 우리의 위선, 우리 자신의 거룩함에 대한 우리의 자만—을 다른 어떤 수단으로도 박살낼 수 없다고 알고 계신다. 하나님은 우리의 자기 신뢰를 율법으로 죽이기를 바라신다. 영원히는 아니지만 우리의 자기 신뢰가 죽임을 당하면, 우리는 율법을 넘어 다시 일어설 수 있다. 그럼으로써 다음과 같은 음성을 들을 수 있게 된다. "두려워 말라. 내가 너희에게 율법을 주어 너희를 죽인 것은, 너희가 이 죽음 상태에 계속 남아 있도록 하려는 것이 아니다. 오직 나를 경외하며 살도록 하려는 것이다." 우리 자신의 선행과 의를 의지하는 것은 하나님을 경외하는 것과 맞지 않는다. 하나님을 경외하지 않는 곳에는 은혜나 생명에 대한 갈망도 있을 수 없다. 그러므로 하나님은 이 바위들을 부수기 위해 강한 망치를 갖고 계신다. 이 산들—즉 이 광포하고 완고한 야수, 이 주제넘음—을 허물기 위해 하늘에 뜨겁게 타오르는 불을 갖고 계시는 것이 틀림없다. 우리가 이러한 타격과 파괴로 박살날 때 우리 자신의 힘과 의, 거룩함에 대해 절망할 수 있다. 그때 우리는 자비와 죄 사함을 갈망하게 될 것이다.

복음과 은혜의 시대가 오기 전 율법의 기능은 우리를 갇혀 있게 하는 것이었다. 이것은 적절한 은유다. 이는 율법의 효력이 어떠한지 그리고 어떤 의미에서 율법이 우리를 얼마나 의롭게 하는지를 보여준다. 어떤 도둑, 살인자, 간음자라도 또는 어떤 악인이라도 사슬과 어두운 옥을 좋아하지 않는다. 아마 사슬과 옥을 박살내고 탈출하고 싶을 것이다. 옥에 갇혀 있는 동안 그는 악을 행할 수 없다. 그러나 이때 악을 행하지 않는 것은 선한 뜻에서 나오는 것도 아니고 의를 위해서도 아니다. 옥에 갇혀 그렇게 할 수 없기 때문이다. 사슬에 매여 있는 동안 그는 자신의 도둑질과 살인을 미워하는 것이 아니라 자신을 가두고 있는 옥을 미워한다. 그리고 도망칠 수만 있다면 이전과 똑같이 훔치고 죽일 것이다.

율법의 힘과 율법에서 나오는 의도 이와 똑같다. 율법을 어기는 자들은 율법이 사망이나 다른 처벌 행위로 자기들을 위협할 때 어쩔 수 없이 외적으로—마지못해 하거나 큰 적개심을 품고—선을 행하는 모습을 취한다. 우리는 처벌이 두려워서 율법에 복종한다. 그러나 그것은 어떤 종류의 의일까? 그것은 단순히 죄를 사랑하고 의를 미워하는 것에 불과하다. 하나님과 그분의 율법은 싫어하고, 무섭고 가증한 것을 사랑하고 존중하는 것에 불과하다. 도둑이 자신의 도둑질을 얼마나 진심으로 사랑하고 옥을 미워하는지 생각해 보라. 그것이 우리가 마음속에 잘못된 동기를 갖고 율법에 순종할 때 하는 일이다. 우리는 두려움 때문에 하나님의 율법에 순종할 수 있으나 동시에 마음속으로 하나님 율법의 정신을 어기는 죄를 범할 수 있다.

사람들의 마음이 아무리 악하더라도, 율법은 몇 가지 유익을 가져온다. 첫째, 율법은 도둑과 살인자, 다른 악인들에게 모종의 시민적 억제 효과를 일으킨다. 그들이 죄는 현세에서 투옥으로, 내세에서는 영원한 파멸과 지옥 불에 던져지는 것으로 처벌받는다는 사실을 알고 깨닫지 못했다면, 어떤 당국자도 어떤 법이나 사슬로도 그들의 광포와 준동을 막을 수 없을 것이다. 악인들은 차라리 율법도 없고, 처벌도 없으며, 지옥도 없고, 마지막으로 하나님도 없었다면 좋겠다고 생각할 것이다. 만약 하나님이 지옥을 갖고 있지 않고 악인을 처벌하지 않으신다면, 사람들은 하나님을 사랑하고 찬송할 것이다. 그러나 하나님은 악인을 처벌하고 모든 사람이 악하기 때문에, 사람들은 오직 하나님을 미워하고 모독한다.

나아가 율법은 시민적 용도로서만이 아니라 영적 용도로서도 사람들을 죄 속에 가둔다. 다시 말해, 율법은 영적인 옥이자 현세의 지옥이다. 율법이 죄를 계시하고 사망과 하나님의 영원한 진노로 위협할 때 우리는 율법을 피할 수 없다. 또는 거기서 어떤 위로도 발견할 수 없다. 우리의 능력으로는 이 두려움을 떼놓지 못한다. 율법은 우리의 양심을 격동시키거나 우리의 영혼에 다른 고뇌나 쓰라림을 가져온다. 따라서 우리가 시편 곳곳에서 발견하는 것은 성도들이 이런 탄식을 토해내는 모습이다. "스올에서 주께 감사할 자 누구리이까?"(시 6:5) 물론 율법의 가둠은 믿음이 올 때까지만 계속된다. 믿음이 오면 영적 감힘은 끝난다.

여기서 다시 한 번 우리는 율법과 복음은 크게 다르다고 해도, 내적 감정 속에서는 그 둘이 매우 가깝다는 사실을 깨닫는다. 바울은 이 구절(23절)에서 이를 증명한다. 율법에 의해 갇혀 있는 것은 충분한 일이 아니다. 그 뒤에 따라오는 것이 아무것도 없다면, 우리는 절망에 빠지고 죄로 죽게 될 것이기 때문이다. 그러나 바울은 우리가 영원히 갇혀 있는 것이 아니고, 우리를 율법의 마침이 되시는 그리스도에게 이끌기 위해 잠시 갇혀 있는 것이라고 덧붙인다. 그러므로 두려움과 비천함과 갇힘은 단지 믿음이 계시될 때까지만 계속된다. 즉 율법은 우리를 돕고 우리를 구원으로 이끄는 한에서만 계속된다. 우리가 율법으로 말미암아 낙심하고 비천해지면, 이어서 은혜와 용서 그리고 율법과 죄와 사망으로부터의 해방이 우리를 행복하게 할 것이다. 이것들은 우리가 행함으로 얻는 것이 아니라 오직 믿음으로 받는다.

시험이 닥칠 때 이 두 대립적인 사실을 결합시킬 수 있으면, 우리는 율법을 올바르게 사용하는 것이다. 우리는 율법을 통해 철저히 두려움과 낙심에 빠질 때 율법의 마침과 은혜의 시작이 왔음을 인식한다. 악인들은 이런 지식이 전혀 없다. 가인은 율법의 옥에 갇혔을 때 갇힌 것을 이해하지 못했다. 가인은 아우를 죽였음에도 불구하고 두려워하지 않았다. 가인은 하나님이 본심을 모르신다고 생각해서 본심을 속였다. 가인은 "내가 내 아우를 지키는 자니이까?"라고 말한다. 그러나 이어서 "네가 무엇을 하였느냐? 네 아우의 핏소리가 땅에서부터 내게 호소하느니라"는 대답을 듣는다. 그런 다음에 비로소 가인은 이 옥을 느끼기 시작한다(창 4:9-10). 그러면 가인은 무엇을 한 것인가? 가인은 여전히 옥에 갇혀 있었다. 그리고 복음과 율법을 결합시키지 못하고 이렇게 말했다. "내 죄벌이 지기가 너무 무거우니이다"(13절). 가인은 단지 옥에 관해서만 생각했고, 자비와 용서를 위해 하나님께 피하도록 자신의 죄가 자기에게 계시된 것은 미처 생각하지 못했다. 그러므로 가인은 절망하고 하나님을 부인했다. 자신이 옥에 갇힌 것은 은혜와 믿음이 자신에게 계시되도록 하려는 데 목적이 있었음을 믿지 못했다. 다만 자신이 율법의 옥에 남아 있게 될 것만 생각했다.

바울이 여기서 말하는 갇힘은 참된 영적 두려움을 상징한다. 이 두려움 때문에 양심은 옥에 갇혀 그토록 넓은 세상에서 안전하게 있을 수 있는 곳이 어디에도 없음을 깨닫게 된다. 이 두려움이 계속되는 한, 양심은 고뇌와 슬픔을 느끼면서 하늘과 땅이―실제보다 10배나 더 넓을지라도―쥐구멍보다 더 작다고 생각한다. 여기에 지혜와 힘, 의, 조언, 도움을 전혀 받지 못하는 한 사람이 있다. 이 사람의 양심은 너무 연약하다. 그래서 율법의 옥에 갇혀 있을 때 거기서 나올 방도를 알지 못한다. 이 상황은 결코 끝이 없이 날마다 더 악화되는 것처럼 보인다. 이어서 양심은 무한하고 헤아릴 수 없는 하나님의 진노를 느낀다. 양심은 하나님의 손을 피할 수가 없다(시 139:7).

따라서 세상의 옥이 육체에 고통을 주고 옥에 갇힌 자는 몸을 마음대로 사용하지 못하는 것처럼, 마음이 괴로움과 고통 속에 있는 것도 영적 옥이고, 이 옥에 갇혀 있는 자는 마음의 평안과 양심의 평강을 결코 누릴 수 없다. 그러나 그가 영원히(양심이 이 옥을 느낄 때 이성이 그렇게 판단하는 것처럼) 갇혀 있는 것은 아니다. 믿음이 계시될 때까지만 갇혀 있다. 그러므로 양심은 다음과 같은 방법으로 다시 일어나서 위로를 받아야 한다. "너는 지금 갇혀 있으나 네가 이 옥에 영원히 갇혀 있게 하려는 것이 아님을 확신하라. 우리는 계시될 믿음의 때까지 갇혔느니라고 기록되어 있다. 따라서 네가 이 옥에서 고통을 겪는 것은 멸망을 당하기 위해서가 아니다. 복된 자손으로 말미암아 새롭게 되기 위해서다. 네가 율법으로 죽임을 당하는 것은 그리스도로 말미암아 생명을 얻기 위함이다. 그러므로 가인과 사울, 유다처럼 절망하지 마라. 그들은 율법의 옥에 갇혀 있었을 때 어두운 옥 말고 다른 곳은 보지 못하고 그 안에 남아 있었다. 그래서 그들은 절망했다. 그러나 너는 두려움 속에서 또는 양심 속에서 그들과 다른 길을 가야 한다. 다시 말해, 네가 이와 같이 갇혀 있는 것이 유익함을 인정해야 한다. 갇힘을 적절히 사용하라. 그러면 율법이 하도록 되어 있는 일을 했을 때 믿음이 계시될 것이다. 하나님은 네가 이 상태에 계속 남아 있도록 너를 괴롭히지 않으신다. 하나님은 '나는 악인이 죽는 것을 기뻐하지 아니하고'라고 말씀하신다(겔 33:11). 그러나 하나님은 네가 낮아져서 자비와 그리스도의 유익을 필요로 함을 깨닫게 하려고 너를 괴롭게 하실 것이다."

따라서 이처럼 율법 아래 갇혀 있는 일은 단지 믿음이 오거나 계시될 때까지만 계속된다. 이것은 놀라운 시편 한 구절이 우리를 가르치는 것과 같다. "여호와는 자기를 경외하는 자들[즉 율법 아래에 갇혀 있는 자들]과 그의 인자하심을 바라는 자들을 기뻐하시는도다"(시 147:11). 우리는 서로 대립적인 두 가지 사실을 가능한 한 하나로 결합시켜야 한다. 하나님의 진노를 미워하고 혐오하는 것과 하나님의 선하심과 자비하심을 신뢰하는 것 사이의 대립만큼 더 큰 대립이 있을 수 있을까? 하나는 지옥이고 다른 하나는 천국이다. 하지만 둘은 마음속에서 하나로 결합되어야 한다. 사색과 단순한 지식을 통해 둘을 결합시키는 것은 쉽다. 그렇지만 우리의 경험과 내적 실천 속에서 둘을 결합시키는 것은 아주 어렵다. 나도 경험으로 이것을 종종 확인했다.

율법은 우리를 괴롭히는 자이자 우리의 옥이다. 그러므로 우리는 결코 율법을 사랑할 수 없고 미워할 수밖에 없다. 만약 우리가 율법을 사랑한다고 말한다면 우리는 거짓말쟁이이다. 그것이 무슨 뜻인지 모르는 것이다. 도둑과 강도가 옥을 사랑한다면 정말 미친 것이다. 율법이 우리를 가두기 때문에 율법은 우리의 철천지원수임에 틀림없다. 그렇다면 율법이 어떻게 우리를 의롭게 할 수 있겠는가?

계시될 믿음의 때까지 갇혔느니라 여기서 바울은 그리스도께서 오신 때를 언급하고 있다. 우리는 이 사실을 시간적으로 적용해야 하지만, 아울러 우리의 내적 자아에도 적용해야 한다. 그리스도는 오셔서 율법을 폐하고 자유와 영생을 주셨기 때문이다. 이것은 항상 모든 그리스도인 속에서 영적으로 이루어진다. 우리는 우리 자신 속에서 때로는 율법을 찾아내고 때로는 은혜를 찾아낸다. 바울이 다른 곳에서 말하는 것처럼, 그리스도인은 지체 속에 죄가 살고 싸우고 있는 몸을 가지고 있다. 나는 죄를 우리의 행위 자체를 가리키는 것으로 이해한다. 그러나 그뿐 아니라 성경이 죄에 대해 말하는 것처럼 우리 행위의 뿌리와 나무 그리고 열매를 가리키는 것으로도 이해한다. 죄는 세례받은 모든 그리스도인의 몸 속에 뿌리를 박고 있을 뿐만 아니라, 그 몸 속에서 필사적으로 싸우며 그 몸을 포로로 삼는다. 우리는 죄를 짓거나 죄를 범하는 일에 동조하지 않으나, 죄는 우리를 죄로 강하게 끌고 간다. 비록 우리가 살인, 간음, 도둑질 등과 같은 죄를 실제로 저지르지는 않는다고 해도, 우리는 하나님에 대한 짜증이나 불평, 미움, 모독과 같은 죄로부터 자유롭지 못하다. 이런 죄는 이성과 세상의 판단에는 확실히 죄로 인정되지 않지만, 우리의 의지를 크게 거역하고 율법을 싫어하도록 만든다. 또 하나님 앞에서 도망치도록 강요한다. 하나님을 미워하고 모독하도록 이끈다. 청년은 육체의 정욕이 강하고, 장년은 영광에 대한 욕망과 사랑이 강하며, 노인은 탐욕이 강하다. 거룩하고 신실한 사람도 하나님에 대한 짜증과 불평, 미움, 불경이 있다. 시편과 욥기, 예레미야서를 비롯하여 성경 전체에 걸쳐 이런 사례가 많이 나온다. 그러므로 바울은 이 영적 전쟁을 묘사할 때 싸움과 거역, 포로로 잡음 등과 같이 매우 과격한 단어들을 사용한다.

따라서 율법과 복음은 둘 다 그리스도인 안에 거하고 있다. 율법의 때는, 율법이 작용하여 내 마음을 무겁게 하고, 나를 학대하며, 죄에 대한 지식을 제공함으로써 그 지식이 증가할 때다. 이때 율법은 자기가 하도록 되어 있는 일을 행하고, 그리스도인은 종종 이것을 평생 동안 느낀다. 그래서 바울에게 그를 괴롭히도록 사탄의 사자인 육체의 가시가 주어졌다(고후 12:7). 바울은 기꺼이 양심의 기쁨과 심령의 낙, 영생의 감미로운 맛을 매순간 느끼고 싶었을 것이다. 다시 말해, 영의 온갖 고민과 고뇌에서 완전히 해방되고 싶었고, 그래서 이 시험이 자기에게서 떠나

가기를 바랐다. 그러나 소원은 이루어지지 않았다. 주님은 바울에게 "내 은혜가 네게 족하도다. 이는 내 능력이 약한 데서 온전하여짐이라"고 말씀하셨다(9절). 모든 그리스도인은 이 싸움을 치른다. 나는 자주 하나님을 비난하고, 하나님과 다투며, 황급히 하나님을 거역한다. 하나님의 진노와 심판을 불쾌하게 여긴다. 또한 짜증과 불평 같은 다른 죄들로 하나님을 불쾌하게 만든다. 이때가 율법이 역사하는 때다. 이때 그리스도인은 육체의 본성(소욕, 욕심)에 관한 한 계속 율법 아래 살고 있다. 육체의 소욕은 성령을 거스르고 성령은 육체를 거스르나니(갈 5:17). 이것이 어떤 사람 속에서는 더 강하고, 또 어떤 사람 속에서는 덜 강하다.

은혜(믿음)의 때는 마음이 하나님의 값없는 자비에 대한 약속으로 다시 힘을 얻어 다음과 같이 말할 때다. "내 영혼아, 네가 어찌하여 낙심하느냐?(시 43:5) 너는 율법과 죄, 두려움, 낙담, 절망, 사망, 지옥, 마귀 외에는 아무것도 보지 못하느냐? 네 안에 은혜와 죄 사함, 의, 위로, 기쁨, 평안, 생명, 천국, 그리스도, 하나님은 없느냐? 내 영혼아, 더 이상 나를 괴롭게 하지 마라. 이것들과 비교하면 율법이 무엇인가? 죄가 무엇인가? 온갖 악이 무엇인가? 자신의 사랑하는 아들을 아끼지 아니하고 너의 죄를 대속하도록 그 아들을 십자가에 죽게 하신 하나님을 의지하라." 이처럼 육체의 본성에 따라 율법 아래 갇혀 있는 것은 영원하지 않다. 그리스도께서 계시될 때 벗어난다. 그러므로 여러분은 율법으로 억눌리고 괴롭힘을 당하고 고통을 겪을 때 다음과 같이 말하라. "율법 여왕이여, 당신만 존재하는 것도 아니고 당신이 전부도 아니다. 당신 외에 당신보다 훨씬 더 위대하고 더 좋은 다른 것들—즉 은혜와 믿음, 복—이 있다. 이것들은 나를 고소하거나 두렵게 하거나 정죄하지 않는다. 나를 위로한다. 내게 주님을 의지하라고 말해 준다. 내게 그리스도 안에서의 승리와 구원을 약속한다. 따라서 나는 절망해야 할 이유가 전혀 없다."

이런 문제를 능숙하게 처리하는 자는 확실히 참 신학자로 불릴 자격이 있다. 오늘날 사람들은 자기들이 이런 문제에 관해 수준 높은 전문 지식이 있다고 스스로 확신하고 계속 자랑한다. 그러나 나나 나와 같은 다른 이들은 첫째 원리들을 거의 배우지 못했다. 우리 안에 육체의 본성이 계속 내재하고 있는 한, 우리는 마땅히 배워야 할 만큼 완전히 배울 수 없다. 따라서 그리스도인들은 율법의 때와 은혜(믿음)의 때로 나누어진다. 만약 육체의 본성 외에 다른 것은 보지 못한다면, 여러분은 항상 율법의 때에 머물러 있게 될 것이다. 그러나 율법의 때는 제한되어 있다. 그렇지 않다면 아무도 구원받지 못할 것이다. 율법은 영원하지 않다. 예수 그리스도가 율법의 마침이 되신다. 예수 그리스도는 영원하다(롬 6:9). 그러므로 은혜의 때 역시 영원하다.

우리는 율법의 때와 은혜의 때를 말로만이 아니라 우리의 내적 감정 속에서도 구분하는 법을 배워야 한다. 물론 이것이 어렵기는 하다. 두 때는 전연 다르기는 해도, 한 마음속에 결합되어 있다. 두려움과 신뢰, 율법과 복음, 죄와 은혜만큼 긴밀하게 결합되어 있는 것은 없다. 이것들은 매우 깊이 결합되어 있어서 하나가 다른 하나를 집어삼킨다.

바울은 19절에서 그런즉 율법[의 목적]은 무엇이냐고 물을 때 자신이 이미 확언한 사실에 관해 논증을 시작한다. 신실한 자는 오직 은혜로─율법이 아니라 약속으로─의를 얻는다는 사실을 기초로 율법과 율법의 용도 및 악용에 관해 논증한다. 이 논증으로부터 율법의 목적에 관한 질문이 흘러나왔다. 이성은, 의나 복은 은혜로 그리고 약속으로 얻는다는 말을 듣자 재빨리 율법은 아무 목적이 없겠다고 추론한다. 그러므로 율법 교리는 조심스럽게 고찰되어야 한다. 그렇게 해야 율법을 완전히 거부하거나 칭의를 율법에 귀속시키지 않을 수 있다. 율법에 관해 무엇을 생각하고, 또 어떻게 생각해야 하는지를 알 수 있다. 우리는 율법을 거부하거나 율법에 마땅히 귀속시켜야 할 것 외에 다른 것을 귀속시키지 않고 올바른 길을 가야 한다.

내가 자주 언급한 율법의 용도—시민적 용도와 영적 용도—를 보면, 율법은 의인에게 주어진 것이 아니고, (바울이 말하는 것처럼) 불의하고 거역하는 자에게 주어진 것임을 분명히 알 수 있다. 그런데 불의한 자는 두 종류가 있다. 바로 의롭다 함을 얻을 자와 의롭다 함을 얻지 못할 자다. 의롭다 함을 얻지 못할 자는 시민적 용도의 제재를 받도록 되어 있다. 이것은 들짐승을 밧줄과 사슬로 묶어놓는 것과 같다. 이 율법의 용도는 끝이 없다. 바울은 여기서 이 용도에 대해서는 아무 말을 하지 않는다. 그러나 의롭다 함을 얻을 자는 한동안 영적 용도의 적용을 받는다. 영적 용도는 시민적 용도와 다르게 영원히 지속되지 않는다. 계시될 믿음을 바라보고 있기 때문이다. 그리스도가 오시면 율법의 영적 용도는 끝날 것이다. 따라서 바울이 이 용도를 다루는 모든 문장은, 이미 의롭다 함을 얻은 자가 아니라 앞으로 의롭다 함을 얻을 자에 관한 내용으로 이해되어야 한다. 이미 의롭다 함을 얻은 자는 그리스도 안에 있다는 점에서 율법에서 크게 벗어나 있다. 따라서 율법은 의롭다 함을 얻을 자에게 주어져야 한다. 그래서 그들은 믿음의 의가 올 때까지 율법의 옥에 갇혀 있게 된다. 이것은 그들이 율법을 통해 믿음의 의를 얻는다는 것을 뜻하지 않는다(그렇게 되면 율법을 악용하는 것이 된다). 율법으로 낮아지고 겸손하게 될 때 "모든 믿는 자에게 의를 이루기 위하여 율법의 마침이 되시는" 그리스도께 피한다는 것을 뜻한다(롬 10:4).

따라서 무엇보다 첫 번째로, 율법을 악용하는 자는 자기가 율법으로 의롭게 된다고 상상하는 자다. 율법을 이런 식으로 악용하면 믿음으로 나아가지 못한다. 오히려 율법의 의를 가정함으로써 경솔하고 오만한 위선자가 된다. 이것은 믿음의 의를 방해한다. 두 번째로, 기독교적 자유는 자기가 원하는 것은 무엇이든 할 수 있는 방종적인 육신의 자유라고 상상하는 자다. 그는 그리스도인을 율법으로부터 완전히 제외시킨다. 이런 사람은 영의 자유를 악을 가리는 수단으로 이용한다. 따라서 어디서나 하나님의 이름과 그리스도의 복음을 욕먹게 하고, 그 결과 그들은 경건하지 않은 태도로 인해 합당한 형벌을 받을 것이다(벧전 2:16). 마지막 세 번째로, 율법을 악용하는 자에는 율법에 두려움을 느끼지만 이 두려움이 계속되어서는 안 되고 이 두려움이 그들을 그리스도께 이끄는 역할을 해야 한다는 것을 이해하지 못하는 자도 포함된다. 이런 식으로 율법을 악용하는 자는 절망에 빠진다. 결국은 오만하고 거만한 위선자가 된다.

반면에 율법의 참된 사용은 아무리 중요시해도 충분하지 않다. 다시 말해, 율법에 갇혀 있는 양심이 절망하지 않고 성령의 지혜로 가르침을 받아 도움의 손길을 구할 때, 율법은 사람들을 그리스도께 나아가도록 이끈다. 그러면 그리스도는 자신의 선한 일로 그들을 만족시키신다. 따라서 율법의 참된 기능은 우리에게 우리의 죄를 보여주고, 우리를 죄인으로 만들고, 우리를 비천하게 하며, 우리를 죽이고, 우리를 지옥으로 내려가게 하며, 결국은 모든 도움과 온갖 위로를 빼앗아 간다. 그러나 율법이 이렇게 하는 목적은 전적으로 우리가 의롭게 되고, 높아지며, 생명을 얻고, 하늘로 올려지고, 모든 좋은 것을 얻을 수 있도록 하기 위함이다. 그러므로 율법은 단순히 우리를 죽이는 것이 아니라 우리를 살리기위해 죽이는 것이다.

3:24 이같이 율법이 우리를 그리스도께로 인도하는 초등교사가 되어 여기서 다시 율법과 복음이 하나로 결합된다. 율법은 영원히 초등교사가 되는 것이 아니라, 우리를 그리스도께로 인도할 때까지만 초등교사 역할을 한다(19, 23절). 율법은 위선자를 의롭게 하지 않는다. 위선자는 오만하고 자만할 때 그리스도 밖에 있기 때문이다. 반면에 율법은 회개하는 자를 사망과 파멸 속에 버려두지 않고 그리스도께 인도한다. 죄악에 빠져 믿음으로 그리스도를 붙잡지 않는 자는 결국 절망에 떨어진다. 그러나 율법으로 괴로워하고 두려워하는 자는, 이 두려움과 괴로움이 영원히 계

속되지 않고 그리스도께 나아가 영의 자유를 얻는 길이 준비되어 있음을 깨닫게 된다.

우리로 하여금 믿음으로 말미암아 의롭다 함을 얻게 하려 함이라   율법은 그리스도께 우리를 데리고 간다. 우리에게 선행을 요구하는 또 다른 율법 수여자가 아니라 우리를 의롭게 하시는 분이자 구주이신 그리스도께로 인도한다. 그때 우리는 그리스도 안에서 행위가 아니라 믿음으로 의롭다 함을 얻을 수 있다. 그러나 우리는 율법의 힘을 느낄 때 이런 사실을 이해하거나 믿지 못한다. 그래서 우리는 다음과 같이 말한다. "나는 하나님의 온갖 계명을 어겼으므로 악하게 살았다. 그러므로 영원한 죽음을 당할 죄책이 있다. 만약 하나님이 몇 년 동안, 아니 최소한 몇 달이라도 내 생명을 연장시켜 주신다면, 이제부터 삶을 고치고 거룩한 삶을 살겠다." 이것은 율법의 고유의 기능을 악용하는 것이다. 우리의 이성은 이런 괴로움에 압도된다. 온 율법을 반드시 이루라는 하나님의 약속에 압도된다. 여기서 은혜와 용서를 공로를 통해 얻도록 마련된 여러 종파와 많은 의식들이 나온다. 이런 것들을 고안해 낸 자는, 율법이 자기들을 그리스도가 아니라 새 율법으로 인도한다고 생각했다. 또는 율법을 폐하신 분이 아니라 율법을 수여하시는 분인 그리스도께 인도한다고 생각했다.

율법의 참된 기능은, 내게 죄에 대해 알려 주어 나를 낮아지게 함으로써 내가 믿음으로 그리스도께 나아가 의롭다 함을 얻을 수 있도록 하는 것이다. 그러나 믿음은 율법도 아니고 행위도 아니다. 율법의 마침이신 그리스도를 굳게 붙드는 확신이다(롬 10:4). 어떻게 그리스도가 율법의 마침이 되시는가? 그리스도는 옛 율법을 폐하고 우리에게 새 율법을 주시지 않는다. 또는 그리스도께서 우리가 행하는 일에 따라 진노를 발하는 심판자 역할을 하시지도 않는다. 그리스도는 믿는 모든 자에게 율법의 마침이 되신다. 다시 말해, 그리스도를 믿는 모든 자는 의롭다. 그리스도는 믿는 자를 결코 고소하지 않으실 것이다. 따라서 우리가 올바르게 사용하면 율법은 선하고 거룩하고 의롭다.

그런데 내가 이미 말한 것처럼 바울은 여기서 이미 의롭다 함을 얻은 자가 아니라 의롭다 함을 얻을 자에 관해 말하고 있다. 따라서 여러분은 율법에 관해 추론하려면 율법이 역사하는 대상 즉 죄인들을 고려해야 한다. 율법은 죄인들을 의롭게 하지 않는다. 죄인들의 눈앞에 죄를 두고 그들을 낙심시키며 그들이 자기 자신에 대한 지식을 갖도록 한다. 율법은 죄인들에게 지옥을 비롯해 하나님의 진노와 심판을 보여준다. 이것이 율법의 참된 기능이다. 여기서 요점은, 죄인들은 율법이 자기들의 죄를 알려 주어 자기들을 낮춤으로써 자기들을 절망시키는 것이 아니라, 자기들을 고소하고 괴롭힘으로써 자기들을 구주와 보혜사이신 그리스도께 이끈다는 사실을 알 수 있다는 것이다. 이런 일이 벌어지면 죄인들은 더 이상 율법 아래에 있지 않다. 온 세상은 죄로 크게 사로잡혀 있기 때문에 죄가 드러나려면 율법의 역사가 필요하다. 그렇지 않으면 아무도 의를 얻지 못하게 될 것이다. 그런데 율법은 그리스도로 말미암아 이미 의롭다 함을 얻은 자에게 어떤 일을 할까? 바울은 자신이 이미 언급한 내용에 말을 덧붙이는 것으로써 이 질문에 답변한다.

3:25 믿음이 온 후로는 우리가 초등교사 아래에 있지 아니하도다 믿음이 계시되었기 때문에 율법은 더 이상 우리를 두렵게 하거나 괴롭게 하지 못한다. 그러므로 우리는 율법으로부터, 율법의 옥으로부터 해방되었다. 여기서 바울은 믿음이 정해진 때에 그리스도로 말미암아 세상에 선포되었기 때문에 믿음에 관해 말한다. 우리의 죄악된 본성을 취하신 그리스도께서 세상 속에 오셨다. 그리스도는 율법을 율법의 온갖 효력과 함께 폐지시키고, 믿음으로 말미암아 자신의 유익을 받은 모든 자를 영원한

사망에서 건지셨다. 그러므로 여러분이 그리스도와 그분이 행하신 일을 바라본다면 여러분에게 율법이란 없다. 그리스도께서 오셔서 율법을 제거하셨기 때문이다. 율법은 사라졌기 때문에 우리는 더 이상 율법의 학정 아래 있지 않다. 지금 우리 안에서 자신의 영으로 우리를 다스리시는 그리스도 아래 기쁨과 안전을 누리며 살고 있다. 따라서 주님이 다스리시는 곳에 자유가 있다. 그러므로 우리가 자신의 죽음으로 율법을 폐지시키고 우리를 자기 아버지와 화목하게 하신 그리스도를 온전히 붙잡을 수 있다면, 율법은 우리에게 아무런 권능을 갖지 못할 것이다. 그러나 우리 지체의 법이 마음의 법을 거역하여 방해하기 때문에 우리는 그리스도를 온전히 붙잡을 수 없다. 그렇기 때문에 문제는 그리스도가 아니라 우리다. 우리가 사는 동안 이 육체의 죄된 본성이 아직 제거되지 않았기 때문이다. 지금 우리는 부분적으로 율법에서 벗어났지만 부분적으로는 율법 아래 있다. 마음으로 하나님의 법을 섬기지만 육체의 본성으로는 죄의 법을 섬긴다(롬 7:21-23).

　　따라서 양심에 관한 한, 우리는 율법에서 충분히 해방되었기 때문에 율법은 더 이상 두려움과 위협, 감금으로 양심을 지배하거나 괴롭히지 못한다는 결론이 나온다. 비록 율법이 매우 완강하게 그렇게 하려고 애쓴다고 해도, 양심은 조금도 흔들리지 않는다. 양심은 자기 눈앞에 십자가에 못 박히신 그리스도를 두고 있고, 그리스도가 양심 속에서 율법의 모든 기능을 제거하셨기 때문이다(골 2:14). 이제 양심은 율법에 대해서는 모르고, 완전히 율법에 대해 죽었다. 율법도 양심에 대해 마찬가지다. 이것은 우리의 행위나 율법의 의로 이루어지는 것이 아니다. 오직 그리스도를 붙잡는 믿음으로 말미암아 이루어진다. 그럼에도 불구하고 죄는 여전히 우리 육체의 본성에 달라붙어 종종 우리의 양심을 고소하고 괴롭힌다. 육체의 본성이 남아 있는 한 율법 역시 남아 있다. 그래서 자주 양심을 괴롭히고 우리를 사망으로 위협할 것이다. 그러나 때가 되자 그리스도께서 세상에 오셔서 율법의 호된 속박에서 우리를 구속하신 것처럼, 그분은 또한 영적으로 우리에게 날마다 오셔서 자기를 믿는 믿음과 지식을 자라게 하실 것이다. 그때 우리의 양심은 날마다 더 충분하고 더 온전하게 그리스도를 붙잡을 것이다. 육체의 본성의 율법은 그것이 이끌어 내는 온갖 악과 함께 날마다 더 약화될 것이다. 우리가 육체의 본성을 갖고 사는 동안 율법은 종종 다시 돌아와—믿음의 강약에 따라 사람마다 다르기는 하지만—사람들 속에서 자신의 의무를 수행한다. 그러나 이것은 그들의 멸망이 아니라 그들의 구원을 위한 의무다. 율법은 계속적으로 성도들의 육체의 본성을 그들의 이성 및 그들 자신의 힘과 함께 죽인다. 그 결과 성도들은 내적으로 날마다 새로워진다(고후 4:16).

그런데 우리는 성령의 처음 익은 열매를 받는다. 누룩은 반죽 덩어리 속에 숨겨져 있다. 그러나 반죽이 아직 다 발효되지 않았다. 이제 발효가 시작되었을 뿐이다. 만약 누룩을 본다면 나는 순전한 누룩 외에 다른 것은 보지 못한다. 그러나 반죽 전체 덩어리를 본다면 아직 다 발효되지 않은 것을 본다. 다시 말해 그리스도를 본다면, 그리스도께서 나의 누룩이므로 나는 율법에 대해서는 전혀 모르고 완전히 순전하고 거룩하다. 그러나 내가 나의 육체의 본성을 본다면, 나는 나 자신 속에서 탐욕과 정욕, 분노, 교만, 오만 그리고 죄에 대한 두려움, 낙심, 미움, 불평, 하나님에 대한 짜증 등을 느낀다. 내 안에 죄들이 더 많을수록 그리스도는 그만큼 더 멀리 계신다. 또는 그리스도께서 내 안에 계셔도 희미하게만 느껴진다. 이때 우리는 죄를 줄이고 그리스도께 나아갈 길을 준비하도록 육체의 본성을 연단시키고 괴롭힘으로써 우리를 그리스도에게 이끌어 줄 사람이 필요하다. 그리스도가 이전에 정해진 때에 육체를 입고 오셔서 온 율법을 폐하고 죄를 정복하고 사망과 지옥을 파괴하신 것처럼, 지금은 영적으로 날마다 끊임없이 오셔서 우리 안에서 이 죄들을 소멸시키고 죽이신다.

내가 여러분에게 이렇게 말하는 것은, 만약 어떤 사람이 여러분에게 다음과 같은 질문을 했을 때 답변할 수 있도록 준비시키기 위함이다. "그리스도가 세상에 오셔서 단번에 자신의 피로 우리의 모든 죄를 제거하고 우리를 깨끗하게 하셨다. 그런데 왜 복음을 듣거나 성례에 참여해야 하는가?" 여러분이 그리스도를 바라볼 때 율법과 죄는 확실히 폐지된다. 그러나 그리스도가 여러분에게 아직 임하신 것은 아니다. 또는 임하셨더라도 여러분 안에 여전히 죄의 잔재가 남아 있다. 여러분은 아직 완전히 발효되지 않았다. 정욕과 낙심, 사망의 두려움이 있는 곳에서는 율법과 죄가 여전히 발견되기 때문이다. 그리스도는 아직 완전히 임하시지 않았다. 그러나 그리스도가 임하시면 양심 속에서 두려움과 낙심을 제거하고 평안과 안정을 제공하신다.

그렇다면 내가 믿음으로 그리스도를 붙잡고 있는 한, 내게는 율법이 폐지되었다. 그러나 나의 육체의 본성과 세상, 마귀가 내 안에서 믿음을 방해하기 때문에 믿음이 온전해질 수 없다. 내 마음속에 있는 작은 믿음의 빛이 온 몸에 퍼지면 크게 기뻐하겠지만, 아직 그 일은 일어나지 않았다. 이제 다만 퍼지기 시작하고 있다. 그동안 우리에게 위로가 되는 사실은 우리가 성령의 처음 익은 열매로 발효되기 시작했다는 것이다. 우리는 이 죄의 몸이 해체되고 그리스도와 함께 온전히 새 피조물로 형성될 때 완전히 발효될 것이다.

그러므로 그리스도가 어제나 오늘이나 영원토록 동일하다고 해도(히 13:8), 그리고 그리스도 이전에 산 모든 신실한 자가 복음과 믿음을 갖고 있다고 해도, 그리스도는 정해진 때에 한 번 오셨다. 믿음도 사도들이 온 세상에 복음을 전파했을 때 한 번 왔다. 그런데 그리스도는 또한 날마다 영적으로 우리에게 오신다. 믿음도 말씀과 복음을 통해 날마다 우리에게 온다. 그런데 믿음이 오면 율법은 물러나야 한다. 우리가 그리스도를 통해 얻는 것들에 대해 더 깊이 알고 이해하게 되면 그리스도는

또한 영적으로 임하신다. 따라서 우리는 은혜와 그리스도에 관한 지식
이 날마다 자라간다(벧후 3:18).

3:26 너희가 다 믿음으로 말미암아 그리스도 예수 안에서 하나님의 아들이 되었
으니 참되고 탁월한 믿음의 선생인 바울은 항상 믿음으로 말미암아 그
리스도 예수 안에서 말하고 있다. 바울은 "너희가 하나님의 자녀인 것은
너희가 할례받고, 너희가 율법을 듣고 율법에 순종해서가 아니다. 믿음
으로 말미암아 그리스도 예수 안에서 하나님의 자녀가 된 것이다"라고 말
한다. 따라서 우리를 하나님의 자녀로 만드는 것은 율법이 아니다. 인간
의 전통은 더더욱 아니다. 율법은 우리를 새 탄생으로 이끌 수 없다. 율법
은 우리 앞에 옛 탄생을 두고, 이로 말미암아 우리는 마귀의 나라 백성으
로 태어났다. 따라서 율법은 우리에게 율법을 통해서가 아니라 믿음으로
말미암아 그리스도 예수 안에서 임하는 새 탄생의 길을 준비한다(요 1:12,
롬 8:16-17).

3:27 누구든지 그리스도와 합하기 위하여 세례를 받은 자는 그리스도로 옷 입
었느니라 우리가 그리스도로 옷 입는 것은 두 가지 면으로 구분할 수 있
다. 바로 율법을 통해 그리스도로 옷 입는 것과 복음을 통해 그리스도로
옷 입는 것이다. 우리는 율법에 따라 그리스도의 본보기를 따름으로써
곧 그분이 행하신 일을 행하고 그분이 겪으신 일을 겪음으로써 그리스
도로 옷 입는다(롬 13:14, 벧전 2장). 우리는 그리스도 안에서 놀라운 인내,
헤아릴 수 없는 온유함과 사랑 그리고 범사에 있어 경이로운 겸손함을
본다. 우리는 이것들을 본받아 이 멋진 옷을 입어야 한다. 다시 말해, 이
아름다운 덕들을 본받아야 한다.

그러나 우리가 복음을 통해 그리스도로 옷 입는 것은 모방 속에 있
지 않고 새 탄생과 새 피조물 속에 있다. 즉 그리스도의 순전하심과 의,

지혜, 능력, 건전한 구원, 생명, 영을 입는 것이다. 우리는 자연적으로 아담의 가죽옷을 입고 있다. 이것은 썩을 옷이자 죄의 옷이다. 우리는 모두 죄에 예속되어 있고 모두 죄에 팔렸다. 우리 안에는 하나님에 대한 끔찍한 맹목성과 무지, 경멸, 미움이 들어 있다. 나아가 악한 정욕과 부정함, 탐욕 등도 들어 있다. 우리는 이 옷 곧 부패한 육체의 본성을 아담에게서 받았다. 바울은 이 본성을 "옛 사람"으로 부른다. 우리는 이 본성을 온갖 행위와 함께 벗어 버려야 한다(엡 4:22, 골 3:9). 그렇게 해야 아담의 자손에서 벗어나 하나님의 자녀가 될 수 있다. 이 일은 우리가 옷을 바꿈으로써 또는 어떤 율법이나 행위로 인해 일어나는 것이 아니다. 바울이 27절과 디도서 3:5에서 말하는 것처럼, 세례에서 일어나는 새 탄생과 내적 인간의 갱신으로 인해 일어난다. "오직 그의 긍휼하심을 따라 중생의 씻음과 성령의 새롭게 하심으로 하셨나니." 세례받은 사람들은 성령으로 거듭나고 새롭게 되어 하늘의 의와 영생을 얻을 뿐만 아니라 그들 속에 새 빛과 새 불꽃이 일어난다. 그들 속에 하나님에 대한 경외와 참 믿음, 보증된 소망 등과 같은 새롭고 거룩한 감정이 일어난다. 또한 그들 속에서 새 의지가 시작된다. 이것이 복음을 통해 그리스도로 옷 입는 것이다.

그러므로 세례에서 우리에게 주어지는 것은 율법의 의나 우리 자신의 행위의 의가 아니다. 오히려 그리스도 자신이 우리의 옷이다. 따라서 그리스도는 율법이 아니고 율법 수여자도 아니며 행위도 아니다. 그리스도는 우리를 의롭게 하시는 분이자 우리의 구주, 우리의 구속자가 되도록 하나님이 우리에게 주신 신령하고 가장 보배로운 선물이다. 그러므로 복음에 따라 그리스도로 옷 입는 것은 율법이나 행위로 옷 입는 것이 아니다. 비견할 수 없는 것, 곧 죄 사함과 의, 평안, 위로, 영의 기쁨, 구원, 생명 그리고 그리스도 자신으로 옷 입는 것이다.

우리는 세례를 조심스럽게 다루어야 한다. 그것은 일부 미친 무리가 세례의 존엄성을 파괴하고 세례에 대해 나쁘게 말하기 때문이다. 바울은 이와 반대로 세례를 추천하고 영예로운 호칭을 부여하며, "중생의 씻음과 성령의 새롭게 하심"으로 부른다(딛 3:5). 여기서 바울은 또한 세례받는 자는 모두 그리스도로 옷 입는다고 말한다. 이것은 다음과 같이 표현할 수 있다. "너희는 율법에서 벗어나 세례를 통해 효력이 주어지는 새 탄생 속에 들어간다. 이에 따라 너희는 더 이상 율법 아래 있지 않고 새로운 옷을 입는다. 곧 그리스도의 의로 옷 입는다. 그러므로 세례는 강력하고 효과적이다." 우리는 의와 구원으로 옷 입은 것과 마찬가지로 그리스도로 옷 입을 때 또한 모방과 본보기의 옷을 입음으로써 그리스도로 옷 입는다.

3:28 너희는 유대인이나 헬라인이나 종이나 자유인이나 남자나 여자나 다 그리스도 예수 안에서 하나이니라 이외에도 많은 것들이 이와 똑같이 하나님이 정하신 것으로 추가될 수 있다. 그리스도 예수 안에서는 모든 지위가 아무것도 아니다. 당국자와 국민, 선생과 학생, 학장과 학자, 주인과 종, 여주인과 여종 등을 구분하지 않는다. 심지어는 하나님이 정하신 지위라도 말이다. 확실히 남자나 여자, 종이나 자유자, 유대인이나 헬라인, 왕이나 신하 등 모든 사람이 하나님의 선한 피조물이다. 그러나 그리스도 안에서는—즉 구원 문제에 있어서는—그들은 그들의 모든 지혜, 의, 종교, 능력과 함께 아무것도 아니다.

그래서 바울은 율법을 강력히 기각시킨다. 우리가 세례로 새롭게 되고 그리스도로 옷 입으면 유대인이나 헬라인이 차이가 없다. 바울은 여기서 유대인의 본성이나 바탕에 관해 말하는 것이 아니다. 바울은 유대인을 모세의 제자로 본다. 그들을 율법에 종속되어 있고 어떻게든 할례를 비롯해 율법에 명령된 의식을 지키려고 하는 자로 본다. 그런데 그리스도로 옷 입으면 유대인이나 할례나 율법 의식은 더 이상 없다고 말한다. 그리스도께서 지금까지 존재한 모세 율법을 완전히 폐하셨기 때문이다. 그러므로 그리스도를 믿는 양심은 어떤 모세나 어떤 율법이나 어떤 유대인이었든지 간에 확실히 율법에 대해 완전히 모르는 자가 된다. 율법이 모든 두려움 및 위협과 함께 폐지되었기 때문이다. 그리스도와 모세는 절대로 일치할 수 없으니 말이다. 모세는 많은 행위 및 의식과 함께 율법을 가지고 왔다. 하지만 그리스도는 어떤 율법도 없이, 어떤 행위의 역사도 없이, 다만 은혜와 의를 주려고 오셨다(요 1:17).

나아가 바울은 헬라인에 대해 말할 때에도 이방인의 지혜와 의를 거부하거나 정죄하고 있다. 이방인 가운데에는 훌륭한 미덕을 소유하고, 나라를 아주 잘 다스리며, 나라의 보존을 위해 보람 있는 일을 행한 저명한 사람들이 많이 있었다. 그러나 이들 모두 하나님 앞에서는 아무것도 아니었다. 그들의 지혜와 능력과 탁월한 행위와 훌륭한 미덕, 법, 종교, 의식도 아무것도 아니었다. 우리는 이방인이 모든 미덕과 종교를 멸시했다고 생각해서는 안 된다. 세계 전역에 있는 모든 시대의 모든 민족이 자기들의 법과 종교, 의식들을 갖고 있었다. 그것들 없이는 인간에 대한 통치가 불가능하다. 그러므로 가족이나 나라나 영적 문제를 다스리는 것에 관한 모든 의―율법의 의와 같은―는 모든 순종, 시행, 거룩함과 함께 아무리 완전하더라도, 하나님 앞에서 아무런 가치가 없다. 그러면 하나님은 무엇을 바라시는가? 세례를 통해 그리스도로 옷 입기를 바라신다.

따라서 종은 자신의 의무를 이행하고, 상전에게 순종하며, 자신의 소명을 부지런하고 충실하게 실천할 수 있다. 권세를 갖고 있는 자는 정직하게 칭송을 받으며 나라를 다스리거나 자신의 가족을 지킬 수 있다. 남자는 결혼하여 자신의 가족을 다스리고, 당국자에게 순종하며, 모든 사람에게 예의바르게 행동할 수 있다. 여자는 정숙하게 살고, 남편에게 순종하고, 가족을 돌보며, 자녀를 경건하게 양육할 수 있다. (이런 일들은 확실히 훌륭한 은사이자 거룩한 행위다.) 그러나 이런 일은 모두 하나님 앞에

있는 의와 비교하면 아무것도 아니다. 요컨대 이런 일은 모두 죄를 제거
하거나 우리를 사망에서 건져 내거나 생명을 주지 못한다.

그러므로 거짓 사도들은 갈라디아 사람들에게 율법이 구원에 필수
적이라고 가르침으로써 그들을 잘못된 길로 이끌었다. 이 점에서 거짓
사도들은 하나님의 자녀를 율법의 종으로 만들었다. 갈라디아 사람들에
게 율법에 따라 사람마다 차이가 있다고 주장하고, 새 탄생과 양자와 같
은 탁월한 은혜를 박탈시키며, 옛 탄생과 가장 비참한 율법의 행위로 돌
아가도록 가르쳤다. 확실히 율법 속에는 그리고 세상 속에는 사람들 간
에 차이가 있다. 거기서는 그렇게 되어야 한다. 그러나 하나님 앞에서는
아니다(롬 3:23). 유대인과 이방인 그리고 온 세상이 하나님 앞에서는 잠
잠해야 한다. 확실히 하나님은 많은 규례, 법 그리고 다양한 삶의 길을
주셨다. 그러나 이것들은 모두 은혜를 받거나 영생을 얻는 데 있어 아무
런 역할도 못한다. 그러므로 의롭다 함을 받은 자는 인간의 법이나 심지
어 신적 법을 지킴으로써 의롭게 되는 것이 아니라, 오직 모든 율법을
폐하신 그리스도로 말미암아 의롭게 된다. 복음 속에 제시된 분 곧 자신
의 피를 흘림으로써 하나님의 진노를 진정시키신 분으로서 그리고 구
주로서 우리에게 제시되는 분은 바로 그리스도이시다. 그리스도를 믿는
믿음 없이는 유대인도 율법으로 구원받지 못하고, 헬라인도 자신의 지
혜로 구원받지 못하고, 당국자나 주인도 자신의 정직한 통치로 구원받
지 못하며, 종도 자신의 순종으로 구원받지 못할 것이다.

다 그리스도 예수 안에서 하나이니라   정말 놀라운 말씀이다. 육체의 본성
에 따르면 세상에서 사람들 간에 큰 차별과 불평등이 존재한다. 이것은
조심스럽게 관찰할 필요가 있다. 만약 여자가 남자가 되기를 바란다면,
아들이 아버지가 되기를 바란다면, 종이 상전이 되기를 바란다면, 국민
이 통치자가 되기를 바란다면, 일어나는 일은 혼란 밖에 없을 것이다. 그

러나 그리스도 안에는 율법도 없고 사람들 간의 차별도 없다. 오직 한 몸, 한 영, 한 소망, 한 복음이 있을 뿐이다(엡 4:4-6). 우리는 같은 그리스도를 가지고 있다. 베드로와 바울 그리고 모든 성도가 그런 것처럼 나와 너, 모든 신자가 마찬가지다. 여기서 양심은 율법에 대해서는 아무것도 모른다. 자기 눈앞에 계신 그리스도만 바라볼 뿐이다. 그러므로 바울은 항상 이 말 곧 그리스도 예수 안에서라는 말을 덧붙인다. 만약 그리스도께서 우리의 시야에서 벗어나면 금방 고뇌와 두려움이 엄습한다.

　어떤 이는 믿음이 그리스도가 없어도 마음속에 내재하는 속성이라고 상상한다. 이것은 사악한 오류다. 그리스도는 그분 외에 다른 것은 아무것도 보아서는 안 되는 분으로 제시되어야 한다. 그분이 우리 안에서 역사하고 살지 않으면 여러분에게 더 가까워지거나 우리에게 더 잘 제시될 수 있는 것은 아무것도 없다고 생각해야 한다. 바울이 2장에서 말하는 것처럼, "이제는 내가 사는 것이 아니요, 오직 내 안에 그리스도께서 사신다." 또는 여기서처럼 그리스도로 옷 입는다. 그러므로 믿음은 죄와 사망의 정복자이자 의와 구원과 영생의 수여자이신 그리스도만 확고하고 견고하게 응시하고 있다. 그래서 바울은 자신의 서신들 거의 모든 구절에서 예수 그리스도에 관해 그토록 자주 말하는 것이다.

　이것은 그리스도를 상징하는 놋 뱀으로 특별히 표상되었다. 모세는 광야에서 뱀에 물린 유대인들에게 아무것도 하지 말고 놋 뱀만 바라보고 눈을 돌리지 말라는 명령을 내렸다. 놋 뱀을 바라본 자는 굳게 바라보았기 때문에 고침을 받았다(민 21:6-9). 그러나 모세의 명령에 순종하지 않고 놋 뱀이 아니라 자기의 상처를 바라본 자는 다 죽었다. 마찬가지로 내 양심이 고통받고 있거나 죽음을 앞두고 있을 때 위로받기 원한다면, 아무것도 하지 말고 믿음으로 그리스도를 붙잡고 이렇게 말해야 한다. "나를 위해 고난받고 십자가에 달려 죽으신 하나님의 아들 예수 그리스도를 믿습니다. 그분의 상처와 죽음 속에서 내 죄를 봅니다. 그분의 부활 속에서 죄와 사망과 마귀에 대한 승리를 보며, 또한 의와 영생을 봅니다. 나는 그분 외에 아무것도 보지 않고 아무것도 듣지 않습니다." 이 것이 그리스도에 관한 참된 믿음이다. 그리스도 안에서 우리는 그분의 몸의 지체가 되고, 그리스도 안에서 우리는 살며 기동하며 존재한다(엡 5:30, 행 17:28). 그리스도와 우리의 믿음은 하나로 굳게 결합되어 있어야 한다. 우리는 하늘에 있어야 하고, 그리스도가 우리 안에서 살고 활동하셔야 한다. 그리스도는 사변이나 머리의 지식이 아니라 실제 사실과 참 되고 실제적인 존재로 우리 안에 살며 활동하신다.

3:29 너희가 그리스도의 것이면 곧 아브라함의 자손이요 약속대로 유업을 이을 자니라 바울은 요컨대 이렇게 말하고 있다. "만약 너희가 그리스도를 믿고 세례를 받았다면, 곧 너희가 그리스도께서 모든 이방인에게 복을 가져온 아브라함의 약속된 자손임을 믿는다면, 너희는 혈통이 아니라 양자로 말미암아 아브라함의 자손이다." 성경은 혈통적 자손뿐만 아니라 입양된 자손과 약속의 자손도 아브라함의 자손에 귀속시킨다. 이것 은 다른 사람들은 집에서 쫓겨날 것이지만 그들은 유업을 받을 것이라는 점을 증명한다. 이 본문(29절)은 한 가지 위로를 담고 있다. 곧 이방인 도 아브라함의 자손이므로 하나님의 백성이라는 것이다. 이방인은 혈통 적 가계가 아니라 약속으로 말미암아 아브라함의 자손이다. 따라서 천 국—생명과 영원한 유업—이 이방인에게 속해 있다. 성경은 아주 오랜 옛 날에 이미 이것을 언급했다(창 17:5, 22:18). 따라서 지금 우리 이방인이 믿음으로 아브라함에게 약속되고 그리스도로 말미암아 계시된 복을 믿 고 받기 때문에, 성경은 혈통적 요소가 아니라 약속에 따라 우리를 아브 라함의 자손과 상속자로 부른다. 따라서 이 약속은 모든 이방인에게 속 해 있다. 이 약속에 따라 그리스도는 우리의 것이 되었다.

확실히 말하면, 약속은 이방인이 아니라 유대인에게 주어졌다(시

147편). 그러나 약속된 것은 믿음으로 우리에게 임한다. 이때 우리는 믿음으로 오직 하나님의 약속을 붙잡는다. 따라서 약속이 우리에게 주어진 것은 아니라고 해도, 우리도 약속에 포함되므로 약속은 우리에 관해 그리고 우리를 위해 주어진 것이다. 약속은 분명히 아브라함이 유대 민족뿐만 아니라 많은 민족의 조상이었다는 점과 아브라함은 한 나라의 상속자가 아니라 온 세상의 상속자가 될 것이라는 점을 증명한다(롬 4장). 따라서 그리스도 나라의 모든 영광이 우리에게 옮겨진다. 대신 모든 율법은 그리스도인의 마음과 양심 속에서 완전히 폐지된다. 물론 외적으로는 아직도 남아 있다.

4장. 네가 이 후로는 종이 아니요 아들이니

4:1-2 내가 또 말하노니 유업을 이을 자가 모든 것의 주인이나 어렸을 동안에는 종과 다름이 없어서 그 아버지가 정한 때까지 후견인과 청지기 아래에 있나니 여러분도 여기서 바울이 갈라디아 사람들에게 얼마나 강력히 촉구하고, 얼마나 강력히 논증하는지 잘 알 것이다. 바울은 아브라함의 경험과 성경의 증언, 자기가 살던 시대로부터 예를 들어 이 중대한 문제를 반복해서 제시하는 것처럼 보인다. 바울은 어쨌든 칭의에 관한 논증을 이미 마쳤고, 오직 믿음으로 하나님 앞에서 의롭다 함을 얻는다고 결론지었다. 그러나 나이어린 상속자의 예를 생각하기 때문에 말을 덧붙이고 이 문제를 확증한다. 이와 같이 모든 수단을 강구하면서 바울은 일종의 거룩한 계책을 쓴다. 갈라디아 사람들이 알아채지 못하기를 은근히 기다린다. 식견이 없는 사람은 깊이 있는 체계적 논증보다 예를 통해 설복당하기가 더 쉽기 때문이다. 식견이 없는 사람은 잘 쓴 책보다 잘 그린 그림을 더 좋아한다. 따라서 사람의 유언(언약)을 예로 사용한 바울은 또 이 나이어린 상속자에 관한 예—누구에게나 익숙한—를 이용하여 갈라디아 사람들을 설득하고 납득시킨다. 확실히 예를 갖고 있으면 크게 유익하다. 예를 사용하는 것은 바울만이 아니다. 선지자, 아니 사실은 그리스도 자신도 예를 사용한다.

　시민법은, 상속자가 자기 아버지가 소유한 모든 재산의 주인일지라도 상속자를 종과 차이가 없다고 보는 규정을 갖고 있다고 바울은 말한다. 상속자는 자신의 상속을 확신하지만 성인이 되기 전에는 그의 선생들의 통제 아래 있다. 학교 선생과 학생의 관계와 같다. 그의 선생은 상속자가 스스로 재산을 관리하도록 허용하지 않는다. 도리어 섬기는 자로 만들어 종과 같은 위치에서 자신의 재산을 지키도록 한다. 그러므로 상속자는 후견인 아래 있을 동안에는 종과 다름이 없다. 이것이 그에게 아주 유익하다. 그렇게 하지 않으면 그가 미련하게 자신의 재산을 몽땅 털릴 수도 있기 때문이다. 하지만 그의 종노릇은 영원하지 않다. 그의 아버지는 얼마 동안으로 기간을 제한한다.

4:3 이와 같이 우리도 어렸을 때에 이 세상의 초등학문 아래에 있어서 종노릇 하였더니 마찬가지로 우리도 어렸을 때 상속자였다. 복된 자손—즉 모든 민족이 그분으로 말미암아 복을 받을 그리스도—으로 말미암아 미래의 유업이 주어질 것이라는 약속을 갖고 있었다. 그러나 때가 아직 이르지 않았으므로 모세가 와서 우리를 종으로 삼았다. 그 결과 우리는 우리의 유업을 직접 차지하거나 관리할 수 없었다. 그 동안 상속자가 미래에 종에서 해방될 것을 바라보며 자라고 성장한 것처럼, 모세도 정해진 때—곧 그리스도가 오셔서 율법의 때를 끝내고 은혜의 때를 시작하실 때—에 계시되도록 되어 있던 약속을 바라보도록 우리를 성장시켰다.

그런데 율법의 때는 두 가지 방식으로 끝난다. 첫째, 아버지께서 정하신 때에 그리스도가 오시면 끝난다(갈 4:4-5). 그때 그리스도는 날마다 시간마다 영으로 우리에게 오신다. 그리스도께서 우리 모두를 이전에 구속하고 거룩하게 하신 것은 사실이다. 하지만 우리는 아직 온전히 순전한 사람이 못된다. 죄의 잔재가 여전히 영을 거스르는 우리의 육체의 본성에 달라붙어 있기 때문이다(히 10:14, 갈 5:17). 그래서 그리스도는 우리에게 영적으로 매일 오셔서 율법을 폐지하고 파기하심으로써 아버지께서 정하신 때를 계속 이루신다.

그런데 그리스도는 육체를 입고 나타나기 전에 구약의 조상들에게도 영으로 오셨다. 구약의 조상들은 영으로 그리스도를 소유했다. 그들은 앞으로 계시될 그리스도를 믿었다. 이것은 우리가 지금 이미 계시된 그리스도를 믿는 것과 똑같았다. 그들도 오늘날 우리와 똑같이 그리스도로 말미암아 구원을 받았다. "예수 그리스도는 어제나 오늘이나 영원토록 동일하시니라"(히 13:8). 여기서 어제는 그리스도가 육체를 입고 오시기 전 시기를 말하고, 오늘은 그리스도가 정해진 때에 계시된 시기를 말한다. 오늘이나 영원토록 그리스도는 오직 한 분이시다. 오직 한 분 그리스도로 말미암아 과거나 미래의 모든 신자는 율법으로부터 해방되어 의롭다 함을 얻고 구원을 받는다.

바울은 이와 비슷하게 율법도 우리를 지배하고 우리를 학대하며 우리를 종과 포로로 부렸다고 말한다. 무엇보다 먼저 율법은 반역적인 세상 사람들의 죄를 억제시켰다. 그래서 그들은 무모하게 온갖 악을 저지르지 않게 되었다. 율법은 범죄자를 형벌로 위협한다. 만약 범죄자가 형벌을 두려워하지 않는다면 온갖 죄악을 저지를 것이다. 율법은 이처럼 율법의 멍에를 맨 사람들을 지배한다. 다시 말해, 영적으로 하나님 앞에서 우리를 고소하고 두렵게 하며 죽이고 정죄했다. 이것이 바로 율법이 우리에게 갖고 있던 주된 지배권이었다. 그러므로 사람들의 양심도 그리스도가 오시기 전에는 율법이 요구하는 엄격한 순종으로 억압을 받는다. 상속자가 후견인에게 종속되어 후견인의 법에 순종하고 그들의 명령에 부지런히 복종하지 않으면 안 되었던 것처럼 말이다. 다시 말해, 그들은 율법에 고소를 당하고 괴롭힘을 당하며 정죄를 당한다. 그러나 율법의 지배 곧 학정은 영원하지 않다. 은혜의 때가 임할 때까지만 한시적으로 유지되도록 되어 있다. 그러므로 율법의 임무는 의를 제공하는 것이 아니라 죄를 꾸짖고 더하는 것에 있다. 곧 생명을 가져오는 것이 아니라 생명을 죽이는 것에 있다.

이처럼 나이어린 상속자의 종속된 상태는 영원하지 않다. 단지 아버지가 정한 때까지만 지속된다. 정한 때가 끝나면 자신의 후견인의 지배를 받거나 후견인에게 복종할 필요가 없다. 후견인에게서 해방되어 자신의 유업을 누리게 된다. 마찬가지로 율법이 우리를 지배하는 것도 영원히 지속되는 것이 아니라 다만 하나님 아버지께서 정하신 때가 될 때까지만 지속된다. 약속된 그리스도께서 오셔서 율법의 학정에 학대받던 우리를 구속하셨다.

　반면에 악랄하게 하나님을 멸시하거나 자기에게 남아 있는 것은 율법의 두려움 외에 아무것도 없다고 생각하는 자는, 그리스도께서 오셨을 때 아무 유익을 얻지 못한다. 한동안 율법으로 괴로움과 두려움을 겪었던 자만이 그리스도께서 오셨을 때 유익을 얻는다. 다시 말해, 율법이 일으키는 내면의 큰 공포 속에서도 절망하지 않고 확고한 신뢰를 가지고 은혜의 보좌에 계신 그리스도, 곧 그들의 저주가 되심으로써 율법의 저주로부터 그들을 구원하고, 그리하여 그들에게 자비와 은혜를 베풀어 주시는 분에게 나아오는 자만이 유익을 얻는다(히 4:16, 갈 3:13).

　따라서 종노릇 하였더니라는 말에는 중요한 의미가 들어 있다. 이것은 우리의 양심이 율법에 종속되어 있었음을 의미한다. 율법은 폭군이 포로들을 다룬 것처럼 우리를 포로로 붙잡고, 우리를 괴롭히고, 온갖 힘을 동원하여 우리에게 학정을 행사했다고 말하는 것과 같다. 율법은 우리에게 영적으로 두려움과 낙심을 주었다. 율법은 우리를 벌벌 떨게 했다. 어떻게든 절망으로 이끌어 영원한 사망과 파멸로 끌고 가려고 우리를 위협했다. 율법의 영적 속박과 예속은 매우 끔찍하다. 하지만 영원하지는 않다. 우리가 어렸을 때만 지속된다. 즉 그리스도가 없는 동안에만 지속된다. 그리스도가 없는 동안에 우리는 종으로 율법에 갇혀 있다. 은혜와 믿음, 온갖 성령의 은사를 갖고 있지 못하다.

이 세상의 초등학문 아래에 있어서　바울은 지금 하나님의 율법에 관해 말하고 있다. 바울은 율법의 권능과 목적이 무엇인지를 분명히 보여주는

단어를 의도적으로 선택해서 말한다. 우리가 죄와 진노, 하나님의 심판
에 대한 두려움 때문에 우리 자신의 의나 율법의 의를 의지하지 않도록
하기 위해서다. 율법은 주로 사망과 영원한 파멸로 우리를 위협한다. 그
러므로 율법의 힘을 감소시키는 것은, 시민 생활이나 안일하고 부주의
한 자연인의 마음이 아니라 거듭난 자에게 일어나는 양심의 갈등에 적
용되어야 한다.

바울은 여기서 성문 율법과 전통을 언급하고 있다. 율법은 사람들
을 악을 저지르지 못하도록 억제시키고 선을 행하도록 촉구하기는 한
다. 그러나 사람들을 죄로부터 건져 내지는 못한다. 율법은 사람들을 의
롭게 하거나 천국의 길을 준비하게 하는 힘이 없다. 그들을 세상 속에
버려둔다. 살인이나 간음을 저지르지 않고 도둑질을 하지 않았다는 이
유로 내가 의와 영생을 얻지는 못한다. 이런 외적 덕과 고상한 생활은
그리스도의 나라도 아니고, 하늘의 의도 아니다. 단지 육체와 세상의 의
에 불과하다. 이방인도 이런 의를 갖고 있었다. 어떤 이는 율법의 형벌을
피하기 위해 이런 의를 행한다. 이들은 이런 의를 행할 때 다른 사람들
의 칭송을 받고, 의롭고 성실하고 인내하는 자로 간주된다. 그러므로 이
런 의는 의보다 위선으로 불려야 마땅하다.

나아가 율법은 주로 그저 고소하고 두렵게 하고 정죄하고 죽인다.
그러나 이런 두려움 곧 죄와 사망, 하나님의 진노와 심판을 두려워하는
감정이 있는 곳에 의란 없다. 그곳에 신적이거나 거룩한 것은 하나도 없
다. (마귀의 나라인) 세상은 두려워하고 슬퍼하고 마음이 무거운 사람들이
느끼는 죄와 사망, 지옥 그리고 온갖 악이 난무하는 곳 외에 다른 곳이
아니다. 안일한 사람들은 그런 것들을 느끼지 못한다. 따라서 율법은 기
껏해야 죄를 드러내고 더하게 하며 우리를 사망에 대한 두려움 속에 몰
아넣는 것 외에 다른 일은 하지 못한다. 그렇기 때문에 율법은 활력 있
고 건강하고 신적이고 거룩한 것은 조금도 주지 못한다. 다만 세속적인

것만 준다. 그러므로 바울은 매우 적절하게 율법을 이 세상의 초등학문이라고 부른다.

여기서 바울은 주로 의식법을 염두에 두고 있다. 의식법이 지금 우리에게 아무리 많은 유익을 제공하고 있다고 하더라도, 그 유익은 단지 음식과 음료, 옷, 특별한 장소와 시간, 성전, 절기, 세정식(洗淨式), 제사 등과 같은 외적인 것으로 그친다. 의식법은 단순히 세상의 일이다. 하나님 앞에서 우리를 의롭게 하는 것이 아니라 이 세상에서의 삶을 위해 하나님이 정하신 것에 불과하다. 따라서 바울은 율법을 이 세상의 초등학문이라고 부를 때 율법의 의를 거부하고 정죄한다. 모세 율법은 세상의 일 외에는 아무것도 주지 못한다. 율법은 단순히 시민적으로 그리고 영적으로 세상 속에 난무하는 악들을 증명할 뿐이다. 그러나 율법은 적절하게 사용되면 양심을 이끈다. 하나님의 약속을 추구하고 갈망하며 그리스도를 바라보도록 한다. 그런데 그렇게 되려면 성령의 도움을 받아야 한다. 성령은 여러분의 마음속에 다음과 같이 말씀하실 것이다. "율법이 너희 안에 행한 역사로 너희가 단순히 두려움을 겪고 죽임을 당하는 것은 하나님의 뜻이 아니다. 율법이 너희에게 너희의 비참함과 파멸을 알려 주었을 때, 하나님은 너희가 절망에 빠지지 않고 그리스도를 믿기 원하신다. 그리스도께서 '모든 믿는 자에게 의를 이루기 위하여 율법의 마침이 되시기' 때문이다"(롬 10:4).

여기서 온갖 세상 문제와 모든 율법이 끝나고, 하늘의 일이 나타나기 시작한다. 그러므로 우리는 이 세상의 초등학문 즉 의나 양심의 평안을 제공하지 못하고 다만 죄를 드러내고 더하게 하며 진노를 일으키는 율법 아래에 있는 동안에는, 미래의 복에 대한 약속을 갖고 있기는 해도 율법의 종일 뿐이다. 율법은 내게 주 나의 하나님을 사랑하라고 말하지만, 하나님을 사랑하거나 그리스도를 붙잡을 수 있는 힘을 주지는 못한다.

내가 이렇게 말하는 목적은 율법을 멸시하고자 함이 아니다. 바울도 이것을 바라지 않는다. 율법은 크게 존중되고 지켜져야 한다. 그러나 여기서 바울은 칭의 문제를 다루고 있으므로 율법을 멸시하고 가증한 것으로 말하지 않으면 안 된다. 칭의는 율법과 완전히 대립하기 때문이다. 칭의 문제를 다룰 때에는 율법을 최대한 경멸하지 않을 수 없다. 그러므로 양심은 칭의에 관한 갈등 속에 있을 때 율법에 대해서는 아무것도 생각할 것이 없다. 오직 그리스도만 알면 된다. 양심의 시야에서 율법은 완전히 사라지고 그리스도의 약속만 남아 있어야 한다. 이것을 말하기는 쉽다. 그러나 시험이 닥쳐 양심이 하나님과 갈등 속에 있을 때에는 실제로 행하기가 아주 어렵다. 율법이 여러분을 고소하고, 여러분을 두렵게 하고, 여러분의 죄를 드러내며, 여러분의 영혼을 하나님의 진노와 영원한 사망으로 위협한다고 해보자. 이때 여러분은 마치 율법이나 죄는 전혀 없고 오직 그리스도, 은혜, 구속만 있었던 것처럼 그리스도를 절대적으로 믿어야 한다. 그리고 이렇게 말할 수 있어야 한다. "율법아, 나는 네 말을 듣지 않을 것이다. 내가 해방될 때가 되었다. 그러니 너의 학정을 더 이상 용납하지 않을 것이다."

그러므로 여러분은 칭의와 관련하여 율법을 말할 때에 율법을 이 세상의 초등학문으로 부르는 바울의 본보기를 따라야 한다. 여러분은 율법에 최대한 경멸적인 태도로 말하는 법을 배워야 한다. 만약 여러분이 하나님 앞에 서서 죄와 사망과 씨름하고 있다고 하자. 그때 율법이 여러분의 양심을 지배하도록 허용한다면, 율법은 여러분에게 온갖 악, 이단, 독신(瀆神)의 구덩이 외에 다른 것이 아니다. 죄를 더하게 하고, 양심을 두렵게 하며, 사망으로 우리를 위협하고, 하나님을 죄인을 거부하고 정죄하는 진노의 심판자로 묘사하는 것 외에 다른 것이 아니다. 만약 지혜가 있다면 여러분은 다르게 행동할 것이다. 더듬거리고 우물거리는 모세를 그의 율법과 함께 제거하고, 모세의 위협에 조금도 흔들리지 않을 것이다. 이때 모세는 이단으로, 아니 사실은 마귀 자신으로 의심받아야 한다. 절대로 그의 말을 듣거나 그의 말에 순종해서는 안 된다.

그러나 칭의 문제가 아닌 경우에는 우리도 바울과 마찬가지로 율법을 귀하게 여겨야 한다. 율법을 높이 평가하고, 거룩하고 의롭고 선하고 신령하고 신적인 것으로 추천해야 한다(롬 7:12). 양심이 관련되어 있지 않을 때 우리는 율법을 크게 존중해야 한다. 그러나 양심이 관련되어 있을 때에 율법은 매우 악랄하다. 조금이라도 시험이 닥칠 때 율법은 양심을 일으켜 세우거나 위로할 수 있는 힘이 없기 때문이다. 오히려 정반대로 행하여 양심을 두렵게 하고, 낙심하게 함으로 억압하며, 양심으로부터 의와 생명과 온갖 선에 관한 확신을 빼앗아 간다. 9절에서 바울은 율법을 약하고 천박한 초등학문으로 부른다. 그러므로 우리는 언제든 율법이 우리의 양심을 지배하도록 허용해서는 안 된다. 그리스도께서 율법의 학정으로부터 양심을 해방시키기 위해 매우 큰 대가를 치르셨기 때문이다. 그리스도는 우리를 위해, 곧 우리를 율법의 저주에서 해방시키기 위해 친히 저주가 되셨다. 그러므로 경건한 자는 율법과 그리스도가 대립 관계에 있음을 알아야 한다. 그리스도가 계실 때, 율법은 결단코 양심을 지배할 수 없고 양심으로부터 물러나야 한다. 곧 (사 28:20이 말하는 것처럼) 둘이 자기에는 너무 좁은 침상은 버리고 그리스도를 위한 방만 남겨 두어야 한다. 그렇게 함으로써 그리스도가 오직 의와 평안, 기쁨, 생명으로 양심을 다스리게 하자. 그렇게 해야 양심은 그리스도 안에서 율법과 죄, 사망에 대한 감정을 조금도 갖지 않고 즐겁게 잠을 자며 안식할 수 있을 것이다.

여기서 바울은 의도적으로 이 비유를 사용하여 우리의 지성을 자극한다. 바울을 주의 깊게 이해하는 자, 즉 바울이 율법을 사망의 종으로 부르고 율법 조문을 "죽이는 것"으로 칭한 것을 아는 자는, 바울이 왜 이런 이름을 위로부터 계시된 신적 교훈인 율법에 붙이는지 물어볼 것이다(고후 3:6). 이 질문에 바울은 다음과 같이 답변한다. 율법은 거룩하고 의롭고 선하지만, 다른 면에서 보면 죄와 사망의 종이다. 그리스도가 오시기 전에 율법은 거룩하다. 하지만 그리스도가 오신 후에 율법은 사망이다. 그러므로 그리스도께서 오셨을 때 우리는 율법이 육체에 대한 권능과 지배권을 갖고 육체에 재갈을 물려 율법 아래에 두고 있다는 사실을 제외하고 율법에 대해 아무것도 알 필요가 없다. 우리가 사는 동안에는 율법과 (율법의 멍에가 무겁고 괴로운) 육체 사이에·다툼이 있다.

다른 사도들은 율법에 관해 이렇게까지 말하지 않는다. 만약 그리스도의 학교에서 모범생이 되고자 한다면, 여러분은 바울이 율법을 어떻게 보는지를 주의 깊게 살펴보아야 한다. 그리스도는 바울을 "택한 나의 그릇"이라고 부르시고(행 9:15), 바울에게 다른 사도들과 다르게 특별한 말씀을 주신다. 그러므로 바울은 신실하게 칭의 교리에 대한 토대를 마련하고 칭의 교리를 분명하게 제시할 수 있었다.

4:4-5 때가 차매 즉 그리스도께서 나타나 우리를 율법으로부터 해방시키고 약속이 모든 민족 가운데 선포될 때가 되었다는 뜻이다.

하나님이 그 아들을 보내사 여자에게서 나게 하시고 율법 아래에 나게 하신 것은 율법 아래에 있는 자들을 속량하시고 여기서 바울이 그리스도의 인격과 사역을 어떻게 정의하는지 주의해 보라. 그리스도의 인격은 그분의 신적 본성과 인간적 본성으로 구성된다(하나님이 그 아들을 보내사 여자에게서 나게 하시고). 그러므로 그리스도는 참 하나님이자 참 인간이시다.

여기서 바울은 비난조로 동정녀 마리아를 단순히 여자로 부르는 듯하다. 일부 고대 선생들은 바울이 마리아를 처녀로 부르는 것을 더 좋아했을 것이다. 그러나 바울은 갈라디아서에서 가장 가치 있는 문제 즉 복음과 믿음, 그리스도인의 의 그리고 그리스도의 인격과 직분을 다루는 가운데, 그리스도께서 우리를 위해 친히 무엇을 짊어지고 행하셨는지 그리고 그리스도께서 비천한 죄인인 우리에게 어떤 유익을 제공하셨는지를 다루고 있다. 이처럼 문제가 너무 중요하고 심각하기 때문에 바울은 마리 아의 처녀성에 관심을 두지 않았다. 바울은 하나님이 자기 아들을 여자에 게서 나게 하신 것에 하나님의 헤아릴 수 없는 자비가 충분히 나타나 있 다고 보았다. 마리아를 여자로 지칭함으로써 바울은 그리스도가 여성에 게서 태어난 참 사람이셨음을 암시한다. 여자에게서 나게 하시고라고 말 함으로써 바울은 그리스도가 처녀에게서 태어나신 것을 말하고 있다.

이 본문(4절)은 또한 그리스도께서 율법의 때가 충분히 다하자 율 법을 폐지하고 율법으로 학대받던 자를 해방시키셨음을 보여준다. 그러 나 그리스도는 모세 율법 이후로 또는 모세 율법 외에 다른 새 율법을 만들지 않았다. 그리스도는 옛 율법을 폐지하고 새 율법을 만들려고 오 신 것이 아니다(여기서 바울이 말하는 것처럼). 율법 아래 속박당하던 자를 구속하도록 아버지에게 보내심을 받아 세상에 오셨다. 이런 말씀들은 그리스도를 진실하게 묘사한다. 그리스도는 새 율법을 만드는 직무가 아니라 율법 아래 있던 자를 구속하는 직무를 갖고 있다. 그리스도는 친 히 이렇게 말씀하신다. "나는 아무도 판단하지 아니하노라"(요 8:15). "내 가 온 것은 세상을 심판하려 함이 아니요, 세상을 구원하려 함이로라" (요 12:47). 다시 말해 이런 뜻이다. "내가 온 것은, 모세나 다른 율법 수 여자들이 했던 것처럼 어떤 율법을 가져오거나 사람들을 율법에 따라 심판하려는 것이 아니다. 나는 더 크고 좋은 일을 하러 왔다. 율법은 너 희를 죽였고, 나는 율법을 판단하고 정죄하며 죽인다. 그렇게 함으로써 너희를 율법의 학정에서 건져 낸다."

그러면 그리스도는 우리를 어떻게 구속하셨는가? 그 방법은 다음 과 같다. 그리스도는 율법 아래에 나셨다. 그리스도는 세상에 오셨을 때 우리 모두가 통치자들에게 포로로 잡혀 있음을 발견하셨다. 즉 율법 아 래 갇혀 있는 것을 보셨다. 물론 그리스도는 율법의 주이다. 그래서 율 법이 그분에게 아무 권세를 갖고 있지 못하다(하나님의 아들이므로). 그러나 그리스도는 스스로 율법에 복종하신다. 여기서 율법은 우리를 지배할 때 갖고 있던 모든 권세를 그리스도께 행사한다. 율법은 우리를 고소하고 두렵게 한다. 율법은 우리를 죄와 사망, 하나님의 진노에 예속시키고 죄의 선고로 우리를 정죄한다. 율법은 우리가 모두 죄인이기 때문에 그렇게 할 완벽한 권한을 갖고 있다(엡 2:3). 반면에 그리스도는 "죄를 범하지 아니하시고 그 입에 거짓도 없으시다"(벧전 2:22). 그러므로 그리스도는 율법에 예속되지 않았다. 그러나 율법은 이 순전하고 의롭고 복된 어린양에게 저주받고 파멸당한 죄인인 우리에게 한 것보다 더 잔혹한 짓을 했다. 사실은 이 어린양에게 더 엄격했다. 율법은 그리스도를 신성 모독하는 자(마 26:65)와 선동하는 자(눅 23:5)로 고소했다. 그리스도를 하나님 앞에서 온 세상의 죄를 짊어진 죄인으로 만들었다. 그리스도의 영은 율법의 억압에 낙심과 고뇌에 시달렸다. 두려움을 갖고 땀을 핏방울같이 흘릴 정도였다(눅 22:44). 급기야는 그리스도를 죽음 곧 십자가의 죽음으로 처단했다.

확실히 이것은 놀라운 전투였다. 지음받은 율법이 창조자에게 이런 공격을 가했으니 말이다. 진노의 자녀인 우리에게 행했던 무자비한 학정을 정의와 공평에 철저히 반하여 하나님의 아들에게 행했으니 말이다. 율법은 정말 가증하게도 자신의 하나님을 거역하고 죄를 범한 것이다. 그러므로 율법은 그 이유로 고소당하고 심문받는다. 그리스도는 이렇게 말씀하신다. "인간에게 강한 여왕이자 잔혹한 통치자인 너 율법아, 내가 무엇을 했다고 나를 고소하느냐? 왜 나를 두렵게 하고 무죄한 나를 정죄하느냐?" 따라서 이미 모든 사람을 정죄하고 죽인 율법은, 스스로 변명할 것이 아무것도 없을 때 정죄당하고 정복당함으로써 그리스도에 대한 권리뿐만 아니라 그리스도를 믿는 모든 자에 대한 권리까지 다 상실하고 만다. 율법에 시달린 사람들에게 그리스도는 다음과 같이 말씀하신다. "율법의 멍에로 '수고하고 무거운 짐 진 자들아, 다 내게로 오라'(마 11:28). 나는 얼마든지 스스로 고난당하지 않고 전능한 능력으로 율법을 이길 수 있었다. 나는 율법의 주로, 율법이 내게 아무 권리를 갖고 있지 못하니 말이다. 그러나 나는 율법 아래 있는 너희를 위해 너희의 육체를 입음으로써 스스로 율법에 예속되었다. 나는 헤아릴 수 없는 사랑으로 낮아져서 너희가 종이 되어 섬겼던 율법 아래 들어갔다. 너희가 겪은 것과 똑같은 율법의 감금과 학정, 속박에 스스로 복종했다. 나는 율법이 자기의 주인 나를 지배하고, 나를 두렵게 하며, 나를 죄와 사망, 하나님의 진노를 겪는 포로로 만드는 것을 허용했다. 그러므로 나는 이중의 권리와 권세로 율법을 이겼다. 곧 첫째는 하나님의 아들이자 율법의 주로, 둘째는 너희 안에서 율법을 이겼다. 그것은 너희가 직접 율법을 이긴 것과 같다. 나의 승리는 곧 너희의 승리니까."

따라서 바울은 모든 곳에서 그리스도와 율법 사이에 벌어진 이 놀라운 전투에 관해 말한다. 율법을—비록 그리스도를 정죄하고 죽였을지언정—사망을 이기신 그리스도에게 정복되고 정죄되고 죽임당한 강한 자로 묘사함으로써 이 문제를 더 명확히 제시한다(엡 2:14, 4:8, 시 68편, 롬 8:3). 그리스도는 이 승리로 율법을 우리의 양심 속에서 내쫓았다. 그래서 지금 율법은 더 이상 하나님 앞에서 우리를 혼란스럽게 하지 못한다. 또는 우리를 절망으로 끌고 가거나 정죄하지 못한다. 물론 율법은 지금도 계속 우리의 죄를 드러내고, 우리를 고소하며, 우리를 두렵게 하고 있다. 그러나 양심은 믿음으로 말미암아 그리스도께서 우리를 율법으로부터 구속하셨고, 우리를 일으키시며, 우리에게 큰 위로를 베풀어 주신다는 바울의 말을 굳게 붙잡는다. 나아가 양심은 율법을 물리치고, 거룩한 자부심을 가지고 이렇게 말한다. "율법아, 나는 너의 두려움과 위협을 걱정하지 않는다. 너는 하나님의 아들을 십자가에 못 박고 아주 불의한 일을 행했다. 그러므로 네가 하나님의 아들에게 저지른 죄는 용서받을 수 없다. 너는 너의 권리와 주권을 상실했다. 나는 이미 승리하신 그

리스도를 믿기 때문에 너는 지금 그리스도뿐만 아니라 나에게도 영원히
패배하고 정죄받고 죽임을 당하고 있다." 따라서 율법은 우리가 그리스
도 안에 남아 있는 한 우리에 대해 영원히 죽었다. 그러므로 우리 주 예
수 그리스도로 말미암아 우리에게 승리를 주신 하나님께 감사하자.

이런 일들은 또한 우리가 오직 믿음으로 의롭다 함을 받는다는 이
신칭의 교리를 확증한다. 이 전투가 그리스도와 율법 사이에 벌어졌을
때 우리의 행위나 공로는 그리스도와 율법 사이에 조금도 끼어들지 않
았기 때문이다. 오직 그리스도만이 우리의 인격을 입고 자기 자신을 율
법에 예속시켜 완전히 무죄한 상태에서 율법의 온갖 학정을 겪으셨다.
그러므로 율법은 하나님의 아들을 위협하고 죽인 강도와 살인자로서 모
든 권리를 상실하는 것이 마땅하다. 그러므로 율법은 정죄를 받아 그리
스도가 계시거나 그리스도의 이름이 불리는 곳은 어디서나 줄행랑을 친
다. 이런 이유로 우리는 믿으면 율법을 이기신 그리스도로 말미암아 율
법에서 해방된다(골 2:15). 이처럼 그리스도로 말미암아 우리가 취하는
영광스러운 승리는, 우리의 행위를 통해서가 아니라 오직 믿음을 통해
얻는다. 그러므로 오직 믿음으로 의롭다 함을 얻는다.

따라서 율법 아래에 나게 하신 것은이라는 구절이 우리에게 말해 주
는 것은 다음과 같다. 그 말은 하나님의 아들이 율법의 온갖 학정을 다
겪으셨다는 것이다. 율법의 일을 하나나 두 가지 정도 행하신 것, 곧 할
례를 받거나 성전에 나타나시거나 모범적인 시민으로 율법 아래 살았
다는 것이 아니다. 그리스도는 율법의 충분한 힘을 겪으셨다. 그래서 땅
위에 사는 어느 누구도 느끼지 못한 고뇌를 몸소 느끼셨다. 이것은 그
리스도께서 땀을 핏방울같이 흘리시고, 천사의 위로를 받으시고, 겟세
마네 동산에서 강력한 기도를 드리시며, 십자가에서 "나의 하나님, 나
의 하나님, 어찌하여 나를 버리셨나이까?"라고 외치신 것으로 증명된다
(막 15:34). 그리스도께서 이 모든 일을 겪으신 것은 율법 아래에 있는 자

를 구속하기 위함이었다.

그러므로 신인(神人)으로 시작이 없고, 때가 되자 동정녀에게서 태어나신 하나님의 독생자 그리스도는 율법을 만들려고 오신 것이 아니다. 그분은 극도로 두려운 율법을 직접 느끼고 겪으면서 율법을 정복하심으로써 율법을 완전히 폐하러 오셨다. 그리스도는 율법을 가르치는 선생이 아니었고, 율법에 순종하는 제자였다. 그리고 그렇게 자신의 순종으로 율법 아래에 있던 자를 구속하실 수 있었다. 율법에 관해서는 행위의 주체가 아니라 행위의 대상이었다. 그리고 율법의 정죄를 감당하심으로써 우리를 율법의 저주에서 구원하셨다.

그런데 복음서를 보면 그리스도께서 계명을 주고 율법을 가르치신다. 아니 오히려 율법을 해설하신다. 하지만 그렇게 하시는 것은 어디까지나 칭의 교리가 아니라 선행과 관련해서다. 나아가 그리스도가 세상에 오셔서 감당하신 임무는 주로 율법을 가르치는 데 있지 않았다. 율법을 가르치는 것은 단지 병약한 자를 고치고 죽은 자를 살리는 것 등과 같이 부차적인 일이었다. 확실히 이런 일들은 훌륭한 신적 사역이지만, 그리스도의 핵심 사역은 아니었다. 선지자들도 율법을 가르치고 이적을 행했다. 그러나 신인이신 그리스도는, 율법과 싸우고 율법의 극도의 잔혹함과 학정을 친히 겪으심으로써 본질적으로 율법을 정복하셨다. 이후에 죽은 자 가운데서 살아나셨을 때 그리스도는 우리의 치명적인 원수인 율법을 정죄하고 완전히 폐하셨다. 그 결과 율법은 더 이상 신실한 자를 정죄하고 죽일 수 없게 되었다.

그러므로 그리스도의 참된 역할은, 율법과 온 세상의 죄 및 사망과 싸우는 것이다. 따라서 이 싸움을 위해 이처럼 온갖 일을 몸소 겪지 않으면 안 되었다. 그리스도는 이 일들을 직접 겪으심으로써 율법을 정복하고 폐하셨다. 이로 말미암아 신자들은 율법과 온갖 악으로부터 해방된다. 그러므로 율법을 가르치고 이적을 행하는 것은, 그리스도께서 세상에 오신 주된 이유가 아니라 그리스도의 사역이 제공하는 특수한 유익 가운데 하나다.

자신의 인격으로 율법을 이기셨기 때문에 자연스럽게 그리스도는 하나님이라는 결론이 나온다. 인간이든 천사든 다른 어떤 존재도 율법 위에 있지 않다. 오직 하나님만이 율법 위에 계신다. 그런데 그리스도가 율법 위에 계시는 것은 율법을 정복하셨기 때문이다. 그러므로 그리스도는 하나님의 아들이고 확실히 하나님이시다. 만약 여러분이 (바울이 여기서 묘사하는) 그리스도를 그대로 붙잡는다면 절대로 잘못될 일이 없다. 나아가 온 세상의 삶과 종교와 의식들을 쉽게 판단할 수 있는 능력을 가질 것이다. 그러나 참된 그리스도에 대한 시각이 훼손되거나 어떤 식으로든 희미해진다면, 모든 것이 혼란에 빠질 것이다. 거듭나지 못한 자연인은 하나님의 율법을 판단할 수 없다. 율법이 자연인인 우리를 판단하지, 우리가 율법을 판단하는 것이 아니다. 오직 그리스도인만이 율법에 대해 참되고 확실한 판단을 할 수 있다. 곧 율법은 의롭게 할 힘이 없음을 깨닫는다. 율법이 의롭게 할 힘이 없다면 율법은 어떤 목적을 가지고 있을까? 하나님 앞에서 오직 믿음으로 이미 의를 받았기 때문에, 의를 얻고자 하는 것이 의인이 율법에 순종하는 궁극적 이유가 아니다. 의인이 율법에 순종하는 이유는 다른 데에 있다. 바로 세상의 평안을 도모하고, 하나님에 대한 감사를 표현하며, 삶의 훌륭한 본보기를 보여주어 다른 사람들이 복음을 믿도록 하기 위해서다.

우리로 아들의 명분을 얻게 하려 하심이라　여기서 바울은 창세기 22:8을 상세히 설명한다. 바울은 아브라함의 씨(자손)가 받을 복을 의와 생명, 성령의 약속, 율법으로부터의 해방, 언약 등으로 불렀다. 여기서는 영생의 유업으로 부른다. "복"은 이 모든 것을 포함하는 말로, 그것은 저주가 폐지될 때 대신 복이 임하기 때문이다.

그러면 우리는 어떤 공로로 이 복 곧 영생의 유업을 받는가? 어떤 공로도 아니다. 우리가 죄에 갇혀 율법의 저주 아래 있고 영원한 사망에 처해지는 것이 합당할 때에, 우리에게서 어떤 가치 있는 것이 나올 수 있겠는가? 따라서 우리는 값없이 복을 받았다. 우리는 복을 받을 만한 가치가 없는 존재다. 하지만 공로가 없었던 것은 아니다. 그러면 어떤 공로인가? 우리의 공로는 아니다. 바로 하나님의 아들 예수 그리스도의 공로다. 그리스도는 자기 자신을 위해서가 아니라 우리를 위해 율법 아래 들어가심으로써 율법 아래에 있는 우리를 속량하셨다. 그러므로 우리는 양자의 권리 곧 하나님의 아들이 되는 복을, 단순히 우리의 넉넉하고 영원한 공로인 예수 그리스도가 우리를 구속하여 주심으로써 받았다. 값없이 받은 양자의 권리로 우리는 하나님이 우리 마음속에 보내 하나님을 "아빠, 아버지"라고 부르게 하시는 성령도 받았다(6절).

4:6 너희가 아들이므로 하나님이 그 아들의 영을 우리 마음 가운데 보내사　성령은 두 가지 방식으로 보내심을 받으신다. 첫 번째, 초대 교회에서 성령은 가시적인 방법으로 보내심을 받으셨다. 그때 성령은 요단강에서 비둘기같이 그리스도 위에 임하셨고(마 3:16), 사도와 다른 신자들에게는 불의 형태로 임하셨다(행 2:3). 이것이 최초로 성령이 강림하신 사건이었다. 초대 교회에서 이런 식의 성령 강림이 필요했던 이유가 있었다. 바울이 고린도전서 14:23에서 증언하는 것처럼, 주변의 비신자들이 너무 비판적이어서 많은 이적을 통해 교회를 세우는 것이 유리했기 때문이다. 그러나 이적들로 교회가 세워지고 굳건해진 다음에는 이처럼 가시적인 성령 강림이 더 이상 지속될 필요가 없었다.

　　두 번째, 성령은 여기서 말하는 것처럼 신자들의 마음속에 말씀으로 보내심을 받으셨다. 이러한 보내심은 불가시적이다. 우리가 외적 말씀을 들음으로써 우리를 변화시켜 새 피조물로 만들고, 또 우리 영혼 속에 새로운 분별력과 새로운 감정, 새로운 움직임을 일으키는 내적 열정과 빛을 받을 때에 온다. 이 변화와 새로운 판단은 이성이나 인간적 능력의 역사가 아니다. 성령의 선물이자 성령의 역사다. 선포된 말씀을 통해 우리에게 임하셔서 우리의 마음을 믿음으로 순결하게 하고 우리 안에 영적 활동을 일으키신다. 그러므로 우리와 복음의 가르침을 반대하는 자 사이에는 큰 차이가 있다. 우리는 하나님의 은혜로 말씀을 통해 하나님이 우리에게 원하시는 바가 무엇인지를 깨닫는다. 또 모든 율법과 교리, 우리 자신의 삶 그리고 다른 사람들의 삶을 파악한다. 그러나 말씀이 없으면 사람들은 어떤 것도 확실한 판단을 할 수가 없다.

　세상 사람들의 눈에는 우리가 영으로 새롭게 되고 성령을 소유하고 있다는 사실이 명확히 드러나지 않는다. 그러나 우리의 판단과 우리의 말, 우리의 고백은 분명히 성령이 그의 은사와 함께 우리 안에 계심을 충분히 증명한다. 우리는 이전에는 어떤 것도 올바르게 판단할 수 없었다. 지금 말하는 것처럼 말하지 못했다. 이전에는 지금 우리가 복음의 참된 지식과 빛에 따라 고백하는 것처럼 고백하지 못했다. 곧 우리가 행했던 모든 일이 가증한 죄였다고 고백하지 못했다. 또 그리스도께서 우리의 유일한 공로가 되셨다고 고백하지 못했다. 그러므로 세상(그곳에서 일어나는 일을 우리가 악하다고 증언하는)이 우리를 매우 치명적인 이단과 선동하는 자, 종교를 파괴하는 자, 세계 평화를 깨뜨리는 자, 우리 안에서 말하고 우리의 모든 행동을 지배하는 마귀에게 홀린 자로 판단하는 것에 대해 조금도 괴로워해서는 안 된다. 우리는 이처럼 왜곡되고 사악한 세상의 판단에 흔들리지 않는다. 우리 양심의 증언을 충분히 인정하고, 이 증언을 통해 구원은 하나님의 선물이라는 사실과 우리는 예수 그리스도를 믿을 뿐만 아니라 세상 앞에 그리스도를 선포하고 고백한다는 사실을 확실히 알고 있다. 시편 기자가 말하는 것처럼, 우리는 마음으로 믿기 때문에 그것을 입술로 말하는 것이다(시 116:10).

나아가 우리는 하나님을 경외하는 일에 헌신하고 죄는 어떻게든 피
한다. 죄를 범하더라도 고의가 아니라 무지로 범한다. 그래서 금방 회개
한다. 마귀가 밤낮으로 잠복하며 우리를 기다리고 있기 때문에, 우리는
때때로 넘어질 수 있다. 또한 죄의 잔재들이 여전히 우리의 육체에 달라
붙어 있다. 그래서 육체에 관한 한 우리는 성령을 받은 후일지라도 여전
히 죄인이다. 외적으로 보면, 그리스도인과 고상하고 정직한 비그리스도
인 사이에 별다른 차이가 없다. 그리스도인이 외적으로 행하는 일은 평
범하고 단순하기 때문이다. 그러나 평범하고 단순한 일일지라도, 우리는
이제 소명을 따라 행한다. 소명을 따라 의무를 행하고 가족을 이끌고 땅
을 경작하고 조언을 하며 이웃을 돕는다. 이런 일들은 크게 중요한 일로
간주되지 않는다. 모든 사람에게, 심지어 이교도에게도 평범한 일로 생
각된다. 세상은 하나님의 영의 일을 이해하지 못하므로 우리의 행위를
잘못 판단한다. 신자들의 행동은 표면상으로 가치 없는 것처럼 보이나,
사실은 진실로 선한 행위다. 무엇보다 하나님이 받아 주시는 일이다. 신
자들은 믿음으로, 즐거운 마음을 갖고, 하나님께 순종하고 감사하며 행
하기 때문이다.

우리는 성령이 우리 안에 계시는지 의심하지 말고, 우리가 성령의
전이라는 진리를 확신해야 한다(고전 3:16). 어떤 사람이 하나님의 말씀
에 대한 사랑을 느끼고 기꺼이 그리스도에 관해 경청하고 말하고 쓰고
생각한다고 하자. 이것은 인간의 의지나 이성의 산물이 아니라 성령의
선물이다. 반면에 말씀에 대한 미움과 멸시가 있는 곳에서는 이 세상의
신인 마귀가 "믿지 아니하는 자들의 마음을 혼미하게 하여 그리스도의
영광의 복음의 광채가 비치지 못하게 한다"(고후 4:4). 우리는 마치 자기
와는 아무 관련이 없는 것처럼 말씀을 사랑하지 않고 멸시하는 오늘날
대다수 보통 사람들 속에서 이런 현상을 본다.

사람은 누구나 믿음을 갖고 있으면 자신의 믿음을 매우 명확히 인

식한다고 아우구스티누스는 말한다. 우리는 우리가 은혜 아래 있음을 확신해야 한다. 그리스도로 말미암아 하나님을 기쁘시게 하고 성령을 가지고 있음을 굳게 확신해야 한다. "누구든지 그리스도의 영이 없으면 그리스도의 사람이 아니라"(롬 8:9). 따라서 여러분이 하나님 말씀의 사역자이거나 정부에서 입법을 담당하는 자라면, 자신의 본분이 하나님을 기쁘시게 하는 데 있음을 확실히 해야 한다. 그러나 이것은 성령을 가지고 있지 않으면 절대로 할 수 없는 일이다. 여러분은 다음과 같이 말할 수 있다. "나는 하나님이 정하신 대로 나의 본분이 하나님을 기쁘시게 하는 데 있음을 의심하지 않는다. 그러나 내가 개인적으로 하나님을 기쁘시게 하고 있는지에 대해서는 의심이 있다." 여기서 여러분은 하나님의 말씀에 의존해야 한다. 그러면 하나님의 말씀은, 그리스도인은 직무뿐만 아니라 개인적으로도 하나님을 기쁘시게 해야 한다는 사실을 가르치고 확신시킨다. 사람은 세례를 받고, 그리스도를 믿고, 그리스도의 피로 자신의 모든 죄에서 깨끗하게 되며, 교회의 친교와 교제 속에서 산다. 나아가 사람은 말씀의 순전한 교훈을 사랑할 뿐만 아니라, 말씀을 지켜 행하고 신자들의 수가 늘어나는 것을 볼 때 기뻐하고 크게 즐거워한다.

따라서 우리는 직업뿐만 아니라 개인적인 삶을 통해서도 하나님을 기쁘시게 해야 한다. 곧 우리는 무엇을 말하고 행하고 생각하든지 우리 자신이 아니라 우리를 위해 율법 아래 나신 그리스도로 말미암아 하나님을 기쁘시게 해야 한다. 따라서 우리는 그리스도께서 하나님을 기쁘시게 하는 것, 그리스도께서 거룩하시다는 것을 확신해야 한다. 그리스도는 하나님을 기쁘시게 하고 우리는 그분 안에 있으므로, 우리 역시 하나님을 기쁘시게 하고 또 거룩해야 한다. 비록 죄가 여전히 우리 안에 남아 있을지라도, 그리고 우리가 날마다 넘어지고 죄를 범할지라도, 은혜가 죄보다 더 풍성하고 더 강하다. 주님의 자비와 진리가 영원히 우리를 지배한다. 그러므로 우리는 죄 때문에 두려워하거나 우리 안에 있는 하나님의 자비를 의심해서는 안 된다. 전능하신 거인 그리스도께서 율법을 폐하시고, 죄를 정죄하시며, 사망과 모든 악을 정복하셨기 때문이다. 그리스도께서 하나님 우편에 앉아 우리를 위해 중보하시는 한, 우리는 우리를 향하신 하나님의 은혜와 호의를 절대로 의심할 수 없다.

더구나 하나님은 바울이 여기서 말하는 것처럼 그 아들의 영을 우리 마음 가운데 보내셨다. 그리스도가 자신의 영 안에서 자신이 하나님을 기쁘시게 하는 것을 절대로 확신하시는 것처럼, 같은 그리스도의 영을 갖고 있는 우리도 그리스도로 말미암아 은혜 아래 있음을 확신해야 한다. 나는 지금 그리스도인은 은혜 아래 있고 성령을 소유하고 있음을 크게 확신하는 내적 확신에 관해 말하는 것이다. 앞에서 말한 바대로 내적 확신은 외적으로 드러나는 표지들이 있다. 이 확신을 가진 사람은 그리스도와 그분에 관한 선포와 가르침 듣기를 좋아한다. 그리스도께 감사하고 그분을 찬양한다. 재산과 목숨을 잃는 일이 벌어질지라도 그리스도를 고백한다. 나아가 어떻게든 자신의 소명에 따라 자신의 의무를 이행한다. 곧 다른 사람의 소명을 즐거워하거나 그 소명에 끼어들지 않는다. 자신의 소명을 이행하기 위해 믿음과 기쁨으로 곤궁한 형제를 돕거나 낙심한 자를 위로한다. 이런 표지는 우리가 은혜 아래 있고 성령을 소유하고 있음을 크게 확신할 때 주어지는 결과와 효력이다. 이를 통해 우리는 우리가 하나님의 호의 안에 있음을 충분히 확신할 수 있다. 악인들은 자기들이 똑같은 표지를 갖고 있다고 생각하지만, 사실은 아무것도 갖고 있지 못하다.

그런데 우리는 여전히 경건한 사람들의 믿음이 얼마나 약한지 보게 된다. 만약 우리가 은혜 아래 있고 죄 사함을 받고 하나님의 자녀임을 크게 확신할 수 있다면, 의심할 것 없이 이처럼 헤아릴 수 없는 선물을 주신 것에 대해 하나님을 기뻐하고 감사하게 될 것이다. 그러나 우리는 그와 반대로 느낀다. 곧 마음의 두려움과 의심, 고뇌, 낙심 등을 느낀다. 그러므로 확신을 가질 수 없다. 우리의 양심은 확신을 이 영광에 도전하는 주제넘은 태도나 교만으로 간주한다. 그러므로 우리는 우리의 소명을 따라 행동해야 한다. 경험과 실천이 없으면 확신도 가질 수 없기 때문이다.

　우리는 확신있게 우리의 소명을 행동으로 옮겨야 한다. 그러면 우리의 양심은 우리가 은혜 아래 있음을 확신할 수 있다. 개인적으로 그리고 우리가 행하는 일로 우리가 하나님을 기쁘시게 한다는 사실을 확신할 수 있다. 만약 불확실성을 느낀다면, 믿음을 발휘해 의심과 맞서 싸워야 한다. 더 큰 믿음의 능력과 확신을 갖고자 노력하면서 이렇게 말할 수 있어야 한다. "나는 내가 받아들여졌고 성령을 소유하고 있음을 알고 있다. 하지만 그것은 내 자신의 가치, 행위 또는 공로 때문이 아니다. 자신의 헤아릴 수 없는 사랑으로 우리를 위해 율법에 복종하심으로써 세상 죄를 제거하신 그리스도로 말미암아 주어진 것이다. 나는 그리스도를 믿는다. 내가 죄인이고 길 잃은 자일지라도, 그리스도는 의롭고 절대로 길 잃은 자일 수가 없다. 나아가 나는 기쁘게 그리스도에 관해 듣고 읽고 노래 부르고 쓴다. 나는 그리스도의 복음이 온 세상에 알려져서 많은 사람들이 그리스도께 돌아오는 것 외에 다른 것을 바라지 않는다."

　이런 일은 분명히 성령이 우리와 함께 있고 우리 안에 계심을 증명한다. 이런 일은 마음속에서 인간의 힘이나 노력으로 이루어지는 것이 아니다. 오직 그리스도로 말미암아 이루어진다. 이때 그리스도는 먼저 자신의 거룩한 복음 속에 담긴 자기 자신에 관한 지식으로 우리를 의롭게 만드신다. 이후에는 우리 안에 새 마음을 창조하고 우리에게 확신을 주셔서 우리가 자기로 말미암아 아버지를 기쁘시게 하는 것을 확신하게 하신다. 그리스도는 또한 우리가 이전에 알지 못하거나 또는 알았으나 완전히 무시했던 일들을 증명하고 시험할 수 있는 참된 판단력을 우리에게 주신다. 그러므로 우리는 날마다 이런 의심을 더 잘 극복하여 하나님의 은혜와 호의를 의심하게 만드는 저주스러운 관념을 마음속에서 근

절해야 한다. 우리에게 베풀어 주시는 하나님의 호의를 충분히 확신하
도록 의심에 맞서 싸울 의무가 있다.

"아빠, 아버지"라 부르게 하셨느니라 만약 우리가 이 사실을 확신을 갖고
믿을 수 있었다면, 아무리 크더라도 어떤 고통이든 이겨내지 못할 이유
가 없었을 것이다. 그러나 우리 안에는 믿음을 방해하는 요소들이 많이
있다. 첫째, 우리는 마음속에 죄를 갖고 태어난다. 또한 우리는 자연스럽
게 우리에 대한 하나님의 선하신 뜻을 의심하고, 우리가 하나님을 기쁘
시게 하는지에 대해 확신하지 못한다. 게다가 우리의 원수인 마귀가 우
는 사자처럼 돌아다니며 "너는 죄인이다. 그러니 하나님이 진노하여 너
를 영원히 멸망시키실 것이다"라고 말한다. 이것을 반대하려면 우리가
의지할 것은 말씀 외에 아무것도 없다. 오직 말씀만이 죄와 사망 그리고
온갖 악을 이기신 정복자 그리스도를 우리 앞에 둔다. 그러나 이런 시험
이 올 때 말씀을 굳게 붙잡기가 어렵다. 그럴 때 그리스도는 우리의 감
각에 나타나시지 않는다. 우리는 그리스도를 보지 못한다. 우리의 마음
은 그리스도의 임재를 느끼지 못한다. 또는 시험당할 때 도와주시는 것
도 느끼지 못한다. 아니 오히려 그리스도께서 우리에게 화를 내시고 우
리를 포기하시는 것처럼 보인다.

　　나아가 우리는 시험과 고통 속에 있을 때 죄의 힘과 육체의 연약함
을 느낀다. 그때 우리는 의심에 빠진다. 마귀의 불같은 화살과 사망의
공포, 하나님의 진노와 심판을 느낀다. 이 모든 일은 우리를 크게 두렵
게 한다. 그래서 절망과 영원한 사망 외에 다른 것은 보지 못한다. 그러
나 율법의 두려움과 죄의 우레 소리, 사망의 공격과 마귀의 포효 소리가
난무하는 와중에서도 (바울은 말하기를) 성령은 "아빠, 아버지"라고 부르
짖는다. 이 부르짖음은 율법과 죄, 사망, 마귀의 무서운 외침을 물리치고
하늘을 관통하며 하나님의 귀에 전달된다.

그래서 바울은 이런 말을 통해 경건한 사람들 속에도 여전히 연약함이 있음을 증명한다(롬 8장). 우리는 하나님의 선의와 호의보다 불쾌해 하시는 감정을 더 크게 느낀다. 따라서 성령이 우리 마음속에 오셔서 우리를 위해 탄식하며 간구하신다. 그뿐만 아니라 눈물과 형언할 수 없는 신음 소리를 내며 하나님의 뜻에 따라 우리를 위해 부르짖으며 기도하신다. 이 일이 어떻게 일어나는가? 우리가 두려움에 휩싸여 우리의 양심이 갈등 속에 있을 때, 우리는 그리스도를 붙잡고 그분이 우리의 구주임을 믿는다. 그러나 그때에도 우리는 대부분 율법을 행한다. 그러다 죄를 범하면 죄가 우리를 두렵게 하고 괴롭힌다. 게다가 마귀는 자신의 각종 무기를 동원하여 우리를 공격한다. 온 힘을 다해 우리를 그리스도에게서 떼놓고 온갖 위로를 빼앗아 가려고 획책한다. 이럴 때 우리는 다 끝났다고 느끼고 절망에 빠진다. 이럴 때 우리는 이사야서 42:3에 나오는 "상한 갈대"와 "꺼져가는 등불"이다. 그러나 성령께서 우리의 연약함을 도와주신다. 형언할 수 없는 신음 소리로 우리를 위해 중보하시며, 우리의 영에 우리가 하나님의 자녀라는 사실을 확신시키신다. 그래서 이처럼 두려울 때에 우리의 마음은 다시 힘을 얻는다. 우리는 구주와 감독이신 예수 그리스도를 바라본다. 육체의 연약함을 극복한다. 다시 위로를 받고 "아빠, 아버지"라고 부른다. 바울이 이 탄식을 성령의 탄식으로 보는 것은, 우리가 약하고 두려움과 시험으로 짓눌릴 때 성령이 우리의 마음속에서 이런 탄식을 자극하시기 때문이다.

따라서 율법과 죄, 마귀는 절대로 우리를 해칠 수 없다. 아무리 큰 소리로 우리를 반대하고 그렇게 함으로써 우리 마음의 탄식을 소멸시키는 것처럼 보일지라도 말이다. 율법과 죄, 마귀가 우리를 포악하게 공격하고 자기들의 외침으로 우리를 괴롭게 할수록 그만큼 더 우리의 탄식 소리도 커진다. 탄식할 때 우리는 그리스도를 굳게 붙잡고, 우리의 마음과 입술로 그리스도를 부르며, 그리스도께 달라붙어 있다. 그리스도께서 우리를 율법의 저주에서 해방시키고 죄와 사망을 파멸시키기 위해 율법 아래 태어나셨다는 사실을 믿는다. 따라서 우리는 믿음으로 그리스도를 붙잡을 때 그리스도를 통해 "아빠, 아버지"라고 부른다. 이 탄식은 확실히 율법과 죄, 마귀의 포효 소리를 제압한다.

그러나 우리는 이것이 부르짖음인지는 고사하고 신음 소리인지조차 인식하지 못한다. 이럴 때 우리가 우리의 의식과 감정을 생각한다면, 이처럼 믿음으로 그리스도에게 탄식하는 것을 느끼지 못한다. 그래서 아버지를 부르는 소리가 들리지 않는다. 그러나 "마음을 살피시는 이가 성령의 생각을 아신다"(롬 8:27). 우리에게 작고 연약한 신음 소리로 보이는 것이 마음을 살피시는 이에게는 크고 강력한 외침과 형언할 수 없는 탄식으로 들린다. 이 소리와 비교하면 율법과 죄, 사망, 마귀, 지옥의 큰 포효 소리는 아무것도 아니다. 신음 소리는 하늘을 가득 채운다.

그러나 우리 안에는 정반대의 감정이 존재한다. 우리에게는 우리의 작은 신음 소리가 구름 속을 꿰뚫지 못하고, 하늘의 하나님이나 천사들에게 아무것도 전달되지 못하는 것처럼 보인다. 특히 시험당할 때에는 하늘이 요동하고 땅이 흔들리는 것을 느낀다. 모든 것이 우리를 멸망시키려고 위협하고, 지옥문이 열려 우리를 집어삼킬 준비를 하는 듯하다. 그런데 그때가 바로 그리스도께서 진실로 전능하신 능력으로 역사하실 때다(고후 12:9). 우리가 너무 연약해서 신음 소리조차 낼 수 없을 때 사실은 그리스도께서 우리 안에서 다스리며 승리하신다. 그러나 바울은 이 탄식 소리가 하나님의 귀에는 하늘과 땅을 가득히 채우는 매우 강력한 외침이라고 말한다.

그리스도 역시 누가복음 18장에 나오는 악한 재판장 비유에서 신실한 자의 마음에서 나오는 탄식을 하나님께 밤낮 부르짖는 소리로 설명하신다. 출애굽기 14:15에서 여호와는 홍해에서 모세에게 "너는 어찌하여 내게 부르짖느냐?"고 말씀하신다. 그러나 당시 모세는 부르짖고 있기는커녕, 극심한 괴로움에 벌벌 떨며 절망에 빠져 있었다. 신앙이 아니라 불신앙의 지배를 받고 있는 것처럼 보였다. 모세는 애굽 군대와 홍해 사이에 갇혀 도저히 피할 방도가 없던 이스라엘 백성들을 보았다. 그때 모세는 입을 벌려 기도하지 않았다. 그렇다면 어떻게 부르짖었는가? 우리는 우리 마음의 감정에 따라 판단해서는 안 된다. 오직 하나님의 말씀에 따라 판단해야 한다. 하나님의 말씀에 따르면, 고통받고 두려워하고 절망에 빠질 수밖에 없는 자들에게 성령이 역사하신다. 성령은 그들이 큰 두려움과 괴로움에 빠져 좌절하지 않도록 그들을 일으키고 위로하신다.

우리는 매우 연약해서 절망할 수밖에 없는 상태에 있을 때 성령의 도움과 위로를 필요로 한다. 만약 어떤 사람이 꿋꿋하고 즐거운 마음으로 고통을 감수한다면, 그것은 성령이 그 사람 안에서 역사하셨기 때문이다. 확실히 성령은 큰 두려움과 괴로움을 겪고, (시편 107:18이 말하는 것처럼) "사망의 문"에 가까이 가 있는 자들 속에서 특별히 역사하신다. 모세는 물속을 보거나 어디를 보거나 사망이 임박해 있음을 보았다. 그래서 견딜 수 없는 고뇌와 절망 속에 빠졌다. 모세는 분명히 마귀가 자기를 반대하며 다음과 같이 크게 외치는 소리를 들었을 것이다. "이 사람들은 모두 오늘 죽을 것이다. 도저히 도망칠 방도가 없으니까. 그런데 네가 그들을 애굽에서 데리고 나왔으므로, 이 끔찍한 재앙의 원흉은 바로 너다." 이스라엘 백성들은 모세를 탓하며 이렇게 외쳤다. "애굽에 매장지가 없어서 당신이 우리를 이끌어 내어 이 광야에서 죽게 하느냐?……애굽 사람을 섬기는 것이 광야에서 죽는 것보다 낫겠노라"(출 14:11-12). 성령은 단순히 사변적 지식으로 모세에게 임하신 것이 아니었다. 형언할 수 없는 탄식으로 모세를 위하여 진실하고 효과적으로 중보하셨다. 모세는 여호와께 탄식하며 기도했다. "여호와여, 당신의 명령에 따라 이 백성들을 인도했으니, 우리를 도와주소서."

　　나는 성령이 언제 어떻게 역사하시는지를 분명히 증명하기 위해 이
문제를 상세히 살펴보았다. 시험당할 때 우리는 우리 자신의 느낌과 감
정으로 판단해서는 안 된다. 율법과 죄, 마귀의 외침에 따라 판단해서도
안 된다. 만약 우리 자신의 느낌을 따르고 이런 외침을 믿는다면, 곧 성
령의 도움이 없다고 생각하고 하나님의 임재에서 완전히 멀어질 것이
다. 오히려 우리는 바울이 "성령도 우리의 연약함을 도우시나니"라고
말하는 것을 기억해야 한다. 따라서 시험과 연약함 속에 있을 때 그리스
도를 굳게 붙잡고 그리스도에게 신음 소리를 내라. 그러면 그리스도께
서 "아빠, 아버지"라고 부르짖는 성령을 주신다.

　　또한 여기서 주목하라. 성령은 눈물 흘리며 큰 소리로 "오 하나님,
제게 자비를 베풀어 주소서"라고 외치는 것이 아니다. 다만 작은 소리
곧 가는 신음 소리로 "아빠, 아버지"라고 부른다. 입술은 아무 말을 하지
않으나 마음은 다음과 같이 말한다. "비록 제가 사방에서 고뇌와 두려움
으로 고통받고 있고, 버림을 받아 하나님의 임재에서 완전히 떠나간 것
처럼 보일지라도, 저는 여전히 그리스도로 말미암아 하나님의 자녀이
고, 하나님은 저의 아버지입니다. 저는 사랑받는 이로 말미암아 사랑받
고 있습니다."

　　심각한 시험에 빠졌을 때 곧 양심이 하나님의 심판과 씨름하고 있
을 때, 우리는 하나님을 아버지로 부르지 못하고 그분을 불의하고 진노
하는 잔인한 폭군과 심판자로 간주하는 경향이 있다. 그때 하나님이 우
리를 포기하고 우리를 지옥에 던져 버리신 것처럼 보이기 때문에, 사
탄이 우리의 마음을 자극하는 외침 소리는 매우 강렬하게 느껴진다(시
31:12, 22). 이때가 바로 여러분이 율법으로부터 그리고 여러분 자신의
양심의 의식으로부터 눈을 돌려 믿음으로 약속 곧 은혜와 생명의 말씀
을 붙들 때다. 그때 말씀은 양심을 다시 일으켜 세운다. 그러면 양심은
탄식하면서 이렇게 부르짖는다. "비록 율법이 나를 고소하고 죄와 사망

이 나를 정말 크게 두렵게 할지라도, 오 나의 하나님, 당신은 예수 그리
스도를 통해 은혜와 의, 영원한 생명을 약속하십니다." 그러면 약속이
"아빠, 아버지"라고 외치는 탄식과 신음 소리를 일으킨다.

4:7 그러므로 네가 이 후로는 종이 아니요 아들이니 이것이 결론이다. 이것
은 이렇게 말하는 것과 같다. "복음을 통해 성령을 받아 우리가 '아빠,
아버지'로 부르는 것이 사실이다. 그러므로 하늘은 더 이상 속박이 없
고 오직 자유와 양자됨만 있다고 선포한다." 그러면 자유는 어디서 오는
가? 사실은 탄식으로부터 온다. 어떻게 그런가? 아버지께서 내게 자신
의 약속을 따라 자신의 은혜와 자애로운 호의를 베풀어 주시기 때문이
다. 그렇다면 나는 은혜를 받아들여야 한다. 이것은 내가 탄식으로 부르
짖으며, 어린아이 같은 마음으로 "아버지"라는 이름을 인정할 때 일어
난다. 따라서 여기서 아버지와 아들이 만난다. 그 사이에 오는 것은 아무
것도 없다. 율법이나 행위는 전혀 요구되지 않는다. 이처럼 두렵고 어두
운 유혹 속에서 우리가 무엇을 할 수 있었겠는가? 여기서는 아버지께서
율법 아래 태어난 그리스도로 말미암아 내게 약속하고 나를 자기 아들
로 부르시는 것 외에 아무것도 없다. 이때 나는 "아버지"라고 부르는 탄
식으로 받아들이고 대답한다. 환난 속에서 확실한 소망과 신뢰를 붙잡
고 어린아이와 같이 탄식하면 된다. "하나님, 당신은 그리스도로 말미암
아 제게 약속하고 저를 당신의 자녀로 부르셨습니다. 그러니 당신의 약
속을 다시 받아들이고 당신을 아버지로 부르겠습니다"라고 말하면 된
다. 그 외에 필요한 것은 아무것도 없다. 확실히 말하면 이것으로 자녀가
된다. 어떤 것도 행하지 않아도 말이다. 그러나 이 일은 경험과 실천 없
이는 이해될 수 없다.

　　바울은 여기서 종이라는 말을 3:28에서 종이나 자유인이나라고 말
할 때와는 다른 의미로 사용한다. 여기서는 율법에 예속되어 있는 자를

율법의 종으로 부르고 있다. 이것은 3절에서 이 세상의 초등학문 아래에 있어서 종노릇 하였더니라고 말할 때 사용한 것과 같은 의미다. 따라서 7절에서 바울에 따르면, 종이 되는 것은 죄책이 있음을 의미한다. 율법 아래, 곧 하나님의 진노와 사망 아래 포로가 되는 것을 의미한다. 이때 그는 하나님을 자애로운 아버지로 보지 못하고 괴롭히는 자와 원수, 폭군으로 보게 된다. 확실히 이것은 종노릇 하면서 잔인하게 고통받는 것이다. 율법 은 우리를 죄에서 해방시키지 못하고 죄를 드러내고 더하게 하며 진노를 일으킨다. 그렇지만 이런 속박은 더 이상 계속되지 않는다(롬 3:20, 4:15). 우리를 학대하거나 우리에게 더 이상 아무런 짐을 지우지 못한다. 네가 이 후로는 종이 아니요. 그러나 이 선고는 훨씬 더 일반적이다. 곧 그리스 도 안에서는 더 이상 종이 되지 않고, 다만 자유와 양자만 있을 것이다. 바울이 3장에서 말한 것처럼 믿음이 올 때 종노릇은 중단된다.

따라서 만약 우리가 우리 마음속에서 "아빠, 아버지"라고 부르짖는 그리스도의 영으로 말미암아 더 이상 종이 아니라 자녀라면, 우리는 모 든 인간적 전통에서 해방될 뿐만 아니라 하나님의 율법의 모든 권한과 권능에서도 해방된다는 결론이 나온다. 그러므로 우리는 율법이 우리의 양심을 다스리도록 절대로 허용해서는 안 된다. 네가 이 후로는 종이 아 니요 아들이니. 이 위로를 붙잡고 믿음으로 이렇게 말하라. "오, 율법아! 너의 학정은 나의 주 그리스도께서 앉아 계시는 보좌에는 미칠 수가 없 다. 이제는 네 말을 들을 수가 없다. 나는 이제 자유하다. 어떤 종노릇이 나 굴욕적인 율법에 예속될 수 없는 하나님의 아들이다." 모세와 그의 율법이 신방에 들어오지 못하게 하라(즉 어떤 속박에도 예속되지 않도록 그 리스도께서 율법으로부터 구원하신 양심을 율법이 다스리지 못하게 하라). 종들은 계곡에서 나귀와 함께 머물러 있게 하라. 오직 이삭만 자기 아버지 아브 라함과 함께 산을 올라가게 하라(창 22:5). 다시 말해, 율법은 몸과 옛 본 성만 지배하게 하라. 몸과 옛 본성은 율법 아래 있게 하고, 율법이 지우

는 짐을 짊어지게 하라. 율법이 괴롭히도록 하라. 율법이 다른 사람들 속
에서 무엇을 해야 하고, 무엇을 괴롭게 해야 하며, 어떻게 살고 다스려
야 할지를 제한하고 규제하도록 하라. 그러나 율법이 오직 그리스도께
서 쉬고 주무시는 침상을 더럽히게 하지는 말라. 율법이 양심을 괴롭히
게 하지 말라. 양심은 자유 있는 양자의 나라에서 자신의 신랑인 그리스
도와 함께 살아야 한다.

따라서 여러분에게는 율법도 없고 죄도 없고 사망도 없다. 다시 말
해, 여러분은 구원받았다. 따라서 지금은 온갖 악에서 확실히 벗어났다.
그러므로 양자는 영원한 나라와 하늘의 모든 유업을 가져온다. 그런데
인간의 마음은 이 선물의 영광이 얼마나 엄청난지에 대해 표현할 수 없
다. 상상조차 할 수 없다. 지금은 우리가 그것을 아주 멀리 있는 것처럼
희미하게만 보기 때문이다. 우리는 작은 소리로 탄식하고 약속을 주시
는 그리스도의 음성을 듣는 것에 의존할 수밖에 없는 빈약한 믿음을 갖
고 있다. 그러므로 우리는 이것을 이성이나 우리 자신의 감정이 아니라
하나님의 약속에 따라 판단해야 한다. 그리스도는 무한하신 분이다. 아
무리 그것이 번민으로 인해 막혀 있는 것처럼 보일지라도, 그리스도의
약속 역시 무한하다. 이제 양심을 더 이상 두렵게 하거나 놀라게 하거나
속박할 수 있는 것은 아무것도 없다. 더 이상 종노릇은 없고 양자만이
있다. 따라서 우리는 율법과 죄, 사망으로부터 자유로울 뿐만 아니라 영
생의 유업도 받는다.

아들이면 하나님으로 말미암아 유업을 받을 자니라   아들이라면 누구나 상속
자가 된다. 그것은 그의 출생이 그를 합당한 상속자로 만들기 때문이다.
유업을 받기 위해 그가 할 일은 아무것도 없다. 공로를 세울 것도 없다. 그
저 출생으로 충분하다. 유업을 받을 때 그는 행위자가 아니라 단순히 행
위의 대상이다. 따라서 우리는 행위자가 아니라 상속자로서 곧 행함이 아

니라 받음으로서 영원한 선물—즉 죄 사함과 의, 부활의 영광, 영생—을 얻는다. 여기서 필요한 것은 주어진 약속을 붙잡는 믿음 외에는 아무것도 없다. 가족법에 따라 아들이 출생만으로 상속자가 되는 것처럼, 여기서도 단지 믿음으로 우리는 말씀—즉 우리를 잉태하고 임신하고 낳고 양육시키는 하나님의 태—으로 태어난 하나님의 아들이 된다. 따라서 이러한 출생으로 우리는 말씀을 믿는 믿음에 따라 형성된 새 피조물이 된다. 우리는 예수 그리스도로 말미암아 그리스도인 곧 하나님의 자녀이자 상속자가 된다. 따라서 상속자가 된 우리는 사망과 죄, 마귀로부터 해방되고, 의와 영생을 얻는다.

그러나 우리가 부유하고 권력 있는 왕이나 세상의 황제가 아니라 전능하신 창조주 하나님의 상속자로 부르심받는 것은 결코 우리가 할 수 있는 일이 아니다. 따라서 우리가 차지한 유업은 말로 표현할 수 없다(고후 9:15). 만약 우리가 하나님의 자녀와 상속자가 되는 것이 얼마나 큰 영광인지를 이해하고 그것을 지속적으로 믿을 수 있다면, 우리의 영원한 유업과 비교하여 세상 나라의 모든 권력과 재산을 더러운 쓰레기로 여길 것이다. 세상에서 고귀하고 영광스러운 것은 무엇이든 싫어할 것이다. 세상의 자랑거리와 영광이 클수록 그만큼 더 미워할 것이다. 모든 권력과 재산, 영광과 함께 세상에 있는 모든 것은 우리가 자녀와 상속인 하나님과 비교하면 과연 무엇이겠는가? 나아가 우리는 세상을 떠나 그리스도와 함께 있기를 충심으로 바랄 것이다(빌 1:23). 우리가 죽으면 우리의 온갖 불행이 끝나고 우리의 유업을 얻을 것이라는 사실을 알면, 빨리 죽어 가장 즐거운 평안 속에 들어가는 것보다 더 좋은 일은 있을 수 없다. 우리가 이 사실을 온전히 믿을 수만 있다면, 아마 굳이 오래 살지 않고 기쁘게 죽고자 할 것이다.

그러나 마음의 법과 맞서 싸우는 몸의 지체의 법이 우리 안에서 믿음을 방해하고, 우리에게 온전한 믿음을 허락하지 않는다. 그러므로 우리는 성령의 도움과 위로를 필요로 한다. 성령은 우리가 환난과 고통 속에 있을 때 말할 수 없는 탄식으로 우리를 위해 간구하신다. 그렇다고 해도 육체 속에는 종종 양심을 억압하는 죄가 여전히 남아 있다. 그 죄는 믿음이 하나님께서 그리스도를 통해 우리에게 주신 그 영원한 자산들을 완전한 기쁨으로 바라보고 바랄 수 없도록 훼방한다. 바울도 직접 영과 육의 싸움을 겪었다. 그래서 "오호라 나는 곤고한 사람이로다! 이 사망의 몸에서 누가 나를 건져 내랴?"라고 부르짖는다(롬 7:24). 바울은 자신의 몸을 사랑해야 했다. 하지만 그의 몸을 "이 사망의 몸"으로 부른다. 그의 몸이 자기 안에 있는 성령의 기쁨을 방해했기 때문이다. 바울이 장차 받을 하늘의 유업에 대해 항상 달콤하고 즐거운 생각을 가졌던 것은 아니다. 종종 영이 말할 수 없는 고뇌와 두려움 속에서 크게 낙심하는 것을 느꼈다.

　　이처럼 우리는 믿음이 얼마나 힘든 것인지 알고 있다. 성경 속에 담긴 모든 것을 곧바로 흡수해 버리는 일부 성급한 사람들이 상상하는 것처럼, 믿음은 그리 쉽고 빠르게 붙잡히는 것이 아니다. 성도들이 매우 연약한 상태에서 영과 육의 싸움을 치열하게 펼칠 때 그들 속에 있는 믿음이 얼마나 약한지 충분히 증명된다. 온전한 믿음을 가지면 곧 이 세상을 온전히 경멸하고 혐오하게 된다. 만약 우리가 하나님이 우리 아버지라는 것과 우리는 하나님의 자녀와 상속자라는 것을 아주 확실히 그리고 변함없이 믿을 수 있다면, 우리는 세상과 세상의 모든 영광, 의, 지혜, 권력, 세상의 모든 왕관, 부와 쾌락을 철저히 무시할 것이다. 이 세상을 별로 사랑하지 않을 것이다. 또는 세상과 세상에 있는 것들에 집착하지 않음으로써 그것들을 갖고 있을 때 그것들에 의지하지 않을 것이다. 또 그것들을 잃을 때 통탄하거나 절망하지 않을 것이다. 무슨 일을 하든지 깊이 사랑하고 겸손하고 오래 참을 것이다. 그러나 우리는 그와 반대로 한다. 육체는 여전히 강하고 믿음이나 영은 약하기 때문이다. 그러므로 바울이 아주 정확하게 말하는 것처럼, 우리는 이 세상에서 단순히 "성령의 처음 익은 열매"만을 갖고 있다(롬 8:23). 풍성한 열매는 다가올 세상에서 누릴 것이다.

4:8-9 그러나 너희가 그 때에는 하나님을 알지 못하여 본질상 하나님이 아닌 자들에게 종노릇 하였더니 이제는 너희가 하나님을 알 뿐 아니라 더욱이 하나님이 아신 바 되었거늘 어찌하여 다시 약하고 천박한 초등학문으로 돌아가서 다시 그들에게 종노릇 하려 하느냐? 이 부분은 바울이 펼친 논증의 결론이다. 갈라디아서의 이 지점부터 끝까지 바울은 태도에 관한 교훈을 제공한다. 그러나 먼저 이 신적이고 거룩한 교훈을 너무 쉽게 마음속에서 제거해 버린 것에 대해 크게 불쾌해하며 갈라디아 사람들을 책망한다. 바울은 결국 이렇게 말하고 있다. "너희에게 너희를 율법의 종으로 되돌아가게 하려고 획책하는 선생들이 있다. 나는 그렇게 가르치지 않았다. 나는 너희를 어둠과 하나님에 대한 무지에서 끌어내 하나님에 관한 놀라운 빛과 지식으로 이끌고자 했다. 나는 율법에 대한 순종이나 인간적 공로가 아니라 하나님의 은혜와 의 그리고 그리스도를 통한 거룩하고 영원한 복의 선물을 너희에게 설교했다. 그래서 너희가 율법의 종노릇 하는 것에서 하나님의 아들로서 자유를 누리도록 인도했다. 그런데 어찌하여 너희가 그토록 빨리 빛을 포기하고 어둠으로 되돌아간단 말이냐? 어찌하여 그토록 쉽게 은혜에서 율법으로, 자유에서 속박으로 돌아간단 말이냐?"

여기서 다시 우리는 믿음이 얼마나 쉽게 무너지고 마는지를 확인한다. 그런데 바울은 왜 갈라디아 사람들이 이방인으로서 율법을 가진 적이 없는데 그들이 약하고 천박한 초등학문(즉 율법)으로 돌아가고 있다고 말하는가? 왜 "너희가 어떻게 우상숭배로 돌아간단 말이냐?"와 같이 말하지 않을까? 그 답변은 바로 이것이다. 칭의 교리에서 떨어져 나간 자는 누구나 하나님에 대해 무지한 우상숭배자이기 때문이라는 것이다.

그러므로 갈라디아 사람들이 이후에 율법으로 돌아갔다는 것이나 우상 숭배자가 되었다는 것은 똑같은 말이다. 칭의 교리가 제거되면, 겉으로는 아무리 진리를 수호하고 하나님을 향한 참된 섬김과 참된 거룩함을 보인다 하더라도 오류와 우상숭배 외에 남아 있는 것이 없다.

그 이유는 하나님이 그리스도를 통하지 않으면 다른 어떤 방법으로도 알려지거나 알려질 수 없기 때문이다(요 1:18). 그리스도는 아브라함에게 약속된 자손으로, 하나님은 자신의 모든 약속을 그리스도 안에서 세우셨다. 그러므로 그리스도는 우리가 하나님을 보는(즉 하나님의 뜻을 아는) 유일한 길이자 유일한 거울이다. 그리스도 안에서 우리는 하나님이 잔혹한 감독자나 심판자가 아니라 우리에게 복을 베풀어 주시려고 (즉 율법, 죄, 사망 그리고 온갖 악에서 우리를 해방시키고 은혜와 의, 영생을 주시려고) "자기 아들을 아끼지 아니하시고, 우리 모든 사람을 위하여 내주신" 가장 호의적이고 사랑이 많고 자애로운 아버지이심을 본다(롬 8:32). 이것이 하나님에 대한 참된 지식이다. 우리를 속이지 않고 하나님을 정확히 묘사하는 신적 논증이다.

이 지식에서 떨어져 나간 자는 누구든 다음과 같이 상상한다. "이런저런 행위를 해야겠다. 이렇게 하나님을 섬겨야겠다. 그렇게 하면 틀림없이 하나님이 그것을 받으시고 영생을 상으로 주실 것이다. 하나님은 무가치하고 감사하지 않는 자에게도 온갖 좋은 것을 주실 정도로 자애롭고 관대하시니 말이다. 그러므로 내가 크고 많은 선행과 공로를 쌓는다면 훨씬 더 큰 은혜와 영생을 내게 베풀어 주실 것이다." 이것은 이성이 상상할 수 있는 최고의 지혜와 의, 종교이다. 모든 민족과 종교들이 공통적으로 갖고 있는 요소다. 이런 자들은 복음서에 언급된 바리새인의 수준을 넘어설 수 없다(눅 18:11-12). 그들은 그리스도인의 의나 믿음의 의에 대해서는 지식이 없다. 그것은 "육에 속한 사람은 하나님의 성령의 일들을 받지 아니하기" 때문이다(고전 2:14). 그러므로 이교도와 이

단자는 차이가 전혀 없다. 물론 장소와 의식, 종교, 행위, 예배의 차이는 있다. 그러나 그들은 모두 다음과 같은 똑같은 관념을 갖고 있다. "만약 이것이나 저것을 행한다면 하나님은 내게 자비를 베풀어 주실 것이다. 하지만 이 일을 하지 않는다면 내게 화를 내실 것이다."

이런 식으로 죄를 용서하고 죄인을 의롭게 할 신은 어디에도 없다. 하나님은 사람들이 만들어 낸 종교와 의식에 따라 사람을 구원하고 의롭게 하겠다고 약속하신 적이 없다. 성경 전체가 증언하는 것처럼, 하나님은 이런 의식과 규례를 끔찍이 싫어하신다. 하나님은 이런 의식과 규례 때문에 온 세상 나라와 제국들을 무너뜨리신다. 그러므로 자기 자신의 힘과 의를 의지하는 자는 참 하나님이 아니라 자기가 스스로 만들어 낸 신을 섬기게 된다. 참 하나님은 다음과 같이 말씀하신다. "내가 아들을 통해 영광받는 것 외에는 어떤 의와 지혜 또는 종교도 나를 기쁘게 하지 못한다. 아들과 나 그리고 아들 안에서 주어진 나의 약속을 믿음으로 붙잡는 자에게 나는 하나님 곧 아버지가 된다. 내가 받아들이고 의롭게 하고 구원할 자는 바로 그들이다. 다른 모든 사람은 신이 아닌 것을 숭배하므로 진노 아래 있다."

이 교리를 저버리는 자는 누구든 하나님에 대해 무지한 자가 된다. 참된 그리스도인의 의와 지혜, 하나님에 대한 섬김이 무엇인지 알지 못한다. 그것이 우상숭배이다. 이런 사람이 하는 일은 모두 정죄받는다.

우리는 그리스도의 죽음으로 말미암아 죄에서 해방된다고 가르치지만, 구원이 믿음보다 사랑에 달려 있다고 가르치는 자들이 있다. 그런데 그들은 그리스도를 크게 모독하고 하나님의 말씀을 악랄하게 왜곡시킨다. 그들은 하나님이 우리가 베푸는 사랑 때문에 우리를 받아 주신다고 생각한다. 이 사랑으로 우리는 하나님과 화목하게 되고 하나님과 이웃을 사랑하게 된다고 상상한다. 만약 이것이 사실이라면, 우리는 그리스도를 전혀 필요로 하지 않을 것이다. 이런 사람들은 참 하나님을 섬기

지 않고 자기들이 만들어 낸 그들 자신의 마음의 우상을 섬긴다. 참 하나
님은 우리의 사랑과 우리의 미덕 또는 우리의 새로운 삶 때문에 우리를
받아 주시는 것이 아니라 그리스도로 말미암아 우리를 받아 주신다.

　　사람들은 "하지만 성경은 우리에게 온 마음을 다해 하나님을 사랑
하라고 명령한다"고 말한다. 물론 사실이다. 그러나 하나님이 그렇게 명
령하신다고 해서 우리가 그렇게 할 수 있다는 결론이 나오는 것은 아니
다. 우리가 온 마음을 다해 하나님을 사랑했다면 확실히 우리는 이 순종
으로 말미암아 의롭게 되고 살 수 있을 것이다(레 18:5, 롬 10:5). 그러나
복음서는 우리가 이런 순종을 다하지 못하고, 그러므로 이 순종으로 살
지 못할 것이라고 말한다. 주 우리 하나님을 사랑하라는 명령은 하나님
에 대한 완전한 순종 곧 완전한 경외와 신뢰와 사랑을 요구한다. 우리는
부패한 본성 때문에 그렇게 하지도 못하고 그렇게 할 수도 없다. 그러므
로 율법은 우리를 의롭게 하는 힘이 없고 그저 모든 사람을 고소하고 정
죄할 뿐이다. 그러나 "그리스도는 모든 믿는 자에게 의를 이루기 위하여
율법의 마침이 되"신다(롬 10:4).

　　마찬가지로 자기들이 이런 순종으로 하나님을 기쁘시게 할 것이라
는 관념을 갖고 율법을 지키는 유대인들도 참 하나님을 섬기는 것이 아
니다. 그들 자신의 마음의 우상을 섬기고 있다. 그들 조상의 하나님은 아
브라함에게 모든 민족에게 복을 베풀어 주실 "자손"을 약속하셨다. 그
러므로 하나님은 율법이 아니라 그리스도의 복음으로 말미암아 자신을
알리시고 복을 주신다. 비록 바울이 이 말씀을 주로 이방인인 갈라디아
사람들에게 전하기는 해도, 이 말씀은 외적으로 우상을 거부했으나 마
음으로는 이방인보다 더 심하게 우상을 섬긴 유대인들에게도 적용된다.
처음에 이방인은 하나님의 백성이 아니었다. 그들은 하나님의 말씀을
가지고 있지 않았다. 그러므로 이방인의 우상숭배는 정말 심각했다. 그
러나 우상숭배에 빠진 유대인들도 유대인이라는 이름과 하나님의 말씀

으로 우상숭배를 숨겼다. 그래서 많은 사람들을 속였다. 우상숭배가 더 거룩하고 영적일수록 끼치는 폐해도 그만큼 더 커진다.

너희가 그때에는 하나님을 알지 못하여   즉 "너희가 그때에는 하나님의 뜻을 알지 못하여"라는 뜻이다. 본질상 하나님이 아닌 자들에게 종노릇 하였더니. 즉 "하나님의 말씀이 없이 너희 자신의 마음의 꿈과 상상력의 종이 되어 너희가 상상해 낸 이런저런 의식이나 규례로 하나님을 섬겼더니"라는 뜻이다. 사람은 누구나 자연스럽게 신이 있다고 주장하는데, 여기서 온갖 우상숭배가 파생되어 나왔다. 신격(神格)에 대한 자연적 지식이 없었다면 우상숭배가 세상 속에 들어올 수 없었다. 그러나 사람들은 하나님에 관해 자연적 지식을 갖고 있었기 때문에 말씀과 반대로 하나님을 상상했다. 자연적 지식을 참된 진리로 간주함으로써 하나님이 아닌 다른 어떤 것을 하나님이라고 생각했다. 이성 자체도 인간적 관념들은 하나님이 아니라는 점을 인정한다. 그러므로 하나님의 말씀 없이 하나님을 섬기고자 하는 자는 누구나 참 하나님을 섬기는 것이 아니다. 본질상 신이 아닌 다른 대상을 섬기는 것이다.

    은혜에서 율법으로 떨어진 자는 은혜에서 우상숭배로 떨어진 자와 똑같은 위험에 빠진다. 그리스도가 없으면 우상숭배 외에 다른 길이 없기 때문이다. 곧 하나님을 헛되고 거짓되게 상상할 뿐이다.

이제는 너희가 하나님을 알 뿐 아니라   여기서 바울은 요컨대 다음과 같이 말하고 있다. "믿음의 설교를 통해 하나님을 알고 있는 너희가 갑자기 하나님의 뜻에 대한 참된 지식을 거역하고, 거짓 사도들의 선동을 받아 약하고 천박한 초등학문으로 돌아가는 것은 도저히 믿을 수가 없다. 나의 설교를 통해 너희는 하나님이 할례나 율법의 행위가 아니라 아브라함에게 약속된 그리스도로 말미암아 모든 민족에게 복을 베풀어 주고자 하

신다는 것을 들었다(갈 3:7). 그리스도를 믿는 자는 아브라함과 함께 복
을 받을 것이라는 것을 들었다(갈 3:9). 그렇게 너희가 하나님을 알았다."

더욱이 하나님이 아신 바 되었거늘　바울은 여기서 앞에서 한 말을 거꾸로
바꾼다. 갈라디아 사람들이 하나님을 완전히 잃어버릴까 봐 두려워졌
기 때문이다. 이는 다음과 같이 말하는 것과 같다. "슬프게도 너희가 하
나님을 알지 못하고 은혜에서 율법으로 돌아가는 지경에 이르렀단 말
이냐? 그러나 하나님은 너희를 알고 계신다." 확실히 하나님에 대한 우
리의 지식은 능동적인 것이 아니라 수동적인 것이다. 다시 말해, 우리의
지식은 우리가 하나님을 아는 것이 아니라 하나님이 우리를 아시는 것
에 초점이 있다. 우리가 행하는 것은 모두, 곧 우리가 하나님을 알고 파
악하려고 시도하는 것은 모두 우리 안에서 하나님이 행하시는 것에 달
려 있다. 하나님이 말씀을 주시고, 우리가 위에서 주어진 믿음으로 그 말
씀을 받았을 때, 우리는 새로 태어나 하나님의 자녀가 된다. 따라서 이
것은 "너희는 하나님께 알려져 있다"는 뜻이다. 즉 "너희는 [하나님으로
부터] 믿음과 성령을 받았고, 그로 말미암아 거듭났다." 그러므로 이 말
을 통해서도 바울은 율법에서 나온 모든 의를 제거하고 우리 자신의 가
치 있는 행동을 통해 하나님에 관한 지식을 얻는다는 사실을 부정한다
(눅 10:22, 사 53:11과 비교해 보라). 따라서 하나님에 관한 우리의 지식은
행하는 것에 있는 것이 아니라 받는 것에 있다.
　　바울은 율법을 약하고 천박한 초등학문으로 부를 때 율법을 매우 악
의적으로 비난하는 것처럼 보인다. 하나님의 율법에 대해 이런 식으로
가증한 이름을 붙이는 것은 불경죄가 아닌가? 율법은 당연히 약속을 섬
기고 약속이나 은혜와 조화를 이루어야 한다. 만약 율법이 약속이나 은
혜와 대립한다면 더 이상 거룩한 하나님의 율법이 아니다. 거짓되고 사
악한 교훈에 불과하다. 율법은 사람들을 절망으로 이끄는 일 외에 아무

것도 하지 못하며, 그런 율법은 당연히 거부되어야 한다.

바울은 여기서 율법으로 의롭게 되기를 바라는 교만하고 주제넘은 위선자들을 염두에 두고 말하고 있다. 다시 말해, 영적으로 이해된 율법 곧 진노를 이루는 율법에 관해 말하는 것이 아니다(롬 4:15). 내가 종종 말한 것처럼, 율법은 올바르게 사용되면 사람들을 고소하고 정죄한다. 이 점에서 율법은 강하고 풍성한 원리일 뿐만 아니라 정복할 수 없는 권능이자 자산이다. 그런데 여기서 양심을 율법과 비교한다면, 양심은 약하고 비참하다. 양심은 한 가지 작은 죄에도 크게 괴로워하고 두려워한다. 그렇기 때문에 다시 힘을 얻지 못하면 완전히 절망해 버린다. 그 정도로 약하다. 그러므로 율법은, 올바르게 사용되면 하늘과 땅에 담을 수 있는 것보다 더 큰 힘과 자산을 갖고 있다. 율법 한 조문으로 인류 전체를 죽일 수 있다(모세를 통해 주어진 율법 이야기를 보라). 이것은 율법의 참된 신적 용도이다. 바울이 여기서 말하는 것은 이런 율법이 아니다.

따라서 바울은 여기서 은혜에서 떨어져 나간 위선자나 아직 은혜 속에 들어가지 못한 자를 다루고 있다. 이런 사람들은 율법을 악용하여 율법으로 의롭다 함을 얻으려고 애쓴다. 바울이 우리에게 유대인들이 바로 그랬다고 말하는 것처럼(롬 10:2-3), 이런 사람들은 밤낮으로 율법의 명령대로 행하다 결국은 지쳐 쓰러진다. 이런 사람들은 율법으로 강건해지고 풍성해지기를 바란다. 자기들이 율법의 의로 얻은 힘과 자산으로 하나님의 진노와 심판에 대비함으로써 하나님을 진정시키고 구원받을 수 있기를 바란다. 그런데 이 점에서 율법은 우리에게 아무런 도움을 주지 못한다. 그러므로 우리는 율법을 당연히 약하고 천박한 초등학문이라고 부를 수 있다.

이것을 더 깊이 설명하기 원한다면, 율법이 약하고 천박한 초등학문인 것은 율법이 사람들을 더 약하고 더 천박하게 만들기 때문이라고 말할 수 있다. 또 율법이 자체로는 의를 가져올 힘이 전혀 없기 때문이라고 말할 수 있다. 나아가 율법은 약하고 천박할 뿐만 아니라 약함과 천박함 자체다. 그렇다면 율법이 어떻게 이전에 약하고 천박했던 사람들을 풍성하게 하거나 강건하게 할 수 있겠는가? 그러므로 율법으로 의롭다 함을 얻고자 하는 것은 약함과 천박함을 극복하기 위해 더 큰 악을 구하는 것과 같다. 약속에서 율법으로—믿음에서 행위로—돌아가는 자는, 단지 이미 허약하고 연약해져 자기들이 감당할 수 없는 짐을 스스로 짊어지는 것이다. 따라서 그들은 그리스도가 오셔서 해방시켜 주지 않으면 결국 절망에 떨어지고 만다.

마가복음은 12년 동안 혈루증을 앓은 한 여자 이야기를 다룬다. 이 여자는 많은 의사에게 크게 시달리고 재산도 다 허비했으나 결국은 고침받지 못했다(막 5:25). 율법을 지키는 것으로 의롭다 함을 얻기 위해 율법의 명령을 지키는 자는 모두 의롭다 함을 얻지 못한다. 그뿐 아니라 이전보다 두 배로 더 불의하게 된다. 나는 나 자신의 경험과 다른 많은 사람들의 경험으로 이것을 증명했다. 만약 율법을 통해 의를 얻고자 한다면, 여러분은 화를 내시는 하나님이 여러분이 행하는 일로 화를 푸셔야 한다고 상상할 것이다. 일단 이 관념을 갖고 있다면 여러분은 율법을 행하는 데 힘쓸 것이다. 그러나 그렇게 하더라도 여러분의 양심을 평온하게 할 만큼 선행을 충분히 행할 수 없다. 항상 더 많은 선행을 해야 한다고 생각한다. 심지어 여러분이 이미 행한 선행 속에서도 죄가 발견된다. 그러므로 여러분의 양심은 항상 마땅히 해야 할 만큼 희생하지 못했다고 생각한다. 또는 적절히 기도하지 못했다고 생각한다. 또는 이것이나 저것을 행하지 못했다고 또는 특정 죄를 저질렀다고 생각하고 의심에 파묻혀 있을 것이 틀림없다. 따라서 여러분의 마음은 끝없이 늘어가는 무수한 죄로 압박감을 느낀다. 그 결과 의로부터 더욱더 멀어지고, 급기야는 절망의 나락으로 떨어지고 만다. 그래서 많은 사람들이 죽을 때 다음과 같이 처절한 심정을 토로했다. "정말 비참하다! 분노하는 심판자

그리스도의 진노를 어떻게 피할 수 있단 말인가?" 율법을 통해 의와 구
원을 추구하는 자는 결코 양심의 평안을 얻을 수 없다.

이처럼 훌륭한 사도와 선생으로부터 이처럼 건전하고 순전한 교
훈을 배운 갈라디아 사람들이 거짓 사도들에게 그토록 쉽게 속아 졸지
에 복음에 등을 돌릴 것이라고 누가 상상이나 했겠는가! 여기서 나는 거
듭해서 다음과 같이 말하고 싶다. 곧 신실한 자도 그리스도에 관한 참된
지식이 얼마나 탁월하고 보배로운 보물인지 깨닫지 못하면 복음의 진리
에서 떨어져 나가기가 쉽다. 그러므로 신실한 자도 복음의 진리를 경험
하고 지킬 정도로 충분히 힘쓰지 못한다. 말씀을 듣는 대부분의 사람들
이 십자가나 고난을 통해 연단받지 않는다. 그들은 죄와 사망, 마귀와 맞
서 싸우지 않고 아무 갈등 없이 안일하게 살고 있다. 이런 사람들은 시
험으로 연단받지 않는다. 그리하여 마귀의 간계를 물리치기 위해 하나
님의 말씀으로 무장되어 있지 않는다. 그러므로 말씀의 능력을 제대로
느끼지 못한다. 물론 신실한 사역자와 설교자들에게 배우는 동안에는
그들의 말을 따르고 그들이 말하는 대로 말함으로써 칭의 교리를 온전
히 이해할 수 있다. 그러나 그들이 떠나고 양의 옷을 입은 이리가 대신
들어오면, 갈라디아 사람들에게 일어났던 일이 일어난다. 그때 갑자기
미혹을 당해 약하고 천박한 초등학문으로 쉽게 돌아가고 만다.

다시 그들에게 종노릇 하려 하느냐? 바울이 이 말을 덧붙이는 것은, 자신
이 지금 율법으로 의롭다 함을 얻고자 하는 교만하고 주제넘은 위선자
들에 관해 말하고 있음을 증명하기 위해서다. 다른 곳에서 바울은 율법
을 거룩하고 "선한" 것으로 묘사한다(딤전 1:8, 갈 3:19). 그러나 하나님
앞에서 의를 얻기 위해 율법을 지키는 사람들은 선한 율법을 오히려 가
증하고 해로운 것으로 만든다. 그래서 바울은 갈라디아 사람들이 다시
율법에 종노릇 하기를 원한다는 이유로 책망한다. 하지만 율법은 죄를

제거하지 못하고 오히려 죄를 더하게 한다. 따라서 병들고 힘없는 두 거지가 함께 만나지만 서로 돕거나 서로를 고쳐 줄 수 없다.

그러나 그리스도 안에서 강한 우리는 율법을 기쁨으로 지킬 수 있다. 약하고 천박한 율법이 아니라 강하고 풍성한 율법을 지킬 수 있다. 다시 말해, 율법이 몸에 대하여 권능과 지배권을 갖고 있는 한 율법에 복종할 수 있다. 우리는 우리의 양심이 아니라 다만 우리의 몸과 외적 지체들에 한해서만 율법을 섬기기 때문이다. 그러나 양심도 율법 아래 남아 있는 한은 약해지고 천박해질 수밖에 없다. 바울은, 자신의 양심이 포로처럼 율법 아래 종노릇 하기를 바라지 않고 종노릇에서 해방되어 오히려 율법을 지배하기를 바란다고 말한다. 양심은 그리스도를 통해 율법에 대하여 죽었고, 또 율법도 양심에 대하여 죽었다.

4:10 너희가 날과 달과 절기와 해를 삼가 지키니   유대인은 안식일, 첫째 달과 일곱째 달의 월삭, 유월절, 오순절, 초막절, 희년을 거룩하게 지키라는 명령을 받았다. 그러나 거짓 사도들은 이런 날들을 의를 얻는 필수 조건으로 만들어 갈라디아 사람들에게 지키라고 강요했다. 그래서 바울은 갈라디아 사람들이 약하고 천박한 초등학문을 섬기는 자로 돌아가 그리스도 안에서 가졌던 은혜와 자유를 잃어버렸다고 말한다. 바울은 사람들의 양심이 모세 율법에 매이는 것을 용납하지 않는다(갈 5:6, 골 2:16. 눅 17:20). 따라서 우리의 양심이 인간적 전통에 얽매이거나 빠지는 것은 더더욱 안 된다.

4:11 내가 너희를 위하여 수고한 것이 헛될까 두려워하노라   바울은 갈라디아 사람들의 범죄에 매우 괴로워한다. 바울이 갈라디아 사람들을 더 불쾌하게 만들어 그들과 완전히 멀어질까 걱정하지 않았다면 그들을 더 신랄하게 책망했을 것이다. 그래서 바울은 모든 해가 자신에게 돌아간

것처럼 부드럽게 말한다. 바울은 자신이 갈라디아 사람들에게 매우 부
지런하고 신실하게 복음을 전했으나 열매를 보지 못하는 것이 슬프다고
말한다. 그들에게 다정하고 자애로운 감정을 보여주기는 해도, 여전히
은밀하지만 더 날카롭게 그들을 책망한다. 바울은 자신이 수고한 것이
헛될까(즉 자신이 그들에게 복음을 전한 것이 아무 열매가 없을까) 두렵다고 말
할 때, 은연중에 그들이 완고한 비신자였고 믿음의 교리에서 떨어져 나
갔음을 드러내고 있다. 두 경우 곧 비신자와 배교자는 사악하고 불의하
고 저주받은 죄인이다. 그러므로 이런 사람들은 율법에 헛되이 순종한
다. 그들은 특별한 날과 달과 절기와 해를 헛되이 지킨다. 이 구절(11절)
은 은밀한 출교를 함축하고 있다. 바울은 갈라디아 사람들이 어서 빨리
건전하고 참된 교훈으로 다시 돌아오지 않으면 그리스도에게서 분리되
었다고 말하는 것이기 때문이다. 그러나 바울은 너무 날카롭게 지적하
는 것이 아무 유익이 없음을 알고 있었다. 그래서 그들에 대해 공개적으
로 비난하는 말은 삼갔다. 바울은 다음 구절(12절)에서 태도를 바꾸어 온
화하게 말한다.

4:12 형제들아, 내가 너희와 같이 되었은즉 너희도 나와 같이 되기를 구하노라.
너희가 내게 해롭게 하지 아니하였느니라   바울은 지금까지 가르침을 전하
는 데 전념했다. 바울은 갈라디아 사람들을 어리석은 자와 꾐을 당한 자,
진리를 믿지 않는 자, 그리스도를 십자가에 못 박은 자 등으로 부를 정도
로 그들의 배반에 크게 격분했다. 편지를 거의 끝마친 지금 바울은 자신
이 갈라디아 사람들을 너무 신랄하게 대했음을 깨닫는다. 그래서 유익보
다는 해를 끼치지 않을까 조심하면서, 자신의 날카로운 비난이 아버지
같은 감정과 사도로서의 진실한 마음에서 나왔음을 증명한다. 의심할 것
없이 많은 사람들이 바울의 말에 불쾌한 마음이 들었을 것이다. 이에 바
울은 그들의 마음을 되돌리기 위해 공손한 말로 문제를 완화시킨다.

여기서 바울은 자기 자신을 본보기로 삼아 모든 목사와 말씀 사역자들에게 권면한다. 탐욕스러운 이리가 아니라 길 잃은 양을 향해 아버지와 어머니 같은 감정을 갖도록 권면한다. 목사와 말씀 사역자는 온유한 마음으로 양을 가르치고 회복시키려면 양의 잘못과 연약함을 인내하며 감수해야 한다. 어떤 다른 수단으로도 양을 올바른 길로 되돌릴 수 없기 때문이다. 지나치게 날카로운 책망과 질책은 오히려 양의 화를 자극하고, 또는 양을 회개가 아니라 절망으로 밀어 넣는다. 그런데 여기서 건전한 교리의 본질과 열매를 잘 배우고 잘 이해했을 때 그 교리가 사람들의 마음을 하나로 연합시킨다는 사실을 주목하라. 그러나 경건하고 진정한 교리를 거부하고 오류를 받아들이면 이 연합은 금방 깨지고 만다. 칭의 교리에서 떨어져 나감으로써 지각 없는 영에게 미혹된 형제들을 보라. 이전에는 그 형제들이 신실한 자를 아주 온화한 마음으로 사랑했지만 금방 크게 미워하는 모습을 볼 수 있을 것이다.

바울은 성령의 계시를 통해 갈라디아 사람들에 대한 자신의 비판이 그들의 반감을 불러올 것이라는 사실을 깨닫는다. 특히 바울이 지금 거짓 사도들이 갈라디아 사람들 속에 들어와 있어서 자신의 비판을 아주 나쁘게 말하리라는 것을 알았기 때문이다. 바울은 경건한 아버지의 마음으로 크게 괴로워한다. 너무 괴로워서 편지에 어떻게 써야 할지 알 수 없을 정도다. 어떤 사람이 그 자리에 없는 자들을 반대하여 자신의 주장을 옹호하는 것은 위험한 일이고, 갈라디아 사람들이 거짓 선생들에게 설득당해 지금 바울의 목적이 선하지 않다고 말하며 오히려 바울을 미워하기 시작했기 때문이다. 이것 때문에 바울은 20절에서 자신이 그들에 관해 의혹이 있다고 말한다. 다시 말해, 갈라디아 사람들에게 무엇을 하고 그들을 어떻게 다루어야 할지 모르고 있다.

내가 너희와 같이 되었은즉, 너희도 나와 같이 되기를 구하노라　이 말은 교훈이 아니라 감정을 담은 말로 이해되어야 한다. 그러므로 이 말의 의미는 "교훈을 내가 생각하는 대로 생각하라"가 아니라 "내가 너희에게 가지고 있는 것과 같은 감정을 너희도 가져라"는 것이다. 이것은 다음과 같이 말하는 것과 같다. "어쩌면 내가 너희를 너무 강하게 비판했을지도 모르겠다. 하지만 이 날카로운 비판을 용서해 달라. 내 마음을 내 말로 판단하지 말고, 내 마음의 감정으로 내 말을 판단해 달라." 그러나 바울은 자신의 신랄한 비판의 말을 철회하지는 않는다. 의사가 환자에게 쓴 약을 주는 것은, 환자를 해치기 위함이 아니라 치료하기 위함이기 때문이다.

너희가 내게 해롭게 하지 아니하였느니라   요컨대 바울은 이렇게 말하고 있다. "내가 너희를 아주 신랄하게 책망한 것을 인정한다. 하지만 이 책망을 올바로 취한다면 너희는 이 책망이 염려에서 나오는 간청임을 알 것이다." 아버지는 아들을 엄격히 훈계할 때 "아들아, 착한 아이가 되라"고 말하기 마련이다. 이 말은 훈계처럼 보인다. 그러나 아버지의 진심을 생각한다면 이 말은 부드럽고 애틋한 간청이다.

바울은 마치 이렇게 말한 것과 같다. "너희가 나를 해친 것이 아닌데, 어찌하여 내가 너희에게 화를 내겠느냐? 어찌하여 악의적으로 너희에 대해 나쁜 말을 하겠느냐?" 그러면 그들은 이렇게 대답한다. "그러면 당신은 왜 우리가 나쁜 길로 갔다고 말하는가? 우리가 당신의 교훈을 저버렸다고, 우리가 어리석어서 꾐을 당했다고 말하는가? 이것들은 우리가 당신을 해쳤음을 증명한다."

이에 대해 바울은 본질상 이렇게 대답한다. "너희는 나를 해친 것이 아니라 너희 자신을 해쳤다. 나는 나 때문에 고민하는 것이 아니라 너희를 사랑하기 때문에 고민하는 것이다. 그러므로 나의 비판이 악의적이라고 생각하지 마라. 맹세하건대 너희는 내게 잘못한 것이 없었다. 오히려 반대로 너희는 내게 큰 은혜를 베풀었다."

바울은 이와 같이 갈라디아 사람들에게 온화하게 말함으로써, 자신이 아버지 같은 마음으로 가하는 비판을 자녀 같은 감정으로 받아들이도록 그들의 마음을 준비시켰다. 바울은 쓴 약에 꿀과 설탕을 섞는다. 부모는 자녀를 처벌할 때 자상하게 말한다. 자녀에게 사과나 배, 다른 것들을 주면 자녀는 부모가 자기를 사랑하는 줄을 안다. 그러면 부모의 훈계가 아무리 신랄해 보여도 부모에게 잘하려고 애쓰는 법이다.

4:13-14 내가 처음에 육체의 약함으로 말미암아 너희에게 복음을 전한 것을 너희가 아는 바라. 너희를 시험하는 것이 내 육체에 있으되 이것을 너희가 업신여기지도 아니하며 버리지도 아니하고 오직 나를 하나님의 천사와 같이 또는 그리스도 예수와 같이 영접하였도다 이제 바울은 갈라디아 사람들에게서 자신이 얼마나 큰 즐거움을 얻었는지를 분명히 밝힌다. 바울은 처음에 그들에게 복음을 전하기 시작하고 몸이 약했을 때 그리고 거의 견딜 수 없는 시험과 고통을 겪었을 때, 갈라디아 사람들이 어떤 해도 가하지 않고 따뜻한 사랑으로 대해 준 것이 가장 큰 힘이었다고 말한다. 갈라디아 사람들은 바울을 끔찍이 사랑했다. 바울을 마치 하나님의 천사와 같이, 아니 사실은 그리스도 예수와 같이 영접했다. 갈라디아 사람들이 바울과 같이 모든 면에서 멸시받고 고난받던 한 사람에게서 복음을 받은 것은 굉장한 일이었다. 유대인이나 이방인을 막론하고 바울이 복음을 전했을 때 사람들은 불평하고 노발대발했다. 힘 있고 지식 있고 종교적인 사람들은 바울을 미워하고 박해했다. 그러나 갈라디아 사람들은 조금도 그렇게 대하지 않았다. 바울의 육체의 약함을 감싸 주었다. 가난하고 멸시받고 비참하고 고통받던 바울의 말을 들었으며, 기꺼이 바울의 제자를 자처했다. 바울은 갈라디아 사람들을 제외하고 어느 누구에 대해서도 이런 말을 하지 않는다.

육체의 약함은 몸의 질병이 아니라 그가 겪은 물리적 고난과 고통을 가리켰다. 바울은 이것을 성령의 능력과 대조시킨다(고후 11-12장). 바울은 요컨대 이렇게 말한다. "너희에게 복음을 전했을 때 나는 유대인과 이방인 그리고 거짓 사도들로부터 공격을 받아 항상 위험 속에 있었다. 배고픔도 겪었고 모든 것이 힘에 부쳤다. 나는 바로 세상의 오물과 찌꺼기였다." 고린도전서 4:12, 고린도후서 4:9, 11-12와 같은 여러 본문에서 이렇게 언급한다. 바울은 다른 사도와 선지자들, 경건한 사람들처럼 무척 힘든 일들을 겪었다. 그러나 영으로는 강했다. 그리스도의 능력이 바울 안에 있어서 항상 바울을 통해 다스리고 승리했기 때문이다. 바울은 고린도후서 12:10에서도 똑같이 말한다. "내가 약한 그 때에 강함이라."

이성은 놀랍게도 경건한 사람들의 약함을 불쾌하게 여긴다. 따라서 바울은 자신이 큰 약함 속에 있고, 자기 안에서 멸시받는 십자가 고난을 보았음에도 불구하고, 불쾌하게 느끼지 않은 것에 대해 갈라디아 사람들을 크게 칭찬한다. 오히려 갈라디아 사람들은 바울을 마치 천사와 같이, 아니 사실은 그리스도 예수와 같이 영접했다. 그리스도는 신실한 사람들이 십자가 고난 때문에 뒤로 물러서지 않도록 막아 주신다. "누구든지 나로 말미암아 실족하지 아니하는 자는 복이 있도다"라고 위로하신다(마 11:6). 그리스도를 믿는 자는, 그리스도를 만유의 주와 세상의 구주로 인정하는 것이 정말 중요하다. 비록 그리스도가 어느 누구보다 비참한 자이고, 사람들 가운데 가장 보잘 것 없는 자이며, 세상의 조롱거리였다는 말을 듣더라도 말이다(시 22:7). 그리스도는 모든 사람에게 멸시를 받고 미움을 받으셨다. 심지어 자기 백성에게도, 특히 누구보다 수준 높고 지혜롭고 거룩한 자로 인정받은 자들에게 그런 대접을 받으셨다. 급기야는 십자가 죽음으로 정죄당하셨다. 그러나 이런 것들에 좌우되지 않는 것이 중요하다. 이 가련한 그리스도에게 재산 중의 재산, 힘 중의 힘, 지혜 중의 지혜, 거룩함 중의 거룩함 이상으로, 심지어는 왕관을 쓰고 있는 자보다 더 큰 가치를 부여할 수 있는 것이 참으로 중요하다.

　　바울이 겪은 것은 외적 시험이 전부가 아니었다. 그리스도가 겟세마네 동산에서 겪으신 것과 같이 내적인 영적 시험도 있었다. 바울은 고린도후서 12:7에서 "육체에 가시," "사탄의 사자"와 같은 말을 사용한다. 이것은 영적 시험을 가리켰다. 갈라디아 사람들은 바울을 알았다. 바울이 가끔 큰 낙담과 고뇌와 두려움에 빠져 있는 모습을 보았다. 사도들은 육체적 시험뿐만 아니라 영적 시험에도 직면했다(고후 7:5, 행 28:15, 빌 2:27).

　　그런데 바울은 왜 자신이 갈라디아 사람들에게 멸시를 받지 않았다고 말하는가? 갈라디아 사람들은 바울의 복음에서 떨어져 나갔을 때 바울을 멸시한 것처럼 보이는데 말이다. 바울이 직접 그 이유를 설명한다. 바울은 처음에 갈라디아 사람들에게 복음을 전했을 때, 그들은 다른 사람들과 달리 자신이 육체의 약함 속에 있을 때 불쾌하다는 이유로 자기를 경멸하거나 거부하지 않았다고 말한다. 인간의 이성은 이런 치욕적이고 경멸적인 십자가 고난에 금방 불쾌감을 느낀다. 이런 고통을 겪으면서 다른 사람들을 위로하고 도와주려는 것은 미친 짓이라고 판단한다. 죄와 사망과 온갖 악을 물리치고 승리하는 데 있어, 기쁨과 구원과 영생을 얻는 데 있어 충분한 힘이 있다고 자랑할 만한 자들이 있다. 그러나 실제로 그들은 곤궁하고 약하고 우울하고 멸시받고, 정부와 종교에 해를 끼치는 자로 낙인 찍혀 죽임을 당한다. 그들을 죽이는 자는 자기가 "하나님을 섬기는 일"을 했다고 생각한다(요 16:2). 세상 사람들 앞에서 비참하게 죽임당하지만 영원한 보화를 약속할 때 그들은 비웃음을 당하고, "의사야, 너 자신을 고치라"는 말을 듣는다(눅 4:23).

　　사도들에게 말씀을 듣는 것은 큰 덕목이다. 하지만 갈라디아 사람들 속에 있었던 바울처럼 비참하고 약하고 멸시당하는 자에게 말씀을 듣는 것은 더욱 큰 덕목이다. 바울은 이런 말로 갈라디아 사람들을 크게 칭찬한다. 자기는 갈라디아 사람들을 항상 기억할 것이라고 말한다. 그리고 모든 사람에게 알리고 싶을 정도로 갈라디아 사람들을 매우 높게

평가한다. 그럼에도 불구하고 바울은 갈라디아 사람들을 크게 칭찬하는
가운데 암묵적으로 거짓 사도들이 등장하기 전에 그들이 자기를 얼마나
사랑했는지를 예증한다. 그래서 그들이 시작했을 때와 똑같이 행하기를
바란다. 그들이 이전처럼 사랑과 존경으로 자기를 대해 주기를 바란다.
갈라디아 사람들이 바울보다 거짓 사도들을 더 좋아한 것으로 보아, 거
짓 사도들은 지금 분명히 갈라디아 사람들 속에서 바울보다 더 큰 권세
를 갖고 있었다.

4:15 너희의 복이 지금 어디 있느냐? 이것은 다음과 같이 말하는 것이다.
"너희는 복을 받았을 뿐만 아니라 모든 면에서 큰 칭찬을 받을 만했다."
바울은 이런 식으로 자신의 날카로운 책망이 담긴 약의 쓴맛을 완화시
킨다. 바울은 거짓 사도들이 어떻게 자기를 비방하고, 자신의 말을 악의
적으로 해석하는지 알고 있었다. 이런 모습이 뱀들의 특성이기 때문이
다. 그들은 진실한 마음에서 우러나온 말을 악랄하게 왜곡시키고 그 말
의 참된 의미를 반대로 비틀어 놓는다. 이렇게 할 때 그들은 정말 교활
하다. 그들은 악령에 미혹되어 신실한 자에 대해 지나치게 격분하고, 신
실한 자의 말과 글을 악의적으로 왜곡하기 때문이다. 거짓 사도들은 이
렇게 말하곤 했다. "바울은 너희를 너무 가혹하게 대했다! 너희를 어리
석고, 쉽게 속고, 진리에 불순종하는 자로 부른다! 이것은 바울이 너희
의 구원을 구하는 자가 아니라 너희를 그리스도에게 저주받고 거부당한
자로 간주하고 있다는 확실한 표지다." 바울은 갈라디아 사람들에게 거
짓 사도들이 자신의 말을 비방하고 왜곡할 근거가 전혀 없음을 확신시
키고자 한다.

내가 너희에게 증언하노니, 너희가 할 수만 있었더라면 너희의 눈이라도 빼어 나
에게 주었으리라 요컨대 바울은 이렇게 말한다. "너희는 내가 마치 하나

님의 천사이기나 한 것처럼 영접했을 정도로 나를 아주 정중하게 대했다. 그뿐만 아니라 필요하다면 너희의 눈도 빼어 내게 주었을 것이다. 아니 사실은 너희 목숨도 내놓았을 것이다." 확실히 갈라디아 사람들은 바울을 위해 자기들의 목숨까지 내놓았다. 모든 유대인과 이방인의 잔혹한 미움과 격분을 사게 될 것을 알면서도 바울을 영접하고 지켜 주었기 때문이다.

4:16 그런즉 내가 너희에게 참된 말을 하므로 원수가 되었느냐? 여기서 바울은 자신이 갈라디아 사람들에게 아주 공손히 말하고 있는 이유를 제시한다. 바울은 갈라디아 사람들이 자기들을 아주 신랄하게 질책했다는 이유로 자기를 원수로 대하는 것은 아닌지 의심한다. 요컨대 바울은 이렇게 말한다. "나는 너희가 이 질책과 교훈을 따로 분리시키기를 바란다. 그러면 너희는 내 의도가 너희에게 진리를 가르치기 위함이지, 너희를 비난하기 위함이 아님을 알 것이다. 내가 너희에게 보내는 편지가 엄격하다는 사실을 인정한다. 하지만 내가 너희를 엄격하게 대하는 것은, 너희가 저버린 복음의 진리를 상기시키고 그것을 다시 붙잡게 하기 위함이다. 나의 신랄함과 쓴 약을 너희의 인격이 아니라 너희의 병에 적용시켜라. 제발 나를 너희의 원수로 생각하지 마라. 대신 내가 너희의 아버지라는 사실을 깨달으면 좋겠다. 내가 너희를 자녀처럼 지극히 사랑하지 않았다면, 이렇게 신랄하게 너희를 책망하지 않았을 것이다. 또한 너희가 나를 사랑하는 것을 내가 몰랐다면, 이렇게 하지 않았을 것이다."

만약 우리가 잘못된 길을 간다면 격의 없이 충고해 주는 것이 친구의 역할이다. 이처럼 충고를 받을 때, 우리가 지혜로운 자라면 진실을 말해 주는 것에 대해 화를 내서는 안 된다. 오히려 감사해야 한다. 우리는 종종 진리가 세상에서 미움을 사고 진리를 말하는 자가 원수로 취급되는 것을 본다. 그러나 친구들 간에는 그렇지 않다. 그리스도인들 간에는 두말할 것이 없다.

4:17 그들이 너희에게 대하여 열심 내는 것은 좋은 뜻이 아니요   여기서 바울은 거짓 사도들이 아첨한다고 비판한다. 사탄은 자기 종들을 통해 아주 교활하게 단순한 사람들을 속인다(롬 16:18). 무엇보다 먼저 거짓 사도들은 자기들이 오직 하나님의 영광만 높인다고 주장한다. 그들은 자신들이 성령의 인도를 받아 오류 없는 진리를 가르치는 사람들이라고 주장한다. (반면 사람들은 무시되고 있거나, 다른 교사들은 진리를 적절하게 가르치지 못한다.) 그들은 택함받은 사람들이 오류에서 벗어나 진리의 참된 빛과 지식을 가지는 것을 원한다고 말한다. 나아가 자기들의 가르침을 받아들이는 사람들에게 모종의 구원을 약속한다. 만약 방심하지 않는 신실한 목사들이 이런 탐욕적인 이리들을 물리치지 못한다면, 이 거짓 선생들은 이런 식으로 경건을 위장하고 교회에 큰 해를 끼칠 것이다. 갈라디아 사람들은 이렇게 말할지 모른다. "당신은 우리 선생들을 왜 그토록 신랄하게 비판하느냐? 그들은 우리를 위해 정말 열심이다. 순수한 열심과 사랑으로 자기들의 사역을 감당한다. 이것은 당신이 곤혹스러워 할 일이 아니다."

이에 바울은 본질상 이렇게 답변한다. "확실히 거짓 사도들은 너희를 자기편으로 만들 만큼 열심이다. 하지만 그들의 열심은 선하지 않다."

열심은 강렬한 사랑 또는 경건한 질투를 의미한다. 그러므로 남편은 아내에게, 아버지는 자녀에게, 형제는 형제에게 열심이다. 남편이나 아버지나 형제는 아내나 자녀나 형제를 온전히 사랑하기 때문에 그들의 악덕을 미워하고 바로잡는 데 심혈을 기울인다. 거짓 사도들은 자기들이 갈라디아 사람들에게 모종의 열심을 갖고 있다고 주장했다. 바울도 그들이 굉장히 열심이었던 점을 인정한다. 그러나 거짓 사도들의 열심은 선하지 않다고 바울은 말한다. 순진한 사람들은 속이는 자들이 자기들을 굉장히 사랑한다고 믿도록 만들 때 그들의 열심에 속기 마련이다. 바울은 여기서 선한 열심과 악한 열심을 구분할 것을 우리에게 경고한다. 선한 열심은 칭찬받아야 하지만, 악한 열심은 아니다. 바울은 이렇게 말한다. "따라서 너희는 우리의 열심 가운데 어떤 것이, 곧 나의 것과 거짓 사도들의 것 가운데 어떤 것이 선하고 경건한 열심인지, 어떤 것이 악하고 세속적인 열심인지 판단해 보라. 거짓 사도들의 열심에 쉽게 속지 않도록 조심하라."

오직 너희를 이간시켜 너희로 그들에게 대하여 열심을 내게 하려 함이라 요컨대 바울은 이렇게 말하고 있다. "거짓 사도들이 너희에게 매우 열심인 것은 사실이다. 하지만 그들은 너희가 나를 거부하고 자기들에게 열심을 내도록 획책하고 있다. 만약 거짓 사도들의 열심이 신실하고 경건하다면, 확실히 내가 너희들의 사랑을 받는 것만큼 그들도 너희에게 사랑받는 것이 마땅하다. 그러나 거짓 사도들은 우리의 교훈을 싫어한다. 그들은 우리의 교훈이 완전히 폐지되고 자기들의 교훈만 너희 속에 파급되기를 바란다. 거짓 사도들은 그렇게 하려고 너희와 나를 갈라놓고 내가 너희에게 불쾌한 존재가 되도록 획책한다. 그럼으로써, 너희가 나와 나의 교훈을 미워하고, 오직 그들만 사랑하고 그들의 교훈만 받아들이도록 만들고자 한다." 따라서 바울은 갈라디아 사람들이 거짓 사도들을 의심하도록 만들어 거짓 사도들이 갈라디아 사람들을 속이려 한다는 사실을 증명한다(마 7:15).

바울은 자신이 신성하고 거룩한 교훈을 전한 뒤로 매우 많은 분파와 당파, 정치적 변화 등이 일어나 끝없이 악한 일들이 벌어지는 것이 무척 괴로웠다. 바울은 유대인들에게 유대 민족에게 커다란 소란을 일으키는 치명적인 주범이자 나사렛 이단의 우두머리라는 이유로 고소를 당했다(행 24:5). 요컨대 유대인들은 바울의 설교가 하나님의 율법에 따라 세워진 유대 정부를 전복시킨다고 말했다. 심지어는 십계명을 비롯해 하나님에 대한 의식과 섬김, 유대교의 제사장 제도까지 폐지시킬 저의를 갖고 있다고 말했다. 또한 바울은 빌립보에서 이방인들에게 성을 심히 요란하게 만들고 자기들이 받아들일 수 없는 불온한 풍속을 전한다는 이유로 불평을 들었다(행 16장).

바울과 다른 사도들의 가르침은 기근과 전쟁, 분쟁, 분당을 일으키는 원인으로 비난을 받았다. 사도들은 공공의 평화와 종교의 원수로 박해를 받았다. 그러나 이에 굴하지 않고 끝까지 그리스도를 전파하고 고백했다. 사도들은 자기들이 "사람보다 하나님께 순종하는 것이 마땅하"다고 생각했다(행 5:29). 그리스도께서 전파되지 않는 것 또는 한 영혼이 무시되고 멸망당하는 것보다는 온 세상이 소란에 빠지는 것이 더 낫다고 생각했다.

당연히 사도들은 철인이 아니었으므로 이런 모욕을 견디는 것이 사실은 무거운 십자가였다. 사도들에게는 사람들이 멸망당하는 것이 큰 근심거리였다. 바울은 자기를 박해하는 자들이 멸망당하지 않는다면 자신이 그리스도에게서 끊어져도 괜찮다고 생각했다(롬 9:1-3). 사도들은 자기들의 교훈으로 큰 불안과 정치적 격변이 일어날 수 있다는 점을 알고 있었다. 또 자기들이 죽는 것이 차라리 더 좋겠다고 생각할 정도로 매우 가슴 아픈 일이 있다는 사실도 알고 있었다. 특히 바울은 더 그랬다. 사도들은 심지어 신자들 속에서도 많은 파당이 일어나는 모습을 보았다. 바울은 고린도 교회 교인들이 죽은 자의 부활을 부인하고 있다는 소식을 들었을 때 가슴이 아팠다. 그리고 자신의 사역으로 세워진 교회들이 혼란에 빠져 복음이 거짓 사도들에 의해 무너지고, 또 아시아 전체에서 일부 유명한 인물들이 자신의 가르침을 거역하고 있다는 소식을 들었을 때 마음이 무너져 내리는 듯 했다.

그러나 바울은 자신의 교훈이 이 파당의 원인이 아님을 알고 있었다. 그래서 낙심하지 않았다. 바울은 자신의 소명을 포기하지 않았다. 자신이 전파한 복음이—이방인과 유대인에게 아무리 미련하고 거리끼는 것처럼 보인다고 해도—모든 믿는 자에게 구원을 주시는 하나님의 능력임을 알고 계속 전진했다(롬 1:16). 바울은 사람들이 이 십자가에 관한 말씀을 불쾌하게 여기지 않으면 복을 받으리라는 것을 알고 있었다. 반면에 이 교훈을 미련하고 이단적인 것으로 간주하면 정죄를 받게 될 것이라고 알고 있었다. 그러므로 바울은 그리스도께서 자신의 가르침을 거역한 유대인과 이방인들에 관해 "그냥 두라. 그들은 맹인이 되어 맹인을 인도하는 자로다"라고 말씀하신 것처럼 말한다(마 15:14). 모든 시대에 걸쳐 파당의 우두머리는 참된 교훈을 무너뜨리고 공공의 평화를 어지럽히는 데 집착했다. 사악한 열심에 사로잡힌 자는 자기들이 다른 사람들을 압도하는 유일한 거룩함과 겸손, 인내, 교훈을 가지고 있다고 상상한다. 그러므로 그들은 자기들이 모든 사람을 구원으로 이끌 수 있다고 착각한다. 또 자기들이 별 볼일 없다고 무시하는 다른 모든 선생보다 더 심오하고 유익한 것을 가르치고 더 나은 의식을 확립할 수 있다고 생각한다. 그렇게 그들은 다른 선생들의 권위를 깎아내리고 순전한 가르침을 부패시킨다. 거짓 사도들은 바울과 다른 사도들이 복음을 전한 모든 곳에서 파당을 일으켰다. 파당들이 생긴 후로 온갖 다툼이 벌어졌다. 그리스도가 말씀하신 것처럼 마귀는 "거짓말쟁이"이자 "살인한 자"이다(요 8:44). 따라서 거짓 교훈으로 사람들의 양심을 어지럽힐 뿐만 아니라 불안과 소동, 전쟁, 온갖 악행을 선동한다.

4:18 좋은 일에 대하여 열심으로 사모함을 받음은 내가 너희를 대하였을 때뿐 아니라 언제든지 좋으니라 여기서 바울은 요컨대 이렇게 말하고 있다. "내가 약한 몸으로 너희에게 복음을 전했을 때 너희가 아낌없이 나를 사랑한 것을 칭찬하고 싶다. 너희는 지금 내가 없을 때 나에 대해 갖는 감정이 너희와 함께 있을 때 가졌던 것과 같아야 한다. 비록 내 몸은 너희 곁에 없어도 너희는 지키고 고수해야 할 나의 교훈을 갖고 있기 때문이

다. 또 너희가 나의 교훈을 통해 성령을 받았기 때문이다. 너희가 나의
교훈을 갖고 있는 한, 내가 항상 너희와 함께 있음을 명심하라. 그러므
로 나는 너희의 열심을 비판하지 않고 칭찬하겠다. 너희의 열심은 육체
의 열심이 아니라 하나님의 열심 또는 성령의 열심이다." 성령의 열심
은 항상 선하다. 그 이유는 선한 것을 향한 간절한 마음에서 나오는 것
으로, 육체의 열심이 아니기 때문이다. 그러므로 바울은 갈라디아 사람
들의 마음을 편안하게 해서 그들이 자신의 질책을 받아들일 수 있도록
하려고 그들의 열심을 칭찬한다. 이것은 다음과 같이 말하는 것과 같다.
"너그러운 마음을 갖고 나의 질책을 받아들여라. 나는 불쾌한 마음이 아
니라 슬프고 너희의 구원을 바라는 간절한 마음으로 질책하는 것이기
때문이다." 모든 말씀 사역자는 이 본보기를 통해 자기 양들을 보살피는
법을 배워야 한다. 그렇게 하면 책망과 칭찬, 간청을 통해 양들이 건전한
교훈을 지키고 교묘한 유혹자와 거짓 선생들을 피할 수 있을 것이다.

4:19 나의 자녀들아, 바울이 하는 모든 말은 갈라디아 사람들의 마음을
움직여 그들의 호의를 되살리는 데 중요하고 적합하다.

다시 너희를 위하여 해산하는 수고를 하노니 이것은 비유다. 사도들은 학교
선생이 그런 것처럼 부모와 같은 위치에 있다. 부모는 육체의 형상을 낳
지만 선생은 정신의 형상을 낳는다. 그런데 그리스도인의 형상은 믿음
이다. 곧 그리스도를 붙잡고 오직 그리스도께 붙어 있는 것이다. 마음으
로 이 확신—그리스도로 말미암아 우리가 의인이라는 것—을 가지고 있을 때
그리스도의 참 형상을 갖고 있는 것과 같다. 그리스도의 형상은 말씀 사
역을 통해 주어진다. "내가 복음으로써 너희를 낳았음이라"(고전 4:15).
말하자면 성령으로 말미암아 아버지가 되었다(고후 3:3). 따라서 모든 경
건한 선생은 말씀 사역을 통해 그리스도의 마음의 참 형상을 낳고 형성

시키는 아버지다.

바울은 여기서 거짓 사도들도 염두에 두고 있다. 요컨대 바울은 이렇게 말하고 있다. "나는 복음을 통해 너희를 낳았다. 하지만 이 부패한 선생들은 너희 마음속에 새로운 형상을 형성시켰는데, 그것은 그리스도의 형상이 아니라 모세의 형상이었다. 따라서 너희의 믿음은 그리스도가 아니라 율법의 행위에 기초가 놓여져 있다. 이것은 그리스도의 참 형상이 아니고 완전히 마귀를 닮은 형상이다." 바울은 "너희 속에 나의 형상을 이루기까지 다시 너희를 위하여 해산하는 수고를 하노니"라고 말하지 않고 너희 속에 그리스도의 형상을 이루기까지 그렇게 하겠다고 말한다. 즉 너희가 바울의 형상이 아니라 "그리스도의 형상을 다시 받을 수 있도록 내가 수고한다"고 말한다. 이렇게 말할 때 바울은 거짓 사도들을 비판하고 있다. 거짓 사도들은 신자들의 마음속에 있는 그리스도의 형상을 파괴하고 다른 형상 곧 자기들의 형상을 집어넣었기 때문이다(갈 6:13).

바울은 골로새서 3:10에서도 그리스도의 형상에 관해 말한다. 거짓 사도들이 손상시키고 더럽힌 그리스도의 형상은, 그 형상을 가진 자가 하나님이 하시는 것처럼 생각하고 말하고 뜻을 두어야 한다는 것을 의미한다. 하나님의 생각과 뜻은, 하나님이 우리의 죄를 속하도록 세상에 보내신 독생자 예수 그리스도로 말미암아 우리가 죄 사함과 영생을 얻는 것이다. 그렇게 함으로써 우리가 그리스도를 통해 하나님이 우리의 사랑하는 아버지가 되심을 아는 것이다. 이것을 믿는 자는 하나님과 닮았다. 즉 그들은 그들의 마음속에 하나님 또는 그리스도 안에 있는 것과 똑같은 형상을 갖고 있다. 이것은 우리 마음의 영이 새롭게 되고, 하나님을 따라 "의와 진리의 거룩함"으로 지음받은 새 본성을 입은 것을 의미한다(엡 4:24).

4:20 내가 이제라도 너희와 함께 있어 내 언성을 높이려 함은 이 말은 진정으로 염려하는 바울의 마음을 보여준다. 편지는 종종 죽은 사신으로 비유된다. 편지 안에 담겨 있는 것만 제공할 수 있기 때문이다. 게다가 어떤 편지도 부족한 것이 전혀 없을 정도로 정확히 기록되지 않는다. 시간과 장소, 인물, 태도, 감정이 너무 다양해서 어떤 편지도 그것들을 다 표현할 수 없다. 따라서 편지는 수신자에게 다양한 반응을 일으킨다. 수신자 자신이 그 일을 당한 것처럼 슬프게 만들거나 행복하게 만든다. 그러나 직접 목소리로 말할 때에는, 어떤 것이 신랄하거나 부적절하게 표현되면, 그것을 말로 설명하고 완화시키거나 바로잡을 수 있다. 그러므로 바울은 그들과 함께 있어 자신이 필요하다고 느끼는 대로 직접 말을 조절하거나 바꿀 수 있기를 바란다. 그들 가운데 누가 괴로워하는 모습을 보았다면, 자신의 말을 조절하여 그들이 그 말로 더 낙심하지 않도록 했을 것이다. 반대로 어떤 사람들이 교만한 태도를 갖고 있는 모습을 보았다면, 그들이 너무 자만하고 부주의하여 하나님을 멸시하지 않도록 날카롭게 질책할 수 있었을 것이다.

그러므로 바울은 자기가 없을 때 편지로 그들을 어떻게 다루어야 할지 확신할 수 없었다. 이것은 다음과 같이 말하는 것과 같다. "만약 내 편지가 너무 신랄하다면, 내가 너희를 바로잡는 것이 아니라 너희를 오히려 불쾌하게 만들까 봐 두렵다. 또 내 편지가 너무 온화하다면, 완고하고 완악한 자에게는 아무 도움이 되지 못할 것이다. 나는 편지로 기꺼이 너희를 바꾸어 놓기를 바란다. 다시 말해, 너희를 율법에서 예수 그리스도를 믿는 믿음으로 돌려놓기를 바란다. 그러나 편지로는 그렇게 하지 못할까 봐 두렵다."

너희에 대하여 의혹이 있음이라! 다시 말해, "내가 편지로 너희를 어떻게 다룰지 모르기 때문에 내 마음이 괴롭다"는 뜻이다. 여기에 바울의 진실한 감정이 분명히 나타나 있다. 바울은 하나도 빠뜨리지 않는다. 갈라디아 사람들을 꾸짖고, 그들에게 간청하고, 그들에게 온화하게 말하고, 그들의 믿음을 크게 칭찬하며, 모든 면에서 그들에게 복음의 진리를 상기시키고, 그들을 거짓 사도들의 덫에서 건져 내려고 애를 쓴다. 불꽃같은 열정이 충만한 마음으로 강력히 말한다.

4:21 내게 말하라 율법 아래에 있고자 하는 자들아 율법을 듣지 못하였느냐?
바울은 여기서 편지를 끝내고자 했을 것이다. 더 이상 편지를 쓰지 않고 갈라디아 사람들에게 가서 직접 말하고 싶었기 때문이다. 그러나 의혹과 염려 때문에 바울은 마음속에 담아 두었던 비유를 제시한다. 사람들은 비유와 은유를 좋아한다. 그리스도도 종종 비유를 사용하셨다. 비유와 은유는 사람들, 특히 단순하고 무지한 사람들을 설득하는 데 좋은 도구다.

바울은 비유를 매우 지혜롭게 사용했다. 성경에서 비유가 아닌 명백한 직설적 문장을 부적절하거나 미련한 비유로 바꾸는 것을 올바르게 비판한 오리게네스와 제롬처럼, 바울은 비유를 율법과 순종 교리에 사용하지 않고 믿음과 은혜, 그리스도의 교리에 제대로 적용시켰다. 그러나 비유를 사용하는 것은 종종 아주 위험하다. 기독교 교리에 대해 완전한 지식을 갖고 있지 못하면 비유를 적절히 사용할 수 없기 때문이다.

바울은 유대인의 관습을 따라 모세가 기록한 최초의 책(창세기)을 율법으로 부르고 있다. 물론 창세기가 할례의 법 외에 다른 율법은 포함하고 있지 않고, 주로 믿음을 가르치고 족장들이 믿음으로 말미암아 하나님을 어떻게 기쁘게 했는지를 증명하는 책이기는 하다. 그래도 유대인은 여전히 창세기를 모세의 다른 책들과 함께 율법으로 부른다. 따라서 유대인인 바울도 그렇게 불렀다. 마찬가지로 그리스도도 율법에 관해 말씀하실 때 율법에 모세의 책들뿐만 아니라 시편까지 포함시킨다(시 35:19를 인용하는 요 15:25를 보라).

4:22-23 기록된 바 아브라함에게 두 아들이 있으니 하나는 여종에게서, 하나는 자유 있는 여자에게서 났다 하였으며 여종에게서는 육체를 따라 났고 자유 있는 여자에게서는 약속으로 말미암았느니라   요컨대 바울은 이렇게 말한다. "너희는 은혜와 믿음, 그리스도를 버리고 율법으로 돌아갔다. 너희는 율법 아래 있기를 원하고, 율법을 통해 지혜 있는 자가 되기를 바란다. 그러므로 너희에게 율법에 관해 한마디 하겠다. 율법을 조심스럽게 살펴보라. 너희는 아브라함이 두 아들을 두었다는 사실을 알 것이다. 두 아들은 하갈이 낳은 이스마엘과 사라가 낳은 이삭이다. 이스마엘과 이삭은 똑같이 아브라함의 실제 아들이었다. 그런데 차이가 무엇인가? 비유이기는 해도, 차이는 단순히 한 아들의 어머니는 자유 있는 여자이고 다른 아들의 어머니는 여종이었다는 데 있지 않다. 바로 여종에게서 태어난 이스마엘은 하나님 말씀의 약속이 없이 평범하게 육체를 따라 태어났으나, 이삭은 자유 있는 여자에게서 태어났을 뿐만 아니라 약속을 따라 태어났다는 데 있다."

하갈은 이스마엘을 잉태하고 낳았으나 그 일이 일어날 것이라고 예언한 하나님의 말씀이 전혀 없었다. 창세기 16장에서 말하는 것처럼 아이를 낳지 못하는 사라는 아브라함에게 하갈을 아내로 주었고, 아브라함은 사라의 허락을 받아 여종 하갈과 동침했다. 사라는 아브라함이 하나님의 약속을 따라 자기 몸으로 직접 아들을 낳고, 그래서 자신이 그 아들의 어머니가 될 것이라는 말을 들었다. 그러나 사라는 오랜 세월 크게 고민하면서 약속이 성취되기를 기다렸으나 이루어지지 않자 아들에 대한 희망을 접었다. 그러므로 이 거룩한 여인은 남편의 영예를 위해 자신의 권리를 다른 여자에게 즉 자기 여종에게 넘겼다. 사라는 아브라함이 집밖에서 여자를 데려와 아들을 낳도록 하지 않고 자기 여종을 아브라함에게 주어 아들을 낳게 했다. 그럼으로써 아브라함이 자기 여종을 통해 대를 이을 수 있도록 했다(창 16:2). 사라는 자신의 믿음을 시험하고 연단하는 과정을 거치면서 크게 겸손해졌다. 그래서 이렇게 생각했다. "하나님은 거짓말쟁이가 아니다. 내 남편에게 약속하신 바를 확실히 이루실 것이다. 그러나 하나님은 내가 그 후손의 어머니가 되는 것을 바라지 않을지도 모르겠다. 하갈이 이 영예를 차지한다면 나로서는 그리 슬픈 일만은 아니다."

그러므로 이스마엘은 말씀과 약속 없이 단순히 사라의 요청으로 태어났다. 아브라함은 그와 관련해서 하나님께로부터 명령을 받지 않았다. 따라서 분명히 이스마엘은 하나님의 말씀 없이 단순히 혈통적으로만 아브라함의 아들이다. 이스마엘은 원래 기대했던 아들이 아니었다. 바울은 이 점을 주목하고 창세기 본문을 주의 깊게 살펴보았다.

바울은 로마서 9장에서 여기서 비유를 통해 제시하는 것과 똑같은 논증을 펼친다. 바울은 아브라함의 모든 아들이 하나님의 자녀는 아니라고 결론짓는다. 아브라함은 두 부류의 아들을 두고 있다고 말한다. 한 부류는 혈통적 자손이지만, 다른 한 부류는 약속의 자손이다. 후자는 이삭의 경우로, 그에 대해서는 먼저 하나님의 말씀과 약속이 주어졌다. 혈통적 자손은 이스마엘의 경우처럼 약속 없이 태어났다. 그러므로 혈통적 자손은 하나님의 자녀가 아니다. 오직 약속의 자손만이 하나님의 자녀다. 이 논증으로 바울은 자기들이 아브라함의 자손이라고 자랑한 교만한 유대인들을 효과적으로 반박한다. (그리스도도 마 23장과 요 8장에서 똑같이 말씀하신다.) 다시 말해, 바울은 다음과 같이 말하는 것이다. "단순히 아브라함의 혈통적 자손이라고 해서 내가 하나님의 자녀라는 결론이 나오는 것은 아니다. 그러므로 혈통적 자손인 에서가 상속자라는 결론이 나오는 것도 아니다. 오히려 아브라함의 자녀가 되기를 바라는 자는, 혈통적 출생을 뛰어넘어 약속의 자녀가 되어야 하고 이를 믿어야 한다. 이런 자만이 참된 아브라함의 자손이고 하나님께 속해 있다."

그러나 이스마엘은 아브라함에게 주어진 하나님의 약속을 받지 못했다. 그러므로 혈통적으로만 아들이었지, 약속을 따라서는 아들이 아니었다. 어떤 어머니도 자신이 자녀를 가질 것인지를 미리 알지 못한다. 또는 자신이 임신한 것을 안다고 해도 아들일지 딸일지를 말할 수 없다. 그러나 천사는 아브라함에게 "네 아내 사라가 네게 아들을 낳으리니, 너는 그 이름을 이삭이라 하라"고 말했다(창 17:19). 여기서 아들과 어머니의 이름이 명확히 제시된다. 따라서 하나님은 사라가 겸손해져서 자신의 권리를 포기하고, 또 하갈에게 멸시를 당하는 것을 보고 약속된 아들의 어머니가 되는 영예를 베풀어 주는 것으로 보상하셨다.

4:24 이것은 비유니 비유는 신학에서 그리 설득력을 갖고 있는 기법이 아니다. 하지만 교리를 그림과 같이 아름답게 제시하는 데 유용하다. 바울이 강하고 힘 있는 논증으로 행위의 의를 반대하고 믿음의 의를 강조하지 않았더라면, 이 비유는 거의 설득력을 갖지 못했을 것이다. 그러나 바울은 자신의 경험을 비롯해 아브라함의 본보기와 성경의 증언으로부터 뽑아 온 확고한 논증으로 자신의 주장을 이미 강력히 제시했다. 그렇기 때문에, 이제는 비유를 통해 나머지 모든 사실을 아름답게 제시한다. 때때로 기초를 적절히 놓고 문제를 철저히 증명했을 때 비유를 덧붙이면 효과 만점이다. 그림이 이미 지어진 집을 장식하는 장식품이 되는 것처럼, 비유도 이미 증명되고 확증된 문제에 빛을 더하는 역할을 한다.

4:24-25 이 여자들은 두 언약이라. 하나는 시내산으로부터 종을 낳은 자니 곧 하갈이라. 이 하갈은 아라비아에 있는 시내산으로서 지금 있는 예루살렘과 같은 곳이니 여기서 하나님을 상징하는 아브라함은 두 아들을 두었다. 다시 말해, 이스마엘과 이삭으로 상징되는 두 부류의 사람을 두었다. 이 두 아들은 두 언약 곧 옛 언약과 새 언약을 상징하는 하갈과 사라를 통해 아브라함에게서 태어났다. 옛 언약─하갈─은 시내산에서 종을 낳았다.

(아랍어로 '하갈'은 유대인들이 시내산으로 부르는 산을 가리키는 이름이다. 이 산은 가시와 엉겅퀴 때문에 그 이름을 얻은 것으로 보인다.) 아랍어로 **시내산**이 여종을 의미하는 것도 아주 적절하다. 나는 바울이 그 이름 때문에 이 비유를 사용할 마음을 가진 것으로 생각한다. 여종인 하갈이 아브라함의 아들을 낳았으나 그 아들이 상속자가 아니라 종이었던 것처럼, 하갈로 비유되는 시내산도 하나님의 아들을 낳았으나 그 아들은 육신적인 사람들이었다. 다시 말해, 이스마엘이 아브라함의 실제 아들이었던 것처럼 이스라엘 사람들도 참 하나님을 자기들의 아버지로 두었다. 그래서 하나님은 그들에게 자신의 율법과 신탁, 종교, 참된 예배, 성전을 주셨다(시 147:19). 여기서 유일한 차이는, 이스마엘이 약속 없이 혈통적으로 여종에게서 태어났기 때문에 상속자가 될 수 없었다는 것이다. 따라서 신비적인 하갈—율법이 주어지고 옛 언약이 제정된 시내산—은 크신 아브라함 곧 하나님께 사람들을 주었으나 약속은 없었다. 다시 말해, 하나님께 상속자가 아니라 종노릇 하는 사람들을 주었다. 모든 복의 수여자로 율법의 저주와 죄, 사망으로부터 구원을 베풀어 주시는 그리스도에 관한 약속과 우리의 죄 사함, 의, 영생에 관한 약속은 율법으로 주어지지 않는다. 율법은 다만 "사람이 이를 행하면 그로 말미암아 살리라"고 말한다(레 18:5, 롬 10:5).

그러므로 율법의 약속은 조건적이다. 생명을 값없이 약속하지 않는다. 율법을 지키는 자로 한정한다. 그런데 율법을 지키는 자는 아무도 없으므로, 율법은 사람들의 양심을 의심으로 가득 채운다. 그러나 새 언약의 약속은 이런 조건이 붙어 있지 않다. 새 언약의 약속은 아무것도 요구하지 않는다. 죄 사함과 은혜, 의, 영생이 그리스도로 말미암아 값없이 주어진다. 우리의 가치를 증명하는 조건에 달려 있지 않다.

율법 곧 옛 언약은 단지 조건적 약속들을 담고 있다. 하나님은 이렇게 말씀하신다. "만약 너희가 율법에 순종한다면, 너희가 내 규례를 지

킨다면, 너희가 내 길을 따라 걷는다면, 내 백성이 될 것이다." 유대인들
은 이것을 생각하지 않는다. 이 조건적 약속들을 마치 자기들이 절대적
이고 무조건적인 약속들을 갖고 있었던 것처럼 취했다. 유대인들은 하
나님이 그 약속들을 폐기하지 않고 반드시 지키실 것으로 생각했다. 그
래서 선지자가 예루살렘과 성전, 나라, 제사장직의 폐지에 관해 예언하
는 말을 듣자(당시 선지자들은 율법의 육적 약속과 그리스도와 그분의 나라에 관
한 영적 약속을 구분할 수 없었기 때문에) 그들은 선지자들을 이단으로 몰아
박해하고 죽였다.

　　그러므로 여종 하갈은 단지 종을 낳을 뿐이다. 따라서 이스마엘은
아브라함의 혈통적 아들이기는 해도 상속자가 아니다. 이스마엘은 종으
로 남아 있다. 무엇이 빠졌는가? 약속과 말씀의 복이 빠졌다. 그래서 아
랍어로 '하갈'로 불리는 시내산에서 주어진 율법은 종을 낳는 것으로 그
친다. 율법에 그리스도에 관한 약속은 주어지지 않았다. "그러므로 갈라
디아 사람들아, 너희가 약속과 믿음을 포기하고 율법과 행위로 돌아간
다면 너희는 반드시 종으로 살 것이다. 결코 죄와 사망에서 해방되지 못
하고 항상 율법의 저주 아래 있을 것이다." 하갈은 약속의 자손과 상속
자를 낳지 못한다. 율법은 의롭게 하지 못한다. 율법은 양자와 유업을 가
져오지 못하고 도리어 유업을 방해하고 진노를 일으킨다.

지금 있는 예루살렘과 같은 곳이니 그가 그 자녀들과 더불어 종노릇 하고 　지
상적이고 한시적인 예루살렘은 하갈이 다스리므로 하갈과 관련되어 있
다. 예루살렘에서 율법은 속박을 일으키고 있다. 율법 안에는 예배와 의
식, 성전, 나라, 제사 제도가 있다. 시내산에서 어머니(율법)가 제정한 것
은 무엇이든 예루살렘에서 시행된다.

　　율법이 완전히 폐지되어야 하므로 하갈을 통해 세워진 나라 곧 지
상적 예루살렘은 그 안의 모든 부속물과 성전, 의식 등과 함께 크게 파

4장. 네가 이 후로는 종이 아니요 아들이니

괴되었다. 비록 새 언약이 그 안에서 시작되어 온 세상에 파급되기는 했어도, 지상적 예루살렘은 여전히 율법의 성읍인 하갈과 대응을 이루고 있다. 지상의 예루살렘은 성령의 자유를 누릴 수 없다.

4:26 오직 위에 있는 예루살렘은 자유자니 곧 우리 어머니라 영적 예루살렘은 우리 모두의 어머니다. 하갈과 달리 우리를 속박이 아니라 자유로 이끄는 참 여인이자 자유 있는 여자인 사라와 대응을 이룬다. 이 하늘의 예루살렘이 바로 교회다. 다시 말해, 이들은 세계 전역에 흩어져 있는 신실한 자다. 이들은 똑같은 복음, 그리스도를 믿는 똑같은 믿음과 똑같은 성령, 똑같은 성례를 갖고 있다.

위에 있는이라는 말은, 하늘에 있는 승리한 교회가 아니라 여기 땅에 있는 전투하는 교회를 가리키는 것으로 이해되어야 한다. 경건한 자는 천국 시민으로 불린다(빌 3:20). 하지만 그리스도인은 그리스도를 믿고 헤아릴 수 없이 신령하고 영원한 은사를 붙들 때 하늘에 있는 자가 된다(엡 1:3). 우리는 땅의 복과 하늘의 복 곧 신령한 복을 구별할 줄 알아야 한다. 땅의 복은 좋은 국가 정부를 갖는 것, 자녀와 평안과 부와 땅의 열매 그리고 다른 물리적 실재들을 갖는 것 등을 가리킨다. 그러나 하늘의 복은 율법과 죄, 사망으로부터 해방되는 것, 의롭다 함을 받고 생명을 얻는 것, 하나님과 화평을 누리는 것, 신실한 마음과 즐거운 양심과 신령한 위로를 갖는 것, 예수 그리스도를 아는 지식을 갖는 것, 예언의 은사와 성경의 계시를 갖는 것, 성령의 선물을 갖고 하나님 안에서 즐거워하는 것 등을 가리킨다. 이것들이 그리스도께서 교회에 주시는 하늘의 복이다.

그러므로 위에 있는 예루살렘 곧 하늘의 예루살렘은 다음 세상의 성(城)인 승리하는 교회가 아니라 지금 세상 속에 있는 교회를 가리킨다. 위에 있는 예루살렘은, 혈통적으로 탄생하는 것이 아니라 성령으로 말미암아 말씀과 성례의 사역으로 탄생한다.

따라서 사라 곧 예루살렘, 우리의 자유 있는……어머니는 그리스도의 신부인 교회 자체를 가리킨다. 우리는 모두 거기서 태어났다. 이 어머니는 끊임없이 세상이 끝날 때까지 복음이 전파되는 동안에는 자유 있는 자녀를 낳는다. 이것이야말로 진정한 출산이다. 이 어머니는 다음과 같이 복음을 가르친다. 곧 우리는 율법이나 율법 명령의 행함이 아니라 예수 그리스도로 말미암아 율법의 저주로부터, 죄와 사망으로부터 그리고 온갖 악으로부터 해방된다. 그러므로 위에 있는 예루살렘 곧 교회는 율법과 율법의 순종에 예속되어 있지 않고, 율법과 죄와 사망이 없는 자유자이자 어머니다. 그것이 위에 있는 예루살렘이 어머니로 존재하는 방식이고, 또 자녀를 낳는 방식이다.

이 비유는 교회는 진실하고 신실하게 오직 복음을 전파하고 가르쳐야 하며, 복음 전파를 통해 자녀를 낳아야 한다는 사실을 가르친다. 따라서 우리는 모두 서로 간에 아버지와 아들이 된다. 나는 복음을 통해 다른 사람들에게서 태어났고, 지금은 내가 다른 사람들을 낳고 있으며, 이후에 내가 낳은 이 사람들은 또 다른 사람들을 낳는다. 이것은 세상 끝날까지 계속될 것이다. 모든 것이 말씀 사역을 통해 이루어진다.

4:27 기록된 바 잉태하지 못한 자여 즐거워하라 산고를 모르는 자여, 소리 질러 외치라 이는 홀로 사는 자의 자녀가 남편 있는 자의 자녀보다 많음이라 하였으니 바울은 이 말을 완전히 비유로 이루어져 있는 이사야 54장에서 인용한다. 바울은 기록을 보면 많은 자녀의 어머니 곧 "남편 있는 자"는 병들어 죽고, 반대로 "잉태하지 못한 자"는 자녀를 풍성하게 낳도록 되어 있다고 말한다. 한나도 자신의 노래에서 똑같은 사실을 찬송한다. 이사야는 한나의 노래로부터 자신의 예언을 취했다(삼상 2:4-6). 이사야는 놀랍게도 자녀를 많이 낳던 여인은 임신하지 못하는 여자가 되고, 임신하지 못

한 여자는 자녀를 많이 낳게 될 것이라고 말한다. 나아가 이전에 강하고 충만하고 부유하며 찬란하고 의롭고 복을 받았던 자가, 연약하고 굶주리고 가난하며 굴욕적인 죄인이 되어 사망과 파멸에 처해질 것이다. 이와 반대로 연약하고 주리던 자는 강하고 풍족하게 될 것이다.

바울은 선지자 이사야의 비유를 취하여 하갈과 사라 사이, 곧 회당과 교회 사이 또는 율법과 복음 사이의 차이를 증명한다. 풍족하던 여자의 남편 곧 회당의 남편이 되는 율법은 많은 자녀를 낳는다. 미련한 자나 가장 지혜롭고 훌륭한 자를 막론하고 모든 시대의 사람들(즉 자유 있는 여자의 자녀를 제외한 모든 인간)이 율법의 의 외에 다른 의는 전혀 보지도 못하고 알지도 못한다. 더 좋은 것은 더더욱 모른다. 그러므로 그들은 자기들이 율법을 따르고 외적으로 율법을 지키면 의롭다고 생각한다.

이 사람들은 비록 풍족하고 많은 제자를 두고 있고 율법의 의롭고 영광스러운 행위로 빛나고 있다고 해도, 여전히 자유자가 아니라 종이다. 그들은 종으로 태어난 하갈의 자녀이기 때문이다. 이렇게 종이라면 종은 그 집에 영원히 남아 있지 못할 것이므로, 그들은 유업을 차지할 수 없고 집밖으로 내쫓길 것이다(요 8:35). 확실히 그들은 이미 은혜와 자유의 나라에서 쫓겨났다. "믿지 아니하는 자는 벌써 심판을 받은 것"이기 때문이다(요 3:18). 그러므로 그들은 율법의 정죄 선고 아래, 죄와 사망 아래, 마귀의 권능 아래 그리고 하나님의 진노와 심판 아래 놓여 있다.

따라서 도덕법 자체나 하나님의 계명이 단지 종을 낳을 수밖에 없다면, 즉 의롭게 할 힘이 없고 그저 두렵게 하고 고소하고 정죄하고 사람들의 양심을 절망으로 이끌 수밖에 없다면, 인간이 만든 법들이 도대체 어떻게 의롭게 할 수 있는 힘이 있겠는가? 하나님 앞에서 의를 얻으려면 반드시 인간적 전통이나 하나님의 율법을 지켜야 한다고 가르치는 자는 단지 종을 낳을 뿐이다. 그러나 이런 선생들이 세상에서 가장 훌륭한 사람으로 간주된다. 그들은 세상의 호의를 얻고 자녀를 쑥쑥 잘 낳는 어머니들이다. 그들은 셀 수 없을 정도로 많은 제자를 두고 있기 때문이다. 인간의 이성은 믿음과 참 경건이 무엇인지를 깨닫지 못한다. 그러므로 믿음과 참 경건을 무시하고 멸시하며 자연스럽게 미신과 위선으로 빠진다. 다시 말해, 행위의 의에 집착한다. 행위의 의는 세상 모든 곳에서 빛나고 번성하기 때문에 온 세상을 장악하고 있는 절대적인 왕후다. 율법으로 행위의 의를 가르치는 자는, 외적으로 자유 있는 것처럼 보이는 많은 자녀를 두고 있고 훌륭한 미덕을 화려하게 보여준다. 그러나 그들의 양심은 죄의 종이자 노예이다. 그러므로 그들은 집밖으로 내쫓기고 정죄받아야 한다.

반면에 자유 있는 여자인 사라, 곧 참 교회는 잉태하지 못하는 것처럼 보인다. 십자가와 고통의 말씀으로 교회가 전파하는 복음은 율법과 행위의 교리처럼 밝게 빛나지 않는다. 그렇기 때문에 많은 제자를 두고 있지 않다. 또 성공이나 번성과는 거리가 먼 것처럼 보인다. 모든 것이 불모와 황폐, 절망으로 가득 차 있는 것처럼 보인다. 그러므로 악인은 교회와 교회의 교훈은 오래 지속될 수 없다고 확신한다. 유대인은 사도들이 세운 교회는 곧 무너질 것이라고 확신했다. 그래서 교회를 악명 높은 명칭인 한 "파(派)"로 불렀다(행 28:22). 그러나 하나님의 말씀은 영원히 지속될 것이다. 교회가 아무리 메마르고 버림받고 약하고 멸시받는 것처럼 보여도 하나님 앞에서는 결실을 맺는다. 또 외적으로 박해를 당하고 교회의 교훈은 이단적이고 선동적이라는 말을 듣는다고 할지라도, 하나님 앞에서는 결실을 맺는다. 교회는 말씀 사역을 통해 무수한 자녀 곧 의와 영생의 상속자를 낳는다. 비록 외적으로는 박해를 겪으나 영으로는 아주 자유롭다. 교회는 세상의 모든 교훈과 행동을 판단할 뿐만 아니라 지옥문을 박살내는 최고의 정복자다.

그러므로 이사야 선지자는 교회가 산고 속에 있음을 인정한다. 그

렇지 않다면 교회에 즐거워하라고 권면하지 않았을 것이다. 이사야는
교회가 세상 앞에서는 잉태하지 못하는 것을 인정한다. 그렇지 않다면
교회가 "잉태하지 못하고" 버림받고 자녀를 갖지 못할 것이라고 말하지
않았을 것이다. 그러나 이사야는 하나님 앞에서 교회는 결실을 맺을 것
이라고 말한다. 그렇기 때문에 교회에 즐거워하라고 말한다. 요컨대 이
사야는 이렇게 말하고 있다. "너희는 확실히 버림받고 잉태하지 못하고
율법을 남편으로 두고 있지 않다. 그러므로 너희는 자녀가 없다. 그러나
즐거워하라! 너희는 율법을 남편으로 두고 있지 않으나 결혼 준비를 하
고 있는 처녀와 같다. 곧 남편에게 버림을 받지 않으면 또는 남편이 죽지
않는다면 남편을 가질 처녀와 같다(그는 너희를 과부로 부르지 않을 것이다).
너희는 너희의 남편 율법과 헤어져 버림받고, 율법과의 결혼에 매여 있
지 않다. 그러나 너희는 무수한 자녀의 어머니가 될 것이다." 새 언약의
교회는 양심에 관한 한 율법과 아무 상관이 없다. 그러므로 세상의 눈에
버림받은 것처럼 보인다. 그러나 아무리 잉태하지 못하는 것처럼 보일지
라도, 율법과 행위 없이 교회는 하나님 앞에서 여전히 풍족하다. 교회는
속박이 아니라 자유 속에서 무수한 자녀를 낳고 있다. 어떻게 그럴 수 있
는가? 율법이 아니라 복음을 통해 주어진 그리스도의 말씀과 영으로 가
능하다. 복음을 통해 교회는 자녀를 잉태하고 낳으며 양육한다.

그러므로 바울은 이 비유를 통해 율법과 복음 간의 차이를 분명히
증명한다. 첫째, 바울은 하갈을 옛 언약으로 부르고 사라를 새 언약으로
부를 때 이 차이를 증명한다. 그리고 하나는 여종으로 부르고 다른 하나
는 자유 있는 여자로 부를 때 이를 증명한다. 나아가 바울은 결혼하고
다산한 여자가 잉태하지 못하는 여자가 되고, 자녀와 함께 집에서 내쫓
기는 것으로 말한다. 그리고 잉태하지 못하고 버림받은 여자가 다산하
고, 무수한 자녀 곧 상속자를 낳는 것으로 말한다. 이 대조를 통해 우리
는 두 부류의 사람 곧 믿음의 사람과 율법의 사람을 확인한다.

바울이 신령한 사람이 여종 하갈의 자녀가 아니고 율법에 대하여 아무것도 모르는 자유 있는 여자인 사라의 자녀라고 말할 때, 새 언약의 신령한 사람과 옛 언약의 율법의 사람을 분리시킨다. 따라서 믿음의 사람을 율법을 크게 능가하고 율법에서 멀리 벗어나 있는 곳에 둔다. 그는 율법이나 율법에 대한 순종이 아니라 오직 영적 출생으로 즉 오직 믿음으로 의롭다 함을 얻는다. 은혜의 사람이 율법을 갖고 있지 않는(그리고 가질 수 없는) 것처럼 율법의 사람도 은혜를 갖고 있지 않다(그리고 가질 수 없다). 율법과 은혜는 공존할 수 없기 때문이다. 그러므로 우리는 믿음으로 의롭다 함을 얻고 율법의 의를 상실해야 한다. 그렇지 않으면 율법으로 의롭다 함을 얻고 믿음의 의를 상실하게 된다. 그러나 은혜를 상실하고 율법으로 돌아가는 것은 비천하고 통탄할 일이다. 반대로 율법을 상실하고 은혜를 붙잡는 것은 행복하고 유복하다.

그러므로 우리는 바울의 본보기를 따라 어떻게든 율법과 복음의 차이를 명확히 제시할 줄 알아야 한다. 이렇게 제시하는 것은 물론 말로는 아주 쉽다. 그러나 죽음의 고통 속에 있을 때, 곧 양심이 하나님의 심판을 붙들고 씨름하고 있을 때에는 확고하고 견고한 소망을 품고 다음과 같이 말하기가 정말 어렵다. "나는 하갈의 아들이 아니라 사라의 아들이다. 율법은 내게 아무것도 아니다. 내 어머니 사라가 나를 종이 아니라 자유 있는 아들과 상속자로 낳았으니까."

이처럼 바울은 이사야의 증언을 따라 사라—즉 교회—가 참 어머니로 자유 있는 자녀와 상속자를 낳는다는 것을 증명했다. 반면에 하갈 즉 회당은 많은 자녀를 낳으나 그들은 모두 종이고 쫓겨나야 한다. 나아가 이 본문(27절)은 율법의 폐지와 기독교적 자유에 관해서도 말하고 있으므로 더 깊이 연구할 필요가 있다. 기독교의 핵심 교훈이 우리가 그리스도로 말미암아 의롭다 함을 얻고 구원을 받는다는 것을 아는 데 있는 것처럼, 율법의 폐지에 관한 교훈을 알고 깊이 깨닫는 것도 정말 필요하

다. 이것이 믿음에 관한 우리의 교훈을 확증해 주기 때문이다. 또 우리가
율법이 폐지되었다는 사실을 확신할 때 건전하고 확실한 양심의 위로를
받는 데 크게 유익하기 때문이다.

　　믿음을 통해 그리스도의 유익을 붙잡는 그리스도인은 율법을 가지
고 있지 않고, 율법은 그것이 제공하는 온갖 두려움 및 고통과 함께 폐지
되었다는 말은 아무리 반복해도 지나칠 수 없다. 인용된 이사야서 본문
도 똑같은 사실을 가르친다. 그러므로 이 본문은, 잉태하지 못하고 홀로
사는 자가 율법 아래에서 가련한 신세로 생각되었으나 오히려 즐거워할
자극을 받는다는 점에서 아주 주목할 만하다. 이 본문은 위로로 가득 차
있다. 잉태하지 못한 자는 율법의 저주를 받았으나 성령께서 이 선고를
뒤엎고, 오히려 칭찬과 복을 받기에 합당하다고 선언하신다. 반면에 풍
족하고 자녀를 많이 낳는 자는 저주를 받는다(사 54:1). 사라ー교회ー는
율법의 의와 행위를 갖고 있지 못해 버림받고 잉태하지 못하는 것처럼
보인다. 그러나 이사야 선지자의 증언대로 하나님 앞에서 매우 결실 있
는 어머니가 되어 무수히 많은 자녀를 가질 것이다. 반면에 하갈은 지금
매우 많은 결실을 맺고 있는 것처럼 보인다. 하지만 집안에 남겨 둔 자식
이 없다. 바울이 이후에 말하는 것처럼, 여종의 자녀는 그들의 어머니와
함께 집에서 쫓겨나 자유 있는 여자의 자녀가 받는 유업을 받지 못하기
때문이다.

　　그러므로 우리는 자유 있는 여자의 자녀이므로 우리의 전 남편인
율법은 폐지되었다(롬 7장). 율법이 우리를 지배하는 한 우리는 영으로
자유 있는 자녀를 낳거나 은혜를 아는 것이 불가능하다. 우리는 다른 사
람들과 함께 종으로 남아 있었다. 율법이 통치하는 한 사람들은 게으름
을 피우지 못하고 종일 더위를 견디며 부지런히 일한다(마 20:12). 그들
은 많은 자녀를 낳지만 아버지와 자녀들 모두 사생아다. 자유 있는 어
머니에게 속해 있지 않다. 따라서 이스마엘과 같이 집에서 쫓겨나고 유

업을 받지 못한다. 결국은 죽고 파멸을 당한다. 그러므로 사람들은 아무리 열심히 일하고 또 아무리 풍성한 결실을 맺는다고 해도 율법으로 상속자가 되지 못한다. 곧 의롭다 함과 구원을 받지 못한다. 하나님 앞에서 율법을 통해 그리고 율법이 요구하는 것을 행함으로써 의를 얻으려고 애쓰는 교리와 삶과 종교는 저주를 받는다.

율법의 권능이 폐지되었기 때문에 십계명의 율법은 예수 그리스도가 은혜로 통치하시는 양심을 고소하고 두렵게 할 힘을 전혀 갖고 있지 못하다. 양심은 율법을 두려워하지 않아도 된다. 계명들은 양심을 정죄하거나 절망으로 이끌 수 없다(롬 8:28, 요 8:36). 그렇다면 율법이 우리의 죄를 증언할 때 율법 때문에 아무리 크게 두려워한다고 할지라도 우리는 여전히 절망하지 않는다. 우리는 예수 그리스도를 믿고, 예수 그리스도 안에서 세례를 받으며, 예수 그리스도의 피로 깨끗하게 되어 모든 죄를 용서받았기 때문이다. 율법의 주가 되시고 우리를 위해 자기를 내어 주신 그리스도로 말미암아 우리의 죄가 사함받았을 때, 종인 율법은 우리의 죄에 대해 우리를 고소하거나 정죄할 권능이 전혀 없다. 하나님의 아들이 우리를 속박에서 구원하셨으므로 우리는 자유자가 되었다. 그러므로 율법은 그리스도를 믿는 자에게 완전히 폐지된다.

그러나 여러분은 "나는 아무것도 하지 않았다"고 말할 것이다. 물론 여러분이 율법의 학정으로부터 해방되기 위해 할 수 있는 일은 아무것도 없다. 다만 성령이 선지자의 "잉태하지 못한 자여, 즐거워하라"는 말로 여러분에게 제공하는 기쁜 소식을 듣고 믿기만 하면 된다. 이사야 선지자는 결국 이렇게 말하고 있다. "너희가 어찌 그토록 낙심하느냐? 왜 슬퍼하느냐? 그렇게 할 이유가 전혀 없다."

"그러나 나는 잉태하지 못하고 버림받았다[홀로 있다]."

"너희가 아무리 율법의 의가 없어 잉태하지 못하고 버림받았다고 해도, 그리스도가 여전히 너희의 의가 되신다. 그리스도는 너희를 율법의 저주에서 해방시키기 위해 너희를 위해 저주가 되셨다. 만약 너희가 그리스도를 믿는다면 율법은 너희에 대하여 죽었다. 그리고 그리스도께서 율법보다 더 크시므로 너희는 율법의 의보다 훨씬 더 훌륭한 의를 갖고 있다. 나아가 너희는 결실을 맺고 많은 자녀를 낳을 것이다. 그 이유는 너희의 자녀가 남편 있는 자의 자녀보다 더 많을 것이기 때문이다."

외적인 율법이 또 하나 폐지된다. 곧 모세의 시민법이 우리와 아무 상관이 없게 된다. 그러므로 우리는 모세의 시민법을 다시 불러들여서는 안 된다. 이 자유를 알지 못하는 사람들이 그렇게 하려고 애쓴 것처럼 모세의 시민법에 미신적으로 얽매일 필요도 없다. 그러나 복음은 우리를 모세의 재판법에 종속시키지 않아도, 정치법에 순종해야 하는 의무를 면제해 주지는 않는다. 우리가 몸을 가지고 사는 이 세상에서 우리는 시민법에 종속되어 있는 것이다. 복음은 우리 모두에게 국가 당국자와 시민법에 복종하라고 명령한다(벧전 2:13-14, 롬 13:1-6). 통치자가 모세의 재판법을 사용하는 것은 아무런 잘못이 없다.

또한 우리는 모세의 의식법에도 매어 있지 않다. 그러나 몸을 가지고 사는 현세의 삶에는 의식들이 없을 수 없기에, 복음은 특별한 날과 시간, 장소 등에 관해 교회 안에 조례들을 만드는 것을 허용한다. 어느 날, 어느 시간, 어느 장소에서 교인들이 하나님의 말씀을 듣기 위해 함께 모이는지 알 수 있도록 하기 위함이다. 또한 복음은 특히 자녀나 아직 배우지 못한 자의 교육을 위해 학교처럼 지정된 가르침과 공부를 허용한다. 복음이 이런 일들을 허용하는 것은 교회의 모든 일이 질서 있게 이루어지게 하기 위함이다(고전 14:26-40). 그러나 이런 규례를 지킨다고 해서 죄 사함의 공로를 얻는 것은 아니다. 나아가 연약한 자에게 상처를 주지 않기 위해 할 때와 같이 이 규례들을 바꾸거나 없앤다고 해서 죄가 되는 것은 아니다.

바울은 여기서 특히 도덕법의 폐지에 관해 말하고 있다. 우리는 이것을 주의 깊게 살펴보아야 한다. 바울은 믿음의 의를 확립하기 위해 율법의 의를 반대한다. 바울의 결론은, 만약 오직 은혜나 오직 그리스도를 믿는 믿음으로 의롭다 함을 얻는다면 모든 율법은 예외 없이 무조건 폐지된다는 것이다. 바울은 믿음을 증언하는 것으로 이 사실을 강조한다. 이런 이유로 바울은 잉태하지 못하고 홀로 사는 자에게 즐거워하라고 권면한다. 잉태하지 못하고 홀로 사는 자는 자녀가 없고 어떤 것을 차지할 희망도 없다. 다시 말해, 세상의 모든 지혜와 반대되는 십자가에 못 박히신 그리스도의 말씀을 전하기 때문에, 제자들도 없고 세상의 호의도 받지 못한다. 그러나 이사야 선지자는 이런 일로 너희는 괴로워할 것이 하나도 없다고 말한다. 오히려 목소리를 높여 즐거워하라고 말한다. 홀로 사는 여자가 남편 있는 여자보다 더 많은 자녀를 가질 것이기 때문이다. 다시 말해, 결혼하여 아주 많은 자녀를 가진 여자는 약해지고, 홀로 사는 여자는 많은 자녀를 갖게 될 것이다.

　바울이 교회를 잉태하지 못한 자로 부르는 이유가 있다. 교회는 율법이나 사람이 행하는 일로는 자녀를 낳지 못하고, 오직 하나님의 영으로 믿음의 말씀을 통해서만 자녀를 낳기 때문이다. 여기서는 출생만 있고 행함은 전혀 없다. 한편 (율법으로) 자녀를 많이 낳는 자는 산고를 크게 겪는다. 여기서는 출생은 없고 온갖 행함만 있다. 그러나 그들은 율법의 의나 자기 자신의 의로 자녀와 상속자의 권리를 얻으려고 애쓴다. 그렇기 때문에 비록 끊임없이 수고하며 녹초가 되더라도 유업을 받지 못하는 종에 불과하다. 하나님의 뜻, 곧 하나님이 그리스도로 말미암아 단순한 은혜로 모든 믿는 자에게 주시는 것으로가 아니라 그들 자신의 행위로 유업을 얻으려고 애쓰기 때문이다. 물론 신실한 자도 열심히 행한다. 하지만 그들이 열심히 행하는 것은 자녀와 상속자가 되기 위해서가 아니다. 이제 자녀와 상속자가 되었으니, 그들 자신의 선행으로 하나님을 영화롭게 하고 이웃을 돕기 위해서다.

4:28 형제들아, 너희는 이삭과 같이 약속의 자녀라 우리는 혈통적으로 이스마엘과 같은 자녀가 아니다. 또는 스스로 아브라함의 자손이자 하나님의 백성이라고 자랑한 혈통적 이스라엘 사람들과 같은 자녀가 아니다 (요 8:31-42). 다시 말해, 종으로 남아 있다가 결국은 집에서 쫓겨나는 자녀와 같지 않다. 우리는 이삭과 같은 약속의 자녀다. 오직 약속을 따라 태어난 은혜와 믿음의 자녀다. 율법이나 행위 또는 우리 자신의 의가 아니라 하나님의 단순한 자비와 은혜로 의롭다고 선언된다. 바울은 종종 약속은 오직 믿음으로 받는다는 말을 반복하는데, 그것은 믿음이 약속을 받는 필수 조건이라고 알고 있었기 때문이다.

여기서 바울이 창세기에서 이끌어 내고 이사야서 본문을 해석으로 덧붙이는 비유가 끝난다. 이제 바울은 이스마엘과 이삭 이야기를 본보기와 위로로 삼도록 우리에게 적용시킨다.

4:29 그러나 그 때에 육체를 따라 난 자가 성령을 따라 난 자를 박해한 것 같이 이제도 그러하도다 이 구절은 우리에게 특별히 위로가 되는 내용이 담겨 있다. 그리스도 안에서 태어나 살고 하나님의 유업을 즐거워하는 자는 누구나 이스마엘의 원수가 되고 박해를 겪는다. 오늘날 온 세상이 불안과 박해, 파벌, 범죄로 가득 차 있는 모습을 보면서 우리는 이것을 경험을 통해 깨닫는다. 그러므로 우리가 바울의 위로로 무장하지 못하고 칭의 교리를 적절히 이해하지 못한다면, 절대로 사탄의 폭력과 교활한 간계를 물리칠 수 없을 것이다. 그러나 신실한 자는 세상에서 선동주의자와 분리주의자이고 온갖 악의 원흉이라는 오명을 뒤집어 쓸 수도 있다는 사실을 알고 있어야 한다. 따라서 우리의 반대자는 자기들이 우리를 반대할 충분한 근거를 갖고 있고, 또 그렇게 우리를 미워하고 박해하고 죽이면서 자기들은 하나님을 잘 섬기고 있다고 생각한다(요 16:2). 이스마엘은 이삭을 핍박하는 것이 당연하지만, 이삭은 그 보응으로 이스마

엘을 핍박하지 않는다. 이스마엘의 핍박을 받고 싶지 않는 자는 누구나 그리스도인이라고 고백해서는 안 된다.

그러나 우리의 반대자가 그리스도와 사도들의 복음 선포로 일어난 좋은 일로 무엇을 말하는지 들어보라. 유대 국가가 멸망하지 않았는가? 로마제국이 무너지지 않았는가? 그러나 이런 일들이 일어난 원인은 복음에 있지 않았다. 그리스도와 사도들이 복음을 선포한 것은, 유대 국가와 로마제국의 멸망을 위해서가 아니였다. 사람들의 유익과 구원을 위해서였다. 이런 일들이 일어난 것은 마귀에게 붙잡혀 은혜와 생명, 영원한 구원의 말씀을 듣지 않았기 때문이다. 오히려 그 말씀을 종교와 정부에 해를 끼치는 매우 치명적인 교훈으로 간주하고 싫어하며 정죄한 사람들과 민족들, 통치자들의 죄악 때문이다. 성령은 다윗을 통해 "어찌하여 이방 나라들이 분노하며 민족들이 헛된 일을 꾸미는가?"라고 말씀하셨을 때 바로 이런 일들이 일어날 것을 예언하신 것이다(시 2:1).

우리는 오늘날에도 이런 불안한 상황들을 보고 듣는다. 우리의 반대자는 그 원인이 우리의 가르침에 있다고 보고 우리를 탓한다. 그러나 우리가 가르치는 은혜와 평강의 교리는 불안을 자극하지 않는다. 사람들과 민족들, 통치자들이 음모를 꾸미는 것은, 우리를 반대하기 때문이 아니다. 또는 그들 스스로 생각하는 것처럼 그들이 거짓되고 선동적이라고 말하는 우리의 교훈을 반대하기 때문이 아니다. 바로 여호와와 그의 기름부음 받은 자를 반대하기 때문이다. 그러므로 그들의 말과 행동은 결국 헛되고 수포로 돌아갈 것이다(시 2:4-6). 우리가 가르치는 교훈은 우리의 것이 아니라 그리스도의 것이다. 우리는 이것을 부정해서는 안 된다. 이것을 옹호하는 일을 멈추어서도 안 된다(눅 9:26). 우리가 진정으로 그리스도를 선포하고 그리스도를 우리의 의로 고백하기를 바란다면, 악랄한 선동자로 불리는 것에 만족해야 한다. 유대인들은 바울에게 똑같이 말했고(행 17:6-7, 24:5), 이방인도 그렇게 말했다(행 16:20-21).

그리스도는 자신의 가르침이 큰 소동을 불러올 것을 직접 예견하셨다. "내가 불을 땅에 던지러 왔노니, 이 불이 이미 붙었으면 내가 무엇을 원하리요"라고 말씀하심으로써 스스로 위안을 삼으셨다(눅 12:49). 따라서 이 소동의 원흉은 왕이나 황제가 아니라 이 세상의 임금이다. 그는 아주 강력한 영으로 온 세상의 주인이다. 그런데 십자가에 못 박히신 그리스도를 전하는 약한 말이 이처럼 강력한 원수를 공격한다. 따라서 모든 소동 곧 세상의 모든 포악하고 잔혹한 격동은, 이 약한 말에 반응하여 강력한 원수가 일으키는 도발이다.

　　그러므로 우리가 우리의 반대자를 화나게 만들고, 그들이 복음 선포가 아무 유익이 없다고 비난하는 것에 대해 괴로워할 필요가 없다. 우리의 반대자는 눈멀고 완고한 이단이다. 그러므로 그들은 복음의 열매를 절대로 볼 수 없다. 믿는 우리는, 외적으로 한동안 온 세상의 오물과 쓰레기처럼 엄청난 악의 세력에 억압받고 멸시받고 상처받고 고소당하고 정죄받고 죽음에 처해진다. 또 내적으로는 우리의 죄에 대한 가책으로 고통을 겪고 마귀들에게 시달린다. 그럴지라도 우리는 그리스도 안에 살고 있으므로 복음의 헤아릴 수 없는 유익과 열매를 본다. 그리스도 안에서 그리고 그리스도로 말미암아 죄와 사망, 육체, 세상, 지옥, 그리고 온갖 악을 이기는 주(lords)가 된다. 또한 그리스도 안에서 그리고 그리스도로 말미암아 용 곧 죄와 사망의 왕을 짓밟는 자가 된다. 이런 일이 어떻게 일어나는가? 바로 믿음으로 일어난다. 바라는 복이 아직 나타나지 않았기 때문에 우리는 인내하며 이 복이 나타나기를 기다린다. 하지만 지금 우리는 믿음으로 이 복을 소유하고 있음을 확신한다.

　　그러므로 우리는 칭의 교리를 주의 깊게 배워야 한다. 칭의 교리는 우리가 이처럼 끝없는 비방과 공격자들과 맞서도록 돕는 우리의 유일한 지원자이고, 우리가 겪는 모든 시험과 박해를 견뎌 내도록 돕는 우리의 위로자이기 때문이다. 우리는 세상이 순전한 복음 교리에 화가 나 복

음은 백해무익하다고 계속 외치리라는 것을 알고 있다. "육에 속한 사람
은 하나님의 성령의 일들을 받지 아니하나니, 이는 그것들이 그에게는
어리석게 보임이요"(고전 2:14). 육에 속한 사람은 그저 외적 악과 소동,
폭동, 살인, 파벌 그리고 이와 같은 다른 일들만 본다. 이런 시각을 갖고
육에 속한 자는 화를 잘 내고 맹목적이다. 결국은 하나님과 그분의 말씀
을 멸시하는 죄에 빠진다.

반대로 우리는 우리의 반대자가 우리를 고소하거나 정죄하는 것은
우리가 저지른 간음, 살인, 도둑질 등과 같은 명백한 죄악들에 대해서가
아니라 우리의 교훈에 대해서라는 점에 위로를 받아야 한다. 그러면 우
리는 무엇을 가르치는가? 하나님의 아들이신 그리스도가 십자가 죽음
으로 우리를 우리의 죄에서 그리고 영원한 사망에서 구속하셨다는 사실
을 가르친다. 그러므로 우리의 반대자는 우리의 삶이 아니라 우리의 교
훈을 비난하는 것이다. 그 교훈은 그리스도의 것이지 우리의 것이 아니
다. 그러므로 어떤 공격이든 우리의 반대자의 공격은 우리가 아니라 그
리스도를 향한 것이다. 따라서 우리의 반대자가 우리를 박해하는 것은
우리가 아니라 그리스도께 잘못을 저지르는 것이다. 그리스도가 유일하
게 우리를 의롭게 하고 구원하시는 분이기에 우리의 반대자가 그리스도
를 정죄하고 이단과 선동자로 하늘에서 끌어내리려고 하는가? 그렇다
면 그렇게 하도록 놔두자. 우리는 과연 누가 승리하는지, 곧 그리스도인
지 아니면 그들인지 조용히 지켜보기만 하면 된다. 인간적으로 말하면,
사실 이스마엘들이 우리를 매우 격하게 우리를 미워하고 박해하는 것이
무척 괴로운 일이다. 그러나 영적으로 말하면, 우리는 이 괴로움을 기뻐
한다. 그것은 우리가 이 괴로움을 우리의 죄 때문이 아니라 그리스도로
말미암아 겪는 것임을 알기 때문이다. 또한 바울도 우리에게 이스마엘
은 이삭을 조롱하고 핍박할 것이라고 경고하기 때문이다.

유대인들은 바울이 창세기 21장을 인용하는 이 본문을 해설할 때

이스마엘이 이삭을 우상숭배에 빠지도록 만들었다고 말한다. 이스마엘
이 그렇게 했다고 해도, 나는 그것이 유대인들이 상상하는 것처럼 극악
한 우상숭배였다고 믿지 않는다. 곧 이방인들처럼 흙으로 만든 형상을
앞에 두고 이스마엘이 이삭에게 숭배를 강요했다고 보지 않는다. 아브
라함은 이런 일을 결단코 허용하지 않았을 테니 말이다. 그러나 하나님
이 동생을 더 좋게 평가한다고 생각하여 동생을 박해하고 결국은 죽인
가인과 같이, 이스마엘도 외적으로는 거룩한 사람이었다고 생각한다.
이스마엘도 외적으로는 종교를 사랑했다. 선을 행하는 일에 힘썼다. 그
러므로 이스마엘이 동생 이삭을 학대한 것은 두 가지 면에서 자신이 이
삭보다 더 낮게 평가되기를 원했기 때문이다. 하나는 하나님에 대한 종
교와 섬김이었고, 또 하나는 자신의 세상 권력과 유업이었다. 이스마엘
은 자신이 장자이므로 나라와 제사장 직무가 하나님의 율법에 따라 자
기에게 있다고 생각했다. 그러므로 이스마엘은 영적으로는 종교 때문
에, 인간적으로는 그의 유업 때문에 이삭을 핍박했다.

이런 박해는 교회 안에서도 늘 발견된다. 복음 교리가 번성할 때에
는 혈통적 자녀가 약속의 자녀를 더 조롱하고 박해한다. 하나님의 말씀이
활기를 띠는 순간 마귀는 화를 내기 시작한다. 하나님의 말씀을 방해하
고 무너뜨리기 위해 그의 모든 세력과 속임수를 동원한다. 그러므로 마귀
는 거짓의 아비이자 살인자로서 끝없는 파벌과 두려운 죄악, 잔혹한 박해,
가증한 살인을 일으킨다. 마귀는 거짓 선생들을 통해 온 세상에 거짓말을
퍼뜨리고, 압제자들을 통해 사람들을 죽인다. 이런 수단을 통해 마귀는 영
적 나라와 세상 나라를 차지한다. 곧 거짓 선생들의 거짓말을 통해서는
영적 나라를 차지하고, 압제자들의 칼을 통해서 세상 나라를 차지한다.

이 본문(29절)에서 바울은 경건한 자에게 그들이 박해와 파벌, 죄악
에 상처를 입지 않도록 미리 경고를 주고 있다. 우리가 약속의 자녀로서
영적으로 태어난 자라면, 확실히 혈통적으로 태어난 형제에게 박해받을

각오가 되어 있어야 한다고 바울은 말한다. 다시 말해, 노골적으로 악랄하게 철천지원수를 자처하는 우리의 반대자만이 아니라 우리에게서 복음의 참된 교훈을 받은 절친한 친구도 우리를 박해할 수 있다. 여기에는 한 집안 식구도 포함되어 있음을 알아야 한다. 그리스도는 유대인들에 관해 이렇게 말씀하신다. "내가 신뢰하여 내 떡을 나눠 먹던 나의 가까운 친구도 나를 대적하여 그의 발꿈치를 들었나이다"(시 41:9). 그러나 우리는, 우리의 이스마엘들이 우리를 박해하는 것은 우리가 박해받을 빌미를 제공해서가 아니라는 사실에 위로를 받는다. 우리의 이스마엘들이 그토록 악랄하게 우리를 미워하고 박해하는 것은 우리가 경건하지 않은 것을 싫어하기 때문이다.

또한 그리스도는 친히 다음과 같이 말씀하심으로써 우리를 위로하신다. "너희가 세상에 속하였으면 세상이 자기의 것을 사랑할 것이나, 너희는 세상에 속한 자가 아니요, 도리어 내가 너희를 세상에서 택하였기 때문에 세상이 너희를 미워하느니라"(요 15:19). 그리스도는 요컨대 이렇게 말씀하신다. "너희가 겪는 이 모든 박해의 원인은 나다. 만일 너희가 죽임을 당한다면 나 때문에 죽는 것이다. 만일 너희가 나의 말을 전하지 않고 나를 고백하지 않는다면, 세상은 너희를 박해하지 않을 것이다. 그러나 '종이 주인보다 더 크지 못하므로' 너희는 괜찮다. 만약 사람들이 나를 박해한다면 내 이름으로 말미암아 너희도 박해할 것이다(요 15:20)."

따라서 그리스도는 모든 책임을 자기에게 돌리고, 우리를 온갖 두려움에서 건져 내신다. 본질상 그리스도는 이렇게 말씀하신다. "세상이 너희를 미워하고 박해하는 이유가 너희에게 있지 않다. 너희가 고백하는 내 이름이 그 원인이다. '그러나 담대하라! 내가 세상을 이기었노라'(요 16:33)." 이 말씀은 그리스도께서 압제자들의 모든 잔혹함과 이단들의 온갖 간계를 얼마든지 감당하실 뿐만 아니라 충분히 정복하실 만

큰 강하시다는 사실을 보여준다. 이를 통해 우리가 절대로 의심하지 않
도록 힘을 준다. 그리스도는 한동안 자신이 겪으신 유대인과 로마인들
의 학정과 박해에 대해 그 능력을 보여주심으로써 이것을 우리에게 확
신시키셨다. 이단들의 교활한 관습도 겪으셨으나 적절한 시기와 장소에
서 그것들을 완전히 무너뜨리고 왕과 승리자로 남아 계셨다. 그리스도
는 영원히 다스리실 것이다. 그리스도의 말씀은 영원히 설 것이다. 그리
스도의 모든 원수는 진멸을 당할 것이다. 나아가 이스마엘이 이삭을 박
해하는 일은 항상 계속되는 것이 아니라 잠시 동안만 계속될 것이다. 때
가 되면 박해에 대한 판결이 선고될 것이다.

**4:30 그러나 성경이 무엇을 말하느냐? 여종과 그 아들을 내쫓으라 여종의 아들
이 자유 있는 여자의 아들과 더불어 유업을 얻지 못하리라 하였느니라** 아브라
함은 사라의 말에 크게 근심하게 되었다. 아브라함은 사라의 의견을 들었
을 때 자기 몸에서 태어난 아들 이스마엘에게 부성애를 느꼈다(창 21:11).
그러나 하나님은 사라의 의견을 인정하셨다(창 21:12-13).

　　이 본문(30절)에서 이스마엘들은 자기들에게 주어지는 선고를 듣는
다. 곧 그리스도의 교회를 박해하는 유대인과 헬라인, 로마인 그리고 다
른 모든 민족이 무너질 것이라는 말을 듣는다. 똑같은 선고가 자기 자신
의 행위를 신뢰하는 모든 자에게 주어질 것이다.

　　성령이 율법과 행위에 속한 사람들을 경멸하듯이 여종의 자녀로 부
르는 것을 주목하라. 이것은 다음과 같이 말하는 것과 같다. "너희가 어
찌하여 율법의 의를 자랑하고 너희가 하나님의 백성이라고 자부하느
냐? 만약 너희가 너희를 태어나게 하신 자가 누구인지 모른다면, 이렇게
말해 주고 싶다. 곧 너희는 여종의 종이다. 율법에 예속되어 있기 때문에
죄와 사망, 영원한 파멸에 예속되어 있다." 이런 문장들을 주의 깊게 살
펴보면, 우리의 교훈이 옳다는 것을 확신하게 된다. 또 세상이 받아들이

는 행위 교리와 의를 반대하고 대신 그들이 비난하고 멸시하는 믿음의
의를 확실히 깨닫는다.

4:31 그런즉 형제들아, 우리는 여종의 자녀가 아니요 자유 있는 여자의 자녀니라
여기서 바울은 잉태하지 못하는 교회와 많은 자녀를 낳는 율법의 사람
들에 관한 비유를 끝마친다. 바울은 이렇게 말한다. 우리는 여종의 자녀
가 아니요. 즉 우리는 사람들을 절망으로 이끄는 율법 아래에 있지 않다.
우리는 그리스도로 말미암아 율법에서 해방되었다. 따라서 율법은 우
리를 두렵게 하거나 정죄할 수 없다. 한동안 우리를 박해하는 여종의 자
녀가 아무리 많다고 해도, 우리는 그들이 어쩔 수 없이 우리에게 유업을
넘겨 줄 것이라는 사실로 위로를 받는다. 유업은 자유 있는 여자의 자녀
에게 속해 있기 때문이다. 대신 여종의 자녀는 결국 밖으로 쫓겨나 어두
운 데로 들어갈 것이다(마 25:30).

바울은 여종과 자유 있는 여자라는 말을 사용하여 율법의 의를 거부
하고 칭의 교리를 확증한다. 바울은 의도적으로 자유 있는 여자라는 말
을 선택하여, 특히 다음 장(5장)에서 그 말을 상세히 설명한다. 다음 장
에서 바울은 그리스도로 말미암아 얻는 자유, 즉 오늘날 우리에게 강력
한 보루가 되는 기독교적 자유에 관해 설명한다. 기독교적 자유 교리는
칭의 교리를 확증한다. 우리의 반대자가 복음 탓으로 돌리는 괴로운 일
들에 대해 약한 양심을 일깨우고 위로한다. 기독교적 자유는 세상 사람
이 결코 이해하지 못하는 아주 신령한 일이다(롬 9:32). 성령의 첫 열매
를 가지고 있고 성령의 첫 열매에 관해 말하기를 좋아하는 자는, 이 교
리를 자기들의 마음속에만 남겨 둘 수 없음을 안다. 기독교적 자유 교리
는 결코 사소한 문제가 아니다. 그러므로 성령이 존중받도록 역사하시
지 않으면 비난받는 교리가 되고 만다.

5장.   다시는 종의 멍에를 메지 말라

이제 바울은 갈라디아서 결말 부분에 더 가까이 다가간다. 반대자이자 파괴자인 거짓 사도들의 견해를 반박하고 믿음과 기독교적 자유 교리를 옹호하는 논증을 아주 강력하게 전개한다. 바울은 거짓 사도들을 크게 비난한다. 갈라디아 사람들에게 그들의 악의적인 교훈을 위험한 독으로 알고 피하라고 권면한다. 바울은 어떻게든 갈라디아 사람들이 그리스도 께서 그들을 위해 얻은 자유를 지키도록 돕는 데 힘쓴다.

5:1 그리스도께서 우리를 자유롭게 하려고 자유를 주셨으니, 그러므로 굳건하 게 서서 이는 다시 말하면 확고부동한 자세를 취하라는 것이다. 베드로 전서 5:8-9와 비교해 보라. 부주의하지 말고 확고부동하게 일관적인 태도를 가지라. 눕거나 잠자지 말고 일어서라. 이것은 다음과 같이 말하 는 것과 같다. 최선을 다해 그리스도께서 너희를 해방시키신 자유를 굳 건하게 지켜라. 이 자유를 고수할 수 있도록 방심하지 말고 일관된 자세 를 취하라. 안일하고 태만한 자는 자유를 지킬 수 없다. 사탄이 복음의 빛—즉 은혜와 자유, 위로, 생명의 교리—을 필사적으로 미워하기 때문이다. 그러므로 사탄은 복음의 빛이 나타나는 것을 보면 복음의 빛과 싸운다. 자신의 모든 힘과 세력을 동원하여 폭풍우를 일으켜 복음의 빛을 가로 막는다. 그러므로 바울은 신자들에게 그리스도가 그들을 위해 얻은 자 유를 사탄이 빼앗아 가지 못하도록 해야 한다고 말한다. 잠자거나 게으 르지 말고, 부지런하고 용감하게 사탄을 대적하라고 권면한다.

자유 이것은 어떤 자유를 말하는가? 황제가 우리에게 준 자유를 말하는 것이 아니다. 그리스도께서 우리를 해방시키려고 주신 자유, 곧 하나님이 발하시는 영원한 진노로부터의 자유를 말한다. 그렇다면 이 자유는 어디서 이루어지는가? 바로 양심 속에서 이루어진다. 우리의 자유는 양심 속에 있고, 거기서 더 나가지 않는다. 그것은 그리스도께서 우리를 시민적으로나 물리적으로 해방시키신 것이 아니라 영적으로 해방시키셨기 때문이다. 다시 말해, 우리의 양심이 미래에 임할 하나님의 진노를 두려워하지 않고 자유롭고 평온한 상태에 들어가면 우리는 자유롭게 된다. 이것은 헤아릴 수 없는 참된 자유다. 이 존엄한 자유를 다른 자유들과 비교해 보자. 만약 이 자유가 온 바닷물이라면 다른 자유들은 한 방울의 물이다. 우리가 마음으로 하나님이 그리스도로 말미암아 우리에게 전혀 화를 내시지 않고, 또 앞으로도 계속 화를 내시지 않을 것이며, 대신 영원히 우리에게 자애롭고 자상하신 아버지가 되실 것이라고 확신할 때, 누가 과연 이런 우리의 마음 상태를 제대로 묘사할 수 있겠는가?

확신하건대 이 자유는 지극히 높고 주권적인 존엄(하나님)이 우리에게 호의적인 모습을 보여주는 놀라운 자유다. 이 존엄이 현세에서 우리를 옹호하고 지탱시키며 도와주실 것이다. 뿐만 아니라 우리를 구원하셔서 부패와 치욕, 약함 가운데 있는 우리의 몸이 썩지 않고 영광과 능력으로 소생하게 하실 것이다(고전 15:42-44). 이것은 하늘과 땅 그리고 모든 피조물보다 더 크다.

그리스도로 말미암아 우리가 율법과 죄, 사망, 마귀의 권능으로부터 해방되는 자유에 기반을 두고 다른 자유가 파생되어 나온다. 그리스도께서 우리를 하나님의 진노로부터 건져 내셨기 때문에, 하나님의 진노가 우리를 더 이상 두렵게 할 수 없다. 율법, 죄, 사망도 우리를 고소하고 정죄할 수 없다. 비록 율법이 우리를 고소하고 죄가 우리를 두렵게 한다고 해도, 율법과 죄는 우리를 절망으로 이끌 수 없다. 세상을 이기는

믿음이 "이런 것들은 나와 아무 관계가 없다. 그리스도께서 그 모든 것
으로부터 나를 해방시키고 건지셨다"고 말하기 때문이다. 또한 온 세상
에서 가장 강하고 가장 두려운 사망은 양심 속에서 성령의 자유로 완전
히 정복된다. 물론 이것을 말로 표현하기는 쉽다. 그러나 시험이 닥칠 때
우리 자신에게 적용시키고, 성령의 자유와 그 열매의 탁월한 효력을 느
끼기는 훨씬 더 힘들다.

그러므로 우리의 양심은 미리 교훈을 받아 대비를 해야 한다. 그렇
게 해야 양심이 율법의 고소와 죄의 두려움, 사망의 공포, 하나님의 진노
를 느낄 때, 마음속에서 이런 무서운 광경과 끔찍한 관념들을 제거해 낼
수 있다. 그리고 그 대신 그리스도로 말미암아 얻은 자유와 죄 사함, 의,
생명, 하나님의 영원한 자비를 채워 넣을 수 있게 된다. 비록 반대 감정
이 아주 강하게 일어날 수 있기는 해도, 우리는 그 감정이 오래 지속되
지 않으리라는 사실을 얼마든지 확신할 수 있다(사 54:8). 그러나 이것은
실천하기가 아주 힘들다. 그리스도께서 우리를 위해 얻으신 자유에 대
해 믿기보다 말하기가 더 쉽다. 이 자유는 정말 크다. 만약 우리가 확실
하고 견고한 믿음으로 이 자유를 붙잡을 수 있다면, 세상과 율법, 죄, 사
망 또는 마귀의 격동이나 두려움도 이 자유를 결코 삼킬 수 없다. 작은
물방울이 바다를 삼킬 수 없는 것처럼 말이다. 오히려 이 기독교적 자유
가 온갖 악의 더미와 율법, 죄, 사망, 하나님의 진노 그리고 뱀 자신을 그
머리 및 전체 권능과 함께 당장에 삼켜 버리고 완전히 제거한다. 그것을
의와 평강, 영생으로 바꿔 버린다. 이것을 이해하고 믿는 자가 복이 있다
(눅 11:28).

예수 그리스도는 육체적이고 일시적인 속박이 아니라 강력한 폭
군―즉 율법과 죄, 사망, 마귀―아래 겪는 영적이고 지속적인 속박으로부
터 우리를 구원하여 자기 아버지 하나님과 화목하게 하려고 자신의 피
로 값을 치르고 이 자유를 사셨다. 그 결과 원수들은 정복되었고, 우리는

하나님의 아들의 죽음으로 하나님과 화목한 사이가 되었다. 그러므로 우리는 확실히 하나님 앞에서 의로운 자가 되고, 무엇이든 하나님을 기쁘시게 한다. 비록 우리 속에 죄의 잔재가 여전히 남아 있기는 해도, 우리는 그리스도로 말미암아 그것 때문에 비난받지 않고 용서받는다.

이 자유가 우리에게 주어지는 것은 율법 때문도 아니고 우리의 의 때문도 아니다. 오직 그리스도로 말미암아 값없이 주어진다. 바울은 갈라디아서 전체에 걸쳐 이 사실을 분명히 한다. 그리스도도 요한복음 8:36에서 "아들이 너희를 자유롭게 하면 너희가 참으로 자유로우리라"고 말씀하신다. 우리와 우리를 괴롭히고 곤혹스럽게 하는 죄악 사이에 오직 그리스도만이 계신다. 그리스도께서 죄악을 이기고 제거하셨으므로 죄악은 더 이상 우리를 억압하거나 정죄할 수 없다. 그리스도는 죄와 사망 대신에 우리에게 의와 영생을 주신다. 이때 그리스도는 율법의 속박과 두려움을 양심의 자유와 복음의 위로로 바꾸신다(마 9:2).

이성은 이 자유가 얼마나 놀라운 것인지 파악할 수 없다. 이 자유를 영적으로 성찰하면 하나님이 얼마나 영원히 자애롭고 호의적이신지 알 수 있다. 자기 자신의 행동과 공로로 천국과 생명, 구원을 얻고자 하는 자는 죄로부터의 자유와 구원이 무엇인지 절대로 알 수 없다. 그러나 우리의 자유는 하나님 우편에 앉아 우리를 위해 중보하시는 그리스도 자신에 토대를 둔다. 그러므로 우리가 그리스도를 통해 가지고 있는 죄 사함과 의, 생명, 자유는 확고하고 확실하며 영속적이다. 그리스도를 확고한 믿음으로 붙잡고 그리스도께서 우리에게 주신 자유 안에 굳게 서 있으면, 우리는 헤아릴 수 없이 큰 선물들을 얻을 것이다. 그러나 우리가 부주의하고 게으르다면, 이 선물들을 고스란히 상실하고 말 것이다. 바울이 이유 없이 우리에게 굳건하게 서라고 말하는 것이 아니다. 바울은 마귀가 자기 사자들을 통해 그리스도께서 큰 대가를 치르고 얻으신 자유를 우리에게서 빼앗고 우리를 다시 속박으로 이끌기 위해 삼킬 자를 찾아 혈안이 되어 있음을 잘 알고 있었기 때문이다.

다시는 종의 멍에를 메지 말라 바울은 은혜와 기독교적 자유를 매우 깊이 있게 설명했다. 또 이 자유는 상실하기 쉬우므로 갈라디아 사람들에게 끝까지 지키라고 강력히 권면했다. 바울은 갈라디아 사람들에게 게으름이나 안일함으로 은혜와 믿음에서 떠나 율법과 행위로 다시 돌아가지 않도록 굳건하게 서라고 말한다. 이성은 믿음의 의보다 율법의 의를 더 중시해도 위험이 결코 없다고 판단하기 때문에, 바울은 분연히 율법을 반대한다. 경멸하듯이 율법을 종의 멍에라고 부른다. 베드로 역시 사도행전 15:10에서 율법을 "멍에"로 부른다. 거짓 사도들은 약속을 하찮게 여기고 율법과 율법의 행위를 높이 평가했다. 거짓 사도들은 이렇게 말했다. "죄와 사망에서 해방되고 의와 생명을 얻으려면, 율법을 이루고, 할례를 받으며, 거룩한 날과 달과 시기와 해를 지키고, 제물을 바치며, 이런저런 일들을 행하라. 그러면 율법에 대한 순종으로 의롭다 함을 얻고 구원받을 것이다." 그러나 바울은 반대로 말한다. "이런 식으로 율법을 가르치는 자는 사람들의 양심을 해방시키는 것이 아니라 오히려 멍에 곧 종의 멍에를 지우는 것이다."

바울은 율법을 크게 경멸하는 태도로 말한다. 율법이 사람들을 의롭게 하고 하나님 앞에서 의인이 되게 한다는 치명적인 관념은 인간의 이성 속에 깊이 뿌리박혀 있다. 여기서 바울은 칭의와 의의 영예를 율법에서 제거하기 위해 율법을 통해 의를 구하는 자를 비유로 표현한다. 그를 멍에를 메고 있는 소에 비유한다. 멍에를 멘 소는 열심히 일해도 꼴이나 목초 외에는 받는 것이 없다. 쟁기를 끌 수 있는 힘이 없을 때에는 곧장 도살장으로 보내지고 만다. 율법으로 의를 구하는 자도 이런 소처럼 포로로서 종의 멍에 아래 곧 율법으로 학대를 받는다. 그들이 오랜 세월 동안 힘들고 괴로운 수고를 통해 율법이 요구하는 바를 행하다 지쳤을 때, 결국 그들에게 주어지는 보상은 그들이 영원히 비참한 종이라는 것뿐이다. 왜 그런가? 바로 죄와 사망, 하나님의 진노, 마귀 때문이다. 그러므로 율법의 속박보다 더 크고 힘든 속박은 없다. 율법은 단지 죄를 더하게 하고 악화시키며, 고소하고 두렵게 하며, 정죄하고 진노를 일으킨다. 결국은 가련한 양심을 절망으로 끌고 간다(롬 3:3-9).

바울은 거짓 사도들이 갈라디아 사람들에게 이처럼 감당할 수 없는 율법의 짐을 지우거나 종의 멍에를 다시 지우지 못하도록 어떻게든 그들을 설복시키고자 한다. 요컨대 바울은 이렇게 말한다. "이것은 결코 작은 문제가 아니다. 너희는 영원한 자유와 영원한 속박 가운데 하나를 택해야 한다." 하나님의 진노와 온갖 악으로부터 벗어나는 자유는 일시적인 것이 아니라 영속적인 것이다. 죄와 사망, 마귀, 파멸의 속박(율법으로 의롭게 되고 구원받기를 바라는 모든 자를 억압하는)도 육체적인 것이 아니며, 또 단순히 한동안만 지속되는 것이 아니라 영원히 지속된다. 율법을 지키는 자는 어떻게든 모든 것을 정확히 올바르게 행하려고 애쓴다. 하지만 이 세상에서 그들은 양심의 평안을 결코 찾을 수 없다. 항상 자신을 향한 하나님의 선하신 뜻을 의심한다. 늘 사망과 하나님의 진노와 심판을 두려워한다. 그들은 현세가 지나면 불신앙으로 영원한 파멸의 형벌을 받을 것이다.

그러므로 율법을 지키는 자와 율법의 의 및 행위에 전적으로 의지하는 자는 당연히 마귀의 순교자로 불린다. 속담에서 말하는 것처럼, 그들은 그리스도의 순교자들이 천국을 얻을 때 겪는 고통보다 지옥을 얻을 때 더 큰 고통을 겪고 엄중한 처벌을 받을 것이다. 그들은 두 가지로 고통을 받는다. 하나는 현세에서 완전히 헛된 힘든 일들을 많이 겪는 것으로 고통을 받는다. 다른 하나는 이후에 죽을 때 영원한 파멸의 보응을 받는 것으로 고통을 겪는다. 따라서 그들은 현세에서나 내세에서 가장 비참한 순교자들이고, 그들의 속박은 영원하다.

반면에 경건한 자는 현세에서 환난을 당하나 그리스도께서 "세상을 이기셨기" 때문에 그리스도 안에서 평안을 누린다(요 16:33). 그러므로 우리는 그리스도께서 우리를 위해 자신의 죽음으로 얻으신 자유 안에 굳건하게 서야 한다. 다시는 종의 멍에를 메지 않도록 조심해야 한다.

5:2 보라 나 바울은 너희에게 말하노니 너희가 만일 할례를 받으면 그리스도께서 너희에게 아무 유익이 없으리라 여기서 바울은 간절하고 절실한 마음으로 율법과 할례를 매우 격하게 비판한다. 바울이 이렇게 비판하는 것은 성령의 역사다.

나 바울은 여기서 바울의 말은 이런 뜻이다. "나 바울은 다른 사람들로부터 복음을 받지 않고 예수 그리스도의 계시로 말미암아 복음을 받았다. 너희에게 복음을 전하도록 위로부터 권세를 수여받았다. 나는 너희에게, 만약 너희가 할례를 받는다면 그리스도께서 너희에게 아무 유익이 없으리라고 말하겠다." 매우 단호한 말이다. 바울은 할례를 받는 것이 결국 그리스도를 완전히 무익한 자로 만드는 것이라고 말한다. 이것은 바울이 자기 자신과 관해서 하는 말이 아니다. 거짓 사도들에게 속은 갈라디아 사람들에 관해 하는 말이다. 갈라디아 사람들은, 신실한 자는 그리스도를 믿는 믿음 외에 할례를 받아야 하고 그렇지 않으면 구원받을 수 없다고 믿었다.

이 본문(2절)은 우리가 인간이 만든 온갖 교훈과 관습, 종교, 의식을 판단할 수 있는 시금석과 같은 말씀이다. 또한 그리스도를 믿는 믿음 외에 어떤 것을 구원의 필수 조건으로 가르치는 자를 반대하는 것이다. 죄 사함과 의, 영생을 얻으려면 이런 일들을 행해야 한다는 관념을 가지고 어떤 관습이나 종교를 만들어 내거나 어떤 규칙, 전통 또는 의식을 준수하는 자를 반대하는 성령의 선고를 담고 있다. 이때 성령의 선고는, 그들에게 그리스도가 아무 유익이 없다는 것이다. 만일 바울이 하나님이 직접 정하신 두 가지 요소 곧 율법과 할례에 관해 이렇게 과감하게 선언하고 있다면, 잡동사니와 같은 인간적 전통들은 얼마나 더 그러하겠는가?

해 아래에서 인간적 전통과 행동들에 관한 교훈만큼 해를 크게 끼치는 것은 없다. 그것들은 복음의 진리와 믿음을 흐리고 하나님에 대한 참된 경배를 방해할 뿐 아니라 그 안에서 아버지께서 모든 것을 정하신 그리스도 자신을 완전히 폐지시키기 때문이다. 그리스도 안에는 "지혜와 지식의 모든 보화가 감추어져 있고," 그리스도 안에는 "신성의 모든 충만이 육체로 거하신다"(골 2:3, 9). 그러므로 행위 교리를 만들어 내거나 지키는 자는 모두 복음의 반대자다. 그들은 그리스도의 죽음과 승리를 무익한 것으로 만든다. 그리스도의 성례의 참된 용도를 완전히 제거함으로써 성례를 더럽히고 손상시킨다. 요약하면, 그들은 하나님과 그분의 모든 약속과 유익을 모독하고 부인하는 원수들이다.

그러므로 분명히 그리스도는 할례를 신뢰하는 자에게는 아무 유익이 없다(즉 이런 자에게는 그리스도가 헛되이 태어나 십자가에 못 박혀 죽고 부활하셨다). 바울은 여기서 할례 행위에 관해 말하는 것이 아니다(할례 행위는 의를 얻기 위해 할례를 의지하지 않는 자에게 아무런 해를 끼치지 않는다). 할례 의식의 악용에 관해, 즉 할례 의식에 신뢰와 의를 두는 것에 관해 말하는 것이다. 바울이 제시하는 논증은 사람들이 율법과 행위, 할례 등으로 의롭다 함을 얻지 못한다는 것이다. 그러므로 바울은 할례 행위 자체가 아니라 할례 행위에 신뢰와 의를 두는 것이 아무것도 아니라고 말하는 것이다. 할례 행위에 신뢰와 의를 두는 것은, 그리스도를 아무 유익이 없는 분으로 만드는 것이기 때문이다. 그러므로 할례가 칭의에 필수적이라는 관념을 갖고 할례를 받아들이는 자에게 그리스도는 아무 유익을 주지 못한다.

마귀가 우리를 절망으로 이끌기 위해 우리의 양심을 고소하고 두렵게 할 때 우리는 이 점을 염두에 두어야 한다. 마귀는 거짓의 아비이고 기독교적 자유의 원수다. 마귀는 매순간 거짓 두려움으로 우리를 괴롭힌다. 그리하여 우리의 양심이 기독교적 자유를 잃어버리면, 죄와 정죄에 대한 가책을 느끼고 고뇌와 두려움에 빠져들 것이다. 이 큰 용—옛 뱀, 마귀—이 여러분을 찾아와 여러분이 아무런 선을 행하지 않고 하나님의 율법을 어겼다고 말하면, 여러분은 이렇게 말해 주어야 한다. "너는 과거의 죄에 대한 기억으로 나를 괴롭히고 있다. 또한 내가 선을 전혀 행하지 않았다는 사실을 상기시키고 있다. 그러나 이것은 내게 아무것도 아니다. 내가 나 자신의 선행을 의지하거나 내가 이런 선행을 행하지 않았다는 이유로 두려워한다면, 어떻게 보든 그리스도께서 내게 아무 유익이 없는 분이 되고 말기 때문이다. 나는 그리스도께서 내게 무척 가치가 있는 분임을 알고 있다. 따라서 내가 나 자신의 선행으로 하나님의 호의나 영생을 얻으려고 애쓰거나 내 죄로 말미암아 구원에 대해 절망한다면, 그리스도를 아무 유익이 없는 분으로 만들게 될 것이다. 그러므로 나는 절대로 그렇게 하지 않을 것이다."

마귀는 그리스도와 똑같은 모습으로 자신을 위장하고 우리에게 다음과 같이 속삭일 것이다. "너는 내 말에 경고를 받아 이것을 행했어야 했다. 그런데 행하지 못했다. 또 행해서는 안 되는 일을 행하고 말았다. 절대로 그냥 두지 않고 확실히 보복하겠다." 마귀가 이렇게 할 때 우리는 전혀 흔들리지 말고 곧바로 이렇게 생각해야 한다. "그리스도는 가난하고 고통받고 절망하는 양심에게 그렇게 말씀하시지 않는다. 그리스도는 고통받고 있는 자에게 고통을 더하시지 않는다. 그리스도는 '상한 갈대'를 꺾지 않고 '꺼져가는 등불'을 끄지 않으신다(사 42:3). 물론 완고한 마음을 가진 자에게 신랄하게 말씀하시는 것이 사실이다. 하지만 사람들이 두려워하고 고통 속에 있으면 아주 사랑스럽고 편안하게 그들의 마음을 어루만져 주신다(마 9:2, 13, 11:28, 눅 19:10, 요 16:33)." 그러므로 우리는 사탄의 간계에 속아 넘어가지 않도록 주의해야 한다. 그리고 보혜사와 구주 대신 이 고발하는 자와 정죄하는 자를 받아들이지 않도록 조심해야 한다. 조심하지 않으면 우리는 참 그리스도를 상실하고, 그분은 우리에게 아무 유익이 없는 분이 되고 만다.

5:3 내가 할례를 받는 각 사람에게 다시 증언하노니 그는 율법 전체를 행할 의무를 가진 자라   바울은 갈라디아 사람들에게 이 말을 아주 절실하고 강력하게 천명한다. 맹세로 확증할 정도로 강하게 말한다. [내가] 증언하노니. 즉 이런 뜻이다. "내가 살아 계신 하나님을 걸고 맹세하노니." 그러나 이 말은 두 가지, 곧 긍정적 의미와 부정적 의미로 설명될 수 있다. 부정적으로는 이런 뜻이다. "나는 할례받은 모든 사람은 율법 전체에 구속되어 있음을 선언한다. 그는 할례 가운데서도 할례를 받는 것이 아니며, 심지어 율법을 성취하는 가운데서도 율법을 성취하는 것이 아니라, 도리어 어기는 것이다." 내게는 이것이 이 구절에서 바울이 전하는 말의 단순하고 참된 의미로 보인다. 이후에 바울은 이에 대해 해설하면서 다음과 같이 말한다. 할례를 받은 그들이라도 스스로 율법은 지키지 아니하고(갈 6:13). 이미 앞에서 다음과 같이 말했다. 무릇 율법 행위에 속한 자들은 저주 아래에 있나니(갈 3:10). 요컨대 바울은 이렇게 말하고 있다. "비록 할례를 받았다고 해도, 너희는 의롭게 되거나 율법에서 해방된 것이 아니다. 오히려 이 행위로 너희는 율법의 채무자와 종이 된다. 너희가 율법을 만족시키고 율법에서 해방되려고 애쓰면 애쓸수록 그만큼 더 율법의 멍에에 얽매인다. 그리하여 율법은 너희를 고소하고 정죄하는 능력을 그만큼 더 갖게 된다. 이것은 오물로 오물을 씻어 내는 것과 같다."

　율법으로 의롭다 함을 받고 생명을 얻으려고 애쓰는 자는, 죄인이나 창녀보다 의와 생명으로부터 훨씬 더 먼 곳에 있다. 그들은 그들 자신의 행동으로 은혜와 죄 사함을 얻을 수 없으므로 이런 행동을 의지해도 아무 소용이 없다. 만약 율법에 따라 행한 의와 행동이 의롭게 하는 힘이 없다면, 그 행동이 율법에 반할 때에는 죄를 어떻게 의롭게 할 수 있겠는가? 반면에 세리와 창녀는 바칠 것이 아무것도 없기 때문에 자기의 선행을 바쳐 하나님을 불쾌하게 만드는 일이 없다. 오히려 그들은 자기의 죄가 그리스도로 말미암아 용서받기를 바랄 뿐이다.

또 하나의 설명은 긍정적인 의미다. 다시 말해, 할례를 받은 자는 누구든 율법 전체를 지켜야 할 의무가 있다. 만약 여러분이 한 가지 면에서 모세를 받아들이면 모든 면에서 모세를 받아들여야 한다. 여기서 할례는 필수적이지만 나머지 모세 율법은 필수적이지 않다고 말하는 것은 도움이 되지 않는다. 할례를 받는 것과 같은 이유로 모든 율법을 지켜야 한다. 모든 율법을 지킬 의무가 있는 것은 결국 그리스도께서 아직 오시지 않았음을 말해 주는 것에 불과하다. 만약 그리스도께서 아직 오시지 않은 것이 사실이라면, 우리는 음식과 장소, 시기에 관한 유대인의 모든 의식과 율법을 지켜야 할 의무가 있다. 그리스도는 미래에 곧 유대 국가와 제사장 제도를 폐지시키고 세상 전역에 새 나라를 세우실 때에 오실 분으로 바라보아야 한다. 그러나 전체 성경과 이후 역사는 그리스도께서 이미 오신 것을 증언한다. 그리스도가 자신의 죽음으로 인류를 구속하신 것, 그리스도가 율법을 폐하시고 선지자들이 자신에 관해 예언한 모든 것을 이루신 것을 증언한다. 그러므로 율법은 폐지되었고, 그리스도는 이미 우리에게 은혜와 진리를 베풀어 주셨다. 따라서 우리를 의롭게 만드는 것은 율법이나 율법의 행위가 아니라 예수 그리스도를 믿는 믿음이다.

오늘날 어떤 이는 당시에 거짓 사도들이 하고자 했던 것처럼 자기들이 가장 좋아하는 특정 모세 율법에 집착할 것이다. 그러나 이런 일은 절대로 허용되어서는 안 된다. 만약 어떤 일에서 모세가 우리를 지배하도록 한다면, 우리는 모든 일에서 모세에게 순종할 의무가 있다. 그러므로 우리는 어떤 모세 율법이라도 짊어져서는 안 된다. 우리는 모세가 선지자와 그리스도의 증인이므로 모세의 증언을 읽고 들어야 할 의무가 있음을 인정한다. 나아가 모세로부터 선한 율법과 거룩한 삶의 본보기를 취해야 한다는 것도 인정한다. 하지만 모세가 어쨌든 우리의 양심을 지배하는 것은 인정할 수 없다. 이 점에서 모세는 죽고 장사되어야 한다. 어느 누구도 모세의 무덤이 어디에 있는지 알아서는 안 된다(신 34:6).

내가 보기에는 이 두 가지 가운데 부정적 설명이 더 적절하고 더 영적인 견해로 보인다. 그렇지만 둘 다 좋고 둘 다 율법의 의를 정죄한다. 바울이 제시하는 의미는, 단순히 율법이 명백하게 그리스도를 부인한다는 것이다. 이처럼 바울이 하나님께서 이스라엘 백성들에게 주신 모세 율법이 그리스도를 부인한다고 과감히 말하는 모습은 정말 놀랍다. 그렇다면 하나님은 왜 율법을 주셨을까? 그리스도가 오시기 전에 그리고 그리스도가 육체로 자신을 계시하시기 전에, 율법은 우리를 그리스도께 인도하는 데 필수적이었다. 그러나 이제는 그리스도가 오셨고 우리가 그리스도를 믿으므로 우리는 더 이상 율법 아래에 있지 않다. 따라서 율법이 의를 얻는 데 필수적이라고 가르치는 자는 누구든 그리스도와 그분의 모든 유익을 노골적으로 부인하는 것이다. 율법 자체는 그리스도와 약속들—그리스도가 율법의 왕이 아니라 은혜의 왕이 될 것이라고 예언한—을 증언한다.

5:4 율법 안에서 의롭다 함을 얻으려 하는 너희는 그리스도에게서 끊어지고 은혜에서 떨어진 자로다 여기서 바울은 자신이 단순히 율법이나 할례 행위 자체에 관해서가 아니라 사람들이 율법으로 의롭게 될 수 있다는 관념에 관해 말하고 있음을 증명한다. 요컨대 바울은 이렇게 말하고 있다. "나는 율법이나 할례를 완전히 정죄하는 것이 아니다(따라서 내가 율법에 따라 유대인과 함께 마시고 먹고 교제하는 것은 합당하다. 또 디모데에게 할례를 베푸는 것도 합법적이다). 그러나 아직 그리스도가 오시지 않은 것처럼 율법

으로 의롭다 함을 얻고자 하는 것을 정죄하는 것이다. 또는 율법이 존재하므로 오직 그리스도만으로는 의롭게 될 수 없는 것처럼 율법으로 의롭다 함을 얻고자 하는 것을 정죄하는 것이다. 그렇게 되면 의롭다 함을 얻는 것이 그리스도와 상관없는 일이 되고 만다. 따라서 너희는 완전히 그리스도에게 헛되다. 그리스도는 너희 안에 계시지 않는다. 그리스도는 너희 안에서 결코 역사하시지 않는다. 너희는 그리스도의 지식과 영, 교제, 호의, 자유, 생명 또는 행동을 공유하지 않고 그리스도와 완전히 분리된다. 그리스도는 너희와 아무 상관이 없고 너희와 함께 하시지 않는다."

이 말은 아주 조심스럽게 주목해야 한다. 율법으로 의를 구하게 되면, 우리는 그리스도와 분리되고 그리스도를 완전히 무가치한 분으로 만든다. 그리스도와 율법은 한 마음속에서 공존할 수 없다. 율법 아니면 그리스도 가운데 하나를 포기해야 한다. 그러나 여러분이 그리스도와 율법이 공존할 수 있다고 생각한다면, 그리스도가 여러분의 마음속에 살고 계시지 않는 것이 확실하다. 대신 그리스도를 위장한 마귀가 여러분을 고소하고 두려움에 떨게 한다. 여러분에게 율법을 엄밀히 지키고 율법에 순종할 것을 강요한다. 참 그리스도는 여러분에게 죄를 청산하라고 요구하지 않는다. 여러분에게 자신의 선행을 신뢰하라고 말씀하시지도 않는다. 그리스도 또는 믿음에 관한 참 지식은 여러분이 의를 위해 선을 행했는지 또는 정죄받을 만큼 악을 행했는지에 대해서는 어떤 주장도 제시하지 않는다. 단순히 여러분이 선을 행했다면 선행으로 의롭다 함을 받지 못한다고 결론짓는다. 여러분이 악을 행했다면 악에 대해 정죄받지 않을 것이라고 결론짓는다. 나는 그들의 선행을 칭송하지 않고 그들의 악행도 추천하지 않는다. 그러나 칭의 문제에 있어, 우리가 율법으로 의롭다 함을 얻고자 함으로써 그리스도를 우리에게 아무 유익이 없는 분으로 만들지 않으려면, 그리스도를 어떻게 붙잡을 수 있는지 알아야 한다고 말하고 싶다. 나의 악한 행동을 반대하고 동시에 나의

선한 행동이 없어도 나를 의롭게 하실 수 있는 분은 오직 그리스도 밖에
없다. 만일 그리스도에 대해 이런 확신이 있다면 나는 참 그리스도를 붙
잡을 것이다. 그러나 그리스도께서 율법에 대한 순종을 내게 요구하신
다고 생각하면, 그리스도는 내게 아무 유익이 없는 존재가 되고, 나는 철
저히 그리스도와 분리된다.

　　이상의 설명은 율법의 의와 인간적 의를 두려울 정도로 심각하게
경고한다. 나아가 칭의 교리를 확증하는 원리들을 아주 명확히 제시한
다. 여러분은 그리스도와 율법의 의 가운데 어느 하나를 포기해야 한다.
만약 그리스도를 붙잡는다면 여러분은 하나님 앞에서 의인이다. 그러나
율법을 고수한다면 그리스도는 여러분에게 아무 유익이 없다. 여러분은
온 율법을 지킬 의무가 있고, 이때 여러분에 대한 선고는 이미 주어졌다
(신 27:26). 앞에서 우리가 율법에 관해 말한 것은 인간적 전통에도 똑같
이 해당된다.

은혜에서 떨어진 자로다　　다시 말해, 이런 뜻이다. "너희는 더 이상 은혜의
나라에 들어가 있지 않다." 배에서 떨어져 바다로 빠진 자는 어느 쪽에
서 떨어지든 간에 익사한다. 율법으로 의롭다 함을 얻고자 하는 자는 율
법의 바다 속에 떨어져 영원한 사망의 위험에 처했다. 만약 도덕법으로
의롭다 함을 얻고자 하는 자가 은혜로부터 떨어졌다면, 그들 자신의 전
통으로 의롭다 함을 얻고자 하는 자는 어떻게 되겠는가? 지옥 바닥으로
떨어질 것이다. 사랑과 순종을 지키는 자는 모두 영생을 얻을 것이라고
그들은 말한다. 이런 관념은 마귀에게나 갖고 가라! 거기가 이 관념들이
나온 곳이니까! 바울이 무엇을 가르치고, 그리스도가 무엇을 가르치시
는지 들어보라. "아들을 믿는 자에게는 영생이 있고 아들에게 순종하지
아니하는 자는 영생을 보지 못하고 도리어 하나님의 진노가 그 위에 머
물러 있느니라"(요 3:36). "믿지 아니하는 자는 하나님의 독생자의 이름

을 믿지 아니하므로 벌써 심판을 받은 것이니라"(요 3:18).

여기서 바울의 말은 극히 중요하다. 그러므로 바울의 말을 무심코 흘려 보내거나 가볍게 판단해서는 절대 안 된다. 은혜로부터 떨어져 나간 자는 누구든 예수 그리스도께서 우리를 위해 자신의 죽음과 부활로 얻으신 속죄와 죄 사함, 의, 자유, 생명을 완전히 잃는다. 대신 하나님의 진노와 심판, 죄, 사망, 마귀의 속박, 영원한 파멸을 자초한다. 이 구절 (4절)은 우리가 견지하는 믿음의 교리와 칭의 교리를 강력히 확증한다.

5:5 우리가 성령으로 믿음을 따라 의의 소망을 기다리노니 여기서 바울은 다음과 같이 말하는 것으로 이 문제의 결론을 맺는다. "너희는 율법과 할례, 너희의 행함으로 의롭다 함을 얻고자 한다. 그러나 우리는 이런 수단을 통해 절대로 의롭다 함을 얻고자 하지 않는다. 그렇게 되면 그리스도는 우리에게 아무 가치가 없는 분이 되고 만다. 그리고 우리는 모든 율법을 준수해야 한다. 결국 은혜에서 떨어져 나가게 된다. 그래서 우리는 믿음으로 성령 안에서 의의 소망을 가지고 기다린다." 여기서 바울이 말하는 바를 모두 주의 깊게 살펴볼 필요가 있다. 한 마디 한 마디가 모두 힘 있고 능력으로 충만하기 때문이다. 바울은 여기서 단순히 평소처럼 우리는 믿음으로 의롭다 함을 얻는다고 말하는 것이 아니다. 그에 대해 절실한 마음으로 의의 소망을 기다리고 있다고 덧붙인다.

성경에 나온 대로 소망은 두 가지 의미를 갖고 있다. 하나는 바라는 일 자체를 가리키고, 다른 하나는 바라는 사람의 느낌을 가리킨다. 여기서 말하는 의미는 다음과 같다. 첫째, 우리는 믿음으로 성령 안에서 우리가 바라는 일 곧 의를 기다리고 있다. 이 의는 주님이 주기로 정하신 때 확실히 나타날 것이다. 둘째, 우리는 믿음으로 성령 안에서 의를 소망하고 소원하며 기다리고 있다. 다시 말해 우리의 의는 아직 나타나지 않고 소망으로 남아 있지만, 지금 우리는 의롭다. 우리가 이 세상에서 사는 동안 죄는 우리 육체 속에 남아 있다. 또한 우리의 육체와 그 지체 속에 한 법이 있어, 우리의 마음의 법을 거스르고 우리를 사로잡아 죄를 섬기게 한다(롬 7:23). 이런 육체의 소욕이 준동하여 마음을 지배할 때, 성령을 통해 이 육체의 소욕과 맞서 싸우면 희망의 여지가 있다. 확실히 우리는 믿음으로 의롭다 함을 얻었고, 이로 말미암아 성령의 첫 열매를 받았다. 이때 육체의 죄를 죽이는 일도 우리 안에서 시작되었다. 그러나 우리는 아직 완전히 의로운 자가 된 것이 아니다. 완전히 의롭게 될 때가 온다. 이것이 우리가 바라는 바이다. 따라서 우리는 의를 아직 실제로 소유하고 있지 않고, 소유하기를 바라고 있다.

이것은 자신의 죄를 느끼고 마귀의 모든 화살에 겁을 먹어 고통과 괴로움 속에 있는 양심에 큰 위로가 된다. 죄와 사망, 지옥, 하나님의 진노에 대한 의식 그리고 온갖 다른 두려움은, 양심이 갈등 속에 있을 때 엄청나게 강하다. 나도 이것을 직접 경험한 바 있다. 고통 속에 있는 가련한 사람은 다음과 같은 조언을 받아야 한다. "너는 너의 칭의를 알고 싶어 한다. 즉 너는 죄를 지었을 때 하나님의 호의를 느끼고 싶어 한다. 그러나 그런 일은 일어나지 않을 것이다. 너의 의는 모든 죄의식을 넘어서야 한다. 즉 네가 붙잡고 있는 의나 칭의는 네 자신의 감정에 좌우되지 않는다. 주님이 정하실 때 그것이 나타나기를 바라는 너의 소망에 기초하고 있다. 따라서 너는 너를 괴롭히고 두렵게 하는 죄의식에 따라서 판단해서는 안 된다. 오직 믿음에 대한 약속과 교리에 따라 판단해야 한다. 이 약속과 교리에 따라 그리스도가 너에게 완전하고 영원한 의가 되신다." 따라서 우리의 내적 감정 속에 들어 있는 고통받는 자의 소망, 곧 우리가 의롭다는 소망이 온갖 두려움과 죄 의식에 빠져 있는 가운데에서도 믿음으로 솟아난다. 나아가 우리는 지금 우리가 보지 못하는 것이 온전히 그리고 분명히 나타날 때를 고대한다.

두 가지 의미 가운데 어느 쪽이든 받아들일 수 있다. 그러나 내적 갈망과 소망의 감정을 다루는 첫 번째 의미가 더 큰 위로를 준다. 나의 의는 아직 온전하지 않고 아직 느껴질 수 없기 때문이다. 그렇다고 절망하지 않는 것은, 믿음이 내게 그리스도를 증명하고 나는 그리스도를 믿기 때문이다. 믿음으로 그리스도를 붙잡을 때 나는 마귀의 불같은 화살에 맞서 싸운다. 하늘에 나를 위해 예비된 온전한 의를 내가 가지고 있음을 확신하고, 소망을 통해 담대하게 죄의식에 맞선다. 따라서 다음 두 가지 말은 모두 참되다. 곧 나는 내 안에서 시작된 의로 말미암아 이미 의롭다 함을 얻었다. 그리고 나는 똑같은 소망으로 죄를 이기고 일어서며, 하늘에서 온전한 의가 충분히 완성될 때를 기다리고 있다. 이 일은 실제로 일어났을 때 비로소 확실히 이해된다.

여기서 다음과 같은 질문이 일어난다. 믿음과 소망은 어떤 차이가 있는가? 믿음과 소망은 너무 긴밀해서 분리시킬 수 없으나 분명한 차이가 있다.

첫째, 믿음과 소망은 기초가 다르다. 믿음은 이해에 기초하고, 소망은 의지에 기초한다. 그러나 둘은 분리될 수 없다.

둘째, 믿음과 소망은 작용 방식이 다르다. 믿음은 행해야 할 바를 말해 준다. 믿음은 가르친다. 믿음은 곧 지식이다. 반면에 소망은 강하고 담대하며 용기를 갖도록 마음을 자극하는 권면이다. 소망은 역경을 이기고 시련이 닥칠 때에 더 좋은 것을 기다릴 수 있다.

셋째, 믿음과 소망은 대상이 다르다. 믿음은 진리를 대상으로 갖는다. 우리에게 진리를 굳건하게 지키며 약속에 관한 말씀과 약속을 바라보라고 가르친다. 소망은 하나님의 인자하심을 대상으로 갖는다. 말씀 속에 약속된 것을 바라본다. 다시 말해, 믿음이 우리에게 가르치는 바와 같은 것들을 바라본다.

넷째, 믿음과 소망은 순서가 다르다. 믿음은 온갖 환난이 있기 전에 오는 (거듭난) 생명의 시작이다(히 11장). 그러나 소망은 생명이 시작되고

난 후에 환난이 임할 때 온다(롬 5장).

다섯째, 믿음과 소망은 역할이 다르다. 믿음은 선생이자 판단자이다. 믿음은 영과 교리를 판단하고 오류 및 이단과 맞선다. 그러나 소망은 말하자면 군대 대장 또는 야전 사령관이다. 소망은 환난과 짜증, 낙심, 약함, 절망, 독신(瀆神)과 맞선다. 소망은 온갖 악이 판을 칠 때에도 좋은 것을 기다린다.

그러므로 하나님의 말씀을 믿는 믿음으로 가르침을 받아 온 마음을 다해 그리스도를 믿고 붙잡을 때, 나는 이 지식으로 말미암아 의롭다 함을 얻는다. 내가 믿음으로 또는 이 지식으로 의롭다 함을 얻을 때 금방 마귀가 찾아와 간계와 속임수 즉 거짓말과 오류, 이단으로 나의 믿음을 소멸시키려고 획책한다. 나아가 마귀는 살인자이므로 폭력을 써서 믿음을 억압하려고 시도한다. 이때 소망이 마귀와 맞서 싸우고 믿음에 의해 계시된 바를 붙잡고 믿음을 반대하는 마귀를 물리친다. 승리 후에 성령 안에서 평안과 기쁨이 이어진다.

요컨대 믿음은 가르침을 통해 주어지는데, 이때 지성은 진리가 무엇인지에 대한 가르침을 받는다. 소망은 권면을 통해 주어지고, 고통 속에서 일어나 믿음으로 이미 의롭다 함을 얻은 자를 확증한다. 그러면 그들은 역경에도 굴하지 않고 더 강력히 저항할 수 있다. 그러나 만약 믿음의 불꽃이 의지에 아무런 빛을 주지 못한다면, 의지는 소망을 붙잡도록 설복될 수 없다. 그러므로 우리는 믿음을 갖고, 이 믿음으로 하늘의 지혜를 배우고 이해하고 알고, 그리스도를 붙잡으며, 계속 그리스도의 은혜 안에 있어야 한다. 그러나 우리가 믿음으로 그리스도를 붙잡고 그리스도를 고백하는 순간, 우리의 원수들—세상, 육체, 마귀—은 우리를 반대하려고 벌떼처럼 들고 일어난다. 육적으로든 영적으로든 아주 악랄하게 우리를 미워하고 박해한다. 그러므로 우리는 영으로 믿고, 그 믿음으로 의롭다 함을 얻으며, 우리의 의에 대한 소망을 가지고 기다린다. 이때 우리에게 인내가 필요하다. 마귀가 안팎으로 혹독하게 우리를 공격하기 때문이다.

게다가 죄는 아직도 우리 안에 남아 있어서 우리를 낙심으로 끌고 간다. 그럼에도 불구하고 우리는 우리를 조명하고 가르치고 인도하는 믿음을 통해 결코 포기하지 않는다. 오히려 마음을 강하게 일으켜 세운다. 따라서 굳건하게 서서 우리가 믿고 바라는 우리의 의가 나타날 때까지 우리를 사랑하신 분을 통해 모든 역경을 극복한다. 그러므로 우리는 처음에 믿음으로 시작했다. 이어서 소망으로 계속한다. 그리고 계시로 전체를 얻을 것이다. 그 사이에, 우리는 믿기 때문에 다른 사람들에게 말씀을 가르치고 그리스도에 관한 지식을 선포한다. 그렇게 할 때 인내하며 박해를 견디고, 소망으로 힘과 용기를 얻는다. 이때 성경은 우리가 이 소망을 갖도록 믿음을 통해 배우고 알게 된 약속들로 우리에게 권면한다. 따라서 소망이 우리 안에서 나타나고 커진다(롬 15:4).

그러므로 바울이 로마서 5장과 8장을 비롯한 여러 본문들에서 환난 중에 소망과 인내를 결합시켜 제시하는 것은 그만한 이유가 있다. 그것은 인내가 소망을 낳는 방법이기 때문이다. 그러나 믿음은 소망이 있기 전에 온다. 믿음은 생명의 시작이고 온갖 환난이 임하기 전에 시작되기 때문이다. 믿음은 우리에게 그리스도를 가르치고, 우리가 우리의 십자가를 짊어지기 전에 그리스도를 붙잡는다. 그러나 그리스도에 관한 지식은 십자가와 환난, 갈등을 앞서 갈 수 없다. 따라서 지성은 영의 용기로 자극을 받아야 한다(소망은 영적 용기 외에 다른 것이 아니기 때문이다. 소망이 영적 용기인 것은 믿음이 영적 분별력 외에 다른 것이 아닌 것과 같다). 소망은 고난받는 동안에 온다(롬 15:4). 따라서 다음 세 가지는 신실한 자 안에 함께 있다. 곧 첫째, 진리를 가르치고 우리를 오류에서 보호하는 믿음이다. 둘째, 육적이든 영적이든 온갖 역경을 견디고 극복하는 소망이다. 셋째, 선한 모든 것을 행하는 사랑이다(6절). 따라서 우리는 우리가 기다

리는 의가 나타날 때까지 현세에서 안팎으로 온전하고 완전하다. 이것
은 온전하고 영원한 의가 될 것이다.

이 구절(5절)은 특별한 교훈과 위로를 담고 있다. 특별한 교훈은 이
것이다. 우리는 우리의 행위, 곧 인간적 행위와 전통은 말할 것도 없고
모세 율법의 제사나 의식으로 의롭다 함을 얻는 것이 아니라, 오직 그리
스도로 말미암아 의롭다 함을 얻는다는 사실이다. 세상이 그리스도 없
이 선하고 거룩하다고 간주하는 것은 무엇이든 죄와 오류일 뿐이다. 그
외에 아무것도 아니다. 할례와 율법의 행위, 자기 자신의 의를 신뢰하는
모든 사람의 행동은 완전히 육욕적인 것에 불과하다. 그러나 우리는 믿
음으로 그리스도를 소유하고 있기 때문에, 우리의 영과 내적 본성에 있
어 이 모든 것을 크게 넘어서 있다고 바울은 말한다. 고통 속에 있을 때
에도 소망을 통해 이미 믿음으로 소유하고 있는 의를 기다린다.

여기서 받는 특별한 위로는 이것이다. 심각한 갈등 속에 있을 때,
곧 죄의식과 낙심, 절망이 너무 강해 우리 마음속에 깊이 파고들고 양심
을 공격할 때, 우리 자신의 감정을 따를 필요가 없다는 것이다. 만약 우
리 자신의 감정을 따르게 되면, 우리는 다음과 같이 말하게 될 것이다.
"나를 거역하는 데 있어서뿐만 아니라 나를 복종시키고 나를 포로로 잡
아가는 데 있어서도, 나는 끔찍한 율법의 두려움과 죄의 폭정을 느낀다.
위로나 의는 전혀 느끼지 못한다. 그러므로 나는 죄인이고 의인이 아니
다. 내가 죄인이라면 나는 영원한 사망의 죄책이 있다." 그러나 여러분
은 이런 감정과 맞서 싸우고 다음과 같이 말해야 한다. "비록 내가 죄에
완전히 압도되고 삼킴을 당하며, 내 마음은 하나님이 내게 불쾌감을 갖
고 화를 내신다고 말할지라도, 그것은 결코 사실이 아니다. 나 자신의 감
정과 의식은 그것이 사실이라고 생각하더라도 말이다. 하나님의 말씀은
확실히 다른 사실을 가르친다(이 두려움 속에서 내가 따라야 할 것은 나 자신
의 의식이 아니라 하나님의 말씀이다). 곧 여호와께서 '여호와는 마음이 상한

자를 가까이 하시고 중심으로 통회하는 자를 구원하시는도다'라고 가르친다(시 34:18). 또한 여호와는 '상하고 통회하는 마음'을 멸시하지 아니하실 것이다(시 51:17)." 나아가 바울은 여기서 믿음으로 영이 의롭다 함을 받은 자는 의의 소망을 아직 느끼지 못하고 계속 기다리고 있다고 설명한다.

따라서 율법이 여러분을 고소하고, 죄가 여러분을 두렵게 하며, 여러분이 하나님의 진노와 심판 외에 아무것도 느끼지 못할 때에도 결코 절망하지 마라. 하나님의 전신갑주―믿음의 방패와 소망의 투구, 성령의 검―를 입으라. 여러분이 얼마나 훌륭하고 용감한 군사인지 확인해 보라. 믿음으로 그리스도를 붙잡으라. 그리스도는 율법과 죄의 주이자, 그것들에 동반된 다른 모든 것의 주이시다. 그리스도를 믿는 믿음으로 여러분은 의롭다 함을 얻었다. 여러분이 시험당할 때 이렇게 말해 주는 것은, 여러분의 이성과 감정이 아니라 하나님의 말씀이다. 나아가 종종 여러분을 연단하려고 찾아오는 갈등과 두려움 속에서도 소망을 통해 인내하라. 비록 아직 불완전한 시작에 불과하더라도, 믿음으로 지금 여러분이 가지고 있는 의를 기다리라. 그 의가 나타나고 천국에서 온전해질 때까지 기다리라.

그러면 여러분은 "그렇지만 나는 내가 의가 있다고 느끼지 못하겠다. 아니 사실은 거의 없다고 느끼고 있다"고 말할 것이다. 여러분은 자신이 의가 있다고 느껴서는 안 된다. 자신이 의가 있다고 믿어야 한다. 여러분은 자신에게 의가 있다고 믿지 않으면, 여러분을 "말씀으로 깨끗하게 하고"(엡 5:26) 십자가에서 죽으심으로써 죄를 정죄하고 사망을 죽이고, 그리하여 자기를 통해 여러분에게 의와 영생을 주신(고전 15:3) 그리스도에게 큰 모욕을 가하는 것이다. 여러분은 이 일을 부정할 수 없다(여러분이 공개적으로 하나님과 그분의 모든 약속 그리고 예수 그리스도와 그분의 모든 유익을 철저히 멸시하는 사악한 신성모독자로 자신을 드러내고 싶지 않다면). 따라서 여러분은 자신이 의인이라는 사실도 부정할 수 없다.

큰 두려움에 빠져 우리의 양심이 죄 외에 다른 것은 느끼지 못하는가? 하나님이 우리에게 화를 내고 그리스도가 우리에게서 얼굴을 돌리셨다고 생각되는가? 그때 우리는 우리의 감정을 따르지 말고 하나님의 말씀을 붙드는 법을 배워야 한다. 하나님의 말씀은, 그럴 때 하나님이 화를 내시는 것이 아니라 오히려 고통 속에 있는 자와 영적으로 어려움을 당하는 자와 하나님의 말씀을 두려워하는 자를 돌보신다고 말한다(사 61:2). 또 그리스도가 수고하고 무거운 짐 진 자에게서 등을 돌리시는 것이 아니라 오히려 새 힘을 주고 위로를 베풀어 주신다고 말한다(마 11:28). 이 구절(5절)은 분명히 율법과 행위는 우리에게 의와 위로를 조금도 제공하지 못한다는 사실을 가르친다. 오직 성령만이 그리스도를 믿는 믿음으로 말미암아 두려움과 환난 속에서 소망을 주고 온갖 역경을 극복하게 하심으로써 우리에게 의와 위로를 베풀어 주신다. 고통 속에 있을 때 믿음과 소망이 얼마나 약한지 아는 사람이 거의 없다. 겉으로 보면 그들은 바람이 한 번만 불어도 꺼져 버릴 것 같은 약한 심지처럼 보인다. 그러나 이런 공격과 두려움 속에서도 소망을 잃지 않고 그리스도에 관한 약속을 믿는 믿음으로 죄와 하나님의 진노의 감정을 물리치는 신실한 자는, 인간의 이성의 눈으로 볼 때 아주 작아 보이는 믿음의 불꽃이 우리의 모든 죄와 두려움을 다 태워 버리는 강력한 불길과 같음을 경험할 것이다.

하나님의 참 자녀에게 세상에서 이보다 더 소중하고 보배로운 교훈은 없다. 이 교훈을 이해하는 자는 세상이 모르는 것을 알고 있다. 즉 죄와 사망, 영적이고 육적인 온갖 다른 비참함들이 택함받은 자의 유익으로 작용한다는 사실을 알고 있다. 나아가 그들은 하나님이 가장 먼 곳에 계신 것처럼 보일 때에도 가장 가까이에 계신다는 사실을 알고 있다. 또 하나님이 크게 화를 내고 고통을 주시고 파멸시키는 것처럼 보일 때에도 아주 자애롭고 자상하신 구주라는 사실도 알고 있다. 죄와 사망의 두려움을 느끼고 있을 때에도 자신에게 확실하고 든든한 재산으로 주어질 것으로 알고 소망 중에 기다리고 있는 영원한 의를 하늘에 갖고 있는 사실도 알고 있다. 그들은 아무것도 갖고 있지 못할 때에도 만물의 통치자다. "아무것도 없는 자 같으나 모든 것을 가진 자로다"(고후 6:10). 이것이 소망에서 위로를 이끌어 낸다고 성경은 말한다. 그러나 이 지식은 큰 시험을 자주 겪어 보지 않으면 얻을 수 없다.

5:6 그리스도 예수 안에서는 할례나 무할례나 효력이 없으되 사랑으로써 역사하는 믿음뿐이니라 참되고 살아 있는 믿음은 사랑으로 선을 행하고 또 선행을 요구한다. 그리스도 나라의 지체로서 참된 그리스도인이 되기를 바라는 자는 참 신자임이 틀림없다. 우리의 믿음은 사랑의 행동으로 이어지지 않으면 참된 믿음이 아니다. 바울은 유대인과 자기 스스로 구원을 얻고자 하는 모든 자를 참 신자의 범주에서 제외시키면서 이렇게 말한다. 그리스도 예수 안에서는 할례나······효력이 없으되. 다시 말해, 행위도, 섬김도, 예배도, 현세의 삶도 구원을 받는 데 효력이 없다는 것이다. 행위나 공로를 조금도 의지하지 않는 믿음만이 하나님 앞에서 구원을 받는 데 효력이 있다는 말이다. 한편 바울은 "만약 믿음이 행위 없이 우리를 의롭게 한다면 우리가 할 것은 아무것도 없다. 오직 믿고 우리가 원하는 대로 하면 된다"고 말하는 나태하거나 게으른 모든 자도 참 신자의 범주에서 제외시킨다. 여기서 바울은 다르게 말한다. 곧 오직 믿음으로 의롭게 되는 것이 사실이라고 해도, 믿음을 다른 관점에서 말한다. 참된 믿음은 사람을 의롭게 한 후에 그가 게으르지 않고 부지런히 활동하며 사랑으로써 역사하는 믿음을 따라 살도록 한다. 그러므로 바울은 이 구절(6절)에서 온전한 그리스도인의 삶을 제시한다. 즉 온전한 그리스도인의 삶은 내적으로 하나님을 향한 믿음을 갖고 있다. 외적으로는 이

옷에 대한 사랑의 행위를 갖고 있다. 우리는 내적으로 우리의 행위를 필요로 하시지 않는 하나님 앞에서 오직 믿음으로 산다. 또 외적으로 다른 사람들 앞에서 우리의 믿음이 우리의 사랑이나 행위로 나타나지 않으면 아무 유익을 주지 못하므로, 사랑으로써 역사하는 믿음으로 산다. 이렇게 살아야 온전한 그리스도인이다.

그러므로 우리가 이런 식으로 그리스도인의 삶이 믿음과 사랑이라는 사실을 이해했을 때 이것은 우리에게 믿음이나 사랑이 무엇인지를 말해 주는 것이 아니다. 이것은 다른 문제다. 바울은 믿음 또는 믿음의 내적 본성과 힘, 적용에 관해서 이미 말했다. 믿음은 우리의 의, 아니 오히려 하나님 앞에서 우리의 의로움을 의미한다고 증명했다. 여기서는 믿음을 사랑과 행위와 결합시킨다. 즉 믿음의 외적 기능에 관해 말하는 것이다. 이웃을 위해 선을 행하라고 격려하고 우리 안에 사랑의 열매를 맺으라고 권면한다.

5:7 너희가 달음질을 잘 하더니 누가 너희를 막아 진리를 순종하지 못하게 하더냐? 바울은 앞에서 갈라디아 사람들에게 가르친 것과 똑같은 진리를 여기서도 가르치고 있다. 바울은 갈라디아 사람들이 진리에 순종하는 동안 올바르게 믿고 살면서 달음질을 잘했다고 말한다. 그러나 지금은 거짓 사도들에게 인도를 잘못 받음으로써 달음질을 잘하지 못했다. 바울은 여기서 새로운 심상을 사용하여 그리스도인의 삶을 달음질로 부른다. 히브리어에서 달리거나 걷는 것은, 살거나 행동하는 것과 똑같은 의미를 갖고 있다. 선생은 순수하게 가르칠 때 달음질하는 것이다. 듣는 자는 기쁨으로 말씀을 받아들이고 성령의 열매를 맺을 때 달음질하는 것이다. 바울이 있었을 때에는 이런 일이 일어났다.

너희가 달음질을 잘 하더니 경건한 자는 종종 자기들의 삶이 달음질이 아니라 천천히 기어가는 것 같은 느낌을 갖는다. 그러나 건전한 교훈을 갖고 성령 안에서 산다면, 비록 느리게 나아가는 것처럼 보일지라도, 하나님은 확실히 다르게 판단하실 것이다. 이것은 문제가 아니다. 우리 눈에 아주 느리게 보이는 것이 하나님의 눈에는 매우 빠르게 달리는 것으로 보일 테니 말이다. 다시 말해, 우리에게 슬픔과 근심, 죽음에 불과한 것처럼 보이는 것이, 하나님 앞에서는 참된 기쁨과 희락, 행복이다(마 5:4, 눅 6:21). 하나님의 아들을 믿는 자에게는 모든 것이 가장 좋은 것으로 판명될 것이다. 슬픔, 아니 사실은 죽음의 위기 속에 있을지라도 말이다. 그러므로 무엇을 하든 하나님의 영의 도움을 받아 좋은 방향을 향해 나아간다면, 여러분은 참된 경주자다. 이때 하나님의 영은 여러분이 느리게 나아간다고 생각하시지 않는다.

누가 너희를 막아 진리를 순종하지 못하게 하더냐? 믿음의 달음질이 막힌 자는 믿음과 은혜에서 떨어져 나가 율법과 행위로 되돌아가는 자다. 이 일이 갈라디아 사람들에게 일어났다. 갈라디아 사람들은 바울이 여기서 신랄하게 비난하는 거짓 사도들에게 인도를 잘못 받고 속임을 당했다. 갈라디아서 3:1과 비교해 보라. 말하는 김에 바울은 갈라디아 사람들이 거짓 교훈에 크게 미혹되어 진리와 신령한 교훈이 아니라 거짓말과 이단을 받아들인 것을 증명한다. 한편 갈라디아 사람들은 자기들이 사랑했던 건전한 교훈을 오류로, 오류를 건전한 교훈으로 말한다. 거짓 교훈을 온 힘을 다해 고수하고 옹호한다. 이것이 정확히 거짓 사도들의 방법이다. 그들은 갈라디아 사람들을 꾀어 바울의 가르침을 받았을 때 그들이 잘못된 길로 가고 매우 느리게 성장했다고 믿게 만들었다. 그러나 이후에 거짓 사도들에게 속아 진리에서 완전히 떨어져 나갔을 때 갈라디아 사람들은, 거짓 사도들의 거짓 관념에 크게 미혹되어 자기들이 행복한 상태에 있고 달음질을 잘하고 있다고 착각했다. 교리에서 실족하는

것은 사람에게 원인이 있지 않다. 마귀에게 원인이 있고, 그것은 매우 치
명적이다. 그것은 높은 하늘에서 지옥 밑바닥으로 떨어지는 것을 의미
한다. 오류에 계속 빠지는 자는 자기들의 죄를 인정하지 않고, 그 죄를
도리어 수준 높은 의로 착각한다. 그러므로 그들은 용서받을 수 없다.

5:8 그 권면은 너희를 부르신 이에게서 난 것이 아니니라   거짓 사도들은 학
문과 경건의 수준이 바울을 능가하는 것처럼 보였다. 갈라디아 사람들
은 이런 모습에 속임을 당해 거짓 사도들의 말을 들을 때 그리스도에게
직접 듣는 것처럼 생각했다. 그러나 바울은 이 거짓 교훈이 그들을 은혜
로 부르신 그리스도에게서 나온 것이 아니라 마귀에게서 나온 것임을
증명한다. 그렇게 함으로써 그들 가운데 많은 이들을 거짓 관념에서 구
해 냈다.

　마귀는 탁월한 설득력을 갖고 있고, 아주 작은 죄도 크게 부풀리는
법을 알고 있다. 그래서 마귀에게 미혹된 자는 자신의 죄가 너무 가중하
고 끔찍해서 자신은 당연히 영원한 파멸을 당할 것이라고 생각한다. 이
때 이런 괴로움 속에 있는 양심은, 바울이 갈라디아 사람들을 일으켜 세
운 것과 똑같은 방법으로 위로를 받아야 한다. 즉 이런 관념은 그리스도
에게서 나온 것이 아니라고 듣고 힘을 얻어야 한다. 이런 관념은 그리스
도를 고소자와 잔혹한 감독자가 아니라 온유하고 겸손한 마음을 가진
자애로운 구주와 위로자로 묘사하는 복음의 말씀과 대립되기 때문이다.

　그러나 사탄은 노련한 일꾼이다. 결코 지치는 법이 없다. 사탄은 그
리스도의 말씀과 본보기를 확신을 무너뜨리고 여러분을 반대하는 데 사
용하면서 이렇게 말한다. "그리스도께서 온유하고 겸손하고 자비로우
신 것은 사실이다. 하지만 거룩하고 의로운 사람에게나 그렇다. 죄인에
게는 진노와 파멸로 위협하신다(눅 13장). 그리스도는, 비신자는 이미 끝
났다고 선언하신다(요 3장). 게다가 그리스도는 많은 선을 행하셨다. 또

한 악도 많이 겪으셨다. 그리스도는 우리에게 자신의 본보기를 따르라고 명하신다. 그러나 너희의 삶은 그리스도의 말씀이나 본보기를 따르지 못하고 있다. 너희는 죄인이다. 너희 안에는 믿음이 없다. 너희는 선을 조금도 행하지 못했다. 그러므로 너희에게는 그리스도를 엄한 심판자로 언급하는 말씀이 적용된다. 그리스도를 사랑과 자비가 풍성한 구주로 제시하는 위로의 말씀은 적용되지 않는다." 만약 사탄이 이렇게 말한다면 여러분은 다음과 같이 자신을 위로해야 한다.

성경은 그리스도를 두 가지로 제시한다. 첫째, 성경은 그리스도를 선물로 제시한다. 만약 내가 이 선물로 그리스도를 붙잡는다면, 나는 부족한 것이 조금도 있을 수 없다. "그 안에는 지혜와 지식의 모든 보화가 감추어져 있기" 때문이다(골 2:3. 고전 1:30 참조). 그러므로 내가 통탄할 죄를 많이 저질렀다고 해도, 그리스도를 믿기만 하면 그리스도의 의가 그 죄를 삼켜 버릴 것이다. 둘째, 성경은 그리스도를 따라야 할 본보기로 제시한다. 그럼에도 불구하고 나는 그리스도(본보기로서의 그리스도)를 기쁘고 즐거울 때 곧 내가 시험(그의 본보기 1000분의 1도 따를 수 없는)에서 벗어나 있을 때에만 내 앞에 두고 본보기로 삼을 것이다. 그렇게 그리스도를 내가 얼마나 부족한지 들여다보는 거울로 삼으면 자만하지 않게 될 것이다. 반면에 환난이 닥칠 때에는 그리스도가 나의 죄를 위하여 죽고, 내게 자신의 의를 주시며, 나의 삶 속에서 부족한 것을 나를 위하여 행하고 이루신 선물이라는 말 외에 다른 말은 듣지 않을 것이다. "그리스도는 모든 믿는 자에게 의를 이루기 위하여 율법의 마침이 되시기" 때문이다(롬 10:4).

우리 각자는 시험이 닥칠 때 확실하고 확고한 치료책을 갖고 있다. 사탄이 우리를 끌고 가기 원하는 절망의 독을 피하고 오늘날 분열시키는 자들에게 대처할 수 있으려면, 이런 일들을 알아두는 것이 유익하다. 그리스도는 이미 자기의 죄의 짐에 낙담하고 상처를 입은 자들에게 단순한 본보기나 율법 수여자가 아니라 구주와 선물로 제시되어야 한다. 그러나 자만하고 완고한 자들에게는 본보기로 제시되어야 한다. 또한 성경의 엄격한 선고와 하나님의 진노에 관한 두려운 실례들—온 세상 사람의 익사, 소돔과 고모라의 멸망 등—을 그들 앞에 두어 회개하도록 해야 한다.

그러므로 고통 속에 있는 그리스도인은 그리스도에 관한 거짓 관념을 물리치는 법을 배우고 다음과 같이 말해야 한다. "저주받은 사탄아, 너는 왜 지금 행위와 행함에 대해 주장하는 것이냐? 나는 내 죄 때문에 이미 두려워하고 괴로워했다. 그러나 너무 지치고 무거워서 참소자와 파괴자인 너에게 듣지 않겠다. 세상의 구주로 죄인을 구원하고, 두려움과 절망에 빠진 자를 위로하며, 포로에게 해방을 선포하러 오셨다고 말씀하시는 그리스도에게 들을 것이다. 이분이 참 그리스도이다. 다른 그리스도는 없다. 나는 아브라함과 이사야, 세례 요한, 바울 그리고 다른 성도들의 거룩한 삶을 본보기로 삼을 수 있다. 그러나 그들은 내 죄를 사할 수 없다. 마귀의 권세에서 그리고 사망으로부터 나를 해방시킬 수 없다. 나를 구원하고 내게 영생을 줄 수 없다. 이런 일은 오직 그리스도에게만 속해 있다. 하나님 아버지는 자신의 인을 그분에게 치셨다(요 6:27). 그러니 사탄 너에게서 절대로 듣지 않겠다. 하나님 아버지가 '이는 내 사랑하는 아들이요 내 기뻐하는 자니, 너희는 그의 말을 들으라!'고 말씀하신 그리스도만을 나의 선생으로 인정할 것이다(마 17:5)." 만약 우리가 시험이 닥칠 때나 거짓 교훈으로 설득을 당할 때 이와 같은 말로 스스로 위로하는 법을 배우지 못한다면, 마귀는 자기 사자들을 통해 우리를 속이거나 아니면 불화살로 우리를 죽일 것이다.

5:9 적은 누룩이 온 덩이에 퍼지느니라 갈라디아서는 갈라디아 사람들이 넘어졌을 때 바울이 얼마나 속상해했는지를 보여준다. 바울이 때로는 비난하고 또 때로는 간청하며, 만약 회개하지 않으면, 이 크고 두려운 범

죄로 파멸할 것이라고 목이 터지도록 반복해서 가르치고 있음을 충분히
증명한다. 갈라디아 사람들 가운데 어떤 이는 이와 같은 바울의 자애로
운 관심과 권면에 전혀 미동도 하지 않을 것이다. 그들 가운데 많은 이
가 바울을 더 이상 자기들의 선생으로 인정하지 않고 거짓 사도들을 바
울보다 훨씬 더 높이 평가했기 때문이다. 그들은 바울이 아니라 거짓 사
도들로부터 참된 교훈을 받았다고 생각했다. 나아가 의심할 것 없이 거
짓 사도들은 갈라디아 사람들 속에서 바울을 비방했다. 단순히 바울이
갈라디아 사람들에게 지혜롭다고 생각되고 칭송받기를 원했다는 것을
이유로 들며, 바울이 아주 사소한 것에 집착하여 교회의 연합을 깨뜨린
완고하고 호전적인 사람이었다고 말했다. 이런 거짓 고소로 바울은 갈
라디아 사람들에게 아주 불쾌한 존재가 되고 말았다.

갈라디아 사람들 가운데 바울의 교훈을 아직 완전히 포기하지 않은
다른 사람들은, 이신칭의 교리에 있어 바울과 조금 차이가 있어도 별로
위험하지 않다고 생각했다. 그들은 자기들이 보기에 바울은 별로 중요
하지 않은 사실을 매우 심각한 문제로 삼았다고 보았다. 그들은 이렇게
생각했다. "우리는 바울의 교훈으로부터 조금은 벗어날 수 있다. 우리
안에도 얼마간 잘못이 있을 수 있다. 하지만 그것은 작은 문제다. 바울은
그것을 눈감아 주어야 한다. 아니 최소한 그것을 큰 일로 만들어서는 안
된다. 그렇게 해야 교회의 연합이 유지될 테니 말이다." 바울은 이에 대
하여 "적은 누룩"이 "온 덩이에 퍼지느니라"고 말하는 것으로 답변한다.

철학에서는 시작할 때 작은 잘못이, 끝날 때 크고 엄청난 잘못을 가
져온다. 이것은 신학에서도 마찬가지다. 하나의 작은 오류가 전체 교훈
을 무너뜨린다. 그 교훈은 우리의 것이 아니라 하나님의 것이다. 우리는
다만 하나님의 사역자로 부르심을 받은 것이다. 따라서 우리는 그 교훈
을 일점일획도 바꾸거나 축소시킬 수 없다. 삶은 우리의 것이다. 삶에 관
한 한, 우리는 반대자가 우리에게 무엇을 요구하든, 어떻게든 믿음과 교

훈이 건전하고 부패하지 않은 상태를 유지할 수 있도록 행동하고 감수하고 용서할 준비가 되어 있어야 한다.

눈 속에 있는 작은 티끌이 눈을 상하게 한다. 우리 구주 그리스도는 이렇게 말씀하신다. "네 몸의 등불은 눈이라. 네 눈이 성하면 온 몸이 밝을 것이요, 만일 나쁘면 네 몸도 어두우리라.······네 온 몸이 밝아 조금도 어두운 데가 없으면 등불의 빛이 너를 비출 때와 같이 온전히 밝으리라"(눅 11:34-36). 이 비유를 통해 그리스도는 눈(즉 교훈)이 그 안에 어둠이나 구름이 조금도 없도록 아주 단순하고 명확하고 진실해야 한다는 사실을 암시하신다.

그들은 사랑과 연합을 높이 칭송하지만, 우리는 말씀과 믿음을 더욱 강조해야 한다. 사랑은 어느 시점과 장소에서는 등한시되어도 치명적인 위험이 없을 수 있다. 그러나 말씀과 믿음은 그럴 수 없다. 사랑은 모든 사람에게 양보한다. 반면에 믿음은 아무에게도 절대로 양보하지 않는다. 우리의 사랑은 포기할 때, 믿을 때, 주고 용서할 때 종종 속임을 당한다. 그러나 진정한 손실로 부를 만한 일을 겪지 않는다. 그렇다고 그리스도를 잃는 것은 아니기 때문이다. 그러므로 우리의 사랑은 심지어 감사하지 못하고 무가치한 사람들에게도 선을 행하는 것이다. 그러나 믿음과 구원 문제에 있어 사람들이 진리의 이름으로 거짓과 오류를 가르치고 많은 사람을 속일 때 사랑은 낄 자리가 없다. 여기서 사랑은 우리가 잃어버린 신실한 자에게 아무 유익을 주지 못한다. 그러나 말씀과 믿음, 그리스도 그리고 영생은 그렇지 않다. 만약 우리가 하나님과 그분의 말씀을 사랑하지 않는다면 우리가 무엇을 또는 얼마나 사랑하는지는 중요하지 않다.

5:10 나는 너희가 아무 다른 마음을 품지 아니할 줄을 주 안에서 확신하노라
바울은 요컨대 다음과 같이 말한다. "나는 너희를 충분히 가르치고 경고

하고 책망했다. 그러므로 너희는 내게 충분히 들었다. 그러나 너희가 주 안에서 더 잘하기를 바란다." 믿음은 하나님을 신뢰한다. 그러므로 믿음은 속임을 당할 수 없다. 사랑은 사람을 믿는다. 그러므로 사랑은 종종 속임을 당한다. 사랑으로부터 나오는 믿음은 이 세상에 사는 동안 매우 필수적이다. 이 믿음이 없으면 세상에서 살아갈 수 없다. 만약 어떤 사람이 다른 사람을 믿거나 신뢰하지 않는다면, 세상에서 우리는 어떤 삶을 살게 될까? 참 그리스도인은 이 세상 사람들보다 사랑을 통해 더 잘 믿고 신뢰할 준비가 되어 있다. 다른 사람들을 믿는 믿음이 경건한 사람들 속에서는 성령의 열매 또는 기독교적 믿음의 열매이기 때문이다. 그래서 바울은 갈라디아 사람들이 자신이 가르친 교훈에서 떨어져 나갔을지라도 그들을 신뢰한다. 이것은 이렇게 말하는 것과 같다. "주님이 너희 안에, 너희가 주님 안에 있는 한, 즉 너희가 진리 안에 남아 있는 한 나는 너희를 신뢰한다. 그러나 너희가 사탄의 사자들에게 미혹을 당해 진리에서 떨어져 나간다면, 나는 더 이상 너희를 신뢰할 수 없다."

너희가 아무 다른 마음을 품지 아니할 줄을 말하자면 이런 뜻이다. "내가 너희에게 가르친 교훈과 믿음에 관한 견해 외에 다른 어떤 견해도 너희는 내게 배우지 않았다. 그러므로 너희가 내가 가르친 교훈과 반대되는 어떤 교훈도 받아들이지 않기를 바란다."

그러나 너희를 요동하게 하는 자는 누구든지 심판을 받으리라 이 문장에서 바울은 거짓 사도들을 심판하는 심판자와 같은 태도로 거짓 사도들이 갈라디아 사람들을 혼란에 빠뜨리고 있다고 비난한다. 거짓 사도들은 바울보다 훨씬 더 경건하고 뛰어난 선생으로 간주되었다. 바울은 이처럼 두려운 선고로 갈라디아 사람들을 떨게 만든다. 갈라디아 사람들이 거짓 사도들의 거짓 교훈을 아주 위험한 재앙으로 간주하고 포기하도록 과감하게 거짓 사도들을 정죄한다. 이것은 다음과 같이 말하는 것과 같다. "너희가 너희를 혼란에 빠뜨리는 것 외에 다른 가르침을 주지 못하는 이 가증한 사람들의 말을 경청하다니 도대체 어떻게 된 일이냐? 그들이 너희에게 주는 교훈은 너희의 양심을 괴롭게 하는 것에 불과하다. 그들이 아무리 위대하다고 해도 그들은 결국 정죄당할 것이다."

누구든지 우리는 이 말로 거짓 사도들이 외적으로는 선하고 거룩한 자들이었음을 알 수 있다. 아마 그들 중에는 사도들의 유명한 제자로, 큰 명성과 권위를 가진 인물도 더러 있었을 것이다. 의심할 것 없이 많은 사람이 바울의 열정에 불쾌한 마음을 가졌을 것이다. 바울이 이처럼 작은 문제에 무정하고 까다롭게 구는 모습을 의아하게 여겼을 것이다. 바울은 왜 자신과 같은 사역자였던 자들에게 영원한 파멸을 선고했을까? 그러나 바울은 그들이 아무리 크게 존경받고 거룩하고 학식 있는 자로 보일지라도, 믿음의 교리를 왜곡시키는 자는 누구를 막론하고 과감하게 정죄한다.

　　우리는 교리와 삶을 조심스럽게 구분해야 한다. 교리는 하늘이고 삶은 땅이다. 삶 속에는, 속담에서 말하는 것처럼, 쓸개 탄 포도주가 있다. 곧 죄와 오류, 부정함, 비참함이 있다. 삶 속에서는 모든 것을 사랑으로 눈감아 주고 참고 믿으며 바라고 견뎌야 한다. 죄와 오류가 옹호되고 파급되지 않는 한, 최대한 죄를 용서해 주어야 한다. 그러나 교리는 오류가 전혀 없으므로 용서할 필요가 없다. 그러므로 교리와 삶은 비교가 안 된다. 참된 교리의 한 가지 작은 요점이 하늘과 땅보다 더 가치가 있다. 그러므로 우리는 교리의 아주 작은 한 부분이라도 부패한 상태에 있으면 절대로 방치할 수 없다. 반면에 삶의 오류들은 눈감아 줄 수 있다. 우리 역시 매일 삶 속에서 잘못을 저지르니 말이다. 모든 성도는 잘못을 저지르고 주의 기도와 우리의 신앙 고백을 통해 이 죄를 간절히 자복한다. 그러나 우리의 교리는 감사하게도 순전하다. 우리의 신앙 조항들은 철저히 성경에 기초한다. 마귀는 이 조항들을 어떻게든 부패시키고 허물고자 획책할 것이다. 그래서 마귀는 교회의 연합을 파괴해서는 안 된다는 주장을 빌미로 우리를 공격한다.

5:11 형제들아, 내가 지금까지 할례를 전한다면 어찌하여 지금까지 박해를 받으리요 그리하였으면 십자가의 걸림돌이 제거되었으리니   바울은 갈라디아 사람들을 되돌리기 위해 모든 방법을 강구한다. 여기서 바울은 자기 자신을 본보기로 제시한다. 요컨대 바울은 이렇게 말한다. "할례와 의를 분리시켰다는 이유로 나는 제사장과 장로들, 아니 사실은 동족 전체의 미움과 박해를 받았다. 만약 할례에 의를 귀속시켰다면 유대인들은 나를 박해하지 않았을 뿐만 아니라 오히려 나를 사랑하고 크게 칭송했을 것이다. 그러나 나는 그리스도의 복음과 믿음의 의를 전하고 율법과 할례를 폐지시키고 있다. 그래서 박해를 받고 있다. 반면에 거짓 사도들은 십자가를 피하고 할례를 전함으로써 유대인들의 끔찍한 미움에서 벗어난다. 오히려 유대인의 호의를 얻고 인정을 받는다(갈 6:12). 거짓 사도들은 이방인과 유대인 사이에 오직 평화와 일치만 있고 불화는 전혀 없었다고 말하기를 좋아할 것이다. 그러나 그것은 믿음의 교리 곧 걸림돌로 가득 차 있는 십자가의 교리를 잃어버리지 않고는 불가능하다." 바울이 이 구절(11절)에서 전하는 의미는, 십자가의 걸림돌을 제거하는 것은 완전히 잘못된 일이라는 것이다. 고린도전서 1:17도 보라.

여기서 어떤 이는 그리스도인들이 진리를 전하기 위해 자발적으로 위험에 뛰어드는 것은 미친 짓이라고 말할 것이다. 그러나 바울은 그렇게 하는 것이 조금도 자기를 곤혹스럽게 하지 않는다고 말한다. 오히려 더욱 자신을 담대하게 만들고, 십자가 아래 부흥하고 성장하는 교회의 성공과 확장을 바라게 만든다고 말한다. 그리스도는 자기 원수들 한가운데서 다스리시는 분이 틀림없다(시 110:2). 그러나 한편 십자가가 폐지되고 폭군과 이단의 격동이 그치면, 그리고 다른 한편으로 걸림돌이 제거되고 모든 것이 평화로워지면, 마귀가 그 집을 보호한다. 그리고 이런 상황은 하나님의 말씀의 순전한 교리가 제거되었음을 보여주는 확실한 표지다.

말씀의 교리 뒤에는 즉시 십자가가 따라오기 마련이고, 그리스도인들은 어떤 동정도 없는 비난과 모욕으로 가득 찬 박해의 십자가를 지게 된다. 그러므로 십자가는 큰 걸림돌이다. 첫째, 그리스도인들은 이사야가 그리스도에 관해 예언한 것처럼(사 53장) 세상에서 가장 가치 없는 사람으로 취급당한다. 게다가 살인자와 강도들은 자기의 죄에 합당한 처벌을 받는데도 불구하고 사람들에게 동정을 받는다. 그러나 세상은 그리스도인들을 모든 사람 가운데 가장 해로운 자로 판단한다. 그리스도인들의 극악한 범죄에 대해 어떤 고통을 가해 처벌하더라도 충분하지 않다고 생각한다. 그리스도인들을 조금도 동정하지 않고, 가장 수치스러운 사형에 처한다. 그리스도인들을 죽이면서 그 일이 하나님을 섬기는 일이라고 생각한다(요 16:2). 이런 부정한 죄악을 제거함으로써 평화가 회복되고 확립될 것이라고 상상한다. 그러나 우리는 이런 행태나 그리스도의 십자가와 그 걸림돌이 지속되는 것에 영향을 받아서는 안 된다고 바울은 말한다. 십자가가 지속되는 동안 복음도 성공을 거둘 것이므로 오히려 이런 일을 통해 우리를 확증해야 한다.

그리스도도 이와 비슷하게 제자들을 위로하셨다(마 5:11-12). 교회는 이 즐거움을 빼앗길 수 없다. 복음 전파보다 마귀를 자극시키는 것은 없다. 복음 전파는 마귀의 위장을 폭로하고 마귀의 정체성을 드러내기 때문이다. 곧 그가 하나님이 아니라 마귀라는 사실을 역력히 보여주기 때문이다. 그러므로 복음이 번창할 때마다 복음 뒤에는 십자가와 걸림돌이 따라와야 한다. 그렇지 않으면 마귀만 만족시키게 된다. 마귀는 제대로 공격당하면 쉬지 못하고 크게 격동하여 도처에 혼란을 일으킨다.

그리스도인들이 생명의 말씀을 고수하고자 할 때, 마귀가 고삐를 풀고 도처에서 날뛰는 것을 본다. 곧 온 세상에서 소동이 벌어지고 폭군들이 잔혹하게 날뛰며 이단들이 출몰하는 것을 본다. 그렇다 하더라도 그리스도인들은 결코 두려워하거나 겁을 먹어서는 안 된다. 그리스도인들은, 마태복음 5:12에서 그리스도께서 친히 설명하시는 것처럼, 이런 일들이 두려움의 표시가 아니라 기쁨의 표시임을 확신해야 한다. 그러므로 하나님은 십자가의 걸림돌이 제거되는 것을 금하신다. 만약 우리가 이 세상의 임금과 그의 수하들이 즐겁게 들을 수 있는 행위의 의를 전한다면 십자가의 걸림돌이 제거될 것이다. 그렇게 되면 우리는 조용한 마귀와 우호적인 세상, 자애로운 통치자를 갖게 될 것이다. 그러나 우리가 그리스도의 유익과 영광을 세상에 전하기 때문에, 그들은 우리를 박해하고 우리의 재산과 생명을 빼앗아 간다.

5:12 너희를 어지럽게 하는 자들은 스스로 베어 버리기를 원하노라 여기서 바울은 할례를 언급하고 있다. 거짓 사도들은 겉으로 보면 당당하고 거룩한 사람으로 보였다. 우리는 거짓 사도들이 가르치는 교훈의 누룩을 간과해서는 안 된다. 아무리 작더라도 무시하면 점차 진리와 구원이 소멸되고, 하나님까지 부인하는 일이 벌어지기 때문이다. 말씀이 부패하고 하나님을 부인할 때(말씀이 부패하면 이어서 일어날 일) 더 이상 구원에 대한 소망은 없다. 그러나 우리에게는 우리가 (세상으로부터) 저주를 받고 죽임을 당한다고 해도 우리를 다시 일으키고 저주와 사망, 지옥으로부터 건져 낼 자가 있을 것이다.

그러므로 하나님 말씀의 존엄함과 권위를 진전시키고 높이는 법을 배우자. 그것은 사소한 일이 아니다. 아무리 작은 조각이라도 이 일은 천지보다 더 크다. 그러므로 이 점에서 우리는 기독교적 사랑이나 연합에

는 관심이 없다. 대신 심판석에 앉아 있다. 다시 말해, 우리는 마지막 날
에 하나님 말씀의 위엄을 손상시키거나 부패시킨 모든 자를 저주하고
정죄한다. 적은 누룩이 온 덩이에 퍼진다(9절). 그러나 우리가 하나님의
말씀을 온전하고 건전하게 맡고 있다면, 기꺼이 그들과 사랑과 화평의
관계를 유지할 뿐만 아니라 그들의 종이 되어 그들을 위해 무슨 일이든
해야 한다. 그렇게 하지 않으면 하나님과 하나님의 참된 말씀은 퍼지지
않고 그대로 남아 있을 것이다. 그들과 온 세상은 멸망하고 지옥에 떨어
질 것이다. 하나님이 계시는 한, 생명과 구원 그리고 신실한 자 역시 계
속 존속할 것이다.

5:13 형제들아, 너희가 자유를 위하여 부르심을 입었으나 그러나 그 자유로 육
체의 기회를 삼지 말고 오직 사랑으로 서로 종노릇 하라 여기서 삶과 선행에
관한 권면과 가르침이 이어진다. 사도들이 믿음을 가르치고 사람들의
양심을 깨우칠 때 가르침에 선행을 덧붙임으로써, 신실한 사람들은 서
로 사랑할 의무가 있다고 권면하는 것이 관례였기 때문이다. 어떤 면에
서 이성도 이런 교리를 가르치고 이해한다. 하지만 믿음의 교리에 관해
말하면, 이성은 아무것도 모른다. 따라서 기독교 교리가 선행을 무시하
거나 국법을 침해하지 않는다는 사실을 깨닫게 하려고 바울은 우리에게
부지런히 선을 행하고, 예의 바른 행동을 보여주며, 서로 사랑하고, 화
평을 유지하라고 말한다. 그러므로 세상은 선을 행하지 않고 화평을 해
친다는 이유로 그리스도인들을 당연히 비난할 수 없다. 그리스도인들은
믿음과 행동을 하나로 결합시키기 때문에, 세상의 모든 철학자와 당국
자보다 선행과 다른 온갖 미덕을 더 잘 가르친다.

요컨대 바울은 이렇게 말한다. "너희는 지금 그리스도로 말미암아
자유를 얻었다. 양심과 삶에 관해 말한다면, 너희는 하나님 앞에서 모든
율법을 크게 넘어서 있다. 너희는 복을 받고 구원을 받았다. 그리스도께

서 너희의 생명이다. 그러므로 율법과 죄, 사망이 너희를 혼란시키고 두렵게 하더라도, 절대로 너희를 해치거나 절망으로 끌고 갈 수 없다. 이것이 너희가 갖고 있는 특별한 자유다. 따라서 그 자유를 육체의 기회로 사용하지 않도록 조심하기 바란다."

이것은 흔히 일어나는 문제이다. 사탄이 믿음의 교리에 대해 일으키는 온갖 악 가운데 가장 치명적인 것이다. 사탄은 아주 많은 사람들 가운데 그리스도께서 우리에게 주신 자유를 육체의 기회로 만들어 버린다. 유다도 이 점을 지적한다(유 1:4). 육체의 본성은 은혜의 교리에 철저히 무지하다. 다시 말해, 우리가 행위가 아니라 믿음으로 의롭게 된다는 것과 율법은 우리를 지배할 권세를 갖고 있지 않다는 것을 모른다. 그러므로 육체의 본성은 믿음의 교리에 대해 들을 때 그 교리를 악용하여 방종을 위한 교리로 바꿔 버리고 다음과 같이 결론짓는다. 우리에게 율법이 없다면 우리는 선을 행할 필요도, 곤경에 처한 자를 도울 필요도 없이 우리가 원하는 대로 마음껏 살 수 있다. 또한 우리에게 그렇게 하도록 요구하는 법이 없기 때문에 우리는 악을 견디며 살 필요가 없다.

그러므로 후가(악을 견디는 것)가 전자(선을 행하지 않는 것)보다 더 나은 것이라 할지라도, 어느 쪽이든 위험한 것이다. 믿음이 선포되지 않으면 아무도 구원받을 수 없다. 오직 믿음으로만 의롭게 되고 구원받기 때문이다. 반면에 믿음이 선포되면 예상되는 것처럼 대다수 사람들이 믿음의 교리를 육체적으로 이해하고 성령의 자유를 육체의 자유로 만들어 버린다. 큰든 작든 모든 삶 속에서 그것을 확인할 수 있다. 누구나 그리스도인이 된 것을 자랑하지만, 자기 자신의 욕심을 섬긴다. 탐욕과 쾌락, 교만, 시기 그리고 다른 악덕들에 집착한다. 아무도 자신의 의무를 충실하게 감당하지 않는다. 아무도 사랑으로 형제의 필요를 채워 주지 않는다. 이것 때문에 나는 때때로 참을 수 없다. 고모라 사람들은 화평의 복음으로 지배받는 것이 불가능하다.

게다가 말씀을 가르치는 우리도, 이전에 무지의 어둠 속에 있었을 때 그랬던 것처럼, 우리의 의무를 부지런히 열심을 다하여 지키지 않는다. 그리스도께서 우리를 위해 얻으신 자유를 더 크게 확신할수록 그만큼 더 냉랭하고 게으른 태도를 보여주는 것 같다. 우리가 말씀을 해설할 때, 기도할 때, 선을 행할 때, 역경 속에 있을 때 그런 태도를 보인다. 사탄이 내적으로 영적 시험을 통해, 외적으로는 원수들의 박해를 통해, 거기에 한술 더 떠서 우리 동료들의 멸시와 배은망덕한 태도를 통해 우리를 혼란에 빠뜨리지 않았다면, 우리는 온갖 선행에 대해 완전히 게으르고 부주의한 자가 될 것이다. 그렇게 세월이 흐르면 그리스도에 관한 지식과 믿음을 상실하고, 말씀 사역을 포기하며, 육체를 위한 삶에 손쉽게 빠져들고 말 것이다.

우리는 마귀에 대해 잘 알고 있다. 무엇보다 마귀가 세상을 미워하는 우리를 호시탐탐 숨어서 기다리고 있음을 잘 안다. 마귀는 온 힘을 다해 우리에게서 성령의 자유를 빼앗아 가려고, 아니면 최소한 성령의 자유를 육체의 자유로 바꾸려고 획책한다. 바울의 본보기를 따라 우리는 아주 조심스럽게 형제들이 자기에게 주어져 있는 성령의 자유를 육체의 자유의 기회로 삼거나 악을 가리는 데 사용하지 않도록 가르쳐야 한다 (벧전 2:16). 그렇게 해야 그들은 서로 사랑하며 섬기게 될 것이다.

바울은 그리스도인들이 자유를 악용하지 않도록 그들 육체의 본성에 종의 멍에를 둔다. 그 멍에는 바로 서로 사랑하라는 율법이다. 경건한 자는 양심에 관한 한 자기들은 하나님 앞에서 그리스도로 말미암아 율법과 죄, 사망의 저주에서 해방되었다는 사실을 명심해야 한다. 그러나 육체에 관한 한, 그들은 사랑으로 서로 종노릇 해야 한다. 우리 각자는 자신의 부르심에 따라 이 의무를 감당하는 데 힘쓰고, 힘이 닿는 한 이웃을 도와주어야 한다.

서로 사랑하라는 가르침을 세상 사람들에게는 아무리 강조해도 소용이 없다. 그들에게 아무리 강조해도 이 가르침을 그들의 마음속에 심을 수 없다. 그러나 그리스도인들은 기쁘게 받아들이고 순종한다. 다른 사람들은 기독교적 자유가 선포될 때, 만약 자유하다면 자기들은 원하는 대로 무엇이든 할 수 있을 것이라고 추론한다. 무엇이든 그들 자신의 것이라고 생각한다. 그런데 왜 그들은 원하는 것을 얻기 위해 그것을 팔 수 없을까? 그들은 자기들의 선행으로 구원을 얻지 못한다. 그렇다면 무엇 때문에 그들이 가난한 자에게 무엇이든 주어야 하겠는가? 따라서 그들은 부주의하게 육체에 종노릇 하고, 성령의 자유를 방종과 육체의 자유와 바꾼다. 자기들의 몸과 재산을 자기들이 원하는 대로 사용하고, 가난한 자를 돕거나 곤궁한 자에게 빌려주지 않는다. 대신 흥정하고 움켜쥐고 자기들이 얻을 수 있는 것은 무엇이든 갈고리로 긁어 댄다. 그러나 그들이 우리를 조롱한다고 해도, 아무리 그들이 자기들의 자유를 자랑하더라도, 우리는 그들에게 그들이 결코 자유하지 않다고 말해 주어야 한다. 그들은 그리스도와 기독교적 자유를 상실했고, 마귀의 종노릇을 하고 있다. 기독교적 자유의 이름 아래 이전보다 일곱 배나 더 악화된 상황에 있다(마 12:43-45).

우리에 관해 말한다면, 우리는 누구든 믿으면 그리스도로 말미암아 값없이 율법과 죄, 사망 그리고 하나님의 진노로부터 자유를 얻는 복음을 전하라는 하나님의 계명을 갖고 있다. 지금 복음을 통해 선포된 자유를 숨기거나 폐할 권한이 우리에게는 없다. 그리스도께서 이 자유를 우리에게 값없이 주셨고 자신의 죽음으로 자유를 얻으셨기 때문이다. 우리는 자신의 몸이나 재산으로 남을 돕지 않고 온갖 방탕한 생활에 빠져 있는 탐욕적인 사람들을 억지로 강요할 수 없다. 우리가 할 수 있는 일을 하면 된다. 그들이 해야 할 일을 말해 주면 된다. 효과가 없다면 문제를 하나님께 맡기면 된다. 그러면 하나님께서 조롱하는 자들에게 적절한 때에 응당한 처벌을 내리실 것이다. 그때 우리가 경건한 사람이라면 우리의 수고가 결코 헛되지 않았다는 사실로 위로를 받을 것이다. 분명 그들 가운데 많은 이가 우리의 사역을 통해 마귀의 종노릇에서 벗어나 성령의 자유 속에 들어간다. 이런 사람들의 수는 그리 많지 않으나, 그들은 육체에 관한 한 다른 사람들에게 빚이 있음을 안다. 성령의 자유의 영광이 남을 사랑으로 섬길 때 주어진다는 것을 인정한다. 우리는 자유를 악용하는 대다수 사람들보다 그런 자들에게서 더 큰 즐거움을 얻는다.

5:14 온 율법은 네 이웃 사랑하기를 네 자신 같이 하라 하신 한 말씀에서 이루어졌나니 바울은 기독교 교리의 터를 닦은 후에 그 위에 금과 은, 보석을 세운다. 예수 그리스도 외에, 즉 그리스도의 의 말고 다른 터는 없다(고전 3:11). 바울은 이 터 위에 이제 선행을 세운다. 여기서 선행은 하나의 명령으로 통합되었다. 곧 네 이웃 사랑하기를 네 자신과 같이 하라는 명령이 그것이다. 요컨대 바울은 이렇게 말한다. "내가 너희에게 사랑으로 서로 섬기라고 말할 때, 그 뜻은 율법이 다른 곳에서 말하는 것—'네 이웃 사랑하기를 네 자신과 같이 사랑하라'(레 19:18)—과 똑같다." 이것이 성경에 나오는 하나님의 명령을 해석하는 참된 방법이다.

바울은 사랑에 관한 교훈을 제시할 때 거짓 선생들의 견해와 반대되는 선행 교리를 절묘하게 옹호하고 있다. 요컨대 바울은 다음과 같이 말하고 있다. "지금까지 너희에게 참된 영적 생명에 대해 가르쳤다. 이제부터는 참된 선행에 대해 가르칠 것이다. 내가 이렇게 말하는 것은, 거짓 사도들이 너희에게 강요하는 헛되고 미련한 의식들이 사랑의 행위보다 훨씬 저급하다는 사실을 알려 주기 위해서다. 이 미련한 선생들은 순전한 교리에서 이탈했고, 미신을 추구하기 때문에 결코 참된 선행에 이르지 못한다. 그들은 터 위에 나무나 풀이나 짚 말고 아무것도 세우지 못한다(고전 3:12-13)." 따라서 행위를 아주 열렬히 옹호했던 거짓 사도들은, 그리스도인들이 서로 사랑하고 자기의 재산뿐만 아니라 자기의 몸

으로―자기의 혀와 손, 마음, 온 힘으로―곤경 속에 있는 이웃을 기꺼이 돕
는 것과 같은 사랑의 행위를 가르치거나 요청하지 않았다. 거짓 사도들
은 다만 할례를 준수하고 날과 달과 절기와 해를 지킬 것을 요구했다
(갈 4:10). 그러므로 다른 선행은 가르칠 수 없었다. 또한 터 곧 그리스도
를 파괴하고 믿음의 교리를 희석시켰기 때문에 선행에 대해 참된 관념
을 유지할 수도 없었다. 나무를 베어 보라. 그러면 열매도 시들고 만다.

　　그러므로 바울은 갈라디아 사람들에게 그리스도인은 믿음의 순전
한 교리를 듣고 받아들인 후에는 반드시 선을 행하는 자가 되어야 한다
고 권면한다. 죄의 잔재는 의롭다 함을 받은 자들 속에도 여전히 남아
있고, 믿음에 해를 끼치는 것만큼 선을 행하는 일도 방해한다. 나아가 인
간의 이성―즉 육체의 본성―은 성도들 안에서 성령을 거역하고, 악인들
속에서는 그들의 마음을 강력히 통치한다. 인간의 이성은 하나님의 말
씀에 의지해서가 아니라 이성 자체의 상상에 의지하여 하나님을 판단할
때 더 큰 즐거움을 얻는다. 인간의 이성은 하나님이 명하신 행위보다 자
신이 선택하는 행위를 훨씬 더 열심히 행한다. 그러므로 경건한 설교자
는 믿음의 교리 못지않게 선행도 주의 깊게 권면해야 한다. 사탄은 선행
과 믿음 모두에 대해 치명적인 원수다. 그러나 믿음이 먼저 심겨져야 한
다. 믿음이 없으면 선행이 무엇인지 또는 하나님을 기쁘시게 하는 것이
무엇인지 이해할 수 없기 때문이다.

　　여러분은 네 이웃 사랑하기를 네 자신과 같이 하라는 이 계명을 충
분히 알고 있다고 생각해서는 안 된다. 말로는 아주 간단하고 수월하다.
하지만 이 계명을 가르치고 적절히 실천하는 선생들을 내게 증명해 보
라. 오직 사랑으로 서로 종노릇 하라는 말(13절)과 네 이웃 사랑하기를 네
자신 같이 하라는 말은 무척 중요하다. 그런데 신실한 자 가운데 이 계
명을 충분히 숙고하고 권면하고 실천하는 자는 아무도 없다. 신실한 자
가 이 점에서 의심을 받는 것은 놀랍다. 신실한 자는 해야 할 일을 하나

라도 빠뜨리면 양심이 금방 상처를 입는다. 하지만 사랑의 계명을 지키지 못할 때에는(날마다 그러는 것처럼) 또는 이웃을 진실하고 친숙하게 사랑하지 못할 때에는 그리 괴로워하지 않는다. 사랑에 관해서는 그들이 한평생 완전히 벗어나지 못하는 자기들의 미신에 관해 생각하는 것만큼 생각하지 않는다.

온 율법은……하신 한 말씀에서 이루어졌나니 요컨대 바울은 다음과 같이 말한다. "너희는 특별한 날과 장소에 관한 미신과 의식에 사로잡혀 있고, 이것은 너희 자신이나 다른 사람들에게 아무 유익이 없다. 동시에 너희는 사랑을 등한시하고 있는데, 사랑이 너희가 지켜야 할 유일한 선행이다. 이것은 얼마나 미친 짓이냐?" 따라서 바울은 선행을 가르치면서 동시에 미신 행위를 정죄한다. 바울은 터 위에 금과 은, 보석을 세울 뿐만 아니라 나무는 무너뜨리고 풀이나 짚은 태워 버린다. 하나님은 구약의 사례들을 통해 자신이 항상 사랑을 얼마나 높게 평가하는지 증명하신다. 하나님은 율법 자체와 율법의 의식들을 사랑으로 바꾸실 것이다. 다윗과 그와 함께 한 자들은 배가 고팠으나 먹을 것이 하나도 없었을 때 성별된 진설병을 먹었다. 그런데 율법에 따르면 진설병은 제사장을 제외하고 일반 백성은 먹을 수 없었다(삼하 21:6). 그리스도의 제자들은 안식일에 이삭을 잘라 먹었을 때 안식일을 어겼고, 그리스도 자신도 안식일에 병자를 고치셨을 때 (유대인들이 말한 것처럼) 안식일을 어겼다(마 12:1, 10). 이 모든 일은 사랑이 모든 율법이나 의식들보다 우선해야 한다는 사실과 하나님은 이웃에 대한 사랑만큼 우리에게 요구하시는 것이 없다는 사실을 증명한다. 그리스도 역시 마태복음 22:39에서 이것을 확증한다.

그것은 마치 바울이 다음과 같이 말하는 것과 같다. "너희는 왜 스스로 율법의 짐을 짊어지느냐? 율법의 의식들과 음식 법, 특수한 날이나 장소 등을 지키는 데 왜 그렇게 힘들게 수고하느냐? 이런 미련한 짓을 그만두라. 그리고 내가 말하는 것을 들으라. 율법 전체는 네 이웃 사랑하기를 네 자신과 같이 하라는 한 마디 말로 요약된다. 하나님은 율법 의식들을 지키는 것을 좋아하시지 않는다. 그분에게 그것들은 그리 중요하지 않다. 하나님이 너희에게 원하시는 유일한 일은, 그분 안에서 너희가 온전하게 되고, 또 그분 안에서 너희가 모든 것을 갖도록 보내심을 받은 그리스도를 믿는 것이다. 만약 너희가 율법에 하나님이 받아 주시는 섬김인 믿음을 더하기를 원한다면, 모든 율법이 이 짧은 한 마디 명령 속에 들어 있음을 확신하라. 이 명령을 지키는 데 힘쓰라. 만약 지킨다면 너희는 율법 전체를 이룰 것이다."

여기서 바울은 하나님의 계명을 매우 탁월하게 해설한다. 그것은 바울이 (굉장히 많은) 모세 율법 전체 속에는 이 짧은 문장 외에 다른 것이 포함되어 있지 않음을 증명함으로써 모세 율법을 간명하게 요약하기 때문이다. 자연적 이성은 이 간명한 요약을 불쾌하게 여기고, 믿음의 교리와 참된 선행을 모두 무시한다. 그러나 (이성이 그렇게 생각하는 것처럼) 믿음에 관한 이 유치하고 시시한 말은, 신실한 자에게는 하나님의 능력이다. 그들은 이 말로 죄와 사망, 마귀 등을 이겨낸다. 또한 이 말로 구원과 영생을 얻는다. 따라서 사랑으로 서로 종노릇 하는 것, 즉 길을 잃은 자에게 길을 가르쳐 주는 것, 고통 속에 있는 자를 위로하는 것, 연약한 자를 일으켜 주는 것, 가능한 한 모든 수단을 강구하여 이웃을 도와주는 것, 이웃의 결함을 참아 주는 것, 교회와 사회에서 불화와 수고, 배은망덕, 경멸을 견디는 것, 국가 당국자에게 복종하는 것, 부모를 적절히 공경하는 것, 가정에서 다투기 좋아하는 아내와 버릇없는 가족을 참아 주는 것 등은 이성이 아무 가치가 없다고 판단하는 행위다. 그러나 사실 이것들은 온 세상이 절대로 파악할 수 없는 가치 있는 행위들이다. 온 세상은 어떤 것을 판단할 때 하나님의 말씀이 아니라 악하고 눈멀고 미련한 이성의 측정에 따라 판단하기 때문이다.

사람들은 자기가 사랑하라는 계명을 아주 충분히 알고 있다고 상상한다. 이는 완전히 속고 있는 것이다. 사실 사랑의 계명은 사람들의 마음속에 기록되어 있었다. 사람들은 남이 자기들에게 해주기를 바라는 것을 자기들도 남에게 해야 한다는 것을 당연한 일로 판단하기 때문이다. 그러나 여기서 그들이 사랑의 계명을 이해하고 있다는 결론이 나오는 것은 아니다. 만약 사랑의 계명을 바로 이해했다면 당연히 실천할 것이고, 다른 어떤 행동보다 사랑을 더 선호할 것이기 때문이다. 이웃을 어떻게 사랑해야 하는지 알고 싶다면, 여러분이 자기 자신을 어떻게 사랑하는지 생각해 보라. 여러분은 곤경이나 위험 속에 있으면 다른 사람들의 사랑과 우정을 기꺼이 받아들이고, 모든 사람의 조언과 재산, 힘의 도움을 받을 것이다. 그러므로 이웃을 사랑하는 법을 알기 위해 굳이 책을 펼칠 필요는 없다. 여러분은 마음속에 이미 율법 전체에 관한 탁월한 책을 갖고 있다. 그러므로 이 문제에 있어서 여러분은 굳이 선생이 필요 없다. 그저 여러분 자신의 마음속에 물어보라. 그러면 여러분의 마음은 이웃을 여러분 자신과 같이 사랑해야 한다는 사실을 아주 충분히 가르쳐 줄 것이다. 나아가 사랑은 혀와 손, 돈, 재산뿐만 아니라 우리의 몸으로, 심지어 우리의 생명을 바쳐서라도 이웃을 섬길 마음을 주고 심기도록 준비시키는 훌륭한 미덕이다. 이때 우리가 그렇게 해야 하는 이유는 사람들이 그럴 만한 자격이 있기 때문이 아니다. 우리가 그렇게 할 때 사람들이 그럴 만한 자격을 갖추게 되거나 그들의 배은망덕한 태도가 중단되기 때문도 아니다. 어머니는 그저 사랑하기 때문에 자녀를 양육하고 소중히 여긴다.

따라서 누가복음 10장에서 그리스도가 가르치시는 것처럼 모든 사람이 나의 이웃이고, 나의 도움을 필요로 한다. 그 이웃은 내게 어떤 잘못을 범할 수도 있고, 또는 어떤 식으로 내게 해를 끼칠 수도 있다. 그렇다고 그가 인간적 본성을 상실한 것은 아니다. 또는 나와 똑같은 혈과 육 그리고 하나님의 피조물이 아닌 것도 아니다. 요약하면, 그는 여전히 내 이웃이다. 인간적 본성을 갖고 있는 한, 사랑하라는 명령은 그대로 남아 있고, 내게 나 자신의 육체를 멸시하지 말 것을, 또는 악을 악으로 갚지 말고 선으로 악을 이길 것을 요구한다. 그렇지 않으면 사랑은 고린도전서 13장에서 바울이 묘사하는 것과 같은 미덕이 되지 못할 것이다.

바울은 오직 신실한 자만이 사랑할 수 있기 때문에 갈라디아 사람들과 신실한 모든 사람에게 사랑을 추천한다. 바울은 그들에게 서로 사랑하라고 권면한다. 본질상 바울은 이렇게 말한다. "너희는 할례로 또는 모세 율법의 의식들로 짐을 질 필요가 없다. 다만 내게서 받은 믿음의 교리를 계속 지켜라. 이후로 너희가 선을 행하기를 원한다면, 온 율법에 순종하는 법을 한 가지 명령 속에 담아 보여주겠다. 그것은 곧 오직 사랑으로 서로 종노릇 하라는 명령이다. 아마 너희가 선을 베풀어야 할 사람들은 결코 부족하지 않을 것이다. 세상은 다른 사람들의 도움을 필요로하는 사람들로 가득 차 있으니 말이다."

5:15 만일 서로 물고 먹으면 피차 멸망할까 조심하라 만약 터—그리스도를 믿는 믿음—가 악한 선생들 때문에 무너진다면, 교회 안에서 교리와 삶의 화평은 유지될 수 없다. 도리어 교리와 삶 속에 수시로 허다한 의견과 불화가 찾아올 것이다. 멸망당할 때까지 서로 판단하고 정죄하면서 한 사람이 다른 사람을 물어뜯고 잡아먹을 것이다. 이것은 성경으로 증명되고, 모든 시대의 사례들로도 증명된다. 한 분파가 다른 분파를 낳고 한 사람이 다른 사람을 정죄한다. 성령의 연합이 깨질 때 그곳에는 교리나 삶에 일치가 있을 수 없다. 대신 새로운 오류가 날마다 끝없이 생겨날 것이다.

그러므로 바울은 이런 불일치를 피해야 한다고 가르친다. 그리고 피할 수 있는 방법을 보여준다. 어떻게 피할 수 있는가? 모든 사람이 하나님께서 자기를 부르신 삶의 소명에 따라 자기의 의무를 행하면 된다.

그들은 자기를 다른 사람들보다 높여서는 안 된다. 또는 다른 사람의 행동을 깎아내리고 자기 자신의 행동을 추켜세워서도 안 된다. 오직 사랑으로 서로 종노릇 해야 한다(13절). 이것이 선행에 대한 참되고 단순한 교훈이다. 이것은 믿음을 파괴하고 믿음과 선행에 관해 이상한 관념을 만들어 낸 자들이 가르친 것이 아니다. 대신 그들은 믿음과 행위의 교리에 관해 자기들 간에 일치가 없고 서로 물어뜯고 잡아먹는다. 다시 말해, 그들은 여기서 바울이 갈라디아 사람들에 관해 말하는 것처럼 서로 고소하고 정죄한다. 요컨대 바울은 이렇게 말한다. "할례에 관해 또는 거룩한 날이나 다른 의식들을 지키는 것에 관해 서로 비난하지 말라. 대신 사랑으로 서로 섬기고 돕는 데 전념하라. 만약 너희가 서로 계속 물어뜯고 잡아먹는다면, 완전히 그리고 모조리 파멸당하고 멸망당할 것이다. 그러지 않도록 조심하라. 이런 일은 종종 분파를 만들어 내는 자들에게 일어난다. 자기들의 터를 모래 위에 두고 풀과 짚으로 세우는 자는 반드시 무너지고 파괴될 것이다. 이 모든 일에는 불이 기다리고 있다. 이처럼 물어뜯고 잡아먹는 일이 일어나면, 모든 나라와 국가가 파멸하고 멸망하는 일이 뒤따를 것이다. 이처럼 바울은 사랑으로 서로 종노릇 하는 것이 무슨 뜻인지 설명한다(13절).

행위 없이 믿음으로 의롭다 함을 받는다고 가르치면서 행위를 요구하는 것은 힘들다. 만약 그리스도의 사역자들이 신실하지 못해 진리의 말씀을 올바로 가르치지 못하면, 믿음과 행위는 곧 혼합되고 만다. 믿음과 행위 교리는 적절히 가르침받고 권장되어야 한다. 하지만 두 교리는 제 범주 안에 있어야 한다. 그렇지 않으면 둘 중 하나가 상실되는 일이 벌어진다. 만약 우리가 행위만 가르치면 믿음은 상실된다. 믿음만 가르치면, 세속적인 사람들은 곧 행위가 불필요하다고 상상한다.

바울은 조금 전부터 사람들에게 선을 행하라고 권면하고, 온 율법은 하나의 명령으로 이루어졌다고 가르쳤다. 어떤 이는 바울이 갈라디아서 전체에 걸쳐 율법에 순종하는 것으로는 아무도 의롭게 될 수 없다고 말함으로써 율법과 의를 분리시킨다고 주장할 것이다(2:16, 3:10). 그러나 지금 온 율법이 하나의 명령으로 이루어진다고 말할 때, 바울은 갈라디아서에서 자신이 다루던 사실을 잊어버리고 완전히 다른 사실을 생각하고 있는 듯하다. 곧 사랑의 요구를 행하는 자는 율법을 이루고 의롭게 된다고 보는 것 같다. 이런 반론에 대해 바울은 다음과 같이 답변한다.

5:16 내가 이르노니 너희는 성령을 따라 행하라 그리하면 육체의 욕심을 이루지 아니하리라 요컨대 바울은 여기서 이렇게 말한다. "나는 앞에서 믿음에 관해 말했던 것을 잊지 않았고, 그 말을 취소하는 것도 아니다. 너희가 내 말을 바로 이해할 수 있도록 지금은 다음과 같은 말을 덧붙이고 싶다. 너희는 성령을 따라 행하라. 그리하면 육체의 욕심을 이루지 아니하리라."

바울은 여기서 충분히 명확하게 말한다. 하지만 어떤 이는 이 말을 제대로 이해하지 못했다. 이 말에서 사랑이 율법의 성취라면 사랑은 곧 의이고, 사랑한다면 우리는 의인이라는 결론이 나온다는 관념을 이끌어 냈다. 그러나 이것은 어리석은 결론이다. 우리가 율법을 이루고, 율법을 이룸으로써 의롭게 되어야 하는 것은 사실이다. 그러나 죄가 우리를 방해한다. 율법이 우리에게 온 마음을 다해 하나님을 사랑하고 이웃을 내 몸과 같이 사랑하라고 명령한다고 해서 우리가 실제로 그렇게 행한다는 결론이 나오는 것은 아니다. 세상에서 하나님과 이웃을 율법이 요구하는 대로 사랑하는 자는 아무도 없다. 그러나 우리가 온갖 악과 죄에서 완전히 벗어나 해같이 순결하고 깨끗하게 될 다가올 세상에서는, 온전히 사랑하고 온전한 사랑으로 의롭게 될 것이다. 그렇지만 현세에서는 순결함이 육체의 본성으로 말미암아 방해받고 있다. 사는 동안 죄가 육체의 본성 속에 여전히 남아 있기 때문이다. 우리의 부패한 자기 사랑이 하나님과 이웃에 대한 사랑을 무력하게 할 정도로 무척 강하기 때문이다. 물론 우리는 이 세상에 사는 동안에도 그리스도로 말미암아 속죄소와 은혜의 보좌를 갖고 있으므로 의롭다 함을 얻을 수 있다. 그리고 그리스도를 믿기 때문에 죄가 우리에게 돌려지지 않는다. 그러므로 이 세상에서는 믿음이 우리의 의가 된다. 그런데 우리가 완전히 깨끗하게 되고 온갖 죄와 정욕에서 벗어날 다가올 세상에서는, 더 이상 믿음과 소망을 필요로 하지 않고 온전히 살게 될 것이다.

그러므로 사랑에 칭의나 의를 귀속시키는 것은 큰 잘못이다. 이 점에 있어 사랑은 아무것도 아니다. 설사 사랑에 그런 힘이 있더라도 하나님의 진노를 진정시킬 만큼 큰 것은 아니다. 그러나 속된 것은 천국에 들어가지 못할 것이다(계 21:27). 동시에 유일하게 죄를 범하지 않고 입에 어떤 거짓도 없으신 그리스도께서 자신의 의로 우리를 덮으신다는 사실에 대한 확신과 신뢰가 우리를 의롭게 한다(사 53:9, 벧전 2:22). 우리는 구름 곧 죄 사함의 천국, 은혜의 보좌로 덮여 있다. 그래서 우리는 사랑하고 율법을 이룰 수 있다. 그렇다고 해도 우리가 사랑하고 율법을 이루기 때문에 의롭다 함을 얻은 것이 아니다. 하지만 그리스도께서 자기 아버지 하나님의 나라를 세우고 모든 정부를 폐하심으로써 하나님이 만유의 주가 되실 때, 믿음과 소망은 멈추지만 사랑은 온전하고 영원한 것이 될 것이다(고전 13장).

만약 우리가 모든 죄에서 벗어나 순결하게 되고 하나님과 이웃을 향해 온전한 사랑으로 불타올랐다면, 확실히 우리는 사랑으로 의롭고 거룩한 자가 될 것이다. 하나님은 우리에게 더 요구하실 것이 없었을 것이다. 그러나 이런 일은 이 세상에서 일어나지 않는다. 다가올 세상이 올 때까지 미루어진다. 여기서는 우리가 성령의 선물과 첫 열매를 받고, 그래서 약간 사랑을 시작하는 것으로 그친다(롬 8:23). 그러나 하나님의 율법이 요구하는 대로(신 6:5, 마 22:37) 우리가 하나님을 진실하고 온전하

게 사랑했다면, 부할 때와 같이 가난할 때에도 만족하고, 즐거울 때와 같
이 고통스러울 때에도 만족하며, 살 때와 같이 죽을 때에도 만족할 것이
다. 하나님을 진실하고 온전하게 사랑할 수 있었던 자는 누구든 이 세상
에서는 오래 가지 못하고 이 사랑에 휩쓸려 갈 것이다.

그러나 지금 인간의 본성은 매우 부패하고 죄에 흠뻑 젖어 있으므
로 하나님에 대한 올바른 의식이나 생각을 가질 수 없다. 인간의 본성은
하나님을 사랑하지 못하고 치명적으로 하나님을 미워하고 싫어한다. 그
러므로 요한이 말하는 것처럼 "우리가 하나님을 사랑한 것이 아니요, 하
나님이 우리를 사랑하사 우리 죄를 속하기 위하여 화목 제물로 그 아들
을 보내셨다"(요일 4:10). 그리고 바울이 앞에서 말한 것처럼 그리스도께
서 "나를 사랑하사 나를 위하여 자기 자신을 버리셨다"(갈 2:20. 갈 4:4-5
참조). 하나님의 아들로 말미암아 구속받고 의롭다 함을 받은 우리는 이
제 사랑을 시작할 수 있다. 바울이 로마서 8:3-4에서 말하는 것과 같다.
"율법이 육신으로 말미암아 연약하여 할 수 없는 그것을 하나님은 하시
나니 곧 죄로 말미암아 자기 아들을 죄 있는 육신의 모양으로 보내어 육
신에 죄를 정하사 육신을 따르지 않고 그 영을 따라 행하는 우리에게 율
법의 요구가 이루어지게 하려 하심이니라." 곧 이루는 것을 시작할 수
있다는 뜻이다.

따라서 바울은 우리가 성령을 따라 행해야 한다고 말할 때 우리에게
사랑으로 서로 종노릇 하라(13절)고 권면한 자신의 말을 얼마나 간절히
이해하기를 바라는지 보여주고 있다. 바울은 칭의 교리를 잊어버리지
않았다. 갈라디아 사람들에게 성령을 따라 행하라고 말할 때 행위가 우
리를 의롭게 한다는 사실을 분명히 부인하기 때문이다. 바울은 요컨대
이렇게 말하고 있다. "율법을 이루는 것에 관해 말할 때 그 말은 너희가
율법으로 의롭게 된다는 것을 뜻하지 않는다. 너희 안에 서로 대립하는
두 대장 곧 성령과 육체의 본성이 있다는 뜻이다. 하나님이 너희 몸 안

에서 싸움을 일으키셨다. 나는 너희에게 너희의 대장과 인도자인 성령을 따라 행하여 육체의 본성에 저항하라는 것 외에 아무것도 요구하지 않는다. 너희가 할 수 있는 것은 그것이 전부이기 때문이다. 성령께 순종하고, 육체의 본성에 맞서 싸우라. 그러므로 내가 너희에게 율법을 준수하라고 가르치고 서로 사랑하라고 권면할 때, 내가 믿음의 교리에 관해 말한 것을 취소하고 이제는 칭의를 율법 또는 사랑에 귀속시키고 있다고 생각해서는 안 된다. 내가 말하는 의미는, 너희는 성령을 따라 살고 육체의 욕심을 이루어서는 안 된다는 것이다."

육체의 욕심(육체의 본성의 욕망)은 우리 안에서 아직 죽지 않고 계속 준동하며 성령에 맞선다. 신자들이라 할지라도 죄된 본성이 물어뜯고 삼키지 않을 정도로 선한, 혹은 최소한 사람이 명하는 것에서 몇 가지를 빼먹으려고 하지 않을 정도로 선한 사람은 없다. 그들은 심지어 처음 공격에도 자신을 억제하지 못하고 이웃들에게 분노하며 보복을 원한다. 그들은 이웃을 원수처럼 미워한다. 혹은 최소한 이 계명이 요구하는 대로 마땅히 해야 할 만큼 이웃을 사랑하지 않는다. 이런 일이 신자들에게도 일어나는 것이다.

그러므로 바울은 신자들에게 다음과 같은 규칙을 주었다. 곧 사랑으로 서로 종노릇 하라. 신자들은 서로의 짐과 결함을 짊어져야 한다. 서로 용서해 주어야 한다. 사랑으로 서로 용납하고 용서해 주지 못하면, 그리스도인들 사이에서 사랑과 화합은 유지될 수 없다. 신자들이 종종 상처를 주고받는 것은 부인할 수 없는 사실이다. 여러분은 내 안에서 여러분에게 상처를 주는 많을 것들을 본다. 나도 내가 싫어하는 많은 것들을 여러분 안에서 본다. 그러므로 우리가 사랑으로 서로 용납하지 않는다면, 불화와 다툼, 시기, 미움, 악의는 끝이 없을 것이다.

그래서 바울은 육체의 욕심을 이루지 않도록 우리가 성령을 따라 행하기를 바란다. 여러분을 넘어지게 하거나 상처를 입힌다고 해도 형제는 형제다. 바로 그때가 형제가 여러분의 사랑을 가장 필요로 할 때다. 이웃을 여러분 자신과 같이 사랑하는 것은, 여러분이 공격당할 때 미워하고 물어뜯고 잡아먹는 육체의 본성에 복종하지 않는 것을 의미한다. 오히려 여러분은 성령으로 육체의 본성에 맞서야 한다. 비록 이웃에게서 사랑할 만한 가치를 조금도 찾아내지 못한다고 해도, 계속 이웃을 사랑해야 한다. 그리스도로 말미암아 우리의 의가 우리의 죄보다 훨씬 더 풍성하다. 그리스도로 말미암아 우리가 갖고 있는 죄 사함은, 우리가 성령을 따라 행하는 한 우리의 모든 죄를 쉽게 삼켜 버릴 정도로 크다. 그렇기 때문에 우리의 중보자이신 그리스도의 거룩하심과 의가 온 세상의 죄를 훨씬 능가한다.

5:17 육체의 소욕은 성령을 거스르고 성령은 육체를 거스르나니, 이 둘이 서로 대적함으로 너희가 원하는 것을 하지 못하게 하려 함이니라　바울은 여기서 우리는 불가피하게 교만과 진노, 두려움, 짜증, 불신앙 등을 느낄 수밖에 없다고 경고하고 있다. 그러나 바울은 우리가 이런 악한 속성들을 허용하거나 인정하지 않기를 바란다. 다시 말해, 육체의 본성이 우리를 자극할 때 나타나는 악한 속성들을 생각하거나 말하거나 행해서는 안 된다. 만약 육체의 본성이 화를 자극하면, 우리는 화를 내더라도 죄를 지어서는 안 된다(시 4:4). 만약 성령의 인도를 따르지 않고 육체의 본성을 따른다면, 우리는 육체의 욕심을 이루고 죽게 될 것이다(롬 8장).

이 둘이 서로 대적함으로 너희가 원하는 것을 하지 못하게 하려 함이니라　바울은 지금 신자들에게 편지를 쓰고 있다. 그런데 그들의 육체의 본성이 성령을 거역하고 있다고 말한다. 바울은 로마서 7장에서는 자기 자신에 관해 똑같은 사실을 말한다. 바울과 모든 신자가 죄가 없다고 말하는 것은 정말 악랄한 거짓말이다. 그렇게 말하는 것은 죄 사함을 소멸시키고 그리스도를 아무 소용이 없는 분으로 만들어, 교회가 받는 유일한 위로를 빼앗아 가기 때문이다. 바울은 자신이 자기 안에 육체의 본성의 악덕들이 있음을 부인하지 않는다. 바울은 분노와 짜증을 느끼면 성령으로 그것들을 거역하고, 이런 감정들의 지배를 받지 않았다. 우리는 우리의 유일하고 온전하신 의인 그리스도에게 우리의 닻을 두어야 한다. 우리 안에 믿을 수 있는 것이 아무것도 없다고 해도, 세 가지 사실 곧 믿음, 소망, 사랑은 남아 있다. 우리는 항상 믿고 항상 소망해야 한다. 우리는 항상 그리스도를 우리의 의의 머리와 터로 붙잡아야 한다. 그리스도를 믿는 자는 누구든 절대로 부끄러움을 당하지 않을 것이다(롬 9:33). 우리는 성령으로 육체의 본성을 거역함으로써 외적으로 항상 우리를 악으로 미혹하는 육체의 본성에 굴복하지 않고 의롭게 살아 보려고 애써야 한다. 또 사람들의 배은망덕과 멸시에 성급하게 반응해서는 안 된다. 이런 유혹과 다른 많은 유혹들을 성령으로 극복해야 한다. 우리는 성령으로 육체의 본성에 맞서 싸우는 분량만큼—비록 이 의가 하나님 앞에서 우리를 추천하는 것은 아닐지라도—의의 분량을 외적으로 보여준다.

누구든 육체의 본성이 종종 성령을 거스르는 새로운 싸움을 걸어온다는 이유로 절망해서는 안 된다. 또는 육체의 본성이 즉각 정복되지 않고 성령께 복종하지 않는다는 이유로 절망해서는 안 된다. 나 자신도 복음의 원수인 사탄과 그의 군사들이 일으키는 폭군과 이단들의 위협, 범죄 그리고 불안을 과감하게 멸시할 수 있기를 바란다. 또 영의 고뇌와 번뇌를 쉽게 잠재우고 쓰라린 사망의 칼날을 두려워하지 않고 사망을 친한 손님처럼 맞아들일 수 있는 불굴의 마음을 갖기를 바란다. 그러나 내 지체들 속에서 내 마음의 법을 거역하는 또 다른 법을 발견한다. 다른 사람들은 가난과 비난, 초조함 등과 같은 비교적 작은 유혹들을 붙들고 씨름한다.

그러므로 육체의 본성이 성령을 거스르는 싸움을 느낄 때 놀라지 마라. 용기를 내고 바울의 말로 위로를 삼으라. 바울은 여러분에게 육체의 본성의 방해를 받지 않고 성령의 인도를 따르는 것은 불가능하다고 말해 준다. 육체의 본성이 여러분을 거스르기 때문에 여러분은 하고 싶은 것을 마음대로 할 수 없다. 따라서 성령을 따르고 육체의 본성을 따르지 않으면, 성급하고 보복하고 원한을 품으며 하나님을 미워하고 하나님께 화를 내고 절망하는 것을 쉽게 극복할 수 있다. 그러므로 이 싸움이 일어나는 것을 느낄 때 낙심하지 마라. 성령 안에서 싸우며 이렇게 말하라. "나는 죄인이다. 내 안에 죄가 있음을 느낀다. 아직 육체의 본성을 벗어 버리지 못했으니까. 그러나 육체의 본성이 아니라 성령께 순종하겠다. 믿음과 소망으로 그리스도를 붙잡겠다. 그리스도의 말씀으로 일어나 육체의 본성이 바라는 것을 행하지 않겠다."

이것은 시험당할 때 엄청난 위로가 된다. 그러므로 경건한 자는 이를 염두에 두고 사는 것이 매우 유익하다. 나는 슈타우피츠(Johann von Staupitz)가 다음과 같이 말하곤 했던 것을 기억한다. "나는 더 좋은 사람이 되겠다고 천 번 이상 하나님께 맹세했다. 그러나 맹세한 것을 이루지 못했다. 이제부터 이런 맹세는 하지 않겠다. 경험을 통해 그렇게 될 수 없음을 깨달았기 때문이다. 그러므로 하나님이 그리스도로 말미암아 내게 호의와 자비를 베풀어 주시고, 이 비참한 삶을 떠나는 복되고 행복한 시간을 허락해 주시지 않으면, 나는 어떤 맹세를 하고 선을 행하더라도 하나님 앞에 설 수 없을 것이다." 이것은 참되면서 동시에 경건하고 거룩한 절망이다. 구원받고자 하는 자는 누구든 자신의 입술과 마음으로 이 사실을 고백하지 않으면 안 된다. 경건한 자는 자기 자신의 의를 신뢰하지 않고 다윗과 같이 이렇게 말한다. "주의 종에게 심판을 행하지 마소서. 주의 눈앞에는 의로운 인생이 하나도 없나이다"(시 143:2. 시 130:3 참조). 경건한 자는 그리스도를 자기의 죄를 위해 자기 목숨을 내놓으신 자기의 화목자로 바라본다. 나아가 자기의 본성 속에 있는 죄의 잔재는 자기의 책임 아래 있지 않고 값없이 용서받았음을 알고 있다. 동시에 영으로 육체의 본성에 맞섬으로써 육체의 본성의 욕심에 굴복하지 않는다. 물론 육체의 본성이 준동하여 성령을 거역하는 것을 느끼고 때때로 연약해져 죄에 빠지기도 한다. 그래도 경건한 자는 낙심하지 않는다. 또 자기 삶의 상태와 방식과 행하는 일이 하나님을 불쾌하게 만든다고 생각하지 않는다. 오히려 믿음으로 자기 자신을 일으켜 세운다.

그러므로 신실한 자는 바울이 제시하는 이 교훈을 통해 큰 위로를 받는다. 신실한 자는 성령의 다스림을 받을 때 성령 편이 되고, 육체의 본성에 정복되고 지배될 때 육체의 본성 편이 되는 것을 알고 있다. 의는 다스리고, 육체의 본성은 섬긴다. 누구든 이 교리를 모르게 되면 신실한 자는 흠이 없어야 한다고 생각한다. 그러나 정작 자기 자신 속에서 반대로 흠이 있는 모습을 보게 되면 결국 침체와 절망에 굴복당하고 말 것이다. 그러나 누구든 이 교리를 잘 알고 적절히 활용하는 자는 악한 일이 선한 일로 바뀌는 것을 본다(롬 8:28). 육체의 본성이 죄를 짓도록 자극하면, 그들은 얼른 마음을 바로잡고 그리스도 안에 있는 죄 사함을 구하며 믿음의 의를 받아들인다. 그렇지 않으면 믿음의 의를 높이 평가하지 못하고 이처럼 열렬하게 추구하지 못할 것이다. 그러므로 우리가 때때로 육체의 본성이 얼마나 사악하고 부패한 상태에 있는지 느끼고, 우리 자신의 연약함을 깨달음으로써 믿음을 행사하고 그리스도를 부르는 것은 아주 좋은 일이다.

육체의 욕심을 느낀다고 해도 구원에 대해 절망하지 마라. 육체의 본성에 동조하지 않는 한, 육체의 본성의 힘을 최대한 느껴 보라. 온갖 악덕에 무너지지 않는 한, 욕심과 분노 또는 다른 악덕이 여러분을 어떻게 흔들어 놓는지 겪어 보라. 죄가 여러분을 굴복시키지 못하는 한, 여러분을 공격하도록 놓아두어라. 여러분은 경건할수록 이 싸움을 그만큼 더 깊이 느끼게 된다. 따라서 이 고백들은 시편과 성경 전체에서 신실한 자가 보여주는 항변이다.

　　그런데 여기서 어떤 이는 다음과 같이 말할 것이다. "자신이 느끼는 육체의 욕심을 극복하지 않아도 정죄받지 않는다고 가르치는 것은 위험하다. 보통 사람은 이런 교리를 배우면 부주의하고 게으르고 나태해지기 때문이다." 내가 앞에서 말한 것이 바로 이것이다. 곧 우리가 믿음을 가르치면 사람들은 행위를 등한시하고 거부할 것이고, 행위가 요구되면 믿음과 양심의 위로는 사라질 것이다. 이 문제에 대해서 어떤 확실한 법칙을 정할 수는 없다. 하지만 누구나 자신이 어떤 욕심에 가장 쉽게 굴복하는지는 알아보아야 한다. 그리고 그것을 알아내면 부주의하거나 자만해서는 안 되고, 성령 안에서 맞서 싸워야 한다. 그렇게 하면 완전히 근절할 수 없다고 해도 최소한 육체의 욕심을 이루지는 않을 것이다.

　　하나님의 자녀라면 누구나 육체의 본성과 성령이 맞서는 싸움을 경험한다. 만약 우리가 자신의 양심을 살피고 속이지 않는다면, 바울이 여기서 말하는 것 곧 우리 육체의 본성이 성령과 맞서 싸우는 것이 액면 그대로 사실임을 확인할 것이다. 그러므로 신자라면 모두 육체의 본성이 성령을 거역하는 것과 이 둘은 무엇을 하든 상대가 원하는 바를 할 수 없도록 서로 대립하는 것을 고백하게 된다. 우리는 육체의 본성 때문에 하나님의 계명을 지키지 못하게 되므로 이웃을 자기 자신과 같이 사랑할 수 없다. 온 마음을 다해 하나님을 사랑하는 것은 더더욱 할 수 없다. 그러므로 우리는 율법에 순종하는 것으로 결코 의롭다 함을 얻을 수 없다. 확실히 우리 안에는 선을 행하고자 하는 의지가 있다. 그래서 선을 행할 수 있다(우리 육체의 본성을 거스르는 이가 내가 아니라 성령 자신이기 때문이다). 선한 의지는 기꺼이 선을 행하고, 율법을 이루며, 하나님과 이웃을 사랑할 것이다. 그러나 육체의 본성이 선한 의지에 순종하지 않고 선한 의지를 거스른다. 그러나 하나님은 이 죄를 우리에게 돌리시지 않는다. 그것은 하나님이 그리스도로 말미암아 믿는 자에게 긍휼을 베풀어 주시기 때문이다.

그러나 이 사실로부터 죄를 가볍게 여겨도 된다는 결론이 나오는 것은 아니다. 하나님이 죄를 우리에게 돌리시지 않는 것은 사실이다. 하지만 누구에게 이것이 사실이고 그것은 왜 그런가? 이것은 회개하고 믿음으로 속죄소인 그리스도를 붙잡는 자에게 사실이다. 그들의 모든 죄가 용서받았기 때문에 그들 속에 있는 죄의 잔재도 그들에게 돌려지지 않는다. 그들은 자기의 죄를 축소시켜 보지 않고 진실로 있는 그대로 본다. 그들은 자기의 죄가 자기의 행함이나 의로운 행위로 제거될 수 없고 오직 그리스도의 죽음을 통해서만 제거될 수 있음을 알기 때문이다. 그러나 그들은 자기의 죄가 극악하다고 해서 절망하지 않는다. 오히려 그 죄가 자기에게 돌려지지 않고 또는 자기의 책임 아래 두어지지 않으리라는 사실을 확신한다.

내가 이렇게 말하는 것은 어느 누구도 믿음을 받은 후에 죄를 경시해도 된다고 생각하지 않도록 하기 위함이다. 그리스도를 아는 지식을 받기 전이든 후든, 일단 저질러지면 죄는 진실로 죄다. 하나님은 항상 죄를 미워하신다. 모든 죄는 본질상 가증하다. 하지만 자신의 죽음으로 죄를 제거하신 그리스도 덕분에 신자의 죄는 가증하지 않다. 반면에 비신자의 모든 죄는 가증하다. 심지어 비신자의 선행도 죄다(롬 14:23). 그러므로 사람에 따라서가 아니라 사실에 따라 죄를 구분하는 것은 치명적인 잘못이다. 신자의 죄도 비신자의 죄만큼 심각하다. 하지만 신자의 죄는 사함받고 그에게 돌려지지 않는다. 비신자의 죄는 사함받지 못하고 그에게 돌려진다. 신자에게 죄는 가볍고 용서받을 수 있다. 반면에 비신자에게 죄는 무겁고 용서받을 수 없다. 이는 죄에 차이가 있기 때문이 아니다. 또는 신자의 죄는 작고 비신자의 죄는 크기 때문이 아니다. 다만 사람의 차이 곧 신자와 비신자의 차이 때문이다. 신자는 믿음으로 자기의 죄가 사함받는다고 확신한다. 그리스도께서 그 죄를 위해 자신을 죽음에 내놓으셨기 때문이다. 그러므로 신자는 자기 속에 죄가 있고 날마다 죄를 범하더라도 경건한 자로 산다. 반면에 비신자는 악한 자로 산다. 경건한 자가—자기는 죄가 있고 또 죄를 범하더라도—그리스도로 말미암아 자기의 죄가 자기에게 돌려지지 않는다고 알고 있는 것은 참된 지혜다. 이로써 그들은 위로를 받는다.

내가 이렇게 말하는 목적은 경건한 자를 위로하기 위해서다. 경건한 자는 자기들이 마땅히 사랑해야 할 만큼 하나님을 열렬히 사랑하지 못한다고, 또 마땅히 믿어야 할 만큼 하나님을 진심으로 믿지 못한다고 느낀다. 그러면서 자주 하나님이 자기를 돌보시는지를 의심한다. 역경을 겪는 동안에는 참지 못하고 하나님께 화를 내기도 한다. 따라서 성경, 특히 시편을 보면, 신실한 자가 슬픔에 빠져 탄식하는 내용이 나온다. 바울도 직접 자기를 "죄 아래에 팔렸다"고 탄식한다(롬 7:14). 그리고 여기서는 육체의 본성이 성령을 거스르고 거역한다고 말한다. 그러나 신자는 성령으로 육체의 일을 죽이기 때문에(갈 5:24), 이 죄들이 그들을 해치거나 정죄하지 못한다. 만약 육체의 본성에 굴복하고 육체의 욕심을 이룬다면 신자는 믿음과 성령을 잃고 만다. 만약 신자가 자기들의 죄를 싫어하지 않고 (타락한 자들을 그의 교회로 받아들이고 일으켜 세움으로써 그들이 믿음과 성령을 회복할 수 있도록 능력을 주신) 그리스도께 돌아가지 않는다면, 자기들의 죄 가운데서 죽게 된다. 그러므로 우리가 여기서 말하는 자는, 스스로 믿음이 있다고 생각하지만 계속 죄를 지으며 사는 자가 아니다. 이들은 이미 심판받았다. 육체의 본성에 따라 사는 자는 죽을 것이다(롬 8:13. 갈 5:19-21 참조).

참 성도는 전혀 변함이 없고 육체의 욕심을 조금도 느끼지 못하는 막대기나 돌덩이가 아니다. 바울이 말하는 것처럼 참 성도의 육체의 본성은 성령을 거스르기를 바란다. 그러므로 그들은 죄를 지을 수 있으며, 실제로 죄를 짓는다. 시편 32:5-6은 신실한 자가 자기들의 불의를 자복하고 자기의 죄악을 사해 달라고 기도하는 모습을 보여준다. 나아가 확실히 거룩한 온전한 교회도, 교회의 죄를 사해 달라고 기도하고 죄 사함을 믿는다. 또한 시편 143:2, 130:3-4도 보라. 신실한 자는 모두 똑같은 사실을 똑같은 성령을 통해 기도한다.

5:18 너희가 만일 성령의 인도하시는 바가 되면 율법 아래에 있지 아니하리라

바울은 믿음의 교리를 결코 잊어버릴 수 없었다. 그래서 선행을 다룰 때에도 믿음의 교리를 반복해서 언급한다. 여기서 어떤 이는 다음과 같이 반박할 것이다. "우리가 어떻게 율법 아래에 있지 않을 수 있겠는가? 바울은 성령을 거스르고, 우리와 맞서 싸우고, 우리를 괴롭히고, 우리를 속박으로 이끄는 육체의 본성을 우리가 갖고 있다고 가르치는데 말이다." 확실히 우리는 죄를 느낀다. 아무리 간절히 그러지 않기를 바란다고 해도 죄를 느끼지 않을 수 없다. 그러면 이것이 율법 아래에 있는 것이 아니라면 과연 무엇인가? 그러나 바울은 이것 때문에 우리가 곤혹스러워해서는 안 된다고 말한다. 우리는 오직 성령의 인도를 받는 데 힘씀으로써 기꺼이 육체의 본성을 거스르고 육체 본성의 욕심을 따르지 않는 의지에 순종한다는 것을 증명해야 한다. 이런 의미에서 우리는 율법 아래에 있지 않다. 바울은 자기 자신에 관해 "내 속사람으로는 하나님의 법을 즐거워한다"고 말한다(롬 7:22). 다시 말해, 이것은 다음과 같이 말하는 것과 같다. "나는 내 속사람으로는 어떤 죄에도 예속되어 있지 않다. 하지만 내 육체의 본성으로는 죄의 법을 섬긴다." 따라서 신실한 자는 영으로는 율법 아래에 있지 않다. 비록 죄를 느끼고 스스로 죄인임을 고백한다고 해도, 율법이 그들을 고소하거나 사형 선고를 내릴 수 없기 때문이다. 신실한 자 속에서 율법의 권능과 힘은 "율법 아래에 나서서 율법 아래에 있는 자들을 속량하신" 그리스도로 말미암아 아주 약하다(갈 4:4-5). 그러므로 율법은 신실한 자 속에서 어떤 죄도 죄로 기소할 수 없다. 비록 확실히 죄를 범하고 율법을 어긴 것이라고 해도 말이다.

따라서 경건한 자 속에서는 성령의 능력과 지배권이 매우 크기 때문에, 실제로 죄를 범한다고 해도 율법은 그들을 고소할 수 없다. 그리스도께서 우리의 의가 되시고, 우리가 믿음으로 그리스도를 붙잡기 때문이다. 그리스도는 죄가 전혀 없으시다. 그러므로 율법은 그리스도를 고소할 수 없다. 그리스도를 단단히 붙들고 있는 한, 우리는 성령의 인도를 받고 율법에서 해방된다. 따라서 바울은 심지어 자신이 선행을 가르칠 때에도 칭의 교리를 잊지 않는다. 항상 우리는 행위로 의롭다 함을 얻을 수 없다는 사실을 강조한다. 죄의 잔재가 우리의 육체의 본성에 달라붙어 있고, 그래서 육체를 갖고 사는 한 우리는 성령이 반대하는 것을 계속해서 바란다. 그러나 이때 우리는 율법에서 해방되었고 성령으로 살기 때문에 우리에게 찾아오는 위험은 없다.

우리는 이 말에 위로를 받아야 한다. 또 이 말로 시험에 깊이 빠져 있는 다른 사람들도 위로해야 한다. 그들은 종종 거부하고 싶지만 도저히 거부할 수 없을 정도로 분노와 미움, 짜증, 정욕, 두려움, 고뇌 또는 육체 본성의 다른 욕심의 아주 강력한 공격을 받기 때문이다. 그럴 때 그들은 어떻게 해야 할까? 절망해야 할까? 절대로 그럴 수 없다! 그들은 자기 자신에게 이렇게 말해야 한다. "나의 육체의 본성은 성령과 맞서 싸운다. 육체 본성이 원한다면 그렇게 하도록 놔두자. 다만 나는 어쨌든 육체의 본성이 원하는 바를 행하는 데 동조하지 않는다는 점을 보여주고, 대신 지혜롭게 성령의 인도를 따라 살면 된다. 그렇게 하면 나는 율법으로부터 해방된다. 육체의 본성은 나를 고소하고 두렵게 하겠지만 그 모든 것이 헛되다." 그러므로 성령을 거스르는 육체 본성의 싸움에서 우리의 눈앞에 하나님의 말씀을 두고 그 안에서 성령의 위로를 찾는 것보다 더 좋은 것은 없다.

이런 시험을 겪는 사람들은 실망해서는 안 된다. 마귀가 이 싸움을 벌이는 동안 그들이 크게 무너져 하나님의 진노와 절망 외에 다른 것은 느끼지 못한다고 생각하도록 만들기 위해 죄를 크게 과장할 수 있기 때문이다. 이런 때에 우리는 우리 자신의 감정이나 이성을 따라서는 안 된다. 오히려 바울의 다음 말을 굳게 붙잡아야 한다. 너희가 만일 성령의 인도하시는 바가 되면(즉 "너희가 만일 그리스도를 믿는 믿음을 통해 일어서고 위로를 받으면") 율법 아래에 있지 아니하리라. 이렇게 하면 여러분은 마귀가 여러분을 공격하는 데 사용하는 모든 불화살을 격퇴시키는 강력한 방패를 가질 것이다. 육체 본성의 준동과 격동이 아무리 크다고 해도, 여러분이 성령의 인도를 따르고 육체 본성의 요구에 동조하지 않는다면 육체 본성의 위력은 여러분을 결코 해칠 수 없다.

따라서 육체의 본성이 준동할 때 우리가 유일하게 할 일은, 구원의 진리(즉 하나님이 죄인의 죽음을 바라지 않고 오히려 회심하고 생명을 얻기를 바라신다는 기억)인 성령의 검을 뽑아 싸우는 것이다. 그렇게 하면 우리는 —이 싸움이 계속되는 동안 느낌은 정반대일지라도—승리는 우리의 것임을 확신할 수 있다. 그러나 말씀이 눈앞에서 사라지면 받을 조언이나 도움이란 없다. 내가 직접 이것을 겪었다. 나는 많은 격정을 겪었으나, 성경 본문을 붙잡고 그것을 유일한 닻으로 의지했을 때 시험은 사라졌다. 그때 말씀을 의지하지 않았다면 시험을 극복하기는커녕 조금도 견딜 수 없었을 것이다.

바울이 여기서 육체의 본성과 성령 간의 싸움에 관해 가르친 내용을 종합하면 이렇다. 하나님의 택함받은 자는 성령이 바라는 것을 자기 자신의 힘으로 행할 수 없다는 것이다. 성령은 기꺼이 그들을 완전히 순결한 상태로 만들고자 하실 것이나 육체의 본성이 그것을 허용하지 않을 것이다. 그러나 그들은 그리스도 예수로 말미암아 죄 사함을 받음으로써 구원받는다. 나아가 그들은 성령으로 행하고 성령의 인도를 받기 때문에 율법 아래에 있지 않다. 다시 말해, 율법은 그들을 고소하거나 두렵게 할 수 없다. 어떻게 하더라도 율법은 그들을 절망에 빠뜨릴 수 없다.

5:19 육체의 일은 분명하니 곧 음행과 더러운 것과 호색과 바울은 여기서
그리스도께서 가르치신 것(마 7:16)과 똑같이 가르친다. 곧 나무(인간의
삶)가 좋은지 나쁜지, 또 사람들이 육체 본성의 인도를 따르는지 성령의
인도를 따르는지를 행위와 열매가 증명한다. 요컨대 바울은 이렇게 말한
다. "내가 육체의 본성과 성령의 싸움에 관해 말할 때 사람들이 내 말을
이해하지 못하겠다고 말하는 경우에, 나는 경건하지 아니한 자에게도 잘
알려져 있는 육체의 일 곧 육체 본성의 행위들(열매들)과 성령의 행위들
(열매들)을 말해 주고 싶다."

바울이 이렇게 말하는 것은 갈라디아 사람들 속에 위선자가 많이
있었기 때문이다. 그들은 겉으로는 경건하다고 주장하고 성령을 크게 자
랑하며 참된 복음 교리를 이해했다고 말했다. 그럼에도 불구하고 성령이
아니라 육체의 본성에 따라 살고 육체의 일을 행했다. 바울은 그들이 스
스로 자랑하는 것처럼 거룩한 자가 아니라는 점을 분명히 증명한다. 자
신의 경고를 무시할 때 그들은 하나님의 나라를 유업으로 받지 못할 것
이라는 두려운 선고를 선언함으로써 경각심을 일으켜 그들을 바로잡으
려고 했다. 심지어 신자들도 세대마다 특별한 시험거리가 있다. 청년기
에는 주로 악한 정욕의 공격을 받는다. 중년이 되면 야망과 허영에 빠지
기 쉽다. 노년에는 탐욕적이다. 신실한 사람 가운데 지금까지 육체의 본
성으로 종종 짜증과 분노, 허영을 자극받지 않은 자는 하나도 없었다.

그러므로 여기서 바울은 신자들에 관해 말하면서 그들 육체의 본성
이 성령과 싸우고, 그래서 그들은 육체의 본성의 욕심과 싸움이 없이는
살 수 없으며, 그렇다고 해도 이 싸움이 그들에게 해를 끼치지는 못한다
고 말한다. 우리는 육체의 본성에 자극을 받으나 어떻게든 육체의 본성
의 욕심에 굴복하지 않고 대신 성령의 인도를 따라 살기로 마음을 먹어
야 한다. 육체의 본성에 저항하는 것과, 아무 두려움이나 후회 없이 육체
의 본성에 기꺼이 동조함으로써 육체의 본성이 원하는 바를 행하고 그

러면서 짐짓 성령을 자랑하는 것은 완전히 별개의 사실이라는 점을 깨달아야 한다. 바울은 먼저 갈라디아 사람들에게 그들이 성령의 인도를 받고 율법 아래에 있지 않다고 말하면서 그들을 위로한다. 그런 다음 영원한 파멸로 그들에게 경각심을 준다.

그런데 때때로 성도들도 실족하고, 육체의 본성이 원하는 대로 행한다. 예를 들면, 다윗은 끔찍하게도 간음죄를 저질렀다. 게다가 우리야를 전선에 보내 죽였을 때에 많은 사람들도 죽게 했다. 또한 원수들이 하나님의 백성을 이기고 자기들의 우상을 숭배하게 하고, 이스라엘의 하나님을 모독하게 하는 빌미를 제공했다. 베드로도 그리스도를 부인했을 때 정말 통탄할 만한 죄에 떨어졌다. 이들의 죄는 심각하고 가증했으나, 하나님에 대한 멸시 또는 옹고집이나 완고함 때문이 아니었다. 이들이 연약해서 저질러진 것이었다. 나아가 이들은 경고를 받았을 때 완고하게 죄를 계속 고집하지 않고 금방 회개했다. 다음 장(갈 6장)에서 바울은 이런 사람들은 받아들여지고 지시받고 회복되기를 바란다. 연약해서 죄를 지은 자는 다시 일어서고, 죄를 계속 고집하지 않는 한 용서받는다. 죄를 계속 고집하는 것이 가장 악한 일이기 때문이다. 만약 그들이 계속 회개하지 않고 완고하게 악한 마음을 품고 육체의 본성이 원하는 대로 행한다면, 그것은 그들의 영 안에 교활함이 있다는 확실한 표지다.

그러므로 어느 누구도 사는 동안 정욕과 욕심 없이 살 수 없다. 따라서 어느 누구도 시험에서 자유롭지 못하다. 그러나 사람에 따라 어떤 이는 이런 시험을 받고 다른 이는 저런 시험을 받는다. 한 사람은 쓰라림과 고뇌, 불경함, 불신, 절망 등과 같은 심각한 감정의 공격을 받는다. 다른 사람은 육체적 욕심과 분노, 시기, 탐욕 등과 같은 더 심각한 시험거리를 갖고 있다. 그러나 이런 경우에 바울은 우리에게 성령을 따라 행하고 육체의 본성에 저항할 것을 요구한다. 육체의 본성에 순종하고 하나님에 대한 두려움이나 양심의 가책이 없이 계속 죄를 범하는 자는 누구든 그리스도에게 속한 자가 아니라는 사실을 깨달아야 한다. 아무리 그리스도인을 자처한다고 해도 그는 자신을 속이는 것에 불과하다. 그리스도에게 속한 자는 자기 육체의 본성을 그 정욕 및 욕심과 함께 십자가에 못 박기 때문이다.

이 본문(19절)은 또한 이 세상에서 성도들은 시험 없이 또는 죄 없이 살 수 없다는 사실을 가르치기 때문에 특별한 위로가 담겨 있다. 그러므로 우리에게 시험의 감정이나 죄가 전혀 없는 완전함을 이루려고 애쓰는 이들처럼 행하지 않도록 조심하라고 경고한다. 다시 말해, 이렇게 행하는 자들은 자기를 막대기나 돌멩이와 같이 감정 없는 존재로 만들고자 한다. 그러나 동정녀 마리아는 아들을 잃어버리자 큰 근심과 슬픔에 사로잡혔다(눅 2:48). 시편에서 다윗은 자신이 큰 시험과 죄로 감당할 수 없는 슬픔에 잡아먹혔다고 탄식한다. 바울도 자신이 "밖으로 다툼과 안으로 두려움"을 겪고(고후 7:5), 육체의 본성으로 죄의 법을 섬겼다고 탄식한다. 바울은 자신에게 "모든 교회를 위한 염려"가 있는 것(고후 11:28)과 하나님이 병들어 죽게 된 에바브로디도를 살려 주심으로써 자기에게 큰 긍휼을 베풀어 "근심 위에 근심"을 면하게 하신 것(빌 2:27) 등에 대하여 말한다. 그러므로 로마 가톨릭 교회의 성인들은 세상에 없는 현자를 상상한 스토아주의자와 같다. 이 교훈을 전혀 깨닫지 못한 무수히 많은 사람들이 이처럼 미련한 마귀적인 관념을 갖고 절망에 빠졌다.

말씀 사역자와 국가 당국자, 부모, 자녀, 상전, 종이 참된 성도가 되려면 다음 두 가지를 해야 한다. 첫째, 그리스도께서 자기의 지혜와 의로움과 거룩함과 구원함이 되신다는 사실을 확신해야 한다. 둘째, 각자 자기의 소명에 따른 의무를 하나님 말씀의 법에 따라 감당하고 성령으로 육체의 본성에 순종하지 않고 육체의 소욕을 억제해야 한다. 그런데 모든 사람이 시험을 물리치는 데 똑같은 힘을 갖고 있는 것은 아니다. 대부분의 사람들이 많은 약점과 죄악을 갖고 있다. 그들의 죄가 완고한 고

집에서 나오지 않고 연약함과 부족함에서 나오는 한, 이 죄 때문에 그들이 거룩하지 않은 것은 아니다. 경건한 자는 육체의 욕심을 느끼지만 저항한다. 따라서 육체의 욕심에 굴복하지 않는다. 언젠가 경솔하게 죄에 빠진다고 해도 그리스도를 믿는 믿음으로 다시 일어서면 용서받는다. 그리스도는 우리가 떨어져 나가는 것을 바라시지 않는다. 그분은 길 잃은 양을 찾아 집으로 데리고 오신다. 그러므로 나는 믿음이나 태도가 연약한 자가 하나님의 말씀을 사랑하고 존중하며 주의 만찬에 참여하는 모습을 보면, 그들을 즉각 거룩하지 못하다고 판단하지 않을 것이다. 하나님은 이런 자들을 받아 주셨고 죄 사함을 통해 그들을 의인으로 간주하신다. 하나님 앞에서 그들은 서거나 넘어지거나 둘 중 하나다. 그리스도를 신실하게 믿는 자는 모두가 성도다.

거룩한 교회가 있다는 신조를 고백하는 것은 옳다. 거룩한 교회는 불가시적이고, 아무도 찾아갈 수 없는 곳에 영적으로 존재한다. 그러므로 교회의 거룩함은 확인할 수 없다. 교회는 허물과 죄, 오류, 다양한 범죄로 덮여 있으므로, 참된 기독교 교회는 어디에서도 찾아볼 수 없다고 말하는 것은 합리적인 지적일 것이다. 이것을 모르는 자는, 세례받고 하나님의 말씀을 따르는 신자가 허물과 죄를 범하는 것을 볼 때 금방 상처를 받고 이 신자는 교회에 속해 있지 않다고 생각한다. 그들은 거룩한 교회를 믿지 않고 거룩한 교회를 보기 원한다. 그러나 우리는 교회가 오직 예수 그리스도를 믿는 믿음으로 말미암아 티나 주름 잡힌 것이 없고 거룩하다고 가르친다. 다시 말해, 교회의 삶과 행위가 거룩한 것은, 온갖 악한 욕심에서 해방되고 온갖 악한 관념과 오류에서 벗어났기 때문이 아니다. 육체 본성의 욕심들을 절제하고 영적 사역을 감당하기 때문이다. 이때 교회는 항상 자신의 죄를 고백하고, 자신의 허물을 사함받기 위해 기도하며, 죄 사함이 주어짐을 믿는다.

그러므로 성도는 단지 몰라서 죄를 범하고 타락하고 잘못을 저지른다. 성도는 의도적으로 그리스도를 부인하고 복음을 포기하는 일을 하지 않는다. 그래서 죄 사함을 받는다. 또 몰라서 교리적인 잘못을 저지른 다면 이것도 용서받는다. 결국 성도는 자기의 오류를 인정하고 그리스도 안에서 제공된 진리와 하나님의 은혜를 의지하기 때문이다. 그리스도인은 육체의 일을 피하는 데 힘써야 하지만, 육체의 욕심이나 정욕 자체를 피할 수는 없다.

따라서 그리스도인은 마치 자기가 자기 행위의 의 때문에 하나님께 받아들여진 것처럼 헛되고 악한 행위의 의 관념에 빠지지 않으려면, 육체의 부정한 욕심을 느끼며 사는 것이 아주 유익하다. 경건한 자는 자신의 부정한 마음을 느끼므로 자신의 선행을 의지할 수 없다. 이 느낌 때문에 겸손하게 되어 자신의 선행을 의지할 수 없다. 자기의 속죄소와 유일한 도움이신 그리스도께 피한다. 그리스도는 부패하고 죄로 얼룩진 본성이 아니라 가장 순결하고 거룩한 본성을 갖고 계시고, 이 본성을 "세상의 생명"을 위해 주셨다(요 6:51). 경건한 자는 그리스도 안에서 건전하고 온전한 의를 찾아낸다. 따라서 자신의 본성 속에 여전히 남아 있는 부정함 때문에, 계속 겸손한 자세—가짜가 아니라 진짜로—를 유지한다. 그 부정함 때문에 하나님이 그들을 엄격히 심판하신다면 자기들이 영원한 사망에 처해질 죄인으로 발견될 것이기 때문이다. 그리고 교만하게 자기를 높여 하나님을 거역하지 않는 태도와 겸손하게 자신의 죄를 인정하는 상하고 통회하는 마음을 갖고 중보자 그리스도가 주시는 유익에 전적으로 의존한다. 그러므로 하나님께 나아가 그리스도로 말미암아 자신의 죄를 용서해 달라고 간절히 기도한다. 그러면 하나님은 경건한 자를 무한한 은혜의 천국으로 덮고, 그리스도로 말미암아 그들의 죄를 그들에게 돌리지 않으신다.

참 그리스도인은 세례를 받고 그리스도를 믿는 자로, 이후에 이 똑같은 믿음으로 의롭다 함을 받고, 과거와 현재의 죄를 사함받으며, 날마다 육체의 욕심을 죽인다. 그러나 육체의 본성이 성령을 거스르고 맞서 싸우기 때문에 이 욕심에서 철저히 벗어나 있지는 못한다. 이 부정하고 반역적인 욕심은 여전히 참 그리스도인 속에 남아 있다. 그렇기 때문에 그들은 겸손해질 수 있으며, 겸손해짐으로써 그리스도의 달콤한 은혜를 느낄 수 있다. 따라서 잔재하는 부정한 정욕과 죄는 참 그리스도인을 조금도 방해하지 못하고 오히려 크게 돕는 역할을 한다. 참 그리스도인은 자신의 허물과 죄를 더 크게 느낄수록 그만큼 그리스도의 은혜의 보좌로 더 빨리 피하고, 진심으로 그리스도의 도움을 갈망한다. 그로 인해 그리스도께서 자신의 의로 그의 죄를 덮고, 그의 믿음을 높이며 그에게 자신의 영을 주시기 때문이다. 이때 그는 그리스도 영의 은혜로운 인도와 지도를 따라 자기 육체의 정욕을 이길 수 있다. 그 결과 육체의 정욕은 그를 다스리거나 지배하지 못하고 예속시키지 못할 것이다. 따라서 참 그리스도인은 계속 죄와 씨름한다. 씨름할 때 죄를 완전히 정복하지는 못하지만 승리를 거둔다.

바울은 육체의 일을 다 열거하지 않고 일부만 제시함으로써 육체의 일의 수가 무한함을 암시한다. 첫째, 바울은 음행과 더러운 것과 호색과 같은 육체의 정욕에 속하는 것들을 열거한다. 또한 육체의 일 가운데 우상숭배와 주술과 원수 맺는 것 그리고 이와 같은 다른 행위들을 열거한다. 이 본문은 바울이 육체의 소욕(본성)으로 무엇을 가리키는지를 충분히 보여준다.

5:20 우상숭배　그리스도를 중보자로 받아들이지 않고 하나님의 말씀과 계명이 없이 하나님을 숭배하는 세상의 모든 고등 종교는, 명확히 우상숭배 외에 다른 것이 아니다. 아무리 거룩하고 아무리 열렬한 헌신을 보여주더라도 그저 우상숭배일 뿐이다. 아니 사실은 더 거룩하고 신령해 보일수록 이 종교들은 그만큼 더 위험하고 치명적이다. 사람들을 그

리스도를 믿는 믿음에서 떼어 놓고, 자기 자신의 힘과 행위, 의를 의지하도록 이끌기 때문이다. 이때 사람들은 그리스도(그들이 엄격하고 잔혹한 심판자로 두려워하는)를 믿지 않는다. 오히려 자신의 규칙을 지킴으로써 성도를 자처하고 구원받았다고 상상한다. 하나님과 거룩한 일들을 하나님의 말씀이 아니라 그들 자신의 이성에 따라 판단한다. 그들은 자기의 선행과 의로 하나님께 보상받기를 바란다. 그러나 하나님 아버지는 오직 그리스도 안에 있는 자만을 기뻐하신다. 그리스도에게 듣고 그리스도가 명하신 것을 행하는 자는 누구든 이 사랑받는 분으로 말미암아 하나님께 사랑을 받는다. 간음과 간통은 분명히 누구나 쉽게 확인하지만, 우상숭배는 매우 영적인 일로서 오직 신실한 자만이 그것이 육체의 일에 속해 있음을 알고 있다.

주술   복음 앞에서 눈에 보이는 마술과 주술은 크게 힘을 쓰지 못한다. 복음은 그의 온갖 주술과 함께 귀신을 완전히 무력화시키기 때문이다. 그러나 지금 이 원수는 더욱 끔찍한 방식으로, 즉 영적인 주술과 마법으로 사람들을 꾀고 있다.

바울은 주술을 죄된 본성이 하는 행위 가운데 하나로 간주한다. 물론 그것이 정욕이나 색욕의 행위가 아니라 일종의 우상숭배 행위이지만 말이다. 주술은 귀신과 계약을 맺는 것이다. 미신이나 우상숭배는 참하나님이 아니라 가짜 하나님에 불과한 신과 계약을 맺는 것이다. 우상숭배는 확실히 영적 주술이다. 우상숭배자는 하나님을 자기가 상상하는 것과 같은 존재로 만든다. 우상숭배자는, 하나님이 자기를 의롭게 하시는 것은 자신의 단순한 은혜와 자비 그리고 그리스도를 믿는 믿음 때문이 아니라 자기 자신이 선택하는 예배와 행동을 존중하기 때문이라고 상상한다. 하나님이 이런 예배와 행동 때문에 자기에게 의와 영생을 베풀어 주실 것이라고 상상한다. 우상숭배자는 그렇게 하나님을 홀리려고 하지만 스스로 흘려 넘어가고 만다. 그들이 하나님에 관해 이처럼 악한 관념을 계속 갖고 있으면 우상숭배로 말미암아 죽임을 당하고 저주를 받을 것이 확실하기 때문이다.

분쟁 바울은 여기서 때때로 가정이나 국가 기관 속에서 일어나는 세속적이고 지상적인 문제와 관련된 분열이나 분란을 가리키는 것이 아니다. 교회 안에서 교리 및 믿음, 행위와 관련되어 일어나는 분열이나 분란을 가리킨다. 교회가 있는 다양한 지역에는 늘 이단—즉 분쟁—이 있었다. 이단들의 교리와 믿음, 종교 또는 하나님에 대한 예배는 서로 적절한 일치가 없고 모든 것이 대립한다. 그러나 그리스도인들 사이에서는 말씀과 믿음, 종교, 성례, 예배, 그리스도, 하나님, 마음, 영혼, 지성 그리고 견해가 다 하나이고 모두에게 공통적이다. 외적 행동에 관해 말하면, 다양한 삶의 상태와 정도, 조건들이 영적 일치와 연합을 조금도 방해하지 않는다. 이런 성령의 연합을 갖고 있는 자는 확실히 다른 방법으로는 아무도 파악하지 못하는 온갖 분쟁을 판단할 수 있는 능력이 있다.

5:21 술 취함과 방탕함 여기서 바울은 먹고 마시는 것이 육체의 일이라고 말하는 것이 아니다. 술 취하고 지나치게 방종한 태도를 보여주는 것을 육체의 일로 말한다. 이처럼 육욕에 빠져 절제하지 못하는 자는, 스스로 아무리 그렇게 주장해도 사실은 영적인 사람이 아니고 육체의 본성을 따르는 자임을 깨달아야 한다. 이런 자에게 하나님의 나라를 유업으로 받지 못할 것이라는 두려운 선고가 선포된다. 바울은 그리스도인들이 육체를 멋대로 다루고 방탕에 빠지지 않도록 과음과 과식을 삼감으로써 지나치지 않고 건전하고 적절하게 살기를 바란다. 이렇게 살기 위해서는 과음과 과식 또는 과도한 행위를 따르는 육체의 무절제한 방탕함과 정욕을 단순히 억제하는 것으로는 충분하지 않다. 육체는 욕심에 굴복하지

않도록 억제되고 저지되어 가장 건전하고 적절한 상태를 유지해야 한다. 종종 가장 건전한 것이 가장 크게 유혹받곤 한다. 이때 우리는 성령의 도움을 받아야 한다. 다시 말해, 믿음을 가지고 하나님의 말씀을 묵상하고 기도하면서 성령의 도움을 받아야 한다. 확실히 금식은 육체 정욕의 포악한 공격을 제압하는 데 효과적이다. 하지만 육체의 욕심은 먹는 것과 마시는 것을 절제한다고 극복되는 것이 아니다. 오직 하나님의 말씀을 묵상하고 그리스도를 찾을 때에만 극복된다.

또 그와 같은 것들이라　육체의 일은 아주 많아 다 열거할 수 없다는 뜻이다.

전에 너희에게 경계한 것 같이 경계하노니, 이런 일을 하는 자들은 하나님의 나라를 유업으로 받지 못할 것이요　이것은 말하기가 매우 힘들고 두려운 사실이다. 하지만 복음과 믿음, 성령을 자랑하나 안일하고 육체의 일에 빠져 있는 거짓 그리스도인과 부주의한 위선자들에게 반드시 말해 주어야 한다. 자기 자신의 기준에 따라 영적인 일로 판단하는 관념을 자랑하는 이단들은 마귀에게 붙잡혀 있다. 그들은 완전히 육욕적이다. 그러므로 영혼의 온갖 능력으로 육체의 일을 행한다. 이에 바울은 이처럼 완고한 위선자들에게 끔찍한 판결을 선언하지 않을 수 없었다. 그렇게 함으로써 그들이 성령을 통해 이 준엄한 선고에 두려움을 느끼고 육체의 일에 맞서는 싸움을 시작하기를 바란다.

5:22 오직 성령의 열매는 사랑과 희락과 화평과 오래 참음과 자비와 양선과 충성과　바울은 여기서 육체의 일(19절)과 비교하여 "성령의 일"이라고 말하지 않고, 대신 성령의 열매라고 부름으로써 이 그리스도인의 덕목들을 더 존중한다. 성령의 열매를 갖고 있는 자는 하나님께 영광을 돌린다. 그

열매를 통해 다른 사람들의 마음을 끌고 그리스도에 관한 교훈과 믿음
을 받아들이도록 그들에게 자극을 준다.

사랑   사랑은 성령의 모든 열매를 포괄하는 덕이므로 사랑을 말하면 다
른 것은 말하지 않아도 충분할 것이다. 고린도전서 13장에서 바울은 성
령 안에서 맺어지는 모든 열매를 사랑에 귀속시킨다. 그러나 여기서는
사랑을 성령의 나머지 열매 가운데 첫 번째 자리에 두기를 원한다. 그래
서 그리스도인들에게 다른 모든 것에 앞서 서로 사랑함으로써 서로 존
경하고(롬 12:10), 말씀과 세례 그리고 그리스도인들이 갖고 있는 하나님
의 각종 선물들을 통해 각각 자기보다 남을 더 낫게 여기고 서로 섬기라
고 권면한다.

희락   희락은 곧 신랑과 신부의 음성이다. 다시 말해, 그리스도에 대한
달콤한 생각, 온전한 권면, 즐거운 노래나 시편, 찬송, 감사를 가리킨다.
이런 것들로써 경건한 사람들은 자신들을 교훈하고, 활력을 얻고, 새로
워지는 것이다. 하나님은 침체와 의심을 좋아하지 않으신다. 하나님은
힘을 주지 못하는 교훈이나 괴롭고 슬픈 생각을 싫어하신다. 무엇보다
즐거운 마음을 좋아하신다. 하나님이 자기 아들을 보내신 것은, 낙담과
슬픔으로 우리를 억압하기 위해서가 아니라 자기 아들 안에서 우리의
영혼에 기쁨을 주시기 위함이다. 그래서 선지자들, 사도들 그리고 그리
스도 자신이 우리에게 즐거워하고 기뻐하라고 명령하는 것이다. 성령의
희락(기쁨)이 있는 곳에서는 심령이 내적으로 그리스도를 믿는 믿음을
통해 그분이 우리의 구주라는 굳건한 확신을 갖고 즐거워하는 일이 벌
어진다. 외적으로 보면 심령은 희락을 말과 몸짓으로 표현한다. 또한 신
실한 자는 복음을 전함으로써 많은 사람들을 믿음으로 이끌어 하나님의
나라를 확장할 때 즐거워한다.

화평 화평은 하나님과 다른 사람들에게 함께 효력이 미치는 덕이다. 화평이 임하면 그리스도인들은 평화롭고 평온할 것이다. 곧 서로 다투거나 미워하지 않고, 오래 참음 곧 인내를 통해 서로 짐을 질 것이다. 오래 참음이 없으면 화평을 유지할 수 없다. 그래서 바울은 화평 다음에 오래 참음을 둔다.

오래 참음 사람들은 오래 참음의 열매를 통해 역경과 손해, 비난을 견딜 뿐만 아니라 자기에게 잘못을 저지른 자들의 배상을 인내하며 기다린다. 마귀는 유혹하는 자들을 힘으로 정복할 수 없을 때 오래 참으며 그들을 정복할 길을 모색한다. 마귀는 우리가 오래 참을 수 없는 존재임을 안다. 계속 두드리거나 강한 타격을 가하면 오래 견딜 수 없는 흙그릇임을 잘 알고 있다. 그러므로 이런 마귀의 끈질긴 공격을 물리치려면, 우리에게 잘못을 저지른 자가 자신의 행동을 회개하고 마귀가 우리에게 일으키는 시험이 끝나기를 바라며 오래 참아야 한다.

자비 자비는 일반적으로 사람들이 행동할 때나 생활할 때 온화하고 온순한 모습을 취하는 것이다. 복음을 진정으로 따르고자 하는 자는 뾰족하거나 신랄한 태도를 가져서는 안 된다. 온순하고 부드럽고 예의바르고 정중한 태도를 가짐으로써, 교제할 때 다른 사람들에게 즐거움을 주는 자가되어야 한다. 또 다른 사람들의 잘못을 덮어 주고, 또는 최소한 최선을 다해 그렇게 해야 한다. 다른 사람들에게 양보하고 배려하는 것으로 충분히 만족해야 한다. 또 대하기가 힘들고 완고한 자들도 기꺼이 견뎌야 할 것이다. 우리가 복음서 도처에서 확인하는 것처럼, 바로 이런 사람이 우리 구주 예수 그리스도였다. 베드로에 관해 말한다면, 그의 일상생활로 확인되는 것처럼 그리스도의 온유하심을 생각할 때마다 울었다고 전해진다. 자비는 훌륭한 덕이고, 삶의 모든 분야에서 가장 필수적인 덕이다.

양선   양선은 사람이 베풀고 빌려주는 것과 이와 같은 다른 수단들을 통해 기꺼이 도와줄 때 잘 드러난다.

충성   분명히 여기서 바울은 그리스도를 믿는 믿음(faith)을 말하는 것이 아니다. 한 사람이 다른 사람에게 갖고 있는 충실함과 인간애를 말하고 있다. 고린도전서 13:7에서 바울은 사랑은 "모든 것을 믿는" 것이라고 말한다. 충성을 갖고 있는 자는 의심하지 않고 온순하고 모든 것을 가장 좋게 여긴다. 예를 들어, 속임을 당하거나 조롱을 당한 것을 알더라도 그들은 참는다. 부드럽고 너그러운 태도를 보여준다. 그들은 누구든 믿을 준비가 되어 있으나 그렇다고 아무나 신뢰하지 않는다. 충성이 없는 사람들은 의심하고 변덕스럽고 완고하다. 어떤 것도 믿지 않고 또는 아무에게도 양보하지 않을 것이다. 아무리 좋더라도 사람이 말하거나 행하는 것은 무조건 비방한다. 자신의 변덕스러운 기분을 만족시키지 못하는 자는 절대로 기뻐할 수 없다. 그러므로 그들은 사람들과 사랑, 우정, 연합, 화평을 나눌 수 없다. 그러나 이런 덕들이 없다면 이 세상은 서로 물어뜯고 잡아먹는 곳 외에 어떤 곳이 되겠는가? 그러므로 22절에서 충성은 이 세상에서 벌어지는 일들에 있어 한 사람이 다른 사람을 신뢰하는 것을 의미한다.

5:23 온유   온유는 사람이 쉽게 화를 내지 않을 때 나타난다. 이 세상에서는 사람들이 화를 낼 일이 많이 벌어지지만, 경건한 자는 온유로 화를 물리친다.

절제   절제는 전체 인간 생활 속에서 근신 또는 겸양을 나타내는 것이다. 바울은 절제를 육체의 일과 대조시킨다. 바울은 그리스도인들이 건전하고 순결하게 살기를 바란다. 또 간음이나 간통을 저지르는 자가 되

지 않기를 바란다. 만약 순결하게 살 수 없으면 결혼하기를 바란다. 또한
분란을 일으키거나 다투는 자가 되지 않기를 바란다. 술 취함이나 다른
과도함이 없고, 너무 지나친 것은 무조건 삼가기를 바란다. 절제는 이 모
든 것을 망라한다.

이같은 것을 금지할 법이 없느니라 디모데전서 1:9-10을 보라. 의인은 경
고나 억제를 위한 어떤 율법도 필요하지 않고 율법의 요구를 기꺼이 이
행하는 삶을 산다. 그러므로 율법은 그리스도를 믿는 자를 고소하거나
정죄할 수 없다. 확실히 율법은 우리의 양심을 괴롭히거나 두렵게 한다.
그러나 우리가 믿음으로 그리스도를 붙잡을 때 그분은 온갖 두려움 및
경고와 함께 율법을 정복하신다. 그러므로 이런 사람들에게 율법은 완
전히 폐해진 것이고 그들을 고소할 힘이 전혀 없다. 그들은 율법이 요구
하는 바를 자발적으로 행하기 때문이다. 그들은 믿음으로 성령을 받았
고, 성령께서 그들을 태만하도록 놔두시지 않을 것이다. 비록 육체의 소
욕이 공격하더라도 그들은 성령으로 말미암아 산다. 그리스도인은 믿음
으로 말미암아 율법을 내적으로 이룬다. "그리스도는 모든 믿는 자에게
의를 이루기 위하여 율법의 마침이 되시기" 때문이다(롬 10:4). 그들은
외적으로는 행함과 죄 사함으로 율법을 이룬다. 그러나 육체의 일을 행
하는 자는 국가적으로나 영적으로 율법에 의해 고소와 정죄를 당한다.

**5:24 그리스도 예수의 사람들은 육체와 함께 그 정욕과 탐심을 십자가에 못 박
았느니라** 24절 전체는 참 신자는 위선자가 아니라는 점을 보여준다. 성
도들은 아직 부패한 육체의 소욕에서 완전히 벗어나지 못했으므로 언제
든 죄를 범할 수 있고, 또 마땅히 해야 할 만큼 하나님을 온전히 경외하
거나 사랑하지 못할 수 있다. 또한 분노와 시기, 짜증, 부정한 욕심 등에
자극을 받지만 습관적으로 그런 죄를 범하지는 않는다. 육체(육체의 본

성)와 함께 모든 욕심을 십자가에 못 박기 때문이다. 성도들은 금식과 다른 영적 훈련을 통해 육체의 소욕을 억제시킬 때와 (바울이 바로 뒤에서 말하는 것처럼) 성령으로 살 때(25절) 육체와 함께 모든 욕심을 십자가에 못박는다. 다시 말해, 하나님이 죄를 심각하게 처벌하실 것이라는 경고를 통해 각성하고, 죄를 범하는 것을 두려워할 때와 하나님의 말씀, 믿음, 기도로 무장하며 육체의 소욕에 굴복하지 않을 때 그 모든 욕심을 십자가에 못 박는다.

성도들이 이와 같은 방법으로 육체의 본성에 저항할 때 육체와 함께 그 모든 정욕을 십자가에 못 박고, 그 결과 아직 살아 있다고 해도 손발이 묶여 있는 육체의 본성은 원하는 대로 활동할 수 없다. 따라서 신실한 자는 땅에서 살 동안 육체의 본성을 십자가에 못 박는다. 육체의 본성을 느끼지만 그 본성에 복종하지 않는다. 신실한 자가 하나님의 전신갑주를 입고 곧 믿음과 소망, 성령의 검을 갖고 육체의 본성에 저항할 때 이 영적 못들로 십자가에 단단히 박아 버리면, 육체의 본성은 성령께 예속된다. 신실한 자는 이후에 죽을 때 육체의 본성에서 완전히 벗어난다. 죽음에서 생명으로 다시 살아날 때에는 육체의 욕심과 정욕이 없이 순전하고 부패하지 않은 본성을 가질 것이다.

5:25 만일 우리가 성령으로 살면 또한 성령으로 행할지니 바울은 앞에서 육체(의 본성)의 일 가운데 이단과 시기를 열거했다. 이단(20절)을 만들어 낸 자에게 그들은 하나님의 나라를 유업으로 받지 못할 것이라고 심판을 선고했다(21절). 이제 또 다시 바울은 서로 분노하거나 시기하는 자를 비난한다. 왜 그런가? 한 번 거론한 것으로는 충분하지 못했단 말인가? 바울은 의도적으로 두 번 언급한다. 여기서 갈라디아 지역의 모든 교회에서 분쟁이 일어난 원인이고, 또 항상 그리스도의 온 교회에 아주 유해하고 혐오스런 결과를 가져오는 원흉인 헛된 영광을 비판하고 있기 때문

이다. 그러므로 바울은 디도서에서 자기는 교만한 사람이 장로로 임명되지 않기를 바란다고 말한다. 그것은 교만이 (아우구스티누스가 진실로 말하는 것처럼) 모든 이단의 어머니이고, 아니 사실은 모든 죄와 혼란의 원천이기 때문이다. 세속 역사와 교회 역사 모두 이 사실을 증명한다.

헛된 영광(허영) 또는 오만은 항상 세상에서 흔하게 나타나는 독이었다. 그래서 심지어는 이교도 시인과 역사가들도 이 악덕을 격렬히 비판했다. 다른 사람들보다 더 지혜롭고 존경받는 사람을 찾아볼 수 없는 곳은 어디에도 없다. 그러나 학문과 지혜로 명성을 얻은 자가 이 질병(헛된 영광)에 가장 잘 걸린다. 이 경우에 사람들이 자기를 가리키며 "바로 그 사람"이라고 말하는 것이 너무 좋기 때문에, 재주와 재능에 대한 칭찬을 다른 사람에게 넘겨주고 싶은 자는 세상에 아무도 없다. 그러나 헛된 영광은 일반 개인이나 국가 당국자보다 교회 지도자에게 더 해롭다. 성경과 세속 저술가들의 이야기가 증명하는 것처럼 국가 정부 내부에서 일어나는 분쟁의 원인도 바로 이 헛된 영광이다.

헛된 영광이라는 독이 영적 나라인 교회 안에 스며들 때 우리는 그것이 얼마나 해로운지 말로 다 표현할 수 없다. 교회에서는 헛된 영광이 구원 아니면 파멸, 영생 아니면 영원한 사망과 관련되기 때문이다. 그러므로 말씀 사역자는 이 악덕을 반드시 피해야 한다고 바울은 절실하게 권면한다. 만약 우리가 성령으로 사는 것이 사실이라면 또한 성령으로 행해야 한다고 바울은 말한다. 성령은 어디서든 사람들을 새롭게 하고 그들 속에 새로운 감정을 일으키신다. 이전에 그들은 오만하고 분노하고 시기했지만, 이제는 성령이 그들을 겸손하고 온화하고 오래 참도록 만든다. 이런 자는 자기 영광이 아니라 하나님의 영광을 구한다. 또 서로 노엽게 하거나 투기하지 않고, 서로 양보하고 존중한다. 반면에 자신의 영광을 바라고 서로 투기하는 자는, 자기가 성령을 갖고 있고 성령을 따라 산다고 자랑할 수 있으나 사실은 스스로 속는 자다. 그들은 육체의 본성을 따르고 육체의 일을 행한다. 이미 자기의 심판을 받았다. 결코 하나님의 나라를 유업으로 받지 못할 것이다.

　이 특수한 악덕(헛된 영광)보다 교회에 위험한 것은 없다. 하지만 세상에서 이보다 더 흔한 악덕도 없다. 하나님이 추수를 위해 일꾼을 보내실 때 사탄도 곧 자기 사자들을 일으킨다. 이 사자들은 사람들에게 하나님의 정당한 부르심을 받은 자보다 못한 자로 결코 여겨지지 않을 것이다. 둘 사이에 즉각 다툼이 벌어진다. 악인은 한 발도 물러서지 않을 것이다. 악인은 자기가 지성과 학식, 경건, 정신 그리고 다른 덕들에 있어 경건한 자를 크게 능가한다고 생각한다. 경건한 자는 믿음의 교리가 위험에 처하지 않도록 하려면 악인에게 절대로 굴복해서는 안 된다. 게다가 사탄의 사자들은 자기를 선한 자로 보일 수 있게 만드는 것이 특징이다. 곧 자기가 아주 사랑이 많고 겸손하며 화평을 사랑하고 성령의 다른 은사를 갖고 있는 것처럼 나타낼 수 있다. 또한 하나님의 영광과 영혼들의 구원 외에 다른 것은 조금도 구하지 않는다고 역설한다. 그러나 그들은 헛된 영광으로 가득 차서 모든 것을 오로지 사람들의 칭찬과 존경을 얻기 위해 행한다. 요약하면 사탄의 사자들은 경건을 이익의 방도로 생각하고(딤전 6:5), 또 말씀 사역은 자기들의 특권이므로 말씀 사역을 통해 자기들이 명성과 명예를 얻는 것이 당연하다고 착각한다. 그러므로 그들은 늘 불화와 분파를 일으킨다.

　갈라디아 교회가 혼란과 방종에 빠진 이유는 거짓 사도들의 헛된 영광에 있었다. 그러므로 바울이 5장을 쓴 목적은, 특별히 이 끔찍한 악덕(헛된 영광)을 진압하는 데 있었다. 바로 이것 때문에 바울은 갈라디아서를 쓰게 된 것이다. 바울이 없을 때 큰 권세를 갖고 등장한 거짓 사도들은 금방 갈라디아 교회를 장악했다. 거짓 사도들은 그리스도의 영광과 갈라디아 사람들의 구원을 구하는 것처럼 보이는 것 외에도, 자기가 사도들과 친분이 있고 사도들의 발자취를 따라가고 있다고 주장했다.

거짓 사도들은 바울이 육체로 거하셨던 그리스도를 본 적이 없고 나머지 사도들과 친분도 없다고 말했다. 그러므로 자기는 바울을 높게 평가하지 않고, 바울의 교훈을 거부하며, 자기 자신의 교훈이 참되고 진실하다고 자랑했다. 따라서 거짓 사도들은 갈라디아 사람들을 혼란에 빠뜨리고 그들 사이에 분쟁을 일으킴으로써 그들이 서로 노엽게 투기하도록 만들었다. 이것은 선생들이나 그들의 제자들이 성령으로 살지 않고 육체의 본성을 따르고 육체의 일을 행함으로써, 참된 교훈과 믿음, 그리스도 그리고 온갖 성령의 은사를 잃어버리고, 이제는 이방인보다 더 악한 상태에 빠졌음을 보여주는 확실한 표지였다.

여기서 바울은 당시에 갈라디아 교회를 혼란에 빠뜨린 거짓 사도들만 비판하기는 해도, 세상 끝날에는 이런 사람들이 무수히 많을 것임을 영으로 미리 알았다. 그들은 이 치명적인 악덕에 감염되어 교회 안에 스며들 것이다. 성령과 하늘의 교훈을 자랑하면서 가면을 쓰고 참된 교훈과 믿음을 완전히 무너뜨릴 것이다. 그러나 그들의 영광은 하나님의 칭찬이 아니라 사람들의 칭송에 그칠 것이므로 굳건하거나 안전한 것이 될 수 없었다. 바울은 이것 때문에 그들은 스스로 혼란에 빠지고 결국은 파멸당할 것이라고 예언했다.

예수 그리스도의 영광이 아니라 자기 자신의 이익을 추구하는 모든 복음 전도자에게도 똑같은 판단이 적용된다. 복음이 우리에게 주어진 것은, 그것으로 우리 자신의 칭찬을 구하거나 사람들이 우리를 복음 사역자로 우러러보도록 하기 위함이 아니다. 복음이 주어진 것은, 그리스도의 영광이 선포되어 아버지께서 자신을 우리 모두를 위해 주시고 자신과 함께 우리에게 모든 것을 주신 자기 아들 그리스도 안에서 우리에게 베풀어 주신 긍휼로 영광을 받도록 하는 데 목적이 있다. 그러므로 우리는 복음의 가르침을 통해 우리 자신의 영광을 구해서는 절대로 안 된다. 복음은 우리 자신의 것이 아니고 또 우리가 행하거나 받을 자격이 없는 거룩하고 영원한 것을 우리에게 제시한다. 복음은 아무 가치 없는 우리에게 거룩하고 영원한 것을 제공한다. 복음은 순전히 하나님의 인자하심과 은혜로 그렇게 한다. 그렇다면 왜 우리가 복음으로 우리의 찬송과 영광을 구해야 하겠는가? 복음으로 자신의 영광을 구하는 자는 자기 자신에 관한 말을 한다. 자기 자신에 관해 말하는 자는 거짓말쟁이로 그 속에 의가 없다. 반면에 자기를 보내신 분의 영광을 구하는 자는 참되고, 그 속에 불의가 없다(요 7:18).

그러므로 바울은 요컨대 다음과 같이 말하는 것으로 모든 말씀 사역자에게 진심으로 당부한다. "우리가 형제의 사랑을 갖고 신령한 연합을 이루며 배운 진리의 교훈을 고수하자. 단순한 마음으로 그리스도와 하나님의 영광을 선포하자. 이 모든 것을 그리스도에게서 받았다고 고백하자. 우리 자신보다 다른 사람들에 관해 더 많이 생각하자. 그리고 어떤 분쟁도 일으키지 말자. 분쟁은 오히려 길을 잃고 잘못된 삶의 길을 새로 만들어 내는 것에 불과하니 말이다."

따라서 우리는 하나님이 은혜로 복음 사역자들을 그들 자신과 다른 사람들의 구원을 위해 십자가에 예속시키고 온갖 고난을 겪게 하신 것을 이해해야 한다. 그렇지 않았다면 그들은 헛된 영광으로 불리는 이 짐승을 결코 억제하지 못했을 것이다. 만약 복음의 교훈을 따를 때 박해나 십자가나 비난이 없이 오직 칭송이나 명성이나 인간적 영광만 주어졌다면, 복음을 고수한 모든 자는 헛된 영광에 감염되어 그 독으로 멸망을 당할 것이다. 제롬은, 자신이 육체와 재산에 큰 고난을 겪은 많은 사람들을 보았으나 자기 자신에 대한 칭송을 멸시할 수 있는 자는 아무도 없었다고 말한다. 어떤 말이든 우리 자신의 덕을 칭송하는 말을 들을 때 우리가 으스대지 않고 가만히 있는 것이 거의 불가능하기 때문이다. 바울은 그리스도의 영을 소유하고 있었음에도 불구하고, 자신이 큰 계시를 받은 것 때문에 너무 자만하지 않게 하려고 사탄의 사자가 자기에게 주어졌다고 말한다(고후 12장).

우리는 말씀을 선포하고 성례를 받는 큰 특권을 소중히 여겨야 한다(롬 1:14-16). 또한 서로 존경해야 한다(롬 12:10). 그러나 그렇게 할 때마다 육체의 본성이 금방 헛된 영광으로 속삭거리고 교만이 자라난다. 아무리 경건한 사람이라도—이런 면에서 어떤 칭찬이나 비난에도 꿈쩍하지 않을 정도로 잘 준비된 소수의 사람들(고후 6:8)을 제외하고—칭찬 듣는 것보다 비판받는 것을 더 좋아할 자는 아무도 없기 때문이다. 자기를 칭찬하는 말을 들을 때 교만해지는 자는 그리스도의 영광이 아니라 자기 자신의 영광을 구하는 자이다. 비난이나 비방을 견디지 못하는 자는 말씀 사역을 제대로 감당하지 않는 자이다.

우리는 모두 자신이 올바로 행하고 있는지 살펴보아야 한다. 특히 성령을 소유하고 있다고 자랑하는 자는 더욱 그렇게 해야 한다. 만약 여러분이 칭송을 받는다면, 사람들이 칭송하고 있는 자는 여러분이 아니라 모든 칭송이 돌아가야 할 그리스도라는 사실을 확실히 해야 한다. 만약 여러분이 말씀을 순수하게 가르치고 경건하게 산다면, 이것은 여러분 자신의 능력이 아니라 하나님의 은사다. 여러분 안에서 찬양받을 대상은 여러분이 아니라 하나님이시다. 이것을 인정할 때 여러분은 올바르게 행하는 자가 되고 헛된 영광에 빠지지 않을 것이다(고전 4:7). 여러분은 자신이 이 은사들을 하나님께로부터 받았다고 고백해야 한다. 그렇게 해야 손해나 비난 또는 박해에 직면할 때 자신의 소명을 포기하고 싶은 유혹을 받지 않을 것이다.

우리는 우리의 영광이신 주님을 즐거워할 때 우리의 영적 생활의 질서를 유지할 수 있다. 우리는 우리가 갖고 있는 재능들은 우리 자신의 것이 아니라 하나님의 은사임을 인정한다. 이 은사들이 주어진 것은 그리스도의 몸을 세우기 위함이다(엡 4:12). 따라서 우리는 이런 은사들로 교만해지지 않는다. 우리는 적게 받은 자보다 많이 받은 자에게 더 많이 요구된다는 사실을 알고 있다. 나아가 하나님은 사람들을 차별하시지 않는다는 사실도 알고 있다(행 10:34-35). 그러므로 가난한 노동자도 하나님이 자기에게 주신 은사를 충실히 사용하면, 말씀 사역자 못지않게 하나님을 기쁘시게 할 수 있다. 그 역시 말씀 사역자가 가진 것과 똑같은 믿음과 똑같은 성령으로 하나님을 섬기기 때문이다. 그러므로 아주 작은 그리스도인들이 우리에게 하는 것처럼, 우리도 그런 자들을 크게 존중해야 한다. 이렇게 할 때 우리는 헛된 영광에서 벗어나 성령으로 살게 될 것이다.

한편 그리스도의 영광이나 사람들의 영혼의 건강이 아니라 자기 자신의 영광, 다른 사람들의 호의, 세상의 평안, 육체적 편안함을 구하는 자는, 그들 자신의 교훈과 수고를 추천하고 다른 사람들의 교훈과 수고는 비판하는 자가 될 수밖에 없다. 비록 자기들은 다른 것을 전혀 구하지 않는다고 말하더라도 말이다. 이런 자는 사람들이 자기를 칭송할 때 주님을 즐거워하거나 자랑하지 않고 자기를 자랑하며, 아주 교묘하게 사람들의 마음을 휘어잡는다. 그들은 말과 몸짓, 글로 모든 것을 가장할 수 있다. 그러나 사람들이 자기를 찬양하거나 칭찬하지 않을 때에는 그리스도의 십자가와 박해를 미워하고 피하기 때문에 세상에서 가장 두려운 사람이 된다.

육체의 본성은 오직 이처럼 저주받은 헛된 영광 때문에 본래의 기능을 포기하고 참된 교훈을 부패시키며 교회의 연합을 파괴한다. 그래서 바울은 여기서와 다른 본문들에서 육체의 본성을 그토록 신랄하게 비판하는 것이다.

5:26 헛된 영광을 구하여 여기서 헛된 영광은 하나님 안에서 얻는 영광이 아니라 거짓말로 곧 다른 사람들의 칭찬으로 얻는 영광이다. 이것은 참된 영광의 적절한 기초가 아니라 거짓 기초다. 그러므로 헛된 영광은

오래 지속될 수 없다. 단순히 사람을 찬양하는 자는 거짓말쟁이다. 사람에게는 찬양을 받을 만한 것이 하나도 없기 때문이다. 사람 안에 있는 모든 것은 정죄를 받아야 마땅하다. 그러므로 우리 자신의 인격에 관한 한, 우리가 받을 영광은 영광이 아니라 모든 사람이 죄를 범했고 하나님 앞에서 영원한 사망의 죄책이 있다는 것이다. 그러나 우리의 사역이 찬양받을 때는 상황이 다르다. 그러므로 우리는 우리의 사역이 사람들의 구원을 가져올 것이므로 우리의 사역이 찬양받기를 바랄 뿐만 아니라 사람들이 우리의 사역을 적절히 존중하도록 전력을 다해야 한다. 바울은 로마 지역 교인들에게 아무에게도 상처를 주지 말고, 그래서 그들의 사역에 비방을 받지 않도록 하라고 권면한다(롬 14:16. 고후 6:3 참조). 결론적으로 우리의 사역이 찬양을 받을 때 그것은 우리 자신이 아니라 하나님과 하나님의 거룩한 이름이 찬양을 받는 것이다.

서로 노엽게 하거나 서로 투기하지 말지니라 여기서 바울은 헛된 영광의 결과와 열매를 묘사한다. 오류를 가르치는 자나 새로운 교훈을 만들어 내는 자는 서로 노엽게 할 수밖에 없다. 사람들이 자신의 교훈을 인정하거나 받아들이지 않을 때 그는 곧 사람들을 극렬히 미워하기 시작한다. 사람들은 복음을 고백하는 것을 큰 자랑거리로 여기지만, 사실은 단순한 고백으로 그치는 것만큼 세상의 눈에 더 큰 불명예는 없다.

6장. 십자가 외에 결코 자랑할 것이 없으니

6:1 형제들아, 사람이 만일 무슨 범죄한 일이 드러나거든 신령한 너희는 온유한 심령으로 그러한 자를 바로잡고 바울은 여기서 교리의 오류와 위반에 관해 말하지 않는다. 사람들이 고의가 아니라 연약해서 어쩔 수 없이 저지르는 작은 죄에 관해 말하고 있다. 범죄한 일이라는 말은 마귀나 육체의 본성에 속임을 당한 일을 가리킨다. 성도들은 현세에서 가끔 마귀의 유혹으로 짜증과 시기, 분노, 오류, 의심, 불신 등에 빠진다. 사탄이 항상 일상적인 범죄로 건전한 삶을 공격할 뿐만 아니라 불화와 분쟁을 통해 순수한 교리도 공격하기 때문이다. 그러므로 바울은 죄에 빠진 자를 어떻게 다루어야 하는지 가르친다. 즉 강한 자는 죄에 빠진 자를 온유한 자세로 일으켜 세우고 회복시켜 주어야 한다.

말씀 사역에 종사하는 우리는 모든 일을 철두철미하게 다루려고 애쓰지만, 이 교훈을 명심하는 것이 특히 유익하다. 여기서 바울이 영혼에 대해 책임을 지고 있는 자들은 자애롭고 상냥한 감정을 가져야 한다고 지적하는 것을 잊어서는 안 된다. 바울은 고린도후서 2장에서 이 교훈에 대해 한 가지 사례를 제시한다. 거기서 바울은 출교당한 사람에 대해 언급한다. 그가 많은 사람들에게 충분히 비난을 받았으니 너무 큰 슬픔에 빠지지 않도록 이제 용서하고 위로해 주라고 말한다. 그러므로 바울은 그를 사랑해 달라고 부탁한다. 목사와 말씀 사역자는 확실히 범죄한 자를 단호하게 책망해야 한다. 그러나 자신의 범죄를 슬퍼하는 모습을 볼 때는, 자상하게 다시 일으켜 세우고 위로하고 최대한 잘못을 완화시켜 주어야 한다. 범죄한 자가 침체에 빠지지 않도록 사람이 아니라 죄를 미

위해야 한다. 성령은 믿음의 교리를 유지하고 옹호하는 데 정확한 것 못지않게, 죄를 지은 사람이 죄를 슬퍼하면 그의 죄를 참고 완화시키는 데에도 온화하고 동정적이다.

우리는 자기의 죄를 은근히 즐기면서 두려움 없이 계속 죄를 짓는 강퍅하고 완고한 자를 신랄하게 비난해야 한다. 그러나 신령한 자는, 범죄하고 자신의 잘못을 슬퍼하는 자를 엄격한 공의의 열정으로 처리할 것이 아니라 온유한 마음으로 일으켜 주고 권면해 주어야 한다. 형제는 실족한 형제를 자상하고 온유한 마음으로 위로해 주어야 한다. 그리고 범죄한 자는 자기를 일으켜 주는 자의 말을 듣고 그의 말을 믿어야 한다. 하나님께서는 상처 입은 자를 버리지 않으시고 그들이 다시 일어서기를 바라시기 때문이다. 하나님은 그들에게 우리가 준 것보다 더 큰 것 곧 자기 아들의 생명과 피를 주셨다. 그러므로 우리도 이런 사람을 철저히 온화하고 온유한 마음으로 용납하고 그를 돕고 위로해야 한다.

너 자신을 살펴보아 너도 시험을 받을까 두려워하라 이것은 범죄한 자를 다시 일으키고 회복시킬 때 온유한 마음을 보여주지 못하는 목사들의 신랄한 태도를 바로잡는 데 매우 필요한 경고다. 우리는 모두 미끄러운 땅에 서 있다. 그래서 교만해지거나 의무를 다하지 못하면 쉽게 넘어진다. 목사는 자기 자신의 거룩함을 다른 사람들의 죄와 비교해서는 안 된다. 죄인들에게 자상한 마음을 가져야 하며, 만약 다른 사람이 범죄하면 자신은 더 위험하고 치욕적인 범죄를 저지를 수 있다는 사실을 기억해야 한다. 남을 판단하고 비난하는 데 익숙한 자가 자기 자신의 죄에 관해 생각해 보면, 다른 사람들의 죄는 작은 티에 불과하고 자기 자신의 죄는 큰 들보임을 발견할 것이다(마 7:3-5).

"그런즉 선 줄로 생각하는 자는 넘어질까 조심하라"(고전 10:12). 믿음과 하나님의 영으로 충만한 거룩한 사람이었고, 주목할 만한 약속들을 하나님께로부터 받았으며, 여호와를 위해 큰일을 무수히 해낸 다윗을 생각해 보라. 하나님이 제공하신 많고 다양한 시험을 거치고 난 후인데도 불구하고 정말 끔찍한 죄를 범하고, 나이를 많이 먹었음에도 불구하고 젊은이의 정욕에 사로잡혔다면, 우리가 어찌 우리 자신의 정결함을 장담할 수 있겠는가? 하나님은 이런 본보기를 통해 우리가 교만해지지 않고 두려움을 갖고 굳게 서도록 우리 자신의 연약함을 보여주신다. 또 하나님은 자기 자신에 대해서나 우리 형제들에 대해서 우리가 교만한 것보다 참아줄 수 있는 일은 없음을 보여주신다. 시험을 겪은 자는 바울이 제시하는 이 명령("너 자신을 살펴보아 너도 시험을 받을까 두려워하라")이 얼마나 필요한 것인지 알 것이다. 반면에 시험을 겪지 못한 자는 바울의 명령을 이해하지 못하고, 따라서 범죄한 자에게 어떤 연민도 갖지 못하게 된다.

6:2 너희가 짐을 서로 지라. 그리하여 그리스도의 법을 성취하라　이는 큰 칭찬이 덧붙여진 아주 부드러운 명령이다. 그리스도는 우리를 구속하고, 우리를 새롭게 하고, 우리를 자신의 교회로 만드신 후에, 우리에게 서로 사랑하라는 법 외에 다른 법을 주시지 않았다(요 13:34). 사랑하는 것은 서로에게 잘하기를 바라는 것이 아니다. 짐—즉 우리에게 고통스럽고 우리가 기꺼이 짊어지지 못할 일—을 서로 지는 것이다. 그러므로 그리스도인들은 튼튼한 어깨와 강한 뼈를 가져야 한다. 그렇게 해야 형제의 연약함을 짊어질 수 있다. 바울은 그 형제들에게 짐과 괴로움이 있다고 말하기 때문이다. 따라서 사랑은 온순하고 정중하고 인내하는 것이다. 또 받는 것이 아니라 주는 것이다. 많은 일들을 눈감아 주고 짊어질 것이 요구되기 때문이다(고전 13:4). 신실한 선생들은 교회 안에서 참지 않으면 안 되는 많은 오류와 범죄를 본다. 국민들은 마땅히 지켜야 할 만큼 국법을 지키는 것이 아니다. 그러므로 국가 당국자는 적절히 때와 장소에 따라 눈을 감지 않으면, 국가를 제대로 다스리지 못할 것이다. 가정

에서도 가장은 불쾌한 일을 많이 겪는다. 그러나 우리가 우리 자신이 날마다 저지르는 악덕과 범죄를 참고 묵인한다면, 다른 사람들의 잘못도 참아 주어야 한다.

삶의 모든 분야와 모든 사람 속에 악덕이 있다. 그래서 바울은 신자들에게 그리스도의 법을 제시하고 짐을 서로 지라고 권면한다. 짐을 서로 지지 못하는 자는 분명히 그리스도의 법을 조금도 이해하지 못했음을 증명하는 것이다. 그리스도의 법은 곧 사랑의 법이다. 바울이 고린도 전서 13장에서 말하는 것처럼, 사랑은 항상 첫째 계명을 지키는 형제들을 믿고 바라고 그들의 모든 짐을 지는 것이다. 그렇다면 그리스도의 법 곧 사랑의 법을 어긴 자는, 자기 이웃이 아니라 그리스도와 그분이 자신의 피로 값 주고 산 나라를 해치거나 거스르는 것이다. 그리스도의 나라는 사랑의 법으로 유지되는 것이 아니라 하나님의 말씀, 믿음 그리고 성령으로 유지된다. 따라서 짐을 서로 지라는 명령은 그리스도를 부인하고 자기의 죄를 변명하거나 단순히 그것을 죄로 인정하지 않는 자에게는 적용되지 않는다. 또 계속 죄를 저지르고 있는 (또한 부분적으로 그리스도를 부인하는) 자에게도 적용되지 않는다. 이런 사람들은 우리가 그들의 악한 행위에 빠져들지 않도록 교회 안에서 내보내야 한다(딤전 6:11).

이와 반대로 하나님의 말씀을 기꺼이 듣고 믿지만 자기의 의지에 반하여 계속 죄를 범하는 자는, 경고를 받으면 이 경고를 기쁘게 받아야 한다. 뿐만 아니라 자기의 죄를 싫어하고 어떻게든 고치려고 애를 써야 한다. 이런 사람은 죄에 붙잡혀 있는 자다. 바울이 우리에게 지라고 명령하는 짐을 가지고 있는 사람이다. 이 경우에 우리는 엄격하거나 냉혹해서는 안 된다. 이 짐들을 지고 감당하시는 그리스도의 본보기를 따라야 한다. 그리스도께서 그들을 공의에 따라 얼마든지 처벌하실 수 있음에도 처벌하지 않으신다면, 우리는 얼마나 더 그렇게 해야 하겠는가?

6:3 만일 누가 아무것도 되지 못하고 된 줄로 생각하면 스스로 속임이라   여기서 다시 바울은 분파를 만드는 자를 비판하고 그들이 완고하고 무정하고 연민 없는 마음을 갖고 있다고 말함으로써 그들의 전형적인 특징에 따라 그들을 묘사한다. 그들은 약한 자를 멸시하고 그들의 짐을 지기는커녕 오히려 고집스러운 남편이나 엄격한 학교 선생과 같이 모든 것을 자기의 방식에 맞추어 행하라고 요구할 것이다. 자기 자신이 행하는 것 외에는 기뻐할 수 있는 것이 없다. 또 항상 그들이 모든 일 속에서 자기가 바라는 대로 말하거나 행하거나 처리하는 것을 무조건 칭찬하지 않으면 원수로 대할 것이다. 그들은 모든 사람 가운데 가장 교만한 자이다. 바울은 그들이 자기가 대단한 사람이나 된 것처럼 착각한다고 말한다. 곧 그들은 자기가 성령을 소유하고 있어서 성경의 모든 비밀을 다 알고 있고, 그래서 자기가 절대로 잘못될 수 없다고 가정한다.

바울은 그들은 아무것도 되지 못한 자라고 말한다. 그들은 자기 자신의 지혜와 거룩함을 미련하게 가정하기 때문에 스스로 속는다. 그들은 사실 아무것도 모르는 자이다. 그러므로 그리스도나 그리스도의 법에 대해서도 모른다. 만약 알았더라면 이렇게 말했을 것이기 때문이다. "형제여, 자네는 이 악에 빠졌고 나는 다른 악에 빠졌네. 하나님은 내게 일만 달란트의 빚을 탕감해 주셨으니, 나는 자네가 내게 진 백 데나리온의 빚을 탕감해 주겠네"(마 18:24, 28). 그러나 그들이 모든 것을 정확히 법대로 하도록 요구하고 결코 약한 자의 짐을 지지 않을 때, 많은 사람들이 그들의 엄격함에 상처를 입고, 결국은 그들을 경멸하고 미워하고 피하게 된다. 따라서 사람들은 그들에게 위로나 조언을 찾지 않고, 그들이 가르치는 교훈이나 가르치는 방법에 주의를 기울이지 않을 것이다. 이와 반대로 목사들은 자기의 인격을 위해서가 아니라 자기의 직무와 특별히 자기 속에서 빛나야 하는 기독교적 미덕을 위해 책임을 지고 있는 자들을 사랑하고 존중해야 한다.

6:4 각각 자기의 일을 살피라 그리하면 자랑할 것이 자기에게는 있어도 남에게
는 있지 아니하리니 바울은 이 교만한 사람들에 관해 계속해서 묘사한
다. 오만함의 욕망은 가증하고 저주받은 악덕이다. 오만함은 온갖 악을
저지르는 빌미를 제공하고, 공동체와 양심을 괴롭힌다. 특히 영적 문제
에 있어서는 불치병과 같다. 비록 이 본문(4절)은 이 세상 속에서 일어나
는 일과 시민 관계 속에서 벌어지는 일을 다루는 것으로 이해될 수 있기
는 해도, 바울은 주로 목회 사역에 관해 말하고 있다. 자기 자신의 편협
한 견해로 올바른 양심을 갖고 있는 사람을 괴롭히는 자를 통렬히 비난
하고 있다.

오만함의 독에 감염된 자는 자기의 사역이 순수하고 단순하고 신실
한지에 관해서는 주의를 기울이지 않는다. 그저 사람들의 칭찬을 얻는
데 혈안이 되어 있다. 그래서 거짓 사도들은 바울이 갈라디아 사람들에
게 복음을 순수하게 전하고 자기의 교훈을 가르칠 수 없게 되자, 바울이
신실하게 가르친 교훈을 비난하고 자기의 교훈을 바울의 교훈보다 앞세
우기 시작했다. 그렇게 함으로써 갈라디아 사람들이 자기들에 대해서는
호의를 갖게 하고, 바울에 대해서는 미움을 갖도록 만들었다. 이처럼 오
만함에 빠진 자는 세 가지 악덕을 보여준다. 첫째, 그들은 영광을 탐낸
다. 둘째, 그들은 다른 사람들이 행하거나 말하는 바를 아주 교활하게 비
난하고, 대신 사람들에게서 자기에 대한 사랑과 칭찬을 이끌어 낸다. 셋
째, 그들은 명성을 얻으면 (비록 그것이 다른 사람들의 힘든 수고로 이루어 낸
것이라고 해도) 모든 것을 의심하기 시작한다. 그들은 그리스도의 일을 구
하지 않고 자기 자신의 일을 구하기 때문에(빌 2:21) 치명적으로 해로운
사람들이다. 나는 이런 자를 온 마음을 다해 반대한다.

바울이 여기서 반대하는 자는 바로 이와 같다. 곧 그들이 복음을 가
르치는 것은 (하나님의 영광을 위해서가 아니라) 바울이나 다른 사람들보다
더 훌륭한 선생으로 인정받기 위해서다. 그렇게 명성을 얻게 되면 그들

은 다른 사람들의 말과 행동을 비난하고, 자기 자신의 말과 행동을 내세우기 시작한다. 그들은 사람들의 마음을 꾀고 이렇게 꾐에 넘어간 사람들은 새로운 사실을 듣는 데 관심이 많으므로, 그들이 가르친 새로운 사실로 이전 선생들이 창피를 당하고 굴욕을 당하는 것을 보기 좋아한다.

바울은 이와 같은 일이 절대로 일어나서는 안 된다고 말한다. 그러므로 각각 자기의 일에 충실해야 한다. 여러분 자신의 영광을 구하거나 사람들의 칭찬에 의존하지 마라. 대신 복음을 순수하게 가르침으로써 하나님이 바라시는 바를 행하는 것에만 관심을 두라. 만약 여러분이 진실하고 건전하게 일한다면, 하나님이나 경건한 사람들에게 받는 칭찬이 부족하지 않을 것이라고 확신하라. 은혜를 모르는 세상 사람들의 칭찬을 받지 못한다면, 그것 때문에 속상해하지 마라. 여러분은 자신의 사역의 목적이 여러분이 아니라 그리스도께 영광을 돌리는 데 있음을 알고 있지 않은가? 그러므로 의의 전신갑주를 입고 이렇게 말해야 한다. "나는 세상의 칭찬을 듣기 위해 복음을 가르친 것이 아니다. 따라서 세상이 나를 미워하고 비방하고 박해한다고 해도, 내가 시작한 일을 절대로 포기하지 않겠다." 이와 같은 사람은 세속적인 영광이나 이익에 관심이 없고, 어떤 사람에게 힘이나 지혜나 권세를 갖지 않는다. 다만 말씀을 가르치고 신실하게 자기의 일을 감당한다. 그는 다른 사람들의 칭찬에 기대지 않는다.

그러므로 자기의 일을 진실하고 신실하게 감당하는 자는 세상이 자신에 관해 어떻게 말하든 신경 쓰지 않을 것이다. 세상이 자기를 칭송하거나 비판하거나 개의치 않을 것이다. 그의 양심이 그가 말씀을 순수하게 가르쳤고, 성례를 정당하게 거행했으며, 모든 것을 잘했다고 말해 주기 때문이다. 그는 이것을 빼앗길 수 없다.

그러나 교만한 영들이 구하는 다른 영광은 매우 불확실하고 위험하다. 그들은 자랑이 자기 자신이 아니라 다른 사람들에게 있기 때문이다.

그러므로 그들은 오직 하나님의 영광과 영혼들의 구원을 위해 성실하게
모든 것을 감당했는지에 대해 그들 자신의 양심의 증언을 가질 수 없다.
그들이 구하는 것은 자기들의 설교를 통해 유명해져서 다른 사람들의 칭
송을 받는 것이다. 그러므로 그들은 영광과 신뢰, 증언을 갖고 있으나 자
기 자신이나 하나님 앞에서가 아니라 다른 사람들 앞에서 갖고 있는 것
에 불과하다. 만약 자신의 칭찬을 자기가 아니라 다른 사람들에게서 받
았다면, 바울은 수없이 절망했을 것이다. 많은 도시, 나라 그리고 온 아시
아가 자기에게서 멀어지는 것을 보았을 때, 또 수없이 많은 공격과 비방,
무수히 많은 이단들이 자신의 설교를 대신하는 것을 보았을 때 당연히
절망에 빠지고 말았을 것이다. 그리스도는 혼자 남으셨을 때—유대인들이
자신이 죽음에 처해지는 것을 바라보고 제자들은 모두 자기를 떠나갔을 때—사실
은 혼자가 아니라 아버지께서 함께 계셨다(요 16:32).

복음은 본질상 마귀의 악의로 십자가와 박해를 수반한다. 그러므로
바울은 복음을 십자가와 걸림돌이라고 부른다. 그래서 복음은 항상 굳
건하고 흔들림 없는 제자들을 갖고 있는 것이 아니다. 오늘 십자가를 고
백하고 받아들이는 많은 사람들이 내일이면 십자가로 말미암아 상처를
입고, 십자가에서 떨어져 나가며, 십자가를 부인할 수 있다. 따라서 사람
들의 호의와 찬양을 얻기 위해 복음을 가르치는 자는 멸망할 것이다. 사
람들이 그들을 존경하지 않을 때 그들의 영광은 수치로 바뀔 것이다. 모
든 목사와 말씀 사역자는 다른 사람들이 아니라 자기들에게 하나님의
일을 자랑하는 법을 배워야 한다. 만약 어떤 사람이 그들을 찬양한다면,
이 영광을 참된 영광의 단순한 그림자로 받아들여야 한다. 경건한 자라
면 마땅히 그렇게 해야 한다. 자기 자신의 양심의 증언을 참된 자랑으로
생각해야 한다. 이렇게 하는 자는 그들의 유일한 관심사가 자기의 일을
신실하게 감당하는 데 있음을 증명한다.

만약 너희가 어떤 것을 자랑하고 싶다면, 그것을 마땅히 찾아야 할

곳, 즉 다른 사람들의 입술로부터가 아니라, 너희 자신의 마음속에서 찾으라고 바울은 말한다. 그러면 너희 자신 안에 있는 자랑 외에, 다른 사람들로부터 칭송과 칭찬도 얻을 것이다. 그러나 만약 너희가 너희 자신들 안에서가 아니라 다른 사람들 가운데서 영광을 찾는다면, 너희 자신 가운데 갖고 있는 수치와 혼란이 다른 사람들 앞에서 비난과 혼란을 가져올 것이다.

우리가 말씀 사역을 통해 하나님의 영광을 먼저 구한다면, 확실히 우리의 영광도 따라올 것이다. 우리가 하나님의 말씀을 신실하게 가르치는 데 힘쓰고 오직 하나님의 영광과 영혼들의 구원을 바란다면, 우리의 일은 성실하고 건전한 일이 되고 우리의 교훈과 사역은 하나님을 기쁘시게 한다고 말할 수 있을 것이다.

이것은 또한 신실한 자가 삶의 모든 분야에서 행하는 일에 그대로 적용될 수 있다. 국가 당국자와 가장, 종, 학교 선생, 학생이 자기의 소명을 따라 일을 한다면, 그들에게 자랑할 것이 있을 것이다. 그들은 할 수 있는 한 신실하고 부지런히 하나님이 정하신 자기의 소명을 따랐기 때문이다. 그들은 자기가 하나님을 믿고 순종하며 한 일이 하나님을 기쁘시게 한다는 사실을 알고 있다. 설사 다른 사람들이 나쁘게 말한다고 해도 그것은 문제가 아니다. 경건한 사람들의 교훈과 삶을 멸시하고 비방하는 자는 으레 있기 때문이다. 그러나 하나님은 온갖 거짓말하는 입술과 비방하는 혀를 멸하겠다고 경고하셨다. 그러므로 이런 사람들이 탐욕적으로 자기 자신의 영광을 구하고 거짓말과 비방으로 경건한 자를 깎아내리려고 획책한다면, 그들에게 바울이 말하는 것과 같은 일이 일어난다. "그 영광은 그들의 부끄러움에 있고"(빌 3:19). "그들의 어리석음이 드러날 것임이라"(딤후 3:9). 의로운 심판자이신 하나님은 경건한 자의 "의"를 나타내시며, "……정오의 빛 같이 하시리로다"(시 37:6).

자기에게는 이 말이 하나님을 배제하는 것으로 이해되어서는 안 된다. 여러분이 삶 속에서 어떤 경건의 상태에 있든 간에, 여러분이 하는 일은 신적 사역이다. 그것은 여러분이 소명에 따라 하는 일로 배후에 하나님의 계명이 놓여 있기 때문이다.

6:5 각각 자기의 짐을 질 것이라 여러분 자신이 아니라 다른 사람에게 영광을 구하는 것은 확실히 미친 짓이다. 여러분이 죽음의 고뇌 속에 있을 때나 최후의 심판 자리에 있을 때, 다른 사람들이 여러분을 칭송하는 것은 여러분에게 아무 소용이 없기 때문이다. 다른 사람들은 여러분의 짐을 져 주지 못한다. 여러분은 그리스도의 심판대 앞에 홀로 서고 자기의 짐을 져야 한다. 거기서 여러분을 찬양하는 자는 여러분에게 아무런 도움을 주지 못할 것이다. 우리가 죽으면 그 찬양도 끝날 것이다. 주님이 모든 심령의 비밀을 심판하실 그날에 여러분 자신의 양심의 증거가 여러분을 찬성하거나 반대할 것이다(롬 2:15). 만약 여러분이 다른 사람들에게 자랑한다면 양심은 여러분을 반대할 것이다. 그러나 여러분 자신에게 자랑한다면 양심은 여러분을 찬성할 것이다. 다시 말해, 여러분의 양심이 여러분이 말씀 사역에 대한 의무를 감당했다고 말해 줄 것이다. 또는 여러분이 자신의 소명에 따라 하나님의 영광과 영혼들의 구원만을 생각하며 성실하고 신실하게 자신의 의무를 감당했다고 말해 줄 것이다.

지금 우리는 여기서 칭의 교리를 다루고 있는 것이 아님을 주의하라. 칭의 교리에서는 오직 믿음으로 얻는 단순한 은혜와 죄 사함 외에 다른 것은 아무 소용이 없다. 칭의 교리에 따르면, 우리의 모든 행동, 심지어 가장 잘한 행위와 하나님의 소명에 따라 행해진 일도 죄 사함을 필요로 한다. 하지만 이것은 여기서 다루고 있는 것과는 다른 문제다. 바울은 여기서 죄 사함을 다루고 있는 것이 아니라 참된 사역과 위선적 사역을 비교하고 있다. 비록 경건한 목사의 일 또는 사역이 죄 사함이 필요 없을 만큼 완전하지는 않아도, 헛된 영광을 추구하는 사람의 사역과 비교하면 당연히 선하고 완전하다. 칭송받을 때 좋아하지 않을 자가 있겠는가? 오직 성령만이 우리를 이 악덕에 감염되지 않도록 막아 주실 수 있다.

6:6 가르침을 받는 자는 말씀을 가르치는 자와 모든 좋은 것을 함께 하라 여기서 바울은 제자들이나 말씀을 듣는 자들에게 권면한다. 그들에게 말씀을 가르치고 지도해 준 자에게 모든 좋은 것을 함께 나누라고 명령한다. 나는 때때로 사도들이 교회에 자기의 선생을 부지런히 보살피라고 명령한 이유를 의아하게 여겼다. 그 이유는 부와 재산으로 차고 넘친 성직자를 너무 많이 보았기 때문이다. 그래서 나는 더 많이 주라고 권장하기보다 주지 말라고 권장할 필요가 있다고 생각했다. 그 이유는 사람들이 너무 후해서 성직자의 탐욕이 증가했다고 보았기 때문이다. 지금은 목사와 말씀 사역자들이 곤궁하다. 하지만 이전에 성직자들이 풍성했던 이유를 이제는 알고 있다. 이전에 오류와 악의적인 교훈을 가르쳤을 때 성직자들은 모든 것이 풍족했다. 그러나 복음이 선포된 이후로 복음을 전파하는 자들은 이전의 그리스도와 사도들만큼 가난하다.

　나는 바울이 교회들에게 목사들을 부양하도록 또는 가난한 예루살렘 교회 성도들의 구제를 위해 연보를 하도록 권면하는 본문을 읽을 때마다, 이처럼 위대한 사도가 교회로부터 물질을 얻기 위해 이토록 많은 말을 해야 하는지 유감스럽게 느껴졌다. 고린도 교회에 편지를 쓸 때 바울은 이 문제를 다루는 데 두 장(8장과 9장 전체)이나 할애했다. 복음이 선포될 때 복음의 운명은 바로 이렇다. 곧 목사와 설교자들의 부양을 위하여 기꺼이 물질을 내놓을 자가 없을 뿐만 아니라 사람들은 훔치고 도둑질하고 다양한 속임수로 서로를 속이기 시작한다. 사람들이 갑자기 잔인한 짐승으로 변한 것처럼 보인다. 그러나 마귀들의 교훈이 선포되자 사람들은 관대해져서 자기들을 속인 자에게 기꺼이 모든 것을 갖다 바

쳤다(딤전 4:1). 선지자들은 유대인들을 이와 똑같은 죄로 비난했다. 유대
인들은 경건한 제사장과 레위인들에게는 마지못해 바쳤으나, 악한 제사
장들에게는 기꺼이 다 갖다 바쳤다.

이제 우리는 바울의 명령이 왜 필요한지 깨닫게 된다. 사탄은 복음
의 빛을 보면 가만히 있을 수 없다. 그래서 복음이 빛나기 시작하면 온
힘을 다해 복음의 빛을 소멸시키려고 광분하여 날뛴다. 사탄은 두 가지
양상을 보인다. 첫째는 거짓의 영들과 학정의 세력을 통해 복음의 빛을
소멸시키려 한다. 둘째는 가난과 기근을 통해 복음의 빛을 소멸시키려
한다. 만약 말씀 사역자가 수입이 적어 가난에 시달리게 된다면 사역을
그만둘 수 있다. 그러면 불쌍한 사람들은 하나님의 말씀을 듣지 못하고,
세월이 흐르면 들짐승처럼 야만적이 될 것이다. 또한 사탄은 사람들이
복음에 물리게 함으로써 그들을 복음으로부터 떼어 놓는다. 복음이 날마
다 부지런히 선포될 때 많은 사람들이 복음에 물려서 복음을 싫어하고
점차 경건의 연습을 게을리하게 되기 때문이다. 그렇게 되면 사람들은
성경공부는 말할 것도 없고, 좋은 교육으로 자녀를 양육하지 못하고, 자
녀를 완전히 이익의 도구로 삼는다. 이 모든 것은 사탄의 계략이다.

6:7 스스로 속이지 말라. 하나님은 업신여김을 받지 아니하시나니 이제 바울
은 교만하게 영적 사역을 멸시하는 자의 불법을 철저히 파헤치며 경고
를 덧붙인다. 이 교만한 자는 영적 사역을 단순한 게임 정도로 생각한다.
그래서 목사들을 자기에게 예속시켜 종과 노예처럼 부려먹으려고 한다.
바울은 이처럼 가련한 설교자들을 교만하게 조롱하면서도 정작 자기는
하나님을 아주 헌신적으로 경배한다고 생각하는 자에게 엄중히 경고한
다. 하나님은 자신의 사역자들을 통해 자신이 업신여김을 받는 것을 허
용하지 아니하신다(눅 10:16, 삼상 8:7과 비교해 보라). 하나님은 한동안 처
벌을 유예하실 수 있으나, 때가 되면 자신의 말씀을 멸시하고 자신의 사

역자를 미워하는 자를 처벌하실 것이다. 그러므로 거짓 선생들아, 너희
는 하나님을 속이는 것이 아니라 너희 자신을 속이는 것이다. 그리고 너
희가 하나님을 비웃는 것이 아니라 하나님이 너희를 비웃으실 것이다
(시 2편). 나아가 하나님은 자신의 사역자들이 굶주리지 않게 하신다. 오
히려 부자가 기근과 굶주림에 빠질 때에도 하나님은 자신의 사역자들을
먹이신다. 기근이 닥칠 때에도 그들은 풍족할 것이다(시 37:19).

사람이 무엇으로 심든지 그대로 거두리라   이 모든 것은 사역자들이 부양과
보살핌을 받아야 함을 증명한다. 그리스도는 누가복음 10:7에서, 바울
은 고린도전서 9:13-14에서 이 동일한 사실을 언급한다. 우리는 사역자
로서 생계를 보장받기 위해 교회가 제공한 것을 선한 양심으로 받을 수
있다. 그렇게 해야 자신의 사명을 더 잘 감당할 수 있음을 깨달아야 한
다. 마치 이런 도움을 받는 것이 적법한 일이 아닌 것처럼 이에 관해 양
심의 가책을 받을 이유가 없다.

**6:8 자기의 육체를 위하여 심는 자는 육체로부터 썩어질 것을 거두고 성령을 위
하여 심는 자는 성령으로부터 영생을 거두리라**   바울은 일반적 진리를 말씀
사역자를 부양하는 특수 문제를 증명하는 데 적용시킨다.

성령을 위하여 심는 자는   다시 말해, 하나님의 말씀을 가르치는 선생들을
소중히 여기는 자는 신령한 일을 행하는 것이고 **영생을 거둘 것이다**. 그
러면 우리는 선행으로 영생을 얻는가? 바울은 여기서 그렇게 말하는 것
처럼 보인다. 우리는 5장을 주석할 때 행위와 행위의 보상에 관한 이런
문장들을 상세히 다루었다. 바울을 본보기로 삼아 신실한 자에게 선을 행
하는 것으로 믿음을 행사하라고 권면하는 것은 매우 당연하다. 이 행위가
믿음에서 나오는 것이 아니라면 믿음이 참되지 않다는 확실한 표지이기

때문이다. 따라서 바울은 자기의 육체를 위하여 심는 자―즉 하나님의 말씀 사역자에게 전혀 베풀지 않고 자기 자신만 위하고 보살피는 자―는 현세와 내세에서 썩어질 것을 거둘 것이다. 악인의 재산은 낭비되고 그들은 결국 치욕적으로 멸망할 것이다. 바울은 독자에게 그들의 목사와 설교자들을 후대하도록 자극을 주고 싶어 한다. 사람들이 배은망덕한 것은 정말 불행한 일이므로, 교회는 당연히 이런 경고를 받아야 한다.

6:9 우리가 선을 행하되 낙심하지 말지니 포기하지 아니하면 때가 이르매 거두리라 갈라디아 사람들에게 쓰는 편지를 끝마칠 의도를 갖고 바울은 이제 특수 사실에서 일반 사실로 시선을 옮긴다. 곧 선행에 대한 일반적 권면으로 나아간다. 바울은 요컨대 이렇게 말한다. "말씀 사역자만이 아니라 다른 모든 사람도 후대하고, 한두 번 선을 행하는 것은 쉽지만 계속 행하는 것은 매우 어렵다고 해도 결코 싫증을 내지 마라. 선을 베푼 대상이 배은망덕하다고 해도 낙심하지 마라." 그래서 바울은 선을 행하라고 권면할 뿐만 아니라 선을 행하되 낙심하지 말라고 권면한다. 그리고 우리를 설복시키기 위해 포기하지 아니하면 때가 이르매 거두리라고 덧붙인다. 이것은 이렇게 말하는 것과 같다. "장차 임할 영원한 추수를 생각하라. 그러면 어떤 배은망덕이나 악한 행위에도 선을 행하지 않을 수 없을 것이다. 추수 때가 되면 여러분은 여러분이 심은 씨로부터 풍성한 열매를 거둘 것이니 말이다."

6:10 그러므로 우리는 기회 있는 대로 모든 이에게 착한 일을 하되 더욱 믿음의 가정들에게 할지니라 여기서 바울은 말씀 사역자를 후대하고 부양하라는 권면을 곤궁한 모든 사람을 자비로 대하라는 권면으로 끝맺는다. 이 구절은 요한복음 9:4와 같다. 또한 요한복음 12:35도 보라. 요컨대 바울은 이렇게 말한다. "너희가 내게서 받은 건전한 교훈을 굳게 지키

지 않으면 너희의 선행과 많은 환난은 너희에게 아무 유익이 없을 것이다"(갈 3:4 참조).

믿음의 가정들 이 새로운 말은 우리와 함께 믿음의 교제에 참여하는 자를 가리킨다. 그 중에 말씀 사역자가 먼저이고, 나머지 신실한 자가 그 다음이다.

6:12 무릇 육체의 모양을 내려 하는 자들이 억지로 너희에게 할례를 받게 함은 그들이 그리스도의 십자가로 말미암아 박해를 면하려 함뿐이라 앞에서 바울은 거짓 사도들에게 저주를 선언했다. 이제 다시 한 번 이를테면 같은 저주를 다른 말로 선언하고 거짓 사도들을 맹렬히 비난함으로써, 그들이 아무리 큰 권세를 갖고 있는 것처럼 보일지라도 그들의 거짓 교훈에서 떠나라고 갈라디아 사람들에게 촉구한다. 본질상 바울은 다음과 같이 말한다. "첫째, 너희가 따르는 선생들은 그리스도의 영광과 너희 영혼들의 구원에 대해서는 관심이 없고 오직 자기들 자신의 영광에만 관심이 있다. 둘째, 그들은 십자가를 피한다. 셋째, 그들은 자기들이 가르치는 것을 이해하지 못하고 있다."

바울이 세 가지 중대한 죄악으로 비난하는 거짓 선생들은 누구나 피해야 할 대상이었다. 그러나 갈라디아 사람들은 바울의 경고에 순종하지 않았다. 바울은 거짓 사도들을 맹렬히 비난할 때 그들을 부당하게 대하는 것이 아니다. 사도로서의 권한을 사용하여 그들을 정당하게 정죄한다. 요컨대 바울은 다음과 같이 말한다. "너희 선생들은 무익하다. 그들은 십자가를 두려워하여 유대인들의 미움과 박해를 받지 않으려고 할례를 전한다. 따라서 너희가 아무리 오랫동안 그들에게 기쁘게 듣는다고 해도, 너희는 단지 자기의 배를 자기의 신으로 삼고, 자기 자신의 영광을 구하며, 십자가를 피하는 자들에게 듣는 것에 불과하다." 억지

로라는 말의 힘을 유의하라. 할례는 자체로 아무것도 아니다. 그러나 억
지로 할례를 받는 것, 할례받은 사람이 할례 의식에 의와 거룩함을 두는
것 그리고 할례를 받아들이지 않으면 죄로 여기는 것, 이것은 모두 그리
스도에게 손해를 끼친다.

6:13 할례를 받은 그들이라도 스스로 율법은 지키지 아니하고 너희에게 할례를
받게 하려 하는 것은 그들이 너희의 육체로 자랑하려 함이라   바울은 이렇게
거짓 사도들을 정죄함으로써 갈라디아 사람들이 거짓 사도들에게 말씀
을 듣는 것을 두렵게 느끼도록 만든다. 그것은 마치 바울이 다음과 같이
말한 것과 같았다. "보라, 내가 너희에게 너희가 따르는 선생들의 정체
를 증명하겠다. 첫째, 그들은 오직 자기들 자신의 유익만 구하고 자기들
자신의 이득 외에는 아무 관심이 없다(빌 2:21). 둘째, 그들은 십자가를
피했다. 셋째, 마지막으로 그들은 진리 곧 확실한 사실을 가르치지 않고,
그들의 말이나 행동은 모두 허울뿐이고 위선으로 가득 차 있다. 따라서
외적으로는 율법을 지키더라도, 성령이 없이는 율법을 지킬 수 없으므
로 그들은 율법을 지키는 것이 아니다. 그러나 성령은 그리스도 없이는
받을 수 없다. 성령이 살지 않는 곳에는 하나님을 멸시하고 자신의 이득
과 영광을 추구하는 더러운 영이 살고 있다. 그러므로 이런 사람이 율법
에 관해 행하는 일은 모두 위선에 불과하고 이중으로 죄를 짓는 것이다.
더러운 마음으로는 율법을 이루지 못하고, 그저 율법을 지키는 외적 모
습만 보여주며, 그마저도 악함과 위선으로 판명되기 때문이다."

할례를 받은 자 가운데 어떤 이는 참되게 할례를 받은 것이 아니다.
이것은 다른 행위들에도 적용될 수 있다. 그리스도 없이 일하고 기도하고
고난을 겪는 자는, 헛되이 일하고 기도하고 고난을 겪는 것이다. 믿음을
따라 하지 않는 것은 모두 죄이기 때문이다(롬 14:23). 그러므로 내적으로
우리가 은혜와 용서, 믿음, 그리스도를 멸시하고 자기 자신의 의를 높이

평가하며 자랑한다면―율법의 첫째 돌판의 계명을 어기는 끔찍한 죄―외적
으로 할례를 받는 것, 금식하는 것, 기도하는 것 또는 다른 어떤 일을 행
하는 것은 아무 도움이 되지 않는다. 그 다음에는 불순종과 음행, 격분,
진노, 미움 등과 같은 둘째 돌판의 계명을 어기는 다른 죄들이 이어질
것이다. 그러므로 할례를 받은 자가 율법을 지키지 못하고 다만 지키는
것처럼 위장한다고 말하는 것은 그만한 정당성이 있다. 이런 위선은 하
나님 앞에서 이중으로 악함을 드러낸다.

요컨대 바울은 다음과 같이 말한다. "거짓 사도들이 너희에게 할례
를 받으라고 요구하는 것이 무슨 뜻인가? 그것은 너희가 의롭게 될 수
있다는 것이 아니라 그들이 너희에게서 영광을 취한다는 것이다. 사람
들의 영혼에 이토록 심각한 위험을 초래하는 악한 영광에 대한 야심과
욕망을 싫어하지 않을 자가 누구겠는가? 자기 자신의 이익을 챙기고 십
자가를 미워하는 속이고 뻔뻔하고 허탄한 영들이 있다. 무엇보다 나쁜
것은 율법에 따라 그들이 억지로 너희에게 할례를 받게 함으로써(12절),
너희의 육체를 악용하여 자기의 영광을 취하고, 동시에 너희의 영혼을
영원한 멸망의 위험으로 끌고 간다는 것이다. 그렇다면 하나님의 눈에
너희가 얻을 것이 파멸 외에 무엇이 있겠는가? 인간적 관점에서 보면, 거
짓 사도들이 자기들이 너희 선생이고 너희는 자기들의 제자라고 자랑하
는 것 외에 너희가 이룰 것이 무엇이 있겠는가? 그러나 거짓 사도들은
자기들은 지키지 않는 것을 너희에게 지키라고 가르친다. 그들은 성령의
말씀이 없다. 그러므로 너희가 거짓 사도들의 설교를 통해 성령을 받는
것은 불가능하다. 그들은 단지 너희의 육체를 이용하여 너희를 너희 자
신을 의롭게 하는 자로 삼고 있다. 외적으로는 율법에 따라 특별한 날과
시간, 제사 그리고 다른 것들을 지키지만, 너희는 그것들을 통해 무익한
수고와 파멸 외에 거두는 것이 아무것도 없다. 거짓 사도들이 얻는 것은,
그들이 자기들은 너희의 선생이고 너희를 이단인 바울의 교훈으로부터

불러내 자기의 어머니인 회당으로 인도했다고 자랑하는 것이다."

6:14 그러나 내게는 우리 주 예수 그리스도의 십자가 외에 결코 자랑할 것이 없
으니 바울은 분개하는 마음과 격렬한 감정을 담아 편지를 끝맺는다. 바
울은 이렇게 말한다. "거짓 사도들의 자랑과 야심은 많은 사람들의 파멸
의 원인이다. 너무 위험한 독이므로 지옥에 던져 버리고 싶다. 그것이 사
람들이 원하는 것이라면, 그들이 육체로 자랑하고 그들의 저주받은 자
랑으로 멸망하도록 놔두자. 그러나 나는 그리스도의 십자가 말고는 어
떤 것도 자랑하고 싶지 않다"(롬 5:3, 고후 12:1 참조). 그리스도인의 영광
과 즐거움은 환난과 비난, 약함 등을 자랑하는 것이다.

세상은 그리스도인을 비참하고 불행한 사람으로 생각한다. 세상은
그리스도인을 미워하고 박해하는 것을 참된 열심으로 생각하고, 이단과
반역자처럼 영적 나라와 세상 나라의 치명적인 재앙으로 정죄하고 죽인
다. 그러나 그리스도인이 이런 일들을 겪는 이유는 살인, 도둑질 그리고
이와 같은 다른 죄악들을 저질렀기 때문이 아니다. 그리스도의 영광을
선포하고 그분을 사랑하기 때문이다. 따라서 그리스도인은 환난과 그리
스도의 십자가를 자랑하고, 사도들과 같이 기쁘게 그리스도의 이름을
위하여 능욕받는 것을 "합당하게 여긴다"(행 5:41).

우리의 자랑은 주로 다음 두 가지 사실로 증가되고 확증된다. 첫
째, 우리는 우리의 교훈이 건전하고 온전하다고 확신하기 때문이다. 둘
째, 우리의 십자가와 고난은 곧 그리스도의 고난이기 때문이다. 그러므
로 세상이 우리를 박해하고 죽일 때 우리는 불평하거나 통탄할 이유가
없다. 우리는 오히려 즐거워하고 기뻐해야 한다. 사실 세상은 우리가 저
주받을 것이라고 생각한다. 그러나 세상보다 더 크고, 우리를 위하고 고
난을 당하신 그리스도는 우리에게 복이 있다고 선언하고 우리가 즐거워
하기를 바라신다(마 5:11-12). 우리의 자랑은 세상의 자랑과는 다른 자랑

이다. 세상의 자랑은 환난과 비난, 박해, 죽음을 즐거워하지 않고 권력과 재산, 평화, 영예, 지혜, 세상 자체의 의를 즐거워한다. 그러나 세상 자랑의 결말은 슬픔과 혼란이다.

　나아가 그리스도의 십자가는 그리스도께서 자기 어깨에 메고 가고 이후에 못에 박힌 나무 조각을 의미하지 않는다. 십자가는 일반적으로 신실한 자가 겪는 모든 고난을 의미한다. 신실한 자의 고난은 곧 그리스도의 고난이다(고후 1:5, 골 1:24, 행 9:4, 슥 2:8). 몸의 다른 부분들보다 머리가 더 깊이 느낀다. 우리의 머리이신 그리스도는 모든 고난을 자신의 것으로 삼으신다. 우리가 고난당할 때 자신의 몸인 우리의 고난을 자신도 겪으신다.

　우리는 이것들을 알아 두는 것이 좋다. 이는 우리의 반대자가 잔혹하게 우리를 박해하고 추방하고 죽이는 것을 볼 때 슬픔에 압도되거나 절망에 빠지지 않기 위해서다. 그러나 우리는 우리 자신의 죄 때문이 아니라 그리스도를 위해 짊어지는 십자가를 자랑해야 한다는 사실을 명심하자. 만약 우리가 고난을 겪는 것만 생각한다면 고난은 비통할 뿐만 아니라 견딜 수도 없다. 그러나 "그리스도의 고난이 우리에게 넘친다"거나(고후 1:5) "우리가 종일 주를 위하여 죽임을 당하게 되며"(시 44:22)라고 말할 수 있을 때, 고난은 쉬울 뿐만 아니라 즐거운 일이기도 하다(마 11:30).

그리스도로 말미암아 세상이 나를 대하여 십자가에 못 박히고 내가 또한 세상을 대하여 그러하니라　바울은 세상을 저주받은 곳으로 간주하고, 세상은 바울을 저주받은 자로 간주한다. 바울은 세상의 모든 교훈과 의, 행위를 마귀의 독으로 혐오한다. 세상은 바울의 교훈과 행위를 싫어하고, 바울을 선동적이고 파괴적이고 치명적인 대항자와 이단으로 규정한다. 하나님과 마귀가 서로 반대되기 때문에, 하나님 앞에서 종교와 의에 관한 세상의 판단은 경건한 자의 판단과 반대된다. 하나님은 마귀에 대해 십자가에 못 박히고, 마귀는 하나님에 대해 십자가에 못 박힌다. 하나님은 마귀의 교훈과 행위를 정죄하고(요일 3:8), 마귀는 살인자이자 거짓의 아비로서 하나님의 말씀과 행위를 정죄하고 무너뜨린다. 또한 세상은 경건한 자의 교훈과 삶을 정죄하며, 그들을 공공 평화를 해치는 치명적인 이단과 혼란 조성자로 간주한다. 신실한 자는 세상을 살인자이자 거짓말쟁이인 아비의 발자취를 따르는 마귀의 자식으로 부른다. 여기서와 성경 다른 곳에서 세상은 경건하지 아니한 악인들뿐만 아니라 이 세상에 속해 있는 가장 훌륭하고 가장 지혜롭고 가장 거룩한 자들도 가리킨다.

여기서도 바울은 거짓 사도들을 겨냥한다. 요컨대 바울은 다음과 같이 말한다. "세상은 그 모든 영광과 함께 나에 대해 십자가에 못 박히고, 나는 세상에 대해 십자가에 못 박혔다. 그렇기 때문에 나는 그리스도의 십자가가 없는 모든 영광은 저주받은 것으로 철저히 혐오한다. 그리스도의 십자가가 아니라 자기의 육체의 본성을 자랑하는 모든 자는 저주를 받는다." 따라서 바울은 자신이 성령을 철저히 미워하는 세상을 미워하고, 세상은 악령을 철저히 미워하는 자신을 미워한다는 것을 보여준다. 이것은 다음과 같이 말하는 것과 같다. "거기서 나와 세상은 어떤 일치도 있을 수 없다. 그렇다면 내가 어떻게 해야 할까? 내 교훈을 포기하고 세상을 기쁘게 하는 것을 가르쳐야 할까? 아니다. 오히려 굳센 용기를 갖고 세상을 반대하고, 세상이 나를 멸시하고 십자가에 못 박는 것처럼 나도 세상을 멸시하고 십자가에 못 박을 것이다."

여기서 바울은 우리가 사탄과 어떻게 싸워야 하는지를 가르친다. 우리는 여기서 세상을 멸시하는 바울을 본다. 마찬가지로 우리도 세상의 지배자인 마귀와 그의 모든 세력들, 간계, 흉포한 격노를 멸시해야 한다. 우리는 도움을 받기 위해 그리스도를 의지하며 당당하게 이렇게 외쳐야 한다. "사탄아, 네가 나를 공격하고 해를 끼치려고 하면 할수록 나도 그만큼 더 너에게 당당하고 굳건해질 것이다. 그만큼 더 너를 비웃

고 조롱할 것이다. 네가 나를 두렵게 하고 나를 절망으로 빠뜨리려고 획
책하면 할수록 나도 그만큼 더 내가 갖고 있는 확신과 담대함을 굳게 할
것이다. 너의 격노와 악의에도 불구하고 나를 더 자랑할 것이다. 내 힘이
아니라 내 주와 구주이신 예수 그리스도의 능력으로 말이다. 예수 그리
스도의 능력은 내가 약할 때 온전하게 된다. 그러므로 '내가 약한 그 때
에 강하다'"(고후 12:10). 마귀는 자신의 위협과 공포가 두려움을 주는 모
습을 볼 때 즐거워한다. 사람들이 이미 두려움을 갖자 마귀는 그들을 더
두렵게 한다. 그렇더라도 우리는 그리스도 안에 굳건하게 서자.

**6:15 할례나 무할례가 아무 것도 아니로되 오직 새로 지으심을 받는 것만이 중
요하니라** 어떤 이는 바울이 "할례와 무할례가 두 가지 다른 사실을 의
미하도록" 말한 것이라고 생각할지도 모르겠다. 그러나 바울은 둘 중 어
느 것도 부인한다. 이것은 이렇게 말하는 것과 같다. "너희는 더 높이 올
라가야 한다. 할례와 무할례는 하나님 앞에서 의를 얻을 수 있는 것과 관
련해서는 별로 중요하지 않기 때문이다." 사실 할례와 무할례는 서로 반
대된다. 그러나 이것이 그리스도인의 의를 낳는 것은 아니다. 그리스도인
의 의는 땅의 의가 아니라 하늘의 의다. 그리스도인의 의는 육적인 일에
있지 않다. 그러므로 여러분이 할례를 받았는지의 여부는 중요하지 않다.
그리스도 예수 안에서는 할례나 무할례가 아무것도 아니기 때문이다.
　유대인들은 무할례가 아무것도 아니라는 말을 들었을 때 매우 불쾌
하여 여겼다. 그러나 특히 할례에 관해 똑같은 말을 들었을 때에는, 그들
이 율법과 할례를 지키기 위해 필사적으로 싸워 왔기 때문에, 도저히 참
을 수가 없었다. 그러나 바울은 우리는 하나님 앞에서 의를 얻을 수 있
는 훨씬 더 보배로운 다른 것을 갖고 있다고 말한다. 바울은 그리스도
예수 안에서는 할례나 무할례나, 미혼이나 기혼이나, 음식이나 금식이
나 아무것도 아니라고 말한다. 먹는 것이 우리를 하나님께 받아들여질

수 있도록 만드는 것이 아니다. 우리는 먹지 않거나 먹는 것으로 더 좋아지지 않는다. 이 모든 것, 사실은 온 세상과 세상의 모든 법과 의는 우리가 의롭다 함을 얻는 데 아무런 도움을 주지 못한다.

이성은 이것을 이해하지 못한다(고전 2:14). 그러므로 이성은 의가 외적인 일들로 이루어진다고 생각한다. 그러나 우리는 하나님의 말씀을 통해 해 아래 있는 어떤 것도 하나님 앞에서 의를 낳지 못하고, 오직 그리스도만이, 또는 바울이 여기서 말하는 것처럼 새로 지으심을 받는 것(새 창조)만이 의를 낳는다는 것을 배운다. 정치적 법률과 인간의 전통, 교회 의식들 그리고 심지어는 모세 율법에도 그리스도가 없다. 그러므로 하나님 앞에서 우리에게 의를 제공하지 못한다. 우리는 이런 것들을 각각 맞는 자리와 시간에 선하고 필요한 것으로 선용할 수 있으나 칭의 문제에 관한 한 이런 것들은 아무 도움을 주지 못한다. 도리어 매우 큰 해를 끼친다.

바울은 이 두 가지—할례와 무할례—를 가지고, 그 밖의 모든 것을 거부하며, 세상 어느 것이 구원의 명분이 되는 데 도움을 줄 수 있다는 사실을 부인한다. 여기서 바울은 무할례를 이방인 전체를 가리키는 뜻으로 취한다. 할례를 그들의 모든 힘 및 모든 영광과 함께 모든 유대인을 가리키는 뜻으로 취한다. 이방인은 무엇을 할 수 있든 간에, 그들의 모든 지혜, 의, 법, 권력, 나라, 제국과 함께 그리스도 예수 안에서 아무것도 아니다. 또 유대인도 무엇을 할 수 있든 간에, 그들의 모세, 율법, 할례, 예배, 성전, 나라와 제사장과 함께 그리스도 예수 안에서 아무것도 아니다. 칭의 문제에 관한 한, 우리는 그리스도 예수 안에서 이방인의 법이든 유대인의 율법이든 어느 것도 주장해서는 안 된다. 대신 단순히 할례나 무할례가 아무것도 아니라고 말해야 한다.

그러면 율법은 아무 효력이 없는가? 아무 효력이 없다는 것은 잘못된 결론이다. 율법은 적절한 자리와 시간에 사용되면 즉 율법 없이 인도받을 수 없는 물리적이고 시민적인 일에 사용되면, 선하고 유익하다. 나아가 우리는 교회 안에서도 의를 얻는 데 도움을 받기 위해서가 아니라 교회의 선한 질서와 본보기, 평안, 연합을 위해 의식과 법을 사용한다 (고전 14:40). 그러나 마치 율법을 지키면 우리가 의롭게 되는 것처럼 또는 율법을 어기면 우리가 정죄받는 것처럼 주장된다면, 율법은 제거되고 폐지되어야 한다. 그렇게 되지 않으면 그리스도께서 자신의 역할과 영광을 상실하게 될 것이다. 그리스도만이 유일하게 우리를 의롭게 하고 우리에게 성령을 주시기 때문이다.

새로 지으심을 받는 것(새 창조)을 통해 하나님의 형상을 새롭게 하는 것은, 선행을 행하는 것으로서가 아니라 하나님의 형상을 의와 참된 거룩함으로 창조하시는 그리스도로 말미암아 이루어진다. 우리가 어떤 일을 행하면, 그 행위로 확실히 세상과 육체를 즐겁게 하는 새로운 외적 모습을 갖게 되지만 그렇다고 새로 지음을 받는 것은 아니다. 마음속에는 이전에 갖고 있었던 것 곧 하나님에 대한 경멸과 불신앙으로 가득 찬 악이 여전히 남아 있기 때문이다. 그러므로 새 창조는 성령의 사역이다. 성령께서 믿음으로 우리의 마음을 깨끗하게 하고(행 15:9), 하나님에 대한 경외, 사랑, 순결, 그리고 다른 기독교 덕들을 일으키며, 우리에게 육체의 본성을 억제시키고 세상의 의와 지혜를 거부할 힘을 주신다. 여기에 새로운 모습은 없더라도 실제로 일어나는 일은 새롭다. 여기서는 이전에 크게 존중했던 일들을 싫어하는 완전히 영적인 다른 의식과 다른 판단이 창조된다. 이제 우리는 새로운 피조물로 거듭나기 전에 가장 거룩하고 신성하다고 하며 존중했던 것들을 부끄러워한다.

옷이나 다른 외적인 것들을 바꾼다고 새로운 피조물이 되는 것이 아니다. 오직 성령이 마음을 새롭게 하실 때에만 새로운 피조물이 된다. 마음이 새롭게 된 이후에는 온 몸의 지체와 의식들에 변화가 일어난다. 마음이 복음을 통해 새로운 빛과 새로운 판단, 새로운 감정을 갖게 되면 내적 의식들도 새롭게 된다. 이제 귀는 인간적 전통과 꿈이 아니라 하나님의 말씀을 듣기를 바란다. 입과 혀는 그들 자신의 행위와 의, 법칙을 자랑하지 않고, 대신 그리스도 안에서 우리에게 제공된 하나님의 긍휼을 선포한다. 이런 변화는 말이 아니라 능력에 있다. 그래서 몸의 새로운 정신과 새로운 의지, 새로운 의식, 새로운 행위를 낳는다. 따라서 눈과 귀, 입, 혀가 이전에 보고 듣고 말하던 것이 아니라 다른 것을 보고 듣고 말하는 것으로 그치지 않는다. 지성도 다른 것을 인정하고 사랑하고 따른다. 오류와 어둠에 눈이 멀어 있던 이전에, 지성은 하나님을 우리의 행위와 공로에 따라 은혜를 우리에게 파는 상인으로 상상했다. 그러나 지금은 복음에 비추어 우리는 단순히 그리스도를 믿는 믿음으로 의인으로 여겨진다는 확신을 준다. 그러므로 지성은 이제는 의지의 모든 행위를 거부하고 사랑의 역사와 하나님이 주신 소명에 따른 행위를 이룬다. 하나님을 찬양한다. 예수 그리스도로 말미암은 하나님의 자비를 즐거워하고 순전히 자랑한다. 만약 지성이 환난이나 고통을 겪어야 한다면, 몸은 싫어할 수 있지만 그것을 즐겁고 기쁘게 감수한다. 이것이 바로 바울이 새로 지으심을 받는 것으로 부르는 것이다.

6:16 무릇 이 규례를 행하는 자에게⋯⋯평강과 긍휼이 있을지어다   바울은 이 말을 결론으로 덧붙인다. 우리가 가져야 할 유일하게 참된 삶의 규례는 새로운 피조물이 되는 것이다. 이렇게 되는 데 있어 할례나 무할례는 아무것도 아니고(15절), 하나님을 따라 "의와 진리의 거룩함으로 지으심을 받은 새 사람"이 바로 새로운 피조물이다(엡 4:24). 새 사람은 내적으로는 성령 안에서 의롭고, 외적으로는 육체 안에서 거룩하고 깨끗하다.

우리는 이 복된 규례를 행함으로써 그리스도를 믿는 믿음 안에서 산다. 어떤 위선도 없이 성령으로 말미암아 의롭고 진실로 거룩한 새로운 피조물이 된다. 이 규례를 행하는 자는 평강 속에 들어간다. 곧 하나님의 호의와 죄 사함, 양심의 평안, 긍휼(곧 환난이 있을 때 도움을 받음)을 얻고 육체의 본성 속에 남아 있는 죄의 잔재를 용서받는다. 이 규례를 행하는 자는, 비록 죄에 질 수 있기는 해도 은혜와 평강의 자녀이다. 긍휼이 그들을 지켜 주므로 그들의 죄와 허물은 그들의 책임이 되지 않는다.

하나님의 이스라엘에게　여기서 바울은 거짓 사도들 및 유대인들(자기들의 조상을 자랑으로 여기고, 자기들이 하나님의 백성인 것, 자기들이 율법을 갖고 있는 것 등을 자랑한 사람들)과 하나님의 이스라엘을 대조시키고 있다. 요컨대 바울은 이렇게 말하고 있다. "하나님의 이스라엘은 단순히 혈통적으로 아브라함과 이삭, 야곱에게서 나온 자들이 아니라 유대인이나 이방인을 막론하고 신실한 아브라함을 따라 그리스도 안에서 주어진 하나님의 약속을 믿는 자들이다."

6:17 이 후로는 누구든지 나를 괴롭게 하지 말라　바울은 약간 분개하는 마음을 담아 갈라디아서의 결론을 맺는다. 요컨대 바울은 이렇게 말한다. "나는 예수 그리스도의 계시를 통해 받은 복음을 신실하게 가르쳤다. 복음을 따르지 않을 자는 누구든 자신이 좋아하는 것을 따를 수 있다. 그렇다면 그런 사람은 이제부터 나를 괴롭게 하지 마라. 내 판단은 내가 전한 그리스도께서 세상의 유일한 대제사장이자 구주라는 것이다. 그러므로 세상은 이 편지에서 내가 말한 규례를 행하며 살거나 아니면 영원히 멸망을 당하거나 둘 중 하나일 것이다."

내가 내 몸에 예수의 흔적을 지니고 있노라　다시 말해, 이런 뜻이다. "내 몸에 있는 흔적은 내가 누구를 섬기는 종인가를 아주 충분히 보여준다. 만약 내가 거짓 사도들이 그런 것처럼 구원의 필수 조건으로 할례와 율법의 행위를 요구하고 너희의 육체를 즐거워함으로써 다른 사람들을 기쁘게 하려고 했다면, 내 몸에 이런 흔적을 지닐 필요가 없었을 것이다. 그러나 나는 그리스도의 종으로 참된 규례를 행하며 산다. 그렇기 때문에 공개적으로 그리스도로 말미암지 않고는 하나님의 호의와 의, 구원을 얻을 수 있는 자는 아무도 없다고 고백하고 가르친다. 그러므로 내가 나의 주 그리스도의 표지를 갖고 있는 것은 유익하다. 이 표지는 내가 스스로 만들어 낸 것이 아니다. 내가 예수를 그리스도로 전파한다는 이유로 세상과 마귀가 내 의지에 반해 내게 붙여놓은 것이다."

바울은 자신의 몸에 갖고 있던 상처와 고난을 여기서 흔적으로 부른다. 또 영의 고뇌와 두려움을 마귀의 불같은 화살로 부른다. 바울은 이 고난을 사도행전 도처에서 언급한다. 또 고린도전서 4:9, 11-13, 고린도후서 6:4-5, 11:23-26에서 언급한다. 이 고난이 바로 바울이 이 본문 (17절)에서 말하는 참된 흔적과 표지다. 이 고난은 참된 교훈과 믿음에 대한 보증이자 확실한 표징이다.

6:18 형제들아, 우리 주 예수 그리스도의 은혜가 너희 심령에 있을지어다. 아멘

바울은 이 편지를 처음 시작할 때 쓴 말로 편지를 끝낸다. 요컨대 바울은 이렇게 말하고 있다. "나는 너희에게 그리스도를 순전히 가르쳤다. 너희에게 당부했다. 그리고 너희를 비판했다. 너희에게 유익하다고 생각한 것은 조금도 빠뜨리지 않았다. 이제 나는 우리 주 예수 그리스도께서 내 수고에 복을 베풀고 열매를 맺게 하시며, 성령으로 너희를 영원히 다스리시기를 진심으로 기도하는 것 외에 더 할 말이 없다."

부록

행위 교리가 만들어 내는 50가지 불편한 사실

행위로 의를 얻는 행위 교리를 의지하면 일어나는 일들을
바울의 갈라디아서에서 뽑아 보았다.

1장

1. 사람들을 은혜의 부르심으로부터 떠나게 한다.

2. 다른 복음을 따른다.

3. 신실한 자의 마음을 교란한다.

4. 그리스도의 복음을 왜곡한다.

5. 저주를 받게 한다.

6. 사람의 전통에 복종한다.

7. 사람을 기쁘게 한다.

8. 그리스도의 종이 되지 못한다.

9. 하나님이 아니라 사람들에게 기반을 둔다.

10. 율법의 가장 탁월한 의는 아무것도 아니다.

11. 하나님의 교회를 파괴한다.

2장

12. 행위로 의롭다 함을 얻도록 사람들을 가르치는 것은 불가능한 일로 의
롭다 함을 얻도록 가르치는 것과 같다.

13. 그리스도 안에 있는 의로 죄인을 만들어 낸다.

14. 그리스도를 죄의 사자로 삼는다.

15. 죄가 파괴될 때 죄를 다시 높이 세운다.

16. 범법자를 만들어 낸다.

17. 하나님의 은혜를 거부한다.

18. 그리스도께서 헛되이 죽었다고 판단한다.

3장

19. 갈라디아 교회 교인을 어리석은 자가 되게 한다.

20. 미혹에 빠뜨린다.

21. 진리를 듣지 못하게 한다.

22. 그리스도를 또다시 십자가에 못 박는다.

23. 성령을 행위로 받는다고 주장한다.

24. 성령을 포기하고 육체로 끝난다.

25. 저주 아래 둔다.

26. 사람의 약속을 하나님의 약속보다 위에 둔다.

27. 죄를 풍성하게 한다.

28. 죄 아래 갇히게 한다.

29. 허약한 의식을 지키게 한다.

4장

30. 복음 전파를 헛되게 한다.

31. 신실한 자가 행하거나 인정하는 모든 것을 헛되게 한다.

32. 종이 되고 여종의 아들이 되게 한다.

33. 여종의 아들과 함께 유업을 얻지 못한다.

34. 그리스도가 아무 유익을 가져오지 못하게 한다.

35. 우리를 전체 율법을 지켜야 하는 채무자로 만들어 버린다.

5장

36. 그리스도와 분리된다.

37. 은혜에서 떨어진다.

38. 온전한 선행의 길을 가는 데 방해를 받는다.

39. 행위 교리에 대한 확신은 하나님께로부터 오는 것이 아니다.

40. 부패의 누룩을 가진다.

41. 행위 교리를 가르치는 자에게 심판이 있다.

42. 서로 물어뜯고 먹는다.

43. 행위 교리는 육체의 일로 간주된다.

6장

44. 아무것도 아닐 때 어떤 것이 된 줄로 착각한다.

45. 자랑할 것을 하나님보다 남에게 둔다.

46. 신령한 마음을 갖지 못한 사람들을 신령하지 못한 방법으로 기쁘게 한다.

47. 십자가로 말미암은 박해를 싫어한다.

48. 율법 자체를 지키지 않는다.

49. 신령하지 못한 일로 상전과 선생을 자랑한다.

50. 아무것도 돕지 못하는 것과 사람이 행하는 것은 무엇이든 헛되다.

루터의 『갈라디아서』(1535년판)에 대한 해설의 글

우병훈 고신대 신학과 교수

대(大)『갈라디아서』

이 책은 마르틴 루터(1483-1546년)의 1535년판 『갈라디아서』를 요약하여 번역한 것이다. 루터는 갈라디아서를 두 번 강의했다.[1] 첫 번째 강의는 1516-17년에 행한 것으로서, 학생들이 그 내용을 노트로 받아 적은 것을 루터가 최종적으로 점검하고 보충하여 1519년에 출간했다.[2] 두 번째 강의는 1531년에 행한 것으로, 1535년에 책으로 출간되어 나왔는데, 이를 대(大)『갈라디아서』라고 부르기도 한다. 내용상 1529년판 『갈라디아서』보다 분량이 많기 때문이다.

이 책은 대(大)『갈라디아서』에서 중요도가 낮은 부분이나 곁길로 빠진 부분들은 제외하고, 핵심적인 내용만을 간추려서 요약한 책을 한글로 옮긴 것이다. 실제로 루터의 대(大)『갈라디아서』는 그의 다른 주석들과 마찬가지로 본제(本題)를 벗어나 지엽으로 빠지는 여담들이 많다. 이 책은 그런 부분들을 제외하여 루터 사상의 핵심을 더욱 잘 이해하도록 도와

---

1 이 글은 아래 책과 논문을 기반으로 재집필한 것이다. 우병훈, "루터의 칭의론과 성화론의 관계: 대(大)『갈라디아서』(1535년)를 중심으로," 「개혁논총」 제46권(2018): pp.69-116. 이하에서는 바이마르(Weimar) 루터 전집 시리즈는 WA로 약칭하며, 영문판 루터 번역 전집은 LW로 약칭한다. 학계의 관행을 따라, 1535년판 『갈라디아서』를 대(大)『갈라디아서』라고 부르는데, 이 주석의 원문은 WA 40/1(갈 1-4장 주석)과 WA 40/2(갈 5-6장 주석)에 실려 있으며, 영어 번역은 LW 26(갈 1-4장 주석)과 LW 27:3-149(갈 5-6장 주석)에 실려 있다. 대(大)『갈라디아서』 전체에 대한 우리말 번역은 아래와 같이 나와 있으나 절판되었다. 루터, 『말틴 루터의 갈라디아서 강해(상/하)』, 김선회 역(루터대학교 출판부, 2003). 이 책과 마찬가지로, 위의 번역 역시 원본인 WA가 아니라 영어판인 LW에서 중역(重譯)한 것이다.

2 원문은 WA 2,445-618에 실려 있으며, 영어 번역은 LW 27:163-410에 실려 있다.

준다. 이 글에서는 루터가 1535년에 낸 『갈라디아서』가 왜 중요한지를
칭의론과 성화론의 관계성 속에서 살펴보겠다.

루터 신학에서 이신칭의 교리의 중요성과 그에 대한 비판

루터의 가르침 중에 가장 핵심적인 교리는 역시 이신칭의 교리이다. 죄
인인 인간은 하나님 앞에서 오직 믿음으로만 의롭다 함을 받는다는 교
리이다. 칭의 교리는 사실상 루터 신학 전체를 지배하는 토대요 근간이
라고 할 수 있다. 독일의 루터 연구가 베른하르트 로제(Bernhard Lohse)는
칭의론이 "의심의 여지 없이 루터의 종교개혁 신학의 중심"이라고 말하
면서, "칭의론은 (루터의) 모든 신학적 문제에 대한 설명을 할 때에 독보
적으로 중요한 의미를 가지고 있는 것"이라고 주장한다.[3] 과연 루터 자
신이 말한 바와 같이 칭의론은 "교회와 모든 신앙의 태양 자체이며 낮이
며 빛"이 된다.[4] 그의 생각에 따르면, "칭의 교리가 서면 교회가 서고, 그
것이 넘어지면 교회도 넘어지기 때문이다."[5]

　그러나 근래에 들어서 루터의 칭의론에 대한 비난이 쏟아졌다.[6] 루
터의 칭의론 때문에 성화에 대한 강조점이 약화되었다는 비판이다. 특
히 지난 수십 년간 신약 학계에서 루터의 칭의론은 하나의 사라져야

3　베른하르트 로제, 『마틴 루터의 신학-역사적, 조직신학적 연구』, 정병식 역(서울: 한국신학연
　구소, 2003), pp.359-60. 실제로 로제는 루터 신학의 중요한 교리들을 이신칭의의 원리를 가
　지고 설명하고자 시도한다. 로제는 루터 신학에 대해서, "모든 신학사 및 교리사를 통해서
　볼 때 기독교 신앙의 가장 중요한 진리를 그와 같은 방식으로 하나의 특정한 조항에 집중시
　킨 것은 처음 있는 일이었다"라고 평가하고 있다(앞 책, 360).

4　WA 40/3,335. "저 조항[즉 칭의론]이 교회와 모든 신앙의 태양 자체이며 낮이며 빛이다(Ipse
　sol, dies, lux Ecclesiae et omnis fiduciae iste articulus)."

5　WA 40/3,352,3("... quia isto articulo stante stat Ecclesia, ruente ruit Ecclesia"); LW 11:459.

6　한스-마르틴 바르트, 『마르틴 루터의 신학』, 정병식·홍지훈 역(서울: 대한기독교서회, 2015),
　pp.391-410을 보면 루터의 칭의론에 대한 현대의 비판을 다양하게 열거하고 있고, 그에 대
　해 적절한 대답들을 제시하고 있다.

할 원흉처럼 취급받곤 했다. 다름이 아니라 그의 칭의론이 바울의 본모
습을 왜곡시킨다는 "바울에 대한 새 관점 학파"(The New Perspective on
Paul)의 주장 때문이다.[7]

　　바울에 대한 "옛 관점"은 루터와 그의 추종자들이 제시하는 바울
해석이다. 이 관점에서 유대교는 율법주의적 종교가 된다. 사실 루터는
바울 서신의 "적용" 부분에서 1세기의 유대인들과 루터 당시의 로마 가
톨릭을 동일선 상에 놓고 비판하곤 했다.[8] 루터는 유대교와 로마 가톨
릭, 이슬람 모두 율법주의적 종교로 보았다.[9] 그는 바울 서신서에 언급
되는 "율법"이 구약의 율법 전체와 하나님의 법 일반을 일컫는 포괄적
개념이라고 해석했다. 그리고 바울 서신의 핵심은 예수 그리스도를 통
한 하나님과 인간의 화해라고 생각했다. 이처럼 루터로 대변되는 "옛 관
점"의 칭의론은 신학적이고, 구원론 중심적이며, 하나님과 인간 사이의
수직적인 관계에 관심을 집중하고 있다.

　　반면에 바울에 대한 "새 관점"은 E. P. 샌더스(Sanders), 제임스 던
(James Dunn), 톰 라이트(Tom Wright)로 대표되는 새로운 바울 해석을 말
한다.[10] 이들은 무엇보다 예수님과 바울 당시 유대교를 단순한 율법주의
적 종교로 규정하지 않으며, 그것이 매우 다양한 분파들로 이루어져 있

7　사실 루터를 비판하는 새 관점 지지자들 사이에서도 이견의 폭이 크기 때문에 "새 관점"이
　　라는 단수보다는 "새 관점들"이라는 복수 표현이 더 맞을지도 모른다. 하지만 『바울에 대한
　　새 관점(The New Perspective on Paul)』이란 책을 쓴 제임스 던이 주장하는 바와 같이 바울에
　　대한 "옛 관점"과 대비되는 "새 관점"이 있는 것은 사실이다. James D. G. Dunn, *The New
　　Perspective on Paul*, Rev. ed. (Grand Rapids, MI: Eerdmans, 2008), 서론(특히 ix-x쪽)을 보라.

8　루터의 『갈라디아서』(1535년판)는 전형적으로 그런 구조를 취한다. 유대교 비판 다음에 곧장
　　가톨릭 비판이 나오는 경우가 아주 많다.

9　이슬람에 대한 루터의 견해는 아래 글을 보라. 우병훈, "미로슬라브 볼프의 하나님: 그의 책
　　『알라』를 중심으로," 「한국개혁신학」 제53권(2017): pp.15-24.

10　샌더스, 던, 라이트를 새 관점의 삼두마차라고 부르기도 한다. 송영목, "OPP vs NPP," 「고신
　　신학」 17(2015): pp.79-113을 보라.

었다고 본다.[11] 특히 그중에는 "언약적 신율주의"라고 부를 수 있는 유대교가 광범위하게 존재했다고 본다. "언약적 신율주의"란 하나님께서 일방적 은혜를 통해 언약 안으로 부르시고, 그 안에 신실하게 머무는 자들을 구원하신다는 구원 모델을 말한다.[12] 하나님은 이러한 구원 모델을 이스라엘뿐 아니라 이방인들에게도 적용하여 그들을 구원하시기 원하셨다고 "새 관점주의자들"은 주장한다.

"바울에 대한 새 관점"을 주장하는 학자들은 자주 루터를 혹평하며 루터가 바울을 잘못 이해했다고 주장한다. 그래서 "새 관점"의 견해는 독일 신학계에서는 "바울을 비루터화시키기"(delutheranizing Paul) 위한 일종의 시도로 여겨졌다.[13] 특별히 "새 관점"의 견해는 "칭의론"에 있어서 루터의 바울 해석과 분명한 차이가 난다.[14]

루터는 그리스도의 온전한 의가 그리스도를 믿는 자에게 "전가"(imputatio)되어서 칭의가 이루어진다고 본다.[15] 만일 죄인이 그대로

---

11 맥클레오드는 샌더스의 이러한 관점을 비판하면서, 루터가 율법주의라고 규정했던 것이 1세기의 유대교에도 분명히 존재했었다고 주장한다. 1세기 유대교는 구약 성경에 나타나는 신앙과 비교해 볼 때에 율법에 대한 강조가 훨씬 강했다는 것이다. 그런 점에서 루터가 1세기의 유대교와 루터 시대의 로마 가톨릭의 유사성을 본 것이 전혀 틀린 것은 아니라고 맥클레오드는 주장한다. 그런 율법주의적 위험은 어느 시대에나 있을 수 있기 때문이라는 것이다. Donald Macleod, "The New Perspective: Paul, Luther and Judaism," *Scottish Bulletin of Evangelical Theology* 22.1(Spring 2004): pp.4-31(특히 21과 31)을 보라.

12 이와는 달리 전통적 개혁신학에서 언약론은 구원에 있어서 하나님의 은혜성과 하나님 주권의 일방성을 강조하면서도, 신자의 책임성을 부각시킨다. 우병훈, "칼빈과 바빙크에게 있어서 예정론과 언약론의 관계," 「개혁논총」 26(2013): pp.297-331을 보라.

13 "바울을 비루터화시키기"(delutheranizing Paul)란 표현은 영미권에서는 왓슨이 도입했다. Francis Watson, *Paul, Judaism, and the Gentiles: Beyond the New Perspective*, Rev. and expanded ed. (Grand Rapids, MI: Eerdmans, 2007), 18. 그러나 사실 이 단어(*Entlutherisierung Pauli*)를 제일 처음 쓴 사람은 쇨스였다. Hans Joachim Schoeps, *Paulus: die Theologie des Apostels im Lichte der judischen Religionsgeschichte*(Tubingen, 1959), p.207. 이 책은 영어로 번역되어 나왔다. Hans Joachim Schoeps, *Paul: The Theology of the Apostle in Light of the Jewish Religious History*, trans. Harold Knight(London: Lutterworth Press, 1961).

있는데 그를 의롭다고 한다면 하나님은 불의를 행하시는 셈이 되기 때문이다. 그리스도의 의를 신자가 덧입음으로써 신자는 하나님 앞에서 법정적으로 의롭다고 선언될 수 있다.[16] 그리고 이렇게 예수 그리스도를 믿음으로써 의롭게 된 자는 결코 구원에서 탈락하지 않는다. 그는 이미 하나님의 최종 심판의 선언을 현재에 들은 셈이기 때문이다. 이러한 전가 교리는 또한 구원에 있어서 모든 영광을 하나님께 돌리는 것과 관련된다.[17] 인간의 공로적인 개입을 철저하게 차단하는 것이다.

하지만 "새 관점"은 "전가" 개념을 거부한다. 예를 들어서, 톰 라이트는 "의롭다"라는 선언이 재판장의 의가 의롭다고 인정된 원고나 피고에게 "전가"되는 것을 뜻하지 않는다고 분명히 주장한다.[18] 라이트는 "의의 전가" 개념은 유대교의 맥락을 전혀 모르고 형성된 탈유대화된 개념이며, 중세의 영향에서 이뤄진 신학이며, 주석적인 근거가 결코 없는 것이라고 단언한다.[19] 라이트에 따르면, 칭의란 재판장의 의가 원고

---

14 페터 슈툴마허는 새 관점의 바울 이해가 루터의 바울 이해보다 더 나은 것이 아니라는 것을 신약학적 관점에서 보여주었다. 그는 새 관점의 유대교 묘사는 상당히 왜곡된 것임을 주장한다. 유대교는 은혜의 종교라고 말할 수 없다는 것이다. Peter Stuhlmacher, *Revisiting Paul's Doctrine of Justification: A Challenge to the New Perspective* (Downers Grove, IL: InterVarsity Press, 2001), 제2장 2절("The Deficiencies of the New Perspective")을 참조하라.

15 루터의 칭의론에 대해서는 로제, 『마틴 루터의 신학-역사적, 조직신학적 연구』, pp.359-372를 보라.

16 A. 페터스(Peters)는 루터에게서 칭의론은 항상 심판의 지평에서 논의되었다고 적절하게 주장했다. 로제, 『마틴 루터의 신학-역사적, 조직신학적 연구』, 361n301(영역판 259n5). 박영실, "루터의 칭의 이해: 어거스틴의 맥락에서," 「개혁논총」 36(2015): p.188도 참조하라.

17 이에 대해 게리쉬는 다음과 같은 루터의 작품을 참조하라고 한다. WA 40/2:25.23, 31:30, 33:19; LW 27:22, 26, 27. B. A. Gerrish, *The Old Protestantism and the New: Essays on the Reformation Heritage* (London; New York: T&T Clark, 2004), 83n62.

18 톰 라이트, 『톰 라이트, 칭의를 말하다』, 최현만 역(평택: 에클레시아북스, 2011), pp.60-61, p.91 등.

19 같은 책, p.263, 288, 313

혹은 피고에게 전달되는 과정으로 묘사해서는 안 되고, 재판장이 누가 옳다고 손을 들어주는 선언으로 이해해야 한다. "의의 전가"가 아니라 "의의 선언"이 칭의인 것이다.[20]

  톰 라이트는 철저하게 1세기 유대교의 맥락에서 칭의 개념을 놓고자 한다. 칭의(稱義)에서의 "의(義)"란 법정이 누군가의 손을 들어 주었을 때 그 사람이 지니게 되는 "상태"를 지시하며, "상태"의 구체적 내용은 "너는 이제 하나님의 언약 백성의 일원이 되었다"라는 것이다.[21] 이것이 오직 믿음에 근거해서 선언되는 "1차 칭의(initial justification)"의 내용이다. 하지만 "2차 칭의" 혹은 "최종적 구원(final salvation)"은 그때까지 "살아 낸 삶(the life lived)"에 근거해서 받는다.[22] 최후 심판은 행위에 따른 심판이 될 것이라고 새 관점은 강하게 주장한다.[23] 이렇게 되면 칭의라는 것은 최종 심판에서의 선언이 아니며, 또한 상실될 위험이 있다.[24]

  루터의 『갈라디아서』를 소개하는 이 글에서 "새 관점 학파"를 길게 논하는 이유가 있다.[25] 루터가 『갈라디아서』에서 제시하는 칭의론은 새

---

20 같은 책, pp.117-119.

21 같은 책, p.118, 155.

22 N. T. Wright, *Paul and the Faithfulness of God*, vol. 2 (Minneapolis: Fortress Press, 2013), 1167: "...the pathway from the initial 'justification', based on nothing other than faith, to the final 'salvation' which is based on the whole of life – **life lived** in the Messiah and in the power of the spirit." N. T. Wright, *Pauline Perspectives: Essays on Paul, 1978-2013* (Minneapolis, MN: Fortress Press, 2013), 146: "Future justification, acquittal at the last great Assize, always takes place on the basis of the totality of **the life lived** (e.g. Romans 14:11f.; 2 Corinthians 5:10).", Wright, *Paul and the Faithfulness of God*, 2:434-435: "I repeat what I have always said: that the final justification, the final verdict, as opposed to the present justification, which is pronounced over faith alone, will be pronounced over the totality of **the life lived**." 강조는 논자의 것.

23 "행위에 따른 최후 심판"의 개념은 바울의 가르침이라고 라이트는 주장한다. 라이트, 『톰 라이트, 칭의를 말하다』, pp.247-249에서 롬 3장, 8:1, 13, 14:10-12; 고전 3:12-15, 6:9; 고후 5:10; 갈 5:19-21; 엡 6:8 등을 근거로 제시한다.

관점주의자들의 비판과는 달리 성화론을 매우 건실하게 제시하고 있기 때문이다. 더글라스 캠벨(Douglas Campbell)은, 루터의 칭의론에 따르면 신앙은 사랑 가운데 역사하지도 않으며 그렇게 할 수도 없게 된다고 주장한다. 그는 루터식 칭의론이 신자로 하여금 윤리적 빈혈 상태(anemic)에 걸리게 만든다며 비판한다.[26] 그런 칭의론은 기독교인의 삶에서 전혀 윤리적으로 책임 있는 상태를 만들어 내지 못하며, 도리어 윤리적 행위에 대한 "가차 없는 공격"(a scathing attack)이 된다는 것이다.[27]

과연 루터에 대한 이러한 공격은 정당한 것인가? 사실은 전혀 정당하지 않다. 우리가 루터의 1535년판 『갈라디아서』를 자세히 읽어 보면, 칭의론뿐만 아니라 성화론에 대해서 루터가 얼마나 많이 강조했는지를 알게 된다. 루터가 이 『갈라디아서』를 쓴 주된 목적이 이신칭의의 복음을 증명하기 위해서였기 때문에, 많은 연구자들이 이 작품에서는 성화론을 발견하기가 쉽지 않을 것이라고 생각했었다. 그러나 사실은 그렇지 않다. 실제로 작품을 읽어 보면, 오히려 루터파 교회에서 "규범적이며 고백적인 지위"를 가지고 있는 『갈라디아서』에서 매우 성경적이며 건실한

---

24 칭의의 상실 가능성에 대해서 "새 관점주의자들"은 서로 일치하지 않는다. 제임스 던의 경우에는 상실 가능하다고 본다(Dunn, *The New Perspective on Paul*, 제7, 16장). 하지만 흥미롭게도 라이트는 미래의 판결은 오직 믿음에 근거해 내려지는 현재의 판결과 일치한다고 하여 현재 칭의와 미래 칭의 사이의 연속성을 주장한다(Wright, 『톰 라이트, 칭의를 말하다』, p.255).

25 보다 전문적인 평가들은 아래 문헌들을 보라. 제임스 던, 『바울에 대한 새 관점』, 최현만 역(평택: 에클레시아북스, 2012), 제3, 4장; 김세윤, 『바울 신학과 새 관점』(서울: 두란노, 2002); 가이 워터스, 『바울에 관한 새 관점—기원, 역사, 비판』, 배종열 역(서울: 개혁주의신학사, 2012); 우병훈, "『톰 라이트, 칭의를 말하다』 서평," 「갱신과 부흥」 9(2011): pp.118-132.

26 Douglas A. Campbell, *The Deliverance of God: An Apocalyptic Rereading of Justification in Paul*(Grand Rapids, MI: Eerdmans, 2013), p.887. 루터 칭의론에 대한 직접적인 분석과 비판은 캠벨 책의 264-270쪽을 보라.

27 Campbell, *The Deliverance of God*, p.81.

칭의론 및 성화론을 발견할 수 있음을 어렵지 않게 깨닫게 된다.[28]

루터와 갈라디아서

루터는 갈라디아서를 특별히 사랑했다. 그가 제자 및 친구들과 나눈 『탁
상담화』(*Table Talk*)를 보면, 루터는 갈라디아서를 자기 아내의 애칭을 따
서 "나의 케티 폰 보라"라고 부르기도 했다.[29]

야로슬라프 펠리칸(Jaroslav Pelikan)은 루터의 『갈라디아서』를 직
접 번역하며 쓴 서문에서, 이 작품을 기독교인의 자유의 대헌장(*Magna
Carta*)이라고 천명했다.[30] 이 작품은 그리스도인의 독립 선언과 같기 때
문이다. 루터는 이 작품에서 그리스도인은 하나님과 예수 그리스도 외
에 그 어떤 것으로부터 자유로우며, 특히 율법으로부터 자유롭다는 사
실을 강력하게 주장한다.

『갈라디아서』는 루터파 교회에서 공식적인 신조에 준하는 지위를 가
지고 있다. 루터파 교회가 인정하는 신조는 다음과 같이 10개이다. 3개
는 공교회적인 신조들이다. 첫째, 사도신경이고, 둘째, 니케아 신조('필
리오케' 포함)이며, 셋째, 아타나시우스 신경이다. 나머지 7개는 루터 혹
은 루터파가 새롭게 작성한 것이다. 첫째는 필리프 멜란히톤(Philipp

---

28 루터의 1535년판 『갈라디아서』가 가지는 중요성에 대해서 존 페스코는 "루터의 갈라디아서
주석은 루터파 안에서 규범적이며 고백적 지위를 갖고 있다(Luther's Galatians commentary has
a normative confessional status within Lutheranism)"라고 주장하는데, 사실 많은 학자들이 동의하
는 내용이다. John V. Fesko, "Luther on Union with Christ," *Scottish Bulletin of Evangelical
Theology* 28, no. 2 (Autumn 2010): p.162. 페스코의 논문은 『갈라디아서』(1535년판)를 주요 1차
자료로 분석하고 있는데, 루터의 성화론과 관련하여 중요한 내용들을 담고 있다.

29 WA 40/1,2.

30 LW 26:ix. 이하의 내용은 펠리칸의 서문을 주로 참조하면서 다른 문헌들의 설명을 덧붙였
다. 특히 B. A. Gerrish, *Grace and Reason: A Study in the Theology of Luther*(Eugene, OR:
Wipf & Stock Publishers, 2005), pp.57-68("LUTHER'S COMMENTARY ON GALATIANS")을
보면 자세한 설명이 나와 있다.

Melanchthon)이 작성한 아우크스부르크 신앙고백(1530)이고, 둘째는 멜란히톤이 작성한 아우크스부르크 신앙고백 변증서(1530)이며, 셋째는 루터가 작성한 슈말칼트 신조(1537)이며, 넷째는 멜란히톤이 작성한 『교황의 권위와 수위권에 대한 논문』(1537)이며, 다섯째는 루터의 『소교리문답』(1529)이며, 여섯째는 루터의 『대교리문답』(1529)이며, 일곱째는 여섯 명의 루터파 신학자들이 작성한 일치신조(Formula of Concord, 1577)이다.[31] 이 중에서 공교회 신조들을 제외한다면, 아우크스부르크 신앙고백과 루터의 소교리문답이 가장 많이 사용되었다. 멜란히톤이 작성하고 루터가 인정했던 아우크스부르크 신앙고백은 루터교회 전체에서 공히 인정을 받고 있다. 루터의 소교리문답은 기초 교육을 위해서 애용된다.[32]

　　이러한 신조들을 제외한다면, 루터의 많은 작품들 가운데서 『갈라디아서』는 모든 루터파 교회들이 소중하게 생각하면서 그 가치를 인정하고 있다. 일치신조는 이 주석을 이신칭의 교리를 해설하는 가장 좋은 책으로 추천하고 있다.[33] 『갈라디아서』의 영향력은 영미권의 경우에도 매

31　아래 샤프의 책에서는 루터교회 신조를 9개로 소개한다. Philip Schaff, *The Creeds of Christendom, with a History and Critical Notes: The History of Creeds*, vol. 1 (New York: Harper & Brothers, Publishers, 1878), p.221. 하지만 현대의 복음주의적 루터교회는 멜란히톤의 『교황의 권위와 수위권에 대한 논문』도 역시 공식적인 신조에 포함시켜서 총 10개의 신조를 공적으로 고백한다. Theodore G. Tappert, ed., *The Book of Concord: The Confessions of the Evangelical Lutheran Church* (Philadelphia, PA: Muhlenberg Press, 1959)를 보라.

32　대교리문답서는 소교리문답서의 확대판으로 여겨지고 있으나 많이 사용되지는 않았다. 아우크스부르크 신앙고백 변증서는 멜란히톤이 직접 아우크스부르크 신앙고백서를 해설했다는 점에서 가치가 있다. 슈말칼트 신조는 로마교회에 대한 도전으로 역사적 가치가 있지만 많이 사용되지는 않았고, 일치신조 역시 공통적으로 수납된 적은 없었다. 특히 멜란히톤의 추종자들은 일치신조를 싫어했다. Schaff, *The Creeds of Christendom*, 1:221-221.

33　일치신조(Formula of Concord Solid Declaration), 제3조항. *The Book of Concord: The Confessions of the Evangelical Lutheran Church*, ed. by Robert Kolb and Timothy J. Wengert (Minneapolis: Fortress, 2000), p.573.

우 크다. 1963년에 출간된 영문판 『갈라디아서』 서문에서 펠리칸은 이 책이 1575년에 처음 영어로 번역된 이래로 그때까지 영어로 번역된 책만 해도 30종류 가량이 된다고 지적한다.[34]

루터는 1531년 7월 3일부터 18일까지 갈라디아서 1장을 여섯 번 강의했다. 그리고 그해 7월 24일부터 8월 21일까지 갈라디아서 2장에 대해 다섯 번 강의했다. 8월 22일부터 10월 10일 사이에 열한 번 강의를 갈라디아서 3장에 할애했다. 갈라디아서 4장에 대해서는 10월 17일 부터 11월 14일에 여섯 번에 걸쳐 강의했다. 이 강의들은 게오르크 뢰러(Georg Rörer)가 기록했고 편집했다. 그리고 최종적으로 루터의 점검을 받았다. 루터는 자신의 갈라디아서 강의 출판의 서문에서 "형제들이 특별한 주의를 기울여 이 책에 적은 모든 사상들은 바로 나 자신의 것임을 인정한다"라고 말했다.[35]

루터가 갈라디아서 강의를 다시 한 까닭은 그의 책 서문에 적혀 있다. 바로 이신칭의 교리가 위험에 처해 있음을 느꼈기 때문이다. 루터는 이 교리를 아무리 많이 토론하고 가르쳐도 부족하다고 말한다. 그는 이 신칭의 교리에 대해서 다음과 같이 적고 있다.

> 만일 이 교리가 상실되고 사라진다면, 진리와 생명과 구원의 모든 지식도 동시에 상실되고 사라진다. 그러나 만일 그것이 번성한다면, 종교와 참된 예배, 하나님의 영광, 모든 것과 모든 사회적 조건에 대한 바른 지식 등 모든 선한 것이 번성한다.[36]

---

34 LW 26:x.

35 이상의 내용은 LW 26:ix-x을 보라.

36 LW 26:3.

그만큼 루터에게 이신칭의 교리는 중요한 교리였다.[37] 그러나 이 글의
주제와 관련해서 기억해야 할 점은, 위의 인용에서 밝히듯이 이신칭의
교리가 번성할 때 모든 선한 것이 번성한다는 루터의 확신이다. 이것은
칭의가 단지 칭의로써 끝나고 마는 것이 아니라, 반드시 성화를 수반한
변화들과 연결된다는 그의 확신을 보여준다.

루터 신학에서 칭의와 성화의 관계성

그렇다면 루터에게 있어서 칭의와 성화의 관계성은 어떤 것인가? 사실
그 관계성은 매우 복잡하다. 루터파 신학에서 칭의론과 성화론의 관계
성을 간단하게 논한다는 것은, 우주의 역사를 몇 가지 예로 요약하는 것
만큼이나 어려운 일이라고 카터 린드버그(Carter Lindberg)는 말했다.[38]
그것은 루터파가 아니라 루터의 경우도 마찬가지이다. 루터가 과연 칭
의와 성화의 관계에 대해 어떻게 말했는가 하는 것은 역사상 긴 토론 주

---

37 이것은 루터가 다른 곳에서도 자주 주장한 바이다. 그는 이렇게 말한다. "이신칭의 교리는 교
　리들의 모든 종류 위에 있는 선생, 왕, 주인, 인도자, 재판관이 된다. 그것은 교회의 모든 교
　리를 보존하고 다스리며, 하나님 앞에서 우리 양심을 세운다." WA 39I,205,2-5(*Vorrede
　zur Promotionsdisputation von Palladius und Tilemann*, 1537): "*Articulus iustificationis est
　magister et princeps, dominus, rector et iudex super omnia genera doctrinarum, qui
　conservat et gubernat omnen doctrinam ecclesiasticam et erigit conscientiam nostram
　coram Deo.*" Bernhard Lohse, *Martin Luther's Theology: Its Historical and Systematic
　Development*(Minneapolis, MN: Fortress Press, 2011), 259n3에서 라틴어 재인용. 슈말칼트 신
　조는 "이 교리에는 우리가 다시 교황과 악마와 세상을 치워버리느냐, 다시 살려 내느냐 하
　는 모든 것이 달려 있다"라고 적고 있다. WA 50,199f(Schmalkaldische Artikel): "*welchem
　stehet alles, das wir wider den Bapst, Teufel und Welt leren und leben.*"

38 Carter Lindberg, "Do Lutherans Shout Justification But Whisper Sanctification,"
　Lutheran Quarterly 13, no. 1 (1999): 1. 한편, 루터파는 칭의에서는 소리치지만 성화에서
　는 속삭인다는 말은 원래는 아래의 동방교회 학자 헨리 에드워즈가 한 말이다(앞의 Lindberg,
　4n17 참조). Henry Edwards, "Justification, Sanctification, and the Eastern Orthodox
　Concept of Theosis," *Consensus* 14(1988) pp.65-80 in *Luther Digest: An Annual
　Abridgment of Luther Studies* 5(1997), p.166.

제였다. 다음과 같이 몇 가지 견해들을 요약해 볼 수 있다.

첫째, 가장 보편적인 견해는 루터에게 있어서 칭의는 법정적 선언이며, 성화는 그 뒤에 필수적으로 따라오는 것이라는 주장이다.[39]

둘째, 루터에게 칭의는 선언일 뿐 아니라 실제로 의롭게 하는 것이기도 하다는 주장이다. 칼 홀(Karl Holl)은 위의 첫 번째 견해를 반대하면서 이처럼 주장했다.[40]

셋째, 존 페스코(John Fesko)는 루터에게 칭의는 법정적 개념이지만 그것은 그리스도와의 연합을 통해 주어진 실재이기에 성화로 이어진다고 보았다.[41]

넷째, 핀란드 루터 학자들의 해석에서 칭의는 일종의 신격화(theosis)와 연결된다.[42]

다섯째, 카터 린드버그는 루터가 칭의와 성화를 동일한 사건의 양면으로 보았다고 주장한다. 그는 칭의론이 법정적 선언으로 인식된 것은 루터파 정통주의 때문이지 루터 자신은 칭의와 성화가 일치하는 것으로 보았다고 주장했다.[43]

---

39 로제, 『마틴 루터의 신학-역사적, 조직신학적 연구』, p.365에 따르면 이런 견해는 멜란히톤이 제시한 것으로 그 이후에 멜란히톤을 따른 루터파의 견해라고 한다.

40 Karl Holl, *Gesammelte Aufsätze zur Kirchengeschichte*, vol. 1: Luther(Tübingen: Mohr Paul Siebeck, 1948), pp.117-26; 로제, 『마틴 루터의 신학-역사적, 조직신학적 연구』, p.366. Gordon Stanley Dicker, "Luther's Doctrines of Justification and Sanctification," *The Reformed Theological Review* 26, no. 1 (January 1967): p.14에서 보면 루프(Rupp)는 이런 견해를 반대하면서 루터의 칭의는 법정적 개념으로 보아야 한다고 주장한다.

41 Fesko, "Luther on Union with Christ," pp.167-172(특히 p.171).

42 핀란드 루터 학자들의 해석에 대한 자세한 논의는 다음 문헌을 보라. Kurt E. Marquart, "Luther and Theosis," *Concordia Theological Quarterly* 64, no. 3 (July 2000): pp.182-205(특히 pp.185-205); Olli-Pekka Vainio, "Luther and Theosis: A Response to the Critics of Finnish Luther Research," *Pro Ecclesia* 24, no. 4 (September 2015): pp.459-474.

43 Lindberg, "Do Lutherans Shout Justification But Whisper Sanctification," p.5.

여섯째, 고든 디커(Gordon Dicker)는 루터에게 칭의는 법정적 선언이지만 그것은 동시에 죄의 영역에서 의의 영역으로 옮기는 사건을 일으키기 때문에 반드시 성화가 일어나도록 되어 있다는 견해를 제시한다.[44] 이 견해가 첫째 견해와 다른 점은 "영역의 변화"에 대한 강조이다. 이런 다양한 견해들 가운데 어떤 견해가 옳은가 하는 것을 논하는 일은 이 글의 범위를 넘어서는 일이다. 하지만 이 모든 견해들의 공통점은 루터는 칭의를 성화와 분리시키지 않았고, (어떤 형태로든) 반드시 연결시키고 있다는 생각이다.

『갈라디아서』에 나타난 칭의와 성화

우리는 『갈라디아서』의 첫 번째 장에서도 역시 칭의와 성화의 연결성을 잘 관찰할 수 있다. 거기서 루터는 갈라디아서의 논점(argumentum)을 요약하는데, 그 핵심은 두 종류의 의(義)가 있다는 것이다.[45] 첫 번째 의는 정치적 의, 의식적(儀式的) 의, 율법적 의, 행위의 의이다. 루터는 이 의를 "능동적 의"(activa iustitia)라고 부른다. 두 번째 의는 하나님께서 그리스도를 통해 우리에게 주신 의로서 우리의 행위가 개입되지 않은 의이다.

---

44 Dicker, "Luther's Doctrines of Justification and Sanctification," p.16; Gordon Stanley Dicker, "Luther's Doctrines of Justification and Sanctification," *The Reformed Theological Review* 26, no. 2 (May 1967): pp.64-70. 디커의 두 논문은 제1편과 제2편으로 연속된 논문이다.

45 WA 40/1,41,15-18: "그러나 그 탁월한 의는 진실로 신앙의 의인데, 그것은 하나님께서 그리스도를 통하여 우리에게 행위들 없이 전가해 주신다. 그것은 정치적 의도 의식적 의도 하나님의 율법의 의도 아니며, 우리의 행위들 안에 거하지도 않는다. 오히려 정반대이다. 이것은 오직 수동적 의이다(저 위의 것들이 능동적 의들이라고 한다면 말이다)." 아래의 라틴어 본문을 참조하라. "*Ista autem excellentissima iustitia, nempe fidei, quam Deus per Christum nobis absque operibus imputat, nec est politica nec ceremonialis nec legis divinae iustitia nec versatur in nostris operibus, sed est plane diversa, hoc est mere passiva iustitia (sicut illae superiores activae).*" 영어 번역 LW 26:4에서는 "*legis divinae*"에서 "*divinae*"를 빼고 번역했고, 또한 "*nec versatur in nostris operibus*"를 "*nor work-righteousness*"라고 의역한다.

이것을 루터는 "수동적 의"(passiva iustitia)라고 부른다. 이 의는 우리가 단지 받기만 하는 것이며, 다른 누군가 즉 하나님이 우리 안에서 일하는 것을 우리가 겪는(patimur) 것일 뿐이기에 수동적 의가 된다.[46] 루터는 "하나님의 백성 바깥에서는 최고의 지혜가 율법을 알고 연구하는 것이 듯이, 기독교인들의 최고의 기예(ars)는 모든 능동적 의를 무시하고 율법을 무시하는 것이다"라고 주장한다.[47]

　이런 과격한 주장을 보면 『갈라디아서』가 이신칭의를 너무 부각시킨 나머지, 선행이나 성화의 삶을 완전히 도외시한 것 같은 인상을 받는다. 그러나 사실은 전혀 그렇지 않다. 루터는 우리를 위한 의가 되신 그리스도는 이제 심판자가 아니라 우리를 위해 지혜와 의로움과 거룩함과 구속함이 되신 분(고전 1:30)으로서 하나님 보좌 우편에 앉아 계신다고 한다. 다시 말해 그리스도는 대제사장으로서 우리를 위해 중보하시고 우리를 다스리시며 우리 안에서 은혜로 역사하시는 것이다.[48] 칭의에서 우리의 의가 되신 그리스도는 칭의 이후에는 우리 안에서 역사하시는 분, 우리를 다스리시는 분이 되신다.[49] 그래서 우리 안에서 성화의 과정이 이루어진다. 이처럼 루터에게는 칭의와 성화가 기독론의 끈을 통해 연결

46　WA 40/1,41,18-20: "Ibi enim nihil operamur aut reddimus Deo, sed tantum recipimus et patimur alium operantem in nobis, scilicet Deum." LW 26:5.

47　WA 40/1,43,7-9: "Summa ars Christianorum ignoscere totam iusticiam activam et ignorare legem, Sicut extra populum dei est Summa sapientia nosse et inspicere legem." LW 26:6에서는 아래와 같이 의역했다. "Therefore the highest art and wisdom of Christians is not to know the Law, to ignore works and all active righteousness, just as outside the people of God the highest wisdom is to know and study the Law, works, and active righteousness." 루터의 견해와 비교해 보면, 칼빈은 율법의 유익성을 보다 더 긍정한다고 볼 수 있다. 아래 각주 125에서 루터의 신학에서 "율법의 제3용도"에 대한 현대 학자들의 견해를 참조하라.

48　WA 40/1,47(LW 26:8). 그리스도인 역시 제사장으로 살아간다는 루터의 가르침에 대해서는 아래 논문을 보라. 우병훈, "루터의 만인 제사장직 교리의 의미와 현대적 의의," 「신학논단」 제87집(2017): pp.209-35.

되어 있다. 한 분 그리스도가 칭의도 주시고, 성화도 도우신다. "그리스
도에 대한 믿음은 나를 변화의 과정으로 이끌어 준다."[50]

루터는 갈라디아서 논점의 제일 마지막에 다음과 같이 적고 있다.

내 마음을 지배하는 이 그리스도인의 의를 갖고 있을 때 나는 땅을 비
옥하게 만드는 비와 같이 하늘에서 내려온다. 다시 말해, 나는 하늘에
서 내려와 다른 나라[51]로 들어간다. 거기서 기회가 있을 때마다 선을
행한다. 만약 내가 말씀 사역자라면, 나는 복음을 전하고 상한 마음을
가진 자를 위로하고 성례를 거행할 것이다. 만약 내가 한 집안의 가장
이라면, 내 집과 가족에 대한 책임을 감당하고 자녀에게 하나님을 아는
지식을 가르쳐 하나님을 경외하는 자로 양육할 것이다. 만약 내가 관리
라면, 하늘이 내게 준 직무를 열심히 감당할 것이다. 만약 내가 종이라
면, 상전의 일을 성실하게 감당할 것이다. 그리스도를 자신의 의로 확
신하는 자는 누구나 즐겁게 일하고 자신의 소명에 충실하며, 국가 당국
자가 비록 엄하고 가혹하더라도 그들과 그들의 법에 복종할 것이다. 필
요하다면 그는 현세에서 온갖 의무와 권력에 복종할 것이다. 그것이 하
나님의 뜻이며 이런 순종이 하나님을 기쁘시게 한다는 사실을 잘 알고
있기 때문이다.[52]

---

49 이것은 루터 신학에서 그리스도가 왕이자 제사장이 되신다는 사실과 상응한다. 이를 잘 통
   찰한 책은 다음과 같다. Karin Bornkamm, *Christus: König und Priester: das Amt Christi
   bei Luther im Verhältnis zur Vor- und Nachgeschichte*(Tübingen: Mohr Paul Siebeck, 1998).

50 바르트, 『마르틴 루터의 신학』, p.389.

51 이른바 루터의 두 왕국 이론과 칭의 및 선행의 관련성에 대해서는 Wolf-Dieter Hauschild,
   Lehrbuch der Kirchen- und Dogmengeschichte(Gütersloh: Gütersloher Verlagshaus, 2001),
   2:311-315를 보라.

이처럼 루터의 성화론은 그의 칭의론과 별개로 생각할 수 없다.[53] 칭의
가 원인이라면 성화는 그에 반드시 뒤따라오는 결과이기 때문이다.[54] 로
마 가톨릭은 칭의 안에 성화를 포함시킨다. 이것은 루터 당시의 트리엔
트 공의회(1545-1563년)에서 주장한 내용일 뿐 아니라, 현대 로마 가톨
릭의 공식적인 가르침이기도 한다.[55] 반면에 루터는 믿음과 선한 행위의
관계를 나무와 열매의 관계로 비유했다. 그는 갈라디아서 1:18에 대한
주석에서 다음과 같이 말한다.

그러나 바울은 우리가 율법 없이 오직 그리스도를 믿는 믿음만으로 의
롭게 된다고 말한다. 우리는 믿음으로 의롭게 되고 그리스도를 소유하
고 그리스도의 의와 생명을 갖고 있음을 알게 된 후에는, 틀림없이 좋

---

52 WA 40/1,51,21-29: *"Hanc cum intus habeo, descendo de coelo tanquam pluvia
foecundans terram, hoc est: prodeo foras in aliud Regnum et facio bona opera
quaecunque mihi occurrunt. Si snm minister verbi, praedico, consolor pusillanimes,
administro sacramenta; Si paterfamilias, rego domum, familiam, educo liberos ad pietatem
et honestatem; Si Magistratus, officium divinitus mihi mandatum facio; Si servus, fideliter
rem domini curo; Summa, quicunque certo novit Christum esse iustitiam suam, is non
solum ex animo et cum gaudio bene operatur in vocatione sua, sed subiicit se quoque per
charitatem magistratibus."* (LW 26:11-12, 한역, 상:30).

53 Towns, "Martin Luther on Sanctification," p.115.

54 Ewald M. Plass ed., *What Luther Say*, p. 723; Towns, "Martin Luther on Sanctification,"
p.116에서 재인용. 루터는 "결정적 성화(definitive sanctification)"의 개념을 언급하지는 않았다.

55 바티칸에서 제공하는 "가톨릭 교회의 교리(Catechism of the Catholic Church)"를 보면 이것
을 분명히 알 수 있다. http://www.vatican.va/archive/ccc_css/archive/catechism/p3s1c3a2.
htm (2019.2.26. 접속) "Justification detaches man from sin … and purifies his heart of
sin.… It frees from the enslavement to sin, and it heals" (paragraph 1990). "Justification
includes the remission of sins, sanctification, and the renewal of the inner man" (paragraph
2019). 이에 대한 설명과 비판은 아래 글을 보라. John Piper, *Counted Righteous in Christ:
Should We Abandon the Imputation of Christ's Righteousness?*(Wheaton, IL: Crossway
Books, 2002), pp.48-49(49n15에서 인용함).

은 나무처럼 부지런히 좋은 열매를 맺을 것이다. 신자들은 성령을 소유하게 되는데, 성령은 자신이 거하는 곳에서 사람들을 게으른 상태로 놔두지 않는다. 경건함과 거룩함과 참된 종교를 실천하고, 하나님을 사랑하고, 고난을 인내로 견디고, 기도와 감사에 힘쓰며, 모든 사람에게 사랑을 베푸는 삶을 살도록 역사하실 것이다.[56]

루터의 이 말은 "신자란 행위에서 신앙을 만들어 내지 않고, 신앙에서 행위를 이루어 내는 자"라고 했던 아우구스티누스의 정신과 그대로 일치하는 것이다.[57] 이처럼 루터에게 있어서 윤리적 삶은 칭의론과 긴밀하게 연관되어 있다.[58]

신앙은 그 자신을 외적 행위 가운데 필연적으로 나타내게 되어 있다. 루터는 선행을 결정하는 것이 바로 신앙이라고 한다. 신앙 바깥에서는 그 어떤 선행도 없다. 왜냐하면 신앙이란 하나님과의 올바른 관계를 뜻하기 때문이다. 그 관계성 속에서 선행이 나오게 되어 있다. 이것은 루터가 『소교리문답』(1529년)에서 십계명의 모든 계명들을 "우리는 (이러이러한 죄를) 범하지 않기 위해서 하나님을 두려워하고 사랑해야 한다"라고 설명한 것에서 알 수 있다.[59] 선한 행위 속에서 믿음은 기독교인의 자유를 모든 사람과의 관계 속에서 적용한다(*Anwendung*). 이처럼 루터는

---

56 WA 7,32,5-12. 번역은 바르트, 『마르틴 루터의 신학』, p.384에서 재인용.

57 아우구스티누스, 『은혜와 자유 선택에 관하여(*De gratia et libero arbitrio*)』, 17. 로제, 『마틴 루터의 신학-역사적, 조직신학적 연구』, p.369.

58 이 단락은 Hauschild, *Lehrbuch der Kirchen- und Dogmengeschichte*, 2:311에 나오는 내용을 요약한 것이다.

59 독일어에서는 "Wir sollen Gott fürchten und lieben, daß wir …)"라고 되어 있다. 영어 본문은 아래를 참조하라. Tappert, ed., *The Book of Concord*, pp.342-344. 『마르틴 루터 소교리 문답·해설』, 최주훈 옮김(서울: 복 있는 사람, 2018).

칭의 이전의 선행과 칭의 이후의 선행을 구분한다.[60] 그리고 칭의 이전
의 선행을 철저하게 부정하지만, 칭의 이후의 선행은 강하게 긍정한다.

성화의 삶의 구체적인 모습

갈라디아서 5:16-26에 대한 『갈라디아서』는 그리스도인의 성화의 삶
이 구체적으로 어떤 모습을 가져야 하는지 매우 잘 보여준다. 루터는 이
부분을 시작하면서 우선 여기서 가르치는 성화의 삶이 이신칭의 교리와
결코 충돌하지 않는다고 주장한다.[61] 그는 우리가 결코 율법이 요구하는
의를 산출해 낼 수 없다고 말한다. 다만 장차 올 세상에서 우리는 모든
잘못과 죄로부터 깨끗해져서 완벽하게 사랑할 수 있고, 우리의 완벽한
사랑으로 의롭게 될 것이다.[62] 그러나 이런 일은 현세에서는 발생하지
않는다.[63] 지금 우리가 해야 할 일은 성령을 좇아 행하는 것이다. 그런
데 루터는 매우 흥미롭게도 성령을 좇아 행하는 사람은 사실 이신칭의
를 인정하는 사람이라고 주장한다. 다시 말해서, 오직 그리스도 안에서
만 의를 발견하고자 하고 자신의 "행위에 의한 의"(works-righteousness)
를 인정하지 않는 사람은 성화의 과정에서 반드시 성령을 의존하게 되
어 있고, 역으로 성화의 삶에서 성령을 철저하게 의지하는 사람은 사실
오직 그리스도 안에서만 의롭게 될 수 있음을 믿는 사람이라는 상호성
(reciprocality)을 루터는 주장하고 있다.[64]

이렇게 오직 성령을 좇는 가운데 성화를 이루어 가는 사람은 설사

---

60 이런 뜻에서 하우쉴트는 "루터에게 신학이 구분의 예술이라는 사실은 윤리에도 또한 적용
    된다."라고 요약한다. Hauschild, *Lehrbuch der Kirchen- und Dogmengeschichte*, 2:311.

61 LW 27:63(1535년, 갈 5:16 주석).

62 LW 27:64(1535년, 갈 5:16 주석).

63 LW 27:64-65(1535년, 갈 5:16 주석).

64 LW 27:65(1535년, 갈 5:16 주석).

이웃에게서 사랑할 만한 요소를 발견하지 못한다 하더라도 이웃 사랑하기를 계속한다.[65] 그는 정욕을 극복하고자 한다. 정욕이란 로마 가톨릭이 말하듯이 성욕에 국한된 욕정이 아니라, 모든 악한 감정들이다.[66] 신자들의 이러한 성화의 길은 쉽지가 않다. 그래서 믿음과 소망이 동시에 필요하다. 다시 말해, 신자는 이신칭의의 근원이 되시는 그리스도에 대한 "믿음"과 장차 내세에서 온전한 의를 이루어 주실 그리스도에 대한 "소망" 사이에서 성령을 좇아 행하면서 "사랑"을 실천해야 한다.[67]

루터는 신자가 부분적으로는 육체를 가지고 있지만, 부분적으로는 성령이 함께 하신다고 주장한다.[68] 이처럼 이신칭의 및 기독론과 관련해서는 오직 전체적으로만 죄인 아니면 의인으로 인간을 보고자 했던 루터가 성화 및 성령론과 관련해서는 점진적 변화라는 관점에서 인간을 파악하고 있다는 사실을 주목해야 한다. 신앙 없는 자, 그리스도 밖에서 선행을 행하는 자는 그의 선행까지도 죄이다.[69] 하지만 그리스도 안에 있는 자, 성령을 좇아 행하는 자는 육체의 소욕이 자신 안에 있더라도

---

65 LW 27:67(1535년, 갈 5:16 주석). 이것이야말로 니그렌이 말한 "아가페적 사랑"의 핵심이다. Nygren, 『아가페와 에로스』, "第6篇 종합의 파괴(2) - 종교개혁의 아가페 동기 갱신"을 보라.

66 LW 27:67(1535년, 갈 5:16 주석). 루터는 바울이 말하는 정욕이 성욕에 국한되지 않는다고 본다. 그는 불신자이든 신자이든 젊은이들은 성욕에, 장년들은 야망과 허영심에, 노인들은 탐욕에 의해 시험을 당한다고 말한다(LW 27:80[1535년, 갈 5:19 주석]).

67 이것이 "믿음과 소망은 함께 있어야 한다. 그리하여 우리가 믿음에 의해 의롭다 함을 받고, 소망에 의해 고난 중에서 참도록 해야 한다"라는 말의 신학적 의미이다. LW 27:68(1535년, 갈 5:16 주석).

68 LW 27:74(1535년, 갈 5:17 주석).

69 LW 27:76(1535년, 갈 5:17 주석): "As for the person who does not believe in Christ, not only are all his sins mortal, but even his good works are sins." 아래도 보라. LW 27:132(1535년, 갈 6:13 주석): "Whoever does works, prays, or suffers apart from Christ, does his works, prays, and suffers in vain."

절망하지 않고 전진한다. 갈등이 있더라도 끝내 그 소욕에 의해 항복당하지는 않을 것이기 때문이다.[70] 이처럼 성령의 지배는 너무나 강하기에 신자는 더 이상 율법에 의해 송사당하지 않는다. 신자의 의가 되시는 그리스도가 비난 너머에 계시며 그를 믿음으로 붙잡고 있기에 신자는 송사당하지 않기 때문이다.[71] 성령을 따라 행하는 사람은 "성령의 열매"를 맺을 것이다. 루터는 바울이 갈라디아서 5:22에서 의도적으로 "성령의 일"이라는 단어를 회피했다고 본다. "열매"라는 것은 믿음이 있을 때 뒤따르는 유익이기 때문이다.[72]

루터는 신자의 삶을 "새 창조(nova creatura)"라고 부른다. 새 창조는 로마 가톨릭의 수도사들처럼 외적인 옷을 바꿔 입는 것이 아니다. 오히려 루터는 이렇게 주장한다.

이런 변화는 말이 아니라 능력에 있다. 그래서 몸의 새로운 정신, 새로운 의지, 새로운 의식, 새로운 행위를 낳는다. 따라서 눈과 귀, 입, 혀가 이전에 보고 듣고 말하던 것이 아니라 다른 것을 보고 듣고 말하는 것으로 그치지 않는다. 지성도 다른 것을 인정하고 사랑하고 따른다. 오류와 어둠에 눈이 멀어 있던 이전에, 지성은 하나님을 우리의 행위와 공로에 따라 은혜를 우리에게 파는 상인으로 상상했다. 그러나 지금은 복음에 비추어 우리는 단순히 그리스도를 믿는 믿음으로 의인으로 여겨진다는 확신을 준다. 그러므로 지성은 이제는 의지의 모든 행위를 거부하고 사랑의 역사와 하나님이 주신 소명에 따른 행위를 이룬다. 하나님을 찬양한다. 예수 그리스도로 말미암은 하나님의 자비를 즐거워하

70 LW 27:74-75(1535년, 갈 5:17 주석).

71 LW 27:77-78(1535년, 갈 5:18 주석).

72 LW 27:93(1535년, 갈 5:22-23 주석).

고 순전히 자랑한다. 만약 지성이 환난이나 고통을 겪어야 한다면, 몸
은 싫어할 수 있지만 그것을 즐겁고 기쁘게 감수한다. 이것이 바로 바
울이 새로 지으심을 받는 것으로 부르는 것이다.[73]

루터에게 있어서 칭의의 믿음은 성화의 열매로 이어진다. 칭의에 있어
서 믿음이 공로적 일과 행위 원리를 확고하게 던져 버린다면, 그만큼 확
실하게 믿음은 성화에 있어서 선한 일에 열심을 내고 악한 일을 피하며
고난도 기쁨으로 감내한다. 『갈라디아서』를 살펴볼 때에 루터의 성화론
은 매우 확고하며 성경적이다. 루터는 칭의의 믿음이 반드시 전생(全生)
에 걸친 전인(全人)의 변화를 낳는다는 것을 가르치고 있다.

루터의 칭의론과 성화론이 가지는 실천적 의미

우리는 서론에서 역사상 많은 학자들이 루터의 신학은 이신칭의 교리
때문에 성화론을 말살시키고 말았다고 주장해 왔음을 지적했다. 오늘날
에도 역시 "바울에 대한 새 관점 학파"의 많은 학자들이 그렇게 주장한
다. 하지만 이 글은 오직 믿음으로 의롭게 된다는 이신칭의 교리에 있어
서 한 치의 양보도 하지 않으면서도 동시에 매우 성경적이고 역동적인
성화론을 루터가 제시했다는 사실을 보여주었다. 루터가 칭의론을 다
시 일깨우기 위해 썼던 『갈라디아서』는 칭의론뿐 아니라 성화론도 아주

---

73 WA 40/2,179,11-23: "*Hae sunt mutationes, ut sic dicam, non verbales, sed reales, quae
    afferunt novam mentem, voluntatem, novos sensus et actiones etiam carnis ... Iam orta
    luce Euangelii statuit, sola fide in Christum sibi contingere iusticiam. Ideoque nunc
    abiicit opera electicia et vocationis et charitatis opera divinitus praecepta facit, Deum
    laudat et praedicat ac in sola fiducia misericordiae per Christum gloriatur et exultat.
    Si quid malorum aut periculorum ferendum est, ea libenter et cum gaudio (quanquam
    caro murmuret) subit. Hanc Paulus novam creaturam appellat.*" LW 27:139-141(1535년,
    갈 6:15 주석).

철저하고 상세하게 기술되어 있다. 루터 신학에서 칭의와 성화의 연결 고리는 그리스도와 성령과 말씀이다. 신자를 의롭다고 하신 그리스도는 신자의 삶이 실제적으로 의롭게 될 때까지 그의 성령과 말씀을 통하여 이끌어 가신다.

그렇다면 이 주제를 실제적으로 어떻게 적용할 수 있을까? 두 가지 적용점을 찾을 수 있다. 첫째, 신자는 성령을 좇아서 행해야 한다. 루터에게 성령을 좇아서 살아간다는 것은 매우 구체적이고 실제적인 의미가 있다. 우선 루터는 성령을 좇아 행함이 신자가 육신을 완전히 파괴하고 죽이는 것은 아니라고 말한다. 그것은 이생에서는 불가능하기 때문이다. 오히려 그것은 하나님의 말씀과 뜻을 따르는 것이라 주장한다.[74] 성령을 좇아 사는 삶을 루터는 성령을 더하는 삶이라고도 한다. 성령을 더하는 것은 말씀 묵상과 믿음, 기도를 더하는 것이다.[75] 또한 루터는 말씀을 열렬하게 묵상하고 그리스도를 부르는 것이 바로 성령을 따르는 삶이라고 가르친다.[76] 무엇보다 성령으로 사는 사람은 헛된 영광(헬라어, "케노독시아")을 추구하지 않고 겸손하게 산다.[77] 성령이 우리를 거룩하게 하므로 우리는 성령을 더욱 붙들어야 한다. 루터는 성령이 말씀과 성례

---

74 LW 27:69(1535년, 갈 5:16 주석).

75 WA 40/2,115,33-34: "*Sed accedere oportet Spiritum, hoc est, meditationem verbi, fidem et orationem.*"

76 LW 27:92(1535년, 갈 5:21 주석).

77 LW 27:97-98(1535년, 갈 5:25 주석). 루터는 "헛된 영광"을 매우 길게 논하며, 특히 똑똑한 자들이 "헛된 영광"을 추구하기가 쉽다고 주장한다. 말씀의 사역자들조차도 역시 경건을 자신의 이익을 위해 이용할 수 있음을 경고한다. 자기 영광을 찾는 설교자는 하나님의 권위가 아니라 자기 권위로 말하는 자일 뿐이다(LW 27:100-101[1535년, 갈 5:25 주석]). 이런 "헛된 영광"의 문제를 다루면서 루터는 "교만은 모든 이단들의 어머니이다"라는 아우구스티누스의 말을 인용한다(Augustine, *Reply to Faustus the Manichean*, XXII, 22).

로써 우리를 거룩하게 한다는 약속을 제시한다.[78]

둘째, 신자는 날마다 회개하는 삶을 살아야 한다. 우리가 성령을 좇아 행해야 함에도 불구하고 우리는 그 일에 자주 실패하고 넘어진다. 그래서 신자는 처음부터 다시 시작하는 것을 배워야 한다. 다시 하나님께로 돌아가야 한다.[79] 그것이 바로 회개이다. 회개를 통해 옛 사람이 죽고 새 사람이 부활해야 한다. 루터는 이것을 그 유명한 95개조 논제의 제1항목에 주장했다. "우리의 주이며 스승이신 예수 그리스도께서 '회개하라'(마 4:17)고 하셨을 때에 그것은 믿는 자들이 삶 전체를 회개하기를 원하신 것이다."[80] 자신의 죄를 용감하게 인정하는 자, 그가 그리스도인이며 그리스도의 은혜를 아는 자이다. 그래서 루터는 멜란히톤에게 쓴 편지에서 이렇게 대담하게 말한다. "죄인이 되고 용감하게 죄를 지어라. 그러나 죄와 죽음과 세상을 이기신 승리자이신 그리스도를 더 용감하게 신뢰하고 기뻐하라."[81] 이 말은 결코 오해되어서는 안 된다. 루터의 강조점은 죄를 지으라는 것에 있지 않고, 그리스도의 역사의 위대성

78 LW 26:25(1535년, 갈 1:2 주석).

79 바르트, 『마르틴 루터의 신학』, p.390.

80 WA 1,233,10 이하.

81 WA B 2,372,84f(1521년 8월 1일 멜란히톤에게 보낸 편지). 한스-마르틴 바르트, 『마르틴 루터의 신학: 비평적 평가』, 391에서 재인용. 라틴어는 *Esto peccator et pecca fortiter, sed fortius fide et gaude in Christo, qui victor est peccati, mortis et mundi*"이다. 이에 대한 신학적, 목회적 논의는 아래 글들을 보라. Hans-Martin Barth, "Pecca fortiter, sed fortius fide...: Martin Luther als Seelsorger," *Evangelische Theologie* 44.1 (1984): 12-25; G. C. Berkouwer, *Faith and Sanctification*, Studies in Dogmatics (Grand Rapids, MI: Eerdmans, 1952), p.34(이 책 각주 11에 라틴 문장 나옴); Philip Schaff and David Schley Schaff, *History of the Christian Church*, vol. 7 (New York: Charles Scribner's Sons, 1910), p.124.

을 믿으라는 데 있기 때문이다.[82]

　　여기서 우리는 루터 칭의론의 근본 구조가 성화론을 더욱 빛나게 함을 깨닫는다. 칭의가 성화에 역동성을 부여할 수 있음을 다시 확인한다. 성화에 있어서 실패할 때마다 신자는 다시금 이신칭의의 가르침으로 돌아간다. 거기서 신자는 자기 안에서는 죄인이지만 그리스도 안에서는 의인이라는 사실을 재확인한다. 그리하여 신자는 "자기 자신의 모든 경험에 반대하여 하나님이 '너는 오케이야'라고 말하는 것"을 듣는다.[83] 바로 그 자리에서 신자의 성화는 다시 시작된다. 루터는 이렇게 말한다. "발전한다는 것, 그것은 언제나 새롭게 시작하는 것이다."[84] 그렇기에 성화의 도상에 있는 신자는 루터와 함께 매일 이렇게 기도할 수 있다.

　　"주여, 내가 주님을 향하여 살기 시작할 수 있도록 나를 도우소서!"[85]

이 책을 읽는 독자들도 역시 이 기도를 함께 드리면 좋겠다. 바로 그것이 오늘날 필요한 교회개혁의 중요한 모습이다.

82　Schaff, *History of the Christian Church*, 7:124에서는 로마서 6장 1-2절의 바울과 비교한다. 바울은 루터처럼 그렇게 표현하지는 않았을 것이라고 하면서 샤프는 바울이 반율법주의적 공격을 엄격하게 차단한다고 적고 있다. 그 점에 있어서는 칼빈이 루터보다 바울의 원래 의도에 좀 더 가깝다고 볼 수 있겠다.

83　바르트, 『마르틴 루터의 신학』, p.407.

84　WA 56,486,7: "*proficere, hoc est semper a novo incipere*." 루터는 "발전한다는 것은 항상 시작하는 것 외에 다른 것이 아니다(*proficere est nihil aliud, nisi semper incipere*)"라고도 한다(WA 56,239,26ff). 이런 의미에서 한스-마르틴 바르트는 그리스도인 된다는 것은 계속해서 초심을 갖는 것이라고 말한다. 바르트, 『마르틴 루터의 신학』, p.390.

85　WA 56,486,10.